ÊTRE ET CHAIR

DU MÊME AUTEUR
À LA MÊME LIBRAIRIE

Du lien des êtres aux éléments de l'être. Merleau-Ponty au tournant des années 1945-1951, « Bibliothèque d'histoire de la philosophie », 368 pages, 2004.

Le scénario cartésien. Recherches sur la formation et la cohérence de l'intention philosophique de Merleau-Ponty, « Bibliothèque d'histoire de la philosophie », 272 pages, 2005.

Vers une ontologie indirecte. Sources et enjeux critiques de l'appel à l'ontologie chez Merleau-Ponty, « Bibliothèque d'histoire de la philosophie », 288 pages, 2006.

BIBLIOTHÈQUE D'HISTOIRE DE LA PHILOSOPHIE

NOUVELLE SÉRIE

Fondateur : Henri GOUHIER — Directeur : Jean-François COURTINE

ÊTRE ET CHAIR

I

DU CORPS AU DÉSIR : L'HABILITATION ONTOLOGIQUE DE LA CHAIR

par

Emmanuel de SAINT AUBERT

Ouvrage publié avec le concours des Archives Husserl de Paris (UMR 8547 Ens/Cnrs)

PARIS

LIBRAIRIE PHILOSOPHIQUE J. VRIN

6, Place de la Sorbonne, V[e]

2013

Pour Ouarda

Imprimé en France
ISSN 0249-7980
ISBN 978-2-7116-2519-2

www.vrin.fr

NOTE TECHNIQUE ET BIBLIOGRAPHIQUE

Marianne Merleau-Ponty nous a autorisé à citer ici les manuscrits inédits de son père, et nous tenons à lui exprimer toute notre gratitude. On trouvera à la suite de cette note la liste des sigles que nous utilisons pour désigner les écrits de Merleau-Ponty. Dans un souci de précision, notamment chronologique, nous avons noté différemment les sous-ensembles d'un volume d'inédits qui correspondent à des périodes d'écriture très distinctes, les cours publiés dans un même recueil, les différentes versions de certains textes, les résumés de cours au Collège de France (en fonction de l'année d'enseignement dont ils relèvent), les articles des recueils *Signes* et *Sens et non-sens*, ou encore les chapitres du *Visible et l'invisible*.

Les références aux textes composant *Sens et non-sens* présentent toujours une double pagination : celle, classique et encore utilisée, de l'édition Nagel, et celle, plus récente, de l'édition Gallimard (pagination notée sous la forme Nx/Gy). De même, on trouvera systématiquement indiquée la pagination des recueils *Parcours 1935-1951* et *Parcours deux 1951-1961* – ces éditions étant désormais les plus accessibles, leur pagination est donnée en premier, suivie de celle de l'édition originale du texte concerné.

Les références aux manuscrits déposés à la Bibliothèque Nationale de France précisent entre crochets la numérotation du classement établi par la B.N.F. Nous donnons la cotation définitive, établie lors du microfilmage ; elle diffère de la cotation provisoire, en vigueur de 1992 à 1998, que mentionnent les transcriptions publiées durant cette période. Le numéro de chaque feuillet est suivi, entre parenthèses, de la pagination manuscrite de Merleau-Ponty (lorsque celle-ci existe), le tout étant précédé, s'il y a lieu, par la pagination de la version éditée. Nous avons procédé de manière analogue pour les inédits non déposés à la Bibliothèque Nationale, en respectant le classement partiel opéré par

Kerry H. Whiteside (documents notés MSW et conférences de Mexico). Pour l'ensemble des inédits, la présence de la lettre « v » à la suite du numéro de classement d'un feuillet indique qu'il est fait référence au verso de ce dernier.

Nous restituons systématiquement les références complètes des inédits récemment transcrits et publiés, sans nous contenter de la pagination de l'édition existante – ces transcriptions étant parfois fautives, il est souhaitable de se reporter aux manuscrits originaux. Certains ensembles d'inédits, connus pour avoir été transcrits et publiés, comportent en réalité des feuillets, parfois nombreux, qui ont été écartés par l'éditeur. Nos renvois à ceux-ci précisent la mention « NP » (non publié) à la suite de la numérotation.

Pour plus de clarté, voici quelques exemples :

– « Natu1-ms [183]v(222) » renvoie, dans les notes manuscrites inédites de la préparation de la première année de cours au Collège de France sur le concept de Nature (1957), au verso du feuillet numéroté 183 par la B.N.F., cette face verso présentant le numéro 222 écrit de la main de Merleau-Ponty ;

– « OntoCart, p. 168/[4](5) » renvoie, dans les notes manuscrites de la préparation du cours au Collège de France sur *L'ontologie cartésienne et l'ontologie d'aujourd'hui* (1961), à un passage du feuillet numéroté 4 par la B.N.F., numéroté 5 par Merleau-Ponty, se trouvant à la page 168 de la transcription publiée chez Gallimard ;

– « Brouil [108](120)/NP » renvoie à un feuillet du brouillon de rédaction d'octobre 1960 (préparation du *Visible et l'invisible*), numéroté 108 par la B.N.F. et 120 par Merleau-Ponty, qui n'a pas été transcrit dans l'édition actuelle de ce manuscrit.

Lorsque nous donnons une liste de références aux textes de Merleau-Ponty (par exemple, l'index d'une notion dans l'ensemble du corpus), celle-ci est toujours organisée en fonction de la chronologie de l'écriture du philosophe (non celle de l'édition), depuis les références les plus anciennes jusqu'aux plus récentes. L'ordre du classement adopté par la B.N.F. pour un même ensemble d'inédits n'étant pas toujours conforme à cette chronologie, il n'est pas forcément respecté.

Dans les passages inédits cités, quelques termes sont parfois rajoutés entre crochets pour restituer à la phrase davantage de fluidité. Les mots douteux à la transcription sont indiqués entre accolades.

Dans l'ensemble des citations, sauf indication contraire de notre part, *l'italique* correspond toujours à ce que l'auteur du texte cité souligne lui-même.

LISTE DES SIGLES

La numérotation donnée entre crochets à la suite de chaque référence indique le classement de celle-ci dans la bibliographie détaillée des œuvres de Merleau-Ponty que nous avons proposée à la fin du volume *Du lien des êtres aux éléments de l'être. Merleau-Ponty au tournant des années 1945-1951*, Paris, Vrin, 2004, p. 321-347.

Les cotes du Département des manuscrits occidentaux de la Bibliothèque Nationale de France sont celles du fonds « don 92-21 de Suzanne Merleau-Ponty », sauf pour le manuscrit du *Visible et l'invisible* (don 93-03 de Claude Lefort). Les « derniers papiers » sont ceux que l'on a retrouvés sur le bureau de Merleau-Ponty le soir de sa mort.

Voici les références sommaires des ouvrages auxquels la liste des sigles renvoie régulièrement en ne mentionnant plus que leur titre :

– *La Nature. Notes, cours du Collège de France*, « Traces Écrites », Paris, Seuil, 1995.
– *Le visible et l'invisible*, suivi de notes de travail, Paris, Gallimard, 1964.
– *L'institution. La passivité. Notes de cours au Collège de France (1954-1955)*, Paris, Belin, 2003.
– *Merleau-Ponty à la Sorbonne, résumé de cours 1949-1952*, Grenoble, Cynara, 1988.
– *Notes de cours 1959-1961*, Paris, Gallimard, 1996.
– *Parcours 1935-1951*, Lagrasse, Verdier, 1997.
– *Parcours deux 1951-1961*, Lagrasse, Verdier, 2000.
– *Résumés de cours. Collège de France, 1952-1960*, Paris, Gallimard, 1968 ; « Tel », 1982.
– *Sens et non-sens*, Paris, Nagel, 1948, 380 p. ; éd. ultérieures 331 p. (nous citons l'édition de 1958) ; repris, « Bibliothèque de Philosophie », Paris, Gallimard, 1996.
– *Signes*, Paris, Gallimard, 1960.

AD : *Les aventures de la dialectique* (rédigé entre juillet 1953 et décembre 1954), Paris, Gallimard, 1955. B.N.F., volumes I et II. [144]

Agrég : « L'Agrégation de philosophie », *Bulletin de la Société française de Philosophie*, 38e année, n° 4, juillet-août 1938, p. 130-133 (séance du 7 mai 1938) ; repris dans *Parcours 1935-1951*, p. 55-59. [9]

Brouil : manuscrit d'octobre 1960, dont le remaniement en novembre constituera le troisième chapitre de l'édition posthume du *Visible et l'invisible*. B.N.F., volume VII. Transcription partielle et annotations par S. Ménasé, sous le titre « Brouillon d'une rédaction », dans *Notes de cours 1959-1961*, p. 355-378. [216]

Causeries : *Causeries 1948*, sept leçons radiodiffusées du 2 octobre au 13 novembre 1948 (coll. « Culture française », Archives I.N.A., fonds phonothèque). Texte dactylographié par Merleau-Ponty ; édition établie et annotée par S. Ménasé, « Traces Écrites », Paris, Seuil, 2002.

CDU(RAE) : voir Sorb(RAE)

CDU(SHP) : voir Sorb(SHP)

Chaps : entretien avec Madeleine Chapsal du 17 février 1958, *in* Madeleine Chapsal, *Les écrivains en personne*, Paris, Julliard, 1960, p. 145-163 ; repris dans *Envoyez la petite musique*..., Paris, Grasset & Fasquelle, 1984, p. 79-98 ; « Le livre de poche, Biblio essais », LGF, 1987, p. 88-98 ; repris dans *Parcours deux 1951-1961*, p. 285-301. [177]

ChRe : « Christianisme et ressentiment », compte rendu de la traduction française de *L'Homme du ressentiment* de Max Scheler, in *La Vie intellectuelle*, 7e année, nouvelle série, tome XXXVI, 10 juin 1935, p. 278-306 ; repris dans *Parcours 1935-1951*, p. 9-33. [5]

DESC : notes de lecture et notes de travail inédites sur et autour de Descartes. B.N.F., volume XXI. [228]

DESC-DerPap, DESC-DerPap' : notes de lecture et notes de travail inédites sur et autour de Descartes, retrouvées parmi les derniers papiers, que Merleau-Ponty avait extraites du volume précédent pour préparer la fin du cours de 1961 sur *L'ontologie cartésienne et l'ontologie d'aujourd'hui*. B.N.F., volumes XIX et XXI. [229]

Dial-T&C, Dial&Natu : voir PhiDial

Être et Monde (inédit, B.N.F., volume VI) :

EM1, EM1' : essentiellement automne 1958 (dont le manuscrit sur l'*Introduction à l'ontologie*), quelques feuillets de mars 1959 [186]

EM2 : diverses séquences de travail réparties sur l'année 1959 [199]

EM3 : essentiellement avril-mai 1960, quelques réécritures en octobre 1960 [210]

EP : *Éloge de la philosophie. Leçon inaugurale faite au Collège de France, le jeudi 15 janvier 1953*, Paris, Gallimard, 1953 ; repris dans *Éloge de la philosophie et autres essais*, « Idées », Paris, Gallimard, 1965, p. 9-79 ; « Folio essais », 1989, p. 13-69 (nous citons cette édition). [126]

EP-ms : manuscrits de l'*Éloge de la philosophie*, et divers autres documents inédits. B.N.F., volume IX. [127]

EtAv : « Être et Avoir », compte rendu d'*Être et Avoir* de Gabriel Marcel, in *La Vie intellectuelle*, 8e année, nouvelle série, tome XLV, 10 octobre 1936, p. 98-109 ; repris dans *Parcours 1935-1951*, p. 35-44. [7]

FinOntoCart : voir OntoCart

Hesn : Préface à l'ouvrage d'Ange-Louis-Marie Hesnard, *L'Œuvre de Freud et son importance pour le monde moderne*, Paris, Payot, 1960, p. 5-10 ; repris dans *Parcours deux 1951-1961*, p. 276-284. [205]

HomObj : « L'homme et l'objet », conférence inédite donnée par Merleau-Ponty en 1948 au Pavillon de Marsan, en introduction à un cycle sur « L'objet et la poésie » ; résumée par J.-L. Dumas, « Les Conférences », in *La Nef*, 5e année, n° 45, août 1948, p. 150-151. [85]

HoXX : Interventions de Merleau-Ponty dans les entretiens privés et publics qui ont fait suite à sa conférence sur « L'homme et l'adversité » (septembre 1951, cf. S(HoAdv)), in *La connaissance de l'homme au XXe siècle*, Neuchâtel, La Baconnière, 1952, p. 182-183, 186, 216-252, 263-265, 286-287 et 293-294 ; repris dans *Parcours deux 1951-1961*, p. 321-376. [115]

HT : *Humanisme et terreur. Essai sur le problème communiste*, Paris, Gallimard, 1947 ; « Idées », 1980 (nous citons cette édition). [75]

Huss : *Husserl aux limites de la phénoménologie* (cours du lundi, au Collège de France, janvier-mai 1960), notes de préparation de Merleau-Ponty. B.N.F., volume XVIII. Transcription, présentation et annotations par Franck Robert, dans *Notes de cours sur* L'origine de la géométrie *de Husserl*, « Épiméthée », Paris, P.U.F., 1998, p. 11-92. [206]

Inéd : « Un inédit de Maurice Merleau-Ponty » (1951 ou début 1952), texte remis par Merleau-Ponty à Martial Gueroult pour sa candidature au Collège de France, *Revue de Métaphysique et de Morale*, 67e année, n° 4, 1962, p. 401-409 ; repris dans *Parcours deux 1951-1961*, p. 37-48. [118]

Insti : *L' « institution » dans l'histoire personnelle et publique* (cours du jeudi, au Collège de France, janvier-mai 1955), notes de préparation de Merleau-Ponty. B.N.F., volume XIII. Transcription et annotations par D. Darmaillacq, dans *L'institution. La passivité. Notes de cours au Collège de France (1954-1955)*, p. 33-122. [145]

Mexico I et II : notes de préparation inédites des *Conférences de Mexico*, versions 1 et 2 (début 1949) [89]

MSME : *Le monde sensible et le monde de l'expression* (cours du jeudi, au Collège de France, janvier-mai 1953), notes de préparation de Merleau-Ponty. B.N.F., volume X. Transcription et annotations par Emmanuel de Saint Aubert et Stefan Kristensen, Genève, MétisPresses, 2011. [128]

MSS : divers inédits de 1945-1949 [26 à 35]

MSW : inédits de 1945-1949 transcrits par Kerry H. Whiteside [14 à 25, 46]

N-Corps : *Notes sur le corps* (1956-1960, surtout 1960), inédites. B.N.F., volume XVII. [233]

N-Vie : *Notes sur la vie* (essentiellement 1958), inédites. B.N.F., volume XVI. [232]

NaPer : *La Nature de la Perception* (21 avril 1934), texte manuscrit présenté pour le renouvellement d'une subvention à la Caisse nationale des Sciences. Publié par Théodore F. Geraets dans *Vers une nouvelle philosophie transcendantale*, La Haye, Martinus Nijhoff, 1971, p. 188-199 ; repris dans *Le primat de la perception et ses conséquences philosophiques*, Grenoble, Cynara, 1989, p. 17-38. [4]

Cours au Collège de France sur *Le concept de Nature* :

Natu1 : notes d'étudiants du cours de 1957 sur *Le concept de Nature* (janvier-mai 1957), révisées et annotées par Dominique Séglard, dans *La Nature. Notes, cours du Collège de France*, p. 19-165. [171]

Natu1-ms : notes de préparation de Merleau-Ponty, inédites, du cours de 1957 sur *Le concept de Nature* (janvier-mai 1957). B.N.F., volume XV. (voir aussi XT) [170]

Natu2 : notes d'étudiants du cours de 1958 sur *Le concept de Nature (suite). L'animalité, le corps humain, passage à la culture* (janvier-mai 1958), révisées et annotées par

Dominique Séglard, dans *La Nature. Notes, cours du Collège de France*, p. 169-259. [179]

Natu2-ms : notes de préparation de Merleau-Ponty, inédites, du cours de 1958 sur *Le concept de Nature (suite). L'animalité, le corps humain, passage à la culture* (janvier-mai 1958). B.N.F., volume XVI. [178]

Natu3 : notes de préparation du cours de 1960 sur le concept de Nature, *Nature et Logos : le corps humain* (janvier-mai 1960). B.N.F., volume XVII. Transcription et annotations par Dominique Séglard, dans *La Nature. Notes, cours du Collège de France*, p. 263-352. [208]

NL-Arnh : notes de lecture inédites sur Rudolf Arnheim, *Art and visual perception. A psychology of the creative eye* (prob. 1957). B.N.F., volume XXI. [230]

NL-Arnh2 : reprise de NL-Arnh (notes sur les notes, inédites) (1960, prob. entre avril et juillet). B.N.F., volume XXI. [230]

NL-IuD : notes de lecture inédites sur Heidegger, *Identität und Differenz*. B.N.F., volume XIX. [231]

NMS : *La Nature ou le monde du silence*, et autres documents inédits : séquence de travail datant probablement de l'automne 1957, plus tard placée dans le volume *Être et Monde*. B.N.F., volume VI. [176]

Notes de préparation inédites du *Visible et l'invisible* (B.N.F., volume VII) :

NLVIàf1 : *Notes de lecture pour* Le visible et l'invisible, *« Pour choses à faire »* (mars 1959) [234]

NLVIàf2 : *idem* (mars-avril 1959) [234]

NLVIàf3 : *idem* (automne 1960) [234]

NPVI : *Notes relatives à la préparation du* Visible et l'invisible (automne 1960) [235]

NPVIf : *Notes pour choses faites* (mars-avril 1959) [236]

Notes de travail (B.N.F., volume VIII) :

NT : notes de travail (de janvier 1959 à mars 1961) éditées par Claude Lefort à la suite du *Visible et l'invisible* [237]

NTci : coupures (inédites) des notes de travail éditées par Claude Lefort [238]

NTi-55-56 : notes de travail inédites de 1955-1956 [239]

NTi-56-57 : notes de travail inédites de 1956-1957 [239]

NTi-58 : notes de travail inédites de 1958 [239]

NTi-58-59 : notes de travail inédites de 1958-1959 retrouvées dans une chemise intitulée par Merleau-Ponty « Ontologie de l'être brut (en particulier la vie) » [239]

NTi : notes de travail inédites de 1959-1960 [239]

NTi-nd : notes de travail inédites non datées [239]

NTontocart, NTfinOntoC : voir OntoCart

OE : *L'Œil et l'Esprit* (juillet-août 1960), Paris, Gallimard, 1964 ; « Folio essais », 1985 (nous citons cette édition). [211]

OE-ms : notes de lecture, notes de préparation et différentes versions manuscrites inédites de *L'Œil et l'Esprit* (printemps et été 1960, essentiellement juillet-août). B.N.F., volume V. [212]

Cours au Collège de France de 1961 sur *L'ontologie cartésienne et l'ontologie d'aujourd'hui* (B.N.F., volume XIX) :

OntoCart : notes de préparation du cours (cours du jeudi, janvier-avril 1961). Transcription et annotations par S. Ménasé, dans *Notes de cours 1959-1961*, p. 163-244 et 390-392.

[224]

FinOntoCart : suite de la préparation du cours, retrouvée dans les derniers papiers (avril et début mai 1961). Transcription et annotations par S. Ménasé, dans *Notes de cours 1959-1961*, p. 244-268. [224]

NTontocart : notes de travail inédites accompagnant la préparation du cours (décembre 1960 - avril 1961) [225]

NTfinOntoC : notes de travail inédites accompagnant la préparation de la fin du cours, retrouvées dans les derniers papiers (décembre 1960 - avril 1961) [226]

PbParole : *Le problème de la parole* (cours du jeudi, au Collège de France, décembre 1953 - mai 1954), notes de préparation de Merleau-Ponty, inédites. B.N.F., volume XII. [133]

PbPassiv : *Le problème de la passivité : le sommeil, l'inconscient, la mémoire* (cours du lundi, au Collège de France, janvier-mai 1955), notes de préparation de Merleau-Ponty. B.N.F., volume XIII. Transcription et annotations par S. Ménasé, dans *L'institution. La passivité. Notes de cours au Collège de France (1954-1955)*, p. 157-265 et 271-294. [147]

PhEx : « La philosophie de l'existence », in *Dialogue*, vol. V, n° 3, 1966, p. 307-322. Transcription d'une conférence de Merleau-Ponty à la Maison canadienne de la cité universitaire de Paris, le 14 avril 1959, télédiffusée le 17 novembre 1959 à l'émission *Conférence* de Radio-Canada. Repris dans *Parcours deux 1951-1961*, p. 247-266. [192]

Notes de préparation inédites du cours au Collège de France de 1956 sur *La philosophie dialectique* (B.N.F., volume XIV) :

PhiDial : *La philosophie dialectique* (cours du jeudi, janvier-mai 1956) [160]

Dial-T&C : *Textes et commentaires sur la dialectique* (cours du lundi, janvier-avril 1956) [162]

Dial&Natu : feuillets du cours du lundi déplacés par Merleau-Ponty et retrouvés dans les derniers papiers (cours des 3, 7 et 14 mai 1956) [163]

PhilAuj : [*La philosophie aujourd'hui*] (cours sans titre, au Collège de France, janvier-mai 1959), notes de préparation de Merleau-Ponty. B.N.F., volume XVIII. Transcription et annotations par S. Ménasé, dans *Notes de cours 1959-1961*, p. 37-148 et 379-388. [188]

PhilAuj1 : [*Notre état de non-philosophie*] / PhilAuj2 : [*Husserl*] / PhilAuj3 : [*Heidegger*]

Psycha : [*La psychanalyse*], fin de [*Notre état de non-philosophie*], déplacé par Merleau-Ponty dans la préparation du cours sur la Nature de 1960. B.N.F., volume XVII. Transcription et annotations par S. Ménasé, dans *Notes de cours 1959-1961*, p. 149-157 et 388-389. [189]

PhP : *Phénoménologie de la perception* (1939-1945), Paris, Gallimard, 1945. [13]

PM : *La prose du monde* (1950-1951, surtout été 1951 ; quelques réécritures beaucoup plus tardives). B.N.F., volume III. Texte établi et présenté par Claude Lefort, Paris, Gallimard, 1969. [112]

PM-ms : notes de lecture, notes de travail, esquisses et plans relatifs à la préparation de *La prose du monde* (documents inédits, diverses séquences de travail, de 1950 à 1959 voire 1960). B.N.F., volume III. [113]

PNPH : *Philosophie et non-philosophie depuis Hegel* (cours du lundi, au Collège de France, de janvier à début mai 1961), notes de préparation de Merleau-Ponty. B.N.F., volume XX. Texte établi et présenté par Claude Lefort dans *Textures*, n° 8-9, 1974,

p. 83-129, et n° 10-11, 1975, p. 145-173 ; repris dans *Notes de cours 1959-1961*, p. 275-352. [227]

PPCP : « Le primat de la perception et ses conséquences philosophiques », *Bulletin de la Société française de Philosophie*, 41e année, juillet-septembre 1947, p. 119-135, discussion p. 135-153 (séance du 23 novembre 1946) ; repris dans *Le primat de la perception et ses conséquences philosophiques*, Grenoble, Cynara, 1989, p. 41-72, discussion p. 72-104. [57]

Proj : *Projet de travail sur la nature de la Perception* (8 avril 1933), texte manuscrit présenté pour l'obtention d'une subvention à la Caisse nationale des Sciences. Publié par Théodore F. Geraets, *Vers une nouvelle philosophie transcendantale*, La Haye, Martinus Nijhoff, 1971, p. 9-10 ; repris dans *Le primat de la perception et ses conséquences philosophiques*, Grenoble, Cynara, 1989, p. 11-13. [3]

Psycha : voir PhilAuj

Résumés de cours. Collège de France, 1952-1960 :

RC53 : *Le monde sensible et le monde de l'expression / Recherches sur l'usage littéraire du langage* [129 et 131]

RC54 : *Le problème de la parole / Matériaux pour une théorie de l'histoire* [134 et 136]

RC55 : *L' « institution » dans l'histoire personnelle et publique / Le problème de la passivité : le sommeil, l'inconscient, la mémoire* [146 et 148]

RC56 : *La philosophie dialectique / Textes et commentaires sur la dialectique* [161 et 164]

RC57 : *Le concept de Nature* [173]

RC58 : *Le concept de Nature (suite). L'animalité, le corps humain, passage à la culture* [180]

RC59 : [*Possibilité de la philosophie*] (*La philosophie aujourd'hui*) [190]

RC60 : *Husserl aux limites de la phénoménologie / Nature et Logos : le corps humain* [207 et 209]

Signes :

S(13mai) : *Sur le 13 mai 1958* (5 juin 1958) [182]

S(abst) : *Sur l'abstention* (9 juillet 1955) [158]

S(Berg) : *Bergson se faisant* (mardi 19 mai 1959) [194]

S(Clau) : *Sur Claudel* (5 mars 1955) [152]

S(Dem) : *Demain…* (3 juillet 1958) [183]

S(déstal) : *Sur la déstalinisation* (23 novembre 1956) [168]

S(Ein) : *Einstein et la crise de la raison* (14 mai 1955) [155]

S(éro) : *Sur l'érotisme* (16 octobre 1954) [139]

S(Fdiv) : *Sur les faits divers* (18 décembre 1954) [143]

S(HoAdv) : *L'homme et l'adversité* (10 sept 1951) [114]

S(Indo) : *Sur l'Indochine* (mars 1947) [59]

S(LIVS) : *Le langage indirect et les voix du silence* (juin-juillet 1952) [124 et 125]

S(Mach) : *Note sur Machiavel* (septembre 1949) [91]

S(Madg) : *Sur Madagascar* (21 août 1958) [184]

S(MàLS) : *De Mauss à Claude Lévi-Strauss* (1er octobre 1959) [201]

S(Mont) : *Lecture de Montaigne* (décembre 1947) [73]

S(parano) : *La politique paranoïaque* (juillet 1948) [84]

S(PhiOmb) : *Le philosophe et son ombre* (fin 1958) [187]

S(PhiSo) : *Le philosophe et la sociologie* (juillet 1951) [111]

S(PhLg) : *Sur la phénoménologie du langage* (13 avril 1951) [109]

S(pnp) : *Partout et nulle part* (1956) [165]

S(Préf) : *Préface* (février et septembre 1960) [213]

S(Préf)-ms : notes de préparation et différentes versions manuscrites inédites de la préface de *Signes* (février et septembre 1960). B.N.F., volume IV. [214]

S(révo) : *L'avenir de la Révolution* (27 août 1955) [159]
S(superst) : *Marxisme et superstition* (décembre 1949) [93]
S(URSS) : *L'U.R.S.S. et les camps* (janvier 1950) [100]
S(Yalta) : *Les papiers de Yalta* (9 avril 1955) [154]

SC : *La structure du comportement* (achevée fin 1938), Paris, P.U.F., 1942, VIII-395 p. ; 2e édition (1949) et suivantes, précédé de « Une philosophie de l'ambiguïté » par A. de Waelhens, XV-248 p. ; « Quadrige », 1990 (nous citons cette édition). [10]

Sens et non-sens :
SNS(Cézan) : *Le doute de Cézanne* (décembre 1945) [42]
SNS(ciné) : *Le cinéma et la nouvelle psychologie* (13 mars 1945) [37]
SNS(foi) : *Foi et bonne foi* (février 1946) [45]
SNS(guerre) : *La guerre a eu lieu* (juin 1945) [38]
SNS(Hegel) : *L'existentialisme chez Hegel* (avril 1946) [48]
SNS(héros) : *Le héros, l'homme* (1er février 1946) [44]
SNS(marx) : *Autour du marxisme* (août 1945) [39]
SNS(MarxPhi) : *Marxisme et philosophie* (juin-juillet 1946) [50]
SNS(MétaHo) : *Le métaphysique dans l'homme* (juillet-octobre 1947) [63]
SNS(Préf) : *Préface* (1948) [78]
SNS(querel) : *La querelle de l'existentialisme* (novembre 1945) [40]
SNS(roman) : *Le roman et la métaphysique* (mars-avril 1945) [36]
SNS(scandal) : *Un auteur scandaleux* (6 décembre 1947) [76]
SNS(vérité) : *Pour la vérité* (novembre 1945) [41]

Merleau-Ponty à la Sorbonne, résumé de cours 1949-1952 :
Sorb(CAL) : *La conscience et l'acquisition du langage* (1949-1950) [95]
Sorb(EVA) : *L'enfant vu par l'adulte* (1949-1950) [96]
Sorb(ExpA) : *L'expérience d'autrui* (du 6 déc. 1951 au 28 fév. 1952) [123]
Sorb(MPE) : *Méthode en psychologie de l'enfant* (1951-1952) [122]
Sorb(PSE) : *Psycho-sociologie de l'enfant* (1950-1951) [105]
Sorb(RAE) : *Les relations avec autrui chez l'enfant* (1950-1952) [107 et 119]
CDU(RAE) : version du Centre de Documentation Universitaire de la Sorbonne de la première partie (1950-1951) du cours sur *Les relations avec autrui chez l'enfant* ; repris dans *Parcours 1935-1951*, p. 147-229. [106]
Sorb(SCCE) : *Structure et conflits de la conscience enfantine* (1949-1950) [97]
Sorb(SHP) : *Les sciences de l'homme et la phénoménologie* (1951-1952) [121]
CDU(SHP) : version du Centre de Documentation Universitaire de la Sorbonne de la première partie (1951-1952) du cours sur *Les sciences de l'homme et la phénoménologie* ; repris dans *Parcours deux 1951-1961*, p. 49-128. [120]

TiTra : *Titres et travaux. Projet d'enseignement*, dossier de candidature au Collège de France, Paris, Centre de Documentation Universitaire, 1951 ; repris dans *Parcours deux 1951-1961*, p. 9-35. [117]
UAC : *L'union de l'âme et du corps chez Malebranche, Biran et Bergson. Notes prises au cours de Maurice Merleau-Ponty à l'École Normale Supérieure (1947-1948)*, recueillies et rédigées par Jean Deprun, Paris, Vrin, 1968 ; nouvelle édition revue et augmentée d'un fragment inédit (*Les sens et l'inconscient*, leçon inédite du cours de Lyon rédigée par Michel Jouhaud), 1978. [77]
ULL : *Recherches sur l'usage littéraire du langage* (cours du lundi, au Collège de France, janvier-mai 1953), notes de préparation de Merleau-Ponty. B.N.F., volume XI. Éd. par Benedetta Zaccarello et Emmanuel de Saint Aubert, Genève, MétisPresses, 2013. [130]

Le visible et l'invisible :
VI-ms : manuscrit du *Visible et l'invisible*. B.N.F., volume VII. [191 et 217]
VI1 : *Réflexion et interrogation* (mars-avril 1959) [191]
VI2 : *Interrogation et dialectique* (mars-avril 1959) [191]
VI3 : *Interrogation et intuition* (novembre 1960) [217]
VI4 : *L'entrelacs – le chiasme* (novembre 1960) [217]
VIx : *L'être préobjectif : le monde solipsiste* (printemps ou été 1959) [191]

XT : « Husserl et la notion de Nature », notes prises par Xavier Tilliette aux cours sur *Le concept de Nature* des 14 et 25 mars 1957 (voir aussi Natu1 et Natu1-ms), *Revue de Métaphysique et de Morale*, 70ᵉ année, n° 3, 1965, p. 259-269 ; repris dans *Parcours deux 1951-1961*, p. 218-234. [172]

INTRODUCTION

§ 1. Intention

Les derniers écrits de Merleau-Ponty frayent deux directions complémentaires, qui touchent aux relations subtiles entre *être* et *chair* dans sa pensée : la tentative d'habilitation ontologique du corps dans le concept de chair, et la tentative symétrique d'une évaluation charnelle de l'être. Le présent volume explore la première direction, ce qui exige en particulier de mieux comprendre la différenciation et l'articulation des concepts de *corps* et de *chair* dans cette philosophie. Il n'est pas rare de rencontrer deux déformations symétriques à ce sujet. D'un côté, des lecteurs – le plus souvent, non-philosophes – qui, sans s'en rendre compte, tendent à rabattre la chair sur le corps. De l'autre, des lecteurs philosophes qui posent entre les deux une nette séparation et l'affirment comme une évidence, laquelle s'avère en réalité une position de principe sans véritable argumentation : un « la chair merleau-pontienne n'est (évidemment) pas le corps » qui tend implicitement à véhiculer, ou du moins à engendrer chez d'autres lecteurs, un « la chair n'est rien du corps ». Si la première tendance est pour le moins réductrice, cette seconde lecture est tout simplement absurde. Ces deux positions sont au plus loin de restituer l'intention du phénoménologue, et manquent dramatiquement l'apport effectif de sa philosophie de la chair.

En particulier, faute de prêter une attention suffisante aux nombreux textes qui font transition entre les premiers et les derniers écrits, on risque à la lecture du *Visible et l'invisible* d'interpréter la notion de chair dans une grande abstraction, en oubliant à quel point elle continue à être lestée d'une pensée de la corporéité irréductible à cette même abstraction. Où l'on peut déceler par endroits les restes insidieux d'une réflexologie aussi grossière que silencieuse : si le concept de chair a une place si éminente dans l'*ontologie* tardive de Merleau-Ponty, alors cette dimension ontologique implique (forcément) un abandon du corps. C'est là retomber dans une mauvaise métaphysique, et interpréter Merleau-Ponty à rebours de ce qu'il veut faire. Une variante plus subtile du même type de raisonnement latent consiste à scénariser l'abandon supposé d'une certaine terminologie – le corps, le schéma corporel, le corps phénoménal, renvoyés à la « chair ontique » – pour une autre – la chair, qui serait la « chair ontologique », brutalement assimilée à la « chair du monde » –, et d'y voir la confirmation d'un mouvement qui quitterait l'anthropologie pour l'ontologie. Notre dernier volume a déjà longuement démonté les illusions d'une rupture anti-anthropologique de l'ontologie du dernier Merleau-Ponty [1]. Le présent ouvrage, par son contenu même, continuera à illustrer ce point.

Aller du corps à la chair, ou encore du corps phénoménal à la chair, s'accompagne bien d'une avancée vers l'ontologie, à ceci près que c'est pour Merleau-Ponty aller vers le sens le plus profond de la corporéité, en se dirigeant conjointement vers le cœur de son anthropologie et de son ontologie – notamment à travers les dimensions de la foi perceptive et du désir [2]. Approfondir le sens *ontologique* de la chair chez Merleau-Ponty exige ainsi, dans un paradoxe qui n'est qu'apparent, de creuser sa conception du *corps*. Il est capital de respecter toute l'épaisseur de signification de la chair dans cette phénoménologie où se surimpriment des apports si divers. La différenciation progressive des concepts de corps et de chair est d'une grande complexité, et passe par une multitude de médiations. Ici comme ailleurs, la patience du concept passe par celle des textes et de leur contexte, par l'attention aux sources, aux débats critiques fondateurs ainsi qu'à la relation vivante que ce philosophe a su entretenir avec différents champs disciplinaires qu'il prend le temps de travailler et d'intégrer librement.

1. Cf. *Vers une ontologie indirecte*, Paris, Vrin, 2006.

2. Avant même les citations et analyses des chapitres qui suivent, voici déjà, parmi tant d'autres, quelques affirmations significatives livrées ici comme une pierre d'attente. Dès l'ouverture du chapitre de la *Phénoménologie de la perception* consacré au corps comme être sexué, Merleau-Ponty demandait : « Cherchons à voir comment un objet ou un être se met à exister pour nous par le désir ou par l'amour et nous comprendrons mieux par là comment des objets et des êtres peuvent exister en général. » (PhP, p. 180) La préparation inédite de son cours sur les *Fondements de la Psychologie* affirmait bientôt sans détour : « La sexualité a [une] signification métaphysique, mais la métaphysique n'est pas un au-delà du corps. » (FP4) Et à l'autre bout de l'œuvre, lorsqu'il décide de rédiger une *Introduction à l'ontologie*, Merleau-Ponty écrit, dès le premier feuillet que l'on a retrouvé en tête de l'enveloppe contenant ce manuscrit, que l'ontologie consiste « à peindre l'homme comme il est vraiment : non pas comme l'ébauche d'une subjectivité absolue, mais comme surrection, lumière au sommet de cet incroyable arrangement qu'est un corps humain. » (EM1 [128]).

L'une des médiations essentielles entre corps et chair relève de l'attention remarquable que Merleau-Ponty a prêtée à la notion de *schéma corporel*. Même si elle apparaît peu dans les écrits postérieurs à la *Phénoménologie de la perception* publiés du vivant du philosophe, cette notion est en réalité au cœur de la maturation du concept de chair, à travers notamment les cours en Sorbonne (1949-1952), les leçons du Collège de France sur *Le monde sensible et le monde de l'expression* (1953), les *Notes sur le corps* (1956-1960, inédites) et la troisième année de cours sur le concept de *Nature* (1960) [1]. Durant cette dernière période, tardive, où la rédaction du *Visible et l'invisible* est déjà entamée depuis un an, certains manuscrits sont étonnants par la proximité d'usage entre « schéma corporel » et « chair », jusque dans certains passages où il suffit d'écrire « chair » à la place de « schéma corporel » pour trouver les formulations que Merleau-Ponty emploie quelques semaines plus tard.

Entreprendre une lecture transversale de sa conception du schéma corporel, en examiner les sources et les enjeux, participe à restituer la continuité de l'œuvre et la fidélité de Merleau-Ponty à lui-même. Cet examen engage à un parcours du rapport du philosophe avec la neurologie, la psychologie du développement et la psychanalyse. Il ne s'agit pas de proposer un exposé approfondi sur les diverses théories, d'abord neurologiques, du schéma corporel, puis, plus psychanalytiques, de l'image du corps, mais de comprendre ce que Merleau-Ponty en a retenu, et en a fait. À reprendre de bout en bout son travail à ce sujet, on est frappé par l'étonnante vocation de cette notion à nouer ensemble les questions de l'unité du corps animé, de ses modes d'expression et de relation au monde, mais aussi de l'unité de la chose et du monde dans leur rapport au corps. Pour Merleau-Ponty, la « merveille des merveilles » n'est pas le pur Je et la pure conscience (Husserl), mais le corps humain et sa puissance d'incorporation. « L'homme n'est pas animalité (au sens de mécanisme) + raison. Et c'est pourquoi on s'occupe de son corps : avant d'être raison l'humanité est une autre corporéité. Il s'agit de saisir l'humanité d'abord comme [une] autre manière d'être corps » [2]. C'est justement cette « manière d'être », ce style qui fait la chair, que les travaux sur le schéma corporel contribuent à mettre en lumière.

Initié par les neurologues Pierre Bonnier et Henry Head à partir d'une étude fine de la spatialité vécue du corps propre, l'effort de

1. Le seul index général, monumental, des occurrences de « schéma(s) corporel(s) » dans le corpus (incluant les inédits) indique que 85 % des apparitions de ce motif sont postérieures à la *Phénoménologie de la perception*.

2. Natu3, p. 269/[37], transcription corrigée.

théorisation du « schéma du corps » (Bonnier), du « schéma postural » (Head) et bientôt du « schéma corporel » ou « image du corps » (Schilder), met en valeur l'unité analogique de nos possibilités corporelles, pourvues de « systèmes d'équivalences » intersensorielles et intermodales. Il se penche sur la forme originale de connaissance, infra-représentationnelle, que le corps propre a de sa situation et de ses compétences, dégageant ainsi une proximité subtile entre perception et imperception, entre conscience perceptive et inconscient. Paul Schilder, au-delà de ses prédécesseurs, met aussi en lumière la nature inter-corporelle et relationnelle de l'image du corps : la façon dont sa dynamique praxique est foncièrement structurée par l'incorporation et animée par le désir d'entrer en relation avec d'autres images du corps.

Organisation intersensorielle et intercorporelle de notre vie, pivot de l'unité de notre être et de notre rapport aux autres êtres, le schéma corporel est pour Merleau-Ponty l'architectonique d'une corporéité qui elle-même architecture le monde. Il est animé par ses investissements en d'autres corps par lesquels seuls il peut édifier sa propre structure : l'unité de ce « schéma » ou « image » du corps – étrange schéma ou image, puisqu'il échappe largement aux représentations conscientes – se forge progressivement dans un tissu relationnel où mon corps, le monde et autrui servent l'un pour l'autre de matrice symbolique. Le schéma corporel implique aussi la question du savoir du corps : ce que le corps connaît, ce qu'il connaît de lui-même, et la modalité originale de cette « connaissance ». Le corps connaît et *se* connaît dans le même temps, selon un narcissisme institutionnel qui porte le monde et autrui dans son « circuit ouvert », et selon une dynamique d'expression qui déborde perpétuellement l'immanence de la conscience. « C'est notre corps qui connaît le corps, et il le connaît en l'exprimant » [1]. Notion étonnamment fédératrice, le schéma corporel a donc chez Merleau-Ponty la vocation presque démesurée de l'articulation, dans sa philosophie de la chair, des questions de l'unité, de la coexistence et de la connaissance charnelles. Son étude répond ainsi directement à son intention philosophique, à sa volonté de dépasser les dualismes anthropologiques en reprenant la question de l'homme à partir de ses modalités d'animation et d'expression les plus corporelles. Il ne s'agit pas de régresser vers un empirisme, encore moins de mépriser l'esprit, mais de faire le pari que l'on retrouvera les caractéristiques les plus hautes de l'identité et des capacités de celui-ci en affrontant la vérité du corps, la chair, corps de toute vérité.

Dans le prolongement de sa compréhension du schéma corporel, Merleau-Ponty conçoit ce qu'il nomme dès la *Phénoménologie de la*

1. ULL [36](III4).

perception « la généralité du corps ». Cette notion originale et difficile est elle aussi essentielle, comme nous le verrons, au passage du concept de *corps* à celui de *chair*. Schéma corporel et généralité du corps conduisent d'eux-mêmes à un troisième pôle de réflexion avec lequel la conception merleau-pontienne de la chair gardera jusqu'au bout des attaches indissolubles : l'*intercorporéité*. Cette troisième direction prend son essor *via* la découverte du schéma corporel comme schéma intercorporel dans le cours sur *Le monde sensible et le monde de l'expression*, et atteint son sommet avec deux motifs tardifs : le thème de l'*Ineinander* des schémas corporels, et la notion de *promiscuité*. La « promiscuité » devient dans les derniers manuscrits une figure privilégiée de la multiplicité spatio-temporelle et relationnelle vécue par la chair, multiplicité introjectée et intégrée, autrement dit constitutive de l'identité et de l'unité même de la chair. En retour, cette promiscuité est inévitablement projetée sur le monde : cette notion participe aussi à l'audace de penser la « chair du monde ». Promiscuité de l'espace et du temps corporels (une spatialité peuplée de corps imaginaires, la mémoire d'une histoire personnelle qui s'est inscrite dans les profondeurs du schéma corporel), promiscuité du corps et des corps, la *chair*, animée par « l'Éros qui a plusieurs paires de bras et gerbes de visages » [1], est le « corps de promiscuité » [2].

Or, pour Merleau-Ponty, ce qui est en promiscuité dans la chair – à travers mon histoire et mon monde, à travers la chair d'autrui, et au-delà d'eux –, est *l'être* même. La chair est l'être de promiscuité qui vit dans la promiscuité des êtres et palpite de celle de l'être – l'être, profondeur commune et lien des êtres, dont la conception même se retrouve ainsi fortement articulée avec l'intercorporéité au sein du projet d'une « psychanalyse ontologique ». La psychanalyse, écrit Merleau-Ponty, « est bien, en dernière analyse, psychanalyse existentielle » : « non pas au sens de Sartre, c'est-à-dire comme révélation d'une position prise par "*la liberté*", mais comme révélation de l'*intercorporéité* » [3]. La revendication d'une « psychanalyse ontologique » se doublera d'une autre formulation, complémentaire, de la même opposition à Sartre : si la philosophie de la chair que Merleau-Ponty tente d'édifier passe par une forme de réécriture et d'intégration de l'anthropologie psychanalytique, ce n'est en rien pour retrouver la transparence de la conscience, mais bien l'expression d'un « inconscient primordial ». Celui-ci n'est pas une formation secondaire comme l'inconscient de refoulement, il est

1. PbPassiv, p. 242/[190](53), transcription corrigée.
2. N-Corps [85]v(4).
3. PbPassiv, p. 246/[258](4).

coextensif à l'être-au-monde de la chair. Il porte l'identité relationnelle même de la personne, tissée par sa vie perceptive et désirante, et, au plus haut point, par « l'*Ineinander* des schémas corporels ».

Schéma corporel, généralité du corps, intercorporéité, inscription structurelle inconsciente de l'intrication des « *body-images* » de Schilder : la chair, dans la conception de Merleau-Ponty, finit par montrer une indéniable proximité avec certaines tentatives psychanalytiques de penser l' « image du corps » ou « image inconsciente du corps ». Et le déplacement conceptuel qui va du *corps* à la *chair* n'est pas étranger à celui qui va du *schéma corporel* à l'*image (inconsciente) du corps*. À ceci près que Merleau-Ponty, justement, ne distingue pas les deux… Aborder la conception merleau-pontienne du schéma corporel pose ainsi un sérieux problème notionnel et terminologique, que ne manquent pas d'aiguiser les travaux les plus récents sur cette même thématique : celui de la différenciation entre « schéma corporel » et « image du corps ». Nous allons longuement y revenir dès l'ouverture de la première section du livre.

Le travail de la notion de schéma corporel, depuis ses sources théoriques premières dans l'essor de la neurologie moderne, jusque dans les éclairages bientôt apportés par la psychologie du développement et la psychanalyse, a conduit Merleau-Ponty à lui donner un statut anthropologique intégral. Celui-ci se distribue selon une dimension *structurelle* (le schéma corporel comme système d'équivalences, son analogicité foncière, qui tisse notre rapport au monde dans la « généralité charnelle »), *cognitive* (le schéma corporel porteur des fondements sensori-moteurs de l'intelligence, la thématique de la compréhension charnelle, notamment dans le phénomène de l'habitude), et *affective* (l'incorporation désirante comme régime de fond de l'être-au-monde déployé par la chair). Un des enjeux du concept de *chair* est de mettre en valeur l'unité profonde de ces trois dimensions, sans laquelle il serait impossible de penser l'unité même de l'homme. Au passage, sont ainsi décelées les limites de leur différenciation, tout particulièrement les limites du clivage entre cognitif et affectif.

Revenir aux fondements sensori-moteurs de notre vie psychique, dans une phénoménologie de la vie perceptive comprise comme toujours déjà expressive (où le schéma corporel entre déjà dans une forme de compréhension du monde avant de donner lieu à des états conscients), aborder la chair à partir du comportement, des typiques du corps vivant en relation avec le monde (l'aborder comme « généralité du corps », son style ou manière d'être), conduit Merleau-Ponty à ne pas réduire l'intelligence à la sphère de la représentation et du langage, ainsi qu'à souligner la façon dont elle est fondamentalement orientée par les enjeux de la relation avec autrui. Comprendre le schéma corporel comme étant d'emblée schéma intercorporel, animé d'une vie désirante soutenant l'ensemble de notre être-au-monde, présente à l'intégralité du tissu de la vie perceptive et expressive, le conduit encore à ne pas réduire le désir à un état affectif, à en donner une lecture non pas énergétique mais structurelle, incompatible aussi bien avec la conception piagétienne de l'affectivité qu'avec l'approche psychanalytique de la pulsion. L'attention remarquable de Merleau-Ponty à la neurologie, à l'épistémologie génétique de Piaget et à la psychanalyse, est donc tout à la fois traversée par de libres inspirations et par des critiques de fond actuelles et fécondes.

Merleau-Ponty soumet en particulier la psychanalyse à la pression de deux mouvements simultanés, en l'orientant vers une prise en compte plus radicale de la corporéité et de l'intercorporéité, et vers une évaluation du désir comme ouverture à l'être : en l'orientant vers la chair. « Une philosophie de la chair est condition sans laquelle la psychanalyse reste anthropologie » [1], affirme une note de novembre 1960, signifiant que cette réflexion sur la chair ménage l'ouverture ontologique de la psychanalyse. Ceci ne renie en rien la démarche par laquelle *L'homme et l'adversité* introduisait initialement le concept de chair en septembre 1951, en en attribuant généreusement la découverte à Freud. De bout en bout, Merleau-Ponty considère que « ce que nous appelons chair » n'avait jusque là « de nom dans aucune philosophie » [2] ; il situe la chair au-delà des antinomies classiques, et la voit à l'horizon du meilleur de la psychanalyse freudienne. Il n'entend donc pas réformer la psychanalyse à partir d'une ontologie préalable – il ne s'agit pas de faire une ontologie (accessoirement) psychanalytique. Il s'agit, et c'est tout autre chose, de délivrer ce qui se fait jour au sein de l'entreprise psychanalytique, de l'aider à cheminer dans le sens de ses propres intuitions, en la libérant d'un carcan qui l'encombre et qui est pourtant cela même que ses propres avancées viennent briser. La psychanalyse serait donc elle-même prégnante d'une approche renouvelée du *corps* et d'une approche renouvelée du *désir* jusque dans sa radicalité ontologique : la philosophie de la chair qui l'enveloppe sourd aussi de son propre sein. Soucieux de libérer la psychanalyse des relents positivistes qui pesaient sur ses premières formulations, Merleau-Ponty veut aussi la protéger de la dérive idéaliste qui menacerait ses dévelop-

1. NT, p. 321.

2. VI4, p. 193 ; « il n'y a pas de nom en philosophie traditionnelle pour désigner cela » (VI4, p. 183).

pements plus récents. La « philosophie du freudisme » annoncée par les derniers écrits entend se démarquer du « tout est langage » de Lacan, et tente de contrer une dernière fois la psychanalyse existentielle de Sartre.

Merleau-Ponty dessine une anthropologie cohérente et originale, qui refuse toute véritable différenciation avec son entreprise ontologique – on ne peut parler de l'homme sans parler de la nature et de l'être (mais l'inverse est aussi vrai), on ne peut analyser la chair sans frayer sa portée ontologique. Une telle indifférenciation pose en retour une question délicate, déjà soulevée par l'intention de dépasser les dualismes : celle d'un éventuel monisme de la chair, dont le concept tardif de « chair du monde » est sans doute l'indice le plus patent. L'œuvre inachevée et en partie inédite de Merleau-Ponty ne se referme pourtant pas sur ce concept, et ébauche d'autres tentatives sur lesquelles débouche ce volume tout en l'ouvrant sur la nécessité du suivant.

§ 2. QUESTIONS DE MÉTHODE

Merleau-Ponty ne fait pas partie de ces penseurs qui taillent leurs concepts à coups de serpe pour construire des citadelles théoriques faites d'évidences qui se contemplent elles-mêmes et engendrent une gnose qui n'éclaire plus que ceux qui se sont enfermés dans leurs murs. Il fait preuve d'une certaine patience de l'expression et de l'écriture. La sienne, mais aussi celle d'autrui, celle de l'écrivain et de la littérature. Il montre aussi une patience de l'expérience. Celle de « la pratique humaine » [1], dans le détail de l'expérience vécue qui intéresse le phénoménologue, mais aussi celle reçue d'une endurance de la non-philosophie, de ses multiples champs expérimentaux ou cliniques et de leur propre attention au réel.

C'est ainsi que, lentement, imprégné d'une langue qui n'est pas née sous la plume des philosophes, nourri d'une expérience qui n'a pas commencé dans la chambre solitaire de la conscience réflexive, se forment ses *figures* – dans l'eau-mère des percepts et des images, des schèmes moteurs qui les nouent ensemble, dans un entrelacs du réel et de l'imaginaire si inextricable que Merleau-Ponty en vient par endroits à le désigner d'un troisième terme : l' « onirique », le « monde onirique de l'analogie » [2]. C'est dans cette eau-mère que se cristallisent ses *concepts*, attentifs à ne pas la quitter, à garder leur traîne figurale et, avec elle, la trace de ce que chacun a été, le germe de ce qui l'enfantera à

1. EP, p. 50.
2. OE, p. 41.

nouveau et de ce qu'il enfantera lui-même. En gardant l'inépuisable de notre être-au-monde. Dès que l'on brise la géode, le processus s'arrête, la cristallisation se fossilise et la concrétion se fait abstraction. Alors on n'a plus *la chose même*, on la reconstruit déjà par survol et projection, en sortant de la spatialité primordiale de cet être sensible où je suis par ma chair, pour rejoindre le ciel projectif où la chose est appréhendée sur fond d'un système prédéfini, et devient *objet*. Comme pour mieux s'en protéger.

Patience de l'expression, patience de l'expérience, patience de la non-philosophie, terreau dans lequel quelque chance est donnée à ce que puisse enfin naître une certaine patience du concept. Et sans lequel ressurgissent, inexorablement, les idoles des pensées de survol. Merleau-Ponty, en somme, est un philosophe. Aussi est-il étrange de voir parfois son œuvre devenir la proie des impatiences les plus diverses – celles qui négligent l'attention au texte, qui revendiquent l'actualité de cette pensée en se dispensant d'en faire l'exégèse, celles qui tolèrent mal que cette philosophie ait reçu de tel ou tel champ scientifique ou clinique, ou encore qui la transcrivent dans un appareillage conceptuel tout fait, aux définitions univoques, au risque de figer en gnose une pensée qui avait pourtant fait l'éloge de la philosophie en l'associant si étroitement à « la critique des idoles » [1].

a) *Merleau-Ponty : un objet d'exégèse ?*

Revenir au texte, aux textes et à leur contexte, est une nécessité pour protéger un auteur des annexions sauvages. Or Merleau-Ponty est sans doute, parmi les philosophes, l'un de ceux qui ont connu et continuent à connaître les annexions les plus diverses, parfois les plus contradictoires. L'intérêt porté à sa pensée sur plusieurs continents dépasse les frontières de la phénoménologie, et de la philosophie elle-même. Abordé du point de vue de la psychanalyse, des *women studies*, des neurosciences, de l'écologie, par des artistes, des danseurs, des personnalités politiques... Une telle diversité illustre ce que peut être le rayonnement pluriel d'une philosophie vivante, et constitue la signature même de sa fécondité. On ne peut que s'en réjouir. Mais lorsque l'on aborde le contenu de ce paysage interprétatif un peu baroque – ce qui est dit de cette philosophie –, malgré l'indéniable qualité de nombre de contributions, il n'est pas rare qu'une certaine perplexité s'installe, et aille grandissante : ne risque-t-on pas, au final, de perdre l'unité et l'identité de cette entreprise philosophique ?

1. EP, p. 50.

Ce n'est pas ici le lieu de passer en revue les atouts et lacunes de chacun de ces angles d'attaque, qu'ils soient thématiques ou disciplinaires. Suggérons simplement que ce qui est le plus souvent manqué est la dimension *ontologique* de cette pensée. Mais aussi, et c'est tout un, l'intrication d'une *anthropologie* et d'une *ontologie*. Précision capitale, car la pensée de Merleau-Ponty a subi depuis longtemps déjà une autre tentation et une autre dérive : celle d'en extraire, parfois aux forceps et dans une étonnante abstraction, une ontologie que l'on tente de purifier d'une façon ou d'une autre de l'anthropologie de l'auteur et de ses multiples rapports, pourtant essentiels, à la non-philosophie.

Par exemple, aborder cette pensée du point de vue des neurosciences sans tenir compte de son rapport à la psychanalyse, ou vice-versa, débouche inexorablement sur une lecture tronquée ; mais celle-ci perd avant tout de sa pertinence parce que le projet *philosophique* de Merleau-Ponty n'est plus envisagé comme tel. Lire *L'Œil et l'Esprit* comme l'œuvre d'un philosophe de l'art, sans voir qu'il s'agit d'abord d'un texte à visée ontologique nourri d'une anthropologie qui surdétermine la vie perceptive et motrice, ne peut restituer à plein la véritable contribution de l'auteur en matière d'esthétique. Ou encore, ne retenir qu'un ensemble de chapitres publié à titre posthume comme *Le visible et l'invisible*, en lui prêtant l'autonomie d'un ouvrage publié par l'auteur, en ignorant son contexte d'écriture – le projet d'ensemble dont il a été extrait, constitué d'autres manuscrits, sans parler de tout ce qui l'a patiemment préparé depuis tant d'années –, fait courir le risque d'inventer un *second* Merleau-Ponty, en rupture schizoïde avec lui-même, qui n'aurait existé que dans l'espace de quelques semaines au printemps 1959 et à l'automne 1960 (périodes de rédaction de ces mêmes chapitres). En particulier, envisager le concept de *chair* dans une perspective directement et exclusivement ontologique – et une perspective centrée sur l'expression de « chair du monde » (sans prêter attention au fait que cette expression n'a existé qu'un court temps de l'écriture de Merleau-Ponty) –, va tellement à l'encontre de ce qui a toujours été l'intention et la méthode du philosophe par rapport à ce même concept, que l'on peut se demander si ce second Merleau-Ponty n'est pas en partie la projection d'un *autre*.

Le tableau de la réception multiple de la pensée de Merleau-Ponty pose enfin, inévitablement, la question de la rigueur intellectuelle de cette philosophie. L'interrogation ne date pas d'hier : un philosophe ambigu, qui ne s'est jamais embarrassé d'une épistémologie, qui mêle allègrement les champs disciplinaires les plus divers, et semble au fil du temps abandonner l'usage classique du concept pour une abondance de métaphores aussi polymorphes que séduisantes. À laisser s'exprimer en nous les habitus du scientifique, cette philosophie peut être soupçonnée d'être grevée par l'usage sauvage du raisonnement par analogie ; d'autres habitus portent à penser qu'elle retombe dans les erreurs de la métaphysique ; d'autres encore confirment, à d'autres lecteurs, que cette même analogicité montre la perméabilité sinon la connaturalité de cette œuvre avec l'intelligence du psychanalyste.

Il est bien question d'analogicité. Et quiconque lira le présent ouvrage découvrira peu à peu combien cette préoccupation n'était pas étrangère à Merleau-Ponty, à tel point qu'il est possible de dégager quelques linéaments d'une épistémologie manquante. Le volume suivant n'oubliera pas ce même souci, puisqu'il se penchera sur le traitement merleau-pontien de l'imaginaire et sur la question de la métaphore. Sur un plan méthodologique, ce problème soulevé confirme la nécessité d'examiner avec le plus de précision possible l'écriture de Merleau-Ponty, en particulier sa terminologie si originale, ses fameuses figures. Ceux qui redouteraient de réduire ainsi la philosophie à la *philologie* peuvent sortir du cercle des inconditionnels de l'auteur pour se confronter aux objections de ceux qui condamnent cette philosophie au motif de manque de rigueur, ou encore peuvent songer à l'étonnante logomachie présente dans certains discours sur Merleau-Ponty, où pleuvent les « chiasmes », « réversibilités » et autres « empiétements »… En autant de mots magiques, de mots-valises, avec lesquels on continue, hier comme aujourd'hui, à faire dire tant de choses à cet auteur, sans se demander si ces termes n'avaient pas pour Merleau-Ponty lui-même un sens un peu plus précis dans tel ou tel contexte. Ceci ne faisant que renforcer, et à bon droit, le soupçon de manque de rigueur qui pèse sur cette philosophie.

b) *Philosophie et non-philosophie*

L'œuvre de Merleau-Ponty, nous l'avons dit, n'intéresse pas que les philosophes. Il s'en faut. Et Merleau-Ponty, de son côté, ne s'est pas intéressé à la seule philosophie. Il s'en faut aussi. Le tout, dans de telles proportions, que ces deux remarques ne sont pas si banales qu'elles en ont l'air. Cette double ouverture, d'ailleurs, ne manque pas de poser problème à certains philosophes. Tout particulièrement lorsqu'elle touche au rapport aux sciences, notamment aux neurosciences, mais aussi au rapport à la psychologie au sens large, notamment à la psychanalyse. Et là, il faut bien constater que la réception de Merleau-Ponty connaît toute la combinatoire des oppositions possibles. Depuis un Merleau-Ponty précurseur des sciences cognitives, jusqu'à un

Merleau-Ponty au secours des psychanalystes dans leur résistance au cognitivisme, en passant par un Merleau-Ponty heideggérien qui finirait par renier tant la psychologie que les sciences. Devant un tel tableau, une fois encore, l'urgence est d'abord de relire l'auteur dont on parle.

Mais aussi de ne pas se laisser trop rapidement emporter par l'impératif, au fond plutôt défensif, d'établir à tout prix l'actualité de Merleau-Ponty. L'actualité et la fécondité d'une philosophie n'ont pas besoin d'être validées par l'actualité et la fécondité d'une autre discipline – ce qui ne signifie évidemment pas que cela ne soit pas possible, et encore moins que cela ne soit pas heureux quand c'est le cas. L'entreprise peut devenir maladroite et naïve, lorsque certains philosophes, parfois dépourvus de toute formation scientifique, veulent que Merleau-Ponty soit adoubé par les neurosciences. Sans parler de ceux, scientifiques, qui revendiquent le parrainage d'un illustre philosophe – un parrainage dont ils n'ont pas besoin, eux non plus, et qui s'appuie souvent sur une lecture rétrospective partielle, décontextualisée, où l'on projette ce que l'on a déjà conçu indépendamment de l'auteur. Les uns comme les autres sautent d'ordinaire à pieds joints par dessus la dimension ontologique de cette pensée, sans laquelle pourtant l'anthropologie merleau-pontienne ne peut vivre.

Une erreur symétrique consiste à viser directement un horizon ontologique en négligeant cette même anthropologie, comme si elle n'était que pensée régionale et secondaire. On renie alors les « curiosités psychologiques » que l'on reprochait déjà à Merleau-Ponty de son vivant – reproche qui avait le don d'agacer prodigieusement ce dernier... Avec l'indulgence condescendante que l'on peut avoir pour les erreurs de jeunesse d'un penseur qui aurait accepté une chaire de psychologie de l'enfant pour revenir de Lyon à Paris, et qui aurait finalement sauvé son âme philosophique en lisant le « second » Heidegger et en reniant les démons des sciences dans *L'Œil et l'Esprit*. Curieusement, nous n'avons pas trouvé de confession publique. Nous n'allons pas reprendre ici l'avalanche des textes de Merleau-Ponty cités et analysés dans notre dernier ouvrage, qui entendait justement mettre un terme à ce dernier modèle de lecture manquée. Signalons simplement que ce nouveau volume prolonge par nombre d'illustrations et confirmations les analyses du précédent. Ainsi, nous rencontrerons plus d'un exemple de la résurgence, dans les manuscrits les plus tardifs et les plus ontologiques, de la terminologie psychologique introduite dix ans plus tôt dans les cours en Sorbonne – terminologie reprise à partir de son sens originel, qui ne sera jamais renié.

c) *L'usage des « inédits »*

Depuis 1992, nombre de chercheurs ont engagé leur propre découverte puis patiente exploration des milliers de feuillets manuscrits déposés à la Bibliothèque Nationale de France. Venus du Japon, des Etats-Unis, du Canada, de Chine, du Brésil et bien entendu de divers pays d'Europe, ils n'ont pas eu peur de se colleter avec une écriture manuscrite pourtant difficile à déchiffrer, *a fortiori* lorsqu'il ne s'agissait pas de leur langue maternelle. Les thèses et publications utilisant avec profit ces documents se sont multipliées. Néanmoins, on entend encore parfois formuler quelques doutes sur l'intérêt à porter aux inédits de Merleau-Ponty. Avec, c'est selon, une position de principe – s'en tenir à l'œuvre publiée –, ou une critique de méthode contre l'indéniable danger qui consisterait à mettre sur le même plan inédits et textes publiés. Nous n'allons pas reprendre ici l'introduction de notre premier ouvrage, qui souligne la pertinence de la consultation des inédits, aussi bien pour des raisons générales dépassant la singularité de Merleau-Ponty que pour d'autres liées à certaines spécificités de sa situation, de sa méthode de travail et de ses modes d'expression [1]. Quelques rappels factuels et méthodologiques s'imposent toutefois.

D'abord, on voit difficilement au nom de quoi Merleau-Ponty constituerait une exception, à part de bien d'autres philosophes dont on étudie et publie patiemment le *Nachlass*. Il est vrai que le travail de ses inédits est difficile, et exigeant. Mais que dire de celui consacré à Husserl, Heidegger, Nietzsche et tant d'autres ? Merleau-Ponty, on le sait, est mort prématurément en 1961, en pleine période de création, alors qu'il projetait et préparait depuis 1947 ce qui aurait dû être son livre majeur. On comprend que l'on puisse accorder aux manuscrits que l'on retrouve après la mort soudaine d'un intellectuel en pleine activité un peu plus d'attention qu'à ceux qu'un philosophe laisse après lui une fois accompli le travail de classement, d'édition et de réédition d'une fin de vie consciente d'elle-même. Aussi est-ce avec raison que Claude Lefort a rapidement entrepris un important travail de publication de quelques ensembles rédigés (*Le visible et l'invisible*, *La prose du monde*). Mais ces publications des années soixante nous ont laissé durant plusieurs décennies dans une situation éditoriale assez problématique.

Publier en 1964 plusieurs « chapitres » du *Visible et l'invisible* était une belle entreprise, que Lefort a menée à bien avec qualité. Mais c'était aussi entamer un processus irréversible : on ne s'en tenait plus à l'œuvre publiée par Merleau-Ponty lui-même. Il était difficile de retracer

1. Cf. *Du lien des êtres aux éléments de l'être*, Paris, Vrin, 2004.

l'évolution intellectuelle du philosophe entre la période des thèses universitaires qui se refermait en 1945 (*La structure du comportement*, la *Phénoménologie de la perception*) et celle des chapitres du *Visible et l'invisible* publiés à titre posthume (rédigés entre 1959 et 1960). Nombre d'hypothèses furent échafaudées sur les transitions, ruptures et influences décisives qui avaient pu conduire le phénoménologue de la perception à une philosophie de la chair et à une entreprise explicitement ontologique. Il a fallu attendre près de trente ans avant que quelques chercheurs commencent à découvrir que le manuscrit publié en 1964 n'était qu'un sous-ensemble, en réalité indissociable d'un projet plus large au titre hésitant – *Être et Monde*, *Le visible et l'invisible* –, comprenant de nombreux autres documents, dont certains groupes de feuillets aussi bien rédigés [1]. Quiconque prend la peine de consulter le manuscrit même du *Visible et l'invisible* réalise d'ailleurs à quel point il s'agit d'un document complexe, raturé, encore en gésine, dont la lecture donne une tout autre impression que l'aspect propre et fini livré par l'édition de Lefort [2].

Ignorant ces faits, il était tentant de lire ces quatre chapitres comme un livre abouti et autonome, ou encore de sacraliser certaines notes publiées à leur suite comme autant d'aphorismes portant à eux seuls leur vérité, sans voir que ces documents de travail sont encodés par des habitudes d'écriture, que les pensées qu'ils portent ne viennent pas de nulle part, mais constituent des tentatives d'expression, par essais et variations. Dans certains textes particulièrement denses publiés à titre posthume, la pensée de Merleau-Ponty, en dialogue avec elle-même, tente de se ressaisir dans la plus grande unité, en une écriture suggestive, mais aussi trop personnelle et fulgurante pour que le lecteur – à qui ces mots ne s'adressent pas – puisse les comprendre sans l'aide d'un réseau de textes convergents. Merleau-Ponty, comme Claude Lefort avait la prudence d'en avertir le lecteur, n'aurait jamais livré ces documents tels quels. Le risque n'était pas moins grand de finir le travail à la place de l'auteur, dans le mimétisme d'une écriture séductrice, sans suffisamment se soucier de la genèse des idées et des textes, de la mise à l'épreuve de leur stabilité thétique par une recherche systématique des tentatives voisines ou divergentes. Par une identification patiente des sources, des interlocuteurs cachés, une reconstitution des lectures du philosophe et de

1. Nous pensons notamment à *La Nature ou le monde du silence*, ou encore à l'*Introduction à l'ontologie*.

2. Aussi peut-on espérer qu'un jour soit proposée une édition génétique du *Visible et l'invisible*, pour mieux donner à voir combien les idées qu'il véhicule restaient encore sur l'établi.

la chronologie de ses manuscrits. Par les habitudes pourtant classiques de l'étude scientifique d'un auteur – qui s'imposent d'autant plus lorsque celui-ci disparaît prématurément en laissant une œuvre importante en préparation.

C'est donc bien parce que l'on ne peut pas mettre sur le même plan les inédits (dont *Le visible et l'invisible*) et l'œuvre publiée par Merleau-Ponty, que la situation éditoriale issue des années soixante devait nécessairement évoluer, et que le don effectué en 1992 par Suzanne Merleau-Ponty à la B.N.F. a permis un tournant de la recherche sur cet auteur. Ceux qui ont pris le temps de faire connaissance avec ce fonds inédit, malgré les difficultés posées par la graphie, la quantité et l'organisation des documents, ont pu découvrir un univers de plus de 4000 feuillets, composé de genres très divers : brouillons de manuscrits, plans et projets de livres, notes de lecture et de réflexion personnelle, sans oublier les préparations des neuf années de cours au Collège de France. Pour ceux qui surmontaient l'inévitable vertige de plonger dans un fonds volumineux et complexe – difficilement exploitable pour qui n'a pas une bonne connaissance de l'œuvre publiée –, s'ouvraient plusieurs mois ou années d'une exploration méthodique, dans la patience des transcriptions, datations et recherches de sources.

Chacun d'entre eux comprenait combien l'intérêt de ce fonds n'est pas de répondre au fantasme d'un manuscrit caché qui contiendrait une thèse révolutionnaire, mais d'accompagner un Merleau-Ponty « se faisant », dans les différentes étapes de son travail, en passant de l'autre côté de la scène éditoriale. Il devenait possible d'éclairer les textes publiés par leur environnement et leur préparation, de découvrir les chaînons manquants sur l'absence desquels nombre d'hypothèses fragiles avaient pu s'édifier. À ces enjeux somme toute universels de l'étude des inédits d'un auteur, s'en ajoutent d'autres plus propres à Merleau-Ponty. La belle écriture du philosophe français se fait par endroits trop lisse ou subtile à force de réécritures, qui tendent à effacer références et emprunts, à masquer les visages précis de ses adversaires derrière quelques désignations générales (intellectualisme, idéalisme, etc.), ou encore à valoriser sa propre démarche en la prêtant généreusement à un autre penseur. C'est « l'imposture professionnelle du philosophe » évoquée par *Le philosophe et son ombre* [1], au titre généreusement encodé, où se cache un Merleau-Ponty plus subversif qu'on pourrait le croire, où se tient un philosophe libre, à la problématique personnelle et au cheminement original. Ses notes de lecture, parfois inattendues, montrent l'ampleur de son travail d'auteurs classiques

1. S(PhiOmb), p. 227.

comme Descartes, mais aussi de divers champs cliniques et scientifiques, ou encore la moindre attention portée à certains philosophes dont on le croyait pourtant lecteur assidu. Un examen approfondi de l'évolution de son lexique au fil des manuscrits permet aussi de prendre la mesure de l'élaboration des célèbres figures qui envahissent les derniers écrits (empiétement, promiscuité, chiasme, réversibilité...), de comprendre l'effort proprement philosophique qui en soutient le schématisme et l'imaginaire.

Prenons un exemple, essentiel au présent ouvrage : l'influence de Paul Schilder. Dans l'œuvre publiée du vivant de Merleau-Ponty, la mention de cet auteur se résume à une note de bas de page dans *La structure du comportement*, deux dans la *Phénoménologie de la perception*, et une référence dans la bibliographie des deux ouvrages. Longtemps, les quelques rares articles que l'on pouvait lire sur la notion de *schéma corporel* chez Merleau-Ponty étaient bien loin de prendre la mesure de son sens et de ses enjeux, notamment pour la conception de la *chair*, jusqu'à parfois tout simplement ignorer qu'il s'agissait là d'une théorie issue de la neurologie. Depuis 1995, la publication des notes de préparation du cours sur la Nature de 1960 (un inédit) a révélé que Merleau-Ponty travaille Schilder activement et tardivement, et dans des directions radicalement nouvelles par rapport à la thèse principale de 1945. Depuis 2011, la publication de la préparation du premier cours au Collège de France, *Le monde sensible et le monde de l'expression* (1953), permet de découvrir le véritable point de départ de la lecture de première main de l'œuvre de Schilder, travail de grande ampleur aussitôt intégré au cœur même de la phénoménologie de Merleau-Ponty. Qu'on le veuille ou non, on ne peut plus lire celle-ci – recevoir ce que, *dans l'œuvre publiée du vivant* de l'auteur, elle apporte en termes de conception du rapport perceptif, expressif et désirant au monde et à autrui, en termes de conception de la chair – de la même manière.

Évoquons encore un autre exemple, que l'on trouvera lui aussi développé dans ce livre : la fameuse *réversibilité*, « phénomène fondamental » [1], « réversibilité qui définit la chair » [2], et qui serait « vérité ultime » [3]. Avant la publication du *Visible et l'invisible* (un inédit), qui aurait pu déceler l'existence même de ce concept chez Merleau-Ponty ? Après cette même publication, combien d'encre a coulé et coule encore à son sujet... Jusqu'à un certain aveuglement. Un aveuglement sur le fait que les textes qui en parlaient étaient presque tous datés du seul

1. VI4, p. 203.
2. VI4, p. 189.
3. VI4, p. 204.

mois de novembre 1960. Un autre sur le fait que les cours en Sorbonne – auxquels les chercheurs pouvaient pourtant déjà avoir un accès significatif, y compris avant l'édition Cynara de 1988 – évoquaient eux-mêmes un concept de réversibilité, mais en s'opposant farouchement à lui. Quelques textes posthumes en venaient ainsi à occulter une partie de l'œuvre publiée, d'autant plus qu'ils étaient lus de manière décontextualisée, dans un certain manque de rigueur sur leur statut, comme sur leur place dans l'économie et la temporalité de l'écriture de Merleau-Ponty. À ne lire que ces mêmes documents, à ne connaître que la fin de l'histoire faute de pouvoir accéder aux autres inédits, on a eu tendance à réduire la réversibilité merleau-pontienne au sentant-senti, lui-même réduit à une simple extension du touchant-touché husserlien. Dans ce cas comme dans tant d'autres, l'accès à l'ensemble des manuscrits est lourd de surprises qui sont loin de n'apporter que des réajustements de détail, et qui permettent de mieux éclairer et comprendre l'œuvre publiée par Merleau-Ponty que la lecture fascinée de quelques passages inédits sortis de leur contexte.

La situation éditoriale actuelle n'est pas pour autant devenue idéale, et ne brille pas par son unité. Pour différentes raisons, que l'on peut regretter, les documents publiés à titre posthume depuis 1995 l'ont été chez des éditeurs fort divers, et certains ont bénéficié d'une qualité de transcription qui laisse à désirer. Il faut néanmoins saluer le travail accompli. L'accueil fait à ces éditions a d'ailleurs toujours été excellent. Avec néanmoins un nouveau risque à la clef, du moins une réflexologie quelque peu déroutante, surtout de la part de ceux qui continuent malgré tout à critiquer l'intérêt des « inédits ». Qu'est-ce que l'on nomme désormais de la sorte ? Curieusement, dès qu'un document inédit est publié, il change immédiatement et magiquement de statut, l'indésirable devient désirable, le non-intégrable intégrable, bientôt traduit en anglais, italien et japonais, cité au même titre que la *Phénoménologie de la perception*, et plus personne ne s'inquiète de rien. Où l'on retrouve alors, simplement déplacé du *Visible et l'invisible* à d'autres documents, le même phénomène et l'illusion qui l'accompagne, comme si le cours sur la passivité ou le cours sur l'ontologie cartésienne, par exemple, n'avaient jamais été des « inédits »… Ces malentendus et ces illusions d'optique proviennent en partie d'un processus de projection, où chacun est tenté de confondre l'œuvre publiée « légitime » avec celle qu'il a déjà lue et travaillée – et dans laquelle il inclut depuis 1964, sans même s'en rendre compte, une part significative des inédits.

§ 3. Construction de l'ouvrage

a) *Circulation interne*

En deçà et au travers d'une structuration thématique qui apparaît clairement à la lecture de la table des matières, ce livre est animé d'un mouvement général qui va du *corps* à la *chair* et, toujours plus tôt qu'on pourrait le croire, au *désir* ; ou encore, et c'est tout un, du corps à la chair et, toujours plus tôt qu'on pourrait le croire, à l'*être*. Sur un plan disciplinaire, on pourra aussi déceler une succession de dominantes, de la *neurologie* à la *psychologie du développement* et à la *psychanalyse*, tout en pointant régulièrement, et plus encore au final, vers l'*ontologie phénoménologique* de Merleau-Ponty. Au final, mais là aussi, toujours plus tôt qu'on pourrait le croire, car Merleau-Ponty est de bout en bout philosophe, phénoménologue et, n'ayons pas peur du terme, métaphysicien. Il ne se laisse pas découper en questions, disciplines ou courants de pensée étanches, sans que l'on passe radicalement à côté de ce qu'il fait et nous apporte.

Si bien que le lecteur philosophe ne devrait pas se risquer directement au dernier chapitre sans avoir lu ceux qui précèdent : c'est bien dès le début qu'est entamé le mouvement conceptuel qui va du corps à la chair et au désir comme à l'être. Le premier chapitre, *Le schéma corporel ou le corps analogique*, ouvre déjà à lui seul nombre des directions frayées par la suite ; symétriquement, si la mystérieuse « chair du monde » n'est directement thématisée que dans le dernier chapitre, c'est en réalité l'ensemble de l'ouvrage qui l'introduit et la travaille, ne serait-ce que par la notion de « généralité du corps » abordée d'emblée. Par ailleurs, le lecteur intéressé par – ou inquiet devant – l'intérêt porté par Merleau-Ponty à la neurologie, à la psychologie de l'enfant et à la psychanalyse, ne devrait pas se contenter d'une lecture thématique à partir du sommaire de l'ouvrage : c'est bien jusqu'au bout qu'il sera question de schéma corporel, d'image du corps, de pulsion et de désir…

Il n'est pas pour autant question de faire le tour de l'influence, sur Merleau-Ponty, des disciplines ainsi convoquées, et encore moins de passer en revue tous les auteurs qu'il a travaillés : ce livre, comme les précédents, poursuit un parcours philosophique avant tout soutenu par des questions et des horizons d'idées. Psychologie du développement et psychanalyse reviendront ainsi dans le prochain volume, notamment à travers la notion d' « ultra-chose » inspirée de Wallon, ou encore avec une étude complémentaire sur la conception merleau-pontienne de l'inconscient, qui ne va pas sans interroger son rapport à Binswanger. Le fait que cet ouvrage s'inscrive dans la suite d'un parcours implique aussi que sa lecture, en toute rigueur, requiert celle des trois volumes précédents, qui abordent déjà largement la genèse du concept de chair chez Merleau-Ponty – notamment dans sa constitution anti-cartésienne et anti-sartrienne, son rapport effectif au *Leib* husserlien et à l'incarnation marcellienne, sa dette d'emblée explicite à l'égard de la psychanalyse, sa relation essentielle avec divers autres champs non-philosophiques, ou encore la forte articulation qu'elle entretient entre ontologie et anthropologie [1]. À chaque fois que cela sera nécessaire, nous renverrons donc à tel ou tel développement publié antérieurement.

b) *Quatre lignes de progression complémentaires*

Cette dynamique globale se développe selon plusieurs lignes de progression complémentaires. La première d'entre elles procède de la restitution de l'influence des théories du schéma corporel, ce qui nous conduira rapidement à plusieurs entrées essentielles soutenant la conception merleau-pontienne de la chair – en particulier, la généralité du corps, l'intercorporéité et l'inconscient. Nous serons amenés à rencontrer l'influence de Wallon et de Lacan, et à examiner la façon très personnelle dont Merleau-Ponty renoue avec Husserl durant la période des cours en Sorbonne. Après trois chapitres (section A) qui progressent du corps à la chair, mais aussi du schéma corporel à l'image (inconsciente) du corps, la section suivante complète cette progression par un premier chapitre qui retrouve les directions croisées de l'intercorporéité et de l'inconscient dans la « promiscuité », figure originale du dernier Merleau-Ponty, proche de l'empiétement, et initialement inspirée du commentaire d'un texte précis de Freud.

Ce faisant, ce même chapitre IV fait transition vers une seconde ligne que nous pourrions nommer, en usant d'un terme peu merleau-pontien, la compréhension charnelle du « cognitif » – à ceci près que cette compréhension déstabilise justement les frontières sinon la pertinence d'une telle catégorie. Les thèmes de l'ignorance active, de la vérité familière et ignorée, ou encore de l'inconscient comme mode de connaissance perceptive et de l'imminence de la vérité, nous conduiront en effet à interroger la conception merleau-pontienne de l'intelligence. Interrogation qui engagera aussitôt le rapport critique du phénoménologue à l'épistémologie génétique de Jean Piaget, à travers sa

1. Cf. notamment *Du lien des êtres aux éléments de l'être*, *op. cit.*, section A, chap. III et IV, section B, chap. III ; *Le scénario cartésien*, Paris, Vrin, 2005, chap. I et III ; *Vers une ontologie indirecte*, *op. cit.*, chap. I, II et VI.

reprise des motifs de l' « amorphe » et de la « réversibilité » (chapitres V et VI). Le porte-à-faux de Merleau-Ponty par rapport au constructivisme piagétien ne l'empêche pas d'identifier chez le même Piaget quelques contributions positives issues de sa propre tentative de retrouver les fondements perceptifs et moteurs de l'intelligence. Il travaille aussi ces fondements dans la psychologie de la forme, dans la psychologie des méthodes dites « projectives », ou encore dans l'intérêt original de Melanie Klein pour nos « tendances épistémophiliques » (chapitre VII). Ces influences croisées conduisent Merleau-Ponty à prêter abusivement à M. Klein une notion qui vient d'ailleurs et qui finit surtout par être sienne : celle d'ambiguïté. De la promiscuité à l'ambiguïté, en passant par l'analogicité, le polymorphisme et la réversibilité, nous aurons ainsi traversé tout un pan de la façon originale dont la philosophie de la chair de Merleau-Ponty est, discrètement mais réellement, lestée d'une conception de l'intelligence.

Avec l'étude du rapport de Merleau-Ponty à l'œuvre de Melanie Klein (chapitre VII), s'ouvre une troisième ligne de progression, que nous pourrions symétriquement nommer, en usant à nouveau d'un terme peu merleau-pontien, la compréhension charnelle de l' « affectif » – à ceci près que cette compréhension, là encore, déstabilise les frontières sinon la pertinence d'une telle catégorie. Ici, le débat critique de Merleau-Ponty avec la perspective développementale de Piaget cède la place à un autre débat, à première vue plus conciliant, avec la métapsychologie psychanalytique (section C). Pourtant le phénoménologue est loin d'intégrer celle-ci sans lui imprimer quelques torsions significatives. Merleau-Ponty reste jusqu'au bout fidèle à ce qui fut son premier mouvement vis-à-vis de Freud – remplacer ses « métaphores énergétiques » par des « métaphores structurales » [1] –, et demeure étrangement silencieux sur la conception freudienne de la pulsion, tout en frayant une pensée du désir qui n'est précisément pas assimilable à celle-ci (chapitres VIII et IX). L'importance accordée à l'œuvre de Melanie Klein se complique ainsi d'un paradoxe : c'est sans doute avec celle-ci que la proximité de Merleau-Ponty avec le champ freudien, proximité reconnue et défendue, mais aussi la distance, inavouée sinon impensée, sont allées le plus loin. De l'énergétique au structural, de la pulsion au désir. Les dernières avancées de ses réflexions sur la perception et le désir écartent résolument Merleau-Ponty de la logique de la satisfaction et du remplissement, ce qui ne manquera pas de nous renvoyer à une autre confrontation, avec le traitement husserlien de l'intentionnalité pulsionnelle.

1. SC, p. 237.

Si nombre de psychanalystes se sentent concernés par l'œuvre de Merleau-Ponty, certains sont lucides sur le caractère pour le moins personnel de son intégration de l'anthropologie psychanalytique. Ils vont jusqu'à adresser à cette pensée quelques objections majeures, que l'on ne peut pas évacuer au simple prétexte qu'elles ne sont pas toujours d'ordre strictement philosophique. De notre côté, au fil des trois lignes de progression que nous venons d'introduire, qui sont aussi trois lignes de force de la conception merleau-pontienne de la chair, nous aurons régulièrement croisé des points de fragilité de ce même concept. Mais en devinant aussi et aussitôt que ces fragilités du concept reflètent en partie celles de ce qu'il tente de signifier : celles de la chair elle-même. Ceci constitue une quatrième ligne qui traverse l'ensemble de notre ouvrage et connaît deux temps privilégiés, la section B et le dernier chapitre du livre.

Avec la « promiscuité », le « polymorphisme », ou encore la « réversibilité », Merleau-Ponty tente en effet de penser l'identité de la chair à travers son étonnante multiplicité, malgré elle et grâce à elle. Une multiplicité telle qu'elle semble pourtant menacer l'unité de la chair comme sa possible conceptualisation. Par ailleurs, la tentative précoce et pérenne de penser la « généralité du corps », la puissance de généralité et de généralisation de soi de la chair, conduit Merleau-Ponty à concevoir notre être-au-monde comme un rapport expressif avec des êtres tapissés de notre chair, à envisager notre relation à chaque chose comme relation à un autre schéma corporel, tant et si bien que notre être-au-monde se révèle en définitive être-à-la-*chair du monde*. Ces deux aspects de sa philosophie de la chair – la complexe et difficile unité de la chair, et sa généralisation à toute chose – accompagnent l'évolution de sa conception du schéma corporel vers les contrées de l'image inconsciente du corps, évolution renforcée par l'importance croissante accordée aux thèmes de l'intercorporéité, du miroir, du narcissisme et, bien entendu, du *désir*.

Chair du monde et désir : ce double point d'attraction de l'ensemble de notre livre pousse dans ses retranchements aussi bien l'anthropologie que l'ontologie de Merleau-Ponty, et, ce faisant, leur articulation intime. Il trouvera son plein développement dans le dernier chapitre, selon un mouvement de pensée qui conduira naturellement à établir le bilan de ce volume. Le processus de généralisation, sinon de projection, qui soutient le concept de « chair du monde », pose la question la plus délicate qui soit : que reste-t-il finalement dans cette pensée d'une possible différenciation entre les figures de la chair et celles de l'être, et, partant, de la différenciation entre l'être et la chair eux-mêmes ? Il nous faudra examiner les éventuelles impasses d'une « chair du monde » qui contient voire retient une pensée du désir, et fréquente le vertige d'un monisme de la chair. Cette tentative conceptuelle tardive ne doit cependant pas masquer d'autres tentatives contemporaines, qui contribuent aussi, et peut-être de manière plus convaincante et féconde, à la recherche merleau-pontienne de la profondeur commune de la chair et de l'être dans la tension du désir.

Le dernier chapitre du livre ouvre une fenêtre sur ces autres tâtonnements tardifs de l'ontologie inachevée de Merleau-Ponty. Mais leur pleine compréhension nécessitera d'aborder l'autre versant des relations entre *être* et *chair*, dans le second volet à venir du diptyque *Être et chair* – passant de l'être de la chair à la chair de l'être, de l'habilitation ontologique du corps à l'évaluation charnelle de l'être. En particulier, la compréhension de l' « invisible » nous conduira à approfondir la conception que Merleau-Ponty se fait de l'inconscient, indissociable de sa réflexion sur le schéma corporel, et pourtant impossible à aborder dans toutes ses dimensions avant d'avoir traversé quelques éléments qui seront essentiels au cinquième volume de notre parcours – notamment l'imaginaire et son lien au réel, la cristallisation de l'inépuisable dans la donation en chair, sans oublier le thème nodal et ultime de la profondeur. Autant de lignes qui nous permettront de continuer à creuser, au croisement du plus anthropologique comme du plus ontologique, une question elle-même indissociable de la conception de l'inconscient, celle du désir.

SECTION A

DU CORPS À LA CHAIR

PRÉALABLE

SCHÉMA CORPOREL OU IMAGE DU CORPS ?

§ 1. NI SÉPARER NI CONFONDRE

Nous avons hésité sur le titre à donner à cette première section, car le mouvement qui va « du corps à la chair » chez Merleau-Ponty peut en partie être interprété comme une dynamique qui progresse « du schéma corporel à l'image du corps ». Mais cette seconde formulation pose plusieurs difficultés. L'expression « image du corps », à la différence de « corps », « chair » et « schéma corporel », ne connaît pas chez Merleau-Ponty une conceptualisation spécifique. Cette même expression est par ailleurs équivoque, aussi bien en tant que telle – image scopique ou imaginaire inconscient ? – que dans la diversité d'élaboration théorique qu'elle recouvre – qu'y a-t-il de commun entre l' « image du corps » chez Shaun Gallagher et chez Françoise Dolto, pour ne retenir que deux auteurs emblématiques ? Enfin et surtout, peut-on, doit-on distinguer *schéma corporel* et *image du corps* ? Cette question déjà ancienne, toujours d'actualité, est éminemment difficile. Sa résolution dépasse largement le cadre d'une étude de la pensée de Merleau-Ponty, ou même d'un ouvrage de philosophie. Nous ne pouvons pourtant pas commencer sans l'aborder rapidement, pour éviter quelques graves malentendus, et en raison des parrainages ou anticipations que certains ont pu prêter à Merleau-Ponty dans le champ des neurosciences comme dans celui de la psychanalyse.

Shaun Gallagher domine à l'évidence la littérature contemporaine consacrée à ces deux notions et, plus encore, à leur distinction. Merleau-Ponty étant l'une de ses références philosophiques privilégiées pour ce même sujet, il est inévitable de croiser sa route dès l'ouverture de notre examen du sens et des enjeux de la notion de schéma corporel dans la conception merleau-pontienne de la chair. Ceci s'avère d'autant plus nécessaire que les travaux de Gallagher sont ponctués d'erreurs d'interprétation qu'il nous faudra préalablement dissiper avant d'aller plus loin. Contrairement à ce que Shaun Gallagher affirme régulièrement, Paul Schilder n'identifiait pas son concept d'image du corps à une image consciente et une représentation mentale du corps propre ; et contrairement à ce que Gallagher indique par endroits, Merleau-Ponty n'a jamais entamé une véritable différenciation entre schéma corporel et image du corps. Nous pensons que l'on peut néanmoins discerner chez Merleau-Ponty, rétrospectivement, certaines avancées significatives dans la direction de l' « image du corps », mais dans une signification totalement étrangère à ce que Shaun Gallagher entend par là aujourd'hui, et presque aux antipodes – nous y reviendrons.

Merleau-Ponty emploie de bout en bout l'expression de « schéma corporel », et ne traduit jamais « *body-image* » qu'il lit chez Paul Schilder par une autre expression que « schéma corporel ». On ne peut d'ailleurs en conclure qu'il fait là une erreur de traduction ou d'interprétation. Car Schilder lui-même n'opère pas une telle distinction *conceptuelle*. Les aléas de son histoire professionnelle l'ont conduit à quitter l'Autriche pour les Etats-Unis, et à passer de l'allemand à l'anglais : *Das Körperschema* [1] (publié en 1923), se prolonge par *The Image and Appearance of the Human Body* [2] en 1935. Passant d'une langue à une autre, Schilder change d'expression (de « schéma » à « image »), sans pour autant abandonner la première, et sans véritablement expliciter pourquoi : démarche de traduction, souci d'harmonisation avec les usages qui ont cours dans les travaux correspondants en langue anglaise, évolution de sa conception ? Ce qui est certain, parce que Schilder prend soin de le préciser dès le début de sa préface, c'est que l'étude de 1935 s'inscrit en pleine continuité avec celle de 1923. Schilder traduit « *Körperschema* » par « *schema of the body* », l'associe immédiatement à « cette image spatiale que chacun porte en soi » [3], puis prend soin de préciser qu'entre 1923 et 1935, il n'est pas passé de la

1. *Das Körperschema. Ein Beitrag zur Lehre vom Bewußtsein des eigenen Körpers* (Le schéma corporel. Contribution à l'étude de la conscience du corps propre), Berlin, Springer, 1923, 92 p.

2. *The Image and Appearance of the Human Body : Studies in the Constructive Energies of the Psyche*, Londres, K. Paul, Trench, Trubner, 1935, 353 p. ; puis New York, International Universities Press, 1950 (édition notée IAHB) ; *L'Image du Corps. Étude des forces constructives de la psyché*, traduit de l'anglais par François Gantheret et Paule Truffert, Paris, Gallimard, 1968 (traduction française notée IC).

3. IAHB, p. 7 ; IC, p. 31.

neurologie à la psychologie. « Je voyais clairement dès cette époque, souligne Schilder en évoquant son premier livre, qu'une telle étude ne saurait se fonder seulement sur la physiologie et la neuro-pathologie, mais devait aussi faire appel à la psychologie » [1]. Et Schilder de citer aussitôt *Das Körperschema* : « Ce serait une erreur de s'imaginer que la phénoménologie et la psychanalyse peuvent ou doivent être séparées de la pathologie du cerveau. Il me semble que la théorie de l'organisme pourrait et devrait être incorporée dans une doctrine psychologique qui voie la vie et la personnalité comme une unité » [2]. Avant d'affirmer que son nouveau livre s'inscrit exactement dans la continuité de cette position. D'où, en retour, la constance de traduction de Merleau-Ponty, qui lit et comprend suffisamment Schilder pour s'assurer de la permanence de sa démarche.

Ces faits ne font que renforcer la question de l'éventuelle nécessaire différenciation conceptuelle à laquelle Shaun Gallagher tente de répondre, mais les ignorer ou les dénier empêche de poser correctement ce même problème. Et comme souvent, au-delà des erreurs historiques et/ou exégétiques que l'on peut faire sur un auteur, le plus intéressant est ce que celles-ci révèlent sur un plan épistémologique et philosophique. La démarche de Merleau-Ponty, parce qu'elle est philosophique, reste étrangère à la formation et au maniement des concepts scientifiques qui sont moins des concepts, justement, que des fonctions formalisantes (au sens mathématique de « fonction »), voire les index nominaux de mécanismes isolables (par exemple, de mécanismes neuronaux). La puissance *compréhensive* des concepts philosophiques passe par un travail du et des concepts eux-mêmes (par une analyse de notions), et vise un tissu de phénomènes, ou du moins un phénomène pris dans son ensemble. Elle n'est pas du même ordre que le pouvoir *explicatif* de concepts opératoires dont la vertu signifiante réside moins dans une densité de sens interne (toujours pétrie d'un minimum d'analogicité, dans le cas d'un concept philosophique) que dans l'efficace d'un réseau de relations logiques aptes à rendre compte et à clarifier un ensemble de mécanismes. Ceci n'empêche pas ces mêmes concepts scientifiques de pouvoir interroger et nourrir en retour, *a posteriori*, des concepts philosophiques, mais en tant que tels toute densité philosophique propre leur ferait perdre en efficacité et en rigueur : ils sont nécessairement univoques.

Il faut aussi souligner le décalage profond qui sépare l'approche anthropologique transversale qui restait celle de Schilder et Merleau-

1. *Ibid*.
2. *Das Körperschema*, cité par IAHB, p. 7 ; IC, p. 31.

Ponty – ambition typique d'une époque, et qui n'était pas étrangère aux neurologues pionniers des recherches sur le schéma corporel –, et l'approche neurologique contemporaine. Schilder faisait le pari d'une étude intégrant aussi bien les apports de la neurologie que ceux de la phénoménologie et de la psychanalyse. Au croisement de ses multiples compétences (neurologie, psychiatrie, phénoménologie, psychologie de la forme, psychanalyse...), il revendiquait lui-même une conception personnelle du *Leib* tablant sur l'hypothèse qu' « il n'y a qu'une seule unité, c'est le corps » [1]. Il recherchait une « psychologie » (ou « philosophie » [2]) assumant à la fois l'organique et le fonctionnel, la physiologie et l'étude de la personnalité, jusqu'à évoquer une « psychobiologie » [3]. Quand on voit l'ouvrage de 1935 parler de « schéma du corps » (*schema of the body*) ou « schéma corporel » (*bodily schema* ou *body schema*), de « modèle postural du corps » (*postural model of the body*), d' « image posturale » (*postural image*) et d' « image du corps » (*body-image*) – le tout, dans des passages qui traitent directement de la question de l'intrication des *body-images*, de la « relation sociale » et « libidinale » entre images du corps –, il est patent que son concept de « *body-image* » entend maintenir jusque dans ses dimensions les plus psychanalytiques une pleine continuité avec les travaux neurologiques fondateurs sur le schéma corporel, en particulier avec ceux de Head sur « le schéma postural ». Cette même continuité intéresse le projet philosophique de Merleau-Ponty, et vient nourrir sa conception de la *chair*. Un concept précisément marqué par l'intégration commune de ce que certains ont plus tard pu nommer « schéma corporel » et « image du corps ».

Cela ne signifie pas pour autant qu'il faut en rester à une indifférenciation des deux. Mais on ne peut pas sauter à pieds joints hors de la genèse complexe de ces notions, contemporaine des fondations de la neurologie moderne et d'une interdisciplinarité qui s'étendait jusqu'à la psychanalyse et la philosophie. On peut encore moins tomber dans l'illusion rétrospective qui consiste à croire que les distinctions actuelles s'esquissaient d'emblée – surtout lorsque celles-ci vont dans le sens contraire de l'intention de ces mêmes travaux –, car une telle illusion

1. IC, p. 295 ; IAHB, p. 283.

2. « La philosophie et la psychologie devraient être considérées comme essentiellement identiques, à ceci près que la philosophie a une tâche supplémentaire : accorder aux données de la psychologie les autres enseignements de l'expérience. » (IC, p. 33 ; IAHB, p. 9).

3. « Ainsi conçue, la psychologie est nécessairement une psychobiologie (pour reprendre le terme d'Adolphe Meyer), qu'on peut aussi appeler une *Naturwissenschaftliche Psychologie*. » (IC, p. 32 ; IAHB, p. 7) « J'ai toujours été convaincu qu'il n'existe pas de hiatus entre l'organique et le fonctionnel. » (IC, p. 31 ; IAHB, p. 7).

empêche ces travaux de continuer à apporter leur propre fécondité en matière d'anthropologie philosophique.

L'ensemble de ce livre, plus particulièrement dans ses première et dernière sections, sera ponctué d'éclairages et de suggestions sur une possible différenciation. Et nous essaierons, dans la mesure du possible, de ne pas employer « schéma corporel » et « image du corps » de manière parfaitement substituable. C'est qu'il ne s'agit ni de confondre ni d'opérer une distinction tranchée de principe. Si l'on veut laisser travailler la fécondité de ce qui se joue ici – et c'est bien ce que Merleau-Ponty fait à travers le concept de *chair* –, il est capital de maintenir une labilité entre les deux, et même, plus encore, de laisser se faire une progressive différenciation, jamais établie par avance à coup de définitions univoques, et jamais aussi définitive que des boîtes catégorielles. Enfin, le présent ouvrage ne suffira pas à dresser un bilan sur cette question, car ce travail de différenciation se poursuivra de manière substantielle dans le prochain volume, notamment à travers les développements spécifiques qui seront accordés aux conceptions merleau-pontiennes de l'*imaginaire* et de l'*inconscient* – thématiques évidemment essentielles à la compréhension psychanalytique de l'image du corps.

§ 2. NI SCHÉMA CORPOREL NI IMAGE DU CORPS : MERLEAU-PONTY ET SHAUN GALLAGHER

a) *Les définitions de Shaun Gallagher*

Les définitions proposées par Shaun Gallagher pour le schéma corporel et l'image du corps sont aujourd'hui les plus répandues [1]. Ce n'est pas ici le lieu d'engager une analyse critique détaillée de ses travaux, d'autant moins qu'ils développent, pour ces deux notions, une approche peu conciliable avec celle de Merleau-Ponty. Mais les

1. Cf. Shaun Gallagher, « Body image and body schema : A conceptual clarification », *Journal of Mind and Behavior*, vol. 7 (4), 1986, p. 541-554 ; « Body Schema and Intentionality », in *The Body and the Self*, éd. par José Luis Bermúdez, Anthony Marcel, Naomi Eilan, M.I.T., « A Bradford book », 1995, p. 225-244. Shaun Gallagher et Jonathan Cole, « Body image and body schema in a deafferented subject », *Journal of Mind and Behavior*, vol. 16 (4), 1995, p. 369-390. Shaun Gallagher et Andrew N. Meltzoff, « The earliest sense of self and others : Merleau-Ponty and recent developmental studies », *Philosophical Psychology*, vol. 9, n° 2, 1996, p. 211-233 ; « Le sens précoce de soi et d'autrui. Merleau-Ponty et les études développementales récentes », trad. Jérémie Rollot, in *Philosophie du corps*, dir. B. Andrieu, Paris, Vrin, 2010, p. 83-126. Shaun Gallagher, *How the Body Shapes the Mind*, Oxford, Oxford University Press, 2005.

références récurrentes de Gallagher à Merleau-Ponty, ajoutées à la notoriété de son approche, rendent indispensable d'en dire quelques mots avant de poursuivre cet ouvrage, pour écarter d'emblée quelques faux-sens ou contresens qui en handicaperaient la lecture.

Le type de distinction tranchée apporté par Shaun Gallagher doit d'abord se comprendre comme un effort légitime de *clarification* dans un contexte où, depuis près d'un siècle, tant d'auteurs parlent de « schéma corporel » et/ou d' « image du corps » sans être capables d'en donner une stricte définition – sans compter les multiples autres expressions voisines utilisées depuis plus longtemps encore (Jean Lhermitte signalait dès 1939 l'étonnante diversité terminologique de la littérature scientifique consacrée à ces questions). Aux yeux de beaucoup, Paul Schilder est exemplaire de ce flottement terminologique et notionnel, avec une conception de l'image du corps (*body-image*) dont l'ambition anthropologique est tellement intégrale que l'on ne sait plus par quel bout aborder la notion. La tentation, qui sera facilement reçue comme un salut théorique, est alors de passer d'une analogicité soupçonnable d'équivocité à l'univocité la plus ferme, et d'opérer une incision, pour ne pas dire une amputation. C'est un droit, mais il faut alors être lucide sur le fait que cette opération va à rebours de l'effort qui soutenait l'entreprise théorique de la neurologie moderne naissante, lorsqu'elle s'essayait à penser le schéma corporel en assumant la complexité inhérente à toute pensée du corps animal et intentionnel en prise sur le monde. On voit bien, par ailleurs, l'intérêt de définitions strictes, faciles à comprendre, retenir et enseigner, à traduire d'une langue en une autre, si bien que rapidement toute une communauté scientifique est tentée de les adopter. Et certains neurologues de s'exclamer avec soulagement : « enfin on sait de quoi on parle ». On sait sans doute mieux ce que l'on dit, mais il n'est pas certain que l'on ne réduise pas ce que l'on exprime.

Dès que l'on passe au contenu même des définitions en jeu, la formation de ces concepts pose question. Shaun Gallagher voit ses définitions illustrées, sinon confirmées, par l'existence de pathologies neurologiques graves et rares qui, du point de vue des approches neurologiques fondatrices de ces notions, sont des cas de perte radicale de l'unité du schéma corporel. Or, justement, de ce même point de vue, il ne va pas de soi d'éclairer ce qui était envisagé comme le lieu même d'édification de l'*unité* des possibilités perceptives, motrices et expressives du corps animal, par des situations pathologiques qui montrent ce schéma dans une radicale disjonction. Il en va ainsi de l'hémi-négligence, où le sujet conscient semble avoir définitivement « oublié » l'existence d'une partie de son corps tout en restant capable d'utiliser cette partie dans le cadre d'un mouvement automatique (par exemple, boutonner sa veste) : l'hémi-négligence serait exemplaire d'un schéma corporel (*body schema*) intact avec une image du corps (*body image*) déficiente, sinon détruite ou absente. Ou encore certains cas de désafférentation, qui montrent la perte des entrées tactiles et proprioceptives d'une région du corps, celle-ci ne pouvant alors être contrôlée que par des interventions cognitives : ces cas, à l'inverse, seraient exemplaires d'une image du corps intacte avec un schéma corporel profondément handicapé.

Le schéma corporel est alors défini comme un système (en partie inné et non-conscient) des processus qui régulent la posture et le mouvement, un système de nos capacités et habitudes motrices qui fonctionne essentiellement de façon automatique sans avoir besoin du contrôle perceptif. Contrairement à l'image du corps, le schéma corporel n'impliquerait pas une perception, une croyance ou une attitude. Il opèrerait globalement sous le niveau de la conscience et de l'intentionnalité. L'image du corps, de son côté, relèverait fondamentalement d'une perception de son propre corps et, plus largement, d'un vaste système de représentations mentales, attitudes émotionnelles, croyances et comportements se rapportant au corps propre. Très vaste système… qui engage aussi bien les « *explicit body percept, body affect, body concept* », le tout « *sometimes conscious* », sachant que l'intentionnalité serait ici essentielle [1].

Quelle qu'en soit la possible pertinence, une telle dichotomie ne peut pas ne pas donner l'impression d'une régression considérable, en comparaison des approches fondatrices de Bonnier, Head et Schilder, pour qui il est en réalité impossible d'isoler strictement ces deux faisceaux, et qui, par ailleurs, n'auraient pas admis une extension conceptuelle telle que celle attribuée par Gallagher à sa notion d' « image du corps ». Le mérite de leurs approches était d'analyser des *comportements*, des lignes complexes et insécables de notre être-au-monde corporel, et non d'isoler des mécanismes neuronaux. Bonnier s'intéressait à des pathologies de la spatialité du corps propre, mais dont la différenciation même participait à enrichir sa notion transversale de schématie ou « schéma du corps ». De son côté, Gallagher justifie la séparation conceptuelle qu'il opère par l'existence de pathologies révélant l'absence ou le défaut d'image du corps avec un schéma corporel intact, et de pathologies impliquant l'absence ou défaut de schéma corporel et une image du corps intacte. Quelques pathologies aussi particulières et aussi rares ne suffisent pourtant pas à confirmer la

1. Cf. *How the Body Shapes the Mind*, *op. cit.*, p. 24-25, 37-39.

solidité et le caractère opératoire d'une distinction conceptuelle qui regarde des dimensions essentielles de la gestion cérébrale de la vie corporelle. Rien d'ailleurs ne nécessite qu'une distinction conceptuelle soit le décalque, sur un plan catégoriel, d'une séparation empirique.

L'exemple donné pour appuyer l'existence d'une image du corps intacte en absence relative de schéma corporel offre par ailleurs une illustration révélatrice de la conception que Gallagher a de ce qu'il nomme « image du corps » : l'intégrité de celle-ci se révèlerait, dans ce même exemple, par la capacité à contrôler le corps par des interventions cognitives et un guidage visuel des membres qui se substituent aux incapacités du schéma corporel. Un tel contrôle fait appel à un niveau de traitement élaboré qui nous place en dehors du champ le plus général de ce que Merleau-Ponty, de son côté, nomme la *perception*. Dans la désafférentation évoquée par Gallagher, le sujet réalise le geste à faire par décomposition et recomposition de ses éléments, dans une action qui en réalité s'apparente moins à un *geste* qu'à la façon dont la robotique singe le mouvement animal. Ce qui est mis en œuvre dans le cas pathologique invoqué par Gallagher est plus une utilisation de l'image du corps (par autre chose qu'elle) que sa nature propre – ou du moins une certaine utilisation (par traitement cognitif dominant) d'une certain mode de représentation du corps.

b) *Perception et mouvement*

Les définitions de Shaun Gallagher posent aussi question par la forte séparation qu'elles impliquent entre *motricité* et *perception*, la motricité relevant peu ou prou du schéma corporel, et la perception, de l'image du corps [1]. Le tout, dans une conception de la perception associée aux « *body affect* » et « *body concept* », ainsi qu'au registre du volontaire. Il va sans dire que cette séparation va à contre-courant de l'effort, notamment inspiré par la *Gestalttheorie*, de Schilder et Merleau-Ponty pour penser « l'extraordinaire empiétement » [2] et irréductible circularité de la perception et de la motricité au sein du schéma corporel. Un effort qui constitue une ligne essentielle de la conception même de la *chair* chez Merleau-Ponty. Bien entendu, Gallagher ne nie pas cette intrication, qui continue à habiter aujourd'hui bien des travaux en neuro-

1. « Au contraire de l'image du corps, le schéma corporel n'est pas une perception, une croyance ou une attitude. Il est plutôt un système de fonctions motrices (...). » (Shaun Gallagher et Andrew N. Meltzoff, « The earliest sense of self and others... », art. cit., p. 216 ; trad. cit., p. 93).

2. OE, p. 17.

physiologie et sur laquelle il insiste lui-même [1] : une fois de plus, le problème posé par son approche est moins scientifique qu'épistémologique. Prenons un exemple de sa démarche conceptuelle :

> La distinction conceptuelle, entre image du corps et schéma corporel, est relative à la différence entre avoir une perception de (ou croire à) quelque chose et avoir une capacité de se mouvoir (ou la capacité de faire quelque chose). Nous pouvons caractériser l'image du corps comme impliquant les perceptions, les représentations mentales, les croyances et les attitudes où l'objet intentionnel de telles perceptions, croyances, etc. (...) est notre propre corps. Le schéma corporel, au contraire, implique certaines capacités motrices, habilités, et habitudes qui rendent possible le mouvement et le maintien de la posture. Il continue d'opérer, et dans bien des cas opère mieux, quand l'objet intentionnel de la perception est quelque chose d'autre que notre propre corps. Ainsi, la différence entre l'image du corps et le schéma corporel est similaire à la différence entre une perception (analyse ou contrôle) du mouvement et l'accomplissement actuel du mouvement [2].

Appuyer une distinction conceptuelle sur la différence entre *avoir* effectivement (une perception) et avoir une *capacité* de (se mouvoir ou faire), est un peu étrange – ces deux registres ne se situent pas sur le même plan et sont donc difficilement comparables. Ceci se complique du fait que le même passage définit à la fois le schéma corporel par une *capacité* de se mouvoir et par *l'accomplissement actuel* du mouvement, ce qui n'est pas la même chose. Mais surtout, Shaun Gallagher écarte du *schéma corporel* la perception du mouvement, en entendant ici par *perception* – et c'est loin d'aller de soi – l'*analyse* ou le *contrôle* du mouvement. Une telle approche nous place à nouveau très loin de

1. « Evidemment, une perception de notre propre mouvement peut être enchevêtrée de manière complexe avec l'accomplissement de notre propre mouvement, bien que tous nos mouvements ne requièrent pas de percept corporel (*body percept*). » (Shaun Gallagher et Andrew N. Meltzoff, « The earliest sense of self and others... », art. cit., p. 215 ; trad. cit., p. 91) Même propos dans *How the Body Shapes the Mind*, *op. cit.*, p. 24.

2. « The conceptual distinction between body image and body schema is related to the difference between having a perception of (or belief about) something and having a capacity to move (or an ability to do something). We can characterize the body image as involving perceptions, mental representations, beliefs, and attitudes where the intentional object of such perceptions, beliefs, etc. (...) is one's own body. The body schema, in contrast, involves certain motor capacities, abilities, and habits that enable movement and the maintenance of posture. It continues to operate, and in many cases operates best, when the intentional object of perception is something other than one's own body. So the difference between body image and body schema is like the difference between a perception (or analysis or monitoring) of movement and the actual accomplishment of movement. » (Shaun Gallagher et Andrew N. Meltzoff, « The earliest sense of self and others... », art. cit., p. 215 ; trad. cit., p. 91). Passage quasiment identique dans *How the Body Shapes the Mind*, *op. cit.*, p. 24.

Merleau-Ponty. Comme tant d'autres avant et après lui, le phénoménologue est sensible au fait que toute perception implique un mouvement implicite et qu'en particulier il n'y a pas de perception du mouvement sans éveil de projets moteurs, autrement dit sans implication directe du schéma corporel. On perçoit « [le] mouvement, son sens, son allure caractéristique, par [les] possibilités motrices du corps propre » [1]. Le mouvement perçu sollicite notre schéma corporel et ses pouvoirs d'incorporation, qui lisent le mouvement comme un comportement, et qui le font d'autant mieux qu'ils ont projeté sur lui une image du corps animée des projets les plus moteurs comme les plus oniriques. « Chaque spectacle », affirme *Le monde sensible et le monde de l'expression*, est « trace d'une attitude » [2]. Celui qui perçoit n'est pas « un spectateur géomètre » [3], le perçu a une expressivité qui engage en retour l'expression du sujet percevant et en est même déjà la trace. Le mouvement est perçu et reconnu comme l'est une chair : le mouvant « est défini par son *style* », tel celui d'une silhouette, « se mouvoir est pour lui un acte », « un comportement », et il est reconnu « comme une physionomie » [4]. En somme, le mouvement « tente mes capacités d'*Einfühlung* » et nous le percevons par « une sorte de projection anthropologique dans les choses » [5]. Ce ne sont ni l'œil ni l'esprit qui le perçoivent, mais le schéma corporel en son entier, qui vit le mouvement perçu tout en prêtant au mouvant sa propre animation.

Gallagher centre sa définition de l'*image du corps* sur une perception intentionnellement tournée vers notre corps, perception accompagnée de représentations mentales (« L'image du corps, consistant en un ensemble complexe de représentations mentales du corps, implique une forme d'intentionnalité explicite et autoréférentielle »), d'un minimum de maîtrise (« *perceptual monitoring* ») et même d'une « compréhension conceptuelle » de son corps par le sujet, « incluant le savoir mythique et/ou scientifique » [6]. Ce qui, tout de même, fait beaucoup pour une *perception*, et tend à transformer la perception du *corps propre* en perception d'un *objet* (« *taking the body as an object* »). Une telle

1. MSME, p. 119/[87](IX6). « Le mouvement touche en nous des possibilités motrices-expressives. Et inversement nos possibilités (…) s'incarnent en lui. » (MSME, p. 196/[185]).

2. MSME, p. 125/[94](IX11 ou X4).

3. MSME, p. 189/[181](1).

4. MSME, p. 193/[198].

5. MSME, p. 189/[181](1) et 182/[176](5).

6. Shaun Gallagher et Andrew N. Meltzoff, « The earliest sense of self and others… », art. cit., p. 216 ; trad. cit., p. 92. Même propos dans Shaun Gallagher et Jonathan Cole, « Body image and body schema in a deafferented subject », art. cit.

approche engage une conception intellectualiste de l' « *image* » qui est précisément ce dont s'éloigne Schilder – et ce dont s'éloigne plus encore Merleau-Ponty.

S'agissant de la perception, la dichotomie opérée par Gallagher se prolonge, et s'aggrave, dans une forme d'isolement de la *perception* par rapport au champ de l'*expression*. À rebours de toute la phénoménologie de Merleau-Ponty. Et à rebours, déjà, de l'entreprise de Schilder. Dès sa préface, *The Image and Appearance of the Human Body* dessine une direction de travail qui n'a pas manqué de retenir l'attention de Merleau-Ponty : Schilder convoque la *Gestalttheorie* comme essentielle à la psychologie dont il a le projet, une psychologie qui « doit nécessairement mettre l'accent sur l'action », qui « présentera perception et action, impression et expression comme formant une unité » [1]. Passant de cette préface à l'introduction de son livre, Schilder récidive : il n'y a « pas de perception sans action », « perception et expression forment une unité qui ne peut être divisée en ses parties que par une analyse artificielle » [2]. Et l'auteur de conclure cette introduction par un propos à nouveau typique du caractère anthropologiquement transversal de son étude, que nous retrouverons à plein dans les enjeux prêtés par Merleau-Ponty à son propre travail sur le schéma corporel :

> Nous avons donc rejeté l'idée selon laquelle il y aurait des perceptions indépendantes des actions. (...) L'étude de l'image du corps nous placera nécessairement devant ce problème central pour la psychologie : quelle est la relation entre les impressions de nos sens et nos mouvements, ou la motilité en général. Percevoir ou imaginer un objet, ou élaborer la perception d'un objet, ce n'est pas agir purement et simplement comme un appareil perceptif. C'est toujours une personnalité qui éprouve la perception. La perception engage toujours notre propre manière de percevoir. Nous nous sentons poussés à répondre par une action, ce que nous faisons parfois. Nous sommes, en d'autres termes, des êtres affectifs, des personnalités, et une personnalité est un système d'actions et de tendances aux actions [3].

Notre propos n'est pas de dresser Merleau-Ponty ou Schilder contre Gallagher. Il est d'indiquer au lecteur dont la culture, en la matière, partirait de cette source contemporaine majeure, que l'on ne peut aborder et comprendre Merleau-Ponty (et ses propres sources) à partir de l'approche de Gallagher, décalée par rapport aux orientations

1. IC, p. 32 ; IAHB, p. 8. « L'action humaine, poursuit Schilder, dont le sens a été méconnu par la philosophie de Bergson et artificiellement séparée par Kant en raison pratique et raison pure, est ainsi restaurée dans sa pleine dignité. » (*ibid.*).

2. IC, p. 39 ; IAHB, p. 15.

3. IC, p. 39 (traduction corrigée) ; IAHB, p. 15.

fondatrices et novatrices des travaux neurologiques, psychologiques et psychanalytiques qui inspirent les conceptions du phénoménologue français. Avec une grande ouverture intellectuelle et un engagement exceptionnel pour faire dialoguer des champs disciplinaires, mais aussi des manières de pratiquer la philosophie qui ont du mal à communiquer, Shaun Gallagher est un acteur important de débats actuels qui auraient intéressé Merleau-Ponty, mais auxquels il aurait apporté une tout autre approche. En particulier, la conception de la perception que Gallagher associe à sa notion d'image du corps lui aurait paru opérer un appauvrissement regrettable. Entre l'absence de perception du corps propre (dans ce qui serait le schéma corporel) et cette image consciente, sinon maîtrisée et savante, soutenue par un contrôle perceptif, il existe une gamme étendue de divers modes de perception et d'imagination – et d'imaginaire ! – du corps propre, qui ne sont pas pleinement conscients, contrôlés ou volontaires, et qui participent pourtant activement au savoir que notre structure cérébrale possède de nos possibilités et de nos compétences corporelles.

La critique que Shaun Gallagher déploie à l'encontre du motif contemporain de la « simulation » est précieuse, car elle déjoue les pièges d'une métaphorisation peu rigoureuse qui règne parfois dans la fascination engendrée par les fameux « neurones miroirs » [1]. Malgré l'extraordinaire intrication entre percevoir et agir, reconnue depuis longtemps, malgré les progrès plus récents de l'imagerie cérébrale qui permettent de deviner, sur le plan des processus neuronaux ou du moins de leur localisation, de fortes corrélations entre voir quelqu'un agir (ou imaginer une action) et accomplir soi-même cette même action, on n'est pas pour autant en droit de confondre l'un et l'autre sur un plan conceptuel. Gallagher souligne ainsi avec juste raison que la « simu-

1. Dérives où l'on en vient par exemple à surdéterminer, au-delà de sa stricte signification scientifique, la notion de « décharge » d'un neurone (ou encore celle d'« activation »), à assimiler la décharge à un acte, et un acte aussi complexe qu'une simulation. Un simple transfert d'ions entre membranes cellulaires est alors implicitement surdéterminé, dans l'imaginaire, par le modèle énergétique d'une décharge pulsionnelle. Ou encore, la prose par endroits si métaphorisante d'Alain Berthoz se laisse entraîner, au-delà des compétences scientifiques exceptionnelles de l'auteur, à évoquer les « décisions » prises par une simple cellule. Autant l'analogicité est essentielle à la conceptualité philosophique, fait partie intégrante de la vie même du concept, autant son rôle en sciences est délicat : si précieuse, souvent, pour avancer sur le chemin des découvertes et des inventions, mais si périlleuse, parfois, dans l'interprétation rétrospective de ce qui a été découvert. Ce qui pose rarement problème en mathématiques (ce n'est pas parce qu'un mathématicien parle d'une « famille », par exemple, que l'imaginaire de la famille le conduit à déborder la stricte définition mathématique de ce terme), fait plus souvent difficulté en physique, plus encore en biologie, et atteint sans doute un sommet avec l'étude du cerveau.

lation » dont il est question reste en réalité un processus sub-personnel, qui se déclenche spontanément sinon automatiquement, et non une démarche dans laquelle un sujet s'engagerait activement. Comme Gallagher aime à le répéter dans ses écrits et conférences, « *it's not something that I do ; it's something that happens to me* ». Pour autant, lorsqu'il affirme aussi avec force « *I see it ; I don't have to simulate it* », il n'est pas certain que ceci suffise à constituer un argument. Car une telle affirmation ne fait que déplacer le problème, en nous laissant avec une question majeure : « Qu'est-ce que voir ? »... Question éminemment merleau-pontienne. Et qui, chez Merleau-Ponty, engage à plein sa compréhension du schéma corporel – ne serait-ce que parce que la perception, comme Head et Schilder l'avaient déjà largement compris, engage à plein le schéma corporel. La perception n'est ni une pure réceptivité ni une activité contrôlée, elle est passive-active, reçoit et donne, implique consentement et projets moteurs, accommodation et complétion imaginaire. Elle n'est jamais dans un rapport de neutralité avec le perçu, et opère un tri : elle ne prend pas tout, ne rejette pas tout, n'attend pas que les données soient complètes, anticipe et complète celles-ci dans l'imaginaire, cristallise et réussit en deçà d'une totale observation qui est de toutes manières illusoire. D'où une compréhension de la perception (de « la moindre perception », aimait dire Merleau-Ponty) comme engageant toute une ligne d'être-au-monde du schéma corporel, une « manière d'être » où se joue déjà une forme d'incorporation. Ceci ne constitue pas pour autant une « simulation » – du moins au sens où certains l'entendent aujourd'hui –, et ceci est loin de suffire à faire de Merleau-Ponty un précurseur de telle ou telle théorie contemporaine encore fragile (tant certaines sources de Merleau-Ponty, comme la psychologie de la forme, la psychologie des « méthodes projectives », ou encore la psychanalyse, sont souvent étrangères aux auteurs de ces théories, sans parler de l'hostilité qui oppose ceux-ci à celles-là). Mais ceci est suffisant pour souligner l'écart considérable qui sépare Merleau-Ponty des conceptions que Shaun Gallagher, nous allons le voir, lui prête parfois un peu trop généreusement.

c) *Dualismes latents*

Malgré le caractère tranché de ses définitions, Shaun Gallagher souligne combien, mis à part quelques pathologies sévères, schéma corporel et image du corps fonctionnent ensemble et sont étroitement intriqués. Mais il n'est pas certain que l'on soit alors bien armé pour éclairer cette intrication même. Aucune combinatoire d'une bipolarité conceptuelle, même la plus complexe (et la combinatoire de deux éléments n'est jamais bien complexe), ne parviendra à rendre compte d'une telle complexité réelle. Où la clarification notionnelle, lorsqu'elle est volontariste, tend à déplacer les frontières de l'obscurité, voire risque de s'éclairer surtout elle-même en abandonnant le réel dans une nuit encore plus noire. C'est l'éternelle difficulté épistémologique que l'on rencontre avec deux notions parfaitement déliées en sachant que tout l'enjeu est de penser, avec elles, une réalité où elles sont en général inextricables. Ne restent alors, le plus souvent, que des solutions bancales, aussi grossières ou aussi subtiles que la glande pinéale ou l'harmonie préétablie, mais rarement satisfaisantes.

Plusieurs dualismes sont latents dans l'approche de Gallagher : entre *acquis* et *inné*, *personnel* et *pré-personnel*, *volontaire* et *automatique*, (plutôt) *conscient* et (plutôt) *inconscient* – avec une association implicite entre conscient et volontaire d'un côté, inconscient et automatique de l'autre. Il est alors difficile de penser l'important « entre-deux » du volontaire et de l'automatique, et, plus encore, ce qui échappe en partie à l'un comme à l'autre – le traitement merleau-pontien du phénomène de l'habitude, comme nous le verrons, illustre ce point [1]. Il est difficile, aussi, de rendre compte du type de mémorisation original engagé dans la structuration du schéma corporel. Gallagher souligne avec juste raison les dimensions innées du schéma corporel – tout en reprochant à Merleau-Ponty de situer exclusivement ce dernier du côté de l'acquis, ce qui nous semble assez faux –, mais au prix d'en sous-estimer les dimensions temporelles, les processus de sédimentation, l'acquis : l'*histoire* d'un schéma corporel qui ne saurait être reclus dans une couche pré-personnelle n'ayant pas d'impact et n'étant pas impactée par la formation de l'identité personnelle.

Comment penser les apprentissages corporels, les habitudes sensori-motrices, dont la genèse et les mécanismes échappent pourtant en grande partie à ce que Gallagher place par ailleurs sous la notion d'« image du corps » ? Plus largement, comment penser à plein l'enracinement corporel de toute forme d'*apprentissage* (l'intelligence sensori-motrice demeurant à l'état vif au cœur des structurations cognitives ultérieures, étant intégrée et jamais dépassée), l'engagement corporel et la spontanéité impliquée dans toute forme d'*expression* (à commencer dans le geste, et jusque dans la parole), ou encore le champ de notre *passivité* en général et les mécanismes complexes du *souvenir* en particulier ? La perspective strictement neurologique qui était celle de Pierre Bonnier, à travers les phénomènes d'hyper ou hyposchématie, ouvrait déjà cette dimension du « schéma du corps » comme « savoir du

1. Cf. *infra*, chap. I, § 3, p. 90 *sq*.

corps » : non pas ce que nous savons (consciemment, « intellectuellement », réflexivement) de notre corps, mais pour ainsi dire ce que le corps sait de lui-même et, surtout, de ce qu'il peut – plus exactement, ce que notre structure cérébrale « sait » de ceci, en n'y accédant que par l'exercice même du corps dont elle fait partie intégrante. Un savoir non-savoir qui échappe à la plupart des théories classiques et modernes de la connaissance, et que Merleau-Ponty a eu l'art de décrire à maintes reprises [1]. Du sein même de son fonds inné, le schéma corporel déploie d'emblée la « mémoire du corps » – et engage ainsi sa propre transition vers l'image du corps, mais selon une signification de l' « image du corps » étrangère à l'acception qu'en donne Gallagher. Une « mémoire » notamment tissée de la géographie et de l'histoire personnelles et interpersonnelles de la vie désirante. Et si l'on songe, justement, au concept de *désir* – horizon même de la conception du schéma corporel chez Schilder et Merleau-Ponty –, on entrevoit ainsi les difficultés, sinon l'impossibilité, de penser ce même concept dans le cadre notionnel proposé par Shaun Gallagher. Le désir est parfaitement étranger tant à sa conception du schéma corporel qu'à celle de l'image du corps, et on reste bien démuni pour penser son articulation à la corporéité.

Acquis et *inné*, *personnel* et *pré-personnel*, *volontaire* et *automatique*, *conscient* et *inconscient* : la phénoménologie, la neurologie, la psychologie du développement, sans parler de la psychanalyse, au-delà de tout ce qui peut les éloigner, ont diversement contribué à déstabiliser les acceptions tranchées que nous pouvons avoir de ces catégories. Les travaux de Schilder, et plus encore ceux de Merleau-Ponty, relèvent de ces contributions. Aussi est-il nécessaire d'indiquer maintenant plusieurs erreurs de lecture opérées par Gallagher sur ces deux auteurs, dans la mesure où elles tendent à occulter ces mêmes apports.

Selon Gallagher, la notion d'image du corps développée par Schilder voudrait « signifier une image consciente ou une représentation du corps » [2]. Contrairement à Head qui maintiendrait que le schéma corporel n'est pas une image consciente, Schilder identifierait le schéma corporel à une « image ou représentation » du corps propre que nous formerions « dans notre esprit », « représentation mentale » qui serait l' « image du corps » [3]. Il est impossible de résumer ainsi la complexité

1. À ce sujet, cf. *infra*, notamment (mais pas seulement) chap. I, § 3, et chap. IV, § 2.

2. Shaun Gallagher et Andrew N. Meltzoff, « The earliest sense of self and others… », art. cit., p. 214 ; trad. cit., p. 89. Cf. aussi *How the Body Shapes the Mind*, *op. cit.*, p. 22.

3. « Although Head goes on to deny that the body schema itself is a conscious image, Schilder (1935), who claims to be in agreement with Head, equates the postural model of the body with the conscious sensation of position. He equates the body schema, as defined

des positions de Head et de Schilder. Head, qui d'ailleurs ne parle pas de schéma corporel mais de différents schémas (en particulier, du schéma postural), ne situe ce dont il parle ni dans un pur conscient ni dans un pur subconscient, mais évoque des passages complexes de l'un à l'autre. Schilder, à sa manière, fait de même. Mais surtout, on ne peut attribuer à Schilder une image du corps conçue comme *représentation mentale consciente* sans faire le plus grossier contresens et manquer l'essentiel de son apport. L'une des principales nouveautés des travaux de Schilder, par rapport à ses prédécesseurs, est d'introduire l'éclairage de la psychanalyse et de lui accorder une place majeure : autant dire que Schilder ne dirige pas sa conception de l'image du corps vers les lumières exclusives de la conscience. En deçà de cette prise en compte de l'inconscient psychanalytique, ce sont déjà l'attention même au texte de Head, ainsi que les apports de la psychologie de la forme et de la phénoménologie qui éloignent Schilder de la conception de l'image du corps à laquelle Shaun Gallagher le réduit.

Dans ses divers écrits sur la question, Gallagher s'appuie systématiquement sur un unique court passage de l'ouvrage *princeps* de Schilder, extrait de la première page de l'introduction du livre et sorti de son contexte, en lui faisant dire le contraire de ce que Schilder veut en réalité introduire. Plus précisément, l'argumentation de Gallagher tourne autour de quelques mots de la toute première phrase de cette introduction, dans laquelle Schilder évoque l'image de notre corps « que nous formons dans notre esprit » (« *which we form in our mind* ») [1]. En réalité, Schilder ne part de cette acception commune de l'expression « image » que pour mieux introduire, dès l'entame de son livre, combien sa propre conception s'en écarte : « bien que contenant des images mentales et des représentations, ce n'est pas là pure représentation », il s'agit de « montrer qu'il y a ici autre chose que sensation pure et simple, et autre chose qu'imagination » [2].

> Par-delà ces sensations, nous éprouvons de façon directe qu'il y a une unité du corps. Cette unité est perçue, mais elle est plus qu'une perception. Nous disons qu'elle est un schéma de notre corps (*schema of our body*), ou schéma corporel (*bodily schema*), ou encore, comme le fait Head (…), un modèle postural (*postural model*) du corps [3].

by Head, with the image or representation of "our own body which we form in our mind" (Schilder, 1935, 11). He calls this mental representation both a 'body image' and a 'body schema'. » (Shaun Gallagher, « Body Schema and Intentionality », art. cit., p. 227) Même propos dans *How the Body Shapes the Mind*, *op. cit.*, p. 19.

1. IC, p. 35 ; IAHB, p. 11.
2. *Ibid.*
3. *Ibid.*

Schilder introduit donc le terme de « schéma », déjà employé avant lui par Bonnier puis par Head, pour marquer que la réalité ainsi désignée ne se réduit pas à une perception ou à des sensations, mais qu'en deçà d'elles, elle est un modèle agissant portant l'unité comme l'étendue de nos possibilités corporelles, pouvant donner lieu à des états conscients mais sans pour autant s'y réduire. Et Schilder de s'appuyer aussitôt sur de longues citations de Head, soulignant qu'il s'intéresse à des impressions qui « peuvent parvenir à la conscience sous forme d'images, mais plus souvent restent hors de son champ » [1]. D'ailleurs, lorsqu'une sensation finale de position ou de localisation « parvient à la conscience », elle est chargée d'une relation à quelque chose d'autre qui, en tant que tel, n'y parvient pas [2]. Et c'est bien pour « désigner ce standard auquel sont mesurés, avant d'entrer dans la conscience, tous les changements de posture », que Head proposait « le mot “schéma” » [3]. Enfin, prenant l'exemple type du membre fantôme, Schilder précise que « ce fantôme, cette image animée de la jambe est l'expression du schéma corporel » [4] : une *expression*, et non pas une simple transcription ou une représentation, car il y a dans « notre image du corps », comme on peut décidément le soupçonner, « plus que nous n'en savons consciemment sur notre corps » [5].

Sans avoir à se plonger dans la suite du long ouvrage de Schilder, il suffit donc d'en lire l'introduction pour constater l'étonnant contresens fait par Shaun Gallagher, qui semble s'être arrêté aux premières lignes de celle-ci. L'ensemble du livre de Schilder, comme nous aurons maintes fois l'occasion de le voir dans les chapitres à venir, explore cet en deçà de la conscience, cet « avant » ou « arrière-plan » ou « hors champ » [6] qui la déborde et en vient même à la brouiller, qui s'exprime en elle, si bien que nos sensations et images conscientes du corps sont lourdes d'un réseau de relations à autre chose qu'elles, de schémas qui, en tant que tels, échappent à la conscience. Ce que Schilder étudie, comme c'était déjà le cas de Bonnier et de Head, n'est pas l'image consciente et le contrôle volontaire du corps par guidage perceptif – il s'en faut ! –, mais bien plutôt la *spontanéité* de notre rapport corporel à

1. *Ibid.*
2. IC, p. 36 ; IAHB, p. 11.
3. IC, p. 36 ; IAHB, p. 12.
4. « This phantom, this animated image of the leg, is the expression of the body schema. » (IAHB, p. 13 ; IC, p. 37).
5. *Ibid.*
6. « La structure de l'image du corps (...) repose dans une large mesure sur des processus qui restent à l'arrière-plan de la conscience (...) une partie de cette construction est complètement hors du champ de la conscience » (IC, p. 303-304 ; IAHB, p. 291).

l'espace, aux choses et aux autres corps – spontanéité qui ne se réduit ni au champ du volontaire, contrôlé, à l'intentionnalité explicite, ni à celui des automatismes. Cette spontanéité, qui serait détruite si elle donnait lieu à une pleine et entière conscience, n'est pas non plus le fait intégral d'un inconscient, neurologique ou psychanalytique, puisqu'elle est *expression*. La vie perceptive, comme le geste, peuvent se montrer typiques de cette spontanéité et de l'expressivité qui la traverse, brouillant les dichotomies du conscient et du non-conscient, du volontaire et de l'automatique, du personnel et du pré-personnel.

Passons maintenant de la lecture que Gallagher fait de Schilder à celle qu'il propose de Merleau-Ponty. Selon lui, « au niveau conceptuel et analytique », Merleau-Ponty « fait attention à ne pas confondre » schéma corporel et image du corps [1]. Gallagher en voit la preuve suivante. D'un côté, « quand [Merleau-Ponty] dit que le schéma corporel implique une conscience du corps, il précise rapidement ceci en affirmant que ce n'est pas "une conscience positionnelle, représentation, *Vor-stellung*" [2]. En ce sens, il suggère que le schéma corporel pourrait être mieux exprimé comme un ensemble de lois plutôt qu'un ensemble d'images » [3]. De l'autre, Merleau-Ponty mettrait en valeur la spécificité de l'*image* du corps dans l'étape déterminante que constitue l'accès à l'image de soi dans le miroir, lequel procurerait « une objectivation consciente du corps » : « Il accorde une grande importance au miroir ou à l'image spéculaire comme une manière de construire l'image du corps » [4]. Gallagher fait ici référence au cours sur *Les relations avec autrui chez l'enfant*, dans lequel Merleau-Ponty aborde, en réalité, le stade du miroir de Lacan… autrement dit, tout autre chose que la seule construction d'une image du corps consciente et objective. Comme nous le verrons, le traitement du miroir dans la formation du concept de chair chez Merleau-Ponty participe au contraire à enrichir sa conception du schéma corporel, et ce, dans une direction aux antipodes de la conception de l'image du corps que propose Gallagher [5].

Merleau-Ponty ne refuse au schéma corporel la conscience « classique » (positionnelle, représentationnelle) que pour mieux mettre en valeur une autre forme de conscience, « conscience perceptive », conscience tonique d'un bougé, conscience situationnelle, etc. – le cours au Collège de France sur *Le monde sensible et le monde de l'expression*

1. « The earliest sense of self and others… », art. cit., p. 217 ; trad. cit., p. 95.
2. PhP, p. 121.
3. « The earliest sense of self and others… », art. cit., p. 217 ; trad. cit., p. 95.
4. *Ibid*.
5. Cf. *infra*, chap. III.

est à ce titre exemplaire [1]. Et il ne lui refuse pas la conscience pour confier celle-ci à autre chose, qui serait l'image du corps – moins que jamais à l'image qui est à l'épreuve dans l'expérience du miroir. Nous verrons en détail comment, sur cette question du miroir, Merleau-Ponty intègre les apports de Wallon, de Lacan, mais aussi – c'est moins connu – certains travaux de Schilder et Metzger. Lorsqu'il affirme que « la chair est phénomène de miroir », ce n'est en rien pour associer la chair à une conscience perceptive conçue comme guidage et contrôle volontaire, mais, dans le cadre de son exploration de la dimension imaginaire de la vie perceptive, pour aborder la chair comme corps imaginaire – une dimension imaginaire qui n'est ni automatisme ni contrôle, et qui échappe en partie à toute forme de conscience.

L'extension et la compréhension que Merleau-Ponty prête à la perception, plus largement, ne sauraient cadrer avec les dichotomies proposées par Gallagher. Il a l'art d'en souligner les modalités intersensorielles et intermodales, imaginaires et expressives, confiantes (la foi perceptive, l'abandon à la profondeur), et désirantes (la perception comme mode du désir). La perception n'est pas pour Merleau-Ponty un sujet régional, mais une entrée intégrale de son anthropologie [2] comme de son ontologie [3], parce qu'elle manifeste « les relations du corps à la vie totale, son embrayage sur la vie personnelle ou l'embrayage de la vie personnelle sur lui » [4]. Une entrée intégrale dans le mystère de la chair où s'édifie, dans le même mouvement d'expression, rapport à soi et rapport au monde (à autrui), connaissance de soi et du monde (et d'autrui). Merleau-Ponty ne saurait donc séparer schéma corporel et perception de soi. La découverte du schéma corporel est au contraire à ses yeux une avancée majeure dans la mise en lumière de cette collusion entre rapport à soi et rapport au monde qui est au cœur de sa conception de la chair. Elle contribue à répondre à ce contre quoi il lutte depuis toujours, à savoir le divorce cartésien entre conscience (réflexive) et action (dans le monde).

La notion d'expression, que Merleau-Ponty place au cœur de sa conception de la perception à partir des conférences de Mexico (1949), est capitale pour échapper aux séparations hâtives et quelque peu

1. Nous nous permettons de renvoyer à l'avant-propos que nous avons rédigé pour l'édition de ce cours (Genève, MétisPresses, 2011).

2. « Dans notre manière de percevoir est impliqué tout ce que nous sommes » (MSME, p. 46/[18](I2)).

3. « Il pouvait croire que c'était *primat de la perception au sens ancien* : primat du sensoriel, du donné naturel, alors que pour moi la perception était essentiellement un mode d'accès à l'être » (MSME, p. 46/[17](I1)-[18](I2)).

4. S(HoAdv), p. 290.

essentialistes entre conscient et inconscient, ou encore entre volontaire et automatique. Et ce n'est pas un hasard si le premier cours de Merleau-Ponty au Collège de France, *Le monde sensible et le monde de l'expression* (1953), entreprend une « refonte de notre notion de la conscience » [1]. Le passage du dedans au dehors engagé par l'expression ne peut pas passer totalement inaperçu, et ne se livre pourtant pas pleinement à la conscience. Je n'assiste pas à mon mouvement d'expression sans commencer à m'en dégager et à le manquer par là même. La pleine conscience exigerait-elle dès lors un corps au repos, inactif, telle la chair sartrienne dépouillée de tout mouvement et de toute expressivité ? Et le schéma corporel, de son côté, échapperait-il pleinement à la conscience ? Ni l'un, ni l'autre. Le cours sur *Le monde sensible et le monde de l'expression*, s'appuyant en cela sur de nombreux travaux neurologiques récents ou contemporains [2], réfléchit longuement à l'intrication complexe entre gnosie et praxis dans le schéma corporel. Merleau-Ponty décèle que l'on ne pourra cerner le type original de conscience que le schéma corporel a de lui-même qu'en analysant l'articulation étroite qui s'y joue entre *conscience* et *motricité*. En effet, « le corps au repos n'est guère senti », le schéma corporel « est indistinct dans l'immobilité » [3]. Fond d'une praxis, il « tend toujours à s'assoupir dans [l']immobilité », et seul le mouvement le « réactive », seule l'action le « précise » [4]. Mais ce réveil du schéma corporel dans l'action ne donne jamais lieu à une conscience claire et distincte : le schéma corporel demeure « toujours imminent » [5] pour la conscience. Le corps « est moins *objet* de perception que moyen d'action » [6], et se perçoit lui-même à la mesure de l'activation de ses projets moteurs et désirants. Faut-il dire que « notre être comme conscience est fondé sur notre mobilité » [7] ? Le résumé de cours répondra : « on peut dire également que nous sommes conscients parce que nous sommes mobiles ou que nous sommes mobiles parce que nous sommes conscients » [8].

1. MSME, p. 143/[111](XII4).

2. Schilder, mais aussi Ajuriaguerra et Hécaen, Ombredane, ou encore Lhermitte et Mouzon, Paterson et Zangwill, Singer et Low, Gerstmann, Lange, Mayer-Gross, etc.

3. MSME, p. 129/[97](X6) et 139/[106](XI6).

4. MSME, p. 142/[109](XII2) et 139/[107](XI7). Il en va ainsi « au réveil quand par [ses] premiers mouvements le corps répandu se reconstitue comme totalité active », ou encore dans certaines expériences qui montrent que seule l'action « fait coller [la] peau nue à [la] peau sentie, que la peau redevient *surface* à mesure que le corps "touche" activement » (142/[109](XII2)).

5. MSME, p. 142/[109](XII2). Cf. aussi p. 139/[107](XI7).

6. MSME, p. 131/[99](X8).

7. MSME, p. 153/[120](XIII2).

8. RC53, p. 17.

Toutefois, ce « parce que » n'est pas à comprendre « dans un sens causal » [1], « car la mobilité ne serait cause de la conscience qu'en la contenant déjà, et la conscience ne serait cause de la mobilité qu'en la contenant déjà » [2]. En fait, remarque Merleau-Ponty, « la conscience, au sens de connaissance, et le mouvement, au sens de déplacement dans l'espace objectif, sont deux aspects abstraits d'une existence » [3] qui est consciente dans la mesure même où elle est mobile. « C'est la même chose d'être mobile au sens humain et conscient » [4]. Quelles que soient les difficultés posées par de telles affirmations, et par leur manque de précision, il est inutile de souligner davantage combien on est loin de la démarche dichotomique de Gallagher comme de son contenu. « D'une manière générale », conclut Merleau-Ponty, « la conscience de notre corps dépend étroitement de ce que nous *faisons* » [5]. De sorte que cette conscience ne se possède que dans une expression par laquelle elle se perd, n'atteint jamais la clôture de la réflexivité puisqu'elle est arrachée à elle-même par la modalité même de son apparition.

§ 3. SCHÉMA CORPOREL ET IMAGE DU CORPS : MERLEAU-PONTY ET FRANÇOISE DOLTO

Faisant référence à Shaun Gallagher, Jean-Luc Petit constate que l'on reconnaît à Merleau-Ponty « le mérite d'avoir introduit dans la philosophie phénoménologique le concept de *schéma corporel* en usage chez les neurologues et les psychiatres au début du XXe siècle, preuve d'une culture scientifique actualisée par rapport à la science de son temps » [6]. Dans le concert de ceux qui célèbrent Merleau-Ponty comme un précurseur des sciences cognitives et neurosciences contemporaines, Jean-Luc Petit apporte avec raison un son de voix dissonant : le philosophe « eût considéré comme un malentendu qu'on puisse dire que les sciences cognitives et les neurosciences de la première décennie du XXIe siècle viendraient valider les intuitions contenues dans sa *Phénoménologie de la perception* » [7]. Si cette conclusion nous paraît

1. Cf. MSME, p. 151/[118], 158/[124](XIII6).
2. MSME, p. 158/[124](XIII6).
3. RC53, p. 17.
4. MSME, p. 158/[124](XIII6).
5. *Ibid*.
6. Jean-Luc Petit, « Corps propre, schéma corporel et cartes somatotopiques », in *Le Corps en Acte*, sous la direction d'Alain Berthoz et Bernard Andrieu, Nancy, Presses Universitaires de Nancy, coll. « Épistémologie du corps », 2010, p. 41.
7. Art. cit., p. 56.

juste, la démonstration qui la précède ne nous a pas convaincu. Sans pouvoir la reprendre ici, signalons simplement qu'elle est assez typique d'une autre lecture que l'on a pu faire du sens et de la place accordés par Merleau-Ponty à la notion de schéma corporel. Cette lecture procède pour l'essentiel de deux réductions. La première est de rester bloqué à l'état de connaissance que l'on pouvait avoir de l'œuvre de Merleau-Ponty il y a vingt ans. La conséquence, en ce qui concerne le traitement du schéma corporel, est de se contenter de la *Phénoménologie de la perception* – ce qui a longtemps été la visibilité effective de ce thème dans l'œuvre publiée, en ignorant toutefois les cours en Sorbonne, et avant des publications posthumes comme celle des cours sur la Nature en 1995 ou encore, plus récemment, du cours sur *Le monde sensible et le monde de l'expression*. La seconde réduction consiste à lire Merleau-Ponty à partir de Husserl, comme s'il allait de soi que Merleau-Ponty pensait d'abord et avant tout et en toute chose à partir de lui. S'agissant du schéma corporel, un tel point de vue ne peut pas ne pas engendrer une lecture faussée. Nous allons progressivement croiser le rapport à Husserl dans cet ouvrage et dans le suivant, mais en continuant, comme dans nos volumes précédents, à restituer le contexte dans lequel Merleau-Ponty lit et relit le fondateur de la phénoménologie. Un corolaire habituel de ces deux réductions est de négliger l'amplitude de la culture non seulement neurologique, mais aussi psychologique et psychanalytique que Merleau-Ponty injecte, et à bon droit, dans sa compréhension du schéma corporel.

En attendant de développer de multiples aspects de cette culture et, par le fait même, d'aborder nombre de lectures effectuées par Merleau-Ponty, il nous faut, après Shaun Gallagher, évoquer un deuxième auteur aujourd'hui emblématique pour notre questionnement préalable (« schéma corporel » ou « image du corps »). Il s'agit de Françoise Dolto [1]. Certains lecteurs pourraient trouver la référence mineure : ce

1. Cf. Françoise Dolto, *L'image inconsciente du corps*, Paris, Seuil, 1984, que nous noterons IIC ; « Personnologie et image du corps », *La psychanalyse*, vol. 6, P.U.F., 1961, p. 59-92, repris dans *Au jeu du désir. Essais cliniques*, Paris, Seuil, 1981, p. 60-95 ; F. Dolto et J.-D. Nasio, *L'enfant du miroir*, Paris, Rivages, 1987, Payot & Rivages, 2002. Cf. aussi les études que Gérard Guillerault a consacrées à cette question chez Dolto : *Le Corps psychique*, Paris, Éditions universitaires, 1989 ; *Les Deux Corps du Moi. Schéma corporel et image du corps en psychanalyse*, Paris, Gallimard, 1996 ; *L'image du corps selon Françoise Dolto. Une philosophie clinique*, Le Plessis-Robinson, Institut Synthélabo pour le progrès de la connaissance, 1999 ; *Le miroir et la psyché. Dolto, Lacan et le stade du miroir*, Paris, Gallimard, 2003. Cf. encore *Françoise Dolto, c'est la parole qui fait vivre. Une théorie corporelle du langage*, sous la direction de Willy Barral, Paris, Gallimard, 1999 ; et la troisième partie de *Françoise Dolto aujourd'hui présente. Actes du colloque de l'Unesco des 14-17 janvier 1999*, Paris, Gallimard, 2000.

serait à tort. L'importance et la notoriété de son travail sur l'image inconsciente du corps ne sont plus à démontrer, et quiconque s'est plongé dans cette contribution métapsychologique majeure est amené à s'écarter de l'image vulgarisée et fortement réductrice que l'on a pu se faire d'une psychanalyste sur le tard trop médiatisée.

Rentrer dans une analyse de l'apport de Dolto ne saurait être l'objet d'un livre qui n'est pas consacré à des confrontations rétrospectives – même si celles-ci sont pertinentes –, mais à la genèse de la pensée de Merleau-Ponty. Malgré tout, là encore, nous ne croyons pas possible d'entamer cet ouvrage sans évoquer préalablement cet autre pan important du paysage contemporain de l'usage de « schéma corporel » et « image du corps ». Les psychanalystes – mais aussi, plus largement, les psychologues cliniciens et psychothérapeutes – sont depuis longtemps nombreux à s'intéresser, avec une attention parfois remarquable, à l'œuvre de Merleau-Ponty. Ils constituent une part significative de ses lecteurs. Lorsque le philosophe écrit que la chair est « phénomène de miroir », ils sont évidemment mieux armés pour ne pas cantonner ce phénomène au seul touchant-touché husserlien et, plus encore, ne pas tomber dans le contresens fait par Shaun Gallagher, en décelant combien la conception merleau-pontienne de la chair mérite un rapprochement avec les réflexions psychanalytiques sur l'image du corps. Toutefois, eux aussi, en raison de la culture qui est la leur, risquent de faire une lecture tronquée. En laissant de côté, pour le coup, la place de la neurologie et de la psychologie du développement dans le travail effectué par Merleau-Ponty. Ou encore, en négligeant les dimensions proprement philosophiques – phénoménologique et ontologique – de l'intégration merleau-pontienne de la notion de schéma corporel et de sa participation au concept de chair.

a) *Étranges distances, étranges proximités*

Autant dire que passer de Shaun Gallagher à Françoise Dolto impose un véritable changement de continent intellectuel… Jusqu'à ce que nous lui en parlions, Gallagher ignorait jusqu'à l'existence de Dolto ; inversement, nous avons rencontré nombre de psychanalystes s'intéressant à l'image du corps ignorant tout de Gallagher. Deux continents qui s'ignorent, passivement ou activement, et qui s'intéressent à Merleau-Ponty. Comme Gallagher, Dolto procède d'une dichotomie tranchée entre schéma corporel et image du corps. Mais tout autre. Non pas tant par son acception du schéma corporel, que par celle de l'image du corps.

L'image inconsciente du corps introduit celle-ci en l'écartant de manière expéditive de la notion de schéma corporel [1]. Dolto ne prend pas suffisamment la peine de définir celui-ci, et encore moins de préciser à partir de quelle(s) source(s) elle forge ces deux notions. En particulier, elle ne parle pas de Paul Schilder, qui s'achemine pourtant déjà vers le statut inconscient de l'image du corps et dont les travaux sont fortement imprégnés par la psychanalyse. L'a-t-elle seulement lu ? Apparemment, nul ne sait. À première vue, la dichotomie introduite par Dolto peut sembler reproduire des frontières disciplinaires (sans pour autant qu'il y ait volonté d'opposer ces disciplines). Le schéma corporel est plutôt axé sur le corps pris « dans sa vitalité organique » [2], dans sa dimension biologique et, surtout, neurologique. Avec un certain flottement notionnel, entre un schéma corporel entendu comme capacité neurologique, schéma de nos possibilités fonctionnelles, et un schéma corporel entendu dans l'effectivité du fonctionnement organique du corps. Commun à tous les individus d'une même espèce, le schéma corporel est en développement mais ne participe pas directement à forger l'identité et l'histoire du sujet. Tandis que l'image du corps, « lieu du désir » [3], concerne plus spécifiquement les psychanalystes et reflète à plein la dimension relationnelle et, plus particulièrement, communicationnelle et langagière, qui structure notre identité [4].

Comme chez Gallagher, une fois les choses tranchées d'emblée, Dolto tente de conforter cette séparation par des exemples cliniques montrant un schéma corporel intact avec une image du corps infirme et vice-versa, mais souligne aussi combien schéma corporel et image du corps peuvent être interdépendants – Dolto étant lucide sur le fait que la « santé » véritable ne peut se trouver réalisée que dans l'étroite conjonction et corrélation de leur « santé » respective. Où l'on retrouve, sinon un dualisme latent, du moins les avantages et inconvénients de l'usage d'une forte dualité tout à la fois vouée à séparer et à relier. À

1. Cf. IIC, p. 17 *sq*.
2. IIC, p. 39.
3. *Ibid*.
4. « Le schéma corporel spécifie l'individu en tant que représentant de l'espèce, quels que soient le lieu, l'époque ou les conditions dans lesquels il vit. (...) *Si le schéma corporel est en principe le même pour tous les individus* (...) de l'espèce humaine, *l'image du corps, par contre, est propre à chacun : elle est liée au sujet et à son histoire*. (...) Il en résulte que *le schéma corporel est en partie inconscient, mais aussi préconscient et conscient, tandis que l'image du corps est éminemment inconsciente* ; elle peut devenir en partie préconsciente, et seulement quand elle s'associe au langage conscient, lequel utilise métaphores et métonymies référées à l'image du corps, tant dans les mimiques langagières que dans le langage verbal. » (IIC, p. 22).

distance, donc, de la méthodologie merleau-pontienne, portée à son sommet par le singulier et la singularité du concept de chair.

Les procédés duels sont récurrents chez Dolto : « besoin » et « désir », « substantiel » et « subtil », « avoir » (ou « faire ») et « être », ou encore « circuit court » et « circuit long » de la pulsion, chacun de ces couples contribuant d'ailleurs à éclairer ce qui peut éloigner schéma corporel et image du corps, comme ce qui peut conduire de l'un à l'autre [1]. L'anthropologie sous-jacente à cette métapsychologie est-elle pour autant dualiste ? On pourrait le croire, avec la possibilité plus ou moins actualisée par certains interprètes d'en venir à théoriser deux structurations corporelles différentes et étagées, deux corps animés – l'un des deux (plus) subtil et animé ou (plus) corps-souffle (que l'autre), au risque d'y retrouver déplacée ou transposée l'antique dualité de l'âme et du corps. Anthropologie où pointe par endroits une touche gnostique, notamment dans l'audace inouïe qu'il y a à poser l'existence du sujet désirant dès l'évènement de la conception [2], comme s'il présidait à une incarnation. Sous cet angle, on semble à nouveau loin de Merleau-Ponty, de son intention philosophique et de sa conception de la chair – « chair » de préférence à « incarnation », justement, corps animal s'animant et animant plutôt que simple corps animé.

Pourtant, il n'est guère possible de résumer Dolto à cette virtualité dualiste. Sa pensée est étrangère à toute anthropologie de survol qui nous dissèque en couches ou instances préétablies. Ce que ses dichotomies tendent toujours à produire est moins de séparer deux réalités que d'en mettre en valeur une seule – le corps désirant –, vers laquelle tout est tendu, et en la distinguant de ce qui, au fond, en raison de cette même réalité, n'existe jamais à l'état pur. La façon même dont nous venons d'associer l'entreprise de Dolto à la notion d' « incarnation », pour la mettre en contraste avec la propre tentative de Merleau-Ponty autour de la « chair », est quelque peu caricaturale, et injuste. Non seulement la conception doltoïenne de l'image du corps s'écarte évidemment de toute acception du corps comme tombeau de l'âme, mais elle ne résume pas le corps au lieu ou support d'une incarnation du sujet, ou encore à la matière d'une forme. Berceau de la subjectivité, le corps

1. « Soulignons-le : *l'image du corps est du côté du désir, elle n'est pas à référer au seul besoin*. L'image du corps (…) témoigne du manque à être que le désir vise à combler, là où le besoin vise à saturer un manque à avoir (ou faire) du schéma corporel. » (IIC, p. 37).

2. « Je veux faire entendre que le sujet inconscient désirant en relation au corps existe dès la conception. » (ICC, p. 22-23) Dolto évoque même par endroits un « sujet du désir de vivre » « préexistant à sa conception » (IIC, p. 50). « Cet être humain, l'enfant, il est lui-même à l'origine de sa propre vie : c'est son désir qui l'a fait s'incarner » (IIC, p. 178).

est ce dont celle-ci s'enfante et ce qui l'enfante : Dolto est tout à fait exemplaire du chiasme dont Merleau-Ponty gratifie la psychanalyse pour introduire la conception moderne de la chair, corps « animé et animant, figure naturelle de l'esprit » [1]. Pour le dire autrement, il est réducteur d'opposer ce qui serait le simple mouvement descendant de l'incarnation à ce qui serait la seule dynamique d'assomption de la chair ; c'est bien leur va-et-vient, leur croisement chiasmatique, qu'il s'agit de penser. De sorte que la notion même d'incarnation est en partie renouvelée – enrichie et subvertie – par Dolto comme par Merleau-Ponty, lequel continue d'ailleurs à l'utiliser jusqu'au bout sans jamais lui opposer sa conception de la chair.

Même si la clinicienne qu'est Dolto ne risque pas d'oublier l'étendue de ce qui est susceptible d'entraver, et parfois si gravement, l' « allant-devenant » du désir, ses dualités conceptuelles sont au service d'une perspective dynamique. Précisément, si le désir est là d'emblée – ou, plus raisonnablement, toujours plus tôt qu'on pourrait le croire –, c'est qu'il n'y a jamais de pur « besoin », que le « substantiel » est toujours déjà compliqué de « subtil », que le désir travaille et allonge les « circuits courts » de la pulsion. Et si le schéma corporel peut être envisagé comme ciblant la corporéité hors relation et hors langage, il n'est alors qu'une abstraction, un artifice théorique pour mieux marquer la transversalité de l'image du corps (« car rien n'est seulement organique chez l'être humain, tout est aussi symbolique » [2]). À moins qu'il désigne en réalité non pas une dimension pleine de notre institution corporelle, mais ce qui reste de celle-ci lorsqu'elle s'abîme hors relation et hors langage – ainsi tel schizophrène n'ayant connu que « des perceptions sensorielles dépourvues de sens pour son image du corps », et qui est alors « réduit (...) à un schéma corporel, celui du moment où il devient schizophrène », un schéma corporel « séparé de l'image du corps » [3].

Dans son œuvre remarquable sur Dolto en général et sur sa conception de l'image du corps en particulier, Gérard Guillerault a été amené à se pencher sur la notion de schéma corporel et sur l'œuvre de

1. « Aucune des notions que la philosophie avait élaborées, – cause, effet, moyen, fin, matière, forme, – ne suffit pour penser les relations du corps à la vie totale, son embrayage sur la vie personnelle ou l'embrayage de la vie personnelle sur lui. Le corps est énigmatique : partie du monde sans doute, mais bizarrement offerte, comme son habitat, à un désir absolu d'approcher autrui et de le rejoindre dans son corps aussi, animé et animant, figure naturelle de l'esprit. Avec la psychanalyse l'esprit passe dans le corps comme inversement le corps passe dans l'esprit. » (S(HoAdv), p. 290) « Quoi qu'il en soit des formulations philosophiques, il est hors de doute que Freud a aperçu de mieux en mieux la fonction spirituelle du corps et l'incarnation de l'esprit. » (S(HoAdv), p. 291).

2. IIC, p. 178.

3. IIC, p. 42.

Merleau-Ponty. La pertinence de cette confrontation ne vient pas uniquement de ce que la philosophie de la chair de ce dernier croise l'anthropologie psychanalytique. Au début des années cinquante, Merleau-Ponty découvre les travaux sur le dessin enfantin de la première psychanalyste d'enfants en France, Sophie Morgenstern [1]. Ceux-ci confirment le philosophe dans certaines de ses intuitions, et lui révèlent à quel point les dessins du jeune enfant trahissent la topologie et l'archéologie de ce que Merleau-Ponty persiste à nommer « schéma corporel ». S. Morgenstern a initié Françoise Dolto à cette étude du dessin enfantin comme à ses enjeux : cette direction de travail joue un rôle significatif dans la genèse de la notion doltoïenne d'image du corps. Merleau-Ponty n'a pas pu prendre connaissance des contributions théoriques majeures de Dolto sur l'image du corps, qui auraient certainement retenu son attention et fait évoluer son rapport à Schilder, à la psychanalyse, sinon sa conception même de la chair. Il a néanmoins eu l'occasion de rencontrer Dolto et d'échanger avec elle [2], et utilise déjà certains de ses travaux cliniques dans les cours en Sorbonne puis au Collège de France [3]. Même si Merleau-Ponty lit Dolto avant qu'elle ne commence à écrire sur l'image du corps [4], ces mêmes travaux en préparaient déjà la conception – la fameuse « poupée-fleur » évoquée par Merleau-Ponty est en rapport essentiel avec la question de l'image du corps [5]. Dès 1949, Lacan exprimait le vif sentiment que la poupée-fleur de Dolto rejoignait ses recherches personnelles sur l'imago du corps propre et le stade du miroir [6]. Lacan, qui estimait beaucoup Dolto, a d'ailleurs pu servir de médiation entre son ami phénoménologue et la psychanalyste. Ces deux figures majeures de l'essor de la psychanalyse en France ont formé durant plusieurs décennies un tandem inséparable,

1. Cf. Sorb(SCCE), p. 221-224.

2. Nous remercions Catherine Dolto pour son témoignage à ce sujet.

3. Cf. Sorb(SCCE) 174, CDU(RAE) 166/19, PbParole [61](12).

4. Avant 1961, année de la mort de Merleau-Ponty et année de la publication du premier article majeur de Dolto sur la question (« Personnologie et image du corps », exposé à un colloque de Royaumont en 1958), il est néanmoins possible de remonter un peu plus tôt pour trouver les premières traces écrites de cette réflexion. Cf. par exemple le résumé d'une conférence faite le 9 octobre 1956 à la Société française de psychanalyse, « À la recherche du dynamisme des images du corps et de leur investissement symbolique dans les stades primitifs du développement infantile », paru dans *La Psychanalyse*, n° 3, 1957, p. 297-303.

5. Cf. Dolto, « Cure psychanalytique à l'aide de la poupée-fleur », *Revue française de Psychanalyse,* tome 13, n° 1, janvier-mars 1949, p. 53-69. Ou encore, amplifiant et prolongeant sa première communication : « À propos des poupées-fleurs », *Revue française de Psychanalyse,* tome 14, n° 1, janvier-mars 1950, p. 19-41. L'ensemble est repris dans *Au jeu du désir*, *op. cit.*, p. 133-193.

6. Cf. par exemple *L'enfant du miroir*, *op. cit.*, p. 56-57.

traversant ensemble les étapes les plus cruciales de l'histoire psychanalytique de leur temps. Il arrivait à Lacan d'adresser à sa consœur des cas cliniques qu'il trouvait difficiles, mais aussi de l'interroger sur tel ou tel point théorique [1]. Dolto, de son côté, nous a laissé le témoignage écrit le plus précoce sur le stade du miroir de Lacan, et finira par intégrer celui-ci dans un système élargi qui en respecte le sens profond. Le thème du miroir, comme nous le verrons, joue un rôle significatif dans l'évolution conjointe des concepts de schéma corporel et de chair chez Merleau-Ponty [2]. Il se trouve que le philosophe partage certains aspects de cette compréhension élargie que Dolto a du miroir lacanien : l'un comme l'autre l'étendent, au-delà de l'objet miroir, au voyant-vu avec autrui.

b) *Identité et relation nouées dans une base corporelle*

La théorisation que Dolto fait de l'image du corps gravite autour de quelques notions clefs, à commencer par le corps, bien entendu, mais aussi le désir et la parole, le sujet et la personnalité. « Incarnation symbolique inconsciente du sujet désirant » [3], l'image du corps possède plusieurs composantes : une image de base, une image fonctionnelle, une image érogène – les trois « reliées entre elles par les pulsions de vie », dans une image dynamique [4] qui « correspond au “désir d'être” et de persévérer dans un advenir », qui « exprime en chacun de nous (…) le sujet en droit de désirer, j'aimerais dire “en désirance” » [5]. Transversalement à cette complexité – dont nous n'explorerons pas l'articulation interne –, l'image du corps est de bout en bout habitée par un vécu *relationnel* marquant notre mémoire à mesure que nous nous structurons. Identité *et* relation, « à la fois narcissique et interrelationnelle » [6], « substrat relationnel à l'autre » [7], « l'image du corps est à chaque moment mémoire inconsciente de tout le vécu relationnel » [8], mais elle est aussi « à chaque instant, pour un être

1. Cf. G. Guillerault, *Le miroir et la psyché. Dolto, Lacan et le stade du miroir*, *op. cit.*, p. 15 *sq*.

2. Cf. *infra*, chap. III.

3. IIC, p. 22.

4. IIC, p. 57.

5. IIC, p. 58. « L'image dynamique n'a donc pas de représentation qui lui soit propre, elle est tension d'intention ; sa représentation ce serait le mot “désir”, conjugué comme un verbe actif, participant et présent au sujet, en tant qu'incarnant le verbe aller, au sens d'allant désirant » (*ibid.*).

6. IIC, p. 23.

7. *L'enfant du miroir*, *op. cit.*, p. 12.

8. IIC, p. 23.

humain, la représentation immanente inconsciente où se source son désir »[1]. « Trace structurale de l'histoire émotionnelle d'un être humain », « lieu d'émission et de réception des émois interhumains langagiers »[2], l'image du corps est « substrat relationnel du langage »[3] et, plus largement, « le lieu inconscient (...) d'où s'élabore toute expression du sujet »[4].

Dolto profite du terme « image » pour faire un étrange jeu de mots aux allures de moyen mnémotechnique : « I-ma-ge », sensé indexer tout à la fois l'*identité* (« I »), la *relation* (de manière privilégiée, la relation à la mère, « ma-man »), et cette « base » qu'est le *corps* (« ge », la terre)[5]. Autrement dit, la notion d'image du corps se penche sur la façon mystérieuse et complexe dont l'identité et la relation sont intimement articulées, véhiculées et exprimées dans une même « base » qu'est le corps. La conception merleau-pontienne de la *chair* n'est pas étrangère, il s'en faut, à la recherche d'une telle articulation.

Nous verrons pas à pas comment et combien Merleau-Ponty rencontre de son côté la dimension *relationnelle* de ce qu'il nomme « schéma corporel », et s'ouvre à la question du *désir*. Dans sa conjonction avec le concept de chair, et étant donné la culture et le style de l'anthropologie merleau-pontienne, sa propre tentative est aussi lestée d'une dimension personnaliste. Elle pointe enfin elle-même vers l'émergence de la parole, vers l'articulation entre schéma corporel et langage, tout en en différant perpétuellement le traitement. Mais, et ce « mais » est capital, Dolto centre d'emblée sa notion sur des enjeux qui, chez Merleau-Ponty, ne sont que progressivement découverts et intégrés, voire demeurent à l'horizon de son travail sur le schéma corporel. Et ce n'est pas là uniquement, ni même d'abord, affaire de contingence, d'histoire de l'évolution d'une recherche. Il y a bien chez Merleau-Ponty un *continuum* du schéma corporel à ce qui, du sein même de la conception qu'il se fait de celui-ci, peut rétrospectivement et légitimement être considéré comme relevant de l'image du corps au sens de Dolto. Mais Merleau-Ponty ne saurait aborder ainsi *directement*, et *centrer* de la même manière, sa conception du schéma corporel. Il peut dès lors envisager toute une gamme de phénomènes qui ne sont pas intégrés par la notion doltoïenne et qui ne vont peut-être pas sans affecter, en retour, la possible conception de l'image du corps :

1. IIC, p. 34.
2. IIC, p. 48.
3. *L'enfant du miroir*, *op. cit.*, p. 15.
4. IIC, p. 48.
5. Cf. *L'enfant du miroir*, *op. cit.*, p. 12-13.

l'enrichir, l'appauvrir, se donnant la chance d'en préciser certains aspects tout en prenant le risque d'en manquer d'autres.

Dans sa genèse même chez Dolto, la notion d'image du corps répond à une quête des soubassements de la communication langagière dans la mise en jeu du corps et des corps au sein des relations précoces, mobilisant le schéma corporel. « *Les mots, pour prendre sens, doivent d'abord prendre corps, être du moins métabolisés dans une image du corps relationnelle* » [1]. Les mots « nous sont parvenus initialement dans le contexte d'une relation de corps », en un temps où le langage, en deçà de sa valeur abstraite et universelle, était pris dans un « sertissage relationnel premier », dans une « sensorialité corporelle multiforme » [2].

De son côté, la chair merleau-pontienne s'anime progressivement, son être-au-monde se déploie continument de la perception à la parole, de la relation aux corps (intercorporéité) à la relation aux sujets. En retour, il y a bien un en deçà du langage pour le philosophe du primat de la perception, qui ne conçoit pas d'orchestration primordiale entre langage et corps, ce qui le maintient dans un écart irréductible avec Dolto. L'humanisation ne commence pas pour lui avec l'inscription corporelle du langage, déjà la perception implique « tout ce que nous sommes » [3]. À ceci près que notre manière de percevoir comme, plus largement, l'ensemble des dimensions de notre être-au-monde, sont peut-être marquées en profondeur par l'impact originel de la *parole* d'autrui : Merleau-Ponty ne semble pas avoir envisagé cette hypothèse, du moins dans toute sa radicalité. Ce n'est pas qu'il pense la perception indépendamment de la relation avec autrui, tout au contraire même – et ses audaces à ce sujet sont grandes. Mais cette relation n'est pas envisagée comme étant d'emblée structurée par la parole. Le schéma corporel entre en relation avec d'autres schémas corporels, et c'est même là un appel fondamental qui l'ouvre et le porte vers le monde, dans une vie perceptive de bout en bout soutenue par des stratégies d'incorporation où la moindre chose perçue peut être vécue comme une

1. Dolto, IIC, p. 45. Dolto souligne. « Les mots, avec lesquels nous pensons, ont été à l'origine des mots et des groupes de mots qui ont accompagné des images du corps en contact avec le corps d'autrui. » (IIC, p. 36) « De façon générale, la compréhension d'un mot dépend à la fois du schéma corporel de chacun et de la constitution de son image du corps, reliée aux échanges vivants qui ont accompagné, pour lui, l'intégration, l'acquisition de ce même mot. Le mot a certes un sens symbolique en lui-même (…). Mais celui qui n'a pas soit l'image du corps, soit le schéma corporel correspondant au mot émis, entend le mot sans le comprendre, faute d'avoir le rapport corporel (image sur schéma) qui permet d'y donner un sens. » (IIC, p. 44, cité par G. Guillerault, *Les Deux Corps du Moi*, *op. cit.*, p. 200).

2. G. Guillerault, *Les Deux Corps du Moi*, *op. cit.*, p. 197.

3. MSME, p. 46/[18](I2).

autre corporéité et/ou un prolongement de la mienne. Si bien que Merleau-Ponty ne saurait s'accorder avec Dolto lorsqu'elle affirme que « le vivre dans un schéma corporel sans image du corps » est « un vivre muet, solitaire, silencieux, narcissiquement insensible, aux limites de la détresse humaine » [1]. Quel que soit le dualisme ou le non-dualisme de Dolto dans son approche du corps, quelles que soient ses hésitations dans son acception et son traitement de la notion de schéma corporel, celle-ci sert en partie de repoussoir théorique pour asseoir sa conception de l'image du corps.

Toute tentative de confrontation entre les approches respectives de Merleau-Ponty et de Dolto devrait aussi interroger la notion même d'*image*, à laquelle Merleau-Ponty – du moins, à première lecture – ne semble pas accorder une grande importance dans sa pensée, comme si le primat de la *perception* l'éloignait d'une véritable prise en compte des spécificités de l'imagination et de l'imaginaire [2]. En quoi l' « image du corps », au sens de Dolto, est-elle une image ?

Bien entendu, il ne s'agit pas d'une image scopique. « C'est une image inconsciente et non pas spéculaire » [3], et qui même « disparaît avec l'image spéculaire » [4] au sens où le miroir participe à la mutation de l'image du corps en « image *inconsciente* du corps » – avec même le risque que l'épreuve du miroir ait un effet traumatique psychotisant, faute d'un tiers sécurisant témoignant du lien entre image spéculaire et image du corps [5]. Image, et inconsciente ? Cette image, qui n'est donc pas tout à fait une image – on aurait aimé que Dolto soit plus précise sur ce point –, implique fortement et doublement la notion d'inconscient, à la fois par les origines archaïques de cette « image » (inconscient primordial et pour ainsi dire « corporel ») et en raison du refoulement précipité par l'épreuve du miroir (inconscient de refoulement).

Mais il ne s'agit pas pour autant de l'envisager comme recluse dans un inconscient hermétique. En effet, tout en restant parfaitement étrangère aux « *explicit body percept, body affect, body concept* » de l'image du corps au sens de Gallagher, la notion frayée par Dolto, en étant centrée sur un vécu relationnel, est pétrie d'un vécu corporel qui en porte l'inscription ou l'incarnation, lequel passe inévitablement par

1. IIC, p. 41.

2. Nous verrons dans notre prochain volume que les inédits permettent d'infléchir considérablement cette lecture superficielle.

3. *L'enfant du miroir*, *op. cit.*, p. 15.

4. *L'enfant du miroir*, *op. cit.*, p. 13.

5. « C'est pourquoi, si la mère, ou une personne connue, n'est pas proche de lui, dans son espace, il y a risque qu'à cause du miroir, son image du corps disparaisse sans que l'image scopique ait pris un sens pour lui. » (IIC, p. 151).

quelque perception des forces et des formes qui soutiennent le « schéma » du corps. L'image dynamique dont il est question engage des perceptions de l'enveloppe corporelle (de ses limites, perçues de l'intérieur comme de l'extérieur), de la différenciation dedans-dehors, en somme elle ne peut pas ne pas convoquer ce que certains ont nommé le « schéma de surface » [1] ; elle ne peut pas être complètement étrangère à toute forme d'appréciation et de sensation de la position du corps en mouvement par rapport aux positions précédentes et suivantes, par rapport à l'espace environnant (le « schéma postural »). Comment en effet assumer l'inscription corporelle du vécu relationnel sans impliquer ces dimensions d'enveloppe, de jeu dedans-dehors, de rapport à la spatialité des choses et des corps environnants ?

Cette « image du corps » n'est pas, en tant que telle, une image ou une représentation. Mais elle peut *s'exprimer* par une image ou une représentation : un dessin, un modelage, ou encore une identification (à la poupée-fleur, par exemple). Le concept d'*expression*, qui déjà s'avère rétrospectivement éclairant pour rendre compte du jeu subconscient-conscient auquel donnent lieu les « schémas » de Head et les *Körperschema* ou *body-image* de Schilder, l'est plus encore ici. Un concept explicitement reconnu comme essentiel par Merleau-Ponty – et il n'est pas anodin que ce dernier thématise pour la première fois la dimension relationnelle de ce qu'il nomme le « schéma corporel » dans son cours au Collège de France sur le thème de l'expression.

c) *Du schéma corporel à l'image du corps : la chair*

À identifier les principaux lieux et temps de travail de la notion de schéma corporel chez Merleau-Ponty, se dessine une progression qui ne va pas sans évoquer de possibles transitions vers l'image du corps. Contentons-nous pour l'instant d'un rapide tour d'horizon – les chapitres à venir développeront la plupart des points que nous allons esquisser ici.

Au premier stade, celui de la *Phénoménologie de la perception* (1939-1945), Merleau-Ponty aborde le schéma corporel dans le cadre naturel de l'essor de cette notion chez les pionniers de la neurologie moderne : l'étude de la spatialité du corps propre, l'analyse du rapport spontané, sensoriel et moteur, du corps à l'espace. Il ne semble pas encore faire le lien (ou le faire très peu) entre le schéma corporel et d'autres thématiques abordées par le même ouvrage : notamment la

1. Cf. par exemple Michel Bernard, *Le corps*, Paris, Gallimard, 1976, rééd. 1995, p. 20-21.

sexualité (le corps comme être sexué) et, plus largement, la relation avec autrui.

Une seconde étape est franchie par les cours en Sorbonne (1949-1952), qui constituent une phase de l'évolution intellectuelle du philosophe plus importante qu'on a pu le croire. Merleau-Ponty travaille longuement la psychologie du développement – Piaget et Wallon, qui parlent tous deux, et différemment, du schéma corporel –, la psychologie des « méthodes projectives », et la psychanalyse. L'ensemble de ces cours est fortement habité par la question de la relation avec autrui, que Merleau-Ponty aborde par exemple dans ce qui oppose Wallon à Piaget, dans le traitement du miroir chez Wallon et Lacan, dans la façon dont les méthodes projectives révèlent l'impact de nos relations avec autrui sur notre manière de percevoir, ou encore dans l'importance du rapport au corps de la mère dans la structuration originaire de l'inconscient chez Melanie Klein, mais aussi dans les dessins enfantins utilisés par Sophie Morgenstern, sans oublier la « poupée-fleur » de Françoise Dolto. Cette simple énumération permet déjà de déceler de multiples avancées du schéma corporel vers l'image (inconsciente) du corps.

Début 1953, élu à la chaire de philosophie du Collège de France, Merleau-Ponty entame son premier cours, *Le monde sensible et le monde de l'expression*, par une reprise critique de la *Phénoménologie de la perception*. Il en évacue la dernière partie (pourtant initialement conçue comme la plus philosophique de l'ouvrage), ne garde que ce qui avait été qualifié par certains de « curiosités psychologiques », leur prête plus que jamais une authentique portée phénoménologique, et même, affirme-t-il, ontologique. Néanmoins, on chercherait en vain une véritable référence à Husserl, Heidegger est critiqué et éliminé de la façon la plus expéditive qui soit dès la première leçon, et le cours de Merleau-Ponty multiplie les sources non-philosophiques, surtout neurologiques et psychologiques. La multitude des thématiques abordées par la *Phénoménologie de la perception* laisse désormais la place à un plan d'ensemble plus simple, ressaisi dans l'unité, qui voit l'une des deux grandes parties du cours (la troisième étant à peine esquissée) consacrée à la notion de schéma corporel. C'est dans cette même partie que, pour la première fois, sous l'impulsion décisive de Schilder, Merleau-Ponty introduit dans le traitement de ce thème la question de la relation avec autrui et celle de la sexualité. Comme nous le verrons, les nouveautés mêmes de ce traitement, là encore, progressent indéniablement vers l'image du corps. Cette progression se confirme deux ans plus tard dans le cours sur la passivité (1955), par ses analyses du souvenir et du désir, d'une mémoire corporelle travaillée par l'histoire et la géographie (personnelles comme interpersonnelles) de la vie désirante.

Enfin, la quatrième et dernière grande phase de travail du schéma corporel est constituée par les *Notes sur le corps* (inédites) et la troisième année de cours sur le concept de Nature (année consacrée au corps humain). Nous sommes en 1960, autrement dit entre les deux tranches de rédaction du *Visible et l'invisible*, et au cœur même de l'élaboration d'*Être et Monde* : au sommet de la période « ontologique » de l'évolution de Merleau-Ponty. Ici, indéniablement, la psychanalyse l'emporte largement. Des nombreux neurologues abordés dans le cours de 1953, il ne reste plus que Schilder, qui est à nouveau travaillé avec attention, et dont les compétences se déploient bien au-delà de la neurologie. Merleau-Ponty continue invariablement à parler de « schéma corporel », en insistant sur l'intrication des *body-images* de Schilder – un « *Ineinander* des schémas corporels » qui soutient désormais sa conception de l'intercorporéité –, et dans une proximité croissante avec une réflexion audacieuse sur l'*inconscient* qui traverse les *Notes sur le corps*. Cette même réflexion intègre désormais ce que Merleau-Ponty a reçu de Melanie Klein, notamment l'insistance sur l'*incorporation*, mais aussi sa découverte récente de la *topologie* chez Piaget, une topologie aussitôt relue sous un éclairage de type psychanalytique – à la lumière de Schilder et de Klein, précisément –, avec des intuitions étonnantes qui n'auraient pas manqué d'arrêter l'attention de Lacan. Le tout, dans une insistance sans précédent sur le « corps libidinal » et sur le « désir ». Dernière phase de travail, donc, et toujours le même constat, plus fort que jamais : cette conception merleau-pontienne du « schéma corporel » continue décidément à s'étendre, comme de l'intérieur d'elle-même, dans la direction de l'image inconsciente du corps. On ne peut plus douter de l'intérêt que Merleau-Ponty, si la mort ne l'avait pas emporté si tôt, aurait prêté aux travaux de Dolto sur cette question.

Devant ce rapide panorama, quelques remarques s'imposent déjà sur les grandes directions privilégiées par l'approche merleau-pontienne du schéma corporel. (1) Dès la *Phénoménologie de la perception*, les premières directions patentes sont la spatialité du corps propre et la *sensori-motricité*, qui ne seront jamais reniées, et qui relèvent du schéma corporel entendu à partir de ses fondations neurologiques. (2) Avec les cours en Sorbonne et les premiers cours au Collège de France, Merleau-Ponty complète sa première approche par divers apports psychologiques (méthodes projectives, psychologie de la forme, psychologie du développement, psychanalyse), en insistant sur les dimensions *expressives* et *projectives* de la vie perceptive, jusque dans l'animisme de la perception du mouvement, ou encore les illusions du miroir. Ces compléments entament déjà largement le débordement interne de la notion de schéma corporel vers celle d'image (inconsciente) du corps. Et l'importance prise par le travail de l'*expression* contribue à éloigner fermement le schéma corporel d'une question de *représentation*. On se souvient, par exemple, de la forte opposition entre expression et représentation magistralement dessinée à la fin de *La prose du monde* (1951), tandis que le cours sur *Le monde sensible et le monde de l'expression* (1953) confirme combien l'expression devient le concept clef de la critique merleau-pontienne de la conscience. Le schéma corporel n'est pas une représentation du corps propre, et encore moins la conscience que nous avons de ce dernier ; en revanche, il s'exprime, il est même essentiellement lié à tout le champ de l'expressivité animale et humaine. (3) Enfin, troisième grande direction privilégiée par Merleau-Ponty, déjà amorcée par la précédente : l'insistance sur la dimension *relationnelle* du schéma corporel, sur les attentes et enjeux de la relation avec autrui comme étant essentiels à la structuration de ce schéma, dès ses fondements mêmes – ce qui ne va pas en retour sans impliquer une forte articulation entre vie *sensori-motrice* et vie *désirante*.

Ces trois directions dessinent ainsi une progression chronologique et un approfondissement conceptuel, sans rupture ni substitution. Non seulement les développements tardifs ne renient rien des précédents, mais ils les intègrent en continuant à enrichir leur signification et leur portée. D'où, au-delà de l'unité terminologique (à savoir, l'usage invariable de « schéma corporel »), l'impossible dissociation notionnelle, au final, entre *schéma corporel* et *image du corps* chez Merleau-Ponty – impossible dissociation profondément liée à ce qui anime le concept de *chair* dans cette philosophie, et qui ne signifie pas, on l'aura compris, impossible différenciation interne.

Merleau-Ponty ne passe pas de la neurologie à la psychologie puis à la psychanalyse ; il ne quitte pas, sans le savoir, le schéma corporel pour l'image (inconsciente) du corps ; il ne progresse pas non plus dans une croissante abstraction qui verrait un renoncement à quelques passions non-philosophiques de jeunesse pour enfin devenir philosophe en se dotant d'une « ontologie de la chair » (expression souvent employée à son sujet, mais rigoureusement absente de ses écrits) qui exorciserait ces spectres diversement neurologiques, psychologiques et psychanalytiques pour en faire des illusions anthropologiques en marge d'une ontologie sans équivoque. Comme tout serait plus limpide dans cette philosophie – pour certains du moins –, si c'était le cas… Mais ça ne l'est pas.

Suggérer une dynamique générale de convergence ne doit pas rendre aveugle à quelques différences irréductibles, déjà signalées, entre l'approche de Merleau-Ponty et celle de Dolto. Des écarts qui relèvent, pour certains d'entre eux, des limites de la réception merleau-pontienne de la psychanalyse, voire de quelques impasses signifiantes – notamment, comme nous le verrons, à l'égard de la pulsion [1]. D'autres, qui éloignent Merleau-Ponty de certaines accentuations typiques de Lacan et Dolto, à commencer par ce qui peut séparer un primat de la *perception* d'un primat du *langage*. De Merleau-Ponty à Lacan, les approches du désir, du langage et de l'être ne coïncident pas, en deux « retours à Freud » qui sont d'abord deux avancées personnelles, deux « psychanalyses ontologiques » originales et inabouties. Françoise Dolto n'est pas pour autant réductible à Lacan, il s'en faut, et sa théorisation de l'image du corps contribue de manière essentielle à sa conjugaison personnelle du « tout est langage » en un primat de la *parole* et du *désir*, parole parlée *par le corps* et *pour le corps*. Elle confie la structuration de l'image du corps, véritable identité « personnologique » originaire, à la *parole d'autrui*, en soutenant que la vie *perceptive* de l'*infans* s'organise elle-même autour de celle-ci. Où l'on peut déceler que Dolto occupe une position médiane entre Lacan et Merleau-Ponty, tout en demeurant dans un écart irréductible avec ce dernier [2].

En étant caricatural, on pourrait aussi dire que la conception merleau-pontienne du schéma corporel navigue dans un entre-deux de Schilder et de Dolto, entre schéma corporel et image du corps. Une telle affirmation, pour être valide, supposerait néanmoins que Merleau-Ponty s'écarte de Schilder – ce qui est difficile à préciser –, mais aussi que Schilder occupe en la matière des positions suffisamment claires – ce qui n'est pas le cas. Quoi qu'il en soit, Merleau-Ponty demeure jusqu'au bout dans une surdétermination de la vie perceptive qui reprend les fondements de notre être-au-monde en deçà du langage. Lorsque les *Notes sur le corps* pensent le « sentir » comme « un être à... », elles désignent en lui une « symbolisation qui n'a pas besoin du langage et lui est rebelle à première vue, parce qu'elle est déjà symbolisation sans mots : par centration de tout le schéma corporel » [3]. Ce sentir, qui « est

1. Cf. *infra*, section C.

2. Cf. aussi le *post-scriptum*, intitulé « Entre Sartre et Lacan », que J.-B. Pontalis a rajouté en 1993 à *Après Freud* (Paris, Gallimard, rééd. 1993). De manière suggestive, ce texte conclut en signalant que l'entretien avec Françoise Dolto qui constitue la quatrième et dernière partie de l'ouvrage, symbolise une médiation et un accomplissement de la difficile libération de l'auteur vis-à-vis de Sartre et de Lacan ; une libération dans laquelle Merleau-Ponty a lui aussi joué un rôle capital.

3. N-Corps [86](5), début 1960.

typiquement de l'inconscient », instruit la « logique muette du corps » [1]. On aurait aimé entendre Dolto réagir à cette « fascination du sensible » ou « séduction du sensible » [2] dont parlent ces mêmes inédits, contester que la logique du corps puisse être « muette », ou encore qu'une dimension de notre être-au-monde puisse ainsi opérer une « symbolisation qui n'a pas besoin du langage ». Certes, voir, c'est « ignorer ce qu'on voit » [3], mais c'est aussi mobiliser une structuration corporelle à tel point pétrie de la parole d'autrui que ce qui est toujours déjà en train de s'exprimer dans et par la perception n'est peut-être jamais une expérience totalement « muette ».

Merleau-Ponty et Dolto se rejoignent dans l'inflexion qu'ils apportent à la psychanalyse : tout reprendre à partir du *corps*, tout envisager dans la perspective d'un *désir* qui porte l'identité et la continuité de la personne. Corps et désir : ce qui appelle inévitablement de dépasser les différences entre schéma corporel et image du corps pour en penser les dimensions croisées. Pour penser la *chair*. Mais ils se séparent dans leur conception de la vérité du corps, du symbolisme du corps, de son identité langagière ou infra-langagière, de l'ampleur et des modalités de l'impact de la parole d'autrui sur notre infrastructure charnelle. Dans son souci de penser les articulations étroites de la vie *désirante* avec la *vérité* de la *parole* d'*autrui*, Dolto montre peut-être une précipitation symétrique de celle de Merleau-Ponty, ce qui renforce encore l'intérêt d'une comparaison entre le philosophe et la psychanalyste.

1. N-Corps [86]v(6).
2. N-Corps [86](5).
3. *Ibid*.

CHAPITRE PREMIER

LE SCHÉMA CORPOREL OU LE CORPS ANALOGIQUE [1]

> Il faut donc reconnaître sous le nom de regard, de main et en général de corps un système de systèmes voué à l'inspection d'un monde, capable d'enjamber les distances, de percer l'avenir perceptif, de dessiner dans la platitude inconcevable de l'être des creux et des reliefs, des distances et des écarts, un sens (…) le corps se voue à un monde dont il porte en lui le schéma… (*La prose du monde* [2])

§ 1. DE PIERRE BONNIER À PAUL SCHILDER

Merleau-Ponty ne parle pas de « schéma corporel » avant la *Phénoménologie de la perception*. Il découvre probablement cette notion en 1939, après avoir fini de rédiger *La structure du comportement*. Paraît alors en France un livre de Jean Lhermitte, *L'image de notre corps* [3], qui propose une synthèse des connaissances du moment sur ce qu'il est tour à tour convenu d'appeler, au gré des auteurs, des langues et des traductions, « schéma postural », « modèle postural » (Head), « schéma corporel » (Schilder, *das Körperschema*),

1. Certains passages de ce chapitre ainsi que du suivant proviennent du remaniement de deux articles : « Space and the Body Image in Merleau-Ponty's Philosophy of the Flesh », *Graduate Faculty Philosophy Journal* (The New School for Social Research, New York), Volume 30, Number 1, 2009, p. 31-58 ; « Espace et schéma corporel dans la philosophie de la chair de Merleau-Ponty », in *Le Corps en Acte*, sous la direction d'Alain Berthoz et Bernard Andrieu, « Épistémologie du corps », Nancy, Presses Universitaires de Nancy, 2010, p. 123-152.

2. PM, p. 110.

3. *L'image de notre corps*, Paris, Éditions de la Nouvelle Revue Critique, 1939.

« image de soi » (Van Bogaert), « somatopsyché » (Wernicke-Foerster), « image du moi corporel » (Lhermitte), ou encore « image du corps » (*the body image* des Américains et *the bodily image* des Anglais). Merleau-Ponty lit cet ouvrage (qui semble aussi avoir marqué Lacan et Dolto), et entrevoit d'emblée la fécondité de cette nouvelle approche du corps vécu [1]. Celle-ci fait écho à son interrogation sur la structure du comportement, tout en la reconduisant de l'extérieur vers l'intérieur, de la position d'observateur du corps vivant, qui marquait encore son premier livre, au point de vue du corps phénoménal. Ce changement de perspective constitue un premier pas décisif du *corps* vers la *chair*.

C'est sans doute au neurologue français Pierre Bonnier que l'on doit d'avoir ouvert l'une des premières voies essentielles à ce nouveau champ théorique. En 1893, dans un travail sur le vertige, Bonnier souligne l'inconsistance de la notion classique de cénesthésie – sensibilité générale du corps propre à lui-même, sens interne de la présence et de l'existence actuelle de notre corps –, une notion qui ne possède pas de correspondant physiologique précis [2]. Dans le droit fil de cette critique, il s'emploie à une recherche plus humble et concrète, soucieuse d'une description des dimensions élémentaires de la vie corporelle dans son rapport au monde extérieur. Bonnier se concentre plus particulièrement sur *la spatialité du corps vécu*, sur la façon dont le corps humain *vit* l'espace et *se* vit dans l'espace, perçoit sa situation dans l'environnement immédiat, et gère les modifications subies ou imprimées à cette situation. La notion de schéma corporel naîtra de cette

1. Pour les références à Lhermitte dans l'œuvre de Merleau-Ponty, cf. PhP, p. 90-92, 115, 162, 173-175, 237-238, 524, ou encore CDU(RAE) 177/31, Sorb(RAE) 311, MSME 146/[113](XII6), 155/[121](XIII3), [137]v/NP, [161]/NP, [169]v/NP. « L'une des pièces maîtresses de la structure psychologique de l'homme a été fort négligée. Nous entendons ici l'Image de notre corps, l'image de soi, le sentiment complexe mais fort et toujours présent à la frange de la conscience, de notre personnalité physique. Que nous soyons en possession, dans la pénombre de notre conscience, d'une image de notre moi corporel, de notre corps de chair, que nous ayons sans cesse à l'arrière-plan de nos souvenirs, de nos représentations et de nos sensations même les plus simples le sentiment de notre corporalité, de nos membres en action ou au repos, qui pourrait en douter après la plus élémentaire démarche d'introspection ? Comment pourrions-nous agir sur le monde extérieur si nous n'étions pas en possession d'un schéma de nos attitudes et de notre situation dans l'espace, si nous n'avions pas présente dans notre esprit *l'idée* de notre corps ? On ne saurait donc douter que notre activité s'appuie sur un fondement psycho-physiologique, lequel n'est autre que l'image de notre moi corporel. » (Lhermitte, *op. cit.*, p. 11).

2. Merleau-Ponty critiquera lui aussi la cénesthésie, en lui opposant la notion de schéma corporel ou de schéma postural. Cf. par exemple PhP 115-116, CDU(RAE) 172-173/26, 174-175/28-29, 177-178/31-32, 199-200/52-53, Sorb(RAE) 310-311, 317-318, Sorb(MPE) 527, PM 27, TiTra 18/7.

problématique de l'auto-figuration topographique du corps, dans laquelle s'organisent les perceptions. Et c'est cette direction de recherche qui conduit Bonnier, dans un article fondateur de 1905, à parler du « schéma du corps » [1]. Le neurologue passe en revue différents troubles où l'auto-figuration du corps est manifestement en jeu. Dans ces situations, qui peuvent être banales, « certaines parties de nous-mêmes cessent de figurer » dans le schéma que notre système neurologique possède de notre corps ; « quand elles tiennent trop de place, il y a *hyperschématie*, trop peu : *hyposchématie*, ou une place qui n'est pas leur place propre : *paraschématie* ». Il arrive aussi que ce schéma s'effondre momentanément, par exemple dans l'état de vertige : Bonnier parle alors d' « *aschématie* » [2]. Par ces recherches, Bonnier accomplit un premier pas dans la direction de ce que Merleau-Ponty nommera sur le tard « la topologie du corps ». Le schéma qu'il décrit est en effet profondément étranger à la spatialité objective du corps anatomique, faite de parties, de contours et de proportions (comme dans les fameuses esquisses de L. de Vinci). L'espace corporel vécu n'est pas un espace géométrique métrique ou projectif, mais relève d'un autre type de structuration, d'une spatialité sans frontière rigide entre l'intérieur et l'extérieur, animée de phénomènes d'extension et de contraction, d'intégration et de désintégration, qui indiquent combien il échappe au *partes extra partes* d'un espace fait de localités précises et d'emplacements uniques. L'espace corporel est focalisé par un schéma interne qui institue une spatialité de situation et non une spatialité de position [3].

Les travaux de Henry Head [4], l'un des fondateurs de la neurologie moderne, poursuivent dans ce sens ceux de Bonnier. L'éminent neurologue de Londres approfondit la complexité de notre sens de la localisation, où différents schémas (tactile, visuel...) s'intègrent progressivement à un modèle postural. Dans sa structure cérébrale, « l'homme construit sans cesse un nouveau modèle de lui-même, lequel change perpétuellement » : « chaque nouvelle attitude, chaque nouveau mouvement s'inscrit dans le schéma plastique » [5] et le renouvelle.

1. « L'aschématie », *Revue de neurologie*, 13, 1905, p. 605-609.

2. Art. cit.

3. Cf. PhP, p. 116-117. « Le mot “ici” appliqué à mon corps ne désigne pas une position déterminée par rapport à d'autres positions ou par rapport à des coordonnées extérieures, mais l'installation des premières coordonnées, l'ancrage du corps actif dans un objet, la situation du corps en face de ses tâches. » (PhP, p. 117).

4. Cf. par exemple H. Head et G. Holmes, « Sensory disturbances from cerebral lesion », *Brain*, 34, 1911-1912, p. 102-254. Repris dans H. Head, *Studies in neurology*, vol. 2, Londres, Oxford University Press, 1920.

5. H. Head, cité par Lhermitte, *op. cit.*, p. 14.

Chacun de nous posséderait ainsi, « à la frontière de sa conscience » [1], un schéma tridimensionnel de son corps, auquel il rapporte les excitations et grâce au maintien duquel il est en mesure de discriminer et localiser ses sensations. Étant donné le statut nodal de ce schéma, la perception d'ensemble d'une posture n'est pas réductible à un état de conscience, mais est lourde de correspondances corporelles implicites, tant spatiales que temporelles. Le schéma postural est dynamique, en restructuration permanente, mais se fige dans des situations pathogènes ; il est aussi plastique, au sens où il connaît divers prolongements et rétrécissements au gré des apprentissages corporels – ainsi dans le port du vêtement ou la conduite d'une automobile, vécus comme un prolongement de l'espace du corps propre. Le schéma postural n'opère pas selon un calcul du meilleur mouvement parmi tous ceux possibles, mais selon un système d'analogies sensori-motrices, un *système d'équivalences* praxiques (et non une combinatoire de représentations).

Au-delà des auteurs pionniers découverts dans l'ouvrage de synthèse de Lhermitte, Merleau-Ponty va surtout s'intéresser à un troisième auteur, neurologue et psychiatre, qui hérite des travaux précédents et les enrichit considérablement, pour devenir l'auteur *princeps* sur le schéma corporel dans la première moitié du XXe siècle : Paul Schilder (1886-1940). Schilder est de loin la référence principale de Merleau-Ponty sur cette question après la *Phénoménologie de la perception*. On lui doit deux livres essentiels sur le sujet, *Das Körperschema* en 1923, et surtout *The Image and Appearance of the Human Body* en 1935, que Merleau-Ponty travaillera jusqu'en 1960. Schilder, répétons-le, ne distingue pas deux concepts, schéma corporel et image du corps. Passant d'une langue à une autre, il change d'expression dans une démarche revendiquée comme continue. Merleau-Ponty ne s'y trompera pas, et ne traduira jamais « *body-image* » par une autre expression que « schéma corporel ».

Schilder s'oriente d'abord vers la médecine (docteur en médecine de l'Université de Vienne en 1909), tout en suivant des études de philosophie et en s'intéressant de près à l'enseignement de Husserl (il deviendra docteur en philosophie en 1922). Son orientation neurologique débouche sur la publication de travaux sur l'*Encephalitis periaxialis diffusa* ou « maladie de Schilder », qui le font mondialement connaître. Bientôt spécialisé en psychiatrie, il prend aussi connaissance des travaux de Freud. Après une première période réfractaire à l'égard de ceux-ci, Schilder fait paraître en 1914 une étude sur le symbolisme dans la schizophrénie qui révèle une convergence notable avec le

1. H. Head, cité par Lhermitte, *op. cit.*, p. 14.

fondateur de la psychanalyse. De 1918 à 1929, il travaille à la clinique de l'Université de Vienne et devient de plus en plus proche de Freud ; celui-ci l'encourage vivement dans ses recherches et l'invite dès 1919 à faire partie de la Société psychanalytique de Vienne, alors même qu'il n'est pas analysé (Schilder y fera sa première communication en 1920, sur l'identification). Les ténors de l'Institut psychiatrique de la même ville n'apprécient guère cette orientation, et les conflits qui s'ensuivent poussent Schilder à accepter, en 1930, l'invitation chaleureuse de la communauté psychiatrique américaine. Il enseigne alors au Collège de Médecine de l'Université de New York, où il poursuit une recherche active, avant de disparaître accidentellement en pleine période de création.

De ces compétences diverses, chacune poussée à haut niveau, Schilder tire une fécondité intellectuelle vertigineuse. Sa bibliographie impressionnante [1] décrit les domaines les plus variés : neurologie, psychiatrie, psychothérapie, psychologie génétique, psychanalyse, phénoménologie, sociologie, criminologie, pédagogie, épistémologie générale… sans oublier la *Gestalttheorie* dont il s'est toujours réclamé. En deçà de cette étonnante diversité, qui peut laisser penser à un activisme et un éclatement excessifs, Schilder est animé par la recherche de l'unité des phénomènes humains, dans l'articulation du biologique, du psychologique, et de l'intersubjectivité. Une telle idiosyncrasie, on le comprendra sans peine, ne pouvait pas ne pas fortement intéresser le projet merleau-pontien. Schilder enrichit la théorie du schéma corporel par ses descriptions phénoménologiques, par une attention toute gestaltiste à la logique perceptive, et plus encore par l'approche psychanalytique. Ceci n'est pas allé, en retour, sans un certain nombre d'écarts significatifs de sa doctrine vis-à-vis de celle de Freud. Nous découvrirons progressivement cet enrichissement et ces écarts, qui influencent le propre rapport de Merleau-Ponty à la psychanalyse, et, plus largement, sa philosophie de la chair.

Schilder a en effet de la psychanalyse une définition qui convient davantage à la situation originale de sa pensée qu'à celle de Freud [2], et

1. On en trouvera l'essentiel en marge de l'édition française de *L'Image du corps*, *op. cit*.

2. « L'étude du modèle postural du corps nous a fait toucher aux problèmes fondamentaux de la psychanalyse : c'est que la réaction somatique et le corps sont les deux thèmes principaux de la psychanalyse. La méthode scientifique psychanalytique s'intéresse moins à l'individu dans ses desseins et ses buts sur le monde extérieur, et moins encore à ce qui se passe dans la sphère centrale de sa personnalité, qu'à ce qu'il éprouve dans son propre corps. La psychanalyse est la science qui étudie comment le monde et la vie se reflètent dans le corps de l'individu. Cependant, elle a jusqu'à présent négligé de

qui annonce la torsion que le phénoménologue français fera de son côté subir à celle-ci dans le sens d'une double recentration, sur le *corps* et sur le *désir*. Schilder explique aussi qu'à la différence de la plupart des traités de psychologie, il considère le corps comme un tout, en mettant l'accent sur son unité. C'est ce qui le rapproche selon lui de Max Scheler, même s'il souligne qu'il n'accepte pas la distinction effectuée par ce dernier entre le *corps* tel qu'il « nous est donné par les sensations externes », et le *Leib* comme « conscience interne » que nous avons de notre corps – « Il n'y a qu'une seule unité, c'est le corps » [1]. Un trait marquant de l'entreprise de Schilder est d'éviter la commodité intellectuelle d'une distinction tranchée entre corps objectif et corps subjectif, trait que nous retrouverons justement dans l'approche merleau-pontienne de la chair, notamment lorsque le philosophe caractérise la chair comme « phénomène de miroir » [2].

Dans l'œuvre publiée de son vivant, la présence de Schilder chez Merleau-Ponty est fort discrète et paraît cantonnée à la *Phénoménologie de la perception*. L'auteur de *Das Körperschema* est cité une première fois dans *La structure du comportement*, mais il s'agit probablement d'une référence de seconde main (l'expression même de « schéma corporel » est d'ailleurs absente de cet ouvrage). C'est sans doute, là encore, à partir de l'étude de Lhermitte sur *L'image de notre corps* que Merleau-Ponty fait connaissance avec cette pensée. Encore très ponctuelle dans la thèse de 1945, l'influence de Schilder devient déterminante dans les derniers écrits, comme le montrent les inédits, qui permettent aussi de constater que l'essentiel du travail est postérieur à 1953 [3]. En janvier 1953, au moment où il prépare son premier cours au Collège de France (*Le monde sensible et le monde de l'expression*), Merleau-Ponty cherche activement dans Paris un exemplaire d'*Image and Appearance* [4]. Schilder sera l'une des références essentielles de ce cours décisif, lieu d'une réécriture mieux charpentée de la *Phénoméno-*

considérer la structure du schéma corporel. Or, tout désir et toute tendance libidinale changent immédiatement la structure de l'image du corps et c'est précisément par ce changement que désirs et tendances libidinales prennent leur signification réelle. » (IC, p. 218 / IAHB, p. 201).

1. IC, p. 295 / IAHB, p. 283.

2. Cf. *infra*, chap. III.

3. Plus de 90 % des références à Schilder dans le corpus sont faites après cette date.

4. Merleau-Ponty n'a probablement pas eu une connaissance de première main d'*Image and Appearance* avant 1953. Cf. MSME [157]/NP, pochette rouge intitulée « Bibliographie – Notes », à l'intérieur de laquelle est précisé « Notes et Bibliographie de janvier-mai 1953 » : « À trouver pour Cours I » (MSME [159]/NP), « Schilder *The Image and Appearance of the Human Body* Londres 1935 [(en marge) n'est pas à la Fac de médecine (voir volumes à la Cité)] » (MSME [161]/NP).

logie de la perception [1]. Merleau-Ponty revient sur cet auteur en 1955 (dans le cours sur *Le problème de la passivité*), 1957 (dans les abondantes notes de lecture inédites sur Rudolf Arnheim), 1958 (dans les *Notes sur la vie*, inédites), puis, continûment, de septembre 1959 à août 1960 [2]. Schilder accompagne alors Merleau-Ponty dans la dernière étape de la maturation de sa philosophie de la chair. En insistant plus que jamais sur le thème de l'incorporation, le philosophe reprend le travail de 1953 et l'approfondit sous un éclairage jusqu'ici trop latent, celui du désir. C'est l'ensemble cohérent formé en 1960 par les *Notes sur le corps*, la troisième série de cours sur *Le concept de Nature*, et le travail de préparation [3] (avril-mai 1960) puis de rédaction (juillet-août 1960) de *L'Œil et l'Esprit* [4]. Schilder est une référence centrale de cet ensemble, en particulier de la séance capitale au Collège de France du jeudi 31 mars 1960, cours longuement préparé et dont les manuscrits constituent un document essentiel sur la question de la chair [5].

§ 2. Le corps système d'équivalences

Dans la *Phénoménologie de la perception*, un des premiers enseignements que Merleau-Ponty tire de sa connaissance du moment sur le schéma corporel est que le corps, dans son rapport à l'espace, ne se présente pas comme un tout aux parties juxtaposées, mais comme un être d'enveloppement ou d'implication.

> Ses parties se rapportent les unes aux autres d'une manière originale : elles ne sont pas déployées les unes à côté des autres, mais enveloppées les unes dans les autres. Par exemple, ma main n'est pas une collection

1. Dans sa thèse, les développements phénoménologiques les plus poussés sur la profondeur et le mouvement (cf. PhP, p. 294-324) n'étaient pas encore articulés avec la notion de schéma corporel, comme si Merleau-Ponty ne voyait pas la cohésion de ces différentes problématiques. C'est cette lacune que vient combler le cours de 1953, dans un plan d'ensemble beaucoup plus satisfaisant.

2. En janvier 1958, certains documents indiquent le projet de se plonger à nouveau dans la lecture de Schilder (cf. N-Vie [127]v, ou encore NTi [316]), projet à nouveau formulé au début de l'automne 1959 (EM2 [187]). Merleau-Ponty relit effectivement *Image and Appearance* durant l'automne 1959 (cf. par exemple la note de travail de novembre 1959 intitulée « Moi-autrui, formule insuffisante », NT, p. 274). C'est de cette époque que l'on peut raisonnablement dater les notes de lecture que l'on trouve dans le dossier inédit des *Notes sur le corps* (N-Corps [105]-[105]v).

3. Comprenant le volume le plus tardif d'*Être et Monde* (EM3), capital pour les questions de la profondeur et de la topologie.

4. Sans oublier la reprise de cet essai lors des premiers cours sur *L'ontologie cartésienne*, début 1961.

5. Cf. N-Corps [84] à [91], puis Natu3, p. 345-347/[73]v-[74].

de points (...) l'espace de ma main n'est pas une mosaïque de valeurs spatiales. De la même manière mon corps tout entier n'est pas pour moi un assemblage d'organes juxtaposés dans l'espace. Je le tiens dans une possession indivise et je connais la position de chacun de mes membres par un *schéma corporel* où ils sont tous enveloppés [1].

Ce mode d'enveloppement se retrouve, au second degré, sur un plan épistémologique : le schéma corporel étant une forme de connaissance que le corps animal a de lui-même, par présence à elle-même de cette implication, cette appréhension est elle aussi involuée, et échappe au caractère développé, géométriquement projectif comme temporellement rétrospectif, de la représentation. Le schéma corporel n'est pas une *re-présentation* du corps, et le terme de « schéma » (malgré ses quelques avantages par rapport à celui d'« image », notamment dans son rapprochement possible avec la notion de « schème ») prête encore à confusion : si cette connaissance passe, neurologiquement parlant, par l'exploitation d'une forme de cartographie, elle se construit dans la mise à l'épreuve et la réélaboration permanente d'un modèle interne agissant, et non d'un simple schéma préétabli. « Le schéma corporel = non pas objet simplifié, schématisé et conscience de... cet objet, mais : chaque partie du corps *connaît* ce que touchent les autres, est mesurant-mesuré, chaque sentir partiel est un sentir total » [2]. Esquisse dynamique, abrégé instantané d'une posture, simulation furtive d'un comportement : plutôt qu'à un schéma – « le schéma corporel n'est pas un *schéma en soi* » [3] –, il s'apparente à un *schème*, au sens sensori-moteur que Bergson, Paliard et Piaget (pour n'évoquer que des auteurs travaillés par Merleau-Ponty) ont diversement tenté de décrire. À ceci près – différence considérable – que ce schème concerne tout le corps, l'ensemble de ses dimensions vitales, de ses possibilités d'expression et de relation au monde. Beaucoup plus large que le schème sensori-moteur de Piaget, il n'est pas le résonateur-simulateur de *tel* mouvement ou de *telle* action, mais d'un comportement global, d'une manière d'être.

Merleau-Ponty comprend aussi très tôt que cette « connaissance » par présence passive-active du corps à lui-même est un champ d'épreuve

1. PhP, p. 114. « L'espace corporel peut se distinguer de l'espace extérieur et envelopper ses parties au lieu de les déployer » (PhP, p. 117). Merleau-Ponty transpose ici la figure spatiale de l'*implication* dont Jacques Paliard faisait une clef essentielle de la vie perceptive. Cf. Paliard, « L'illusion de Sinsteden et le problème de l'implication perceptive », *Revue philosophique*, tome CIX, janvier-juin 1930, p. 359-409. Merleau-Ponty travaillera à nouveau Paliard et sa conception de l'implication dans le cours sur *Le monde sensible et le monde de l'expression*.

2. EM3 [260]v.

3. EM3 [233]v(4).

de son *unité* – « unité prélogique » [1], « unité latérale, d'implication mutuelle » [2], étrangère à tout processus de synthèse, à côté de laquelle seraient passées les philosophies classiques [3]. L'implication, *involution* topologique du non-déployé et involution épistémologique du non-explicable, est aussi – Merleau-Ponty jouant sur la plurivocité du terme – l'*investissement* ou implication existentielle du corps dans le monde [4]. Ces deux sens de l'implication se répondent mutuellement : l'*unité d'implication* du corps humain est profondément liée à son implication *dans* l'être extérieur, la qualité d'intégration du schéma corporel est à la mesure de la qualité de son *rapport* au monde et à autrui.

Cet appui mutuel de l'unité du dedans et de la relation au dehors est le fruit instable d'une restructuration permanente, car « l'image du corps n'est pas donnée mais se développe et se construit (...), le modèle du corps change continuellement » [5]. Le schéma corporel est en perpétuelle autoconstruction et autodestruction interne, dans un processus de « différenciation » et d' « intégration » – jeu d'expressions que le dernier Merleau-Ponty ne reprend pas, comme on a pu le dire, aux mathématiques différentielles de Leibniz, mais à Schilder (lui-même poursuivant l'usage courant de ces termes en psychologie et en biologie) [6]. Toute perception et tout mouvement retentissent sur la configuration de notre schéma, et ainsi le déstabilisent : « le seul fait pour nous de voir quelque chose déclenche immédiatement une activité musculaire et amène un changement dans la perception que nous avons de notre corps » [7]. Mais tout arrêt de l'effort menace aussi l'image du corps : « Quand nous fermons les yeux et nous tenons aussi immobiles que possible, l'image du corps tend à se dissoudre ; elle est le résultat d'un effort et ne peut être complètement maintenue quand l'effort cesse. Elle n'est jamais une structure achevée, jamais statique » [8]. La cohésion du corps relève ainsi

1. PhP, p. 269 ; ou encore MSME, p. 126/[96], 174/[9].

2. MSME, p. 133/[101](XI1).

3. Cf. PhP, p. 166.

4. « Donc [l']unité du schéma corporel (...) n'est pas celle verticale, par participation à une idée, mais unité latérale, ouverte, d'une coexistence. Cela ne se comprend que comme unité d'une action sur le monde, d'une *praxis*. » (MSME, p. 140/[108](XII1)).

5. IC, p. 143 / IAHB, p. 123.

6. Cf. par exemple MSME 152/[119](XIII1), NLVIàf2 [149], S(Berg) 240, EM2 [148](1), Natu3 268/[36]v, 276/[40], NT 283, 287, OntoCart 226/[43](3). La note (a) de Natu3 268/[36]v est directement issue d'une relecture d'*Image and Appearance*. « Le modèle postural du corps est-il une entité statique, fixe, ou bien une entité changeante, en croissance, en développement ? Je compte montrer qu'il est en perpétuelle autoconstruction et autodestruction interne. Il est vivant dans ce processus continuel de différenciation et d'intégration. » (IC, p. 40 / IAHB, p. 15-16).

7. IC, p. 218 / IAHB, p. 201.

8. IC, p. 299 / IAHB, p. 287.

de ce que Merleau-Ponty appelle un équilibre dynamique instable, par organisation et réduction de fluctuations [1], dans la tension de l'expression – bien loin du modèle mécanique de la stabilité d'une bille au fond de son puits de potentiel.

Rentrons plus avant dans la spécificité de cette cohésion avec soi ou « contact de soi à soi » [2] du corps. Quelle est la diversité ainsi perpétuellement différenciée et intégrée ? Merleau-Ponty la décrit selon trois niveaux imbriqués : le schéma corporel est cohésion *intermodale* (sensori-motrice), *intersensorielle*, et *intrasensorielle*. Les derniers écrits envisageront une étude systématique de ces trois voies [3], à travers l'intrication de la perception et du mouvement, et la quasi-réflexivité de l'intrasensorialité nourrie des analyses du miroir, ce voyant-vu à l'aune duquel Merleau-Ponty réinvestit le touchant-touché husserlien. Le philosophe n'aura pas le temps d'accomplir ce projet, dont on trouve néanmoins une anticipation dans le deuxième chapitre de *L'Œil et l'Esprit*. Au stade de la *Phénoménologie de la perception*, Merleau-Ponty n'aborde pas encore véritablement l'intermodalité ni l'intrasensorialité. Il ne semble pas avoir une connaissance de première main du *Gestaltkreis* de Weizsäcker, n'a pas encore suffisamment travaillé l'approche piagétienne de l'intermodalité, et n'a pas non plus découvert la fécondité du voyant-vu que lui dévoileront les travaux de Wallon et Lacan (dans la *Phénoménologie de la perception*, l'unique et courte référence au touchant-touché husserlien n'entretient encore aucun lien avec le voyant-vu). Sa préoccupation est pour l'instant centrée sur un sujet d'étude qui fascine depuis quelques décennies psychologues et philosophes, l'intersensorialité [4]. Merleau-Ponty est attentif à cette « synergie », au fait que chaque sens convoque le corps tout entier, et reproche à l'empirisme comme à l'intellectualisme d'avoir méthodiquement isolé la vision et le toucher de l'activité d'ensemble du corps. L'apport le plus décisif en la matière réside bien, pour lui, dans la théorie du schéma corporel :

> Le schéma corporel, au lieu d'être le résidu de la cénesthésie coutumière, en devient la loi de constitution. Si l'on a éprouvé le besoin d'introduire ce mot nouveau, c'était pour exprimer que l'unité spatiale et temporelle, l'unité intersensorielle ou l'unité sensori-motrice du corps est pour ainsi dire de droit, qu'elle ne se limite pas aux contenus

1. Cf. Natu2 199, 239, RC58 136, Huss [106]v/NP, Natu3 318/[61]v, 331/[66]v, NT 284, NTi [335].

2. NT, p. 309.

3. Cf. EM3 [252], mai 1960.

4. Cf. SC 189, PhP 115-116, 138, 160, 175, 254, 260-261, 270-271, 276, 366-367, 377.

effectivement et fortuitement associés dans le cours de notre expérience, qu'elle les précède d'une certaine manière et rend justement possible leur association [1].

Le schéma corporel apparaît comme un *système* où les sens se répondent selon des *équivalences* qui ne sont pas établies par une unité centrale de calcul, mais qui sont directement jouées par le corps. Les sens communiquent au travers d'un corps qui se prête tout entier à ces échanges, et que le philosophe décrit comme « système d'équivalences intersensorielles immédiates » [2]. L'intersensorialité ainsi comprise devient un modèle de toute forme de correspondance intra-corporelle chez Merleau-Ponty, qui l'étend bientôt, de la perception, aux correspondances des gestes et des paroles [3]. Le philosophe reprendra sans cesse cette idée de « système d'équivalences » [4] qui caractérise la logique du schéma corporel. Voici le passage qui introduit et définit cette notion pour la première fois :

> Pour pouvoir imiter les gestes de quelqu'un qui me fait face, il n'est pas nécessaire que je sache expressément que « la main qui apparaît à la droite de mon champ visuel est pour mon partenaire main gauche ». C'est justement le malade qui recourt à ces explications. Dans l'imitation normale, la main gauche du sujet s'identifie immédiatement à celle de son partenaire, l'action du sujet adhère immédiatement à son modèle, le sujet se projette ou s'irréalise en lui, s'identifie avec lui, et le changement de coordonnées est éminemment contenu dans cette opération existentielle.

1. PhP, p. 115-116.

2. MSME, p. 129/[97](X6). Cf. aussi PhP, p. 175. « Avoir un corps, c'est posséder un montage universel, une typique de tous les développements perceptifs et de toutes les correspondances intersensorielles par-delà le segment du monde que nous percevons effectivement. » (PhP, p. 377) « La notion que j'ai de mon corps est un système, un schéma qui comporte le rapport à la position de mon corps dans le milieu ambiant. Les différents domaines sensoriels intéressés dans la perception de mon corps entretiennent certaines relations : le schéma corporel me fournit à cet égard un système d'équivalences. » (Sorb(RAE), p. 311) « Corps = système intersensoriel » (MSME, p. 135/[102] (XI2)), « un système d'équivalences intersensoriel qui fonctionne comme un tout » (Natu3, p. 279/[43]).

3. « Les gestes et les paroles ne sont pas subsumés sous une signification idéale, mais la parole reprend le geste et le geste reprend la parole, ils communiquent à travers mon corps, comme les aspects sensoriels de mon corps ils sont immédiatement symboliques l'un de l'autre parce que mon corps est justement un système tout fait d'équivalences et de transpositions intersensorielles. Les sens se traduisent l'un l'autre sans avoir besoin d'un interprète, se comprennent l'un l'autre sans avoir à passer par l'idée. » (PhP, p. 271).

4. Elle apparaît plus de 80 fois sous la plume de Merleau-Ponty.

Merleau-Ponty poursuit :

> C'est que le sujet normal a son corps non seulement comme système de positions actuelles, mais encore et par là même comme système ouvert d'une infinité de positions équivalentes dans d'autres orientations. Ce que nous avons appelé le schéma corporel est justement ce système d'équivalences, cet invariant immédiatement donné par lequel les différentes tâches motrices sont instantanément transposables. C'est dire qu'il n'est pas seulement une expérience de mon corps, mais encore une expérience de mon corps dans le monde [1].

Cette présentation du schéma corporel comme « fonction générale de transposition tacite » [2] se retrouve tout au long de l'œuvre de Merleau-Ponty. Elle participe à sa manière à renouveler une question ancienne, pour ne pas dire antique, celle de l'*analogie* : repenser l'analogie à partir du corps, de ses équivalences et de son symbolisme. Le schéma corporel est un opérateur d'analogies charnelles, d' « analogues selon le corps » comme le dira *L'Œil et l'Esprit*. La peinture, en particulier la peinture moderne [3], est un lieu d'expression privilégié de cette analogicité : le peintre apporte son corps, et la peinture, dès lors, se fait elle-même système d'équivalences [4]. Mais c'est avec l'analyse du fameux cas Schneider (repris à Gelb et Goldstein) que Merleau-Ponty aborde pour la première fois la question de l'analogie à partir de ses fondements corporels. Schneider – selon la présentation qu'en firent Gelb et Goldstein, indépendamment de la question de savoir si Schneider était ou non un simulateur –, se trouve incapable de comprendre une analogie ou une métaphore. Il est atteint d'une pathologie du sens de l'incarnation qui l'oblige à passer perpétuellement par le biais de l'analyse consciente pour coordonner sa vie esthésiologique et motrice – une pathologie que

1. PhP, p. 165.
2. PhP, p. 196.
3. Cf. RC59, p. 146.
4. « La peinture est un système d'équivalences » (PM, p. 89), « le style est dans chaque peintre le système d'équivalences qu'il se constitue pour cette œuvre » (PM, p. 86), « … un système exact d'équivalences qui fait le sens de chaque peinture » (TiTra, p. 29/13-14), « dès qu'on se donne cet étrange système d'équivalences, la peinture tout entière est là » (OE-ms [13](7)), etc. « Quand on y pense, c'est un fait étonnant que souvent un bon peintre fasse aussi de bon dessin ou de bonne sculpture. Ni les moyens d'expression, ni les gestes n'étant comparables, c'est la preuve qu'il y a un système d'équivalences, un Logos des lignes, des lumières, des couleurs, des reliefs, des masses, une présentation sans concept de l'Être universel. L'effort de la peinture moderne n'a pas tant consisté à choisir entre la ligne et la couleur, ou même entre la figuration des choses et la création de signes, qu'à multiplier les systèmes d'équivalences » (OE, p. 71). Cf. encore PM, p. 90, 99, et S(LIVS), p. 68-69, 71, 76.

Merleau-Ponty rapproche non sans ironie de l'intellectualisme des philosophies idéalistes.

> Si nous voulons apercevoir ce qui sous-tend la « fonction symbolique » elle-même, il nous faut d'abord comprendre que même l'intelligence ne s'accommode pas de l'intellectualisme. Ce qui compromet la pensée chez Schneider ce n'est pas qu'il soit incapable d'apercevoir les données concrètes comme des exemplaires d'un *eidos* unique ou de les subsumer sous une catégorie, c'est au contraire qu'il ne peut les relier que par une subsomption explicite [1].

Merleau-Ponty relève ainsi que le malade ne comprend pas des analogies aussi simples que « le pelage est pour le chat ce que le plumage est pour l'oiseau », ou « l'œil est pour la lumière et la couleur ce qu'est l'oreille pour les sons ». Schneider n'accède pas au sens métaphorique d'expressions usuelles comme « le pied de la chaise » ou « la tête d'un clou », bien qu'il en comprenne les mots un à un. Symétriquement, des sujets normaux du même degré de culture que Schneider ne savent pas toujours expliquer ces analogies, mais les comprennent. Il est plus facile pour un sujet normal d'appréhender ou percevoir l'analogicité que de l'analyser et en déployer la proportionnalité implicite, alors que le malade ne réussit à la comprendre que lorsqu'il l'a explicitée par une analyse conceptuelle consciente et discursive.

Le schéma corporel est au principe de cette com-préhension sans explication de l'analogique, « synthèse » sans analyse [2] d'une rigueur non développée en raisonnement. Une puissance d'analogies charnelles que Merleau-Ponty entend retrouver au cœur de toute pensée vivante.

> Si nous décrivions l'analogie comme l'aperception de deux termes donnés sous un concept qui les coordonne, nous donnerions comme normal un procédé qui n'est que pathologique et qui représente le détour par lequel le malade doit passer pour suppléer la compréhension normale de l'analogie. (...) La pensée vivante ne consiste donc pas à subsumer sous une catégorie [3].

En quoi consiste-t-elle alors ?

> Si le sujet normal comprend d'emblée que le rapport de l'œil à la vision est le même que le rapport de l'oreille à l'ouïe, c'est que l'œil et l'oreille lui sont donnés d'emblée comme des moyens d'accès à un même *monde*,

1. PhP, p. 148.

2. « Non évocation intellectuelle (...). Non déchiffrement de signes par intelligence qui les interpréterait (...), mais intentionnalité du corps (...), sens immanent de la "métamorphose", sens gestuel pour un corps qui sait la syntaxe des gestes, synthèse sans analyse. » (MSME, p. 166/[132](XIV8)).

3. PhP, p. 149.

> c'est qu'il a l'évidence antéprédicative d'un monde unique, de sorte que l'équivalence des « organes des sens » et leur analogie se lit sur les choses et peut être vécue avant d'être conçue. Le sujet kantien pose un monde, mais, pour pouvoir affirmer une vérité, le sujet effectif doit d'abord avoir un monde ou être au monde, c'est-à-dire porter autour de soi un système de significations dont les correspondances, les relations, les participations n'aient pas besoin d'être explicitées pour être utilisées [1].

La nature foncièrement analogique de l'intelligence n'enracine donc son déploiement ni dans le *raisonnement* par analogie – même s'il est souvent possible, rétrospectivement, d'en rendre raison sous cette forme –, ni dans les *concepts* analogiques – même si ceux-ci ont l'art de transcrire et préserver en partie la complexité structurale du schématisme corporel. Les tentatives classiques, interminables et conflictuelles, de typologie et d'explication de l'analogie, ne descendent pas jusqu'à son identité originelle. Il faut rechercher celle-ci dans la topologie d'une chair qui opère comme système d'équivalences corporelles et intercorporelles. Inaugurée dans la *Phénoménologie de la perception*, cette approche reviendra dans les derniers manuscrits, en lien avec les descriptions que Schilder donne des équivalences topologiques du corps humain qui structurent l'intercorporéité [2], ainsi qu'avec la critique de la conception sartrienne de l'*analogon* dans *L'Imaginaire* [3].

§ 3. « C'EST LE CORPS QUI "COMPREND" » HABITUDE ET SCHÉMA CORPOREL [4]

a) « *Une opération d'existence* »

Revenir au comportement et à la perception : le thème de l'habitude intervient au croisement des directions respectives des deux premiers ouvrages de Merleau-Ponty [5]. Le travail de Jacques Chevalier lui a donné ses premières armes pour le traiter, lisibles dès *La structure du comportement* [6] ; la théorie du schéma corporel lui permet d'aller sensiblement plus loin dans la *Phénoménologie de la perception*.

1. PhP, p. 150.
2. Cf. *infra*, chap. II.
3. Ce point sera développé dans notre prochain volume.
4. Une première version de ce développement a été publiée sous le titre « "C'est le corps qui comprend". Le sens de l'habitude chez Merleau-Ponty », *Alter*, n° 12, 2004, p. 105-128.
5. Cf. notamment SC, p. 131-132, et PhP, p. 166-172, 177-179.
6. Cf. Jacques Chevalier, *L'Habitude*, Paris, Boivin, 1929.

Transversale dans l'œuvre du philosophe [1], la question de l'habitude trouve son cadre naturel dans ce qui en fait la préoccupation centrale : l'union de l'âme et du corps. Merleau-Ponty est à la recherche de ce qui est indissociablement corporel et spirituel, et qu'il désignera bientôt par le concept de chair. À ce titre, l'habitude l'intéresse parce qu'elle n'est « ni une connaissance, ni un automatisme » [2], « ne réside ni dans la pensée ni dans le corps objectif, mais dans le corps comme médiateur d'un monde » [3]. Le traitement de ce thème offre ainsi une illustration du *ni ni* merleau-pontien : ni réalisme (ici, réalisme mécaniste) ni idéalisme [4]. Cette détermination négative ne se précise pas davantage lorsque Merleau-Ponty lui ajoute une autre tournure usuelle, caractéristique de sa pensée de la chair à partir de *L'homme et l'adversité* (1951) : non plus le « ni… ni… », mais le « à la fois… et… », au sens où la chair est *à la fois* corporelle *et* spirituelle.

> La théorie de l'habitude fût, pendant longtemps, prise dans l'alternative : mécanisme corporel, opération vraiment intellectuelle. Et seul le fait de remarquer qu'elle est à égale distance des deux, permit les progrès réalisés depuis 25 ans. (…) L'opération de l'habitude est alors à la fois corporelle et spirituelle, *c'est une opération d'existence…* [5]

Une troisième formulation, encore trop générale, livre mieux l'orientation de sa réflexion : « c'est le corps qui "comprend" dans l'acquisition de l'habitude » [6]. Compétence sise dans la corporéité, savoir *du* corps – « il y a une intelligence du corps » [7] –, l'habitude serait le lieu d'exercice d'une « intelligence concrète » [8], pourvue d'un mode de compréhension qui n'est pas centré sur la représentation, qui ne passe pas par le type d'abstraction qui mène à celle-ci.

> Nous disions plus haut que c'est le corps qui « comprend » dans l'acquisition de l'habitude. Cette formule paraîtra absurde, si comprendre c'est subsumer un donné sensible sous une idée et si le corps est un objet. Mais justement le phénomène de l'habitude nous invite à remanier notre notion du « comprendre » et notre notion du corps [9].

1. Cf. SC, PhP, Sorb, PbPassiv, EM2 et EM3, pour ne mentionner que les textes les plus importants sur ce sujet.
2. PhP, p. 168.
3. PhP, p. 169.
4. Cf. par exemple PhP 166, Sorb(PSE) 247, 268, Sorb(EXPA) 561.
5. Sorb(ExpA), p. 561, 1951-1952.
6. PhP, p. 169.
7. UAC, p. 89.
8. Cf. Sorb(PSE), p. 265-268.
9. PhP, p. 169.

Aux yeux du phénoménologue français, la théorie de la connaissance, plutôt que de se précipiter sur le modèle offert par les mathématiques, devrait d'abord s'attarder sur les apprentissages corporels. Contre Brunschvicg et l'approche criticiste de la connaissance, attaqués dès ses premiers projets de thèse [1], Merleau-Ponty s'engage dans une analyse de notre ouverture sensori-motrice au monde et des compétences qui se forgent dans cette ouverture même, espérant découvrir l'enracinement corporel de tout apprentissage. Cette orientation le conduit à privilégier des situations concrètes sur lesquelles son œuvre revient régulièrement : l'apprentissage de la danse, de la conduite automobile, la compétence du dactylographe, celle de l'organiste, ou plus simplement le bâton de l'aveugle comme organe d'exploration, et même le port du vêtement [2].

Le double remaniement ainsi annoncé – remanier notre notion du « comprendre » et notre notion du corps – ne doit pas cacher une préséance du second sur le premier : c'est dans une nouvelle conception du corps phénoménal que Merleau-Ponty pense trouver le fondement et la description des processus de « compréhension » charnelle. Cette direction de travail entretient une dette considérable à l'égard de la théorie du schéma corporel. Celle-ci conduit Merleau-Ponty à insister sur l'analogicité de l'habitude, qui se dirige vers un sens fait de familiarité et d'ignorance, édifié dans une incorporation désirante. L'étude de l'habitude contribue ainsi à éclairer l'intelligence de la chair, en génitif objectif et subjectif : mieux comprendre la chair merleau-pontienne, ainsi que la recherche merleau-pontienne d'une intelligence charnelle.

Merleau-Ponty critique fortement la conception mécaniste, incapable de rendre compte de la richesse du phénomène de l'habitude. Le modèle de l'automatisme nous donne l'image d'une opération invariable, simple et univoque, qui ne sait que répéter un acquis stabilisé. Or les observations les plus élémentaires infirment cette conception. Dans sa dimension même de reprise, de répétition, l'habitude est capable d'anticiper et de se transférer, de s'adapter à des situations nouvelles [3].

1. Cf. par exemple NaPer, p. 21.

2. Ces exemples sont directement inspirés de Jean Lhermitte, *L'image de notre corps*, *op. cit.*, Henry Head, *Studies in neurology*, *op. cit.*, et Jacques Chevalier, *L'Habitude*, *op. cit.*

3. « On sait qu'un organiste exercé est capable de se servir d'un orgue qu'il ne connaît pas et dont les claviers sont plus ou moins nombreux, les jeux autrement disposés que ceux de son instrument coutumier. Il lui suffit d'une heure de travail pour être en état d'exécuter son programme. Un temps d'apprentissage si court ne permet pas de supposer que des réflexes conditionnés nouveaux soient ici substitués aux montages déjà établis, sauf si les uns et les autres forment un système et si le changement est global, ce qui nous fait sortir de la théorie mécaniste, puisque alors les réactions sont médiatisées par une saisie globale

Extraordinaire pouvoir de gestion simplifiée de la complexité, elle n'est pour autant en rien une simplification du complexe lui-même. Synthèse non intellectuelle [1], elle n'est pas imposée par une instance extérieure mais se joue dans une incorporation dont le fruit est un sens « opérant », c'est-à-dire capable en retour de transformer celui qui le porte et le monde qu'il s'est ainsi incorporé [2].

Cette double aptitude à la nouveauté et à la complexité [3] découle de la puissance analogique de l'habitude. L'analogique est parfois synonyme de manque de précision, voire de confusion latente ; dans le cas de l'habitude, il n'empêche pas, tout au contraire, la fiabilité, la précision et parfois même la virtuosité (de l'organiste, du danseur, de l'acteur, etc.). Pour rendre compte de ces caractéristiques, Merleau-Ponty affine son rituel « à la fois corporel et spirituel » en un « à la fois moteur et perceptif » : « à vrai dire, toute habitude est à la fois motrice et perceptive parce qu'elle réside, comme nous l'avons dit, entre la perception explicite et le mouvement effectif » [4]. L'habitude se forge au

de l'instrument. » (PhP, p. 169-170) Cf. aussi SC, p. 131. « Si l'habitude était une somme de réflexes, on ne comprendrait pas comment il est possible de transférer une habitude sans avoir besoin d'un nouvel apprentissage. » (Sorb(PSE), p. 246) Cf. aussi Sorb(PSE), p. 266. « On ne peut parler d'automatisme car, en ce cas, l'habitude fonctionnerait dans des conditions précises ; or, c'est un fait que les habitudes sont plastiques, ni les situations ni les instruments corporels ne sont fixés une fois pour toutes (transfert d'habitudes). D'autre part, l'habitude n'est pas assujettie à des situations strictement définies, elle est une aptitude à répondre à un certain type de situations par une certaine forme de solution. » (Sorb(ExpA), p. 561) Ici comme ailleurs, Merleau-Ponty doit beaucoup aux analyses de Jacques Chevalier, dans *L'Habitude*, *op. cit.*, p. 202 *sq.*, ainsi qu'à l'étude de P. Guillaume sur *La formation des habitudes*, Paris, Alcan, 1936.

1. « L'acquisition de l'habitude (...) offre de grandes difficultés aux philosophies classiques, toujours portées à concevoir la synthèse comme une synthèse intellectuelle. » (PhP, p. 166).

2. « L'acquisition d'une habitude vraie pour le vivant, c'est l'incorporation d'une forme susceptible de se transformer. La machine, elle, exécute un montage prévu pour un nombre fini de cas. La marge d'imprévu de la machine est très mesurée. La machine fonctionne, l'animal vit, c'est-à-dire qu'il restructure son monde et son corps. La fonction de la machine a un sens, mais ce sens est transcendant, il est dans l'esprit du constructeur, alors que dans l'appareil il n'y a que la trace du sens : la machine ne comporte que du proche en proche. (...) Il n'y a pas de sens opérant à l'intérieur de la machine, mais seulement à l'intérieur du vivant. » (Natu2, p. 215).

3. « Le corps "fait preuve d'intelligence" devant des situations entièrement neuves, le geste résout un problème qui n'a pas été posé par l'intelligence et dont les éléments sont infiniment nombreux. » (Sorb(PSE), p. 266).

4. PhP, p. 177. Cf. aussi Sorb(SCCE), p. 181 : « Pour les classiques, l'habitude ne concerne pas l'esprit, mais le corps. Il s'agit de mécanismes montés dans le corps : lorsque la compréhension du mouvement s'efface, l'automatisme subsiste. Ainsi, il n'y a pas moyen de comprendre le phénomène de l'habitude : il est impossible de le considérer comme un simple automatisme. Comment expliquer les nombreux cas où une seule perception suffit à constituer l'habitude ? Il y a des habitudes *générales :* elles peuvent se

croisement du perceptif et du praxique, ce qui renvoie inévitablement aux vertus propres du schème sensori-moteur [1] : elle n'abstrait pas, mais généralise et *se* généralise en concrétisant, et sa manière d'unir le multiple passe par une simulation infra-représentationnelle de l'action.

L'intrication entre perception et motricité ne suffit pourtant pas à éclairer l'analogicité de l'habitude, sa capacité à être transférée. C'est dans sa réflexion sur le schéma corporel que Merleau-Ponty trouve son principal angle d'attaque de la question, en envisageant « l'acquisition de l'habitude comme remaniement et renouvellement du schéma corporel » [2]. Le phénoménologue est attentif à cette logique de retentissement global qui donne à chaque attitude de mobiliser le schéma corporel tout entier, de jouer sur sa plasticité, chacune de ces modifications étant elle-même l'occasion de la formation d'une habitude ou de son renforcement [3]. Ce faisant, Merleau-Ponty engage aussi déjà le second remaniement promis : celui du mode de *compréhension* impliqué dans l'acquisition et l'exercice de l'habitude, ainsi que la nature du *sens* ainsi frayé.

b) *Savoir sans savoir*

Le type de signification mobilisée par l'habitude n'est pas inscrit dans un tracé idéal identique pour tous et transparent à autrui, il est adhérent au corps dans l'exercice même de la compétence correspondante [4]. Étranger à l'autonomie d'une pure essence, ce sens est un vecteur qui se dresse dans l'exercice corporel et disparaît avec lui, le schème d'une action, qui l'anticipe et s'efface à son profit. Parfaitement disponible pour le schéma corporel qui l'a édifié, ce sens n'est cependant pas communicable comme tel, il est indisponible pour un autre corps. Il n'est même pas directement accessible à la conscience du

transférer (l'habitude d'écrire peut se transférer d'une main à l'autre), elles peuvent s'adapter à des situations variables (l'organiste capable de jouer sur d'autres orgues que le sien, après une seule inspection de l'instrument) ; c'est qu'il ne s'agit ni d'automatismes ni d'opérations intellectuelles : l'acte habituel est éclairé par l' "*insight*" sans être fondé sur une intellection. D'où vient sa souplesse ? Il est possible de résoudre ce problème si l'on ne sépare pas artificiellement perception et motricité : il s'agit toujours d'une certaine perception de la situation, à condition d'admettre que cette perception comporte de soi une adaptation motrice correspondante. »

1. On peut ici regretter que Merleau-Ponty soit passé trop rapidement sur l'approche piagétienne de l'intelligence sensori-motrice, intelligence sans représentation mais dotée de schèmes, structures dynamiques de simulation et d'anticipation de l'action.

2. PhP, p. 166.

3. « Les actions dans lesquelles je m'engage par l'habitude s'incorporent leurs instruments et les font participer à la structure originale du corps propre. » (PhP, p. 107).

4. Cf. PhP, p. 166-167.

sujet [1] : celui-ci doit d'abord le redemander au schéma corporel, simuler l'exercice habituel avant de pouvoir thématiser cette signification. Ainsi le dactylographe compétent à la fois sait et ne sait pas avec quel doigt il tape la lettre « e ». Si on lui pose cette question, il ne peut répondre directement (à moins d'être enseignant en la matière, mais il fait alors appel à un autre niveau de sens, sédimenté sous forme de représentations, et étranger à l'habitude proprement dite). Il doit solliciter son schéma corporel, en mimant intérieurement la frappe ou même en l'esquissant physiquement, comme si ce savoir était et n'était que dans ses mains – plus exactement, parce qu'il ne tient que dans l'exercice même du schème associé.

> On peut savoir dactylographier sans savoir indiquer où se trouvent sur le clavier les lettres qui composent les mots. Savoir dactylographier n'est donc pas connaître l'emplacement sur le clavier de chaque lettre (...). Il s'agit d'un savoir qui est dans les mains, qui ne se livre qu'à l'effort corporel et ne peut se traduire par une désignation objective [2].

Ce « savoir » (dans le cadre présent, il vaudrait mieux parler de « compétence ») ne repose pas sur le repérage d'un emplacement – ce qui était somme toute la tendance classique des théories de la connaissance. Il implique un tout autre rapport à l'espace, dans lequel la position de survol de l'œil spirituel laisse la place à une implication corporelle telle que l'espace n'est plus pensable indépendamment de ce rapport lui-même. L'analyse de l'habitude approfondit ainsi la distinction entre spatialité de situation et spatialité de position. Il n'est décidément plus question d'un espace objectif comme milieu immobile dans lequel apparaissent des objets permanents et par lequel cette permanence même est rendue possible (selon l'approche de Piaget). L'espace n'est plus appréhendé comme une trame d'emplacements réels (ce qui impliquait de faire momentanément abstraction de toute motricité), mais vécu, dans tel ou tel déplacement possible, comme une modulation de mon rapport au monde.

> Le sujet sait où se trouvent les lettres sur le clavier comme nous savons où se trouve l'un de nos membres, d'un savoir de familiarité qui ne nous donne pas une position dans l'espace objectif. Le déplacement de ses doigts n'est pas donné à la dactylographe comme un trajet spatial que l'on puisse décrire, mais seulement comme une certaine modulation de la motricité, distinguée de toute autre par sa physionomie. On pose souvent la question comme si la perception d'une lettre écrite sur le

1. « Cette forme d'intelligence n'est pas consciente d'elle-même » (Sorb(PSE), p. 266).
2. PhP, p. 168.

papier venait réveiller la représentation de la même lettre qui à son tour éveillerait la représentation du mouvement nécessaire pour l'atteindre sur le clavier. Mais ce langage est mythologique [1].

Ce que Merleau-Ponty est ici en train de dessiner, à partir de quelques situations élémentaires, va très loin dans l'économie de sa pensée. Tout en concédant que l'habitude ne délivre pas une « connaissance » au sens classique du terme, il prétend accéder avec elle à « un nouveau sens du mot “sens” » [2], et ainsi « remanier notre notion du “comprendre” » : introduire une autre théorie, d'une autre connaissance, qui n'est toutefois pas tout à fait une autre... puisqu'elle soutient toute forme de connaissance. Merleau-Ponty se dirige déjà vers ce que ses derniers écrits nommeront le « savoir de promiscuité », dont la philosophie serait gardienne. Nous retrouverons bientôt cette étrange notion de *promiscuité*, typiquement merleau-pontienne, par plusieurs entrées distinctes. Les passages de la *Phénoménologie de la perception* que nous venons de citer illustrent la première de ces entrées, plus proprement *épistémologique*. Nous aborderons plus loin sa signification *charnelle* [3], puis sa portée *ontologique* [4] ; la surimpression de ces trois voies dessinera l'un des nœuds de la mystérieuse « psychanalyse ontologique » du philosophe.

La figure de la promiscuité a l'art de porter en elle une tension de proximité et de distance. Dans le cadre qui nous occupe ici, cette dialectique se précise dans le paradoxe d'un « savoir de familiarité » qui est aussi un savoir qui s'ignore. La façon dont le schéma corporel « connaît » conjoint en effet familiarité et ignorance. Familiarité, parce que le corps sait et se sait de proche en proche, par incorporation, par annexion de territoires nouveaux. Le clavier du dactylographe, l'orgue de l'organiste, le pinceau du peintre s'intègrent à leur schéma corporel jusqu'à devenir presque aussi familiers que leur propre corps [5]. Familiarité encore, parce que cette parenté connaissante dispense Matisse de calculer son geste comme le meilleur parmi tous les gestes possibles [6]. La compétence du corps ne passe pas par une instance

1. PhP, p. 168.

2. « Ce que nous avons découvert (...), c'est en somme un nouveau sens du mot “sens”. » (PhP, p. 171-172).

3. Cf. *infra*, chap. II à IV.

4. Cf. *infra*, chap. IV et V.

5. « Quand le bâton devient un instrument familier, le monde des objets tactiles recule, il ne commence plus à l'épiderme de la main, mais au bout du bâton. (...) le bâton n'est plus un objet que l'aveugle percevrait, mais un instrument *avec* lequel il perçoit. C'est un appendice du corps, une extension de la synthèse corporelle. » (PhP, p. 177-178).

6. Cf. PM, p. 62-64.

computationnelle qui serait le bureau d'études de l'emplacement objectif de mes doigts sur le clavier, comme si j'avais besoin à chaque note d'aller rechercher en mémoire un plan projectif gardant la représentation des touches et de leurs relations dans l'espace. Après la phase didactique nécessaire à certains apprentissages – où l'apprenti-conducteur s'entend dire qu'il faut mettre sa ceinture, surveiller les rétroviseurs, tenir le volant à « dix heures dix », changer de vitesses, indiquer sa direction… et se dit que l'affaire est trop complexe, croit que son esprit ne parviendra jamais à une telle intégration sans migraine et envie le génie de ceux qui « savent » conduire –, il y a un autre temps, le temps du corps habitué et du miracle de l'expression. Le temps de la chair. Celui de la femme qui maintient toujours le même intervalle de sécurité entre le haut de la plume de son chapeau et le bas du linteau de la porte, sans avoir à calculer à chaque passage le rapport métré entre la hauteur du linteau, la taille de la plume et l'épaisseur du talon de ses chaussures… [1]

Familiarité, mais aussi *ignorance* ; ignorance par cet excès même de proximité qui induit la familiarité. « En fait, je possède les conclusions sans que les prémisses soient données nulle part, j'exécute la tâche proposée sans savoir ce que je fais » [2]. Le corps sait sans avoir à y penser (« voir n'est pas penser, c'est n'avoir pas à penser », écrira souvent le philosophe [3]), sa compétence est disponible et fiable, mais ne s'offre pas comme telle à la représentation. Merleau-Ponty le dit et le répète : dans l'habitude, nous n'avons pas besoin de mesurer, de dresser un plan, ni même de nous souvenir au sens classique du terme [4]. Le fonctionnement analogique du schéma corporel relève d'une intelligence étrangère aux aspects naturellement projectifs de la conscience. Et ce n'est pas là un défaut de sa part. Car non seulement l'habitude n'a pas besoin de cette modalité, mais il est souvent souhaitable qu'elle en soit préservée. Doublée d'une conscience de soi (par exemple induite par le poids du regard d'autrui sur mon action), l'habitude risque de perdre en fiabilité et en contrôle : c'est lorsque je me regarde taper à la machine que je commence à faire des fautes de frappe, lorsque je m'examine

1. Sur ces différents exemples, cf. PhP, p. 167-168.

2. SC, p. 29-30.

3. Cf. par exemple EM3 [244](26), [254], [255], DESC [177]v, OE-ms [148], OntoCart 218/[41](42), NTontocart [116].

4. « Dirons-nous donc que l'organiste analyse l'orgue, c'est-à-dire qu'il se donne et garde une représentation des jeux, des pédales, des claviers et de leur relation dans l'espace ? Mais, pendant la courte répétition qui précède le concert, il ne se comporte pas comme on le fait quand on veut dresser un plan. (…) Pour chaque jeu et pour chaque pédale, ce ne sont pas des positions dans l'espace objectif qu'il apprend, et ce n'est pas à sa "mémoire" qu'il les confie. » (PhP, p. 170).

maniant le fleuret que je me laisse toucher par mon adversaire, lorsque je me vois conduire et enchaîner telle action à telle observation que je ne contrôle plus la totalité de la situation et risque l'accident. Dans les domaines de compétence du schéma corporel, la maîtrise de soi, la rigueur et le contrôle du milieu ne relèvent pas d'une pensée de survol, mais sont au contraire déstabilisés par la prise de conscience et la volonté de maîtrise. Comme si cette compétence reposait en partie sur sa forme originale d'ignorance, comme si tout traitement cognitif (au sens actuel du terme) risquait de la briser en figeant sa spatio-temporalité propre. L'habitude implique ainsi un « oubli-fécond » [1].

c) *Habitude et incorporation désirante*

Dès ses premiers textes sur le schéma corporel, Merleau-Ponty anticipe la description du régime d'incorporation qui marquera ses futures approches de la chair. Le schéma corporel est l'opérateur d'un double enveloppement – je m'installe dans le monde et je l'installe en moi –, les apprentissages se nouent au croisement d'une intégration du monde au schéma corporel et d'un prolongement de ce dernier en lui [2]. « S'habituer à un chapeau, à une automobile ou à un bâton, c'est s'installer en eux, ou inversement, les faire participer à la voluminosité du corps propre » [3]. Je m'habitue en habitant et en m'habitant de...

> [L'organiste] s'assied sur le banc, il actionne les pédales, il tire les jeux, il prend mesure de l'instrument avec son corps, il s'incorpore les directions et les dimensions, il s'installe dans l'orgue comme on s'installe dans une maison. (...) Il n'y a ici aucune place pour un « souvenir » de l'emplacement des jeux et ce n'est pas dans l'espace objectif que l'organiste joue. En réalité, ses gestes pendant la répétition sont des gestes de consécration : ils tendent des vecteurs affectifs, ils découvrent des sources émotionnelles, ils créent un espace expressif comme les gestes de l'augure délimitent le *templum* [4].

Cet espace expressif n'est pas une structure *a priori* : il est déployé par le schéma corporel. De sorte qu'il n'y a même plus lieu de parler, dans cette perspective phénoménale, d' « un » espace, de « l' » espace

1. EM3 [245]v(28).

2. « Il est vrai, à la lettre, que le sujet qui apprend à dactylographier intègre l'espace du clavier à son espace corporel. » (PhP, p. 169) « L'organiste apprend à connaître, et "s'incorpore" même d'une certaine façon à une nouvelle disposition des claviers. » (Sorb(PSE), p. 266, 1950-1951) « Cf. l'habitude de l'organiste montrant que c'est une propriété *dernière* du corps de pouvoir s'annexer des choses : elles deviennent disponibles comme le corps lui-même. » (EM2 [169]v(10), automne 1959).

3. PhP, p. 168.

4. PhP, p. 170. Cf. aussi SC, p. 131-132.

comme milieu préalable ou champ de l'action, mais, pour reprendre les formulations de la *Phénoménologie de la perception*, de « puissances volumineuses », d'« intervalles de sécurité », de « rayons d'action », d'espaces « praticables ou impraticables pour mon corps » [1]. Si l'espace classique est le tissu abstrait d'une indéfinie virtualité d'emplacements réels, le lieu du possible logique, l'espace charnel est celui de nos possibilités organiques, de la finitude réelle de nos déplacements virtuels. « Les lieux de l'espace, résume Merleau-Ponty, ne se définissent pas comme des positions objectives par rapport à la position objective de notre corps, mais ils inscrivent autour de nous la portée variable de nos visées ou de nos gestes » [2].

À pousser l'analyse jusqu'au bout, cette dernière formulation s'avère encore rétrospective : l'espace n'est pas le tableau d'inscription des portées de nos actions effectives ou seulement intentionnelles, il n'y a plus que ces visées et ces portées elles-mêmes. Il n'y a plus que des expressions, qui engendrent et accompagnent leur propre spatialité. « L'espace est pour moi une certaine polarisation de mon schéma corporel », écrira Merleau-Ponty en 1955 [3]. De ce point de vue, *l'*espace n'existe pas, seules ek-sistent des créations et résorptions d'espace, des ouvertures et fermetures… selon une topologie qui, tout en se prêtant en partie à une théorisation mathématique, est soutenue par des enjeux existentiels qui échappent à celle-ci. La distance et la proximité sont notamment surdéterminées par la dialectique de « l'exigence d'un certain espace libre » [4] et du besoin d'une relation au monde et à autrui. Elles brouillent leurs rôles dans ce que Merleau-Ponty nommera une « logique de promiscuité », où le distant se fait proche, où la proximité engendre une prise de distance, où l'étranger devient familier et le familier étranger.

1. « Une femme maintient sans calcul un intervalle de sécurité entre la plume de son chapeau et les objets qui pourraient la briser, elle sent où est la plume comme nous sentons où est notre main. Si j'ai l'habitude de conduire une voiture, je l'engage dans un chemin et je vois que "je peux passer" sans comparer la largeur du chemin à celle des ailes, comme je franchis une porte sans comparer la largeur de la porte à celle de mon corps. Le chapeau et l'automobile ont cessé d'être des objets dont la grandeur et le volume se détermineraient par comparaison avec les autres objets. Ils sont devenus des puissances volumineuses, l'exigence d'un certain espace libre. Corrélativement, la portière du Métro, la route sont devenues des puissances contraignantes et apparaissent d'emblée comme praticables ou impraticables pour mon corps avec ses annexes. Le bâton de l'aveugle a cessé d'être un objet pour lui, il n'est plus perçu pour lui-même, son extrémité s'est transformée en zone sensible, il augmente l'ampleur et le rayon d'action du toucher, il est devenu l'analogue d'un regard. » (PhP, p. 167).

2. PhP, p. 168.

3. PbPassiv, p. 252/[195](57).

4. PhP, p. 167.

Nous retrouverons à de multiples reprises, dans la suite de cet ouvrage, ces enjeux relationnels essentiels à la chair. La *Phénoménologie de la perception* les anticipe aussi par sa description de l'habitude comme rapport expressif dans lequel le schéma corporel tend des « vecteurs affectifs », tandis que les choses lui sont données comme autant de « sources émotionnelles » qu'il peut en retour transfigurer et « consacrer ». Animée par une corporéité qui « comprend » à la mesure de ses puissances désirantes, l'habitude est bien plus qu'une disposition acquise, un tour de main que l'on possède : au-delà d'une simple gestion de l'avoir, elle est décidément « une opération d'existence » et un « rapport d'être », la rencontre vivante de mon être et de celui du monde dans une manière d'être commune – dans un même style et une même chair.

Le sens original de la « compréhension » que Merleau-Ponty prête à l'habitude est lui-même à entendre à la lumière de l'incorporation. La *Phénoménologie de la perception* assimile cette compréhension à l'épreuve de la réalisation d'une intention : « Comprendre, c'est éprouver l'accord entre ce que nous visons et ce qui est donné, entre l'intention et l'effectuation (...) j'éprouve à chaque moment du mouvement la réalisation d'une intention... » [1]. Cette proposition, au premier abord, paraît manquer de rigueur : identifier ainsi la compréhension avec le fait d'éprouver l'effectivité de l'habitude revient à la confondre avec sa propre vérification, à assimiler en quelque sorte comprendre et avoir conscience d'avoir compris. Mais cette lecture est intellectualiste. Merleau-Ponty ne conçoit pas l' « éprouver » auquel il attache le processus de compréhension comme la conscience réflexive d'un constat d'accord, effectué du dehors et après coup.

L'épreuve dont il est question est simultanée à l'exercice même de l'habitude, et ne fait qu'un avec elle. Elle repose sur cette assurance caractéristique du schéma corporel, à la fois confiance en soi et dans l'outil (ou dans la matière, les mots, etc.), qui engage la dimension cognitive de l'habitude comme une connaissance non pas rétrospective mais contemporaine de l'acte – et même, dans une certaine mesure, anticipatrice. L'exercice de l'habitude s'ouvre souvent par un pressentiment : dès l'activation des schèmes qui accompagne l'éveil de l'intention, je ressens confusément un « je peux [le faire] » – parfois tellement prégnant que « c'est comme si c'était fait » –, tout en ignorant pourquoi je le sais et sans être capable d'analyser intellectuellement comment je vais le faire. Cette foi et cette prescience découlent de la confirmation mutuelle quasi immédiate du *désir* de le faire et de la *compétence* correspondante. La « compréhension » attachée à l'habitude

1. PhP, p. 169.

n'est pas la pure réception ou la pure construction d'une pure forme, mais la mise en forme d'un concours de forces, dans l'épreuve mutuelle de la force de l'intention, du pouvoir de l'habitude et de la résistance du réel.

L'apparente circularité logique de la formule de Merleau-Ponty tente enfin d'assumer la circularité réelle d'une compréhension entendue comme incorporation confiante et désirante : je comprends en faisant corps avec le monde, en le prenant avec moi, en moi, et en me laissant prendre par lui – la chair comprend en consentant et en participant à cette mutuelle inhabitation. Et cette circularité charnelle accomplit la réciprocité chiasmatique appelée par la structure intentionnelle même du désir.

Dans le cadre de cette philosophie de la chair nourrie d'une réflexion sur le schéma corporel, avoir-conscience-de devient « éprouver » au double sens, passif et actif, de ressentir et de mettre à l'épreuve. Cette « conscience » charnelle ne fait plus qu'un avec la mise à l'épreuve de mon corps par mon désir et de mon désir par mon corps, de mon corps désirant par le monde et du monde par mon corps désirant. Elle ne fait plus qu'un *avec l'expérience même*. Elle n'est plus la possession d'une évidence rétrospective, cet avoir qui nous possède jusqu'à nous rendre aveugles à l'être, mais délivre la certitude performative d'une foi naturelle, perceptive et motrice, qui relève de l'exercice même d'une existence toujours naissante.

À l'image de bien d'autres thèmes frayés par Merleau-Ponty, son approche de l'habitude est donc prise dans une étonnante tension, entre un traitement concret qui recourt à des descriptions de situations précises, et l'audace de la portée générale qu'il prête à l'analyse de ces mêmes exemples : la mise en valeur de la plasticité analogique du schéma corporel, de ses pouvoirs connaissants étrangers à la conscience intellectualiste, et de l'intentionnalité désirante qui préside à sa logique d'incorporation. Ce thème suit aussi de près les principales étapes de l'évolution de sa pensée. Dès la *Phénoménologie de la perception*, l'habitude est rattachée à la notion la plus abstraite de l'ouvrage, qui entend assumer l'union de l'âme et du corps, celle d'*existence*. Dans les années qui suivent (1945-1955), elle accompagne la transformation de cette philosophie de l'existence en philosophie de la *chair* et de l'*expression*. Enfin, durant la dernière période (1955-1961), si les passages sur l'habitude se font plus rares, ils sont encore symptomatiques de la mutation ultime que connaît cette philosophie – la généralisation *ontologique* de la chair – en évoquant, de manière malheureusement trop furtive pour être claire, les habitudes du *monde* et celles de l'*être* [1].

Cet accompagnement constant n'est pas accessoire : les analyses que Merleau-Ponty consacre au phénomène de l'habitude ne sont pas l'illustration après coup d'une pensée qui se serait élaborée sans elles. Elles contribuent à ces avancées, à initier certains traits typiques de la philosophie de l'auteur, qui sont ensuite généralisés à l'intégralité de notre être-au-monde sinon à l'être même du monde. On sait combien la définition de la chair dans les derniers écrits est marquée par les notions de *style* ou de *manière d'être* : ces notions se forgent dès les premiers textes sur l'habitude, en accompagnent ensuite le traitement régulier [2], et dessinent ensemble une idée difficile que nous allons aborder maintenant, celle de « *généralité du corps* », idée justement essentielle au concept de chair. L'acquisition et l'exercice de l'habitude offrent à Merleau-Ponty des phénomènes privilégiés qui expriment la puissance de généralité du schéma corporel dans l'incorporation : son pouvoir de généraliser en *se* généralisant, de se configurer aux structures du monde et au schéma d'autrui tout en les revêtant de ses propres structures.

Ce faisant, Merleau-Ponty inverse le regard rétrospectif souvent porté sur l'habitude. Celui-ci masque, dans l'*habitué*, la dimension prospective et féconde de l'habitude comme *aptitude* [3]. Nous avons aussi tendance à envisager l'habitude comme « le résidu fossilisé d'une activité spirituelle » [4]. Merleau-Ponty choisit une orientation symétrique, qui illustre d'ailleurs le renversement opéré entre le point de vue de l'*incarnation* et celui de la *chair* : l'habitude n'est pas la trace corporelle, plus ou moins figée, d'une activité spirituelle, mais l'ouverture d'une corporéité qui tend d'elle-même à la généralité et ainsi se « spiritualise ». Merleau-Ponty retrouve enfin l'*être* derrière « la relation d'avoir, pourtant visible dans l'étymologie même du mot habitude » [5] : l'habitude est la possession d'un savoir-faire qui, parce qu'il est une contribution essentielle à la construction du schéma corporel, édifie notre savoir-être. En tant que comportement compétent, l'habitude est la

1. Cf. *infra*, § 4, b, p. 108 *sq*.

2. Cf. par exemple PhP 179, Sorb(ExpA) 549, PhilAuj2 76/[22](35), [60]v(35bis)/NP, EM2 [166](3), [177](II).

3. Cf. Sorb(PSE) 247, 266, Sorb(ExpA) 561, NTi [384] : « Habitudes au sens d'aptitudes », EM2 [169]v(10) : « les habitudes vraies sont des aptitudes ».

4. Cf. SC, p. 176, où Merleau-Ponty adresse à Bergson une critique que reprendront des écrits plus tardifs (cf. par exemple PhP 167, 210, UAC 87-88, ou encore EM2 [178](IV)).

5. PhP, p. 203.

vibration commune d'un acte et d'un savoir, une inextricable communion d'être *et* d'avoir dans la chair comme style.

§ 4. LA GÉNÉRALITÉ DU CORPS

a) *De la structure du comportement à la généralité de la chair*

Depuis ses tout premiers travaux, Merleau-Ponty s'inspire librement des « essences alogiques » de Max Scheler, en recherchant celles qui sont attachées à la vie perceptive, expressive et désirante [1]. Il voudrait porter à l'expression de leur propre sens ces essences que les écrits tardifs nommeront tour à tour « charnelles », « secrètes », « muettes ». Le phénomène de l'habitude que nous venons d'examiner introduit ce nouveau sens du sens, qui semble rayonner du corps et s'adresser à lui, comme les tableaux d'un peintre ; en 1961, les derniers cours évoqueront encore ces « essences secrètes, dévoilées et voilées, "alogiques" (Scheler), les unes s'adressant au corps esthésiologique, les autres au corps libidinal » [2]. Par son titre même, *La structure du comportement* désignait déjà une « signification liée », portée universelle d'une expression individuelle. Il est vrai, concédait ce premier essai, qu'en la décrivant nous la dénaturons : nous la délions en la projetant dans cette autre généralité qui est celle du concept. Pourtant « cette essence alogique des êtres perçus peut être clairement désignée » [3]. Il n'est pas certain que Merleau-Ponty soit parvenu à la désigner clairement, ni même qu'il ait persisté à penser qu'il était possible d'y parvenir.

Si nous passons de *La structure du comportement* à l'autre extrémité de l'œuvre, on ne peut que constater la permanence de cette recherche, mais aussi son apparent manque de progrès. Le troisième cours sur le concept de Nature ou encore le dernier chapitre du *Visible et l'invisible* demeurent sur ce point dans un régime programmatique. Et l'édition posthume du *Visible* nous abandonne sur une ultime formulation du pari de toujours : tout relire et relier dans le corps vivant, jusqu'au langage lui-même. « En un sens, si l'on explicitait complètement l'architectonique du corps humain, son bâti ontologique, et comment il se voit et s'entend, on verrait que la structure de son monde muet est telle que toutes les possibilités du langage y sont déjà données » [4]. Vingt-deux

1. Cf. *Le scénario cartésien*, *op. cit.*, notamment p. 123-127.
2. OntoCart, p. 194/[23]v(21).
3. SC, p. 231.
4. VI4, p. 203.

ans après avoir achevé *La structure du comportement*, Merleau-Ponty dit qu'il « touche ici au point le plus difficile, c'est-à-dire au lien de la chair et de l'idée », à « la description d'une idée qui n'est pas le contraire du sensible, qui en est la doublure ou la profondeur » [1]. Mais cette gageure était déjà à l'horizon de son premier ouvrage – le comportement, ni matière ni idée, n'est pas une essence autonome mais est possédé par une manière d'être. « Mon corps est-il chose, est-il idée ? Il n'est ni l'un ni l'autre (...). Nous aurons donc à reconnaître une idéalité qui n'est pas étrangère à la chair... » [2], car « il y a une idéalité rigoureuse dans des expériences qui sont expériences de la chair ». Les moments de la sonate, par exemple, adhèrent l'un à l'autre par une cohésion sans concept « qui est du même type que la cohésion des parties de mon corps, ou celle de mon corps et du monde » [3]. L'idéalité pure, insiste Merleau-Ponty, « n'est pas elle-même sans chair ni délivrée des structures d'horizon : elle en vit, quoiqu'il s'agisse d'une autre chair et d'autres horizons » [4]. Mais s'agit-il véritablement d'une *autre* chair, pour Merleau-Ponty ? C'est plutôt « comme si la visibilité qui anime le monde sensible émigrait, non pas hors de tout corps, mais dans un autre corps moins lourd, plus transparent » [5]. L'idée généralise la généralité du corps, elle est plus transfigurée encore, plus corps glorieux que le corps lui-même, et « de quelque façon que nous ayons finalement à la comprendre, elle fuse déjà aux articulations du corps esthésiologique, aux contours des choses sensibles » [6]. Tout comportement fait sens, mais, réciproquement, toute structure ne fait pleinement sens que si elle est habitée par un comportement : par cette manière d'être qui n'est ni objet ni idée, ni pierre ni conscience.

Entre *La structure du comportement* et *Le visible et l'invisible*, Merleau-Ponty a donc continûment tenté de formuler cet espace du sens charnel – qu'il faudrait décrire « par une existence presque charnelle de l'idée comme par une sublimation de la chair » [7] –, dans l'impossibilité de le circonscrire clairement, et dans une opiniâtreté à la mesure de cette impossibilité même. Il serait fastidieux de dresser la revue complète de ses tentatives de formulation plus ou moins heureuses. Nous allons évoquer ici celles qui sont directement attachées à son travail du schéma corporel.

1. VI4, p. 195.
2. VI4, p. 199.
3. *Ibid*.
4. VI4, p. 200.
5. *Ibid*.
6. *Ibid*.
7. VI4, p. 203.

La première tentative, celle de la « structure », ne fut sans doute pas la plus convaincante : la *Phénoménologie de la perception* lui préfère d'autres notions – *style*, *typique*, et *généralité* –, qui seront entretenues jusque dans les derniers écrits. Entre temps, Merleau-Ponty a découvert le schéma corporel comme système d'équivalences : c'est dans le prolongement de cette approche qu'il conçoit ce qu'il appelle, dès la *Phénoménologie*, « la généralité du corps ». Dans les années cinquante, cette idée s'enrichit de multiples formulations – celles du corps « pivot », « pilotis », « charnière invisible », « matrice symbolique », ou encore du corps « existential ». Sans oublier, à partir des cours en Sorbonne et de *La prose du monde*, le thème du *miroir*, qui oriente la réflexion merleau-pontienne sur la généralité du corps dans la direction de l' « universalité du *se sentir* » et dans la description d'autrui comme « ma doublure » ou « mon jumeau » [1]. Ces diverses lignes sont toutes actives dans le tourbillon des derniers écrits sur la chair (1959-1961). Le projet de livre ultime – *Être et Monde* ou *Le visible et l'invisible* – envisage de consacrer un développement spécifique à la « généralisation de la notion de corps » [2], et Merleau-Ponty revient longuement sur la question du schéma corporel en désignant « le corps comme être topologique-général » [3]. Enfin, durant la deuxième tranche de rédaction du *Visible* (automne 1960), Merleau-Ponty rebaptise la généralité du corps en « généralité charnelle » [4], « généralité de la chair » [5], ou encore « généralisation de la chair » [6], sans prendre la peine d'une véritable définition, sans préciser les inévitables déplacements opérés d'une formulation à l'autre – lacunes d'autant plus regrettables que la thématique ainsi frayée semble décidément nodale dans sa conception de la chair. Malgré ce singulier manque d'explicitation, et malgré l'irréductible part d'obscurité que comporte ce thème difficile, nous allons néanmoins tenter quelques clarifications.

Comme souvent chez Merleau-Ponty, il est capital de revenir à la naissance même de la notion. La *Phénoménologie de la perception*

1. Ce thème est d'une telle importance qu'il nous faudra lui consacrer un chapitre à part entière – cf. *infra*, chap. III.

2. EM2 [179]v(VI), 1959.

3. N-Corps [97], printemps 1960.

4. Cf. par exemple PM 29, EM3 [245](28), NLVIàf3 [183]v, [184]. L'occurrence de *La prose du monde* (PM, p. 29) est une réécriture en marge et en noir issue d'une relecture tardive du manuscrit de 1951 (cf. ms PM [23](20^{quater}) et [24](20^{quinto})), manifestement effectuée dans le cadre de la rédaction des deux derniers chapitres du *Visible et l'invisible*. Il en va de même pour celle du feuillet EM3 [245](28), en marge et en rouge, qui appartient à une phase de relecture de ce volume, datée par Merleau-Ponty d'octobre 1960.

5. Cf. par exemple NLVIàf3 [183]v, [184], [203].

6. Cf. par exemple NLVIàf3 [204].

esquisse deux approches complémentaires. La première, généralité enveloppante inspirée du travail de la *Gestalt*, intervient dans l'évocation du « milieu de généralité », « atmosphère de généralité », ou encore « halo de généralité » qui accompagne la perception [1]. La généralité est le fond d'où émerge la figure, le champ de vision où se joue la synopsis binoculaire, ou encore l'*Umwelt* du comportement animal. Comme nous l'avons analysé ailleurs à propos de la liberté [2], les derniers chapitres de l'ouvrage étendent cette généralité au champ interhumain : il y a autour de mon individualité absolue « comme un halo de généralité ou comme une atmosphère de "socialité" » [3]. La seconde approche de la généralité dans la *Phénoménologie de la perception* obéit à un point de vue symétrique : elle ne regarde plus le milieu qui nous précède ou l'environnement qui nous enveloppe, l'espace fond et fonds qui nous porte et nous englobe, mais *ma* généralité, le déploiement de mes gestes et de mes actions sur le monde, le fruit d'universalité de mon propre dynamisme.

Ce second mode repose sur le schéma corporel comme puissance de prolongement de lui-même dans le monde, tel que nous venons de le rencontrer à propos de l'habitude. Il se décline, à partir de la *Phénoménologie de la perception* et au-delà, selon quatre significations étagées. (1) La généralité du corps commence avec l'analogicité de l'habitude. Merleau-Ponty insiste régulièrement sur le « caractère de généralité de l'habitude », qui se manifeste de manière privilégiée dans « le phénomène du transfert des habitudes » [4], dans cette « souplesse des habitudes, également efficaces en face de situations matériellement différentes, pourvu qu'elles aient le même *sens* » [5]. Ainsi les habitudes acquises par un groupe de muscles « peuvent se transférer immédia-

1. Cf. par exemple PhP, p. 249-250.

2. Cf. *Du lien des êtres aux éléments de l'être*, *op. cit.*, p. 112 *sq*.

3. PhP, p. 511.

4. « Une habitude a toujours un caractère de relative généralité. Ce qui est acquis dans l'habitude, ce n'est pas une série de mouvements déterminés, mais une possibilité, une aptitude à inventer une solution valable pour une situation qui n'est pas exactement superposable à celle de l'apprentissage. Ce caractère de généralité de l'habitude se retrouve dans le phénomène du transfert des habitudes ; une habitude acquise par la main droite, par exemple, se transmet en partie à la main gauche. » (Sorb(PSE), p. 246-247). Cf. aussi le passage déjà cité de Sorb(SCCE), p. 181, ou encore Sorb(PSE), p. 269 : « toute habitude est générale ». « Les "mécanismes", d'ailleurs, et la moindre habitude, ne sont pas de l'en soi, ils sont constitution de pouvoirs, *i. e.* de capacité de percevoir problème et situation d'un certain type, ils sont établissement d'un existentiel. Ils ne sont que le côté "généralisé", utilisable pour l'avenir, "typique", des situations et des pratiques maîtrisées dans le présent » (EM2 [220]v, note du 14 juin 1959). Cf. encore EM2 [211], note du 16 juin 1959.

5. SC, p. 107.

tement à un autre : mon écriture au tableau ressemble à mon écriture sur le papier, bien que les muscles intéressés ici et là ne soient pas les mêmes »[1]. Il y a donc dans nos habitudes « quelque chose de *général* qui leur permet justement ces substitutions »[2]. (2) Au-delà de chaque habitude, le schéma corporel lui-même, lieu d'une coopération interne signifiante de l'ensemble de nos habitudes, devient un être général. Si « toutes nos habitudes sont un corps impalpable pour le moi de chaque instant »[3], le « corps propre (…) est l'habitude primordiale, celle qui conditionne toutes les autres et par laquelle elles se comprennent »[4]. Les deux autres significations concernent à nouveau le schéma corporel dans son ensemble, mais envisagé dans son rapport au monde, et selon deux mouvements complémentaires. (3) Le schéma corporel a le pouvoir « de dilater notre être au monde »[5], par sa capacité à s'annexer des choses qui cessent d'être objets pour devenir de quasi organes contribuant à notre ouverture au monde, participant ainsi à une véritable « extension de l'existence »[6]. (4) La généralité du corps désigne enfin, symétriquement, sa capacité à prêter sa propre structure au monde et à autrui, au sein de ce même processus d'incorporation : à accéder à *leur* généralité en *se* généralisant et en leur prêtant sa *propre* généralité. On l'aura compris, la généralité du corps est une notion *circulaire*, en vertu de la réciprocité même de l'incorporation – « Le corps se voue à un monde dont il porte en lui le schéma… »[7]. Merleau-Ponty assumera cette circularité en généralisant la chair (*ma* chair) à la chair de la *chose* puis à la *chair du monde*. Analysons plus avant cette circularité, depuis la *Phénoménologie de la perception* et jusque dans ses développements ultimes.

1. SC, p. 30.
2. *Ibid.* Cf. aussi SC, p. 41 note 1, ou encore p. 107.
3. SC, p. 227.
4. PhP, p. 107. « Cf. généralité de notre corps, notre main qui n'est pas fragment individuel concret, mais puissance d'un système de gestes, lieu d'un ensemble d'équivalences fondées par *événements enseignants* (acquisitions de l'habitude). » (PbPassiv, p. 259/[247]).
5. « L'habitude exprime le pouvoir que nous avons de dilater notre être au monde, ou de changer d'existence en nous annexant de nouveaux instruments. » (PhP, p. 168).
6. PhP, p. 178. « Le corps peut s'annexer des instruments. (…) Toute habitude est une annexion de cette sorte. Qu'est-ce que cette *annexion* ? L'instrument cesse d'être perçu pour lui-même, ob-jet, figure. Il passe en fond. Le contact avec lui devient p. ex. contact avec la chose à travers lui. » (EM2 [211], note du 16 juin 1959) « Ce qu'on appelle un corps, c'est un appareil capable de tels empiétements (annexion des instruments de l'action par l'habitude) » (NTi [272], juillet 1959).
7. PM, p. 110.

b) *Typique et style : la transfiguration commune du corps et du monde*

Transversalement à cet ensemble de directions de sens, la notion de généralité du corps peut être plus particulièrement relue sous le registre de l'expressivité. Le schéma corporel déploie un espace expressif et dessine le monde par ses gestes. La généralité résultante est le fruit de ce que Merleau-Ponty aime appeler « le miracle de l'expression », où, imperceptiblement, le mouvement se fait geste, le geste se fait signe, le signe parole, sans que l'on puisse repérer où s'arrête le mouvement brut et où commence le signe.

> Le corps est éminemment un espace expressif. (...) Mais notre corps n'est pas seulement un espace expressif parmi tous les autres. Ce n'est là que le corps constitué. Il est l'origine de tous les autres, le mouvement même d'expression, ce qui projette au dehors les significations en leur donnant un lieu, ce qui fait qu'elles se mettent à exister comme des choses, sous nos mains, sous nos yeux. Si notre corps ne nous impose pas, comme il le fait à l'animal, des instincts définis dès la naissance, c'est lui du moins qui donne à notre vie la forme de la généralité et qui prolonge en dispositions stables nos actes personnels [1].

Le corps humain serait donc toujours plus avancé sur le chemin du sens que l'on veut bien le croire, non pas du fait d'une programmation ou d'automatismes qui le dominent, mais par une dynamique d'expression qui l'anime d'emblée, avant le langage, avant l'accès à la représentation. « L'esprit est incroyablement pénétré de sa structure corporelle » [2], parce que le corps, le premier, est incroyablement signifiant. Figure de toutes les figures, le corps humain est aussi le premier principe métamorphique : le schéma corporel s'adapte au monde pour *se* transfigurer et pour *le* transfigurer dans le même mouvement ; corps et monde se transfigurent mutuellement en se configurant l'un à l'autre, de sorte qu'ils sont « symbolique générale » [3] l'un de l'autre. « On a toujours remarqué que le geste ou la parole transfiguraient le corps, mais on se contentait de dire qu'ils développaient ou manifestaient une autre puissance, pensée ou âme » [4]. Cette proposition de la *Phénoménologie de la perception* résume à elle seule l'interrogation initiale de Merleau-Ponty, et indique à quel point sa tentative de penser la généralité du corps s'inscrit au cœur de son projet philosophique. Malgré cet extraordinaire pouvoir de transfiguration qui l'anime, l'homme montre

1. PhP, p. 171.
2. Natu3, p. 335/[68].
3. PhP, p. 529.
4. PhP, p. 230.

une étrange incapacité à penser celui-ci sans le défigurer, sans refuser au corps sa généralité propre, pourtant prégnante de toute généralité. Ce faisant, il trahit sa chair tout en l'utilisant : qu'on le veuille ou non, « on ne pense pas sans le corps transfiguré, porteur des significations, qui est le schéma corporel » [1].

Aux côtés de la « généralité du corps », la *Phénoménologie de la perception* use d'une expression originale : celle de « typique », forme substantivée inhabituelle librement inspirée de diverses lectures, notamment celle des travaux de David Katz sur la structure du monde du toucher [2]. Traversant tout le corpus, elle commence à émerger dès *La structure du comportement* à partir d'une terminologie plus classique : le « type », et l'adjectif « typique ». Selon son acception usuelle, un *type* est un être concret représentatif d'une classe d'êtres, un individu emblématique d'un sens qu'il porte en lui et qui le dépasse (par exemple, le type est un spécimen permettant de faire la description d'une espèce, l'exemplaire porteur d'une unité taxinomique). *La structure du comportement* veut étudier les comportements individuels pour dégager justement « les attitudes typiques de chaque sujet » [3], leurs comportements privilégiés dont la constance échappe pourtant à celle des lois physiques.

> Il existe, pour chaque individu, une structure générale du comportement (...) chaque phénomène particulier exprimant aussi bien ce qu'on pourrait appeler « l'essence » de l'individu (...) le comportement privilégié (...). Chaque organisme a donc, en présence d'un milieu donné, ses conditions optima d'activité, sa manière propre de réaliser l'équilibre (...) une attitude générale envers le monde. De là vient que les structures inorganiques se laissent exprimer par une loi, au lieu que les structures organiques ne se comprennent que (...) par un certain type d'action transitive qui caractérise l'individu [4].

La *Phénoménologie de la perception* introduit ensuite le substantif « typique » pour désigner les montages du schéma corporel qui structurent le monde perçu. À partir de chacun de ses systèmes d'équivalences, c'est le corps tout entier qui perçoit, puisque « tout objet donné à un

1. MSME, p. 162/[128](XIV4), printemps 1953. « C'est la définition du corps humain de s'approprier dans une série indéfinie d'actes discontinus des noyaux significatifs qui dépassent et transfigurent ses pouvoirs naturels. Cet acte de transcendance se rencontre d'abord dans l'acquisition d'un comportement, puis dans la communication muette du geste. » (PhP, p. 226).

2. Sur la présence de Katz chez Merleau-Ponty, cf. par exemple NaPer 28, 29, SC 39, PhP 262, 353, 357, 360, 363, 365, 523, Sorb(CAL) 22, Sorb(SCCE) 180, Sorb(PSE) 260, Sorb(SHP) 436.

3. SC, p. 160.

4. SC, p. 160-161.

sens appelle sur lui l'opération concordante de tous les autres » [1]. Mais ce montage *général* n'est pas identique d'un organisme vivant à l'autre : il porte, au sein même de sa généralité, la signature de l'individuel, d'une typique *personnelle* appelée à épouser la chose perçue dans son style propre.

> Ce n'est pas moi qui touche, c'est mon corps ; quand je touche je ne pense pas un divers, mes mains retrouvent un certain style qui fait partie de leurs possibilités motrices (...) je ne puis toucher efficacement que si le phénomène rencontre en moi un écho (...). L'unité et l'identité du phénomène tactile ne se réalisent pas par une synthèse de recognition dans le concept, elles sont fondées sur l'unité et l'identité du corps comme ensemble synergique.

Merleau-Ponty poursuit :

> Je me sers de mes doigts et de mon corps tout entier comme d'un seul organe (...) grâce à cette unité du corps, les perceptions tactiles obtenues par un organe sont d'emblée traduites dans le langage des autres organes (...). Chaque contact d'un objet avec une partie de notre corps objectif est donc en réalité contact avec la totalité du corps phénoménal actuel ou possible. Voilà comment peut se réaliser la constance d'un objet tactile à travers ses différentes manifestations. C'est une constance-pour-mon-corps, un invariant de son comportement total. Il se porte au-devant de l'expérience tactile par toutes ses surfaces et tous ses organes à la fois, il a avec lui une certaine typique du « monde » tactile [2].

Aux *typiques* du corps et à sa *généralité*, la *Phénoménologie de la perception* associe enfin une troisième notion – majeure – entretenue jusque dans les derniers manuscrits : celle de *style*, que l'on voit déjà affleurer dans les extraits que nous venons de citer. L'objectif reste le même : Merleau-Ponty voudrait « avoir en style ou en typique ce qu'on cherche à avoir en idéalisation » [3], « arriver à penser le style (...) non du tout comme une essence (...) mais bien vraiment comme un style, une généralité existante » [4]. Le style est cette « généralité pré-conceptuelle » [5], cette « essence non thétique » [6] dont le manuscrit de l'*Introduction à l'ontologie* parlera encore : « cette typique, ce sens plus qu'individuel (...) cette généralité... » [7]. En retour, toute essence et tout concept seraient à reconsidérer à partir de ce mode charnel de

1. PhP, p. 367.
2. PhP, p. 365-366.
3. NPVIf [163]v, printemps 1959.
4. NTi-58-59 [235], 1958 ou 1959.
5. PM, p. 63, réécriture tardive, en marge et en noir (cf. ms PM [54](50)).
6. NPVI [196], novembre 1960.
7. EM1 [5], 25 septembre 1958.

l'universalité, car « tout concept est d'abord généralité d'horizon, de style » [1]. Le style n'est pas matériel, mais relève du corps ; il n'est pas pure idéalité, mais n'est pas sans esprit. C'était déjà le statut du comportement, ce sera encore la situation de la chair telle que Merleau-Ponty la définira dans *Le visible et l'invisible* : « La chair n'est pas matière, n'est pas esprit », encore moins le composé des deux ; elle est « une *chose générale*, à mi-chemin de l'individu spatio-temporel et de l'idée, sorte de principe incarné qui importe un style d'être partout où il s'en trouve une parcelle » [2]. Ce fameux passage offre à sa manière la formulation la plus tardive de ce qui s'inaugure dès la fin des années trente avec la recherche de « la structure du comportement ». La chair est style de comportement, silhouette individuelle typique connue et reconnue au premier regard par la médiation, non du concept, mais de l'intentionnalité qui anime toute perception et la complique déjà d'une expression et d'une conduite latentes.

À mi-chemin entre *La structure du comportement* et *Le visible et l'invisible*, le manuscrit de *La prose du monde*, au moment de définir la notion de style [3], évoque la chair comme une femme en mouvement – dans une description où résonnent discrètement les scénarios critiques majeurs de Merleau-Ponty, cartésien et sartrien, et où affleure la question du désir. Nous sommes encore dans la recherche de la généralité du comportement, et déjà dans sa formulation ultime par la chair comme style d'être, comme si « chair » assumait en un seul terme ce que le titre du premier ouvrage de Merleau-Ponty disait encore maladroitement en deux mots.

> Une femme qui passe, ce n'est pas d'abord pour moi un contour corporel, un mannequin colorié, un spectacle en tel lieu de l'espace, c'est « une expression individuelle, sentimentale, sexuelle », c'est une chair tout entière présente, avec sa vigueur et sa faiblesse, dans la démarche ou même dans le choc du talon sur le sol. C'est une manière unique de varier l'accent de l'être féminin et à travers lui de l'être humain, que je comprends comme je comprends une phrase, parce qu'elle trouve en moi le système de résonateurs qui lui convient (…) une manière typique d'habiter le monde et de le traiter [4].

La façon dont Merleau-Ponty se démarque de la réduction d'autrui perçu à un « contour corporel », à un « mannequin colorié », ou encore à un « spectacle », est caractéristique, jusque dans le choix même des

1. NT, p. 290, février 1960.
2. VI4, p. 183-184.
3. Cf. PM, p. 79 *sq*.
4. PM, p. 84. Cf. aussi S(LIVS), p. 67-68.

termes, de son évocation récurrente de la deuxième *Méditation* de Descartes et de la « vision de survol » sartrienne [1]. Peindre une femme en mouvement, « expression individuelle, sentimentale, sexuelle », comme emblème de ce qu'est la « chair » est par ailleurs typique de la constitution originellement anti-sartrienne de sa conception de la chair – aux antipodes de la manière dont *L'Être et le Néant* définit la chair comme dépouillée de tout mouvement et de toute expression, avant de conclure sur l'inexorable échec du désir [2]. Précision inattendue, Merleau-Ponty affirme ici que l'on perçoit cette chair comme on comprend une phrase : n'est-ce pas brutalement renvoyer la généralité du corps à celle de l'idée ? Non, car il entend justement la compréhension de la parole sur le modèle du « savoir » du schéma corporel : l'appréhension d'un mot ne repose pas d'abord sur la disponibilité d'une représentation toute faite, mais sur la saisie d'une typique du monde par les typiques de mon corps. C'est ce que développait déjà la *Phénoménologie de la perception*, dans une analyse qui est aussi l'un des tout premiers textes à croiser les trois notions difficiles – généralité, style et typique – dont nous venons de rappeler la constance de traitement chez Merleau-Ponty.

> Ni le mot, ni le sens du mot ne sont, en effet, constitués par la conscience. (...) En faisant la critique de l'image verbale, en montrant que le sujet parlant se jette dans la parole sans se représenter les mots qu'il va prononcer, la psychologie moderne élimine le mot comme représentation, comme objet pour la conscience, et dévoile une présence motrice du mot qui n'est pas la connaissance du mot. Le mot « grésil », quand je le sais, n'est pas un objet que je reconnaisse par une synthèse d'identification, c'est un certain usage de mon appareil de phonation, une certaine modulation de mon corps comme être au monde, sa généralité n'est pas celle de l'idée, mais celle d'un style de conduite que mon corps « comprend » en tant qu'il est une puissance de fabriquer des comportements, et en particulier des phonèmes.

Et Merleau-Ponty d'insister…

> J'ai un jour « attrapé » le mot grésil comme on imite un geste (...) en l'écoutant comme une seule modulation du monde sonore et parce que cette entité sonore se présentait comme « quelque chose à prononcer » en vertu de la correspondance globale qui existe entre mes possibilités perceptives et mes possibilités motrices, éléments de mon existence indivise et ouverte. Le mot n'a jamais été inspecté, analysé, connu,

1. Pour ne donner que deux références, situées aux deux extrémités de l'œuvre du philosophe, cf. EtAv, p. 35-36/98 et VI2, p. 109.

2. Sur ces deux scénarios critiques porteurs de l'approche merleau-pontienne de la chair, cf. *Du lien des êtres aux éléments de l'être*, *op. cit.*, et *Le scénario cartésien*, *op. cit.*

> constitué, mais happé et assumé par une puissance parlante, et, en dernière analyse, par une puissance motrice qui m'est donnée avec la première expérience de mon corps et de ses champs perceptifs et pratiques.

… Avant de conclure :

> Le sens du mot (…) c'est comme un comportement du monde, une certaine inflexion de son style, et la généralité du sens aussi bien que celle du vocable n'est pas la généralité du concept, mais celle du monde comme typique [1].

Cette analyse, on l'aura noté, glisse irrésistiblement de la *généralité du corps* à la *généralité du monde*. Je saisis le sens d'un mot comme je reconnais un comportement, « un style de conduite » que Merleau-Ponty désigne d'abord comme « une certaine modulation de mon corps comme être au monde » avant de l'assimiler à « un comportement du monde, une certaine inflexion de son style » : la généralité du mot est « celle du monde comme typique ». Plus de quinze ans avant les manuscrits ultimes sur « la chair du monde », le philosophe prête déjà au monde la logique analogique du schéma corporel.

c) *De la généralité du corps à la chair du monde*

Ce glissement n'est pas le fait d'un texte isolé, il est présent en de nombreuses pages de la *Phénoménologie de la perception* [2]. Comment le comprendre ? Nous avons relevé deux approches symétriques de la généralité pré-objective dans la *Phénoménologie*. En continuant à réfléchir sur le schéma corporel, Merleau-Ponty va progressivement les

1. PhP, p. 461-462. Cf. aussi cet autre passage remarquable : « Mon corps est (…), au moins à l'égard du monde perçu, l'instrument général de ma "compréhension". C'est lui qui donne un sens non seulement à l'objet naturel, mais encore à des objets culturels comme les mots. Si l'on présente un mot à un sujet pendant un temps trop court pour qu'il puisse le déchiffrer, le mot "chaud", par exemple, induit une sorte d'expérience de la chaleur qui fait autour de lui comme un halo significatif. Le mot "dur" suscite une sorte de rigidité du dos et du cou et c'est secondairement qu'il se projette dans le champ visuel ou auditif et qu'il prend sa figure de signe ou de vocable. Avant d'être l'indice d'un concept il est d'abord un événement qui saisit mon corps et ses prises sur mon corps circonscrivent la zone de signification à laquelle il se rapporte. Un sujet déclare qu'à la présentation du mot "humide" (*feucht*), il éprouve, outre un sentiment d'humidité et de froid, tout un remaniement du schéma corporel (…). Le mot n'est alors pas distinct de l'attitude qu'il induit et c'est seulement quand sa présence se prolonge qu'il apparaît comme image extérieure et sa signification comme pensée. Les mots ont une physionomie parce que nous avons à leur égard comme à l'égard de chaque personne une certaine conduite qui apparaît d'un seul coup dès qu'ils sont donnés. » (PhP, p. 272).

2. Cf. notamment PhP, p. 368-369, 377-378.

intégrer comme les deux faces de la généralité de la chair [1]. Ensemble, elles constituent l'un des paradoxes majeurs que les derniers écrits laisseront apparaître au grand jour : ma chair est enveloppée par une chair anonyme, la chair du monde, dont elle porte pourtant en elle le schéma. « La chair du corps est une partie de la chair du monde et pourtant condition de cette chair » [2]. Ma chair « est un cas particulier de chair du monde » [3], tandis qu'un autre inédit contemporain parle, symétriquement, de « la chair du monde comme un des feuillets de ma chair » [4]. Nous sommes « chair dans la "chair du monde" » [5] et « c'est par la chair du monde qu'on peut en fin de compte comprendre le corps propre » [6], mais là encore Merleau-Ponty affirme la réciproque au même moment : « La chair du corps nous fait comprendre la chair du monde » [7]. Cette circularité des textes et des idées met en scène la précession mutuelle des deux généralités charnelles esquissées dès la *Phénoménologie de la perception*, auxquelles correspondent ma chair et la chair du monde.

Ces deux généralités s'enracinent dans le schéma corporel, dont la puissance de structuration ne s'arrête pas à l'unité de mon corps : si je perçois à travers un système d'équivalences intersensorielles et sensori-motrices, la structure de ce que je perçois est du même coup affectée par ce même montage, si bien que « le schéma corporel est aussi une certaine structure du monde perçu et ce dernier a sa racine en lui » [8]. L'identité de la chose perçue est éprouvée comme une manière d'être que le corps rejoint en se configurant de la même manière, en épousant ce style d'être par son être propre.

> Avec la notion de schéma corporel, ce n'est pas seulement l'unité du corps qui est décrite d'une manière neuve, c'est aussi, à travers elle, l'unité des sens et l'unité de l'objet. (...) Mon corps est la texture commune de tous les objets... [9] /
>
> L'identité de la chose à travers l'expérience perceptive n'est qu'un autre aspect de l'identité du corps propre au cours des mouvements d'exploration, elle est donc de même sorte qu'elle : comme le schéma

1. La thèse de 1945 en amorce d'ailleurs déjà une articulation dans le passage précis où le philosophe emploie pour la première fois l'expression même de « généralité du corps » : cf. PhP, p. 411.
2. EM3 [247](31), avril ou mai 1960.
3. NLVIàf3 [181], novembre 1960.
4. NTi [359], novembre 1960.
5. OntoCart, p. 209/[34](35), cours du 16 mars 1961.
6. NT, p. 304, mai 1960.
7. Natu3, p. 280/[43]v, début 1960.
8. MSME, p. 144/[112](XII5), 1953.
9. PhP, p. 271-272.

corporel, la cheminée est un système d'équivalences qui ne se fonde pas sur la reconnaissance de quelque loi, mais sur l'épreuve d'une présence corporelle [1].

Ces extraits de la *Phénoménologie de la perception* vont déjà très loin dans la direction de la structuration charnelle du monde perçu. L'identité de la chose est « de même sorte » que celle du schéma corporel, « l'unité pré-objective de la chose est le corrélatif de l'unité pré-objective du corps » [2]. Cette compréhension du schéma corporel est au fondement de la liberté que le dernier Merleau-Ponty prendra pour oser les notions limites de « chair » de la chose, du sensible, et du monde. La *Phénoménologie* parle déjà de « l'unité intersensorielle d'un "monde" » [3], d' « un monde intersensoriel » [4], de « l'objet intersensoriel » [5] ou de « la chose intersensorielle » [6]. « Le monde naturel, dit encore Merleau-Ponty, est la typique des relations intersensorielles » [7]. Les derniers écrits reprendront : « le quelque chose est intersensoriel » [8], « cet univers du quelque chose (qui est intersensoriel aussi bien que celui de la chose, qui est synesthésique) » [9], etc. La chose, le monde et jusqu'à l'être même seront alors décrits, à la suite du corps, comme des systèmes d'équivalences : « la chose elle-même est ce nœud d'équivalences » [10], la *Gestalt* est « le pivot d'un système d'équivalences » [11]. « Il faut comprendre que le *monde sensible* est cette logique perceptive, ce système d'équivalences, et non pas un amas d'individus spatio-temporels » [12]. Merleau-Ponty évoquera même par endroits un « système intra-ontologique d'équivalences » [13], un « système d'équivalences d'Être » [14]. L'habitude étant la mise en place et l'exercice d'un système d'équivalences, Merleau-Ponty lui fera alors subir la même extension de sens vertigineuse : « le monde a ses "habitudes" », et certains manuscrits iront jusqu'à parler des « "habitudes" de l'Être » [15].

1. PhP, p. 216.
2. PhP, p. 363.
3. PhP, p. 160.
4. PhP, p. 260.
5. PhP, p. 270.
6. PhP, p. 366-367, 377.
7. PhP, p. 377.
8. EM2 [156], 1959.
9. EM2 [164](1), 1959.
10. EM2 [228](1), 1959.
11. NT, p. 258, septembre 1959.
12. NT, p. 301, mai 1960.
13. EM2 [149]v(4), 1959.
14. EM2 [178]v(IV), 1959.
15. « Il faut retrouver la chose *leibhaft*. [Ceci porte contre l'analyse de Husserl en termes d'immanence transcendantale.] On oublie le monde qui a ses "habitudes", sa

« Depuis le premier moment où j'ai usé de mon corps pour explorer le monde, j'ai su que ce rapport corporel au monde pouvait être généralisé » [1]. Mais ce « rapport corporel » est déjà, en tant que tel, œuvre de généralisation, puisqu'il est l'exercice d'un système d'équivalences. Le schéma corporel assure ainsi la cohésion spatio-temporelle de mon corps en la prêtant à la chose et au monde, qui deviennent à leur tour des êtres intersensoriels, de véritables systèmes d'équivalences : le monde, sous l'effet de l'analogicité de la chair, devient charnel, tandis que l'être, sous l'effet de la chair, devient analogique.

Comme nous allons continuer à le voir dans les deux prochains chapitres, plus la réflexion de Merleau-Ponty sur le schéma corporel avance, plus elle occupe une place nodale dans sa philosophie de la chair – au cœur même du mouvement interne qui travaille celle-ci pour accomplir sa perspective anthropologique dans un horizon ontologique. Et plus elle est aimantée par ce complexe de sens, étagé et circulaire, de la généralité charnelle. Extension au monde de la généralité du corps, redoublement de la généralité du corps en généralisation de la chair (jusqu'à la « chair du monde »), c'est finalement le concept même de chair qui en vient à porter à lui seul ce réseau signifiant, en lieu et place du « schéma corporel ». Ce premier chapitre n'a fait qu'introduire cette réflexion : la suite du présent ouvrage va en explorer plusieurs faces complémentaires, à travers les thèmes de l'intercorporéité et du miroir, en analysant la promiscuité, le polymorphisme et la réversibilité qui décrivent l'unité complexe de la chair, ou encore en interrogeant plus directement le concept tardif de chair du monde.

"typique", son "style", on le réduit. » (PhilAuj2 [60]v(35bis)/NP) « L'unité charnelle de la chose – le monde a ses "habitudes" – la causalité non exacte. Style et typique sont "réduits". » (PhilAuj2, p. 76/[22](35)) « Monde comme typique ou "habitudes" de l'Être » (EM2 [159]). « Les choses, donc, (…) ouvertes sur d'autres *choses*, sont au pluriel, et liées les unes aux autres par une typique (…), un "style", des "habitudes" d'être » (EM2 [177]v (II)). « Comme structure, la chose est individu et sens, foyer de sens, donc la chose est ouverte sur un monde *i. e.* sur d'autres choses (…) et sur d'autres choses qui lui sont liées par un "style", une "typique", dans "habitudes" de l'être » (EM2 [166](3)). Etc.

1. PM, p. 190, été 1951.

CHAPITRE II

IMAGE DU CORPS ET INTERCORPORÉITÉ

Le corps propre est prémonition d'autrui…
(*Le philosophe et son ombre* [1])

Si le schéma corporel, dans l'édification de ses « systèmes d'équivalences », engage d'emblée le déploiement des typiques de notre être-au-monde, et un recouvrement analogique du monde lui-même, il en va de même avec autrui. Merleau-Ponty a toujours étroitement associé perception du monde et perception d'autrui ; relue à partir du schéma corporel, cette association n'en est que plus forte. Comme dans le phénomène de l'habitude, « c'est le corps qui "comprend" » dans la perception d'autrui, selon « une opération d'existence » portée par les horizons d'une incorporation désirante. On a souvent entendu dire que Merleau-Ponty cherchait les fondements intercorporels de l'intersubjectivité. Cette perspective est encore un peu décalée : le phénoménologue français débouche sur l'intercorporéité en travaillant sur la corporéité – et, plus précisément, sur le schéma corporel. Le premier passage de son œuvre à envisager explicitement l'intercorporéité coïncide d'ailleurs avec la première évocation du phénomène, emprunté à Schilder, de l'intrication des schémas corporels [2].

La réflexion merleau-pontienne sur l'intercorporéité contribue à élargir sa conception de la « généralité du corps » que nous venons d'introduire. Autrui hante depuis toujours la structure de nos comportements, il participe d'emblée à nous faire chair et à généraliser notre chair – idée que nous ne ferons qu'entrevoir ici, et que le prochain

1. S(PhiOmb), p. 221.
2. MSME, p. 160/[126](XIV2), début 1953.

chapitre approfondira avec l'élucidation de la chair comme « phénomène de miroir ». Envisagé dans ses dimensions relationnelles, le schéma corporel mérite d'autres éclairages que ceux des fondateurs de la neurologie moderne : Merleau-Ponty fait appel à la psychologie du développement et à la psychanalyse, et l'expression même de « schéma corporel » qu'il maintient jusqu'au bout (notamment pour traduire « body-image ») s'étend alors sur les contrées d'autres tentatives de formulation, notamment celle de l' « image (inconsciente) du corps ».

Le présent chapitre poursuit donc l'étude de la réflexion merleau-pontienne sur le schéma corporel, et plus particulièrement l'influence de Paul Schilder. Cet examen va nous conduire aux positions les plus tardives du philosophe, positions pour le moins radicales, dont la compréhension nécessitera d'élargir ensuite notre champ d'exploration aussi bien dans l'espace des idées que dans le temps de leur évolution. Il nous faudra alors envisager ce qui préparait Merleau-Ponty à recevoir les audaces de Schilder, dans sa lecture de Wallon et sa relecture de Husserl. Ainsi contextualisé, le rapport à Husserl, que l'on aborde d'ordinaire directement, pourra être éclairé dans toute l'ampleur de sa torsion.

§ 1. L'*INEINANDER* DES IMAGES DU CORPS

a) *« Le corps libidinal est ouverture aux autres mêmes »*

Paul Schilder s'interroge sur la nature de la dynamique qui préside à l'extraordinaire pouvoir d'intégration du schéma corporel – une intégration qui engage l'appui mutuel de l'unification (interne) de ce schéma et de ses capacités d'incorporation (du monde externe). Son ouvrage-maître répond à cette question en donnant à la libido le statut de principe animateur de l'image du corps. Il souligne aussi l'inachèvement du schéma corporel, qui participe largement à engager celui-ci dans un circuit d'incorporation sans fin qui vise d'abord autrui : fondamentalement intercorporelle, l'image du corps vit en appel perpétuel d'autres schémas pour s'intriquer avec eux. Schilder travaille donc le rôle architectonique de la vie désirante dans la construction du schéma corporel, la dimension *libidinale* et, de là, *relationnelle* de l'image du corps. Le plan adopté par *Image and Appearance* est parfaitement représentatif de sa démarche : (I) le schéma corporel admet une base *biologique*, qui en fournit les matériaux ; (II) c'est la *libido* qui confère à ces matériaux une structure et une signification ; (III) les schémas corporels vivent une interaction *sociale*, qui les informe en retour. Il faut noter d'emblée que Schilder entretient une synonymie entre désir (« *desire* ») et libido [1]. Merleau-Ponty, de son côté, traduit spontanément par le terme de « désir » l'usage schildérien, mais aussi freudien, de la « libido ». Ce point est important à souligner, et s'accompagne d'un autre constat : dans son acception du « désir », Merleau-Ponty n'a jamais indiqué, ni même laissé deviner une quelconque connaissance de l'usage freudien de « *Wunsch* » puis, surtout, lacanien, de « désir ».

Bonnier et Head offraient déjà quelques descriptions remarquables de la plasticité de notre rapport corporel à l'espace, mais sans élucider les phénomènes décrits en en faisant l'expression d'une puissance ou d'une logique sous-jacente. Schilder retrouve cet espace non objectif – « l'image du corps dépasse les frontières de l'anatomie » [2], « le corps ne se trouve assurément pas seulement là où la peau et les vêtements lui assignent des limites » [3] –, et comprend que cette plasticité résulte de processus d'incorporation. Tout ce qui entre en contact avec la surface du corps est aussitôt sujet à être expulsé ou introjecté [4], l'image du corps est sans cesse en train de s'agrandir et de rétrécir, et nous jouissons de ces changements : ils sont un moyen de triompher des limitations corporelles. En étudiant les phénomènes d'*hyper*- ou d'*hypo*-schématie, Bonnier mettait en valeur le facteur de surdétermination (positive ou négative) qui affecte toute partie du corps (ou toute dimension transversale de son expressivité) dans sa relation vivante avec le monde. Ces phénomènes s'accentuent dans la névrose, se radicalisent avec la psychose (dans une sorte d'aschématie généralisée), mais ne sont pas, en tant que tels, pathologiques. Car ils traduisent l'*impossible neutralité* du schéma corporel à l'égard du monde extérieur, toute rencontre avec celui-ci mettant en jeu la frontière de son dedans et de son dehors. La corporéité sensible est perpétuellement soumise à cette instabilité du dedans-dehors, et cette problématique ne lui est pas accidentelle, mais essentielle [5]. Le corps vit en permanence *dans* cette confrontation, et *en*

1. Cf. par exemple IC, p. 218, 309 / IAHB, p. 201, 298.
2. IC, p. 229 / IAHB, p. 213.
3. IC, p. 228 / IAHB, p. 211.
4. Cf. IC, p. 219 / IAHB, p. 202.
5. Elle est encore à l'œuvre dans les situations psychiques extrêmes de la psychose, que certains ont pu éclairer comme étant en partie liée à une insuffisante capacité à différencier le dedans et le dehors d'un corps imaginaire. « Dans la psychose, le monde intérieur du malade et le monde extérieur se confondent, les limites du corps n'existent plus. (…) L'enfant psychotique souffre d'une confusion entre le dedans et le dehors. Il y a chez lui un rapport de fluidité avec le monde extérieur. La thérapeutique consiste à rétablir ces limites entre le dedans et le dehors. » (Cl. Synodinou, *Autisme infantile*, Paris, Aubier, 1985, p. 171-172).

vit : elle est le moteur de sa construction comme de sa destruction, et ne cessera qu'avec la mort [1].

En insistant sur cette dialectique du dedans et du dehors, les descriptions données par Schilder ne manquent pas d'intéresser le philosophe de l'empiétement. Rappelons que Merleau-Ponty avait initialement introduit la figure de l'*empiétement* pour illustrer, dans le champ moral et politique, l'impossible neutralité à l'égard d'autrui, avant d'enrichir cette approche par l'éclairage psychologique des cours en Sorbonne [2] ; la notion de *chair* naissait alors dans les parages immédiats de ces idées [3]. C'est une complexion analogue qu'il retrouve chez Schilder. *Image and Appearance* conjugue à l'infini cette impossible neutralité, mais dans une orientation dont la radicalité est nouvelle pour Merleau-Ponty : si le schéma corporel puise dans la libido structure et signification, c'est qu'il présente une autre dimension essentielle – il est fondamentalement voué à et habité par une dimension *intercorporelle* et *interpersonnelle*.

> Il y a une intrusion « inconsciente » continuelle de la personnalité des autres dans la nôtre ; rapprochement, mélanges, fusions (...), il y a toujours échanges continuels entre les personnalités et, pouvons-nous ajouter, entre images du corps [4].

Schilder donne de ces échanges une description presque naïve qui ne semble pas déplaire à Merleau-Ponty. Le corps se contracte dans la haine, ses limites par rapport au monde extérieur se font plus marquées ; au contraire, sous l'effet de sentiments d'amitié ou d'amour, il se dilate et les frontières de l'image du corps perdent en netteté [5]. « La distance sociale, écrit Schilder, est en partie mesurable par la question : jusqu'à quel point voudrions-nous que le corps de l'autre se rapproche de nous ? » [6] En deçà d'une certaine enveloppe délimitant un espace de sécurité, variable d'un individu à un autre, d'un temps à un autre de la vie d'un même individu, la proximité du corps d'autrui, sans pour autant

1. « Le modèle postural du corps peut être attaqué de l'extérieur comme de l'intérieur. Les conflits libidinaux modifient continuellement l'image du corps. Il y a assimilation et projection ; tendance à maintenir l'image du corps dans ses limites, tendance à la répandre et l'étendre ; tendance à maintenir ensemble toutes ses parties, tendance à les disséminer dans le monde. Les forces internes les plus profondes de l'esprit humain, unification et partition, intégration et différenciation, trouvent leur manifestation immédiate dans le modèle postural du corps, qui est à la fois la création et le créateur des tendances constructives et destructives. » (IC, p. 313 / IAHB, p. 301).

2. En particulier dans le cours sur *Les relations avec autrui chez l'enfant*.

3. Cf. *Du lien des êtres aux éléments de l'être*, *op. cit.*, section A.

4. IC, p. 266 / IAHB, p. 252.

5. Cf. IC, p. 226-227 / IAHB, p. 210.

6. IC, p. 257 / IAHB, p. 242-243.

qu'il y ait contact physique, peut être ressentie comme une *intrusion* [1]. Cette proximité à distance est alors déjà vécue comme un empiétement.

Dans le traitement que la *Phénoménologie de la perception* livre du schéma corporel, ces dimensions libidinale et intercorporelle ne sont pas abordées. Merleau-Ponty ne paraît pas avoir encore une connaissance de première main d'*Image and Appearance*. L'influence de Schilder prend brutalement de l'ampleur à partir du début de l'année 1953, date probable de la première lecture de cet ouvrage. Le nouveau professeur au Collège de France en adopte alors aussitôt la thèse centrale : le schéma corporel possède une structure libidinale, et est habité en profondeur par les enjeux de la relation avec autrui. Le passage suivant de la préparation du cours sur *Le monde sensible et le monde de l'expression*, très proche des formulations mêmes de Schilder, anticipe de plus de six ans les derniers manuscrits sur la chair (notamment le troisième cours sur la Nature) ; c'est aussi – fait notable – le tout premier texte de Merleau-Ponty à évoquer explicitement l'intercorporéité.

> L'explicitation totale du schéma corporel donne non seulement rapport à soi du sujet mais encore son rapport à autrui : déjà dans mon schéma corporel sont incluses des présentations de moi-même qui ne s'obtiennent que du point de vue d'autrui (mon visage de face) : avènement d'une vision de soi est avènement d'autrui (...). Structure libidinale du schéma corporel. Et par là ouverture à une structure *sociale* du schéma corporel (...). Cela suppose le corps comme support de significations inter-corporelles qui s'emparent de lui, mais prennent son mode d'existence en retour et ne peuvent être comprises que dans cet ordre d'existence [2].

Si l'on se souvient que Merleau-Ponty avait initialement introduit la notion de schéma corporel dans le cadre d'un chapitre de sa thèse consacré à la spatialité du corps propre, il n'est pas étonnant de le voir appliquer en retour ces idées nouvelles à sa conception de notre rapport à l'espace [3]. Ainsi dans ce passage très dense, où les idées se précipitent :

> [La] spatialité est d'emblée extension de mon corps, violation de mon espace, intrusion. Donc non référence à [la] sexualité comme fonction spéciale (...), mais sexualité et corporéité dans tout le tissu de la perception. On n'a besoin d'un second *je pense* que parce qu'on ignore

1. « Nous éprouvons cette zone quand, par exemple, quelqu'un essaie de nous approcher de trop près. Nous ressentons l'autre en intrus dans notre image du corps, même s'il est loin de nous toucher. » (IC, p. 228 / IAHB, p. 212).

2. MSME, p. 159-160/[125](XIII7-XIV1)-[126](XIV2).

3. Cf. PbPassiv, p. 254/[196](59).

> [le] rapport charnel du corps à l'espace, [le] corps comme médiateur de l'être [1].

Ces extraits méritent toute notre attention. Aussitôt découverte par Merleau-Ponty, la « structuration libidinale du schéma corporel » n'est pas conçue comme un facteur isolé, qui pourrait jouer ou ne pas jouer, mais comme une dimension intégrale qui affecte inévitablement, et d'emblée, notre rapport au monde. Sous sa mouvance, l'espace n'est pas le champ neutre et indéterminé de l'action possible du corps (comme l'étendue pouvait l'être dans son face à face avec la conscience), mais est toujours déjà investi par le corps et l'investit lui-même. Il n'est même pas vraiment *l'autre du corps* (comme l'étendue était l'autre de la conscience), car il est vécu comme spatialité corporelle, extension de la mienne et/ou promiscuité d'une autre. Ce rapport du corps à l'espace, que Merleau-Ponty qualifie de « rapport charnel » (non sans intégrer l'un des usages classiques du terme « charnel », puisant justement au registre libidinal), affecte la structuration d'ensemble de la vie psychique, celle de ce que Merleau-Ponty nomme l'*inconscient*. Le phénoménologue français ne conçoit pas l'inconscient comme l'autre de la conscience : « un second *je pense* », autonome et parallèle à celle-ci. Notre rapport à l'espace structure la conscience perceptive, et si le schéma corporel échappe à la conscience réflexive, il n'instruit pas pour autant une formation secondaire, un inconscient de refoulement. Il engage la formation originaire de la vie psychique, une infrastructure qui en porte toutes les virtualités conscientes. Mais comme il soutient aussi, indissociablement, la formation originaire de notre rapport au monde et à autrui, il est au fondement même de ce que Merleau-Ponty nomme, plus largement, notre rapport à l'être. L'inconscient primordial qu'il implique se manifeste donc au moins autant par le corps « comme médiateur de l'être » que dans le développement d'un monde imaginaire par réaction et compensation de nos difficultés à intégrer le monde réel. Phénoménologiquement parlant, l'inconscient ainsi attaché au schéma corporel est ouverture « aux choses mêmes ».

Ce sont ces directions audacieuses que Merleau-Ponty poursuit dans des feuillets inédits sur le thème du corps, contemporains de sa dernière relecture de Schilder (fin 1959 - début 1960). Notamment dans ces quelques lignes particulièrement synthétiques :

> Montrer que, de même que le sentir esthésiologique est en réalité rapport avec *la chose même* par mon corps comme *chair*, de même le corps érotique est rapport avec les autres schémas corporels par indivision.

1. PbPassiv, p. 242-243/[191](54).

(…) Montrer que le corps libidinal est ouverture aux autres mêmes (intercorporéité) comme le corps esthésiologique est ouverture aux choses et non aux représentations des choses [1].

Ces deux propositions, est-il besoin de le souligner, sont capitales. Il est regrettable que Merleau-Ponty n'ait pas eu le temps de transformer leur caractère programmatique en un exposé suffisamment développé. D'autant plus que ces affirmations à la tonalité si phénoménologique peuvent laisser croire à un déplacement tardif, et massif, du projet même de l'auteur. Celui dont la thèse principale s'était justement employée à montrer comment « le corps esthésiologique est ouverture aux choses et non aux représentations des choses », combien il est « rapport avec *la chose même* par mon corps comme *chair* », voudrait finalement transposer cette même entreprise au « corps libidinal » ou « corps érotique » qui serait, de la même manière, « ouverture aux autres mêmes » par l'intercorporéité. Ce déplacement constitue-t-il une rupture avec le projet initial d'une phénoménologie de la perception (et la « priorité ontologique » sur laquelle celle-ci débouchait) ? Ou bien n'en est-il qu'un prolongement *via* une mutation tardive, voire le développement enfin assumé de certaines intuitions à l'œuvre dès le début ?

Dans ses derniers manuscrits, Merleau-Ponty revient à plusieurs reprises sur cette analogie entre « corps esthésiologique » et « corps libidinal », allant jusqu'à envisager la libido (à la suite de Schilder) comme principe animateur du schéma corporel, avant de remplacer spontanément « libido » par « désir » [2]. Comme l'affirme la fin du dernier résumé de cours au Collège de France, « le corps qui a des sens est aussi un corps qui désire, et l'esthésiologie se prolonge en une théorie du corps libidinal » [3]. Mais la préparation manuscrite du cours va encore plus loin. Le corps percevant, explique Merleau-Ponty, n'est pas

1. N-Corps [99]v.

2. « Les stades de la libido sont stades d'organisation du schéma corporel. (…) La libido est le principe animateur du schéma corporel » (N-Corps [105]). « Libido-sexualité – Ce qu'on veut dire par libido : il y a une croissance du corps, un mouvement de dépassement qui est transversal par rapport à frustration-agression (…). Libido = articulation du schéma corporel (conscient-inconscient) (…) Libido = animateur du schéma corporel – La "sphère du corps" (Schilder) » (N-Corps [91]v). « Schilder : le schéma corporel a [une] structure libidinale… et sociologique. Comme pour [l']esthésiologie, cela émerge de la vie sans coupure absolue : comme l'esthésiologie émerge du rapport à un *Umwelt*, le désir humain émerge du désir animal. Déjà chez l'animal, cérémonie de l'amour, le désir n'est pas fonction machinale, mais ouverture à [un] *Umwelt* des congénères (éventuellement fixation sur [d']autres), communication. » (Natu3, p. 288/[46]v, transcription corrigée).

3. RC60, p. 178.

seulement *aussi* un corps qui désire, et la théorie du corps libidinal n'est pas seulement un *prolongement* de l'esthésiologie : la perception implique le désir, elle est déjà *un mode du désir*. Le philosophe tire ainsi toutes les conséquences de la thèse de Schilder : si le désir est le principe animateur du schéma corporel, alors toute structure esthésiologique *est* une structure libidinale.

> Remarquons que le corps comme schéma corporel, le corps esthésiologique, la chair nous ont déjà donné *l'Einfühlung* du corps avec l'être perçu et avec les autres corps. C'est-à-dire que le corps comme pouvoir d'*Erfüllung* est déjà désir, libido, projection-introjection, identification – la structure esthésiologique du corps humain est donc une structure libidinale, la perception un mode du désir, un rapport d'être et non de connaissance. (...) Reprendre ici toutes les contributions de la psychanalyse à cette théorie du sujet désirant. (...) Le désir pose le même problème que la perception : un esprit ne désirerait pas plus qu'il ne percevrait [1].

Le désir pose le même problème que la perception... Et le traitement merleau-pontien de la perception constitue déjà une entrée dans la question du désir. Comme le philosophe l'écrira dans le dernier texte publié de son vivant, la perception « esquisse ce que le désir accomplit » [2]. Ni simple représentation ni simple émotion, ni pur état cognitif ni pur état affectif, le désir n'est pas réductible à un *état* psychique, car il est une disposition du schéma corporel, un comportement fondamental de la chair. Une manière d'*être*, au sens verbal de ce terme. Et la perception est d'autant mieux une entrée privilégiée d'une philosophie du désir qu'elle nous place elle-même à la suture du cognitif et de l'affectif, dans les fondements sensori-moteurs de notre ouverture au monde où la vie désirante est toujours déjà à l'œuvre, d'emblée soutenue par les enjeux relationnels et existentiels qui animeront encore nos superstructures intellectuelles et volontaires.

b) *Un schéma intercorporel*

La troisième et dernière partie de l'ouvrage de Schilder, consacrée à la « sociologie de l'image du corps » [3], est aussi la plus originale. Il ne s'agit pas d'une sociologie au sens disciplinaire du terme, mais d'une enquête sur l'identité relationnelle de l'image du corps. « La relation sociale, écrit Schilder, n'est pas seulement une relation entre deux

1. Natu3, p. 272/[38]. Transcription corrigée.
2. S(Préf), p. 24.
3. Cf. aussi IC, p. 66-67, sur les « aspects relationnels de l'image du corps ».

personnalités, elle est aussi et toujours une relation entre deux corps »[1]. Schilder constate dans son expérience clinique que le schéma corporel d'un individu n'est jamais isolé de celui de ses proches. Il se détruit et se construit dans un commerce permanent avec eux, un échange partiel (par incorporation), ou global (par identification)[2]. Cette communication serait désirée comme telle.

> Dans l'image posturale d'un seul et même individu s'introduisent et s'entremêlent quantité d'autres images posturales qui sont celles d'autres individus. (...) Ce qui nous intéresse ici, ce n'est pas tant d'examiner ce qu'on appelle identification à la personnalité d'autrui, que de pouvoir suivre le processus par lequel le modèle postural du corps d'un individu se mêle à d'autres modèles posturaux (...). Tout ceci fait apparaître sous un nouveau jour le problème philosophique fondamental des rapports du Moi et du monde extérieur. (...) Les images du corps ne sauraient exister isolément. Nous désirons qu'il y ait relation entre la nôtre et celle de tous les autres (...) nous tentons d'attirer à nous les images du corps des autres...[3]

Par son seul usage des notions d'« image posturale » (*postural image*) et « modèle postural » (*postural model*), qui renvoient au très neurologique « schéma postural » de Head, ce propos de Schilder est exemplaire de sa non distinction entre schéma corporel et image du corps. Schilder développe ces idées bien avant que Françoise Dolto ne se penche elle-même sur l'intrication des « images inconscientes du corps »[4]. Cet entrelacs, pour l'auteur d'*Image and Appearance*, passe par les voies de la perception, en particulier par la vue[5], et trouve son

1. IC, p. 248 / IAHB, p. 232.

2. « Nous accaparons des parties des images du corps des autres, et nous projetons des parties de notre image du corps ou celle-ci tout entière dans les autres. Il y a des échanges mutuels permanents entre notre image du corps et celle de chacune des personnes qui nous entourent, échanges qui peuvent jouer entre les parties ou entre les totalités. » (IC, p. 250 / IAHB, p. 235) « Une image du corps n'est jamais isolée, elle est toujours encerclée par les images du corps des autres. La relation d'une image du corps aux autres dépend d'un facteur de distance spatiale et d'un facteur de distance affective. C'est par leurs zones érogènes que les images du corps se rapprochent le plus, et se lient le plus étroitement. (...) L'image du corps est, par essence, sociale : jamais isolée, toujours accompagnée par celle des autres. (...) Il y a un échange mutuel permanent entre les différentes parties de notre image du corps et celles des images du corps des autres. Il y a projection et appropriation. Mais la totalité de l'image du corps d'un autre peut aussi être assimilée (identification), et de même un individu peut expulser son image du corps dans sa totalité. » (IC, p. 255 / IAHB, p. 240-241).

3. IC, p. 249-250 et 252 / IAHB, p. 234 et 237.

4. « Personnologie et image du corps », *La psychanalyse*, vol. 6, P.U.F., 1961, p. 59-92 ; repris dans *Au jeu du désir. Essais cliniques*, Paris, Seuil, 1981, p. 60-95. Et, surtout, *L'image inconsciente du corps*, Paris, Seuil, 1984.

5. Cf. par exemple IC, p. 252 / IAHB, p. 237-238.

accomplissement dans les structures du désir. « Déjà dans la sphère perceptive on enregistre une étroite interrelation entre les modèles posturaux de différentes personnes. Mais c'est dans la sphère affective et libidinale qu'ils sont les plus étroitement liés » [1]. Merleau-Ponty, là encore, intègre ces idées. Elles inspirent ses réflexions tardives sur l'articulation entre corps esthésiologique et corps libidinal, et enrichissent – nous le verrons dans le prochain chapitre – son traitement du voyant-vu. La relecture de Schilder, début 1960, réveille aussi son écriture de l' « *Ineinander* » (figure empruntée un an plus tôt à certains passages de la *Krisis* de Husserl), et lui donne comme nouveau modèle « l'*Ineinander* des schémas corporels », autrement dit le motif essentiel de la troisième partie d'*Image and Appearance*.

Schilder réalise que sa découverte pose avec une nouvelle acuité plusieurs questions difficiles. « Nous avons une "expérience" des images du corps des autres, étroitement intriquée avec l'expérience de notre propre image du corps » [2], mais quand et comment débute cette rencontre ? Et si elle n'a pas de commencement, comment distinguer encore ces deux expériences, que reste-t-il du corps *propre* ? L'étude du schéma corporel reconduit ainsi Schilder à la question cruciale de la genèse d'autrui pour le sujet, et à celle de l'origine du sujet dans son lien avec autrui.

> Nous nous trouvons maintenant devant une série de questions : qu'est-ce que le corps propre et qu'est-ce que le corps d'autrui ? Lequel est perçu le premier ? Ou bien sont-ils perçus tous les deux en même temps ? Selon les dogmes psychanalytiques, on dira que l'enfant connaît d'abord son corps. Mais toute la présente étude indique clairement que, au moins sur des points importants, notre corps n'est pas plus près de nous que ne l'est le monde extérieur [3].

Image and Appearance va très loin dans cette direction, en porte-à-faux avec la plupart des psychologies, dans une audace qui séduit Merleau-Ponty. « Notre propre image du corps et l'image du corps des autres ne sont pas dans un rapport de primauté l'une par rapport à l'autre » [4], « la perception qu'on a du corps d'autrui et des émotions

1. IC, p. 313 / IAHB, p. 301. « On pourrait dire que les rapports entre images du corps se nouent plus particulièrement par les zones érogènes. C'est à dessein que j'emploie ce mot de "rapports", qui a un double sens ; les rapports sexuels constituent certainement une fusion très complète de deux images du corps, et s'il nous est jamais donné une psychologie des rapports (nous en sommes loin), elle sera certainement fondée sur la relation des images du corps dans le rapport sexuel. » (IC, p. 251 / IAHB, p. 236).

2. IC, p. 40 / IAHB, p. 16.

3. IC, p. 250 / IAHB, p. 234.

4. IC, p. 314 / IAHB, p. 302. Cf. aussi IC, p. 242 / IAHB, p. 226.

qu'il exprime est aussi primaire que la perception qu'on a de son propre corps et de ses émotions » [1]. Sur ce point, Schilder est en désaccord avec les conceptions tardives de Freud. Celui-ci désigne par le *narcissisme primaire* un premier état de vie rigoureusement anobjectal, indifférencié, sans clivage entre le sujet et le monde extérieur (sa conception antérieure, celle d'un narcissisme contemporain de la formation du moi par identification avec autrui, est alors déplacée sur le narcissisme secondaire). Pour Schilder, une telle approche contredit l'ouverture perceptive du nouveau-né sur le monde extérieur, et renouvelle l'aporie idéaliste : comment passer d'une monade fermée sur elle-même à la reconnaissance d'autrui ? Schilder ne voit pas le narcissisme comme un état privé de toute relation avec autrui : il envisage l'édification du moi dans une intrication originaire avec l'image du corps d'autrui, qui se structure conjointement à la sienne. En des termes qui ne vont pas sans rappeler l'influence de la phénoménologie sur sa pensée, Schilder rappelle qu'« une attitude est toujours une attitude envers quelque chose », et que « notre investissement affectif primaire est dirigé sur les objets » [2]. Certes, la libido narcissique a bien pour objet l'image du corps, mais notre corps ne peut exister que comme partie du monde ; nous sommes au monde, depuis un temps indéterminable, sans doute beaucoup plus précoce que nous ne pouvons le penser.

> On ne peut donc dire que, pour le nouveau-né, seul son corps existe et que le monde n'existe pas. Corps et monde sont éprouvés corrélativement ; l'un n'est pas possible sans l'autre. Quand Freud dit qu'au stade narcissique seul le corps est présent, il doit nécessairement faire erreur. Le nouveau-né, et probablement même l'embryon, a un monde [3].

Il n'en demeure pas moins vrai que corps et monde, dans un premier temps, sont bien peu différenciés ; ils ne le seront d'ailleurs jamais complètement, ce résidu d'indivision portant la texture magique de notre vie [4]. Schilder se heurte alors à son tour à la difficulté de tout discours sur la sortie de l'indifférenciation, discours qui n'échappe jamais complètement à l'attitude rétrospective. Nos outils logiques et conceptuels ne sont véritablement adaptés qu'à la formulation du mouvement inverse, qui réunit après avoir distingué – quand bien même notre intention initiale est de distinguer *pour* unir. D'où la nécessité d'une écriture par endroits pré-conceptuelle, qui tente d'appliquer à elle-même le mouvement de la différenciation en revenant à une expressivité plus

1. IC, p. 234 / IAHB, p. 218.
2. IC, p. 267 / IAHB, p. 254.
3. IC, p. 142 / IAHB, p. 122-123.
4. Cf. IC, p. 176 / IAHB, p. 157-158.

élémentaire par l'usage de figures. Où l'on retrouve, dans l'écriture de Schilder, le glissement opéré par celle de Merleau-Ponty après la *Phénoménologie de la perception*, ainsi que les inévitables maladresses de toute description invoquant l'empiétement, l'intrication ou l'*Ineinander*. En effet, comment ces figures pourraient-elles décrire ce qui conduit à la formation des frontières sans utiliser des schèmes qui n'ont pourtant pas de sens sans la préexistence de frontières : sans évoquer des parties, suggérer une transgression, sans utiliser la bipartition même du dedans et du dehors ? Sans être elles-mêmes rétrospectives.

> Il est vrai qu'à un niveau aussi primitif la frontière entre monde et corps ne sera pas nettement tracée et qu'il est plus aisé de dire qu'à ce stade une partie du corps est dans le monde, une partie du monde dans le corps ; en d'autres termes, qu'à ce stade, tel que peut le concevoir la pensée adulte, le corps est projeté dans le monde, et le monde introjecté dans le corps [1].

Il « est plus aisé de dire », « tel que peut le concevoir la pensée adulte »... Toute la difficulté est là, comme indépassable. Notre pensée est handicapée, et la notion même d'*incorporation* – par projection et introjection – n'échappe pas à la décomposition rétrospective. Si bien que Schilder en vient à relativiser ce processus même, qui ne doit pas apparaître comme le véritable fondement de l'intercorporéité : il entretient une situation originaire qui le précède en droit comme en fait.

> Ce n'est pas (...) en projetant notre corps dans le monde extérieur que nous acquérons une connaissance du corps de l'autre et de son image ; mais rien ne justifie non plus la thèse opposée, selon laquelle c'est en introjectant l'image du corps d'autrui que nous acquérons la connaissance de notre propre corps. L'image du corps n'est pas le produit d'une appropriation du corps des autres, même compte tenu du fait que nous pouvons en introduire des parties dans notre propre modèle postural. Ce n'est pas non plus par identification à l'image du corps d'autrui que nous connaissons le nôtre, bien que là encore des identifications puissent nous servir à enrichir notre image du corps. Nous ne sortirons pas de ce dilemme à moins de poser que notre propre image du corps et l'image du corps des autres sont deux données d'expérience primaire et qu'elles sont dès le départ très étroitement associées [2].

Par la « position » qui conclut ce passage, Schilder ne sort pourtant pas de son « dilemme », qui demeure plus entier que jamais : si son analyse est signifiante par ses hésitations mêmes, elle n'apporte pas de

1. IC, p. 142-143 / IAHB, p. 123.
2. IC, p. 250 / IAHB, p. 235.

solution véritable. En 1960, Merleau-Ponty insiste lui aussi sur les « rapports d'incorporation avec les autres schémas corporels » [1], et suit Schilder jusque dans l'instabilité de ses positions ultimes. Nombreux sont les textes qui mêlent alors la figure de l'*Ineinander* au processus de projection-introjection de l'incorporation [2], et la perspective d'un *Ineinander* originel semble par endroits (par endroits seulement) prendre la première place, jusqu'à dominer celle de l'incorporation, jusqu'à retirer à *mon* corps toute forme de préséance, comme si l'expression « *ma* chair » devenait inconsistante [3].

Merleau-Ponty prend scrupuleusement en notes certaines analyses de Schilder, y compris dans les aspects les plus crus des cas pathologiques et de leur interprétation. Il est particulièrement attentif aux pages 227-240 d'*Image and Appearance*, qui appartiennent à la longue étude d'un cas d'érythrophobie (peur de rougir) [4]. Le jeudi 31 mars 1960, une séance capitale du cours au Collège de France (troisième année de leçons sur le concept de Nature) s'appuie sur ces notes, en livre une version plus personnelle et plus philosophique, dans un développement

1. EM3 [232]v(2), avril ou mai 1960.

2. « Ces *Ineinander* sont possibles parce que le corps sensoriel est rapport d'indivision à soi. C'est sens de schéma corporel. Un rapport d'être corps-monde et aspects du corps, un rapport éjection-introjection. » (N-Corps [84](1)) « Projection-introjection, rapport d'*Ineinander*, qui dévoile une dimension libidinale du schéma corporel. » (Natu3, p. 281/[44]) « Freud a vraiment vu avec [la] projection-introjection, [le] sado-masochisme, le rapport *d'Ineinander* moi-monde, moi-nature, moi-animalité, moi-socius. » (Natu3, p. 288/[47], transcription corrigée) « [Le corps humain] est à comprendre comme notre projection-introjection, notre *Ineinander* avec l'Être sensible et avec les autres corporéités. » (Natu3, p. 339/[70]). Etc.

3. « Le schéma corporel = le système de ces équivalences. Ni projection ni introjection : deux systèmes communicants (235) en *Ineinander* ou *Verflechtung*. "Commerce" des schémas corporels (235). Ne pas partir de *mon corps*. » (N-Corps [105]v).

4. Cf. IC, p. 243-255. Schilder interprète l'érythrophobie de son patient comme la peur que la masturbation se lise sur son visage, et déchiffre dans ses fantasmes masturbatoires une intrication de divers schémas corporels, surdéterminée dans la région de l'anus (cf. IC, p. 251 / IAHB, p. 236). Dans les notes de Merleau-Ponty, cf. N-Corps [105]v, ou encore Natu3, p. 346-347/[74]. « [*(en marge :)* Le sujet qui se masturbe a les schémas corporels connectés par l'anus.] Le schéma corporel d'un malade contenant : lui-même, le médecin qui lui prend température *per anum*, une femme dont le médecin prend la température, une femme qui a rapports sexuels, et quelqu'un, étendu près de lui, qui est lui, et qui a rapport avec elle (234). Le schéma corporel = le système de ces équivalences. » (N-Corps [105]v) « Le schéma corporel est par principe *public* : peur que la masturbation se voie sur la figure (237). Le schéma corporel = unité par principe de mon être secret et visible. La genèse des symptômes = la logique du schéma corporel : répression de la masturbation produisant autre symptôme (237). La situation analysée par Sartre : le voyeur-vu châtré cas particulier de la relation de commerce sexuel par les yeux, de l'intercorporéité. » (*ibid.*) Cette dernière phrase commente la proposition suivante de Schilder : « Être vu signifie être l'objet d'une agression sexuelle et être castré. » (IC, p. 254 / IAHB, p. 239).

sur le corps comme « système universel dedans-dehors » qui enracine l'intercorporéité dans ce que Merleau-Ponty nomme, pour la première fois, la « topologie du corps » :

> *Le corps comme système universel dedans-dehors. Promiscuité*
> Donc indivision de mon corps, de mon corps et du monde, de mon corps et des autres corps, et des autres corps entre eux.
> Indivision de mon corps = équivalence de ses cavités, de ses reliefs et de ceux des choses.
> Indivision de mon corps et des autres corps : de ses cavités, ses reliefs, et de ceux des autres corps, et de ceux-ci entre eux.
> Projection-introjection.
> Condensations et déplacements fondés sur ces équivalences.
> (…) Il y a un empiétement des schémas corporels les uns sur les autres. Schilder p. 234. L'anus comme lieu de connexion des *body-images*.
> Remplacer notre analyse des fonctions par [une] topologie du corps, – et notre idée d'appareils séparés par celle du corps comme définissant des rayons de monde.
> « *Body-images intercourse* » (Schilder p. 235) – leur distance, leur rapprochement, comme au cirque où les parties du corps sont entremêlées [1] (Schilder 236) [2].

Le schéma corporel porte non seulement le monde perçu dans sa structuration analogique, mais aussi, et même d'abord, d'autres corps. Il est un système d'équivalences intersensorielles et intermodales, mais aussi entre images du corps. La puissance analogique du schéma corporel se déploie ainsi, à un niveau supérieur, comme système d'équivalences entre systèmes d'équivalences ; le schéma corporel se révèle *schéma intercorporel*. Mais ce niveau n'est « supérieur » que du point de vue rétrospectif de sa complexité épistémologique : sur le plan anthropologique et génétique, il est originaire et se trouve mobilisé dès les fondements de notre être-au-monde. L'édification du schéma corporel est d'emblée orientée par les enjeux relationnels de l'intercorporéité et par la structuration du désir. De sorte que l'analogicité de fond de la vie psychique est hantée dans ses fondements mêmes par l'intercorporéité essentielle à la vie désirante et par les structures du désir essentielles à toute intercorporéité. L'image du corps, inscription spatio-temporelle de la logique du désir, reflète et vit de l'*Ineinander* moi-monde et moi-autrui. Dans cette perspective, autrui n'est plus d'abord un autre *moi*, à la fois séparé et confondu (un « *alter ego* »), ni

1. « Dans un gag bien connu, deux comédiens s'emmêlent les jambes et font semblant de ne plus pouvoir reconnaître lesquelles leur appartiennent. » (IC, p. 251 / IAHB, p. 236, note 1).

2. Natu3, p. 346-347/[74]. Transcription corrigée.

même tout à fait un *autre* corps dans mon propre corps. Il apparaît comme une corporéité qui hante la mienne et que je tapisse de la mienne, qui vit avec ma chair dans une co-institution ou une co-édification : il est *autrui comme co-corps*.

> Le schéma corporel, organisation de mon corps, est en même temps organisation de ses rapports avec les autres corps, intercorporéité.
> (*Image and Appearance* p. 123) Le schéma corporel, système d'équivalences intersensorielles et entre états successifs, est aussi système d'équivalences entre les corps. Et il est l'un parce qu'il est l'autre (...). Identification = assomption du schéma corporel d'un autre (...). Le système pour soi-pour autrui est le schéma corporel.
> Le schéma corporel est le « dedans » du corps (...) où autrui est *introjecté* comme co-corps [1].

Merleau-Ponty n'est jamais allé aussi loin dans sa réflexion sur le schéma corporel, sur l'intercorporéité, mais aussi sur la question d'autrui. Ceci coïncide avec un traitement lui-même radical de la spatialité du corps propre, placé sous le modèle de la topologie mathématique. Rappelons que la connaissance que Merleau-Ponty a de la topologie ne provient pas d'abord de la propre utilisation qu'en fait Lacan (ou plutôt, que Lacan en fera), mais de la lecture des travaux de Piaget sur la structuration de l'espace chez l'enfant [2]. Schilder ne parle jamais de topologie, mais reconnaît au niveau même du corps des équivalences spatiales qui relèvent, sur un plan mathématique, d'invariants topologiques. Commentant ces descriptions [3], Merleau-Ponty use alors de formules que l'on pourrait qualifier, rétrospectivement, de lacaniennes. En voici quelques exemples, tirés des notes inédites sur le corps :

> Schilder : la topologie du schéma corporel et ses « équivalences ». (...) Réciprocité-promiscuité du « dedans » et du « dehors » autour du schéma corporel comme axe : condensation et déplacement dans le schéma corporel en vertu de sa structure dynamique : équivalence des « orifices » et des « reliefs » (...) condensation et déplacement fondés sur [la] topologie du schéma corporel (...). Notions d'incorporation (introjection) et d'éjection (projection). Le dedans et le dehors. (...) Condensation et déplacement inévitables dans le corps comme être topologique-général. De même projection-introjection et polymorphisme. Conscience et inconscient redéfinis en termes de corps (...). Analogies entre parties du schéma corporel : les « cavités », les

1. N-Corps [105].
2. Cf. *Vers une ontologie indirecte*, *op. cit.*, chap. VI.
3. Cf. par exemple IC, p. 108 *sq.*, 144-145, 189, 200 / IAHB, p. 88 *sq.*, 124-125, 171, 182-183.

« reliefs ». Dans cette chose topologique il y a équivalences et équivalences entre lui et les autres * [* *(en marge)* Les êtres topologiques comportent cette généralité : les trous s'équivalent, et les reliefs [aussi]] [1].

Ce tissu de propositions laconiques fait converger la plupart des lignes de réflexion que nous avons visitées depuis le début du chapitre précédent : le schéma corporel comme système d'équivalences, l'analogicité et la généralité du corps, l'intercorporéité par incorporation, et jusqu'à l'inconscient freudien redéfini à la lumière de cette nouvelle approche du corps phénoménal. Cette convergence s'opère dans l'évocation des invariants topologiques qui dessinent le style de la chair. Merleau-Ponty prolonge en cela l'une des intuitions fondatrices des premiers travaux sur le schéma corporel, selon laquelle le corps vécu évolue dans une spatialité originale que l'on peut à bon droit, en effet, rapprocher des structures topologiques des mathématiques modernes. Mais sa description pointe vers une radicalisation de cette même intuition, qui passe de la *spatialité topologique* du corps propre à la « *topologie du corps* », puis, par une discrète inversion des termes, au « corps comme *être topologique-général* ». Une radicalisation comportant généralisation et déplacements dans deux directions indissociables, anthropologique et ontologique.

§ 2. « Présence de moi en autrui et d'autrui en moi » L'étape des cours en Sorbonne

a) *Imprégnation posturale, syncrétisme et transitivisme. L'apport de Wallon*

Nous avons entamé ce chapitre dans la continuité du précédent – en poursuivant l'examen de la réflexion merleau-pontienne sur le schéma corporel –, et avons rapidement atteint une position ultime de Merleau-Ponty, dont la radicalité nécessite maintenant un temps de recul, et un espace de travail plus large. Car on ne peut mesurer pleinement la place de ces idées dans la phénoménologie du dernier Merleau-Ponty et dans sa conception de la chair, sans comprendre qu'elles sont aussi portées par une réflexion plus ancienne, qui préparait déjà le philosophe à entrer dans les vues les plus audacieuses de Schilder.

Lorsqu'il écrit en novembre 1959 la fameuse note intitulée « Moi-autrui, formule insuffisante », directement marquée par sa dernière

1. N-Corps [84](1), [84]v(2), [91]v, [97] et [105].

lecture de Schilder, Merleau-Ponty évoque un « polymorphisme fondamental qui fait que je n'ai pas à constituer l'autre *devant* l'*Ego* : il est déjà là, et l'*Ego* est conquis sur lui », puis il manifeste le projet de « décrire la pré-égologie, le "syncrétisme", l'indivision ou transitivisme » [1]. Cette façon d'aborder une problématique toute phénoménologique à grand renfort de termes psychologiques est typique de la période des cours en Sorbonne, dans laquelle ces mêmes termes trouvaient d'ailleurs leur premier usage chez Merleau-Ponty – les uns à partir de la psychanalyse, les autres à partir de la psychologie du développement. La proposition « moi-autrui, formule insuffisante », dans l'écart qu'elle implique vis-à-vis de Husserl, est en effet la conclusion d'une réflexion sur l' « enracinement *naturel* du pour autrui » [2] qui a connu une étape décisive au début des années cinquante. Elle marque l'aboutissement d'une réflexion déjà ancienne sur la psychogenèse du corps propre dans sa relation avec celui d'autrui.

Le philosophe n'aborde pas encore cette perspective génétique dans la *Phénoménologie de la perception*, et le cours en Sorbonne de 1950-1951 sur *Les relations avec autrui chez l'enfant* [3] est le premier à s'attaquer sérieusement à cette question. Merleau-Ponty y affirme déjà que le schéma corporel peut être transféré à autrui, et évoque même une co-édification de mon schéma et du sien. À cette phase de son parcours intellectuel, les travaux d'Henri Wallon contribuent largement à initier ces idées [4], en particulier son ouvrage sur *Les origines du caractère chez l'enfant*, dont une nouvelle édition vient de paraître (1949) [5]. À mi-chemin entre la première approche, plus neurologique, du schéma corporel comme système d'équivalences intersensorielles (1939-1945), et la dernière, plus psychanalytique (1953-1960), les cours en Sorbonne constituent une étape importante dans l'évolution de cette pensée. Ils inaugurent aussi dans l'écriture de Merleau-Ponty des emprunts terminologiques qui reviendront en force dans les manuscrits tardifs :

1. NT, p. 274.
2. Natu3, p. 272/[38].
3. Ce cours connaîtra une seconde partie en 1951-1952.
4. Sur la présence explicite de Wallon dans les seuls cours en Sorbonne, cf. notamment Sorb(SCCE) 173, 235-237, 242, Sorb(PSE) 249, 287-289, CDU(RAE) 150/3, 177/31, 180/33-34, *183-202/36-55*, 205/58, *206-226/60-79*, 229/81, Sorb(RAE) 304, *311-326*, Sorb(SHP) 437, Sorb(MPE) 478, 506, 512, *525-528*.
5. *Les origines du caractère chez l'enfant. Les préludes du sentiment de personnalité*, Paris, Boivin et Cie, 1934 ; repris aux P.U.F., 1949. Le projet de thèse de 1934 de Merleau-Ponty mentionne déjà cet ouvrage (cf. NaPer, p. 33).

transitivisme [1], syncrétisme [2], narcissisme [3], auto-érotisme [4]… ou encore la notion de « matrice symbolique » [5] librement empruntée à Lacan.

Le cours sur *Les relations avec autrui chez l'enfant* souligne les difficultés de la psychologie classique face à la question de la genèse du rapport à autrui [6], et sa manière de cadrer celle-ci dans un système à quatre éléments [7]. Celui-ci plaçait le « psychisme » d'autrui en quatrième terme hypothétique à reconstituer à l'horizon d'un raisonnement par analogie, tout en enfermant par principe la perception de mon corps dans une cénesthésie strictement individuelle. Selon Merleau-Ponty, la psychologie moderne – entendre, ici, celle de Wallon – nous introduit à un système à deux termes, ou plutôt à double transfert. L'identité analogique du lien avec autrui n'est pas reniée, mais tend à être reconnue dans son enracinement intercorporel, en deçà de toute

1. Dans les seuls cours en Sorbonne, cf. CDU(RAE) 201/54, *219-220/71-72*, 227/79, Sorb(RAE) 318, 323-324, *327*, Sorb(MPE) 528.

2. Dans les seuls cours en Sorbonne, cf. Sorb(CAL) 20, 52-53, Sorb(SCCE) 172-173, 193, CDU(RAE) 180/34, 188/41-42, 200/53, 201/54, 209/62, 220-221/73, 224/76, 226/79, 227/79, 229/81, Sorb(RAE) 312, 314, 318, 321, 324, 327, Sorb(MPE) 528.

3. Dans les seuls cours en Sorbonne, cf. Sorb(EVA) 96, *112-113*, Sorb(PSE) 285, CDU(RAE) *203-204/56-57*, 229/81, Sorb(RAE) 319, *329-331*, *335-340*, 344, 347, 372, Sorb(MPE) 503.

4. Dans les seuls cours en Sorbonne, cf. Sorb(RAE) 331-332, 366, 374.

5. À ce sujet, cf. *infra*, chap. III, § 1, p. 167 *sq*.

6. « Comment, dans quelles conditions l'enfant vient-il au contact avec les autres, avec autrui ? De quelle nature ce rapport avec autrui est-il chez l'enfant ? Comment est-il possible à partir du début de la vie ? Il y a là un problème que la psychologie classique n'abordait qu'avec beaucoup de difficultés, et on pourrait dire qu'il a été l'un de ceux qui ont servi de pierre d'achoppement à la psychologie classique parce qu'il s'est avéré impossible de le résoudre en s'en tenant aux idées théoriques que la psychologie académique avait élaborées. » (CDU(RAE), p. 171/25).

7. « Il n'y a plus alors qu'une ressource dans la psychologie classique, c'est de supposer que, spectateur des gestes, des paroles que le corps d'autrui exécute devant moi, je considère l'ensemble des signes qu'il me donne ainsi, l'ensemble des expressions de physionomie qu'il me présente, comme l'occasion d'une sorte de déchiffrement. Je projette pour ainsi dire derrière ce corps d'autrui dont je vois les gestes, les paroles caractéristiques, ce que je sens moi-même de mon propre corps, soit qu'il s'agisse d'une véritable association des idées, soit qu'il s'agisse plutôt d'un jugement par lequel j'interprète les apparences, je transfère à autrui l'expérience intime que j'ai de mon propre corps. Le problème de l'expérience d'autrui se pose pour ainsi dire dans un système à quatre termes : il y a moi, mon "psychisme", – l'image que je me fais de mon corps par le moyen du toucher, ou de la cénesthésie, que nous appellerons, pour faire bref, l'image interoceptive de mon propre corps, – il y a un troisième terme, qui est le corps d'autrui tel que je le vois, et que nous appellerons corps visuel, et enfin, un quatrième terme, hypothétique, qu'il s'agit justement pour moi de reconstituer, de deviner, qui est le "psychisme" d'autrui, le sentiment qu'autrui a de sa propre existence, tel que je peux le supposer, l'imaginer à travers les apparences qu'autrui m'offre par son corps visuel. » (CDU(RAE), p. 173/26).

discursivité intellectuelle. Elle ne se joue pas dans le rapport de deux proportions abstraites (de deux *logos*), mais dans le transfert réciproque de deux rapports au monde : la résonance commune de deux conduites, de deux structures de comportement, l'imprégnation mutuelle de deux chairs. Le cours de 1950-1951 confie à la théorie du schéma corporel un rôle clef dans ce tournant d'une conception moderne de la genèse des relations avec autrui.

> Ceci suppose non seulement une réforme de la notion de psychisme (désormais remplacée par celle de conduite), mais aussi de l'idée que nous nous faisons de notre corps propre. Si mon corps doit pouvoir reprendre à son compte les conduites qui me sont données en spectacle, il faut qu'il me soit donné, non plus comme une masse de sensations rigoureusement privées, mais plutôt par ce qu'on appelle un « schéma postural », ou « schéma corporel ». Cette notion introduite il y a longtemps par Head a été reprise et enrichie par Wallon (...). Ainsi comprise, l'expérience que j'ai de mon propre corps pourrait être, beaucoup plus aisément que la *cénesthésie* des classiques, transférée à autrui, et donner lieu, comme dit Wallon, à une « imprégnation posturale » de mon propre corps par les conduites dont je suis témoin [1].

Cette dernière phrase présente un double mouvement, dont l'articulation interne n'est pas encore éclairée : le « transfert » à autrui de l'expérience de mon propre corps, et, symétriquement, l' « imprégnation posturale » [2] de ce dernier par les conduites d'autrui. Merleau-Ponty étend déjà à l'intercorporéité le fonctionnement de l'intersensorialité dévoilé par le schéma corporel. Celui-ci n'en reste pas à un agglomérat de sensations (tableaux visuels, tactiles, etc.), mais édifie un système d'équivalences qui tisse la vie psychique de l'enfant avant l'accès à des processus mentaux conscients, qui forge ses premières unités d'expression et montre très tôt un « certain *style* d'action, une certaine signification *gestuelle* » [3]. Dans l'ancien cadre des philosophies de la conscience et des psychologies qui les accompagnaient, l'image du corps était cantonnée dans une subjectivité incommunicable ; « au contraire, s'il s'agit d'un schéma ou système, de même qu'il est relativement transportable d'un domaine sensoriel à l'autre en ce qui concerne les données de mon propre corps, de même il est transférable au domaine d'autrui » [4]. D'où un nouveau cadre :

1. CDU(RAE), p. 176-177/30-31.
2. Sur cette notion, cf. CDU(RAE) 177/31, 215/68, 221/74, Sorb(MPE) 527-528.
3. CDU(RAE), p. 177/31.
4. CDU(RAE), p. 178/32.

> On a donc, dans les termes de la psychologie d'aujourd'hui un système qui est cette fois à deux termes : mon comportement, le comportement d'autrui, et qui fonctionne comme un tout. À mesure que je vais élaborer, constituer mon schéma corporel, à mesure que je vais acquérir de mon propre corps une expérience mieux organisée, dans cette mesure même la conscience que j'ai de mon propre corps cessera d'être un chaos où je serais enlisé et se prêtera à un transfert en autrui. Et, comme en même temps l'autrui qu'il s'agit de percevoir, n'est plus un psychisme fermé sur soi, mais une conduite, un comportement en rapport avec le monde, il s'offre de lui-même à la prise de mes intentions motrices (...). C'est ce transfert de mes intentions dans le corps d'autrui, et des intentions d'autrui dans mon propre corps, cette aliénation d'autrui par moi et de moi par autrui qui rend possible la perception d'autrui [1].

À partir de ses propres travaux antérieurs, à partir de ceux de Wallon, et plusieurs années avant de reprendre à son compte les idées de Schilder sur l'intrication des images du corps, Merleau-Ponty est donc déjà avancé dans la direction des derniers écrits. Dans la mouvance des *Origines du caractère chez l'enfant*, il décrit en particulier l'imprégnation posturale du corps propre par celui d'autrui à l'aide des notions de *transitivisme* et de *sociabilité syncrétique* [2]. Ces phénomènes sont marqués par un empiétement généralisé – spatial, temporel et bientôt

1. CDU(RAE), p. 178/32.

2. Cf. Wallon, *Les origines du caractère chez l'enfant*, *op. cit.* (P.U.F., 1949), p. 191 *sq*. Chez Merleau-Ponty, cf. notamment CDU(RAE), p. 201/54, 219-220/71-73. « Si l'enfant n'a pas encore avant six mois une notion visuelle de son propre corps (c'est-à-dire une notion qui enferme son corps en un certain point de l'espace visible) à plus forte raison, pendant cette même période, ne saurait-il limiter à soi sa propre vie. Il ne peut, tant qu'il n'a pas cette conscience visuelle de son corps, séparer ce qu'il vit de ce que vivent les autres et de ce qu'il les voit vivre. De là le phénomène du "transitivisme", c'est-à-dire l'absence d'une cloison entre moi et autrui, qui fonde la sociabilité syncrétique. » (CDU(RAE), p. 201/54) « Le transitivisme consiste à attribuer à autrui ce qui appartient au sujet lui-même. Par exemple, un malade plaint un autre malade à propos d'une crise que le premier a subie lui-même pendant la nuit, comme si c'était l'autre qui avait traversé cette crise. Transitivisme, aussi, l'attitude des hypocondriaques, qui cherchent sur le visage des autres des signes de mauvaise santé. (...) Tout ce qui nous arrive nous sensibilise à l'égard d'un certain aspect d'autrui, et nous fait rechercher en autrui l'équivalent ou le correspondant de ce qui nous est arrivé. » (CDU(RAE), p. 219/71-72) « Il y a une sorte de syncrétisme de l'espace, c'est-à-dire une présence en plusieurs points de l'espace du même être psychique, présence de moi en autrui et d'autrui en moi. Il y a, d'une façon générale, inaptitude à concevoir l'espace et le temps comme des milieux qui comporteraient une série de perspectives absolument distinctes les unes des autres. L'enfant traverse les perspectives et les écrase dans l'identité de la chose, ignorant même les différents profils ou les différentes perspectives sous lesquelles l'espace peut se présenter. (...) L'absence de ce qu'on appellera chez l'adulte la conscience symbolique, la fusion du signe et du signifié, des différents moments du temps et des différents moments de l'espace dans la chose, sont autant d'attestations du même fait. » (CDU(RAE), p. 220/73).

sémantique –, qui conjugue sur divers plans l'empiétement moi-autrui. Les puissances sensori-motrices de l'enfant coagulent différentes perspectives, différents moments du temps, ou différents personnages, dans un seul et même espace, dans un seul et même temps, dans une seule et même personne – cet espace, ce temps et cette personne étant investis par l'image du corps propre. Ou bien, inversement, elles font rayonner l'espace-temps du corps propre en plusieurs lieux, en plusieurs temps, en plusieurs personnes. C'est ce que Merleau-Ponty retrouve notamment en étudiant, dans les cours en Sorbonne comme dans *La prose du monde*, les caractéristiques du dessin enfantin ou encore son style narratif.

Le schéma corporel, avant l'épreuve du miroir, n'évolue pas dans la spatialité piagétienne de la « permanence de l'objet », milieu immobile où le sujet situe toute chose et se situe lui-même sans simultanéité ni ubiquité. Il ne vit pas pour autant dans la confusion entendue comme fusion et chaos, mais dans les structures focales – centripètes ou centrifuges – du syncrétisme et du transitivisme, qui participent à l'analogicité de sa vie psychique et animent ses premières relations avec autrui. Car ces mêmes phénomènes constituent déjà une forme d'être-au-monde et de relation différentielle. L'enfant est au monde, et cette ouverture originaire est d'emblée polarisée par la relation avec autrui, par la « présence de moi en autrui et d'autrui en moi » [1]. Cette relation n'est pas à proprement parler une communication, qui suppose deux personnalités constituées : « la personnalité de l'enfant, c'est en même temps la personnalité d'autrui, cette indistinction des deux personnalités qui rend possible le transitivisme » [2]. Mais elle commence déjà à forger la personnalité de chacun, en deçà de l'épreuve du miroir : l'image du corps, portée par celle des autres, est prégnante d'une identité, dans le paradoxe d'une identité de soi qui naît par identification à autrui.

Merleau-Ponty rapproche aussitôt ces idées avec certaines notions frayées par la psychanalyse, en particulier le couple projection-introjection [3], ou encore les condensations et déplacements qui habitent la logique de l'inconscient et soutiennent le régime analogique du langage. Lacan ne s'y trompera pas, qui analysera métaphore et métonymie en ces termes mêmes. Toute psychologie intellectualiste tend à se tourner vers le raisonnement par analogie parce que celui-ci offre une

1. CDU(RAE), p. 220/73.

2. CDU(RAE), p. 220/72.

3. Cf. par exemple CDU(RAE), p. 219/72. Cf. aussi Émile Jalley, *Wallon lecteur de Freud et Piaget*, Paris, Éditions sociales, 1981 ; *Freud, Wallon, Lacan. L'enfant au miroir*, Paris, E.P.E.L., 1998.

transcription, après dépliement ou développement projectif, de l'analogicité charnelle. Mais une telle désimplication trahit celle-ci en lui prêtant rétrospectivement un statut épistémologique qui n'est pas le sien. Le schéma corporel a ses « raisons » que la raison ne connaît plus, et qui pourtant continuent à faire le *basso continuo* de ses raisonnements les plus formels. Le schéma corporel a ses raisons qui n'en sont pas, et qui relient le corps à l'espace, au temps, et aux autres corps.

b) *Une relecture de Husserl*

En empruntant à la psychologie de Wallon les notions de syncrétisme et transitivisme, Merleau-Ponty illustre le « passage de moi en autrui et d'autrui en moi » déjà évoqué à Mexico sous la bannière de l'empiétement. Dans le même temps, il commence à faire usage de deux motifs husserliens qui vont faire date dans sa pensée, pour illustrer ce même empiétement réciproque. Husserl est pratiquement absent de la période 1945-1949 qui voit pourtant la naissance de l'empiétement et de la chair chez Merleau-Ponty – il l'est encore dans ce premier grand texte sur la chair qu'est *L'homme et l'adversité* (1951) [1]. Son nom revient dans les premiers cours en Sorbonne, où il accompagne discrètement les développements sur la perception d'autrui entendue comme assomption mutuelle de deux schémas corporels. C'est alors que naît la référence à la « transgression intentionnelle » (bientôt rebaptisée par Merleau-Ponty en « empiétement intentionnel »), et que la figure de l' « accouplement », jusque là quasi absente, s'affirme avec force. Avant d'explorer plus avant (dans le prochain chapitre) la dette de la chair merleau-pontienne à l'égard de Wallon et Lacan, et d'aborder en particulier la question du miroir, le moment est venu de nous arrêter sur cette nouvelle étape du rapport de Merleau-Ponty à la pensée de Husserl.

Il peut paraître étrange d'en parler ici, étant donné ce qui éloigne la démarche husserlienne d'une psychologie du développement. Mais c'est justement cette étrangeté, à laquelle Merleau-Ponty nous conduit par la réalité même de ses textes et de la genèse de sa pensée, qui est significative. Car il est impossible de cerner convenablement le sens qu'il donne à la transgression intentionnelle et à l'accouplement sans avoir commencé à restituer le contexte théorique dans lequel il les inscrit immédiatement. Faire ces emprunts à la cinquième *Méditation cartésienne*, pour les intégrer à une réflexion sur la psychogenèse de la

1. Nous avons analysé ailleurs ces points et cette période, en particulier tout ce qui éloigne les débuts de la chair et de l'empiétement chez Merleau-Ponty d'une simple transcription de la terminologie husserlienne. Cf. *Du lien des êtres aux éléments de l'être*, *op. cit.*, section A.

relation à autrui influencée par la pensée de Wallon, précisément, ne va pas de soi. Plus largement, la montée en puissance de la réflexion sur le schéma corporel dans la philosophie de Merleau-Ponty ne fait qu'accentuer la torsion que nous avons commencé à examiner ailleurs, par laquelle la *Phénoménologie de la perception* faisait de l'intentionnalité le mode de compréhension d'un corps par un corps, en deçà de la conscience [1].

Le passage suivant du cours sur *Les relations avec autrui chez l'enfant* introduit clairement la position générale de Merleau-Ponty.

> Toutes ces analyses admettent qu'on ne pourra pas rendre compte de la perception d'autrui si l'on commence par supposer un *ego* et un autrui, qui soient *absolument* conscients d'eux-mêmes, et par conséquent qui revendiquent une originalité absolue par rapport à l'autre qui est en face d'eux. Au contraire, on rend compréhensible la perception d'autrui si l'on suppose que la psychogenèse commence par un état dans lequel l'enfant ignore soi-même et autrui en tant que différents. On ne peut donc pas dire qu'à ce moment-là l'enfant communique véritablement avec autrui. Pour qu'il y ait communication, il faut qu'il y ait distinction nette entre celui qui communique et celui avec qui il communique. Mais il y aurait initialement un état de *précommunication* (Max Scheler) dans lequel les intentions d'autrui jouent en quelque sorte à travers mon corps, et mes intentions jouent à travers le corps d'autrui [2].

Ces propositions sont difficiles à accorder avec l'économie des *Méditations cartésiennes*, et, plus largement, avec le traitement de l'intersubjectivité chez Husserl. Pour caractériser la confrontation en peu de mots, Merleau-Ponty adopte vis-à-vis de la cinquième *Méditation* une perspective inversée, et un saut épistémologique qui le conduit sans effort à ce qui ne demeure chez Husserl qu'un horizon. Cette situation est exemplaire de son attitude générale à l'égard du fondateur de la phénoménologie, telle que nous l'avons déjà évoquée à propos de la différence entre chair et *Leib* [3]. L'angle psychogénétique de ce texte rend délicate la comparaison avec le point de vue phénoménologique de Husserl. Mais Merleau-Ponty ne s'embarrasse pas de cette distinction : selon un processus qui lui est habituel, il passe du point de vue du psychologue à celui du phénoménologue, de ce qui est génétiquement premier dans l'ordre psychologique à ses propres primats phénoménologiques et ontologiques (primat de la perception bientôt entendu comme « priorité ontologique », et primat d'une intercorporéité initiée au cœur même du schéma corporel). Il insiste à la même époque sur

1. Cf. *Le scénario cartésien*, *op. cit.*, chap. V.
2. CDU(RAE), p. 178-179/32-33.
3. Cf. *Du lien des êtres…*, *op. cit.*, section A, chap. IV.

l'inextricable entrelacs entre psychologie et phénoménologie, en s'appuyant sur quelques passages de Husserl (trop) librement commentés [1]. L'entame du dernier passage cité est particulièrement significative : « on ne pourra pas rendre compte de la perception d'autrui si l'on commence par supposer un *ego* et un autrui, qui soient *absolument* conscients d'eux-mêmes, et par conséquent qui revendiquent une originalité absolue par rapport à l'autre qui est en face d'eux ». On ne saurait accorder une telle proposition avec le traitement d'autrui chez Husserl. La pensée de ce dernier progresse lentement mais sûrement dans les méandres de nos dimensions les moins réflexives, celles de la vie perceptive, et même de la vie pulsionnelle. Mais elle continue à accorder à la conscience une place architectonique, en deçà de la rupture, revendiquée comme « moderne », d'où procède la pensée de Merleau-Ponty.

Nous n'allons pas reprendre le détail des analyses husserliennes – diverses, parfois contradictoires – de la constitution d'autrui comme *alter ego*. Il est néanmoins nécessaire d'en rappeler quelques éléments, pour mieux mesurer l'écart de la reprise qu'en fait Merleau-Ponty, son travail d'illusionniste qui parfois nous aveugle sur son rapport à Husserl et, de là, sur l'identité de sa propre pensée. Voyons en particulier comment, dans les textes lus et travaillés par Merleau-Ponty, les rapports entre moi propre et étranger – *ego* et *alter ego* – peuvent être exprimés en termes de « transgression » et d' « accouplement ». On connaît la démarche d'ensemble de la cinquième *Méditation*. Devant le *Cogito* qui a seul statut d'évidence apodictique, Husserl fait intervenir la notion d'*appartenance* avant de rompre l'isolement du sujet et faire émerger autrui. La réduction à la sphère du propre rejoint ma découverte de moi-même comme *Leib* et l'expérience que je fais de l'extériorité des autres corps. Ceci engage un mode fonctionnel nouveau, l'aperception de moi-même ; la présence d'autrui se manifeste par un mode également nouveau, l'apprésentation, aperception par analogie. Celle-ci me donne la coprésence d'autrui sans passer par un raisonnement, et la coprésence n'est pas une double présence. *Ego* et *alter ego* sont donnés dans un phénomène originel d'accouplement : configuration en couple, forme de la synthèse passive selon la modalité de l'association accouplante.

Mais cette présentation rapide, qui pose déjà à elle seule des problèmes de traduction, ne suffit pas : à aborder directement la célèbre méditation de Husserl, on risque d'oublier la dramatique intellectuelle dans laquelle elle s'insère. La méthode de la réduction, dans la formu-

1. Nous avons développé ce point ailleurs : cf. *Vers une ontologie indirecte*, *op. cit.*, chap. II, § 3, p. 81 *sq*.

lation canonique des *Ideen I*, conduit à isoler l'*ego* dans sa pureté. La conscience est absolutisée, l'*ego* purifié, dans sa fonction, sa prestation, ses actes, comme instance transcendantale, et jusque dans son être. Résidu phénoménologique de la réduction, la conscience pure demeure « dans son être absolu propre » bien que nous ayons mis hors circuit le monde tout entier, y compris nous-mêmes ; elle résiste même à l'hypothèse extrême de l'anéantissement du monde [1]. La signification de la conscience est ainsi isolée par un « véritable abîme de sens » [2]. C'est qu'il y a une « différence fondamentale et d'essence » entre l'être comme conscience et l'être comme chose [3], qui débouche directement sur une « sphère de position absolue » [4]. En définissant cette sphère originelle d'être, Husserl délimite une *Urregion* à laquelle toutes les autres ne peuvent être que subordonnées : l'archi-région de la conscience est le pôle de référence, le foyer, le point zéro à partir duquel et vers lequel elles s'orientent ; l'être comme conscience articule l'ensemble de la diversité catégoriale [5]. La question qui se pose alors est de savoir comment sortir du cercle de l'autoréflexion. Comment, à partir de l'auto-explicitation de l'*ego* [6], à partir de l'exploration égologique de la « sphère de l'expérience transcendantale », est-il encore possible et légitime de retrouver la transcendance du monde, et surtout celle des autres hommes : comment échapper à la fascination devant le « merveilleux être-pour-soi de l'*ego* » [7] ? Comment retrouver la possibilité et la

1. *Ideen zu einer reinen Phänomenologie und phänomenologischen Philosophie* [noté *Ideen I*], in *Husserliana* (*Gesammelte Werke*) [noté *Hua*], Band III, La Haye, Martinus Nijhoff, 1950 ; *Idées directrices pour une phénoménologie et une philosophie phénoménologique pures*, tome premier : *Introduction générale à la phénoménologie pure*, trad. P. Ricœur, Paris, Gallimard, 1950, §§ 49-50.

2. « *Ein wahrer Abgrund des Sinnes* ». « Nous avons d'un côté un être qui s'esquisse, qui ne peut jamais être donné absolument, un être purement contingent et relatif, de l'autre un être nécessaire et absolu, qui par principe ne se donne jamais par esquisse et en apparence. » (*Ideen I*, § 49, p. 163 de la trad. Ricœur).

3. *Ideen I*, § 42.

4. *Ideen I*, § 46.

5. « La réduction phénoménologique nous avait livré l'empire de la conscience transcendantale : c'était en un sens déterminé l'empire de l'être "absolu". C'est la proto-catégorie (*Urkategorie*) de l'être en général (ou dans notre langage, la proto-région) ; les autres régions viennent s'y enraciner (…) elles en dépendent toutes. La doctrine des catégories doit donc intégralement partir de cette distinction au sein de l'être qui est la plus radicale de toutes, entre l'être comme *conscience* et l'être comme être "*s'annonçant*" dans la conscience, bref comme être "transcendant". » (*Ideen I*, § 76, p. 242-243 de la trad. Ricœur).

6. *Cartesianische Meditationen und Pariser Vorträge* [noté CM], in *Husserliana*, Band I, La Haye, Martinus Nijhoff, 1950, § 41, p. 116.

7. « *Das wundersame Für-sich-selbst-sein* » (CM, *Hua I*, p. 81, l. 27).

légitimité d'un transfert de sens d'un premier *ego* à l'autre que moi, à l'autre moi ?

La seule solution semble être indirecte, celle du raisonnement par analogie, dont Husserl ne veut pas [1]. Ne reste-t-il dès lors que la solution d'une analogicité pré-logique, où transfert et glissement de sens se font moins selon une discursivité intellectuelle que par les gestes du corps lui-même ? C'est la position de Merleau-Ponty, à partir de sa compréhension du schéma corporel comme système d'équivalences, et jusque dans l'éclairage psychanalytique que lui donne Schilder, qui tend à identifier cette logique avec celle de l'inconscient. Et ce n'est sans doute qu'avec l'approfondissement de cette « autre » logique qui est celle du schéma corporel et de l'inconscient – de ce qu'il vaudrait peut-être mieux nommer l'*image inconsciente du corps* – que se dissipera quelque peu la dimension magique, empreinte d'un irrationalisme conjuratoire, de la revendication d'un « charnel » qui serait « pré-logique ». Cette position et cette signification du charnel ne sont pas celles de Husserl, et la différence des deux philosophes peut être à nouveau relue dans ce qui sépare leur conception respective de l'intentionnel. L'empiétement, chez Husserl, est et n'est qu'intentionnel ; il ne saurait affecter le statut ontologique de l'*ego*.

> Il est clair désormais que la conscience considérée dans sa « pureté » doit être tenue pour un *système d'être fermé sur soi* (*für sich geschlossener Seinszusammenhang*), pour un système *d'être absolu* dans lequel rien ne peut pénétrer et duquel rien ne peut échapper, qui n'a pas de dehors d'ordre spatial ou temporel, qui ne peut se loger dans aucun système spatio-temporel [2].

Que devient alors le monde spatio-temporel, qui seul peut présenter autrui ?

> L'ensemble du *monde spatio-temporel* dans lequel l'homme et le moi humain viennent s'insérer à titre de réalités individuelles subordonnées, a *en vertu de son sens un être purement intentionnel* ; il a par conséquent le sens purement secondaire, relatif d'un être *pour* une conscience [3].

Toutefois, si le caractère fondamentalement clos de la conscience exclut la relation externe de causalité entre deux absolus, il ne supprime pas, mais au contraire ouvre le champ de l'intentionnalité. Le monde se constitue dans la conscience, dans une inclusion qui n'est pas réelle mais intentionnelle. De sorte qu'être transcendant et être intentionnel sont

1. Cf. notamment *Hua XIII*, p. 36 *sq*.
2. *Ideen I*, § 49, p. 163 de la trad. Ricœur.
3. *Ideen I*, § 49, p. 164 de la trad. Ricœur.

coextensifs. L'ontologie de Merleau-Ponty transgresse cette forme de « différence ontologique » qui cadre l'être intentionnel chez Husserl. Mais elle ne cultive pas cet écart *contre* Husserl : c'est contre la grande tradition de l'idéalisme français, représentée par Léon Brunschvicg, que le philosophe enracine son audace ontologique fondatrice [1]. Et seuls les derniers écrits, dans des passages pour la plupart non publiés de son vivant, avoueront la conséquence de sa position dans un écart avec Husserl lui-même [2].

Pour Husserl, « *toutes les unités réelles sont des "unités de sens"* », et ces unités « présupposent une *conscience donatrice de sens* », conscience qui, de son côté, ne dépend pas d'une donation de sens [3]. Merleau-Ponty cherche des unités réelles qui sont aussi des unités de sens, mais qui sont à l'origine du sens en vertu d'une institution charnelle qui précède et déborde la conscience. Dans sa philosophie de la chair, l'intentionnel a toujours des origines et des retombées structurelles, il manifeste les structures du corps opérant et participe à leur édification. C'est ce qui émerge déjà des aventures de l'intentionnalité dans la *Phénoménologie de la perception*, et c'est ce qui se renforce progressivement jusqu'aux figures radicales des derniers écrits que sont l'*Ineinander* et la *promiscuité* des schémas corporels.

1. Cf. *Le scénario cartésien*, *op. cit.*, notamment chap. I à III. « – *Georges Charbonnier :* Quel est le sens de vos recherches en philosophie pure ? – *Merleau-Ponty :* Le point de départ de ces recherches a été au fond assez traditionnel. Je me rappelle très bien que dès la fin de mes études, je m'étais attaché aux relations de l'âme et du corps comme à un problème qui m'intéressait spécialement (...). J'ai continué dans ce sens pendant une quinzaine d'années, et c'est le résultat de cet effort qui a paru sous la forme de deux livres (...) qui sont tous les deux consacrés plus ou moins au problème des relations de l'âme et du corps. Au fond, voyez-vous, ce qui pendant toutes mes études m'avait toujours frappé, c'est que nos maîtres, dans l'ensemble, étaient cartésiens – un homme comme Léon Brunschvicg était cartésien, il admettait donc entre l'esprit et le corps une distinction catégorique, qui était la distinction de ce qui est conscience, et de ce qui est chose, l'existence comme chose et l'existence comme conscience étant opposées l'une à l'autre (...). Lorsque l'esprit réfléchit sur sa vraie nature, il s'aperçoit seulement comme pure conscience, pensée au sens cartésien, et c'est lui-même qui est encore le spectateur de la relation de l'esprit et du corps. Il la voit, il la pense, il la constitue, cela fait partie de l'univers de la pensée, mais ce n'est pas un lien de la pensée avec autre chose qu'elle-même. Et c'est cette immanence philosophique de la pensée à elle-même qui m'a toujours choqué, qui m'a toujours paru insuffisante, de sorte que dès le temps de mes études je me proposais de travailler sur ce problème, des relations de l'esprit avec ce qui n'est pas lui : comment les rendre compréhensibles, comment les rendre pensables. » (chutes des *Entretiens* de Merleau-Ponty avec G. Charbonnier, printemps 1959, boîte n° 9, 14'10").

2. Nous aborderons ces textes dans notre prochain livre, en interrogeant la réécriture merleau-pontienne de la donation en chair.

3. *Ideen I*, § 55, p. 183 de la trad. Ricœur.

D'un point de vue husserlien, Merleau-Ponty tend ainsi à une sorte de réification ou ontologisation de l'intentionnalité, ce qui, de ce même point de vue, n'est pas acceptable. Ce n'est pas que le philosophe français soit parti d'une position husserlienne pour peu à peu s'en écarter. Sa pensée naît dans les parages d'une métaphysique de l'incarnation (influencée par Gabriel Marcel [1]) avant d'avoir lu Husserl, en raison même de son intention philosophique, de son pari fondateur de retrouver l'anticipation des structures de l'esprit dans celles de la corporéité. D'où sa lecture spontanément déformante de l'auteur des *Méditations cartésiennes*, qui procède d'une dynamique singulière : attendre en quelque sorte Husserl à partir d'un lieu que ce dernier ne s'est pas donné le droit d'occuper. L'attendre à partir d'une limite asymptotique pour ne recueillir de lui, dans un isolement subversif, que ce qui se rapproche le plus de cette limite, puis le confondre brutalement avec celle-ci.

Typiquement, Merleau-Ponty recueille moins la linéarité de l'analyse de Husserl qu'un bouquet de métaphores – accouplement, transgression, *Ineinander* – rapidement retirées de leur contexte et généralisées, comme si elles pouvaient opérer seules, dans un milieu de pensée qui est en réalité celui de Merleau-Ponty. Ce que nous nommons ici « métaphores » n'en sont pas pour ce dernier, qui entend en elles « plus que métaphores », et reconduit ces schèmes aux existentiaux du corps, dimensionnalités de sa généralité et figuratifs du monde – toutes choses qui n'existent pas comme telles chez Husserl. Nous les appelons néanmoins ainsi parce qu'elles procèdent d'une lecture métaphorisante de Husserl et opèrent un déplacement de sa pensée. Cette lecture mi-intuitive mi-onirique, lecture en partie contre nature de l'intellectualisme pur (au sens le plus noble du terme) qui est celui de Husserl, procède d'un rapport surdéterminé à certains termes qui sont initialement moins des concepts que des structures. Or on ne saurait qualifier la pensée de Husserl de philosophie de l'*Ineinander* ou de l'accouplement, par exemple : elle ne se laisse pas traduire par une figure.

Il y a donc une certaine naïveté – ou un artifice pédagogique trop facile – à penser, comme on l'a parfois affirmé, que Merleau-Ponty habiterait dans une intuition géniale des horizons de la pensée de Husserl. Cette représentation réduit la compréhension que nous pouvons avoir de ces deux philosophes. Elle revient à aborder Merleau-Ponty sur un fond husserlien, ce qui est loin de restituer son propre fonds. Et elle

1. Cf. notre article « Le mystère de la chair. Merleau-Ponty et Gabriel Marcel », *Studia Phaenomenologica* (*Romanian Journal for Phenomenology*, Bucarest), vol. III, n° 3-4, 2003, p. 73-106.

fait implicitement tenir à Husserl le rôle, quasi pathétique, de celui qui déploie un effort considérable, pour frôler une vérité qu'il finirait toujours par manquer au dernier moment, et qu'il suffirait à Merleau-Ponty d'affirmer comme telle en se dispensant de ces mêmes efforts. Il est vrai que Merleau-Ponty, à le lire sous sa courtoisie rhétorique, suggère par endroits ce portrait. Mais il n'est pas l'asymptote de Husserl, et celui-ci n'est pas la longue suite des termes d'une série qui convergerait vers Merleau-Ponty. Husserl était assez perspicace pour passer à la limite, si toutefois il avait estimé possible et légitime de le faire. Et Merleau-Ponty n'effectue pas un passage à la limite à partir de Husserl, mais pense à partir d'un lieu sien, qui est en partie un autre lieu.

c) *De l'*Eigenheitssphäre *à la* Paarung

Merleau-Ponty est naturellement attentif aux textes où Husserl met en valeur la dimension décisive de l'expérience corporelle dans la relation avec autrui : c'est éminemment le cas de la cinquième *Méditation cartésienne* [1]. Husserl a atteint « l'extrême limite où peut nous conduire la réduction phénoménologique » [2] avec la « *Réduction de l'expérience transcendantale à la sphère d'appartenance* » [3] ou sphère du propre (« *die Eigenheitssphäre* »). Il s'agit de « circonscrire, à l'intérieur des horizons de mon expérience transcendantale, *ce qui m'est propre* ». C'est, tout d'abord, le *non-étranger* : « Au moyen de l'abstraction, je commence par libérer cet horizon d'expérience de tout ce qui m'est étranger » [4]. L'étranger suppose le propre, et non l'inverse : avant de donner sens à l'autre et à ce qui lui appartient en propre, il faut d'abord dégager *das Mir-Eigene*. Il ne sera possible de constituer le sens *alter ego* qu'à partir de l'*ego*, à partir de moi et *en moi* : du sein même de la sphère du propre. Ceci étant dit, il ne faudrait pas se méprendre sur le sens de la réduction, car

1. Pour les passages qui ont marqué Merleau-Ponty, nous reprendrons la traduction française de Gabrielle Peiffer et Emmanuel Levinas [notée MC], c'est-à-dire le texte que Merleau-Ponty a initialement travaillé. Nous donnerons alors la pagination de l'édition Vrin de cette traduction (éd. de poche, « Bibliothèque des textes philosophiques », 1992), suivie de celle de l'édition Colin (1931) dont disposait Merleau-Ponty (pagination notée sous la forme Vx/Cy). Il est toutefois souvent nécessaire de se reporter au texte allemand du premier volume des *Husserliana* : nous donnerons alors la traduction de M. de Launay (*Méditations cartésiennes et Les Conférences de Paris*, « Épiméthée », Paris, P.U.F., 1994), suivie de la pagination du texte allemand (pagination notée MdLx/Hy).

2. MC, p. V157/C80.

3. MC, p. V153/C78.

4. MC, p. V156/C79.

> en éliminant ce qui nous est « étranger », nous ne portons pas atteinte à l'ensemble de ma vie psychique, à la vie de ce moi psycho-physique ; ma vie reste expérience du « monde » et, donc, expérience possible et réelle *de* ce qui nous est étranger. La totalité de la constitution du monde (...) est donc inhérente à mon être psychique. Moi, le « moi humain » réduit (...), je suis donc constitué comme membre du « monde », avec une extériorité multiple ; mais c'est moi qui constitue tout cela, moi-même, dans mon âme, et je porte tout cela en moi comme objet de mes « intentions » [1].

Dès lors, ce qui m'est spécifiquement propre en tant qu'*ego* « inclut toute intentionnalité, donc aussi celle qui est orientée vers l'étranger » [2]. La *transgression* intentionnelle est ainsi cadrée dans l'économie du propre, la transcendance est « transcendance immanente », ce qui lui donne de jouer dans les limites d'un *reflet* de moi-même. Le texte de Husserl cultive justement cette alliance de la transgression et du reflet, dans une étonnante hésitation où le phénoménologue approche d'un nœud particulièrement difficile de sa démarche, aux portes de l'indicible :

> Dans *cette intentionnalité toute particulière* se constitue un *sens existentiel nouveau* qui *transgresse* [3] l'être propre de mon *ego* monadique ; il se constitue alors *un ego* non pas comme « moi-même », *mais comme se « réfléchissant » dans mon ego propre*, *dans ma monade*. Mais le second *ego* n'est pas tout simplement là, ni, à proprement parler, donné en personne ; il est constitué à titre d' « *alter-ego* » et l'*ego* que cette expression désigne comme un de ses moments, c'est moi-même, dans mon être propre. « L'autre » renvoie, de par son *sens* constitutif, à moi-même, « l'autre » est un « reflet » de moi-même, et pourtant, à proprement parler, ce n'est pas un reflet ; il est mon *analogon* et, pourtant, ce n'est pas un *analogon* au sens habituel du terme [4].

Autrui ne peut pas m'être donné de manière originaire, se présenter en propre à ma conscience : il ne peut que m'être indirectement apprésenté (aperception par analogie [5]). Et cette apprésentation s'effectue dans la présentation du corps de l'autre, immédiatement perçu comme

1. MC, p. V161-162/C82.
2. MC, p. MdL142-143/H125.
3. « *Überschreitet* » (CM, *Hua I*, p. 125, l. 30). Merleau-Ponty a recopié le texte allemand de cette phrase en marge de son édition Colin.
4. MC, p. V155/C78. « Der *Andere* ist Spiegelung meiner selbst, und doch nicht eigentlich Spiegelung ; Analogon meiner selbst, und doch wieder nicht Analogon im gewöhnlichen Sinne. » (CM, *Hua I*, p. 125, ll. 37-39).
5. « Il doit y avoir ici *une certaine intentionnalité médiate* (...). Cette intentionnalité représente une "*co-existence*" qui n'est jamais et qui ne peut jamais être là "en personne". Il s'agit donc d'une espèce *d'acte qui rend "coprésent"*, d'une espèce d'aperception par analogie que nous allons désigner par le terme d' "*apprésentation*". » (MC, p. V178/C92).

corps vivant : comme *Leib*, semblable à mon propre corps organique. Il y a une perception immédiate du corps de l'autre comme corps-de-chair (*Leibkörper*), perçu de manière aussi originaire que le mien, perception sur la base de laquelle le transfert analogique du sens *ego* peut avoir lieu.

> Supposons maintenant qu'un autre homme entre dans notre champ perceptif (...) dans le champ perceptif de ma nature primordiale apparaît un corps qui, en tant que primordial, n'est naturellement qu'un simple élément de détermination de moi-même (*transcendance immanente*). Puisque, dans cette nature et ce monde, mon corps propre est l'unique corps qui est originairement constitué et peut être constitué comme un corps propre (organe qui fonctionne), ce corps, là-bas, qui est néanmoins saisi en tant que corps propre doit tirer ce sens d'un *transfert aperceptif issu de mon corps propre* (...). Il est d'emblée clair que seule une ressemblance liant, à l'intérieur de ma sphère primordiale, ce corps là-bas et le mien peut fournir le fondement de la motivation pour la saisie *analogisante* du corps là-bas comme *corps propre* [1].

Tout se passe comme si le corps vivant d'autrui indiquait, sans pour autant la présenter comme telle, l'âme de l'autre qui est incarnée en lui. C'est que le comportement de son corps, dans sa similarité avec le mien, me renvoie sans détour – sans détour par une première appréhension de son corps comme objet inanimé (*Körper*) similaire aux autres objets physiques – à l'expérience que je fais en moi-même, l'expérience originaire de l'incarnation d'un être subjectif. Husserl rompt donc avec l'analogie comme raisonnement à quatre termes, et met en valeur la résonance immédiate de deux comportements, de deux corps-de-chair comme pivot de la perception d'autrui. C'est en partant du feuillet physique-charnel qu'autrui me présente, que j'induis son feuillet psychique, et il y a ainsi une accessibilité indirecte mais véritable de ce qui est inaccessible directement et en lui-même. Mais ce qui est directement présenté, c'est moi, et ce qui est indiqué seulement de manière concordante dans son comportement, c'est autrui : il est l'analogue de ce qui m'appartient, il apparaît dans ma sphère d'appartenance à titre de modification intentionnelle de mon moi.

On est donc passé d'un système à quatre termes – dépliement discursif d'une analogie de proportionnalité – à un système *focal*, polarisé par un *ego* monadique alpha et omega de la perception d'autrui (l'*alter ego*), qui jamais ne se perd dans l'autre pour que l'autre soit. Husserl

1. MdL159-160/H140. « Da in dieser Natur und Welt mein Leib der einzige Körper ist, der als Leib (fungierendes Organ) ursprünglich konstituiert ist und konstituiert sein kann, so muß der Körper dort, der als Leib doch aufgefaßt ist, diesen Sinn von einer apperzeptiven Übertragung von meinem Leib her haben. » (CM, *Hua I*, p. 140, ll. 27-32).

maintient une *asymétrie* foncière dans cette présentation de la relation moi-autrui, orientée à sens unique de l'*ego* primordial à l'*ego* analogue, envisageant en quelque sorte autrui comme un vice-*ego*. Ce tableau n'est pas conciliable avec la façon dont Merleau-Ponty conçoit la simultanéité d'une co-institution ou co-naissance de moi et d'autrui. Sa propre radicalité le conduit à lire dans « moi-autrui » une « formule insuffisante », et dans « *ego - alter ego* » la trace d'une conception de l'intentionnalité qu'il rejette, intentionnalité prisonnière d'une subjectivité impénétrable, sans autre empiétement que, précisément, intentionnel.

Chez Merleau-Ponty, non seulement l'empiétement et la chair ne respectent pas la préséance du propre sur l'étranger, mais il entre dans leur définition même de la contester. La genèse de ces deux notions à la fin des années quarante suffit déjà à le prouver. Fondamentalement ouverte par l'empiétement, la chair est cet être de promiscuité et de co-appartenance dont on ne saurait dégager un propre qui ne soit pas déjà un co-propre, lui-même traversé d'une co-aliénation qui commence par une étrangeté foncière de moi-même à l'égard de moi-même. La phénoménologie de Merleau-Ponty s'est toujours spontanément orientée vers le monde en haillons de nos *attaches*. De sorte qu'elle n'a pas la patience d'une réduction qui dégage avec d'infinies précautions la sphère du propre avant d'y retrouver l'étranger. Merleau-Ponty tend à court-circuiter ce travail de circonscription en l'abordant par ses conclusions, comme si celles-ci étaient prévues par avance. Les très rares occurrences de la « sphère d'appartenance » dans ses écrits sont significatives de cette attitude que Husserl, qui chemine dans les aventures de la réduction sans préjugés, ne saurait partager. « La réduction à l' "égologie" ou à la "sphère d'appartenance", comme toute réduction, n'est qu'une épreuve des attaches primordiales, une manière de les suivre jusque dans leurs prolongements derniers » [1]. Le monde de Merleau-Ponty ne connaît pas de sphères qui ne soient pas d'emblée en hémorragie, et voudrait même aller plus loin que Sartre sur ce point :

> Sartre pense cela, mais décrit tout de même le pour autrui à partir de ma sphère positive comme hémorragie. Il faudrait réintroduire toute la dialectique : je suis non autre, donc pas de sphère d'appartenance positive – donc pas non plus de sphère positive appartenant à autrui – donc la définition de moi comme non-autre ne va pas [2].

1. S(PhiOmb), p. 221.
2. NLVIàf3 [180]v, novembre 1960.

Reprenons le fil de la cinquième *Méditation*, où apparaît maintenant la fameuse *Paarung*. « L'*ego* et l'*alter ego* sont toujours nécessairement donnés dans un appariement originaire » [1]. Qu'est-ce que l'appariement ? Husserl l'explicite de façon élémentaire, en développant le terme lui-même : « *Paarung, das konfigurierte Auftreten als Paar* », ce que Marc de Launay traduit par « l'appariement, l'apparition en configuration de couple », et Peiffer-Levinas par « l'*accouplement* – c'est-à-dire une configuration en "couples" ». Le terme de « couple » doit ici être entendu dans son emprunt au vocabulaire mathématique des relations binaires et du produit cartésien. Celui de « paire » respecte mieux le jeu « *Paarung* » / « *Paar* », rendu par « appariement » / « paire », tout en préservant l'origine mathématique du vocabulaire choisi par Husserl, mais appauvrit bien entendu la polysémie – en allemand, comme en français – de « couple ».

La *Paarung* réalise la mise en paire de l'*ego* et de l'*alter ego* sur la base de leur similarité charnelle, mais, point capital, elle ne désigne en aucun cas pour Husserl l'acte commun de *deux corps* : elle est une opération effectuée dans l'unité d'*une seule et même conscience*. Elle constitue le support associatif du transfert analogique, et réalise la plus primitive synthèse passive (synthèse passive d'association et non d'identification) qui consiste en l'association intuitive de deux contenus de conscience donnés de manière passive à une unique conscience [2]. Aucun de ces deux contenus n'est perçu sans l'autre, chacun éveille la conscience de l'autre, de sorte que tous deux forment une unité subjective qui porte en elle le rapport à ce qui est autre. La cinquième *Méditation* complète cette définition de la *Paarung* par une analyse plus précise, qui révèle en elle une *transgression intentionnelle* assurant la communauté de la paire tout en maintenant la distinction des deux éléments qui la constituent. Ceux-ci, dans l'unité subjective, s'appellent l'un l'autre et se recouvrent en échangeant leur sens [3]. Empruntée à un vocabulaire mathématique, la *Paarung*, comme le note Paul Ricœur, est

1. MC, p. MdL161/H142 (« … in ursprünglicher *Paarung*. »).

2. Cf. MC, p. V183/C95.

3. « Une analyse plus poussée nous montre, comme essentielle à cette association, une sorte de "transgression" intentionnelle (*ein intentionales Übergreifen*), qui s'établit dans l'ordre génétique (de par une loi essentielle) dès que les éléments qui s'accouplent sont donnés à la conscience "ensemble" et "distincts" à la fois ; plus précisément, ils s'appellent mutuellement et, par ce qui est leur sens objectif, se recouvrent en se passant mutuellement leurs éléments (*). Ce recouvrement peut-être total ou partiel ; il implique toujours une gradation ayant pour cas limite l' "égalité". Son œuvre consiste à transposer le sens à l'intérieur de l'ensemble accouplé, c'est-à-dire à appréhender un de ses membres conformément au sens de l'autre ; dans la mesure, bien entendu, où les "moments" du sens, réalisés dans l'expérience de l'objet, ne créent pas la conscience des "différences" et

beaucoup moins orientée vers le sens pulsionnel, voire sexuel, de la formation en paire que vers son sens logique ; comme l'analogie, la configuration en forme de paire est une structure universelle, le début d'une multiplicité, d'un ensemble ; à ce titre, c'est une forme originaire de toute synthèse passive. Contrairement donc à ce qu'on aurait pu attendre, l' « appariement » est une relation à quoi manque la plénitude d'une expérience vive [1].

La *Paarung* n'est d'ailleurs pas propre à deux *ego*, elle ne se réduit pas à l'aperception par ressemblance à l'œuvre dans l'expérience d'autrui : elle concerne deux data, deux *Daten*, terme neutre et générique. « La *Paarung* requiert ainsi 1) le deux, 2) une conscience de l'unité, 3) la différence au sein de ce deux, 4) le mode d'unité de ce deux comme ressemblance de l'un à l'autre » [2]. L'affectation de la *Paarung* à la perception d'autrui en spécifie sans doute le sens, comme par contrecoup, mais cet enrichissement n'est pas thématisé comme tel par Husserl. L'évaluation de cette surdétermination est donc aléatoire, d'autant plus qu'elle suggère une faiblesse dans le raisonnement husserlien, qui se serait laissé déborder par une signification non contrôlée. C'est pourquoi, comme le fait justement remarquer Natalie Depraz,

> Entre l'accouplement de Levinas, l'appariement de Ricœur et la copulation de Franck, la décision ricœurienne offre satisfaction, qui ne sur-détermine aucune connotation. Neutraliser ces validités est un principe de base, d'autant que la *Paarung* est une relation formelle entre deux données quelconques. Même si celle-ci se singularise dans l'expérience d'autrui, *ego* et *alter ego* désignent des structures transcendantales qui peuvent recevoir divers contenus de validité (humain, animal, divin, rationnel). Assigner des validités à la *Paarung* reviendrait à présupposer de façon naïve que le rapport à autrui se concentre dans sa base animale pulsionnelle, ou dans sa dimension divine rationnelle. À l'encontre de cette alternative anti-phénoménologique, appariement neutralise à l'extrême la qualité de l'expérience d'autrui en la formalisant dans une relation mathématisée [3].

Pourtant Natalie Depraz ne se satisfait pas de cette neutralisation, et trouve elle-même d'autres métaphores pour désigner l'association

n'annulent pas ainsi la transposition. » (MC, p. V184/C95). [(*) « … ce qui, plus précisément, est un éveil réciproque et vivant, un "se recouvrir" réciproque et par glissement selon le sens objectif », « … wechselseitiges, sich überschiebendes Sich-überdecken… » (MC, p. MdL162/H142).]

1. Paul Ricœur, *À l'école de la phénoménologie*, « Bibliothèque d'histoire de la philosophie », Paris, Vrin, 1986, p. 208-209.

2. Natalie Depraz, *Transcendance et incarnation. Le statut de l'intersubjectivité comme altérité à soi chez Husserl*, Paris, Vrin, 1995, p. 141.

3. Natalie Depraz, *op. cit.*, p. 345.

accouplante, avec une préférence marquée pour l'auditif, à la fois affectif et spirituel, au détriment du visuel, assimilé au logique [1]. D'où la « résonance », co-appartenance sensible, « ce mode de "vibration" infra-logique d'un élément à l'unisson de l'autre, qui fait de la résonance une forme d'harmonie » [2]. Entendu selon ce même régime de vibration, où l'on retrouve un penchant avoué pour l'*Art poétique* de Claudel, l'appariement devient une « co-union » qui porte déjà l'écho d'une « co(mmun)ion » voire d'une « co(pulat)ion ». Dans le même temps, N. Depraz nous assure demeurer dans l'entre-deux d'une métaphysique naïve et d'une mathématique formelle, de façon à ce que « théologie et éthologie s'y neutralisent » [3].

Avec ce ni trop ni trop peu, il s'agit toujours de neutraliser, sans autre réponse que le renforcement du souci de le faire. Dans une perspective merleau-pontienne, ce souci sans fin est encore l'indice en creux de *l'impossible neutralité* dès qu'il s'agit d'autrui, la tentative d'exorciser cet « inévitable empiétement » que Merleau-Ponty introduit dès les années 1945-1949 à partir d'un fonds non husserlien [4]. Un empiétement existentiel avant d'être intentionnel, qui induit à la fois notre effort démesuré pour penser la constitution d'autrui en toute neutralité, et l'échec inéluctable de cette entreprise. Comme pour mieux se faire comprendre, Merleau-Ponty choisira une figure charnelle plus explicite encore que l'empiétement, qui traduit à merveille cette impossible neutralité : la *promiscuité*. Une promiscuité qu'il est bien difficile d'entendre comme purement « intentionnelle » [5].

Husserl lui-même n'est pas neutre et ne saurait l'être. Et la remarquable finesse d'analyse de Natalie Depraz la conduit à une écriture dans laquelle, si la théologie est peut-être neutralisée, la spiritualité ne l'est manifestement pas – la co-naissance claudélienne, placée en exergue de son étude de l'intersubjectivité chez Husserl, en est un chiffre transversal, ainsi que la transposition phénoménologique de la thématique johannique de la seconde naissance [6]. La *Paarung* s'en trouve en retour informée, jusque dans le choix de sa traduction : « Cette structure de don et de contre-don, d'échange qui est co-révélation, esquisse d'une co-naissance de l'un par l'autre, invite à traduire *Paarung* par "co-union" » [7].

1. Cf. N. Depraz, *op. cit.*, p. 129.
2. N. Depraz, *op. cit.*, p. 130.
3. N. Depraz, *op. cit.*, p. 345.
4. Une fois encore, cf. *Du lien des êtres…*, *op. cit.*, notamment section A, chap. I à III.
5. Cf. *infra*, chap. IV.
6. Cf. N. Depraz, *op. cit.*, en particulier p. 239-242.
7. N. Depraz, *op. cit.*, p. 144.

d) *Transgression intentionnelle et accouplement chez Merleau-Ponty*

Venons-en maintenant à l'usage que Merleau-Ponty fait lui-même de l'accouplement et de la transgression intentionnelle. Un an avant d'entamer les leçons sur *Les relations avec autrui chez l'enfant*, le cours sur *La conscience et l'acquisition du langage* présente un Husserl presque trop canonique, tenace dans sa façon d'aborder le problème d'autrui en termes de conscience. Cette perspective, affirme Merleau-Ponty, conduit à une impasse : « si l'esprit ou le moi se définit par son contact avec lui-même, comment la représentation d'autrui serait-elle possible ? » [1] Le solipsisme est ici insurmontable, je n'ai pas d'expérience d'autrui. « Le rapport de moi à autrui paraît donc être un rapport d'exclusion réciproque, et le problème paraît insoluble » [2]. En face de cette présentation rigide de Husserl, Merleau-Ponty introduit la pensée de Scheler, qui tenterait de trouver une solution « en abandonnant le postulat cartésien que la conscience est premièrement conscience de soi ». Scheler, selon *La conscience et l'acquisition du langage*, « part explicitement de l'indifférenciation totale entre moi et autrui » [3]. Merleau-Ponty rejette alors ces deux positions, et clôt la confrontation Husserl-Scheler en la réduisant à deux apories symétriques : « Pour Husserl, le problème est de passer de la conscience de soi à celle d'autrui. Dans les conceptions de Scheler, il s'agit de comprendre comment la conscience de soi et d'autrui peuvent surgir sur ce fond d'indifférenciation primitive » [4]. Le cours de 1949-1950 met en scène ces impasses, avant de proposer un dépassement personnel qui s'appuie sur la philosophie de l'existence des années 1945-1949 – en particulier sur la notion de « situation commune » [5] –, mais aussi, élément nouveau, sur la théorie du schéma corporel et la psychologie de Wallon. Ce tableau général fige Husserl dans la *juxtaposition*, Scheler dans la *fusion*, Merleau-Ponty repuisant chez Wallon sa propre solution figurale à l'œuvre depuis 1945, celle de l'*empiétement*.

1. Sorb(CAL), p. 38.
2. *Ibid.*
3. Sorb(CAL), p. 42.
4. *Ibid.*
5. Sur cette notion, cf. *Du lien des êtres…*, *op. cit.*, p. 122-127. « Mais comme il ne s'agit pas d'un rapport logique, mais d'un rapport d'existence, le moi pourra rejoindre autrui en approfondissant *l'expérience vécue* : il faut rendre le moi solidaire de certaines *situations* : il faut lier la notion même d'ipséité à celle de situation : l'*ego* devrait être défini comme identique à l'acte dans lequel il se projette. Moi et autrui, nous sommes conscients l'un de l'autre, dans une situation commune : c'est dans ce sens qu'il faut préciser les conceptions de Scheler et la notion d' "accouplement" de Husserl. Il s'agit d'une rencontre dans la même orientation. » (Sorb(CAL), p. 45).

Curieusement, c'est dans le cadre de cette disposition tranchée que Merleau-Ponty en vient à illustrer l'idée wallonienne d'« imprégnation posturale » en empruntant à la cinquième *Méditation cartésienne* l'« accouplement » et la « transgression intentionnelle ». Ces notions sont employées sans aucune précision sur leur statut dans le raisonnement de Husserl, et – trait caractéristique – sont brutalement confiées au *corps* lui-même :

> *Perception de la conduite d'autrui* : (...) quand j'assiste au commencement des conduites d'autrui, mon corps devient moyen de les comprendre, ma corporéité devient puissance de compréhension de la corporéité d'autrui. (...) *La « transgression intentionnelle » :* Mais l'opération de concevoir l'existence d'autrui est plus qu'une perception de son style. Il faut qu'elle soit comme un accouplement (« *Paarung* ») : un corps rencontrant dans un autre corps sa contrepartie qui réalise ses propres intentions et qui suggère des intentions nouvelles au moi lui-même. La perception d'autrui est l'assomption d'un organisme par un autre [1].

Ces phrases parlent d'elles-mêmes. Il faut noter leur continuité avec certaines audaces de la *Phénoménologie de la perception*, notamment avec le traitement du schéma corporel (« c'est le corps qui "comprend" dans l'acquisition de l'habitude » [2]), ou encore avec le chapitre sur la sexualité qui évoquait la « "compréhension" érotique » (« à travers un corps elle vise un autre corps, elle se fait dans le monde et non pas dans une conscience », « le désir comprend aveuglément en reliant un corps à un corps » [3], etc.). À en croire ce même passage du cours de 1949-1950, l'« accouplement » va plus loin que la perception du style d'autrui, du moins pousse celle-ci jusqu'à une intercorporéité dont le statut intentionnel est suffisamment radical – ou plutôt, d'un point de vue husserlien, déviant – pour glisser de l'intentionnel aux « intentions », et de celles-ci à leur « réalisation »... Ces glissements laissent à nouveau poindre la question du désir, appuyant en retour la surdétermination de la version merleau-pontienne de la *Paarung*.

Un an plus tard, le cours sur *Les relations avec autrui chez l'enfant* persiste et signe. La déformation de la *Paarung* de Husserl est plus manifeste que jamais, Merleau-Ponty confirmant sa lecture presque littérale de l'accouplement comme action à deux, en totale réciprocité, de mon corps et du corps d'autrui. La nature subjective et l'asymétrie de l'appariement husserlien sont ainsi purement et simplement effacés.

1. Sorb(CAL), p. 39-40.
2. PhP, p. 169.
3. PhP, p. 183.

> [Autrui] s'offre de lui-même à la prise de mes intentions motrices et à cette « transgression intentionnelle » (Husserl) par laquelle je l'anime et me transporte en lui. Husserl disait que la perception d'autrui est comme un « phénomène d'accouplement ». Le mot est à peine une métaphore. Dans la perception d'autrui, mon corps et le corps d'autrui sont mis en couple, accomplissent comme une action à deux [1].

« Le mot est à peine une métaphore »... L'autre version de ce cours parle même d'un « terme pris à la fois au sens *physiologique* et au sens plus général de *couple* » [2]. On ne peut être plus clair. Notons à nouveau le déplacement de l'intentionnel vers des « intentions » prêtées au corps, torsion caractéristique du traitement merleau-pontien de l'intentionnalité ; ou encore l'étonnante vertu prêtée à la transgression intentionnelle (par laquelle « j'anime » autrui et « me transporte en lui »), typique de la conception merleau-pontienne de la chair comme corps s'animant et animant toute chose, corps désirant et opérant.

Porté par la traduction de Levinas, Merleau-Ponty semble purement et simplement ignorer l'origine mathématique du terme de *Paarung*, ce « mot énergique que Husserl applique à la perception d'autrui » [3]. Il est aussi orienté, en deçà et au-delà de sa lecture de Husserl, par sa propre culture (notamment, ici, psychanalytique et littéraire), qui conduisait par exemple la *Phénoménologie de la perception* à employer déjà la figure de l'accouplement dans la mouvance de la co-naissance claudélienne [4]. Il est enfin fidèle à cette naïveté sérieuse dont nous avons parlé ailleurs : devant l' « accouplement » de la traduction française de la cinquième *Méditation*, Merleau-Ponty adopte spontanément le principe méthodologique du *prendre à la lettre* [5]. Comme il l'affirmera encore sans détour au début du *Philosophe et son ombre*, il veut lire chez Husserl un « impensé », tout en considérant que celui-ci ne l'a précisément pas encore pensé, et que cet impensé « ouvre sur autre chose » [6].

À la différence de Husserl, Merleau-Ponty ne réserve pas l'accouplement à une situation de perception effective. Pour le fondateur de la phénoménologie, en effet, la *Paarung* requiert une condition expresse : il faut qu'autrui soit *actuellement* dans mon champ de perception, et que

1. CDU(RAE), p. 178/32.
2. Sorb(RAE), p. 311.
3. PM, p. 21.
4. Cf. *Du lien des êtres...*, *op. cit.*, p. 246-249. « Toute perception est une communication ou une communion, la reprise ou l'achèvement par nous d'une intention étrangère ou inversement l'accomplissement au dehors de nos puissances perceptives et comme un accouplement de notre corps avec les choses. » (PhP, p. 370).
5. À ce sujet, cf. *Vers une ontologie indirecte*, *op. cit.*, p. 47 *sq*.
6. S(PhiOmb), p. 202.

nos deux corps soient parfaitement *extérieurs* l'un à l'autre. Or Merleau-Ponty, dans son traitement de l'imprégnation posturale, du transitivisme et de l'*Ineinander* des images du corps, se situe dans un registre *onirique* et pas seulement perceptif, mais aussi en deçà d'une pleine différenciation, objective comme subjective, des corps. En parlant de registre « onirique », nous entendons le sens que prend ce terme chez l'auteur de *L'Œil et l'Esprit*, signification forgée contre la dichotomie sartrienne de la perception et de l'imaginaire – et qui ne va pas sans impliquer, par contrecoup, un écart significatif avec l'approche husserlienne de la perception. De 1948 à 1961, Merleau-Ponty approfondit contre Sartre – et avec la complicité de Bachelard – l'intrication de la vie *imaginaire* et de la vie *perceptive*, jusqu'à éprouver la nécessité de confier cette intrication même à un nouveau concept, l'onirisme [1]. Cette direction de travail confirme sa conception singulièrement large de la vie perceptive, entendue comme agissante en deçà et au-delà de l'exercice effectif de la sensorialité organique, voire coextensive de la dynamique d'incorporation qui anime le schéma corporel. Et lorsque Merleau-Ponty assimile l'un à l'autre inconscient et conscience perceptive, il s'agit moins d'une réduction du sens freudien de l'inconscient que d'un élargissement du sens de la perception (jusqu'à tenter quelques formules inouïes comme « la perception est le véritable inconscient » [2]), et, à terme, d'un élargissement du sens même de l'inconscient, comme inconscient primordial coextensif de notre être-au-monde. Ainsi l'image inconsciente du corps « connaît » autrui, les schémas corporels « s'accouplent », selon une modalité perceptive soutenue et enveloppée par l'imaginaire.

D'où le second écart entre la *Paarung* husserlienne et l'accouplement merleau-pontien. À la différence de Husserl, Merleau-Ponty ne cantonne pas l'accouplement à une unité subjective, apparaissant dans une conscience, et tend toujours à désigner aussi, sinon d'abord, un phénomène d'intercorporéité. L'accouplement n'est plus seulement abordé dans la perspective d'un *apparaître comme* (apparaître comme formant une paire, un couple), mais aussi dans celle de « la compréhension d'un corps par un corps » déjà esquissée dans la thèse de 1945. Les passages cités des cours en Sorbonne le montrent sans équivoque possible. Bien entendu, comme souvent depuis la *Phénoménologie de la*

1. Cf. *Du lien des êtres…*, *op. cit.*, section B. Nous reviendrons sur ce thème dans le prochain volume, pour examiner ses développements ultimes dans les derniers manuscrits ainsi que leurs conséquences sur les conceptions merleau-pontiennes de la chair et de la donation en chair.

2. EM3 [247]v(32), avril ou mai 1960.

perception, le terme de « corps » est ici quelque peu elliptique, en particulier lorsqu'il s'agit d' « accouplement ». Même si le philosophe entend parfois explicitement un « sens physiologique », celui-ci demeure en horizon de l'imaginaire et du désir, et le terme de « corps » indexe les diverses formulations du corps non objectif, vivant et vécu : le corps phénoménal, la chair, et surtout, terme le plus précis dans ce contexte, le *schéma corporel*. L'accouplement merleau-pontien s'inscrit dans la continuité de l'imprégnation posturale de Wallon, de l'incorporation kleinienne, tout en poussant bientôt l'audace théorique jusqu'à l'intrication schildérienne des images (inconscientes) du corps animées de désir.

Où l'on retrouve, à nouveau, l'idée de *l'impossible neutralité* de la chair, celle-ci étant de bout en bout mobilisée par les structures du désir et les enjeux de la relation avec autrui. De même que Merleau-Ponty, découvrant sur le tard l'identité *topologique* de notre structuration primitive de l'espace, interprétera celle-ci, bien au-delà du cognitivisme de Piaget, comme étant déployée par l'incorporation désirante qui anime l'image du corps, de même il tend d'emblée à interpréter la *Paarung* comme toujours déjà investie par la vie désirante. Comme si toute apparition en paire constituait une circonstance analogique faisant résonner en nous, telle une « scène primitive », la structure archaïque la moins neutre et la plus charnelle qui soit. « Accouplement » est peut-être une mauvaise traduction de Husserl, mais ce terme – d'un point de vue qui non seulement n'est pas husserlien, mais n'est pas non plus strictement phénoménologique –, est sans doute l'expression adéquate d'une dimension anthropologique radicale secrètement impliquée dans le vécu de tout appariement.

§ 3. « TOUT SE PASSE COMME SI MON CORPS M'APPRENAIT CE QUE LA CONSCIENCE NE SAURAIT M'APPRENDRE » AU-DELÀ DE LA SORBONNE

Si nous élargissons maintenant notre examen des textes en amont comme en aval des cours en Sorbonne, ces divers constats demeurent et se renforcent au fil du temps. La « transgression intentionnelle » de la cinquième *Méditation* n'apparaît pas avant le cours de 1949-1950, soit plusieurs années après l'émergence de la figure de l'empiétement (à partir de sources et dans un contexte sans rapport avec Husserl). Au moment du prêt, par Van Breda, de la transcription de Stephan Strasser (entre avril 1944 et fin décembre 1946), Merleau-Ponty avait recopié en marge gauche de son exemplaire des *Méditations cartésiennes* l'expression isolée « *intentionales Übergreifen* », mais sans proposer une autre traduction que celle de Levinas. Il faut attendre 1951 pour voir Merleau-Ponty rapprocher la transgression de l'empiétement, et traduire à plusieurs reprises l'expression du paragraphe 51 par « empiétement intentionnel » [1]. De fait, *ein intentionales Übergreifen* signifie bien « un empiétement intentionnel » (cf. *der Übergriff*), tandis que « transgression intentionnelle » correspondrait peut-être mieux à une traduction de « *intentionales Überschreiten* » (*über-schreiten* étant plus proche de la *transgressio* latine, de l'enjambement). Merleau-Ponty est ainsi en droit de finalement préférer « empiétement intentionnel » à l'expression choisie par Peiffer et Levinas. Fait curieux, il écrira toujours « *intentionale(s) Überschreiten* » et plus souvent « *Überschreiten* » [2] – omission symptomatique du caractère intentionnel de l'empiétement husserlien –, mais n'emploiera jamais, hormis la petite notation en marge de son exemplaire des *Méditations*, le verbe « *übergreifen* » dont Husserl fait pourtant régulièrement l'usage [3]. Il est possible que Merleau-Ponty mélange l'expression du paragraphe 51 (« *intentionales Übergreifen* ») avec la « transgression » du paragraphe 44 déjà cité [4].

Le contenu des passages où Merleau-Ponty rapproche la transgression intentionnelle de l'empiétement confirme sa torsion de l'intentionnalité. « Opération violente » [5], « hémorragie » [6], cette transgression « n'est pas présence idéale (intentionnalité au sens de référence à un εἶδος) » [7]. Il y a « “transgression intentionnelle” ou empiétement (…) parce que je ne suis pas intériorité posante, mais ouverture au système de l'être » [8], et que « l'être empiète » [9]. La transgression intentionnelle

1. Sur ce rapprochement et cette traduction, cf. notamment PM 183, PM-ms [207], [208], Sorb(ExpA) 562, PhiDial [37](7), NL-Arnh [46](43), S(PhiOmb) 213, EM2 [150](6), [180](VII), [184], [190], RC59 151, NT 251, NTi [272], NT 271, NTi [291], Huss 67/[110], NT 284, 292, 302, 313, EM3 [240](18), [241](20), [247](31), [254], OE-ms [38](5), [60](7), [94](42), OE 90, Brouil [108](120)/NP, NTontocart [108].

2. Cf. PM-ms [207], [209], NTi-58 [193], S(PhiOmb) 213, NLVIàf1 [123], EM2 [149](4), [177](I), [189](2), [208], [216], NT 257, NTi [281], NT 271, 313, EM3 [245](27).

3. Cf. par exemple CM II, § 18, p. 80, l. 20 (« *übergreifendes Bewußtsein* »).

4. « Dans *cette intentionnalité toute particulière* se constitue un *sens existentiel nouveau* qui *transgresse* (*überschreitet*) l'être propre de mon *ego* monadique » (CM, *Hua I*, p. 125, l. 30).

5. PM, p. 183, 1951.

6. PM-ms [208].

7. MSME, p. 56/[27](II3), 1953.

8. PhiDial [37](7), cours du 9 février 1956.

9. MSME, p. 56/[27](II3), 1953.

est bien le fait du corps [1], du corps comme sujet de l'incorporation : « il s'identifie (se projette ou introjecte = ce qu'on appelle empiétement intentionnel) » [2], et « ce qu'on appelle un corps, c'est un appareil capable de tels empiétements » [3]. Au-delà du corps, la transgression est aussi le fait de tout être sensible [4], qui m'initie au monde par empiétement, comme les choses « agressives », « blessantes » et « saignantes » évoquées dans les inédits de 1948-1949. La généralisation ontologique de la chair poursuit ainsi son efficace, laissant loin derrière elle la dramatique du solipsisme et l'asymétrie de la constitution d'autrui sans lesquelles la transgression intentionnelle de Husserl perd son âme. Désormais, « mon corps est fait de la même chair que le monde », « cette chair de mon corps est participée par le monde, il la *reflète*, il empiète sur elle et elle empiète sur lui (le senti à la fois comble de subjectivité et comble de matérialité), ils sont dans [un] rapport de transgression ou d'enjambement » [5].

Chez Husserl, situer la transgression intentionnelle au sein même de la sphère du propre ne faisait que renforcer la puissance du sujet, merveille des merveilles ; chez Merleau-Ponty, la première signification de l'empiétement déjà à l'œuvre depuis 1945 mine inexorablement cette entreprise : « le chiasme, "l'empiétement" intentionnel sont irréductibles, ce qui amène à rejeter la notion de sujet » [6]. La conclusion de la rencontre entre empiétement et transgression intentionnelle chez Merleau-Ponty rejoint typiquement le destin final de l'intentionnalité dans sa pensée : le caractère intentionnel s'évanouit derrière l'opérance, derrière un empiétement dont l'effectivité reflète le travail même de l'être. Chez Husserl, la « transgression intentionnelle » développe au fond un caractère latent de l'*intentionnalité* elle-même, qu'il est pertinent de souligner par le schème de l' « *Übergreifen* » pour mieux marquer sa vertu dans le contexte du solipsisme. Chez Merleau-Ponty, l' « empiétement intentionnel » est aussi une formule presque redondante, mais où la polarité principale est cette fois confiée à l'autre terme, la puissance sensori-motrice du schème de l'empiétement tendant à estomper la dimension intentionnelle, ou du moins à la dépasser dans l'effectivité d'une *réalisation*. Issue sans doute inéluctable de la notion d'intentionnalité *corporelle*. De la transgression intentionnelle, il ne

1. Cf. S(PhiOmb), p. 213 (achevé fin 1958), où Merleau-Ponty se trompe d'ailleurs dans l'expression allemande qu'il prête à Husserl.

2. EM2 [184], 1959.

3. NTi [272], juillet 1959.

4. Cf. NT, p. 271, novembre 1959.

5. NT, p. 302, mai 1960.

6. NT, p. 292, février 1960.

reste plus que la transgression, c'est-à-dire l'empiétement : « Ou l'intentionnalité n'est rien d'autre que le rapport d'entendement à un objet possible, ou elle est ouverture, transition, empiétement, et comme une volubilité, un foisonnement de l'Être » [1].

Revenons maintenant à la figure de l'*accouplement*, pour envisager à son tour son destin chez Merleau-Ponty en dehors des cours en Sorbonne. Après l'usage non husserlien qu'en faisait furtivement la *Phénoménologie de la perception* (cf. *supra*), la fin de la conférence de Mexico sur *Autrui* (1949) l'évoque pour la première fois en lien avec Husserl, mais en lui donnant d'emblée comme sujet « mon corps », en situant l'accouplement « au niveau même de ma corporéité » [2]. Au printemps 1951, la communication *Sur la phénoménologie du langage*, contemporaine du cours sur *Les relations avec autrui*, affirme que « la position d'autrui comme autre moi-même » n'est « pas possible si c'est *la conscience* qui doit l'effectuer », tandis que mon corps, lui, en est capable, et « m'enseigne ce que je ne pourrais savoir autrement » [3]. Avoir conscience, explique Merleau-Ponty, « c'est constituer », je ne puis donc avoir conscience d'autrui, « puisque ce serait le constituer comme constituant, et comme constituant à l'égard de l'acte même par lequel je le constitue » [4]. Cette difficulté de principe ne peut être levée par la conscience. Mais la *perception* passe outre :

> C'est donc que, de quelque manière, la difficulté mentionnée *a été*, *en fait*, surmontée. Elle n'a pu l'être que si celui qui, en moi, perçoit autrui, est capable d'ignorer la contradiction radicale qui rend impossible la conception théorique d'autrui (...). Ce sujet, qui s'éprouve constitué au moment où il fonctionne comme constituant, c'est mon corps. On se rappelle comment Husserl finit par fonder sur ce qu'il appelle « phénomène d'accouplement » et « transgression intentionnelle » ma perception d'une conduite dans l'espace qui m'entoure. Il se trouve que, sur certains spectacles – ce sont les autres corps humains et, par extension, animaux –, mon regard achoppe, est circonvenu. Je suis investi par eux alors que je croyais les investir, et je vois se dessiner dans l'espace une figure qui éveille et convoque les possibilités de mon propre corps comme s'il s'agissait de gestes ou de comportements

1. Brouil [108](120)/NP, octobre 1960.

2. « Husserl : phénomène d'accouplement : mon corps épouse les intentions d'autrui comme le sien les miennes, mon incarnation “comprend” la sienne. Je ne sens pas seulement moi mais en autrui. Reprise ou *Nachvollzug*, et cela, au niveau même de ma corporéité. Perception des intentions d'autrui à travers mes intentions incarnées. » (Mexico II [164](15)).

3. S(PhLg), p. 117.

4. *Ibid*.

> miens. (...) Je suis happé par un second moi-même hors de moi, je perçois autrui... [1]

La difficulté, qui est même, pour la conscience, « contradiction radicale », a été surmontée, « en fait », par le corps – entendons, une fois de plus, le schéma corporel. « Ce sujet... c'est mon corps » : la formule est emblématique. Peu de temps après, le cours sur *Les sciences de l'homme et la phénoménologie* affirme à nouveau : « tout se passe comme si mon corps m'apprenait ce que la conscience ne saurait m'apprendre » [2]. Cette violence théorique faite à Husserl mais surtout, et d'abord, à tout un pan de la philosophie, enveloppe comme toujours une dénonciation des illusions de la conscience qui croit savoir alors qu'elle ne sait pas, qui se croit au commencement alors qu'elle est précédée par la chair, elle-même d'emblée investie et animée par la chair d'autrui et celle du monde.

Des années plus tard, le projet *Être et Monde* reprend de la façon la plus laconique qui soit : « Accouplement = lutte créatrice. C'est le fait du corps » [3]. Les notes de préparation entourant la première période de rédaction du *Visible et l'invisible* (printemps 1959) évoquent l'accouplement dans les mêmes termes, au sein d'un paragraphe consacré à l' « *Implication réciproque corps d'autrui - mon corps, corps d'autrui - chose* » et à la « Critique du "solipsisme" – le *solus ipse* n'est pas *solus*, n'est pas *ipse* » [4]. Dans les *Notes sur le corps*, à proximité de la troisième année de cours sur le concept de Nature (printemps 1960), l'accouplement est plus que jamais synonyme du « commerce des schémas corporels » [5], du « commerce sexuel par les yeux, de l'intercorporéité » [6]. Le philosophe utilise ces notes pour la préparation d'une séance au Collège de France sur le « rapport charnel » entre les schémas corporels, en désignant désormais comme accouplement jusqu'au touchant-touché lui-même, lequel est compris, au-delà de Husserl,

1. S(PhLg), p. 117-118.

2. « Dans les *Méditations cartésiennes* l'expérience d'autrui m'est comme enseignée par la spontanéité de mon corps. Tout se passe comme si mon corps m'apprenait ce que la conscience ne saurait m'apprendre, car il reprend à son compte les conduites d'autrui, réalise avec elles une sorte "d'accouplement" ou encore une "transgression intentionnelle" sans laquelle je n'aurais jamais la notion de l'autre comme autre. » (CDU(SHP), p. 110/58-59) « ... la spontanéité de mon corps qui reprend à son compte les conduites d'autrui et réalise le "phénomène d'accouplement". » (Sorb(SHP), p. 417).

3. EM2 [183], 1959.

4. NLVIàf1 [121]v(2), mars 1959.

5. N-Corps [105]v.

6. *Ibid.*

comme lieu de projection et d'introjection du corps d'autrui [1] (le prochain chapitre examinera le traitement merleau-pontien du fameux sentant-senti, bien plus complexe, là encore, qu'une simple transcription de Husserl). Enfin, lors de la dernière tranche de rédaction du *Visible*, à l'automne suivant, le feuillet inédit intitulé « GRAND RÉSUMÉ » destiné à préparer le chapitre sur l'*Ineinander* (« L'entrelacs – le chiasme »), mentionne sobrement et fermement : « Rapport à autrui = accouplement d'un corps à un corps (...) = projection-introjection » [2]. Et dans le chapitre rédigé correspondant, l'accouplement (seule mention de tout *Le visible et l'invisible*) poursuit toujours cette ligne schildérienne de l'*Ineinander* libidinal, au cœur de la célèbre description érotique du travail patient et silencieux du désir [3].

À retracer ces aventures merleau-pontiennes de la transgression intentionnelle et de l'accouplement, cohérentes avec celles de sa conception de l'intentionnalité, peut-on en conclure, comme l'affirme par exemple Natalie Depraz, que « le geste de Merleau-Ponty consiste à "couler" la conscience dans le corps » [4], à finalement dire « corps » là où Husserl dit « conscience » ? Merleau-Ponty ne transpose pas au corps les attributs de la conscience. Ses critiques ne portent pas tant sur la réalité même de la conscience, jamais contestée, que sur les attributs absolutistes que certains philosophes lui prêtent. Et les vertus qu'il reconnaît au corps cultivent une tout autre approche de ce qui, en l'homme, est absolu. Dans l'hypothèse d'une telle transposition massive,

1. « Dès lors le schéma corporel va être non seulement rapport aux choses et à un *Umwelt* de choses, mais rapport à d'autres schémas corporels. Parmi les choses, [il y a] des corps vivants "semblables". Ceux-ci vont s'insérer dans le circuit de ma main à ma main. L'accouplement de ma main et de ma main = reconnaissance d'un "comportement" dans ce qui paraissait "chose", la main active vit à distance dans l'autre. De même accouplement de ma main et de la main d'autrui : mon schéma corporel comme animal de conduites vit à distance dans le vivant extérieur. Il y a entre eux un rapport charnel, [une] extension du narcissisme du corps. Ce narcissisme est aussi ouverture à [la] généralité : je vis comme miens [les] comportements offerts et je les vois animés par [le] schéma corporel. C'est ici aussi la chair qui résout le problème (...). Chair massive de l'esthésiologie, chair subtilisée de la co-perception, *i.e.* de l'identification entre les schémas corporels. Mon schéma corporel se projette dans les autres et les introjecte, a [des] rapports d'être avec eux, recherche l'identification, s'apparaît comme indivis avec eux, les désire. » (Natu3, p. 287/[46]v, transcription corrigée).

2. NLVIàf3 [180].

3. « ... pour la première fois, par l'autre corps, je vois que, dans son accouplement avec la chair du monde, le corps apporte plus qu'il ne reçoit, ajoutant au monde que je vois le trésor nécessaire de ce qu'il voit, lui. Pour la première fois, le corps ne s'accouple plus au monde, il enlace un autre corps, [s'y] appliquant soigneusement de toute son étendue, dessinant inlassablement de ses mains... » (VI4, p. 189).

4. N. Depraz, *op. cit.*, p. 136.

comme le dit très justement Natalie Depraz, l'incarnation serait alors un problème résolu par avance, un état accompli imposé, totalement dédramatisé [1]. Or, comme nous avons pu le constater dans chacun de nos trois ouvrages précédents, ce n'est pas là, il s'en faut, l'approche de Merleau-Ponty.

Rien n'est plus éloigné de cette pensée que les résolutions par avance ou les états accomplis, rien ne lui est plus étranger que les artifices intellectuels – moraux, politiques, théologiques, métaphysiques... – qui dédramatisent notre condition. De bout en bout critique de toute forme d'harmonie préétablie, dénonçant les assurances éternitaires du monde classique, Merleau-Ponty s'emploiera à opposer Pascal à Leibniz dans ses conceptions de l'homme, du monde, de Dieu, de l'être, pour toujours revenir à la condition de l'homme [2]. Car la philosophie – jusque dans sa démarche ontologique – consiste « à peindre l'homme comme il est vraiment » [3] : un être « étrange » [4], « monstre incompréhensible » [5], « monstre incomparable » [6], « qui n'a point d'équipement originel » [7]. Le « tableau moderne » que dessine cette pensée [8] est en effet celui d'un « homme en porte-à-faux » [9] qui vit dans un « monde inachevé » [10], ce tableau de la « contingence de l'existen-

1. « Si la conscience est à ce point immergée dans le corps qu'elle s'y laisse engloutir, par quoi le corps vécu devient l'unique être absolu, peut-on encore penser le *processus* de l'incarnation ou ne finit-on pas par constater que l'incarnation nous est donnée comme un état d'être que nous ne pouvons qu'accepter ? L'expérience livre-t-elle un être-incarné comme être-au-monde donné une fois pour toutes ou ne présente-t-elle pas plutôt l'incarnation comme un problème non-résolu à l'avance, un acte et un effort, une recherche dont nous ne sommes jamais assurés de l'accomplissement ? Si nous étions toujours déjà incarnés car inscrits dans un monde de chair donné, le corps, aussi vécu soit-il, aurait-il encore cette puissance d'étrangeté qui en fait sans cesse à nouveau un pôle d'altérité sur lequel notre conscience, même volontaire, n'a pas prise ? Penser l'incarnation comme ultime retraite de l'altérité suppose de prendre en compte la résistance inéluctable du corps à la conscience et, partant, l'impossibilité d'incorporer entièrement celle-ci. » (N. Depraz, *op. cit.*, p. 137).

2. Cf. *Le scénario cartésien*, *op. cit.*, p. 193-240.

3. EM1 [128].

4. Cf. par exemple S(Mont), p. 254.

5. SNS(querel), p. N131/G93. Cf. Pascal, *Pensées*, Brunschvicg 420, Lafuma 130, Pléiade 330-[442] ; Br. 435, L. 208, Pl. 439-[373] ; Br. 434, L. 131, Pl. 438-[257].

6. Cf. par exemple MSW, PM 29, S(HoAdv) 294, S(LIVS) 59, RC57 115, VI2 90, Huss 43/[93](9bis), [121]/NP. L'expression est empruntée à *La Condition humaine* de Malraux.

7. S(HoAdv), p. 304.

8. Cf. *Du lien des êtres...*, *op. cit.*, p. 211-223.

9. Cf. par exemple MSW [28], [32], Causeries 50, Dial-T&C [250](1), RC59 153. Cf. aussi l'entretien radiophonique avec G. Charbonnier portant explicitement sur ce thème.

10. Cf. par exemple PhP 383, 402, 465, PPCP 72, HT 309, Causeries 65.

ce » dont nous avons peur et que nous fuyons dans les divers absolus que nous sommes capables de construire [1]. Un tableau tout particulièrement dressé contre les philosophies de la conscience qui se seraient diversement employé à effacer jusqu'à la mémoire de cet inachèvement, pour mourir loin des « nœuds clandestins » « du tragique et de l'espoir » [2]. Une des grandes illusions de la conscience est d'être supralapsaire, sa « folie » [3], de croire que les résistances lui viennent du dehors d'elle-même et lui viennent du corps – folie secrètement spiritualiste et gnostique de cet « être sans chair qui ne dort ni ne pense » [4]. Les philosophies de la conscience sont marquées par l'expérience de ce qui serait l'altérité du corps pour la conscience, par ses résistances inexpugnables. Mais cette réalité prégnante, parfois obsessionnelle, ne doit pas masquer sa véritable identité, et son propre fondement. Dans ce face à face de la conscience et de son autre, le « corps » est en partie une instance mythologique, recouverte des projections d'une identité morcelée qui exorcise ainsi sur lui ses propres hantises et sa propre étrangeté, ses difficultés à « faire tenir ensemble toutes choses », ses fractures internes qui reflètent ses divisions avec autrui et avec le monde.

L'homme, souligne encore Merleau-Ponty en 1959, est « toujours en cours d'incarnation inachevée » [5], dans une adversité sans nom et sans fin ; une adversité qui ne commence pas entre son corps et sa conscience (dans la résistance de celui-là à celle-ci), mais entre sa chair et les autres chairs. Car ce qui est inachevé n'est pas la descente d'un esprit dans un corps, d'un esprit peu ou prou implicitement conçu comme achevé – d'où l'ambiguïté dommageable du terme même d' « incarnation » dès qu'il est appliqué à l'homme –, mais bien l'homme lui-même comme *chair*, corps s'animant progressivement et difficilement dans l'animation qu'il reçoit d'autrui et qu'il donne à autrui, qu'il reçoit du monde et qu'il donne au monde. De sorte que l'expérience originaire de l'altérité n'est pas d'abord celle du corps pour la conscience, mais celle d'une chair pour une autre chair. Les figures de l'empiétement et de la promiscuité viennent préciser l'adversité, qui est notre lot en tant que nous sommes incarnés, dans l'ordre archétypique de la relation avec autrui : la chair, dans sa topologie et son archéologie, porte depuis toujours et à jamais les stigmates de l'existence d'autrui.

1. Cf. S(HoAdv), p. 303-308.
2. S(Préf), p. 38.
3. Cf. par exemple S(Mont) 252, 259, PbPassiv [147](27)/NP, [154](31)/NP, [203](3)/NP, NTi-55-56 [117].
4. S(HoAdv), p. 306.
5. NT, p. 263, septembre 1959.

Cet inachèvement et cette blessure, thématisés dans les années existentialistes de Merleau-Ponty, sont confirmés par le travail du début des années cinquante sur le schéma corporel, mais aussi – comme nous allons le voir maintenant – par ses réflexions naissantes sur le thème du *miroir*. Déjà l'approche wallonienne de la psychogenèse du corps propre montre à Merleau-Ponty combien le schéma corporel est originairement investi par d'autres schémas posturaux, phénomène que l'épreuve du miroir révèle au plus haut point ; cette intrusion atteint un sommet dans la version lacanienne de cette même épreuve, avec son régime d'aliénation et sa menace de morcellement. La thèse de l'intrication des images du corps, reçue de Schilder, finit d'aiguiser la réalité de cette dépossession constitutive. Schilder reconnaît que le schéma corporel est inachevé, incomplet, et labile : cet inachèvement, au fondement de l'intrication, est aussi au fondement de nos résistances et de nos dénégations de la chair. Le corps humain vit et souffre un secret d'empiétement et de promiscuité, ce secret de l'altérité que la conscience s'emploie à neutraliser.

CHAPITRE III

LA CHAIR AU MIROIR [1]

Tissée de structurations naturelles et d'histoire personnelle, la chair, dans la conception que Merleau-Ponty forge progressivement, est nourrie de l'influence croisée de la neurologie du schéma corporel, de la psychologie de la forme et de la psychanalyse de l'incorporation : cette triple influence soutient un thème récurrent des derniers écrits, le *miroir*. Nous allons ici aborder ce thème sans le soumettre pour autant à un traitement exhaustif, laissant de côté certaines sources [2] pour privilégier ce qui constitue à notre sens l'angle d'attaque majeur de cette question chez Merleau-Ponty.

Une note personnelle de mai 1960 comporte l'une de ces affirmations massives qui sonnent comme des définitions de la chair : « La chair *est phénomène de miroir* » [3]. Cette proposition fameuse a pu sembler renvoyer à la généralisation, par Merleau-Ponty, du touchant-touché (husserlien) au voyant-vu (non husserlien), ou encore à une réminiscence du stade du miroir de Lacan. Comme bien d'autres formules elliptiques des derniers écrits, elle appartient à un texte que l'auteur écrit pour lui-même et non pour nous, et vient cristalliser une

1. Une première version de ce chapitre a été publiée sous le titre « "La chair est phénomène de miroir". Sources et significations d'une proposition mal comprise », publication bilingue français-japonais *Les études merleau-pontiennes*, n° 15, revue du *Merleau-Ponty Circle* du Japon, Kobe, septembre 2011, p. 143-169 (version française) et 102-142 (version japonaise). Cf. aussi « Carne e espelho em Merleau-Ponty », traduit en portugais par Alex de Campos Moura, numéro spécial *Merleau-Ponty* de la revue *DoisPontos*, Brésil, vol. 9, n° 1, avril 2012, p. 11-33.

2. Notamment (dans les derniers écrits) Paul Claudel, André Chastel, Claude Simon, mais aussi (dans la période de la Sorbonne) Köhler, Guillaume, Wertheimer.

3. NT, p. 309.

réflexion du moment sans que Merleau-Ponty ait besoin de noter les références sous-jacentes. Nous sommes facilement piégés par ces éditions posthumes que nous lisons, trop spontanément, à partir de notre culture commune sur la philosophie de l'auteur, sans enquêter plus avant sur la possible nouveauté ou originalité de ces mêmes textes – des documents de *travail*, ce qui signifie que Merleau-Ponty n'est pas forcément en train de répéter ce qu'il a par ailleurs établi dans son œuvre publiée.

Lisons la phrase jusqu'au bout : « La chair *est phénomène de miroir* et le miroir est extension de mon rapport à mon corps. » Dans le cas précis, les inédits révèlent que cette affirmation est habitée par les lectures contemporaines de Wolfgang Metzger et, plus encore, de Paul Schilder (typique du croisement merleau-pontien entre neurologie, *Gestalttheorie* et psychanalyse). Formant réseau avec d'autres propositions elliptiques voisines, elle est portée par une réflexion sur deux phénomènes remarquables analysés par ces auteurs, deux exemples de migration à distance du schéma corporel dans la perception. Le miroir brouille corps objectif et corps phénoménal, dans une communauté effective entre mon corps vécu et son image « extérieure ». Il « entraîne au loin les secrets de ma chair », et cette présence à distance tapisse du même coup les choses perçues de « tout l'invisible de mon corps » : je leur prête ma chair, « les autres sont faits de ma substance » [1]. Le miroir révèle ainsi que la chair vit toujours à la fois ici et au-delà, au dedans comme au dehors d'elle-même, mais aussi qu'elle a besoin « de se rapporter à autre chose que sa propre masse » [2], demande une autre chair pour exister. Le miroir exprime l'inachèvement essentiel de la chair, qui engage dans toute perception un travail d'incorporation et, de là, une ébauche d'intercorporéité. Ce faisant, les réflexions ici frayées poursuivent le mouvement général de la première section de cet ouvrage – du corps à la chair et, de manière sous-jacente, du schéma corporel à l'image du corps.

1. OE-ms [40]v(10).
2. Natu3, p. 271/[37].

§ 1. Entre Wallon et Lacan

> Expérience dont il faut dire qu'elle nous oppose à toute philosophie issue directement du *Cogito*.
> (Jacques Lacan, *Le stade du miroir…* [1])

Avant d'aborder Metzger et Schilder, et pour être en mesure d'en apprécier l'apport original, il faut revenir aux premières réflexions de Merleau-Ponty sur le miroir. Celles-ci trouvent naissance dans les cours en Sorbonne, en particulier dans la première partie du cours sur *Les relations avec autrui chez l'enfant* (1950-1951). Les travaux d'Henri Wallon sont à nouveau ici décisifs. On connaît mieux aujourd'hui la dette du stade du miroir de Lacan à l'égard de Wallon [2]. Que Lacan ait critiqué la dérive psychologique de la psychanalyse ne l'a pas empêché de tirer au préalable le meilleur parti de ce que lui offrait la psychologie française. Merleau-Ponty, qui apprécie Wallon pour son attention au sens propre de la vie de l'enfant – et qui le suit largement dans sa critique de Piaget –, connaît ses idées avant de lire Lacan. Les cours en Sorbonne exposent d'ailleurs longuement son approche du miroir, en lui accordant plus de place qu'à celle de Lacan [3]. Il est important de souligner ce point, car la conception merleau-pontienne du miroir ne coïncide pas avec celle de Lacan, et demeure ancrée dans l'approche wallonienne de la psychogenèse du corps propre.

En 1931, six ans avant d'être nommé professeur au Collège de France et trois ans avant la publication de son important ouvrage sur *Les origines du caractère chez l'enfant* [4], Wallon rédige un texte novateur et fondateur : « Comment se développe chez l'enfant la notion de corps propre » [5]. Il s'agit d'une étude de psychologie expérimentale, dans laquelle Wallon ne fait aucun lien avec la psychanalyse, loin d'imaginer le rôle important qu'allaient jouer, dans l'histoire du mouvement

1. « Le stade du miroir comme formateur de la fonction du *Je* telle qu'elle nous est révélée dans l'expérience psychanalytique », in *Écrits*, Paris, Seuil, 1966 ; coll. « Points Essais », 1970, p. 89.

2. Cf. É. Jalley, *Wallon et la psychanalyse*, thèse de Doctorat ès Lettres et sciences humaines, Bibliothèque des thèses de La Sorbonne, 1986 ; *Freud, Wallon, Lacan. L'enfant au miroir*, Paris, E.P.E.L., 1998. Cf. aussi É. Roudinesco, *La bataille de cent ans. Histoire de la psychanalyse en France, 2, 1925-1985*, Paris, Seuil, 1986 ; *Jacques Lacan. Esquisse d'une vie, histoire d'un système de pensée*, Paris, Fayard, 1993.

3. Cf. CDU(RAE), p. 188/41 *sq.* ; Sorb(RAE), p. 314 *sq.* ; Sorb(MPE), p. 525 *sq.*

4. *Les origines du caractère chez l'enfant. Les préludes du sentiment de personnalité*, Paris, Boivin et Cie, 1934 (cf. notamment p. 190-207, sur l'épreuve du miroir) ; repris aux P.U.F., 1949.

5. *Journal de Psychologie*, nov.-déc. 1931, p. 705-748.

psychanalytique français, les notions qu'il forge ici. L'article étudie les réactions de différents animaux et de l'enfant devant un miroir, à des âges différents. D'après les conclusions tirées par Wallon, seul l'être humain parviendrait à accéder au sens de l'image qu'il voit (grâce aux avancées de l'éthologie, on sait aujourd'hui que cette thèse est fausse). L' « épreuve du miroir » est un rite de passage qui permet progressivement à l'enfant d'intégrer et unifier son corps dans l'espace.

Avant la fin du troisième mois, l'enfant demeure insensible à son image dans le miroir ; au cours du quatrième, son regard se fixe et il paraît observer son reflet comme une personne étrangère (mais ce n'est là qu'une formulation d'adulte, car il n'y a encore pour l'enfant ni « propre » ni « étranger ») ; deux mois plus tard, il fait le lien entre l'image et le modèle lorsqu'il s'agit du reflet d'autrui, tout en semblant encore attribuer à l'une et à l'autre une réalité indépendante. Il faut attendre le dixième mois pour voir l'enfant tendre les bras vers sa propre image et la regarder lorsqu'on l'appelle par son nom. Peut-on dire pour autant qu'il perçoit son image comme un exemplaire de lui-même ? Cette proposition est à nouveau une rétrospection d'adulte, car on ne peut pas encore parler d' « exemplaire », ni de « lui-même », ce qui suppose constituée l'unité d'un moi. Or cette unité ne fait que suivre l'intégration du corps *propre*, en particulier l'unité d'intégration du corps dans l'espace, dont l'épreuve du miroir serait précisément un pivot, et non la résultante. En percevant cette image dans le miroir, l'enfant intègre progressivement les différents éléments de son corps moteur, qui vont se coordonner au fil d'un long processus d'extériorisation et d'assimilation. L'épreuve du miroir est l'occasion d'un jeu de plus en plus différencié de distinctions et surtout d'équivalences qui enrichissent et solidifient ce que Wallon nomme « la notion du corps *propre* ».

Wallon insiste sur le fait que l'enfant n'accède à l'image de soi qu'après avoir accédé à celle d'autrui. Ce retard de l'image spéculaire du corps propre par rapport à celle d'autrui vient de ce que le problème à résoudre est plus difficile dans le premier cas. Pour le corps d'autrui, en effet, l'enfant dispose de deux expériences visuelles concordantes, celle de la vision directe et celle du miroir. Mais pour son propre corps, seule l'image du miroir lui propose une donnée d'ensemble, bien au-delà de sa capacité à regarder directement telle ou telle partie de son corps. Il lui faudra comprendre que l'image visuelle de son corps qu'il voit, là-bas, dans le miroir, n'est pas lui ; puis comprendre que, tout en n'étant pas localisé là-bas mais là où il se sent par l'interoceptivité, il est néanmoins visible pour autrui sous le même aspect que celui que lui offre le miroir.

L'enfant a donc à déplacer l'image spéculaire, pour la renvoyer, du lieu qu'elle occupe au fond du miroir, jusqu'à lui, et ainsi être capable de s'identifier désormais *à distance* avec son corps interoceptif. Comme nous le verrons bientôt [1], ce mouvement d'ensemble – qui passe de l'image extérieure au corps interoceptif – est l'inverse de celui qu'approfondiront les derniers écrits de Merleau-Ponty sur le miroir – qui privilégieront des processus de projection du dedans sur le dehors, de déplacement de ma chair sur l'image extérieure. Ces descriptions ne sont pas pour autant contradictoires, mais symétriques et complémentaires.

Avant de réussir l'épreuve du miroir, l'enfant a vécu l'image spéculaire comme une sorte de *double* de son corps, dans un phénomène d'*ubiquité* s'apparentant à ce que vivent certains malades atteints de troubles héautoscopiques. Il expérimente ainsi un mode de spatialité original, inhérent à l'image, comme si l'image spéculaire rayonnait d'un espace propre qui lui confère en retour une quasi réalité. Wallon évoque à ce sujet une « spatialité d'inhérence », ou encore une « pré-spatialité » dotée de « quasi-localité », expressions que Merleau-Ponty reprendra dans ses derniers manuscrits. Le développement intellectuel met du temps à réduire cette spatialité d'inhérence à une spatialité objective, et cette réduction ne semble jamais totalement achevée. L'enfant continuera longtemps à jouer avec l'image spéculaire, ce qui indique qu'il ne s'agit pas seulement pour lui d'un simple reflet. Une fois adulte, il se gardera spontanément de marcher sur une photographie portant l'image de soi ou d'autrui, comme si ce geste induisait une agression physique réelle. Ainsi, de même qu'il indiquait une certaine rémanence du transitivisme à l'âge adulte – ce que Merleau-Ponty traduit par la permanence de l'empiétement [2] –, Wallon souligne ici la durabilité de ce rapport pré-objectif à l'image spéculaire – ce que Merleau-Ponty s'empresse de retenir aussi [3]. À vrai dire, le psychologue reste discret sur ces points, auquel le philosophe donne une importance que Wallon n'aurait sans doute pas accordée lui-même. Ici comme ailleurs, Merleau-Ponty force un trait qu'il voit conforme à sa philosophie de la chair, généralisant quelques analyses d'ordre psychogénétique sans se préoccuper du saut épistémologique effectué au passage. Il en ira de même, dans les manuscrits des années 1959-1960, avec ce que Piaget découvre de la structuration primitivement *topologique* de l'espace enfantin.

1. Cf. *infra*, § 3, p. 183 *sq*.
2. Cf. CDU(RAE), p. 226-227/79.
3. Cf. CDU(RAE) 188/41 *sq*., Sorb(RAE) 314 *sq*., Sorb(MPE) 525 *sq*.

Lacan reprend les idées de Wallon et les pousse plus avant, en associant le miroir à un véritable stade, et en en faisant la matrice du devenir imaginaire du moi. Il expose sa théorie pour la première fois le 16 juin 1936 devant la Société psychanalytique de Paris – la jeune Françoise Marette, future F. Dolto, y tient la plume de rapporteur –, puis tente en vain de l'introduire au XIVe Congrès psychanalytique international tenu à Marienbad, le 3 août suivant, sous le titre « Le Stade du miroir. Théorie d'un moment structurant et génétique de la constitution de la réalité, conçu en relation avec l'expérience et la doctrine psychanalytique ». Dix ans plus tard, il reprend la thématique du stade du miroir lors d'une intervention aux Journées psychiatriques de Bonneval (1946, publiée en 1950 sous le titre « Propos sur la causalité psychique » [1]), puis dans une communication faite au XVIe congrès international de psychanalyse, à Zürich, le 17 juillet 1949 : « Le stade du miroir comme formateur de la fonction du *Je* telle qu'elle nous est révélée dans l'expérience psychanalytique » [2]. En 1937, avant de l'inclure à l'article sur « La famille » que Wallon lui demande de rédiger pour l'*Encyclopédie française* [3], Lacan introduisait ainsi cette thématique :

> Il s'agit de cette représentation narcissique que j'ai tenté d'exposer au congrès international en parlant de « stade du miroir ». Cette représentation explique l'unité du corps humain ; pourquoi cette unité doit-elle s'affirmer ? Précisément parce que l'homme ressent le plus péniblement la menace de ce morcellement [4].

Après la naissance, selon Lacan, l'enfant éprouve le manque de maîtrise tonique et motrice de son corps, et ne peut encore appréhender celui-ci comme une unité organique. Des expériences hétérogènes, discordantes, se succèdent, et cette absence de liaison induit, sur un fond de « détresse originelle », l'expérience fantasmatique du corps morcelé. Avant même qu'une maturation suffisante permette la pleine coordination des activités organiques, un modèle d'unité se propose pourtant déjà à son regard : l'image globale du corps propre qu'il découvre dans le miroir. Le « stade du miroir » s'ordonne alors sur une expérience d'identification fondamentale au cours de laquelle l'enfant

1. In *Le problème de la psychogenèse des névroses et des psychoses*, Paris, Desclée de Brouwer, 1950, rééd. 1977 ; repris dans *Écrits*, Paris, Seuil, 1966, p. 151-193.

2. *Revue française de Psychanalyse*, n° 4, octobre-décembre 1949 ; repris dans *Écrits*, *op. cit.*, « Points Essais », p. 89-97.

3. « La famille », in *Encyclopédie française*, tome 8, Paris, 1938, p. 8.40-3 à 8.42-8, rééd. *Les complexes familiaux dans la formation de l'individu*, Paris, Navarin, 1984.

4. Intervention de Lacan sur l'exposé de Marie Bonaparte, « Vues paléobiologiques et biopsychiques », *Revue française de Psychanalyse*, 3, 1938, p. 551. Cf. aussi *Ornicar ?*, 31, 1984, p. 10-11.

effectue la conquête de l'image de son propre corps. Lacan décompose cette expérience en trois étapes principales. L'enfant perçoit d'abord son reflet comme un être réel de chair et d'os qu'il cherche à saisir ou à approcher. Dans un deuxième temps, il comprend que ce reflet n'est qu'une image et non un être réel, mais ne le reconnaît pas encore comme sien ; il ne cherche plus à l'attraper ou le toucher, ayant compris l'aspect virtuel de l'espace derrière le miroir. Enfin, dans une troisième phase, il comprend que cette image est son image, qu'elle le représente. Cette progressive conquête de l'unité et de l'identité se noue ainsi dans l'épaisseur trivalente de la structure : dans le nœud borroméen [1] du réel, de l'imaginaire et du symbolique.

Le miroir promeut la structuration du *Je* en neutralisant en partie la dispersion angoissante du corps, le spectre du morcellement. L'image réjouit l'enfant à la mesure de son contraste avec sa détresse, sa dépendance devant ses besoins et son environnement, tout ce qui s'inscrit au registre de la prématuration propre au petit de l'homme et à celui de son impossible autonomie.

> L'assomption jubilatoire de son image spéculaire par l'être encore plongé dans l'impuissance motrice et la dépendance du nourrissage qu'est le petit homme à ce stade *infans*, nous paraîtra dès lors manifester en une situation exemplaire la matrice symbolique où le *je* se précipite en une forme primordiale, avant qu'il ne s'objective dans la dialectique de l'identification à l'autre et que le langage ne lui restitue dans l'universel sa fonction de sujet. (...) Mais le point important est que cette forme situe l'instance du *moi*, dès avant sa détermination sociale, dans une ligne de fiction, à jamais irréductible pour le seul individu, – ou plutôt, qui ne rejoindra qu'asymptotiquement le devenir du sujet, quel que soit le succès des synthèses dialectiques par quoi il doit résoudre en tant que *je* sa discordance d'avec sa propre réalité [2].

La libération n'est donc jamais totale, le niveau de désintégration agressive connaît ses vestiges et continue à menacer l'unité du *Je* [3]. Devant son image, l'enfant à la fois jubile et éprouve un malaise profond : son rapport à lui-même sera toujours marqué par cette

1. Le nœud borroméen est une structure topologique que l'on peut matérialiser par trois ronds de ficelle, indistincts dans leur forme, noués l'un à l'autre de telle façon qu'il est impossible d'en couper un sans défaire le nœud, libérer les deux autres et briser la structure.

2. Lacan, « Le stade du miroir comme formateur de la fonction du *Je*... », art. cit., p. 90-91.

3. « Ce corps morcelé (...) se montre régulièrement dans les rêves, quand la motion de l'analyse touche à un certain niveau de désintégration agressive de l'individu. Il apparaît alors sous la forme de membres disjoints et de ces organes figurés en exoscopie, qui s'ailent et s'arment pour les persécutions intestines... » (art. cit., p. 94).

ambivalence. Et ce n'est pas là le simple fait d'un processus inabouti : par le miroir, l'unification se fait conjointement à l'aliénation, l'enfant s'identifie à la forme vue tout en n'étant pas cette forme, l'image est à la fois la sienne et celle d'un autre, il s'y identifie tout en s'aliénant [1]. Le moi forge ainsi son unité dans une captation, expérience qui ne cessera plus de projeter son ombre dans la relation de l'enfant à toute chose. Cette ombre marque à jamais le moi, son rapport au monde et à autrui, d'une organisation fragile, marquée par la menace de l'effritement de l'unité, de la perte de maîtrise, du retour du morcellement [2].

La lecture lacanienne de l'épreuve du miroir est donc plus complexe et plus dramatique que celle de Wallon. Alors que Wallon était surtout attentif à l'unification progressive du schéma corporel, Lacan insiste aussi sur sa dispersion angoissante, menacée par le morcellement, voire l'équivocité identitaire. Passant de l'un à l'autre, on quitte la spatialité d'inhérence de Wallon, spatialité d'attachement et d'indivision (qui marque fortement Merleau-Ponty), pour une forme plus complexe et dialectique de structuration de l'espace charnel et identitaire, qui garde à tout jamais des traces de l'hétérogénéité originaire des expériences sensorielles et motrices ainsi que de l'aliénation vécue au cœur même de l'identification.

Les premières références de Merleau-Ponty à la pensée de Lacan [3] apparaissent début 1950, soit immédiatement après la publication, fin

1. « Pour l'enfant, l'avènement de l'image spéculaire signifie une sorte de récupération de son corps propre : avant ce contrôle visuel, il n'y a qu'un morcellement, une dispersion du corps (cf. les fantasmes de castration, cas particulier de cet état, incontestables dans beaucoup de rêves, les mythologies...). Donc : 1) grâce au miroir a lieu l'intégration visuelle du corps propre dans la conscience proprioceptive. Mais 2) le miroir représente un danger pour le développement psychologique de l'enfant. » (Merleau-Ponty, Sorb(EVA), p. 112) « L'image propre en même temps qu'elle rend possible la connaissance de soi, rend possible une sorte d'aliénation : je ne suis plus ce que je me sentais être immédiatement, je suis cette image de moi que m'offre le miroir. Il se produit, pour employer les termes du docteur Lacan, une "captation" de moi par mon image spatiale. Du coup je quitte la réalité de mon moi vécu pour me référer constamment à ce moi idéal, fictif ou imaginaire, dont l'image spéculaire est la première ébauche. En ce sens je suis arraché à moi-même, et l'image du miroir me prépare à une autre aliénation encore plus grave, qui sera l'aliénation par autrui. Car de moi-même justement les autres n'ont que cette image extérieure analogue à celle qu'on voit dans le miroir, et par conséquent autrui m'arrachera à l'intimité immédiate bien plus sûrement que le miroir. » (CDU(RAE), p. 203/56).

2. Cf. Lacan, « Le stade du miroir comme formateur de la fonction du *Je*... », art. cit., p. 93-94.

3. Sur la présence de Lacan dans le corpus merleau-pontien, cf. notamment Sorb(CAL) 50, Sorb(EVA) 95-96, *107-117*, CDU(RAE) 202-203/55-56, Sorb(RAE) 318, ULL [142]v, PbParole [145], EM1 [144], NTi [267], [269], N-Corps [32], [91], [101], [101]v, Hesn 282/9. Cf. aussi « Sur les rapports entre la mythologie et le rituel »

1949, de la communication sur « Le stade du miroir comme formateur de la fonction du *Je* ». Comme le remarque Émile Jalley, Merleau-Ponty est sans doute le premier philosophe à commenter les conceptions de Lacan sur l'image spéculaire [1]. Il le fait à plusieurs reprises dans les cours en Sorbonne [2], utilisant d'emblée le texte de 1949 [3], l'article sur « La famille » rédigé pour l'*Encyclopédie française*, ainsi que « Propos sur la causalité psychique ». Merleau-Ponty s'est donc penché sur l'essentiel de ce que Lacan avait déjà publié sur la question. Pourquoi une telle attention ? Merleau-Ponty apprécie la pensée de Wallon depuis longtemps, et est bien placé pour identifier la dette de Lacan à son égard, plus de trente-cinq ans avant que les spécialistes reviennent sur ce point. Mais Lacan apporte aussi une lecture nouvelle de l'épreuve du miroir, dans laquelle Merleau-Ponty retrouve certaines lignes de sa philosophie de l'existence, en particulier la cohésion fragile de la chair et les menaces de l'empiétement, le miroir permettant aussi bien la fermeture narcissique que l'intrusion d'autrui [4]. Notre rapport complexe au miroir met en jeu la tension de la régression et de l'anticipation, de la circularité et de l'empiétement, et fait ainsi écho à la doublure topologique paradoxale d'une chair involuée et ouverte, à sa perpétuelle double orientation vers le passé et vers l'avenir – autant de traits qui vont caractériser la chair merleau-pontienne. Opposer narcissisme et ouverture à autrui, circularité et empiétement, serait revenir au dualisme du narcissique opposé à l'objectal ; ce serait, justement, passer à côté de la richesse de l'exploitation lacanienne du mythe de Narcisse.

(intervention de Merleau-Ponty lors de la séance du 26 mai 1956 de la Société française de Philosophie), *Bulletin de la Société française de Philosophie*, 50e année, n° 3, juillet-septembre 1956, p. 119-120 ; repris dans *Parcours deux 1951-1961*, Lagrasse, Verdier, 2000, p. 171-173 ; et « La psychanalyse et son enseignement » (intervention de Merleau-Ponty lors de la séance du 23 février 1957 de la Société française de Philosophie), *Bulletin de la Société française de Philosophie*, 51e année, n° 2, avril-juin 1957, p. 98-99 ; repris dans *Parcours deux 1951-1961*, *op. cit.*, p. 211-213.

1. Cf. *Freud, Wallon, Lacan. L'enfant au miroir*, *op. cit.*, p. 38-39.

2. Cf. Sorb(EVA) 96, 112-113, CDU(RAE) 202-204/55-58, Sorb(RAE) 318-319.

3. Cf. Sorb(RAE), p. 318.

4. « *Lacan* reprend et enrichit le mythe de Narcisse saisi de passion pour son image au point de se jeter dans l'eau pour s'en rapprocher et de périr noyé. *Freud* avait surtout vu dans le narcissisme la composante sexuelle, la libido tournée vers le corps propre. *Lacan* utilise pleinement la légende et y intègre ses autres composantes : 1) la tendance de mort, d'anéantissement de soi ; 2) la prédilection pour soi en tant que spectacle (examen ou inventaire de soi) ; 3) la composante de solitude qu'implique le narcissisme : l'adulte narcissique, séducteur et despote, veut trop voir et être vu et en même temps se refuse à autrui. Ainsi, le miroir permet également au sujet de se refermer sur soi et d'établir un système de réciprocité, de faciliter l'intrusion d'autrui. » (Sorb(EVA), p. 112-113).

Mais il y a plus : Lacan, dans sa communication de 1949, introduit le stade du miroir dans une dénonciation vigoureuse des philosophies de la conscience en général, et de l'existentialisme sartrien en particulier. Cette dimension critique, évidemment, attire l'attention de Merleau-Ponty. Revenant sur l'opposition dynamique entre libido sexuelle et agressivité, Lacan décrit celle-ci comme « cette négativité existentielle, dont la réalité est si vivement promue par la philosophie contemporaine de l'être et du néant » [1], avant de procéder à la mise au point suivante, éloquente et violente :

> Mais cette philosophie ne la saisit malheureusement que dans les limites d'une self-suffisance de la conscience, qui, pour être inscrite dans ses prémisses, enchaîne aux méconnaissances constitutives du *moi* l'illusion d'autonomie où elle se confie. Jeu de l'esprit qui, pour se nourrir singulièrement d'emprunts à l'expérience analytique, culmine dans la prétention à assurer une psychanalyse existentielle. Au bout de l'entreprise historique d'une société pour ne plus se reconnaître d'autre fonction qu'utilitaire, et dans l'angoisse de l'individu (...) l'existentialisme se juge aux justifications qu'il donne des impasses subjectives qui en résultent en effet : une liberté qui ne s'affirme jamais si authentique que dans les murs d'une prison, une exigence d'engagement où s'exprime l'impuissance de la pure conscience à surmonter aucune situation, une idéalisation voyeuriste-sadique du rapport sexuel, une personnalité qui ne se réalise que dans le suicide, une conscience de l'autre qui ne se satisfait que par le meurtre hégélien.

Lacan livre alors son appréciation, pour le moins massive :

> À ces propos toute notre expérience s'oppose pour autant qu'elle nous détourne de concevoir le *moi* comme centré sur le *système perception-conscience*, comme organisé par le « principe de réalité » où se formule le préjugé scientiste le plus contraire à la dialectique de la connaissance – pour nous indiquer de partir de la *fonction de méconnaissance* qui le caractérise (...).
>
> Ainsi se comprend cette inertie propre aux formations du *je* où l'on peut voir la définition la plus extensive de la névrose : comme la captation du sujet par la situation donne la formule la plus générale de la folie, de celle qui gît entre les murs des asiles, comme de celle qui assourdit la terre de son bruit et de sa fureur [2].

Dans cette vision féroce de l'existentialisme sartrien et de sa radicale dénégation de l'inconscient, Merleau-Ponty lit une complicité avec sa

1. « Le stade du miroir comme formateur de la fonction du *Je*... », art. cit., p. 95.
2. *Ibid.*, p. 96.

propre critique contemporaine de la psychanalyse existentielle [1] et, plus largement, avec sa philosophie naissante de la chair – celle que va bientôt consacrer *L'homme et l'adversité* en s'appuyant justement sur la psychanalyse et sur le sexuel-agressif, et en évoquant à sa manière la logique d'identification par aliénation qui est celle du miroir [2]. Pourtant, en raison même de cette complicité qui tourne rapidement à l'annexion, la lecture de Merleau-Ponty est déjà orientée, et ne prend pas toute la mesure de la nouveauté de l'approche lacanienne. Tout en critiquant l'interprétation du miroir par Wallon comme étant trop « cognitive », et même s'il mentionne la dimension d'aliénation impliquée par le stade du miroir, Merleau-Ponty résume l'apport de Lacan à une mise en valeur de la « signification affective » et imaginaire de ce stade [3], semblant oublier au passage la violence de sa dimension symbolique. Ce n'est que plus tard, par une autre médiation – celle de Paul Schilder –, qu'il évoquera à son tour une forme de négativité qui hanterait les fondements mêmes de l'image du corps.

Merleau-Ponty privilégie d'emblée une expression précise de la communication lacanienne de 1949, celle de « *matrice symbolique* » [4]. La mémoire du stade du miroir, dans son œuvre, gravite bientôt autour de cette seule notion, qui revient en force dans les manuscrits de 1955 à 1961 [5]. Ce fait est particulièrement significatif. Merleau-Ponty n'utilise pas la distinction lacanienne de l'imaginaire, du réel et du symbolique, et ne retient pas le sens du symbolique chez Lacan. Au lieu d'entendre « matrice symbolique » comme matrice *du* registre *symbolique*, où l'essentiel est ce registre lui-même, il déplace la polarité sur le premier des deux termes, pour mettre l'accent sur l'aspect *matriciel*, et situer

1. Une psychanalyse existentielle dont il prend le contre-pied depuis les *Causeries* de 1948, la conférence sur *L'homme et l'objet* donnée la même année, et les conférences de Mexico de début 1949.

2. Cf. S(HoAdv), p. 292.

3. Cf. CDU(RAE) 205/58, Sorb(RAE) 319.

4. « L'image spéculaire, c'est "la matrice symbolique", dit Lacan, où le *je* se précipite en une forme primordiale avant qu'il ne s'objective dans la dialectique de l'identification à l'autre". » (CDU(RAE), p. 203/56-57) Cf. aussi Sorb(RAE), p. 319.

5. Cf. CDU(RAE) 203/56, Sorb(RAE) 319, PM-ms [262], AD 25, PbPassiv 163/[215](5), 207/[166](35), 208/[170](36), 213/[173](39), 223/[181](47), 244/[257](1), 264/[250], [164](3)/NP, [169]/NP, [245]/NP, Insti [10](9), [15](14), [18](14), [20](16), NL-Arnh [16](10), [35](32), [37](34), [45](42), [46](43), NMS [116](6), N-Vie [137], EM1' [116], NTi-58 [126], [152], [175], [182], [184], [199], [202], NTi-58-59 [235], PhilAuj1 54/[8]v(12), PhilAuj3 129/[45]v(67), NTi [310], NT 227/[10], NTi [262], NT 245/[26], 246/[26], NLVIàf1 [123], [122](3), EM2 [148](2), [150](6), [179](V), [156], [219], [223], [171](11), NT 260/[41], NTi [277], [293], NT 294/[75], NTci 311/[90] (compl. inédit de NT, p. 311), Hesn 279/7, EM3 [236](9), [236](10), [239](16), [245](27), OntoCart [8]v(9bis)/NP, 194/[23]v(21), 218/[41]v(42), NTontocart [100], [132](1).

ainsi l'émergence du symbolisme – et, au-delà, de tout sens – dans les vertus matricielles de la chair.

Ce déplacement considérable est emblématique de ce qui sépare foncièrement Merleau-Ponty de Lacan. Dans sa conception du stade du miroir, le terme de « matrice », non thématisé comme tel, est presque une maladresse de la part de Lacan, qui désigne en réalité un travail de *séparation* violente mais nécessaire grâce auquel l'enfant peut trouver son identité et former cette nouvelle fonction qui est celle du *Je*. Pour le dire autrement, l'épreuve du miroir n'a rien de maternelle, d'enveloppante, et pivote autour de la figure (paternelle) de la séparation, autour d'une castration [1]. Une figure quasi absente de l'imaginaire philosophique de Merleau-Ponty. Françoise Dolto, à qui nous devons le témoignage écrit le plus précoce sur le stade du miroir de Lacan, deux ans avant même que ce dernier ne publie quoi que ce soit sur ce sujet [2], en élabore une compréhension remaniée et élargie. Dans sa longue étude de *L'image inconsciente du corps* [3], Dolto situe l'épreuve du miroir comme étant l'une des « castrations symboligènes » qui ponctuent l'histoire de la maturation d'un individu. Il serait pertinent de confronter ces deux lectures de Lacan, cristallisées en deux expressions incompatibles – « matrice symbolique » et « castration symboligène ».

§ 2. NAISSANCE DU VOYANT-VU
VERS UN NOUVEAU SENS DE LA GÉNÉRALITÉ CHARNELLE

Rédigé dans la foulée de la première partie du cours sur *Les relations avec autrui chez l'enfant*, le chapitre de *La prose du monde* intitulé « La perception d'autrui et le dialogue » [4] est le premier à intégrer les thèmes du miroir et du narcissisme à l'économie générale de la pensée de Merleau-Ponty, dans un texte proprement philosophique. Ce chapitre, qui se penche sur la façon dont la relation à autrui s'inscrit déjà dans notre institution corporelle, est marqué par une étrange hésitation dans le choix des figures autour desquelles il se construit. Il gravite en effet autour de deux schèmes délicats à articuler, l'empiétement et l'enfante-

1. À ce sujet, cf. Joël Dor, *Introduction à la lecture de Lacan, 1. L'inconscient structuré comme un langage*, Paris, Denoël, 1985, p. 99 *sq*.

2. Cf. É. Roudinesco, *Jacques Lacan. Esquisse d'une vie, histoire d'un système de pensée*, *op. cit.*, p. 159, 317-318. Cf. aussi Gérard Guillerault, *Le miroir et la psyché. Dolto, Lacan et le stade du miroir*, Paris, Gallimard, 2003, notamment p. 35 *sq*. – les notes prises par Dolto le 16 juin 1936 sont transcrites p. 267-272.

3. *Op. cit.*

4. PM, p. 182-203.

ment. Les derniers écrits sur la chair reprendront et amplifieront cette tension figurale.

Merleau-Ponty aborde ici la question d'autrui à partir d'une analyse du pouvoir que la parole a de se devancer elle-même, et de dire au total plus qu'elle ne dit mot à mot : « Cette anticipation, cet empiétement, cette transgression, cette opération violente (...) c'est la parole qui les accomplit » [1]. Pour comprendre ce pouvoir, *La prose du monde* renvoie de l'empiétement du sens à l'empiétement moi-autrui. « Nous ne comprendrons tout à fait cet enjambement des choses vers leur sens, cette discontinuité du savoir, qui est à son plus haut point dans la parole, que si nous le comprenons comme empiétement de moi sur autrui et d'autrui sur moi... » [2]. Tout phénomène d'empiétement porterait-il comme l'écho d'un empiétement archétypique qui se joue entre moi et autrui ? Autrui ne se présente jamais de face, explique Merleau-Ponty, il est « toujours en marge de ce que je vois et entends, il est de mon côté, il est à mon côté ou derrière moi, il n'est pas en ce lieu que mon regard écrase et vide de tout "intérieur" » [3]. La relation moi-autrui se joue moins dans la néantisation du regard que dans un dédoublement par le côté et un travail d'enfantement. Les descriptions adoptées par le manuscrit de 1951 abondent dans ce sens : autrui est

> près de moi, de mon côté, il est comme une réplique de moi-même, un double errant (...) toujours à son côté, qui lui ressemble comme un frère (...) un prolongement au dehors de lui-même (...) cet apparentement (...) un surgeon pousse, je me dédouble, j'enfante, cet autre est fait de ma substance (...) sa filiation (...) je me dédouble (...) une réplique de moi (...) cette étrange filiation (...) naître de moi (...) je suis capable de mettre au monde autrui [4].

Alors que Merleau-Ponty annonçait un « empiétement de moi sur autrui et d'autrui sur moi » [5], il répond ainsi par des figures dynamiquement inverses – dédoublement, enfantement –, dont la compatibilité avec le schématisme de l'empiétement ne va pas de soi. Cette apparente incohérence accompagne la naissance d'un nouveau sens de la généralité charnelle. Jusqu'ici, la généralité du corps était essentiellement conçue à partir de l'*inter*sensorialité (ou de l'intermodalité, entre perception et mouvement) : l'intercorporéité, et le schéma corporel entendu comme système d'équivalences intersensorielles, symbolisaient

1. PM, p. 182-183.
2. PM, p. 185.
3. PM, p. 186.
4. PM, p. 186-188.
5. PM, p. 185.

mutuellement. En travaillant la psychogenèse du corps propre jusqu'à l'épreuve du miroir, Merleau-Ponty fait maintenant débuter la généralité du corps en deçà de l'intersensorialité, dans la doublure passive-active de toute *intra*sensorialité, à commencer par celle du voyant-vu. Cette dimension est nouvelle : dans la *Phénoménologie de la perception*, l'intersensorialité primait, et l'intrasensorialité était pratiquement absente. La seule référence au touchant-touché husserlien [1] n'était pas encore exploitée dans le sens de la *généralité du corps* (selon la dynamique, en quelque sorte centrifuge, de la *chair*), mais, à la suite de ce que Gabriel Marcel disait de la réversibilité du sentant et du senti [2], dans celui de la spécificité du corps propre (selon la logique, plus centripète, de l'*incarnation*) : « pour le distinguer des objets » [3], et dans le prolongement du geste marcellien qui substituait « Je suis mon corps » au *Cogito*.

La généralité charnelle, dans cette nouvelle acception, procède moins de l'universalité de proche en proche des équivalences intersensorielles (ou des équivalences de Weizsäcker entre perception et mouvement), que d'une *multiplication interne*. La « généralisation de notre corps » repose sur « une universalité du sentir » [4], par une multiplication « du dedans » [5], dans la « réplique » [6] du même, dans une involution qui gonfle jusqu'à admettre autrui dans sa propre inflation, jusqu'à inclure le dehors dans ce dedans. Mon rapport à moi-même, dans l'intrasensorialité, « est déjà généralité », et celle-ci comprend autrui, qui est « un moi généralisé » [7]. Ainsi, « c'est au plus secret de moi-même que se fait l'étrange articulation avec autrui » : « ce qui fait que je suis unique, ma propriété fondamentale de *me* sentir, tend paradoxalement à se diffuser », et finalement « le mystère d'autrui n'est pas autre que le mystère de moi-même » [8].

Ici est inaugurée, dans le prolongement de l'étude du miroir chez Wallon et Lacan, la figure capitale du *voyant-vu* – aussitôt travaillée dans la perspective d'une critique du regard sartrien [9]. Et c'est à partir de cette même figure que les tout derniers écrits aborderont la thématique du sentant-senti, enveloppant ainsi la compréhension d'un touchant-

1. PhP, p. 109.
2. Sur ce point, cf. *Le scénario cartésien*, *op. cit.*, chap. III.
3. PhP, p. 109.
4. PM, p. 191.
5. PM, p. 192.
6. PM, p. 186, 188.
7. Cf. PM, p. 191-192.
8. PM, p. 188.
9. Huit ans avant que la rédaction du deuxième chapitre du *Visible* ne reprenne cette critique.

touché qui n'entretenait chez Husserl aucun rapport avec la problématique psychologique du narcissisme. Quant au voyant-vu, Husserl en refusait l'idée, dans la section même des *Ideen II* où Merleau-Ponty puisait initialement le touchant-touché [1]. Il faut insister sur ce contexte de reprise du fameux thème du touchant-touché, à peine effleuré dans la *Phénoménologie de la perception* : contrairement à ce que l'on sous-entend souvent, le voyant-vu n'est pas chez Merleau-Ponty le simple fruit d'une généralisation du touchant-touché husserlien, lequel est au contraire relu – et quelque peu réévalué – à partir du voyant-vu et de son soubassement proprement merleau-pontien, initialement plus psychologique et psychanalytique que phénoménologique.

La prose du monde complique donc l'imaginaire de l'empiétement par le schématisme subtil d'un narcissisme qui s'ouvre à autrui dans l'épreuve du miroir. Dans une vision plus optimiste que celle de Lacan, Merleau-Ponty tend déjà à oublier les menaces de l'aliénation pour l'espoir de l'enfantement. N'est-il pas en train de résoudre le problème par avance, en greffant l'autre sur le même par une pétition de principe : si autrui est mon jumeau, mon frère, « une réplique de moi-même, un double errant », mon image dans le miroir, en quoi demeure-t-il un *autre* ? *La prose du monde* esquisse alors un temps d'arrêt : « Reste qu'autrui n'est pas moi, et qu'il faut en venir à l'opposition » [2]. Il faudrait, en effet… Pourtant, de manière surprenante, la suite du manuscrit ne répond en rien à cette demande, et paraît s'éloigner un peu plus encore de la violence des premières acceptions, existentialistes, de l'empiétement. Merleau-Ponty poursuit en accentuant l'étayage du dédoublement sur le spéculaire. Nous avons alors la toute première apparition du thème du *sentant-senti* dans le corpus, inédits compris (même si l'expression précise de « sentant-senti » ne sera pas employée avant *L'Œil et l'Esprit*), qu'il est significatif de voir naître à partir du voyant-vu.

> Je fais l'autre à mon image, mais comment *peut-il y avoir pour moi une image de moi* ? Ne suis-je pas jusqu'au bout de l'univers, ne suis-je pas, à moi seul, coextensif à tout ce que je peux voir, entendre, comprendre ou feindre ? Comment, sur cette totalité que je suis, y aurait-il une vue extérieure ? D'où serait-elle donc prise ? C'est bien pourtant ce qui

1. « Ce que je nomme un corps propre vu n'est pas un voyant vu, comme mon corps en tant que touché est un touchant touché (…) ce qui fait défaut, c'est l'analogon de la sensation du toucher (…). Le rôle des sensations de la vue est donc, dans la constitution corrélative du corps propre et des choses extérieures, un rôle bien différent de celui des sensations du toucher. » (Husserl, *Ideen II*, 2e section, § 37, *Hua IV*, p. 148 ; trad. É. Escoubas, P.U.F., p. 211).

2. PM, p. 186.

> arrive quand autrui m'apparaît. À cet infini que j'étais quelque chose encore s'ajoute, un surgeon pousse, je me dédouble, j'enfante, cet autre est fait de ma substance, et cependant ce n'est plus moi. Comment cela est-il possible ? Comment le *je pense* pourrait-il émigrer hors de moi, puisque c'est moi ? Les regards que je promenais sur le monde comme l'aveugle tâte les objets de son bâton, quelqu'un les a saisis par l'autre bout, et les retourne contre moi pour me toucher à mon tour. Je ne me contente plus de sentir : je sens qu'on me sent, et qu'on me sent en train de sentir, et en train de sentir ce fait même qu'on me sent… [1]

Le « rapport charnel au monde et à autrui » que *La prose du monde* essaye de réveiller exprime une co-appartenance entre mon corps et le monde, entre mon corps et celui d'autrui. Cette implication mutuelle ne se joue pas dans la projection à sens unique d'une psychologie intellectualiste, « qui fait déborder notre expérience de nous-mêmes ou du corps sur un monde extérieur qui n'aurait avec elle aucune relation de principe », mais relève de l'habilitation ontologique que Merleau-Ponty prête volontiers à l'incorporation psychanalytique, laquelle décrirait une relation qui « n'est pas un accident survenu du dehors à un pur sujet de connaissance (…), "un contenu" d'expérience parmi beaucoup d'autres, mais notre insertion première dans le monde » [2]. Parvenu à ce point, le chapitre sur « La perception d'autrui » esquisse alors enfin une articulation possible de son propos novateur avec l'empiétement annoncé à l'ouverture de ces pages : « nous empiétons l'un sur l'autre en tant que nous appartenons au même monde » [3], la conciliation de l'empiétement et du narcissisme réside dans la « situation commune » [4], notion forgée dans les inédits mêmes où la figure de l'empiétement trouvait naissance [5]. L'empiétement et la circularité se nouent originairement dans notre participation à une même vie, le partage d'un « même monde culturel », de « la même langue », de « la même institution », « notre appartenance commune à un même monde » [6], « notre enracinement sur la même terre, notre expérience d'une même nature » [7]… Dans cette écriture répétitive, *La prose du monde* fait déjà quelques pas en direction

1. PM, p. 186-187.
2. PM, p. 192-193.
3. PM, p. 194.
4. « La solution (…) consiste, en ce qui concerne notre rapport muet à autrui, à comprendre que notre sensibilité au monde, notre rapport de synchronisation avec lui – c'est-à-dire notre corps – thèse sous-entendue par toutes nos expériences, ôte à notre existence la densité d'un acte absolu et unique, fait de la "corporéité" une signification transférable, rend possible une "situation commune" » (PM, p. 193-194).
5. Cf. *Du lien des êtres aux éléments de l'être*, *op. cit.*, p. 122-127.
6. PM, p. 194.
7. PM, p. 196.

d'une philosophie de la Nature (1957-1960), à laquelle succédera la tentative conceptuelle de la *chair du monde* (1960-1961). L'empiétement se révèle ainsi porté par une forme de parenté ontologique, familiarité si profonde que Merleau-Ponty la décrit par endroits en termes de gémellité.

Curieusement, ce nouveau sens de la généralité charnelle qui s'esquisse dans le manuscrit de 1951 disparaît pendant plusieurs années de la réflexion de Merleau-Ponty. Même le cours sur *Le problème de la passivité* (1955), qui aurait pu être un lieu privilégié de l'analyse du sentant-senti, reprend la généralité charnelle en son premier sens (équivalences intersensorielles et intermodales [1]). Les quelques séances consacrées à Husserl dans le cours sur la Nature de 1957, bientôt utilisées pour la rédaction du *Philosophe et son ombre*, marquent la renaissance de l'intérêt de Merleau-Ponty pour le touchant-touché [2], mais sans aucun lien apparent avec le voyant-vu et la généralité du narcissisme. Il faut attendre la préparation du *Visible et l'invisible*, durant laquelle Merleau-Ponty relit le manuscrit de *La prose du monde* ainsi que les analyses de Schilder sur l'intrication des images du corps, pour voir resurgir les notions empruntées à Wallon, ainsi que la problématique même du narcissisme. Réapparaissent alors quelques traits typiques du chapitre de *La prose du monde* sur la perception d'autrui, en particulier le thème des jumeaux, du dédoublement, et de la double incarnation [3]. Merleau-Ponty voudrait mettre en valeur le « sens du *couple*, des *jumeaux*, du *double* dans une philosophie du chiasme » [4]. Cette note inédite de novembre 1960 suggère à elle seule que son auteur a pris connaissance de l'important travail de René Zazzo sur *Les jumeaux, le couple et la personne* paru la même année [5] – Merleau-Ponty avait d'ailleurs eu de multiples occasions de fréquenter ce grand disciple de Wallon à la Société française de psychologie entre 1950 et

1. Cf. PbPassiv, p. 259/[247].

2. Cf. Natu1-ms [107]v(108), [108]v(110), Natu1 107, 109, XT 221-222/261, RC57 113, S(PhiOmb) 210.

3. « Une efficace de la ressemblance (comme les jumeaux) » (NTi [286]). « Les jumeaux : cette différence dans l'identité, cette métamorphose ou métaphore. Cette double incarnation, plus frappante qu'aucune incarnation simple précisément parce qu'ici on a un sens qui ne repose pas en lui-même. » (NL-Arnh [14](8)) « Cela (ma vision) comporte un double ou un jumeau en tant que mon rapport au monde, étant réversion, comporte un "autre côté" qui est le rapport du corps d'autrui à mon monde, par identification, généralisation des chairs. » (NLVIàf3 [204]).

4. NTi [351], novembre 1960.

5. *Les jumeaux, le couple et la personne*, Paris, P.U.F., 1960.

1952, autrement dit pendant la période de rédaction de *La prose du monde* [1].

> Il faut qu'ils soient là comme reliefs, écarts, variantes d'une seule Vision à laquelle je participe aussi. Car ils ne sont pas des fictions dont je peuplerais mon désert, des fils de mon esprit, des possibles à jamais inactuels, mais ils sont mes jumeaux ou la chair de ma chair [2].

Cette chair de l'apparentement atteint ici sa radicalité ultime. Merleau-Ponty reprend à la lettre le thème husserlien du côté, et retourne cette « chair de ma chair » contre le dispositif du regard sartrien – un voyant-vu sans circularité ni empiétement. Autrui « naît par prélèvement sur moi ou par expansion de moi, comme Ève naquit d'une côte d'Adam » [3], et la « chair de ma chair » est précisément la première parole prononcée par l'homme-Adam [4] : le cri originaire de la reconnaissance d'une co-appartenance ontologique, qui exprime le premier empiétement moi-autrui tout en exprimant le premier désir.

> Quelle que soit l'opinion commune, ce n'est pas dans leur corps, ni *nulle part* que je vois les autres. Ce n'est pas d'un point de l'espace que part le regard de l'autre. L'autre naît *de mon côté*, par une sorte de bouture ou de dédoublement, comme le premier autre, dit la Genèse, a été fait d'un morceau du corps d'Adam [5].

C'est sans doute aussi de cette période tardive (1959-1960) que date l'annotation suivante, caractéristique par sa graphie et la couleur de l'encre, laissée en marge de *La prose du monde* lors de la relecture du manuscrit. On y retrouve, conjoints, le nouveau sens de la généralité charnelle fondée sur le miroir, la gémellité, et la critique du regard sartrien.

> Ce n'est pas seulement que je sois *figé* par autrui, qu'il soit le X par lequel je suis vu, *transi*. Il est l'allocutaire *i. e.* un bourgeonnement de moi au dehors, mon double, mon jumeau, parce que tout ce que je fais, je le lui fais faire et tout ce qu'il fait, il me le fait faire. Le langage est bien fondé, comme le veut Sartre, mais non pas sur une aperception, il est fondé sur le phénomène du miroir *ego-alter ego*, ou de l'écho, c'est-

1. Merleau-Ponty assure la vice-présidence de la Société française de psychologie pendant l'année 1951, et sa participation aux séances de la Société est attestée à de multiples reprises entre 1950 et 1952. Cf. « Comptes rendus des séances de novembre 1950 à mars 1951 », *L'année psychologique*, 1951, vol. 51, n° 1, p. 545-574 ; et « Comptes rendus des séances d'avril 1951 à mars 1952 », *L'année psychologique*, 1952, vol. 52, n° 1, p. 305-323.

2. S(Préf), p. 22.

3. Hesn, p. 280/7.

4. Cf. Gn 2, 23.

5. VI2, p. 86.

> à-dire sur la généralité charnelle : ce qui me donne chaud lui donne chaud, sur l'action magique du semblable sur le semblable (le soleil *chaud* me *donne chaud*) sur la fusion moi incarné-monde [1].

Dans les manuscrits les plus tardifs, Merleau-Ponty tente de faire converger les divers sens de la généralité charnelle. Il mêle ces deux fondamentaux de la chair que sont l'empiétement de la perception et du mouvement (généralité intersensorielle et intermodale) et la circularité du sentant-senti (généralité intrasensorielle et narcissique), jusqu'à les utiliser indifféremment. C'est notamment le cas dans le deuxième chapitre de *L'Œil et l'Esprit* (juillet-août 1960), ou encore dans la seconde phase de rédaction du *Visible et l'invisible* (octobre-novembre 1960). Merleau-Ponty parle une dernière fois de « la généralité de mon corps » [2] ou « généralité naturelle de mon corps » [3], et soutient toujours que celle-ci est en quelque sorte généralisable – « cette généralité qui fait l'unité de mon corps, pourquoi ne l'ouvrirait-elle pas aux autres corps ? » [4] Universalité du sentir, sensible généralisé, visible généralisé : le dernier chapitre du *Visible* et les notes de travail contemporaines cherchent à décrire « le sensible ouvert à d'autres corps par [la] généralité de la chair » [5], cette « généralité de la chair ouvrant aux autres » [6]. Mais ces formules ne sont pas une simple reprise, à près de dix ans de distance, du chapitre de *La prose du monde* sur la perception d'autrui, et d'un voyant-vu initialement appuyé sur Wallon et Lacan. Comme nous allons le voir maintenant, elles procèdent aussi d'une médiation plus tardive, qui suscite chez Merleau-Ponty une nouvelle réflexion sur le miroir, sans référence à Wallon ni à Lacan, et qui conduit directement aux derniers textes capitaux sur le schéma corporel.

§ 3. SENTIR SA PIPE DANS LE MIROIR
LES TEXTES ULTIMES SUR LE SCHÉMA CORPOREL

Après la première partie du cours sur *Les relations avec autrui chez l'enfant* (1950-1951), Merleau-Ponty ne parle plus jamais du miroir en rapport explicite avec Lacan, mise à part une simple mention du stade du miroir dans son premier cours au Collège de France, *Le monde*

1. PM, p. 29. Cf. ms PM [23](20^{quater}), et [24](20^{quinto}).
2. VI3, p. 154.
3. VI4, p. 200.
4. VI4, p. 187.
5. NLVIàf3 [184], novembre 1960.
6. NLVIàf3 [183]v, novembre 1960.

sensible et le monde de l'expression (1953) [1]. Ce même cours, par le traitement novateur de son thème majeur – l'expression –, prépare le phénoménologue à une tout autre réflexion sur le miroir. Merleau-Ponty y entame en effet une analyse audacieuse de *la perception du mouvement* comme impliquant un investissement imaginaire radical, une véritable « projection anthropologique » [2], direction théorique qui va jouer un rôle important dans ses développements tardifs sur le miroir en rapport avec la *chair*.

Lorsque Merleau-Ponty écrit en mai 1960 que « la chair *est phénomène de miroir* et le miroir est extension de mon rapport à mon corps » [3], il s'appuie d'abord sur une lecture qui l'absorbe largement durant les mois d'avril et mai de la même année. Il s'agit de la deuxième édition de *Gesetze des Sehens*, étude volumineuse de Wolfgang Metzger [4] sur la perception visuelle, devenue une référence classique de la *Gestalttheorie*. Nous en avons retrouvé de longues notes de lecture dans le volume le plus tardif du projet *Être et Monde* [5].

Metzger y rapporte le dispositif suivant [6]. Après s'être fabriqué une ossature de dé en fil de fer, et l'avoir fixée sur la pointe d'une tige, il en projette une ombre précise sur un mur, et tourne la tige entre ses doigts. Au grand étonnement de l'auteur, l'ombre prend l'apparence d'un corps réel qui se meut et dont la forme demeure constante [7]. Le *mouvement* arrache l'ombre à son statut d'image projective et la métamorphose en corps vivant : l'ombre se fait chair [8]. À titre de vérification, Metzger refait l'expérience avec une forme non géométrique, un fil de fer déformé sans aucune régularité : le résultat est identique. Puis il reprend l'ossature cubique et la tient devant un *miroir*, de façon à ce que l'image du dé en fil de fer apparaisse, de son point de vue, au centre du dé réel. Metzger tourne alors à nouveau la tige, et au bout de quelques instants se produit une illusion visuelle d'incarnation qui l'étonne encore plus que les expériences précédentes : l'image, à ses yeux, se détache de la surface du miroir et vient se tenir en avant de lui, au milieu du cube

1. MSME, p. 159/[125](XIII7-XIV1).

2. Cf. notamment MSME, p. 182/[176](5), 183/[176]v(6) et 189/[181](1). Cf. aussi « Conscience et expression », avant-propos à l'édition de ce cours, p. 23-29.

3. NT, p. 309.

4. Frankfurt am Main, W. Kramer, 2e éd. 1953, 471 p., version considérablement augmentée par rapport à la première édition (1936). Pour les références explicites ou implicites de Merleau-Ponty à cet ouvrage, cf. notamment NT 273/[54], NTi [302], NTi [346], EM3 [235](7), *[239](15)-[248](34)*, [251], [254], [255], NT 322.

5. Cf. EM3 [239](15)-[248](34), avril-mai 1960.

6. *Op. cit.*, chap. IX, p. 213-215.

7. *Op. cit.*, p. 213-214.

8. *Op. cit.*, p. 215.

réel ; plus surprenant encore, elle tourne dans le même sens que ce dernier, alors même qu'elle est objectivement inversée par le miroir [1]. À nouveau, le mouvement métamorphose l'*inspectio mentis* de la représentation projective en une vision totale, où mon corps moteur prête sa chair au squelette de fer.

La lecture de ces comptes rendus d'expérience renouvelle l'analyse de la présence charnelle du cube, que la *Phénoménologie de la perception* reprenait à la théorie husserlienne des esquisses [2]. Merleau-Ponty découvre chez Metzger le dispositif extrême d'un *cube objectif*, matériellement et structurellement réduit à son essence géométrique (une ossature en fils de fer), qui, par le mouvement, devient un *corps phénoménal*, se fait chair [3]. L'exemple est précieux, car il ne s'inscrit plus dans le cadre purement phénoménologique d'un cube préobjectif inéluctablement voué à laisser place à son état projectif, mais dans le cadre ontologique d'une conception du réel où l'objectif reste à jamais mêlé avec la chair. Même ce cube réduit à son ossature en fil de fer – donc reconduit au plus proche de son essence géométrique absolue – s'habille de chair dès qu'on lui donne mouvement [4].

Cet exemple du moins charnel qui soit, auquel le moindre mouvement redonne chair, est aux antipodes de la danseuse évoquée par Sartre

1. *Ibid.*

2. Cf. PhP, p. 236-237.

3. « L'ombre d'un cube en fil de fer – Qu'est-ce que je vois ? La chair du cube. La perception est sans *what*. Par mouvement de l'ombre, elle cesse d'être ombre (cf. figuratifs ombre) et devient un cube qui *west*. L'objet étrange en fil de fer : que veut-on dire en disant qu'on *le* voit, alors qu'on ne saurait le définir *ni le dessiner*. Dessiner c'est réfléchir. » (EM3 [254], mai 1960) « L'ombre d'un dé en fil de fer – Qu'est-ce que le dé, le cube, qu'est-ce que voir un cube ? Le cube *Selbstgegeben* – Le sens du cube et la chair du cube – Le cube comme horizon – Les rapports de l'ombre à la chose – L'ombre est-elle de l'imaginaire ? Non – Est-elle du réel ? Structure mouvement et structure chose : quand l'ombre du cube en fil de fer est mise en mouvement, on a apparition d'*un cube sur l'écran* (et non plus une ombre de cube) – La "réalité" = la productivité phénoménale. L'objet en fil de fer tournant : analyser la "constance" de sa forme – Qu'il ne s'agit ni de constance idéale ni de constance réelle ("tableau visuel") (...). La structure chose-image en miroir = l'image en miroir du cube tournant sort du miroir et passe dans le cube : avec déformation (rapetisse) – L'Être-image – Sur cet exemple, montrer en quel sens la perception contient sa vérité » (EM3 [242]v(22), avril ou mai 1960). « Silence de la perception = l'objet en fil de fer dont je ne saurais dire ce qu'il est, ni combien de côtés il a etc. et qui pourtant est là (c'est le critère même de l'observable selon Sartre qui est ici contredit, – et le critère de l'imaginaire selon Alain qui intervient dans la perception). » (NT, p. 322, nov. 1960).

4. Merleau-Ponty trouvait déjà des exemples analogues dans l'étude de Michotte sur *La perception de la causalité*, qui met aussi en valeur combien l'objectif s'anime (s'animalise) dans le mouvement. Cf. A. Michotte, *La perception de la causalité*, Paris, Vrin, 1946 ; Anvers-Bruxelles-Gand-Louvain-Amsterdam, Publications universitaires de Louvain, Éditions Érasme et Standaard-Boekhandel, 1952.

pour illustrer sa propre conception de la chair : l'être apparemment le plus charnel, auquel il faut retirer tout mouvement pour en dégager la chair [1]. Il donne aussi à Merleau-Ponty une remarquable illustration de l'idée selon laquelle le réel est tissé d'imaginaire, dans la ligne des rêveries bachelardiennes [2]. Il nous introduit enfin, liée à cette même idée, à la conception originale de la donation en chair vers laquelle s'orientent les derniers écrits. Forgée dans une analyse critique de la *Phénoménologie de la perception*, cette conception, tout en étant d'abord dirigée contre Sartre, enveloppe une critique naissante de Husserl. Nous explorerons plus avant ce point dans notre prochain volume.

L'attention que Merleau-Ponty prête à ces expériences de Metzger est redoublée, au même moment, par la lecture de Schilder. Dans les *Notes sur le corps* (inédites), plusieurs feuillets préparent les cours de mars 1960 et font référence à la réflexion que *The Image and Appearance of the Human Body* consacre au miroir. Cette référence se poursuit jusque dans *L'Œil et l'Esprit*, rédigé pendant l'été suivant, et même jusque dans le cours de 1961 sur l'ontologie cartésienne. Les notes sur le miroir de Metzger, prises entre avril et mai 1960, sont ainsi encadrées et accompagnées par la lecture de Schilder.

Si la reprise de Metzger contribue à montrer que le traitement merleau-pontien tardif du miroir n'est pas un élargissement du touchant-touché husserlien, la réflexion autour de Schilder prouve que ce même traitement n'est pas non plus une reprise directe de Wallon et Lacan. En revanche, on peut considérer que la lecture de Schilder par Merleau-Ponty fait converger ces diverses influences dans sa conception de la chair et de l'intercorporéité. Elle marque sa réflexion ultime sur le voyant-vu, et contribue à la notion difficile de « généralité charnelle » – extension de mon rapport à mon corps, le miroir, qui « traîne dehors ma chair » [3], est instrument de cette généralité.

Schilder évoque le statut charnel du miroir en totale indépendance de Wallon, et, pour des raisons chronologiques évidentes, sans avoir connaissance du travail de Lacan. Il le fait moins dans une perspective psychogénétique que pour mettre en valeur une caractéristique permanente du schéma corporel : celui-ci est et demeure *inachevé* [4]. Cette incomplétude n'est pas d'abord d'ordre scopique (le fait que nous ne voyons pas notre corps en entier, point sur lequel insistait Wallon), elle

1. Cf. *Du lien des êtres…*, *op. cit.*, p. 137-146.
2. Cf. *Du lien des êtres…*, *op. cit.*, p. 255-270.
3. OE, p. 33.
4. Cf. par exemple IAHB, p. 287 (IC, p. 299).

ne regarde pas en premier lieu la connaissance que nous avons de notre corps, mais affecte la structuration identitaire du schéma corporel – ce que certains psychanalystes nommeront plus tard « l'image inconsciente du corps ». Il est vrai que « je suis mon corps », mais cet *être* est fondamentalement inachevé, ce qui induit une corrélation secrète entre *être son corps* et *être au monde*, *être à autrui*. C'est une des raisons pour lesquelles le « corps propre », selon Schilder, n'est au fond pas plus « propre » que celui d'autrui : une conception de la chair comme s'appartenant et se connaissant pleinement est illusoire, elle refoule cet inachèvement et dénie ses conséquences intolérables. Une autre conséquence de cette incomplétude constitutive est le pouvoir de fascination qu'exerce sur nous toute image de corps – image entendue ici au sens propre, scopique –, à commencer dans le miroir.

> Nous ne connaissons pas mieux notre corps que nous ne connaissons celui des autres : s'il en était autrement, nous n'aurions pas tant d'appétence pour le miroir. L'intérêt que nous portons au miroir trahit la labilité de notre modèle postural, le caractère incomplet de nos données immédiates, la nécessité où nous sommes de fournir un perpétuel effort de construction pour élaborer l'image de notre corps [1].

Tout en insistant sur notre inachèvement, cette approche reste étrangère à la dramatique du morcellement et de l'aliénation développée par Lacan. Le dernier Merleau-Ponty, entre les deux, tend spontanément à privilégier la perspective de Schilder, qui finit par recouvrir celle de Lacan, pourtant importante dans les cours en Sorbonne. Pourquoi ? Le passage précis d'*Image and Appearance* qui inspire son ultime réflexion sur le miroir apporte la réponse. Merleau-Ponty y retrouve le miroir dans un cadre, non lacanien, qui lui est familier depuis longtemps : celui d'une phénoménologie de la perception et de l'intersensorialité étendue par Schilder jusqu'à l'intercorporéité.

> Dans la sphère de la perception, une expérience simple nous rappellera une communauté entre le corps et son image extérieure. Je m'assieds devant un miroir, à trois mètres environ. Je tiens ma pipe dans ma main et je regarde dans le miroir. Je serre très fort mes doigts sur la pipe et je sens très nettement la contraction de mes doigts. Mais si je regarde intensément le reflet de ma main dans le miroir, j'arrive à sentir nettement la même contraction à la fois dans mes vrais doigts et dans ceux qui sont à trois mètres de moi, dans le miroir. (…) C'est donc que

1. IC, p. 285. « Our own body is in no way better known to us than the bodies of others. We should not use the mirror so eagerly if it were otherwise. The interest we have in mirrors is the expression of the lability of our own postural model of the body, of the incompleteness of the immediate data, of the necessity of building up the image of our body in a continual constructive effort. » (IAHB, p. 273).

> la sensation n'est pas seulement dans ma vraie main mais aussi dans la main du miroir. On peut donc dire que mon modèle postural est aussi présent dans mon image reflétée. Et mon image n'a pas seulement des qualités optiques, elle reçoit mes sensations tactiles. Le modèle postural de mon corps se trouve dans une image qui est hors de moi. Mais chaque être humain n'est-il pas comme une image de moi ? [1]

Je sens le contact de ma pipe « dans ma vraie main mais aussi dans la main du miroir » : cette expérience vient brouiller corps phénoménal et corps objectif [2], dans une communauté effective entre mon corps vécu et son image « extérieure » [3]. Que se passe-t-il ? Il y a captation du corps tactile et moteur par l'image visuelle, mais aussi, inversement, polarisation de la vision par le toucher. Le schéma corporel évolue décidément dans une spatialité labile, le corps propre est toujours à la fois ici et au-delà, capable de sentir son dedans au dehors. Mon schéma postural peut « se trouve[r] dans une image qui est hors de moi » et, de là, dans « chaque être humain ». Ces phénomènes s'appuient sur une intersensorialité et une intermodalité qui enrichissent l'intrasensorialité tout en devenant l'instrument d'une intercorporéité naissante.

Le miroir de Metzger, fidèle en cela à l'un des apports majeurs de la *Gestalttheorie*, mettait déjà en valeur l'intrication de la perception et de la motricité. Celui de Schilder va dans cette même direction, et révèle une forme d'intégration de la réflexivité du toucher à celle de la vision. L'ouverture du voyant-vu bénéficie au touchant-touché, qui se voit ainsi élargi jusqu'à opérer à distance, dans le miroir. Réciproquement, les vertus de proximité, les pouvoirs réalisants du toucher, sont prêtés à la

1. IC, p. 239-240. « A simple experiment may emphasize again that the community between the body-image outside and the body exists already in the sphere of perception. I sit about ten feet away from a mirror holding a pipe or a pencil in my hand and look into the mirror. I press my fingers tightly against the pipe and have a clear-cut feeling of pressure in my fingers. When I look intently at the picture of my hand in the mirror I now feel clearly that the sensation of pressure is not only in my fingers in my own hand, but also in the hand which is twenty feet distant in the mirror. (...) This feeling is therefore not only in my actual hand but also in the hand in the mirror. One could say that the postural model of the body is also present in my picture in the mirror. Not only is it the optic picture but it also carries with it tactile sensation. My postural model of the body is in a picture outside myself. But is not every other person like a picture of myself ? » (IAHB, p. 223-224).

2. « Élimination de l'alternative : monde objectif ou monde phénoménal : les structures du phénoménal se retrouvent dans l' "objectif" (l' "image"). Ceci applicable au corps (...). Le corps esthésiologique médiateur de cette identification. Phénoménal et objectif "brouillés". » (N-Corps [84](1)).

3. On trouve chez Husserl quelques textes sur le miroir, dont Merleau-Ponty n'avait pas connaissance, qui sont relativement proches de celui de Schilder. Cf. en particulier *Hua XIII*, n° 12, p. 327. Cf. Natalie Depraz, *Transcendance et incarnation*, *op. cit.*, p. 149-151.

vision, qui ainsi devient palpation. La « palpation » fait partie des thèmes bergsoniens de Merleau-Ponty – préférés en lieu et place de la « coïncidence » du même Bergson [1] – qui traversent la rédaction du *Visible et l'invisible*. Lorsque ce même manuscrit, dans le dernier chapitre, affirme que « la vision est palpation par le regard », on peut maintenant comprendre ce que cette phrase célèbre doit à Paul Schilder [2].

L'exemple de la pipe dans le miroir est repris et commenté par Merleau-Ponty dans de nombreux passages des manuscrits de 1960, qui gravitent d'abord autour de la préparation du cours sur la Nature du printemps, puis ponctuent les différentes étapes de la rédaction de *L'Œil et l'Esprit* qui sera achevée au mois d'août. Il serait fastidieux de reprendre tous ces textes [3]. Citons néanmoins un premier échantillon, extrait de feuillets utilisés pour le cours au Collège de France du 31 mars 1960 :

> Captation du corps tactile par l'image visuelle : Schilder : je sens dans la glace le contact de ma pipe sur ma main. Lien de l'imaginaire et ~~de la vision~~ du voir : par le voir et ses équivalences tactiles inauguration d'un dedans et d'un dehors et de leurs échanges, d'un rapport d'être à ce qui pourtant est dehors à jamais : la spatialité du corps est incrustation dans espace du monde… [4]

Merleau-Ponty poursuit :

> [*(en marge :)* Le schéma corporel comme incorporation] Le schéma corporel est cela. Finalement donc (…) un rapport d'être entre mon

1. Cf. par exemple PhP 76, UAC 107-109, Sorb(SHP) 443, EP 20, 22, 25, 36, Natu1 85, 91, 151, S(Berg) 231, 234, Huss 63/[108]v(16^{quater}), DESC [208]v(9), VI3 163.

2. « Ce qu'il y a donc, ce ne sont pas des choses identiques à elles-mêmes qui, par après, s'offriraient au voyant, et ce n'est pas un voyant, vide d'abord, qui, par après, s'ouvrirait à elles, mais quelque chose dont nous ne saurions être plus près qu'en le palpant du regard, des choses que nous ne saurions rêver de voir "toutes nues", parce que le regard même les enveloppe, les habille de sa chair. (…) C'est que le regard est lui-même incorporation du voyant au visible, recherche de lui-même, qui EN EST, dans le visible (…). Le regard, disions-nous, enveloppe, palpe, épouse les choses visibles (…) la vision est palpation par le regard. » (VI4, p. 173-177) Cf. aussi VI3, p. 170.

3. Chronologiquement, le premier texte à évoquer l'exemple de la pipe dans le miroir se trouve dans les notes de lecture de Schilder : « La pression de mes doigts sur ma pipe est aussi *dans* le miroir (223). Donc, comme les autres sont miroirs de moi, réciprocité de mon schéma corporel et du leur (…) mon schéma corporel va jusqu'au miroir. » (N-Corps [105]v) Merleau-Ponty revient sur cet exemple dans le feuillet [84](1), sur lequel s'appuie manifestement la préparation du cours du 31 mars 1960 : « Captation du corps tactile par l'image visuelle (Narcisse) – Schilder : je sens dans le miroir le contact de ma pipe sur ma main – Sentir à distance – Cela veut dire : par vision, mon corps tactile s'étend partout. »

4. Natu3, p. 345-346/[73]v, transcription corrigée.

> corps et le monde, les différents aspects de mon corps, un rapport d'éjection-introjection, d'incorporation.
> Il peut s'étendre aux choses (vêtements et schéma corporel), il peut expulser une partie du corps, il est donc non fait de parties déterminées, mais un être lacunaire (le schéma corporel est creux au dedans (...)).
> La sensorialité (surtout par la vision) implique intentionnellement incorporation, *i. e.* fonctionnement du corps comme passage à un dehors, par ses « orifices »
> [*(en marge :)* L'incorporation des autres] Autre conséquence : comme mon image visuelle capte mon toucher, l'image visuelle des autres le capte aussi : ils sont aussi le dehors de moi. Et je suis leur dedans. Ils m'aliènent et je les incorpore [1].

Quelques semaines après la fin du cours sur la Nature, Merleau-Ponty reprend à nouveau le phénomène de la pipe dans le miroir au fil des versions successives de *L'Œil et l'Esprit* [2]. Voici un extrait de la première rédaction :

> Schilder disait que si je fume ma pipe devant un miroir, je sens la surface lisse et chaude du fourneau non seulement là où sont mes doigts, mais aussi là-bas, dans le miroir, dans ces doigts seulement visibles qui emportent avec eux tout ce que touchent mes doigts de chair. S'il y a un dehors de mon dedans, il y a un dedans de tous les autres corps que je vois, ils sont désormais tapissés de tout l'invisible de mon corps, ils s'incorporent ma chair et réciproquement je vis mon corps non seulement selon ce qu'il est, mais aussi selon ce que m'apprend le spectacle des autres vies charnelles, mon corps se généralise et comporte des secteurs empruntés. Nous sommes désormais les uns pour les autres des miroirs et inversement le miroir réitère à chaque instant pour nous l'opération magique qui fait que le dedans et le dehors passent l'un dans l'autre... [3]

La rédaction suivante [4] se rapproche du texte définitif, que l'on pourra lire aux pages 33 et 34 de l'édition française de *L'Œil et l'Esprit* [5]. Ces diverses réécritures marquent un point d'aboutissement

1. Natu3, p. 346/[73]v-[74], transcription corrigée.

2. Nous avons ici une bonne illustration du patient travail d'écriture dont cet essai, particulièrement soigné, fut le fruit. On n'insistera jamais assez sur le statut capital de *L'Œil et l'Esprit*, véritable testament ontologique involontaire de Merleau-Ponty. Voici un extrait de la phase programmatique de cet essai : « *II 1) Monde magique de l'image, de la ressemblance, de l'analogie.* Le miroir : dans monde vécu : il complète mon corps visible, fait que je me vois vraiment, du dehors, comme les autres me voient, que je sens dans les autres mon corps tactile (Schilder), que les autres sont miroirs de moi et moi d'eux, qu'il y a concentration et rapports expressifs. » (OE-ms [147]).

3. OE-ms [16](13)-[16]v(14).

4. OE-ms [40]v(10).

5. « Plus complètement que les lumières, les ombres, les reflets, l'image spéculaire ébauche dans les choses le travail de vision. Comme tous les autres objets techniques,

de l'inspiration que Merleau-Ponty a trouvée dans l'approche schildérienne du schéma corporel. Au-delà du seul phénomène de la pipe dans le miroir, la dette à l'égard de Schilder s'y trouve condensée en une sorte d'aide-mémoire, orienté par l'insistance kleinienne sur l'incorporation. Les affirmations se bousculent pour former un ensemble audacieux et encore obscur, où l'on pressent pourtant que cheminent des dimensions essentielles de la philosophie de l'auteur, dans ses horizons anthropologiques comme ontologiques. Des horizons justement ouverts par sa longue réflexion sur le schéma corporel, laquelle finit par entretenir une synonymie entre « schéma corporel » et « chair ».

Tentons de démêler l'écheveau. Ces textes sont traversés par plusieurs lignes de force, à commencer par une forme d'habilitation de l'« incorporation » (cet « échange du dedans et du dehors ») à un « rapport d'être ». Ce rapport trouve dans le miroir l'un de ses instruments privilégiés (« le miroir réitère à chaque instant pour nous l'opération magique qui fait que le dedans et le dehors passent l'un dans l'autre » [1], « il est l'instrument d'une universelle magie qui change (…) moi en autrui et autrui en moi » [2]), non seulement dans le miroir de glace mais plus largement dans celui du *voyant-vu* : « Nous sommes désormais les uns pour les autres des miroirs » [3]. Merleau-Ponty rejoint ici certains aspects de la compréhension, justement élargie au voyant-vu, que Françoise Dolto avait du miroir lacanien [4] – ses quelques échanges

comme les outils, comme les signes, le miroir a surgi sur le circuit ouvert du corps voyant au corps visible. Toute technique est "technique du corps". Elle figure et amplifie la structure métaphysique de notre chair. Le miroir apparaît parce que je suis voyant-visible, parce qu'il y a une réflexivité du sensible, il la traduit et la redouble. Par lui, mon dehors se complète, tout ce que j'ai de plus secret passe dans ce *visage*, cet être plat et fermé que déjà me faisait soupçonner mon reflet dans l'eau. Schilder observe que, fumant la pipe devant le miroir, je sens la surface lisse et brûlante du bois non seulement là où sont mes doigts, mais aussi dans ces doigts glorieux, ces doigts seulement visibles qui sont au fond du miroir. Le fantôme du miroir traîne dehors ma chair, et du même coup tout l'invisible de mon corps peut investir les autres corps que je vois. Désormais mon corps peut comporter des segments prélevés sur celui des autres comme ma substance passe en eux, l'homme est miroir pour l'homme. Quant au miroir il est l'instrument d'une universelle magie qui change les choses en spectacles, les spectacles en choses, moi en autrui et autrui en moi. » (OE, p. 32-34).

1. OE-ms [16]v(14).
2. OE, p. 34.
3. OE-ms [16]v(14).
4. Cf. par exemple F. Dolto et J.-D. Nasio, *L'enfant du miroir*, Paris, Rivages, 1987 ; Payot & Rivages, 2002, p. 58-59. « J'ajoute qu'on valorise souvent la dimension scopique des expériences dites spéculaires : à tort, si l'on n'insiste pas suffisamment sur l'aspect relationnel, symbolique, de ces expériences que peut faire l'enfant. Il ne suffit pas qu'il y ait réellement un miroir plan. À rien ne sert si le sujet est confronté en fait au manque d'un

avec Dolto l'ont peut-être orienté en ce sens, même si la médiation première reste là encore celle de Schilder [1]. Le miroir du voyant-vu délivre l'expression de « ce que j'ai de plus secret » [2], il « entraîne au loin les secrets de ma chair » et tapisse les corps que je vois de « tout l'invisible de mon corps » [3]. L'être-au-monde déployé par le schéma corporel s'avère ainsi intégralement porté par un régime d'incorporation (« le schéma corporel comme incorporation : le schéma corporel c'est cela » [4]) d'emblée animé par l'horizon d'une intercorporéité radicale. Et c'est bien celle-ci qui est par excellence « rapport d'être » : un rapport de « substance » affectant ma substance et celle d'autrui (« ma substance passe en eux » [5], « mon corps comporte des segments étrangers comme les autres sont faits de ma substance » [6]), une communion substantielle qui est aussi relation transsubstantielle, un accouplement qui est aussi manducation mutuelle.

Aussi Merleau-Ponty tend-il à ne retenir, de l'incorporation, que le mouvement d'introjection ; une introjection à l'oralité patente – « Ils s'incorporent ma chair et je les absorbe, je vis désormais dans une corporéité généralisée » [7]. À lire ces textes, il est difficile de ne pas penser tout à la fois à la dimension archaïque maternelle de cette oralité, à sa reprise et ses prolongements érotiques dans la communion sexuelle, à sa reprise et ses prolongements mystiques dans la communion eucharistique. Cette dernière dimension, rappelons-le, était déjà frayée par la *Phénoménologie de la perception*, conjointement au tout premier usage que Merleau-Ponty faisait de la figure de l' « accouplement » [8]. Et

miroir de son être dans l'autre. Car c'est cela qui est important. » (Dolto, *L'image inconsciente du corps*, *op. cit.*, p. 148).

1. « Nos yeux et les yeux des autres deviennent instrument principal des rapports entre les images du corps. » (IC, p. 252 / IAHB, p. 237-238).

2. OE, p. 33.

3. OE-ms [40]v(10).

4. Natu3, p. 346/[73]v.

5. OE, p. 34.

6. OE-ms [40]v(10). Cf. aussi le passage déjà cité de *La prose du monde*, p. 187 (« cet autre est fait de ma substance »).

7. OE-ms [40]v(10).

8. Cf. PhP, p. 245-248, 370. Ces belles pages sont imprégnées de lectures de Claudel, dans l'imaginaire qu'elles véhiculent, le style qu'elles adoptent, et jusque dans le choix de certains termes. « Le sujet de la sensation n'est ni un penseur qui note une qualité, ni un milieu inerte qui serait affecté ou modifié par elle, il est une puissance qui co-naît à un certain milieu d'existence ou se synchronise avec lui. (...) De la même manière je prête l'oreille ou je regarde dans l'attente d'une sensation, et soudain le sensible prend mon oreille ou mon regard, je livre une partie de mon corps, ou même mon corps tout entier à cette manière de vibrer et de remplir l'espace qu'est le bleu ou le rouge. Comme le sacrement non seulement symbolise sous des espèces sensibles une opération de la Grâce, mais encore est la présence réelle de Dieu, la fait résider dans un fragment d'espace et la

lorsque l'on connaît les préférences littéraires de Merleau-Ponty, ainsi que ses lectures du moment, il est difficile de ne pas penser à Claude Simon et Paul Claudel. Deux écrivains que le philosophe va bientôt commenter dans son cours sur *L'ontologie cartésienne*, qui à bien des égards prolonge le travail de *L'Œil et l'Esprit*. Claude Simon et cette « chair du monde » que Merleau-Ponty lui emprunte, en particulier certaines pages érotiques sur lesquelles nous reviendrons quand nous aborderons la genèse et le sens de ce concept ultime ; Claudel et sa propre conception de la chair tout à la fois érotique et mystique, sexuelle et eucharistique [1].

Ces diverses lignes de force convergent ainsi vers une dernière dimension, flagrante : celle du désir, depuis sa description structurelle topologique (le chiasme du dedans-dehors, quasi obsessionnel dans ces textes), sa description archéologique psychanalytique, et jusque dans ses horizons les plus oniriques (« lien de l'imaginaire et du voir » [2]) et ontologiques, traversés par la négativité – comme l'être, le schéma corporel est « lacunaire » [3].

§ 4. CIRCULARITÉ ET NÉGATIVITÉ DU MIROIR

Les différentes versions de *L'Œil et l'Esprit* sont remarquables par la substitution systématique, et définitive, de « chair » à « schéma corporel » – tout en faisant régulièrement référence à Schilder, elles n'emploient d'ailleurs jamais l'expression de « schéma corporel » (ou « image du corps »). « Le fantôme du miroir traîne dehors ma chair » [4], écrit ainsi Merleau-Ponty ; plus largement, « toute technique » « figure et amplifie la structure métaphysique de notre chair » [5]. Symétrique-

communique à ceux qui mangent le pain consacré s'ils sont intérieurement préparés, de la même manière le sensible a non seulement une signification motrice et vitale mais n'est pas autre chose qu'une certaine manière d'être au monde qui se propose à nous d'un point de l'espace, que notre corps reprend et assume s'il en est capable, et la sensation est à la lettre une communion. » (PhP, p. 245-246) « C'est ce que nous faisons en définissant la sensation comme coexistence ou comme communion. » (PhP, p. 247) « (…) mon regard s'accouple avec la couleur, ma main avec le dur et le mou (…) » (PhP, p. 248) « Dans cette mesure, toute perception est une communication ou une communion, la reprise ou l'achèvement par nous d'une intention étrangère ou inversement l'accomplissement au dehors de nos puissances perceptives et comme un accouplement de notre corps avec les choses. » (PhP, p. 370).

1. Cf. *infra*, chap. IX, § 3, p. 359 *sq*., et § 5, p. 391 *sq*.
2. Natu3, p. 345/[73]v, transcription corrigée.
3. Natu3, p. 346/[73]v.
4. OE, p. 33.
5. *Ibid*.

ment, dès la préparation du cours sur la Nature du printemps 1960, ou encore dans les notes inédites sur le corps datant de la même période, il suffisait en bien des endroits d'écrire « chair » à la place de « schéma corporel » pour trouver quelques formulations postérieures à ces feuillets. La connexion entre les deux notions – chair et schéma corporel – est d'ailleurs clairement indiquée dans plusieurs passages du cours de 1960 ; notamment dans celui-ci, envahi par la figure du circuit :

> Ce circuit du corps se touchant, se fermant presque sur lui-même, bouclé par préhension synergique d'une chose. Ce circuit est ce que veut dire le schéma corporel : il est schéma, organisation, non masse informe, parce qu'il est rapport à monde, et cela même parce qu'il est rapport à soi dans [la] généralité. Cette chose-ouverture aux choses, participable par elles, ou qui les porte dans son circuit, c'est proprement la *chair*. Et les choses du monde en tant qu'elles sont noyaux en elle, qu'elles participent d'elle, qu'elles sont noyées en elle, c'est la chair du monde, le sensible [1].

Comme les autres figures de la chair, celle du *circuit* n'est pas chez Merleau-Ponty un simple schème apparu tardivement. Elle traverse déjà *La structure du comportement* [2], sous quelques significations techniques et biologiques (circuits nerveux, réflexe, circuits associatifs ou préétablis, etc.) qui porteront leur écho jusque dans les cours sur la Nature. Un premier sens généralisé apparaît dans la *Phénoménologie de la perception*, où les « circuit du comportement » [3], « circuit sensori-moteur » [4], « circuit de l'existence » [5] et « circuit de phénomènes » [6] résonnent peut-être déjà du *Gestaltkreis* de Weizsäcker. Mais il faut attendre l'époque des premières réflexions sur le miroir de Wallon et Lacan pour voir cette figure désigner le rapport à autrui et le rapport au monde : « il y a un circuit du moi et d'autrui » [7], qui est en particulier le « circuit du désir » [8]. Ce circuit développe l'éminente circularité de l'incorporation, que *L'homme et l'adversité* introduisait dans la foulée des réflexions sur le miroir délivrées par le cours sur *Les relations avec autrui chez l'enfant*. Réponse aux dualismes du corporel et du spirituel, la chair, écrivait alors Merleau-Ponty, est « rapport de personne à personne (...) et non pas seulement à un autre corps » ; portée par sa dimension « sexuelle-agressive », elle est le lieu où se tisse « entre

1. Natu3, p. 285-286/[46].
2. Cf. SC 6-8, 12, 15, 18-21, 24-26, 28, 31-33, 52, 85, 87-88, 93, 95, 121, 207, 235.
3. PhP, p. 87.
4. PhP, p. 102.
5. PhP, p. 102, 192.
6. PhP, p. 203.
7. S(Mach), p. 268 ; cf. encore Sorb(MPE), p. 530.
8. PM, p. 147.

autrui et moi le système circulaire des projections et des introjections », où s'allume « la série indéfinie des reflets reflétants et des reflets réfléchis qui font que je suis autrui et qu'il est moi-même » [1]. Merleau-Ponty en concluait : « Telle est cette idée (…) que le freudisme finit par nous proposer » [2]. Ce point d'aboutissement généreusement prêté à Freud était plutôt un point de départ de la philosophie de la chair de Merleau-Ponty, d'emblée marquée par une logique du miroir qui culmine en 1960 avec les textes que nous venons de lire. Le retour en force du « circuit » dans les derniers manuscrits [3] est aussi favorisé par les descriptions de l'embryogenèse chez Gesell [4], par le cercle de feu d'Héraclite chez Abel Jeannière [5], ou encore par l'imaginaire de l'enroulement chez Teilhard de Chardin [6].

Deux figures se disputent décidément la généralité charnelle : la figure *transitive* de l'*empiétement* et de ses associés (enjambement, propagation, bouture, prolongement, annexion, etc.), et la figure *réflexive* de la *circularité* du miroir, du narcissisme. Empiétement et circularité. La chair est-elle d'abord empiétement sur l'autre ou expansion du même ? Merleau-Ponty semble ne s'être jamais posé la question en ces termes. L'importance qu'il accorde à l'incorporation

1. S(HoAdv), p. 292.

2. *Ibid*.

3. Cf. par exemple Natu2 213, 234, 240, RC58 133, S(PhiOmb) 219, PhilAuj3 116/[41](58), NLVIàf2 [153], VI1 24, VI2 119, S(Berg) 233, EM2 [149](3), [183], [184], NT 256, S(MàLS) 155, Natu3 271/[37], 279/[43], 280/[43]v, 281/[43]v, 285/[45]v, 285/[46], 287/[46]v, 288/[47], 331/[66]v, 333/[67], 336/[69], OE-ms [12]v(6), [16](13), [36](52), [40](9), OE 33, 87, S(Préf) 23, Brouil 376/[114](132), VI4 193, 202, NLVIàf3 [180], [180]v, [181], NT 322, NTi [352].

4. Arnold Gesell, en collaboration avec Catherine S. Amatruda, *The Embryology of Behavior*, New York, Harper and Brothers publishers, 1945 ; *L'embryologie du comportement. Les débuts de la pensée humaine*, traduit de l'anglais par le Dr Paul Chauchard, Paris, P.U.F., 1953.

5. Abel Jeannière, *La pensée d'Héraclite d'Éphèse et la vision présocratique du monde*, Paris, Aubier, 1959.

6. « L'Homme : ce sur quoi, et en quoi, l'Univers s'enroule. » (Pierre Teilhard de Chardin, *La Place de l'Homme dans la Nature*, Paris, Seuil, 1956, p. 50). « … un Univers qui, d'un seul bloc, du haut en bas, s'enroulerait sur lui-même, jusqu'à s'intérioriser, dans une croissante complexité. » (*ibid*., p. 46) De manière générale, la figure de l'enroulement est très présente dans cet ouvrage, ainsi que dans *Le phénomène humain* (Paris, Seuil, 1955). Dans celui-ci, Teilhard de Chardin livre un développement sur « le dedans » (cf. notamment p. 70 *sq*.), qui est l'une des notions importantes de son lexique, et le décrit comme « le feuillet psychique de l'étoffe du monde », « la face "psychique" de la portion d'Étoffe cosmique encerclée » (*ibid*., p. 70). « … l'accroissement de Dedans ne se produit qu'à la faveur *d'un double enroulement conjugué…* » (*ibid*., p. 72). C'est probablement chez cet auteur que Merleau-Ponty puise la métaphore des « feuillets » ; il emploie d'ailleurs pour la première fois cette terminologie en citant Teilhard de Chardin, à la fin des notes de cours du printemps 1957 (cf. Natu1-ms [171](207)).

dans sa compréhension de notre rapport charnel au monde et à autrui tend à concilier les deux mouvements : la chair est empiétement (sur l'autre) dans l'expansion (d'elle-même) et réciproquement. Il faut aussi ajouter que l'alternative conceptuelle classique entre *le même* et *l'autre* reste étrangère à cette pensée, comme si elle n'avait plus de sens dans la logique de la chair, elle-même liée à une conception profonde du désir. Ce dépassement est à sa façon assumé par la figure du *chiasme*, à commencer dans l'analyse de Valéry où Merleau-Ponty la puise initialement – une analyse qui porte typiquement sur l'échange des regards entre moi et autrui [1].

L'expression « Moi-autrui » est bien une « formule insuffisante » [2] : la chair n'était pas seule avant d'être avec autrui. Il n'y a pas de solipsisme, mais un circuit originaire bientôt développé par le miroir du voyant-vu, une réflexion charnelle qui ramène depuis toujours dans ses filets le monde et autrui. Ce circuit est plus ouvert que celui du *touchant-touché*, susceptible de se refermer sur lui-même dans une réversibilité narcissique plus immédiate. Il n'existe pas de « miroir tactile », remarque Merleau-Ponty [3]. « Le toucher se touche immédiatement (...). La vision brise cet immédiat (le visible est à distance, hors des limites de mon corps) et rétablit l'unité par miroir, dans le monde » [4].

La réflexion charnelle du voyant-vu m'initie à autrui dans le mouvement même par lequel autrui m'initie à moi-même. Elle est ainsi parfaitement étrangère à l'œil-esprit cartésien si hésitant à décider si oui ou non, sous le chapeau et le manteau qui passent dans la rue, le pantin est bien un être humain. Voire hésitant à décider si, se voyant lui-même dans le miroir, le pantin est bien... lui-même. Non sans ironie, Merleau-Ponty souligne en effet à plusieurs reprises qu'un cartésien éprouve ce handicap, comme s'il était atteint de certaines pathologies décrites par la littérature neurologique moderne : « un cartésien ne *se* voit pas dans le miroir : il voit un mannequin, un "dehors" dont il a toutes raisons de penser que les autres le voient pareillement, mais qui, pas plus pour lui-même que pour eux, n'est une chair » [5]. Un cartésien ne peut que réduire « son "image" dans le miroir » à « un effet de la mécanique des choses ; s'il s'y reconnaît, s'il la trouve "ressemblante", c'est sa pensée qui tisse ce lien, l'image spéculaire n'est rien *de* lui » [6]. Cette même idée est

1. Sur ce point, cf. *Le scénario cartésien*, *op. cit.*, chap. VI.
2. NT, p. 274, novembre 1959.
3. Natu3, p. 345/[73]v.
4. *Ibid.*
5. OE, p. 38-39.
6. OE, p. 39. Cf. aussi OE-ms [18]v(18), [41](11), [155].

reprise dans le cours sur l'ontologie cartésienne de 1961, et donne lieu à une toute dernière évocation du miroir de Schilder [1]. En lien avec sa critique de la conception sartrienne de l'imaginaire, Merleau-Ponty affirme que Descartes efface la puissance de la ressemblance, réduit l'imaginaire à une analogicité formelle étrangère à celle de la chair, et rend impossible l'intercorporéité. Voici un extrait de la préparation du cours, où la prise de notes, aussi synthétique qu'elliptique, est traversée par une proposition rassemblant ce que le philosophe retient des idées de Schilder sur le miroir, lesquelles sont massivement dressées contre Descartes :

> Vision = survol, non ouverture à… (…). Reflets, images spéculaires (« fantômes ») sont des *choses* (…). Clair rapport de projection – ressemblance qui en résulte est dénomination extrinsèque. Le reflet, l'image spéculaire agissent sur corps comme chose et donnent perception sans objet, illusion – Notamment mon image dans le miroir (ou vision d'autrui) = mannequin – Je ne *me* vois pas, je ne vois pas autrui – Je me pense, je pense autrui – La visibilité n'est plus structuration de l'Être (Schilder) : mon corps fantôme, dans le miroir, tire dehors toute mon expérience tactile, l'investit au dehors, les autres hommes miroirs pour moi par leur corps, mon corps et le leur empiètent – Pas d'intercorporéité [2].

Merleau-Ponty, comme Dolto, élargit le phénomène du miroir bien au-delà de l'objet miroir : le regard d'autrui est miroir, les autres êtres humains sont « miroirs pour moi par leur corps ». Plus largement encore, toute chose est susceptible d'être miroir de ma chair, du fait de la « projection anthropologique » qui traverse de bout en bout notre rapport au monde [3]. Symétriquement, ma chair devient elle-même miroir d'autrui et du monde : hantée par un monde qu'elle habille d'elle-même, la chair opère comme un miroir tout en faisant de toute chose un miroir. Et c'est bien selon l'ensemble circulaire de ces directions de sens que « la chair *est phénomène de miroir* ».

Cette circularité peut-elle être articulée avec la délicate question de la *négativité* de la chair ? D'un côté, Merleau-Ponty semble ne pas prendre la mesure des dimensions les plus dialectiques, sinon tragiques,

1. Cf. OntoCart, p. 177/[11](11), NTontocart [115]-[116], [117], [121].

2. OntoCart, p. 177/[11](11).

3. Selon un tout autre sens de la projection que ce « clair rapport de projection » optique-géométrique qui soutient l'objectivité et ses dénominations extrinsèques, projection au plus loin de « traîne[r] dehors ma chair », de « figure[r] et amplifie[r] la structure métaphysique de notre chair » (OE, p. 33), voire suspecte de s'en protéger par une entreprise de clarification qui, une fois érigée en règle philosophique, construit un écran projectif dont l'étanchéité est à la mesure de sa clarté cognitive.

du miroir lacanien, et met l'accent sur le miroir comme instrument d'*unification* du schéma corporel. De l'autre, y compris dans cette même perspective, il insiste sur l'*inachèvement* essentiel de notre être. L'inachèvement, l'inépuisable, mais pas la destruction ou la folie : une négativité qui ne vise pas le *néant*, mais creuse notre ouverture à l'*être*, ouverture aux autres êtres lacunaires et aux lacunes de l'être lui-même. Ceci indique déjà la nature, comme les limites, de la négativité merleau-pontienne – non sans cohérence avec l'attitude critique de Schilder vis-à-vis de la psychanalyse freudienne, soulignant notre incomplétude tout en refusant l'hypothèse d'une pulsion de mort.

D'où vient alors notre attirance pour le miroir : pour trouver ou retrouver notre unité, « achever notre corps » [1], ou bien parce que la chair a besoin « de se rapporter à autre chose que sa propre masse » [2] ? En insistant sur l'unification par intercorporéité, les derniers textes sur le miroir conjuguent les deux, conjonction typique de l'apport de Schilder. Toujours lacunaire, le schéma corporel n'est pas un système clos, mais, comme la main, un être-étoilé qui épouse le monde dans sa topologie béante [3]. De sorte que la circularité de la chair, pour reprendre quelques expressions récurrentes dans les derniers manuscrits, est « circuit ouvert » [4], « circuit interminable » [5], ou encore « circuit externe » [6]. Circuit, la chair est plus exactement *prégnance*, qui porte autrui en elle et l'engendre déjà. Elle est cette étrange « chose » qui porte les choses dans son circuit, et cette « portance » fait chair tout ce que touche la chair, jusqu'à la chair de la chose et celle du monde. Le miroir révèle que le corps percevant et désirant demande autre chose que lui-même pour exister, et le demande par son propre volant, par sa propre inertie, jusque dans ses involutions les plus secrètes. L'une des clefs paradoxales de la chair est ce double sens de médiation et d'involution que Merleau-Ponty dit retrouver dans la psychanalyse [7].

1. « Pourquoi nous avons construit des miroirs : pour *nous* voir, convertir le voyant en visible, achever notre corps. » (NTontocart [117], cours du 2 février 1961).

2. Natu3, p. 271/[37].

3. « *Le corps libidinal et l'intercorporéité*. Ceci = *Einfühlung* corps-choses, pénétration à distance des sensibles par mon corps. Les choses comme ce qui manque à mon corps pour fermer son circuit. Mais ceci est aussi ouverture de mon corps aux autres corps. » (Natu3, p. 281/[43]v, transcription corrigée).

4. Cf. Natu3, p. 279/[43], OE-ms [40](9), OE, p. 33.

5. « Le corps ouvre en *se sentant* le circuit interminable du soi et des choses » (OE-ms [13](7)).

6. Cf. Natu3, p. 331/[66]v. « On ne peut comprendre l'organisme humain sans son circuit externe, sa planétarisation » (Natu3, p. 333/[67]).

7. « Le corps demande autre chose que le corps-chose ou que relation avec soi. Est en circuit avec les autres. Mais cela, par son propre poids de corps, dans son autonomie. (...)

Cette approche de la chair n'enlève pas la possibilité du conflit et de la violence. Au contraire, comme le prochain chapitre nous permettra de l'approfondir, c'est bien parce qu'il y a une telle « situation commune » avec autrui, une telle « *promiscuité* », que l'empiétement est inévitable. Depuis qu'autrui s'intercale dans le circuit de ma chair, c'est-à-dire depuis toujours, il empiète et aiguise mon inachèvement. Porté dans ma chair dès l'origine, autrui est d'emblée le tiers inclus de mes involutions ; mais, tout en naissant de moi, il m'arrache à moi-même : le retour à soi du désir est doublé de la perte de soi en autrui, du rapt par un regard étranger. L'inachèvement constitutif du schéma corporel s'avère finalement une racine commune des deux figures fondamentales de la chair, la *circularité* et l'*empiétement*, que l'on trouve mêlées tout au long du parcours à entrées multiples de l'intercorporéité chez Merleau-Ponty.

Enfin, l'analyse du miroir, comme celle de la négativité qu'il met en jeu, délivrent une clef majeure de l'espace phénoménal. L'espace n'est pas *vide de*, il n'a pas la vacuité de l'étendue cartésienne, parfaitement dés-incarnée et dés-entrelacée pour être le plan neutre des opérations de la conscience. Un plan construit pour n'être miroir de rien d'autre que de ces opérations mêmes, pour être miroir de tout sauf de la chair. L'espace serait-il alors *plein*, plein de ma corporéité, plein de notre intercorporéité ? Il est plutôt déployé par celle-ci, ouvert par l'entrelacs de ma chair et de la chair d'autrui. Plus exactement, il est ouvert par ce qui ouvre l'intercorporéité elle-même, par l'inachèvement et l'inépuisable attente à jamais inscrits dans les infrastructures d'une chair qui architecture le monde. Si l'espace n'est pas *vide de*, il n'est donc pas non plus à comprendre comme étant *plein de*, mais comme ouvert, inauguré par… l'inachèvement de notre être ouvert aux lacunes de l'être : par la négativité du désir. Où l'on retrouve alors une tout autre vacuité, non plus celle qui se construisait pour évacuer autrui, se mettre à l'abri des enjeux relationnels et des risques du désir, mais la béance et l'inépuisable mêmes du désir. « Le schéma corporel est creux au dedans » [1] : telle qu'elle est révélée par le miroir, la spatialité de la chair n'est pas uniquement une spatialité positive d'investissement moteur et désirant, de prolongement, de généralisation de soi ; elle est celle-ci parce qu'elle est aussi, et d'abord, spatialité négative, une ouverture qui est elle-même lacune. Où l'on comprend mieux pourquoi l'espace est

L'Éros et le *Thanatos* freudiens rejoignent notre problème de la chair avec son double sens d'ouverture et de narcissisme, de médiation et d'involution. » (Natu3, p. 288/[47], transcription corrigée).

1. Natu3, p. 346/[73]v.

décidément avant tout, pour Merleau-Ponty, *profondeur* – espace qui creuse d'autant plus notre désir qu'il est miroir de notre être lacunaire.

SECTION B

COMPLEXITÉ ET UNITÉ DE LA CHAIR

CHAPITRE IV

PROMISCUITÉ [1]

Lorsque Merleau-Ponty, au printemps 1960, évoque la chair comme « phénomène de miroir » et déploie ses réflexions ultimes sur le schéma corporel, il est en train d'avancer dans la préparation d'un chapitre d'*Être et Monde* intitulé « L'intercorporéité – La promiscuité » [2]. Ce travail est exemplaire du rapport complexe que sa philosophie de la chair entretient avec la psychanalyse. Merleau-Ponty comprend celle-ci en l'intégrant à l'économie de sa propre pensée, à l'intention et aux enjeux critiques qui l'animent. Ceci implique une inévitable déformation du champ ainsi assimilé – sans diminuer pour autant, il s'en faut, l'intérêt et la fécondité d'un tel travail. L' « intégration » merleau-pontienne de la psychanalyse est en dialogue avec d'autres tentatives philosophiques contemporaines, par exemple celle de Scheler, les « psychanalyses » de Bachelard, et, surtout, la « psychanalyse existentielle » de Sartre [3]. C'est d'abord contre celle-ci que ses derniers écrits évoquent le projet d'une « psychanalyse ontologique ». Latente dès le chapitre de la *Phénoménologie de la perception* sur le corps comme être sexué, cette opposition éclate dans les inédits de la fin des années quarante, et s'approfondit dans plusieurs manuscrits plus tardifs, à commencer par le cours sur *Le problème de la passivité* :

> Une métaphysique de la sexualité est nécessaire : il est nécessaire de comprendre pourquoi et comment, en vertu de sa structure propre, elle

1. Une première version partielle de ce chapitre a été publiée sous le titre « La "promiscuité". Merleau-Ponty à la recherche d'une psychanalyse ontologique », *Archives de philosophie*, tome 69, cahier I, printemps 2006, p. 11-35.
2. Cf. EM2 [175](20).
3. Cf. *Du lien des êtres aux éléments de l'être*, *op. cit.*, p. 132-146, 255-312.

> rend possible une *Leistung* qui intéresse le tout de la vie de l'individu. La sexualité même, n'étant pas une « fonction naturelle », a besoin d'être expliquée. Le problème qu'elle pose (…) est de savoir comment une vie peut entrer dans une autre vie ou celle-ci la recevoir. L'amour physique n'est le symbolisé universel, n'est intéressé dans toute opération humaine et n'y apporte sa contribution, son poids, son volant, que parce qu'il symbolise lui-même au plus haut point l'incarnation, la corporéité, le rapport charnel avec autrui. La psychanalyse est bien, en dernière analyse, psychanalyse existentielle, mais non pas au sens de Sartre, c'est-à-dire comme révélation d'une position prise par « *la liberté* », mais comme révélation de l'*intercorporéité*, du montage Ego-autrui tel qu'il est réalisé par chacun, du système symbolique installé dans notre machine à vivre [1].

Le même cours de 1955 inaugure l'usage d'une notion contribuant justement à cette « révélation de l'*intercorporéité* », qui occupera à ce titre une place majeure dans les manuscrits de 1959-1961 : la « promiscuité ». Comptant parmi les figures les plus originales et les plus complexes de l'univers du dernier Merleau-Ponty, aussi polymorphe que la célèbre figure de l' « empiétement », peut-être encore plus provocante, elle nous fait entrer au cœur de la psychanalyse ontologique du philosophe.

Décrivant la logique de nos rapports les plus archaïques avec autrui, la notion de promiscuité engage d'elle-même l'intercorporéité. Dans son usage proprement merleau-pontien, elle se complète bientôt de directions de sens plus inattendues. Car elle en vient aussi à caractériser la modalité connaissante de la chair, tout en éclairant notre résistance à celle-ci – notre ignorance naturelle de la chair comme être de promiscuité. Et elle habite bientôt le cœur de la conception merleau-pontienne de l'inconscient, dans une lecture de Freud qui croise l'influence de Schilder, celle de Melanie Klein et quelques échos de Lacan. La chair est à la fois au plus proche et au plus lointain, et cette dialectique de la promiscuité se décline selon des modalités spatiales, temporelles, et épistémologiques, qui configurent ensemble la spatialité du corps vécu, sa mémoire, sa familiarité ignorante, jusqu'au cœur de l'identité personnelle portée par l'image inconsciente du corps. À travers et au-delà de ces emplois qualifiant la chair, les derniers manuscrits usent encore des pouvoirs descriptifs de la promiscuité pour enrichir l'idée de mystère et de mystère ontologique. La chair, être de promiscuité, vit dans la promiscuité de l'être. Et la philosophie elle-même, d'après Merleau-Ponty, devrait être le savoir cohérent des visages apparemment si divers de cette ultime figure du lien. « La philosophie, affirme *Être et*

1. PbPassiv, p. 246/[258](3)-[258]v(4).

Monde dans l'une de ces formules synthétiques dont Merleau-Ponty a le secret, est savoir de la promiscuité, non du "pur" » [1].

Ici comme ailleurs, tentons de frayer quelques voies d'intelligibilité au sein de la complexité merleau-pontienne, sachant que le philosophe français commence toujours par recueillir les pouvoirs signifiants de sa langue maternelle. Dans son sens courant, « promiscuité » signifie à la fois « mêlé » et « commun » : la communauté produite par le mélange, et l'impur mélange de la vie en commun. La promiscuité désigne l'assemblage contrariant, voire répugnant, dans un espace restreint et une durée trop longue, d'individus familiers ou étrangers. Elle institue un espace sans espace, un excès spatial par manque d'espace, manque provoqué par l'intensité même de cette occupation spatiale envahissante de mon corps et de tout corps. Elle pousse ainsi à son paroxysme le paradoxe topologique – et, plus encore, relationnel – du *voisinage*, où le distant se fait (trop) proche, et où cette proximité engendre une prise de distance, dans le va-et-vient épuisant de la chair [2]. Aux limites de la fusion, elle retentit pourtant d'un vécu intense de la distinction d'avec autrui, proteste pour un retour à l'espace de séparation, dans la recherche de l'absence de pénétration et de l'absence tout court.

Merleau-Ponty choisit en connaissance de cause cet univers de sens, et le complète bientôt par des horizons plus personnels. La promiscuité assume les caractères essentiels qui étaient ceux de la figure naissante de l'empiétement dans les écrits existentialistes des années 1945-1951 : le motif de l'empiétement impur et immoral inhérent à toute coexistence, l'idée du retentissement d'une relation humaine sur toutes les autres, ainsi que la recherche d'une métamorphose possible de la violence en coexistence [3]. La promiscuité renvoie, comme l'empiétement, à une dialectique de la tolérance – je te supprime ou je t'intègre –, que Merleau-

1. EM2 [218], juin 1959.

2. « … l'œil, en s'enfonçant dans la pénombre du hangar, distinguait des corps, des formes, des têtes assoupies, des allongements inertes, des guenilles des deux sexes, une promiscuité dans du fumier, on ne sait quel sinistre gisement humain. » (Victor Hugo, *Les Travailleurs de la mer*, « Bibliothèque de la Pléiade », Paris, Gallimard, 1975, p. 736). « Depuis que sa nature s'affinait, il se trouvait blessé davantage par les promiscuités du coron. Est-ce qu'on était des bêtes, pour être ainsi parqué, les uns contre les autres (…) si entassés, qu'on ne pouvait changer de chemise sans montrer son derrière aux voisins ! » (Émile Zola, *Germinal*, « Bibliothèque de la Pléiade », Paris, Gallimard, 1964, tome III, p. 1275).

3. Nous avons exposé ces divers attributs merleau-pontiens de l'empiétement dans *Du lien des êtres…*, *op. cit.*, section A, chap. I à III. La synonymie explicite de la promiscuité avec l'empiétement est d'ailleurs récurrente dans les manuscrits de Merleau-Ponty. Cf. par exemple EM2 [158], NT 287, EM3 [234](5), S(Préf)-ms [27], S(Préf) 20, Brouil [112] (129)/NP, VI3 155, OntoCart 211/[35](36).

Ponty travaille dans ses analogués biologiques et psychologiques les plus fondamentaux. Ce terme insolite en philosophie appartient enfin à la série des complicités traîtres vis-à-vis de l'écriture sartrienne et, plus précisément ici, beauvoirienne – série dans laquelle notre auteur avait déjà puisé l'empiétement [1].

§ 1. DORA – LE « RETENTISSEMENT DE TOUT EN TOUT »

a) *Lyon, automne 1946*

Le terme même de « promiscuité » n'apparaît chez Merleau-Ponty qu'au début de l'année 1955, dans le cours sur *Le problème de la passivité*, et plus précisément dans la longue analyse du cas Dora emprunté aux *Cinq psychanalyses* de Freud. Avant d'aborder le cours de 1955, il nous faut remonter aux premières traces de lecture de cet ouvrage, qui préparent déjà Merleau-Ponty à en tirer la notion de promiscuité. De 1946 à 1960, les manuscrits présentent de multiples signes de travail des *Cinq psychanalyses* [2] ; le cas Dora est, de loin, le plus étudié. Merleau-Ponty lit initialement le texte de Freud dans l'édition française de 1935, déjà mentionnée dans la bibliographie de la *Phénoménologie de la perception* [3]. Les notes de lecture les plus anciennes des *Cinq psychanalyses* ne se trouvent pas dans les manuscrits déposés à la Bibliothèque Nationale, mais dans le volume des inédits de 1945-1949. Elles appartiennent à quelques documents que nous sommes parvenus à dater de l'automne 1946. Il s'agit d'un ensemble cohérent et structuré d'une vingtaine de feuillets préparant un cours pour la Faculté des Lettres de Lyon, intitulé *Fondements de la Psychologie*, que Merleau-Ponty a paginé de « FP1 » à « FP5 » [4]. Ces notes présentent

1. La préférence de S. de Beauvoir pour une autonomie relationnelle sans engagement, de son aveu même, n'était pas sans lien avec une hantise toute personnelle de la promiscuité (cf. par exemple *Mémoires d'une jeune fille rangée*, Paris, Gallimard, 1958, « Folio », 1972, p. 100 : « c'était la promiscuité qui me rebutait »).

2. *Dora* : 1946-1947, cours à Lyon ; 1954-1955, cours au Collège de France. *Le petit Hans* : Sorb(RAE), p. 331, 335, 352, 366. *L'homme aux rats* : 1946-1947, cours à Lyon. *Le président Schreber* : aucune référence. *L'homme aux loups* : mars 1960, notes de lecture N-Corps [94] et [95], puis N-Corps [87](7), [87]v(8), [89](11), NT 293, et RC60 179.

3. Paris, Denoël et Steele, 1935. L'étude sur Dora avait déjà été publiée en France, sous le titre *Fragment d'une analyse d'hystérie (Dora)*, traduit par Marie Bonaparte et Rudolph M. Lœwenstein, dans la *Revue française de Psychanalyse*, t. II, fasc. 1, 1928.

4. Le titre du cours fait référence à l'ouvrage de Politzer, *Critique des fondements de la psychologie* (Paris, Rieder, 1928), travaillé très tôt par Merleau-Ponty (cf. par exemple SC 178, 244, UAC 116, Sorb(EVA) 95, Sorb(SCCE) 173, Sorb(RAE) 369). Certains

quelques ingrédients typiques des années existentialistes de l'auteur, et révèlent l'importance de la lecture de Freud pendant cette période.

Le premier feuillet contient le plan du cours [1] et en esquisse le contenu. Les développements modernes de la psychologie permettraient de dépasser tant l'hylémorphisme que le cartésianisme qui pèsent sur nos conceptions du corps : on ne peut plus envisager le corps comme matière pour une âme, mais comme un nouveau « type d'être qui n'est ni objet ni sujet » [2]. Le deuxième volet du cours, consacré à la psychanalyse, est centré sur la signification de la sexualité (« le sexuel n'est pas le génital ») et sur le « refus d'une explication simplement causale ». Merleau-Ponty concède que « ceci se trouve chez Freud mêlé aux conceptions héritées de son temps et qui compromettent la nouveauté de la psychanalyse », à savoir une formulation maladroite de l'inconscient et de la généralité du sexuel. « Le mélange du sexuel et du psychique est compris presque toujours comme : rien de psychique qui ne soit sexuel. Il y a réciproque : rien de sexuel qui ne soit psychique. Déchiffrement de la vie d'un individu toujours par sa vie sexuelle » [3]. La sexualité est donc une dimension intégrale, et le type nouveau de signification recherché par Merleau-Ponty importe dans sa structure épistémologique la complexité du polymorphisme sexuel. Ce sens, pétri de sursignifications et surdéterminations, traduit les coexistences inscrites dans le schéma corporel, reflète son mode de connaissance par imprégnation posturale du « style d'existence » de l'être perçu [4].

feuillets au petit format lettre portent l'en-tête de la Faculté des Lettres de Lyon, d'autres, celui des *Temps Modernes*. Un feuillet grand format indique le programme des exposés des étudiants, avec les dates correspondantes : 22 novembre, 29 novembre, et 6 décembre. Ce même feuillet porte en en-tête : « 2e heure du vendredi : exposés ». De toutes les années d'enseignement à Lyon, ces dates précises ne correspondent à un vendredi qu'en 1946. Le cours date donc de l'année universitaire 1946-1947.

1. I. Les positions classiques (psychologie d'introspection, psychologie réflexive, psychologie objective) / II. Les recherches modernes : la psychanalyse / III. Les recherches modernes : le behaviorisme / IV. Les recherches modernes : la *Gestalttheorie* / V. Élaboration philosophique.

2. « Relier ces différents résultats par une nouvelle idée de la signification, de l'intentionnalité, bref du rapport de forme et matière. Dans la psychanalyse, le behaviorisme, la *Gestalt*, idée du corps comme fondant notre relation avec le monde, comme étant notre manière de "comprendre" le monde, comme n'étant pas lui-même objet cartésien, mais type d'être qui n'est ni objet ni sujet. Donc révision de la distinction cartésienne. » (FP1).

3. *Ibid*.

4. « "Tout a un sens" – Paraît d'abord arbitraire : les "rats" expliqués dans leur valeur symbolique par calembours, métaphores. Mais tout de même c'est cela ou bien on renonce à expliquer. Acceptation par le malade et guérison. Mais de quelle espèce est ce sens ? Le rat représente "être qui mord", non que ces représentations soient pensées, mais parce qu'elles sont saisies dans la physionomie même de l'animal par identification : même

À partir de là, les feuillets consacrés à la psychanalyse – du moins ceux que l'auteur a conservés – sont presque exclusivement constitués de notes de lecture de *L'homme aux rats* et du cas *Dora* [1]. À propos de *L'homme aux rats*, Merleau-Ponty insiste sur les thèmes du conflit, du sadomasochisme et de l'enfance inexpugnable [2]. En en venant au cas *Dora*, il exprime déjà l'idée fondamentale qu'il affectera en 1955 à la notion de promiscuité : le retentissement d'une relation sur les autres [3], phénomène particulièrement sensible dans la situation relationnelle de Dora et dans la configuration psychique qui en résulte pour elle. Merleau-Ponty comprend aussitôt qu'il s'agit là d'un phénomène universel [4], qui puise son archétype dans la situation œdipienne. « Le dynamisme du "complexe d'Œdipe" provient de ce qu'il est un "drame à trois" où chacun des protagonistes est lié aux deux autres, et où tout rapport entre deux d'entre eux retentit sur le troisième » [5]. Comme dans le cas *Dora*, comme dans *Le Sang des autres* ou *L'Invitée* de Simone de Beauvoir [6], le drame œdipien situe d'emblée la question d'autrui dans un réseau plus large que le seul rapport moi-autrui, indépendamment duquel celui-ci ne peut pas être pensé. La question d'autrui ne commence pas à deux, mais à trois, avec ce tiers toujours latent, qu'il soit à inclure ou à exclure de notre relation.

structure, coexister avec. De même plus fondamentalement : identification avec le père ≠ opération de pensée mais même style d'existence, sympathie. » (FP3a). En marge de ce paragraphe, écrit de biais, Merleau-Ponty rajoutera à la relecture : « Imago, emblème, surdétermination ».

1. Deux feuillets isolés évoquent aussi les thèmes de l'auto-érotisme, du narcissisme, ainsi que les analyses de Scheler sur la psychanalyse et la libido dans *Nature et formes de la sympathie*.

2. « Complexe : (…) impasse existentielle et conflit (…) notre vie corporelle dépend de conflits psychiques (…). Nature de ces complexes : sexuel mais non génital (…). Par conséquent psychanalyse très générale : il y aura complexe chaque fois qu'il y aura possibilité de conflit, *i. e.* surtout avec parents. Parents pour enfants sont le monde (…). Thèmes profonds de la psychanalyse : autrui (qui est moi, ce qu'il pense de moi est moi), passé et présent, la sexualité n'est qu'une occasion privilégiée pour ces thèmes de se manifester, ou inversement on peut dire que ces thèmes ont toujours quelque chose de sexuel ou en tout cas de corporel. (…) Nous pouvons résoudre de plusieurs façons le problème (sadisme-masochisme) mais nous ne pouvons pas le dépasser. Je ne suis pas une conscience au sens de représentation mais un être engagé dans situation définie par mon enfance. Et cela signifie que je ne fais pas le tour de cet "entourage" mien, que je ne le pense pas entièrement. » (FP3a).

3. « Promiscuité, retentissement de tout en tout. » (PbPassiv [169]/NP).

4. « Conclusion : (…) dynamique de nos rapports avec autrui : système de relations total où chaque changement dans un secteur détermine changements dans l'autre : être à, exister, compter pour, valoir pour. » (FP4).

5. Sorb(EVA), p. 128, 1949-1950.

6. Cf. *Du lien des êtres…*, *op. cit.*, section A, chap. II. Rappelons que *Le Sang des autres* est la première source de la figure de l'empiétement chez Merleau-Ponty.

La conclusion du cours sur les *Fondements de la Psychologie* est entendue comme une reprise plus proprement philosophique de ce qui la précède. Elle anticipe la future philosophie de la chair de Merleau-Ponty en articulant autour du « sens existentiel de la sexualité et du désir » plusieurs constantes de sa pensée. Voici, à ce titre, un passage tout à fait significatif :

> En quel sens on peut parler de pansexualisme : la sexualité diffuse partout (...). C'est puissance de nous vouer, en particulier à autrui, et rapports avec notre passé. (...) Sens existentiel de la sexualité et du désir (...). En quoi cela n'est cependant pas un spiritualisme : nous ne *réduisons* pas sexualité à conscience. La finitude de la conscience, le fait qu'elle est pour autrui ne se comprennent eux-mêmes que par le corps. La sexualité a signification métaphysique, mais la métaphysique n'est pas un au-delà du corps. Possibilité d'autrui n'existe que si je suis incarné. Je suis mon être pour autrui, je suis mon corps et non pas seulement j'ai un corps ou je le pense. Le problème chez Descartes VIe *Méditation* [1].

Cette prise de notes si condensée n'est chaotique qu'en apparence, et sa linéarité cachée peut être rétablie lorsque l'on a à l'esprit le scénario que le philosophe forge autour de Descartes depuis les années trente [2]. L'écriture de Merleau-Ponty connaît ici comme une descente précipitée, en quelques sauts, dans la profondeur de son intention philosophique, si bien que l'on peut aussi relire ces propositions en ordre inverse. Le débat de fond apparaît clairement. Descartes, dans sa VIe *Méditation*, rencontre fugitivement le mystère que formulera le « je suis mon corps » de Gabriel Marcel, « donnée centrale de la métaphysique ». Ce mystère ontologique ne doit pas délivrer un spiritualisme, car il ne se situe pas dans un au-delà du corps mais dans cet au-delà de lui-même (génitif subjectif) ouvert par la dimension existentielle de la sexualité et du désir. La sexualité est une puissance d'investissement généralisé qui diffuse partout et retentit sur tout, et qui rejoint autrui en me révélant qu'il est lui aussi un « je suis mon corps » avant d'être un *Cogito*. C'est dans la perspective de cette réévaluation métaphysique – le philosophe écrira bientôt « ontologique » – que Merleau-Ponty veut reprendre le « pansexualisme » freudien. Nous avons déjà ici quelques linéaments d'une future « psychanalyse ontologique », clairement inscrits dans la ligne directrice de l'intention philosophique de l'auteur. Tout en demeurant dans le droit fil des pages essentielles de la *Phénoménologie de la perception* sur la sexualité, ces notes de 1946 sont déjà aux portes

1. FP4.
2. Cf. *Le scénario cartésien*, *op. cit.*

de la conférence de Mexico sur *Autrui* (1949), ainsi que du premier manifeste de la chair, *L'homme et l'adversité* (1951), qui introduira précisément la notion maîtresse de la pensée de Merleau-Ponty à partir d'une réévaluation du pansexualisme freudien [1].

b) *Paris, printemps 1955*

Fin 1954 et début 1955, Merleau-Ponty relit les *Cinq psychanalyses* dans une nouvelle édition qui vient de paraître [2] ; le cours au Collège de France sur *Le problème de la passivité* en est largement marqué. Les toutes premières occurrences du terme de « promiscuité » se trouvent dans la préparation manuscrite de ces leçons, à propos du cas Dora. Particulièrement volumineux, l'ensemble des notes conservées par Merleau-Ponty [3] présente plusieurs phases d'écriture successives, selon un ordre et une pagination établis après coup par le philosophe [4].

Nous ne pouvons pas reprendre en détail l'étude que Freud consacre au cas Dora. Rappelons toutefois l'importance du contexte relationnel de la jeune femme, marqué par une multiplication d'affinités ambiguës. Les parents de Dora vivent une amitié intime avec un autre couple, M. et Mme K. Les relations se croisent, jusqu'à une ébauche de liaison amoureuse entre le père de Dora et Mme K, entre celle-ci et Dora, et entre Dora et M. K. Freud insiste sur le polymorphisme de cette intimité que Merleau-Ponty va dénommer « promiscuité » : commerce d'habitat,

1. Cf. *Du lien des êtres…*, *op. cit.*, p. 191-204.

2. *Cinq psychanalyses*, Paris, P.U.F., 1954, trad. M. Bonaparte et R. M. Lœwenstein. Les références du cours de 1955 renvoient à cette édition.

3. Rappelons que l'édition actuelle de ce cours n'est pas intégrale. Comme toute transcription, elle est aussi parfois fautive : nos citations ont été corrigées à partir des manuscrits originaux.

4. La chronologie de l'écriture n'y est pas respectée, et est délicate à rétablir. Merleau-Ponty semble avoir consacré au cas *Dora* quatre temps de travail, entre fin 1954 et début 1955. Nous en proposons la reconstitution chronologique suivante : 1) PbPassiv, p. 232/[252](1)-238/[256](9), notes intitulées « *FREUD* » – Merleau-Ponty fait référence à ces notes initiales dans le feuillet [183](49)/NP (« *IV Dora* (…) *Histoire de Dora* voir notes Freud »), puis à nouveau dans PbPassiv 232/[188](51) (« IV Dora (…) cf. notes p. 1-6 et p. 7 »), c'est-à-dire à l'ouverture des séquences de travail suivantes. Mais aussi, complémentaires (du point de vue des pages citées), les feuillets PbPassiv 244/[257](1)-247/[260](7). Ces deux premiers ensembles sont des notes de lecture, avec un grand nombre de citations et références au texte de Freud. 2) Les feuillets [183](49)/NP et [184](50)/NP, où apparaissent les premières occurrences de « promiscuité ». 3) PbPassiv, p. 232/[188](51) puis p. 239/[188](51)-244/[192](55), reprise et continuation de la séquence précédente. 4) PbPassiv, p. 214/[174](40)-217/[176](42), introduction générale au problème de l'inconscient et présentation du plan du cours. Pour quelques références supplémentaires, ponctuelles, au cas Dora dans le cours de 1955, cf. PbPassiv [169]/NP, 213/[173](39), 231/[187](50), 249/[192](55), [236]/NP, 238/[244], 261/[248], 263/[249].

commerce intellectuel, commerce sexuel [1]. Il observe chez Dora la déclinaison verbale de ces multiples attaches, de la litote (« je suis très attachée à Mme K ») au dégoût, jusqu'à l'inversion (« j'aime X » signifiant « je déteste Y »), ou encore l'ambivalence de la jeune femme qui veut « s'arracher violemment » à M. K tout en attirant son attention [2]. Merleau-Ponty est sensible au jeu d'entr'expression que Freud met en valeur entre la promiscuité spatiale et l'entrelacs des attaches affectives. Échanges des lieux d'habitation, locations en commun avec échanges de chambres, séjours de Dora dans la chambre de Mme K [3] : cette spatialité nouée reflète – et provoque en retour – autant d'empiétements relationnels. L'analyse de Freud culmine lorsqu'il comprend que cette double promiscuité, affective et spatiale, en est venue à structurer l'inconscient et l'identité même de Dora. Celle-ci souffre d'être « un objet d'échange » entre son père et M. K, l'objet d' « un véritable pacte » de non agression entre les deux hommes afin que chacun des deux puisse poursuivre sa vie sexuelle comme il l'entend [4].

Dans son commentaire, Merleau-Ponty introduit la notion la promiscuité selon une succession de redoublements qui lui confère d'emblée une certaine complexité. Ses notes conjuguent plusieurs plans d'analyse, faisant de la promiscuité une caractéristique essentielle du tissu relationnel humain, de l'inconscient, et de leur interaction. D'après la chronologie probable de l'écriture, le tout premier texte mentionnant la « promiscuité » mêle déjà ces divers niveaux de sens :

> *Histoire de Dora* (…) du plus superficiel au plus profond : son père - K - Mme K – Du plus conscient au moins conscient. Mais cela ne veut pas dire : de l'apparent au réel. Les diverses couches de signification sont vraies. (…) Comment est-ce possible ? C'est que son père, M. K, Mme K ne sont pas êtres *séparés* entre lesquels il faut choisir : l'amour et l'identification très voisins chez hystériques. Donc aimer son père = aussi aimer ce qu'il aime, être en rivalité avec Mme K auprès de lui = aussi être en rivalité avec lui auprès de Mme K. De même identification avec Mme K qui fait qu'elle se donne rôle de la femme de K. Ainsi il n'y a pas
>
> Dora → son père
> → K
> → Mme K,

1. Cf. *Cinq psychanalyses*, *op. cit.*, p. 15, 21, 44, etc.
2. *Op. cit.*, p. 18, 24-25.
3. *Op. cit.*, p. ex. p. 21-22, 44.
4. *Op. cit.*, p. 23, 44-45.

> il y a rapport avec les 3 en promiscuité et dont l'un n'empêche pas la vérité des autres [1].

Merleau-Ponty poursuit :

> Il faut concevoir cela comme perception : prédominance d'une arête ou d'un « côté » qui n'exclut pas [la] présence des autres, qui même en un sens en est synonyme. (...) Inconscience = ici facettes, inclusion dans chaque personnage de tous les autres. Et aussi : inclusion de soi dans tous les autres : Dora se fait des reproches en en faisant à son père. Ces reproches à son père, concrètement pris, en tant qu'elle l'aime, non seulement *masquent* mais encore *contiennent* ses reproches à soi. L'inconscient est cette promiscuité générale... [2]

Le père de Dora, M. K et Mme K, ne sont pas des êtres séparés, le rapport avec l'un des trois n'exclut pas la relation avec chacun des autres, ne lui retire même pas sa vérité : « il y a rapport avec les trois en promiscuité ». Élaborée à partir de son sens habituel (promiscuité spatiale et affective), la promiscuité est aussitôt surdéterminée pour caractériser une structure générale de l'identité relationnelle. « Inclusion dans chaque personnage de tous les autres. Et aussi : inclusion de soi dans tous les autres » : dans cet *Ineinander*, aucune relation moi-autrui ne peut être isolée.

> C'est qu'il n'y a pas relation moi-autrui, Dora-son père, Dora-M. K, Dora-Mme K, mais relation avec système en interaction. (...) le problème n'est pas moi-autrui, mais moi-système des autres, et par suite, ce n'est pas le face à face de deux pour soi (...) il y a aussi insertion de moi-même dans cette chaîne : je ne suis pas plus absolu que l'autre, je suis partie dans toutes les souffrances qui sont entre eux, je souffre là-bas par identification. Je suis eux. (...) Impossible de répartir absolument les rôles, de dire que l'une des relations *ne* signifie *que* l'autre. C'est relation à l'Éros qui a plusieurs paires de bras et gerbes de visages [3].

La promiscuité retentit jusque dans l'inconscient de Dora : la complexité du tissu de ses relations s'inscrit dans le psychisme de la jeune femme, sous la forme d'un réseau de sens qui épouse la logique

1. PbPassiv [183](49)/NP-[184](50)/NP. « Donc aimer son père = aimer ce qu'il aime = être en rivalité avec lui auprès de Mme K = aimer Mme K. Donc amour pour Mme K doit quelque chose à amour pour son père – ou encore : aimer son père = s'identifier à Mme K = être aimé par le père comme elle. (...) De même amour pour M. K en relation avec identification avec Mme K, et aussi entraîne complicité avec amour de Mme K et du père de Dora. Amour pour M. K cause et effet de l'amour pour son père et pour Mme K. » (PbPassiv, p. 239-240/[188](51)-[189](52)).

2. PbPassiv [184](50)/NP.

3. PbPassiv, p. 240-242/[189](52)-[190](53), transcription corrigée.

d'intrusion et d'enveloppement de la promiscuité relationnelle [1]. Là encore, Merleau-Ponty généralise d'emblée, lisant dans cette situation psychique particulière une caractéristique universelle : la promiscuité devient un chiffre de l'inconscient, « l'inconscient est cette promiscuité générale » [2]. L'histoire de Dora illustrerait le fonctionnement de l'inconscient « non seulement dans [le] rêve, non seulement dans [le] délire, où il est évidemment résiduel, mais encore chez [le] sujet visible, engagé dans [un] drame actuel avec d'autres, avec [des] partenaires agissants » [3]. Le philosophe fait spontanément le lien entre cette logique de promiscuité et celle du monde sensible, en particulier dans la vision en profondeur où chaque visible, par empiétement, exprime de proche en proche la visibilité latente de ses faces invisibles [4]. La *Phénoménologie de la perception* avait déjà décrit la vie perceptive comme nous initiant à une forme primordiale de coexistence ; Merleau-Ponty en retrouve désormais l'impact dans la structuration fondamentale de l'inconscient. Ce dernier, à force d'en être imprégné, est configuré par une promiscuité environnementale et existentielle, et exprime en retour celle-ci par la promiscuité spatio-temporelle et sémantique des éléments du rêve.

> Relèvent de l'ordre de la perception non seulement les « choses sensibles », mais aussi 1) mon rapport avec les autres en tant que perçus, présentés à travers le sensible : la promiscuité des choses dans le monde sensible va se prolonger en une promiscuité des autres entre eux et avec moi cette fois comme sujet d'une praxis et non pas seulement sujet de la perception ; 2) mon rapport avec mon propre passé : en tant qu'il a été perçu, il ne saurait, dans le souvenir, devenir autre chose que ce qu'il était auparavant. Et la promiscuité spatiale va être une promiscuité temporelle, c'est-à-dire familiarité et ignorance. La théorie de l'inconscient, de la mémoire, doit être renouvelée par cette référence à l'ordre perceptif, *i. e.* à l'ordre de la coexistence au monde et avec [les] autres [5].

L'être humain porte dans les profondeurs de sa chair l'inscription de la complexité de sa vie relationnelle, et importe ainsi les contradictions de cette étoffe, pour en nourrir sa propre logique et son identité même. Ici, l'apparence et la réalité ne sont pas deux dimensions séparées et

1. « … le père de Dora est installé en elle comme une épine dans son corps… » (PbPassiv, p. 244/[257]v(2)) « Le rêve met en scène le père et la mère de Dora, qui recouvrent M. K. et Mme K. (…) tous quatre constituent un seul système. L'inconscient, c'est cette totalité. » (PbPassiv, p. 246/[258](4)).

2. PbPassiv [184](50)/NP. L' « inconscient comme promiscuité » (PbPassiv, p. 213/[173](39)).

3. PbPassiv [183](49)/NP.

4. Cf. PbPassiv [184](50)/NP.

5. PbPassiv, p. 218/[177](43)-[178](44).

parallèles, la vérité n'est pas intégralement masquée, recluse dans un ailleurs ; tout est présent en moi, selon une promiscuité spatiale et temporelle qui est l'œuvre tissée du désir.

> Le « rêve » exprime l'enjambement du passé sur l'avenir, de l'intérieur sur l'extérieur, qui s'appelle en réalité désir. Et aussi l'enjambement d'un personnage sur un autre. (...) Il n'y a pas l'apparence *et* la vérité : leur rapport est de partie à tout. Et la totalité est déjà présente en moi, avant l'analyse, comme promiscuité. Cf. Dora : qu'il n'est pas exact de dire que l'amour pour Mme K est la vérité et le reste l'apparence [1].

La promiscuité merleau-pontienne désigne enfin l'écho mutuel des degrés précédents (spatial, temporel, relationnel, structurel-inconscient), qui donne à la promiscuité relationnelle de s'inscrire aussi bien dans la spatialité d'habitation, dans l'espace psychique de Dora, que dans le voisinage temporel des associations au cours de l'analyse [2]. Ce retentissement généralisé implique un transfert de sens d'un degré à un autre, et une perpétuation de la contradiction à ces différents étages. On retient souvent de Freud que l'inconscient « *ne connaît pas* » la contradiction ou la négation : l'idée est exacte mais sa formulation reste maladroite, et il faut aussitôt la compléter en disant que l'inconscient est ce qui, de nous, connaît le mieux la contradiction. Non pas au sens classique d'une connaissance qui possède le sens en disposant à distance des représentations qui n'empiètent pas les unes sur les autres, mais selon le mode original de connaissance qui relève du schéma corporel, lequel comprend en s'adaptant par assimilation et accommodation, en incorporant par introjection et rejet, en portant et tolérant en lui des éléments même contradictoires [3].

Avec le cours sur la passivité de 1955, Merleau-Ponty fait donc davantage qu'inaugurer l'usage d'un terme ou d'une figure : il forge déjà une notion apte à désigner une structure transversale, « promiscuité

1. PbPassiv, p. 263/[249]v.

2. « Il est de règle, en psychanalyse, qu'un rapport intérieur encore caché se manifeste par la contiguïté, le voisinage temporel des associations... » (Freud, *op. cit.*, p. 26).

3. « ... tout coexiste dans l'inconscient et dans la vie consciente, même les contradictoires... » (PbPassiv, p. 237/[255]v(8)). « Du superficiel au profond (...) les diverses couches de signification ont leur vérité, quoiqu'il y ait différence de "profondeur". "... dans l'inconscient, les idées coexistent avec une commodité toute particulière, ... les choses opposées se supportent sans se contrarier, et... cet état se perpétue assez souvent jusque dans le conscient" (Freud, *op. cit.*, p. 44). Freud dit plusieurs fois que "la complication des motifs, l'accumulation et la complexité des tendances psychiques, bref la surdétermination est la règle" (43). Non seulement il y a pluralité des déterminations juxtaposées, mais cette pluralité est de principe (...). Les deux circuits, l'un qui pose en absolu le père, l'autre qui pose en absolu Mme K ne s'excluent pas. » (PbPassiv, p. 239-240/[188](51)-[189](52), transcription corrigée).

générale » [1], « logique de promiscuité » [2] reconnue comme étant celle de la chair. Il l'affecte à diverses couches déjà qualifiées par la figure de l'empiétement : promiscuité *spatiale* – notamment dans la profondeur perceptive –, *temporelle* – les surrections du passé dans le rêve, l'anticipation de l'avenir dans la prémonition –, et *charnelle* – dans son sens le plus esthésiologique comme le plus libidinal, jusqu'au *désir* défini comme « enjambement du passé sur l'avenir, de l'intérieur sur l'extérieur », jusqu'à l'*intercorporéité* et « l'enjambement d'un personnage sur un autre », et jusqu'à l'*inconscient* analogiquement structuré par ce système d'équivalences fait d'enjambements spatiaux, temporels, et imaginaires-identitaires. Une fois cette saison de cours achevée, le traditionnel résumé officiel se conclut sur l'idée que « l'inconscient est conscience perceptive », dans la mesure où il « procède comme elle par une logique d'implication ou de promiscuité » [3]. Puis Merleau-Ponty n'emploie plus le terme de « promiscuité » pendant près de quatre ans.

§ 2. INCONSCIENT ET SAVOIR DE PROMISCUITÉ

À partir du mois de septembre 1958, travaillant le plan et les esquisses de son ontologie, le philosophe se replonge dans ses anciennes notes de cours pour repérer les éléments à intégrer. Il relit en particulier les cours de 1953 (*Le monde sensible et le monde de l'expression*), 1955 (*Le problème de la passivité*), et 1957 (première année sur *Le concept de Nature*). Dans la foulée, il constitue le plus volumineux des trois dossiers qui nous restent du projet de livre *Être et Monde*, et choisit d'en intituler le deuxième chapitre « L'intercorporéité – La promiscuité » [4]. Nous sommes au début de l'année 1959. C'est la préparation de ce même chapitre que Merleau-Ponty approfondit un an plus tard, à l'occasion de la troisième et dernière année de cours sur le concept de Nature, en développant notamment la thématique schildérienne de l'intrication des images du corps [5]. À travers et au-delà du thème de l'intercorporéité, les multiples passages des manuscrits tardifs qui évoquent la promiscuité forment un ensemble où il est difficile de se repérer : ce motif de pensée est affecté aux emplois les plus divers, du

1. PbPassiv [184](50)/NP.
2. RC55, p. 71.
3. RC55, p. 70-71.
4. Cf. EM2 [175](20).
5. Cf. N-Corps [6]v, [84]v(2), [85]v(4), [91], [101], et Natu3 346/[74] *sq*.

corps jusqu'à l'être, en passant par l'inconscient, la chair, l'hyperdialectique et la philosophie. Il est néanmoins possible de retracer quelques lignes de sens qui éclairent la cohérence de cette diversité.

Reprenons pour cela un court extrait de l'analyse du cas Dora, cité précédemment : « La promiscuité spatiale va être promiscuité temporelle, c'est-à-dire familiarité et ignorance. La théorie de l'inconscient, de la mémoire, doit être renouvelée par cette référence à l'ordre perceptif... » [1]. L'inconscient, par son impact sur le fonctionnement de la mémoire, montre des phénomènes de promiscuité temporelle qui transposent la promiscuité spatiale et relationnelle dans laquelle vit le sujet. Le temps ne s'y présente pas sous une sage linéarité où le passé est dépassé, progressivement mis à distance et séparé de l'avenir par les couches du présent : au contraire, ce qui paraissait le plus lointain se révèle parfois au plus proche, jusqu'à nous précéder dans l'avenir. Merleau-Ponty commente ainsi le refoulement et le retour du refoulé, phénomènes travaillés par une dialectique de savoir et de non-savoir. Mais il cherche aussi une conception plus large que celle de l'inconscient de refoulement, comme le laissent déjà deviner l'intention de renouveler la théorie de l'inconscient par la « référence à l'ordre perceptif », ainsi que l'articulation intime entrevue entre la promiscuité temporelle qui affecte l'inconscient et la promiscuité spatiale dans laquelle vit la perception (et dans laquelle évolue, plus généralement, le schéma corporel). Essayons de développer quelque peu ce réseau d'idées.

a) *Familiarité et ignorance*

Le paradoxe de la familiarité et de l'ignorance, nous l'avons vu, était déjà souligné par les analyses que *La structure du comportement* et la *Phénoménologie de la perception* accordaient au « savoir de l'habitude » [2]. Dès les premiers apprentissages, le schéma corporel conjoint savoir et non-savoir : ce « savoir qui est dans les mains » [3] se passe de la représentation, il sait sans avoir à y penser, et cet affranchissement est même une condition nécessaire de sa fiabilité. Quinze ans après la fin des thèses, Merleau-Ponty insiste toujours sur le fait que « percevoir n'est pas savoir, mais non-savoir » [4]. La vision, exemplaire de ce savoir « aveugle », voit sans avoir à voir qu'elle voit, et encore moins avoir à savoir comment elle voit. « Contre la perception-savoir : comme si nous

1. PbPassiv, p. 218/[178](44).
2. Cf. *supra*, chap. I, § 3, b, p. 94 *sq*.
3. PhP, p. 168.
4. EM2 [152](9), février ou mars 1959.

savions divinement bien l'optique et la géométrie : il faut montrer les phénomènes qui portent ce savoir-non savoir, et qui sont précisément le *voir* » [1]. Au-delà du seul voir, l'ensemble de la vie perceptive, et avec elle ses inséparables compagnons que sont le *se mouvoir* et le *désirer*, évoluent dans une virtuosité ignorante. Le corps « connaît » dans cet excès de proximité impliqué par l'intégration du connu à son propre schéma, mais cet excès implique aussitôt une forme de distance : cette promiscuité est la raison même de l'ignorance qui l'accompagne inévitablement, l'ignorance à elle-même de l'ouverture sensori-motrice du corps aux autres corps qui l'entourent, l'ignorance de soi qui appartient au consentement du sentir et à l'abandon du geste.

> Le senti = je ne sais pas et je l'ai toujours su (Hyppolite) : on n'a pas besoin de savoir ce que c'est qu'on voit puisqu'on le voit. Être à… fascination ou séduction du sensible. Voir, c'est penser sans penser [2].

Cet extrait de la préparation du cours au Collège de France du 31 mars 1960 s'appuie sur quelques feuillets inédits des *Notes sur le corps*, au contenu sensiblement plus riche :

> Du sentir on peut dire qu'il est savoir et non savoir : *je ne sais pas* et *je l'ai toujours su* (Hyppolite). Sentir c'est remplacer un savoir par un être à… La *fascination* du sensible, la *séduction* du sensible est cela : un quelque chose qui se fait nous ou que nous devenons. Ignorer *ce qu'on* voit, c'est là voir (expérience « *muette* »). Symbolisation qui n'a pas besoin du langage et lui est rebelle à première vue, parce qu'elle est déjà symbolisation sans mots : par centration de tout le schéma corporel. Réalisation des symptômes, logique muette du corps. (…) Le sentir est typiquement de l'inconscient : Freud, l'Ics peut agir sur un autre inconscient sans être déchiffré par les deux consciences en présence : de part et d'autre de la surface de séparation du visible, les deux inscriptions (inscription en profondeur, enregistrement au schéma corporel) sont les mêmes [3].

Ce passage offre un nouvel aperçu de la singularité de la réécriture merleau-pontienne de la psychanalyse, qui lie si fortement l'inconscient au schéma corporel et à la vie perceptive. Il illustre aussi combien cette approche est éloignée d'une perspective lacanienne, puisqu'au langage se substituent ici le schéma corporel et la dimension muette du sentir. Merleau-Ponty semble même indiquer une forme de séparation entre *langage* et *inconscient*, le langage étant implicitement exclu du mode d'investissement intégral du schéma corporel dans l'incorporation, de

1. EM3 [260], avril ou mai 1960.
2. Natu3, p. 351/[75]v.
3. N-Corps [86](5)-[86]v(6).

cet « être à… » du sentir par lequel « nous devenons » un quelque chose « qui se fait nous ». De cet « être à… » typique d'un inconscient décidément conçu – en deçà de l'inconscient de refoulement – comme investissement originaire, mobilisation totale et relation substantielle, jusqu'à l'action sur un autre inconscient par intrication des images du corps.

Ce n'est pas sans un déplacement quelque peu brutal que Merleau-Ponty associe à ses idées l'exposé de Jean Hyppolite sur « Phénoménologie de Hegel et psychanalyse » [1], qui recherche la « fonction d'inconscience de la conscience », et non pas du sentir ou de la chair [2]. Merleau-Ponty utilise régulièrement le couple de formules par lequel il résume le texte d'Hyppolite : affectée par le versant épistémologique de la promiscuité, la chair dit à la fois « je ne le savais pas » et « je l'ai toujours su » [3]. Dans le cadre du schéma corporel et de l'ouverture du sentir, le non-savoir n'est pas l' « ignorance active » du refoulement (qui repose elle aussi sur une familiarité, en son sens le plus propre), celle d'un « je t'ignore » qui fait suite à l'empiétement d'un « je te connais trop ». Or la promiscuité, dans sa signification originelle, convient plutôt à ce second visage du savoir ignorant. Elle évoque l'insupportable du familier : l'autre m'a tellement été présent que je l'enferme dans l'éternitaire, c'est-à-dire dans le révolu, croyant le connaître « comme si je l'avais fait ». Il a si longtemps été si proche que c'est à peine s'il est encore un autre, si je parviens à le regarder, à le *distinguer* : je l'ignore. Et ce non-savoir relève bien d'un « je ne veux pas le savoir » qui en vient à nier ce qu'il sait, parce qu'il le sait, tout en le sachant d'autant plus qu'il veut l'ignorer. Merleau-Ponty connaît cette version freudienne de l'ignorance active, à laquelle il donnait déjà sa place dans *L'homme*

1. Exposé fait à la Société française de Psychanalyse le 11 janvier 1955, résumé publié dans *La psychanalyse*, 1957, n° 3, p. 17-32 ; repris dans *Figures de la pensée philosophique*, t. I, Paris, P.U.F., 1971, p. 213-230.

2. Cf. *op. cit.*, p. 214-216. Il n'est pas certain que Merleau-Ponty ait eu une connaissance de première main de ce texte. Il en prend connaissance, comme l'atteste N-Corps [103], à travers un article d'Alphonse De Waelhens publié dans le même recueil que *Le philosophe et son ombre* (« Réflexions sur une problématique husserlienne de l'inconscient. Husserl et Hegel », in *Edmund Husserl 1859-1959*, recueil commémoratif publié à l'occasion du centenaire de la naissance du philosophe, édité par H.-L. Van Breda et J. Taminiaux, La Haye, Martinus Nijhoff, coll. « Phaenomenologica », n° 4, 1959, p. 221-237). Toutes les citations du texte d'Hyppolite sont directement tirées de l'article d'A. De Waelhens, à commencer par le couple « je ne sais pas » / « je l'ai toujours su » (A. De Waelhens, art. cit., p. 227), qui n'est pas présent comme tel dans le texte source.

3. Cf. notamment N-Corps [86](5), [88](9), [103], Natu3 351/[75]v, RC60 179, ou encore OntoCart 214/[38](39).

et l'adversité ; mais la même conférence assimilait d'emblée ce savoir/non-savoir à l'ignorance savante de la vie perceptive [1]...

Toutefois, en deçà de ce qui sépare ces deux modes d'ignorance que le philosophe entrelace trop rapidement, nous sommes bien en présence de phénomènes de promiscuité : deux ignorances par familiarité où le non-savoir est l'étrange corrélat d'un savoir saturé. Et si Merleau-Ponty semble n'avoir jamais reconnu que ces non-savoirs reposent sur des modes de négation tout autres, il finit néanmoins par proposer, dans un texte ultime, une distinction suggestive entre deux degrés de l'inconscient. Distinction dans laquelle il est possible de distribuer rétrospectivement, d'un côté, l'ignorance perceptive et, de l'autre, l'ignorance active. Il s'agit de la fin du résumé du cours sur la Nature de 1960 :

> Une philosophie de la chair est à l'opposé des interprétations de l'inconscient en termes de « représentations inconscientes », tribut payé par Freud à la psychologie de son temps. L'inconscient est le sentir lui-même, puisque le sentir n'est pas la possession intellectuelle de « ce qui » est senti, mais dépossession de nous-mêmes à son profit, ouverture à ce que nous n'avons pas besoin de penser pour le reconnaître. Cet inconscient d'état suffit-il à porter les faits de refoulement, le mode d'existence de la « scène primitive », son pouvoir de séduction et de fascination ? La double formule de l'inconscient (« je ne savais pas » et « je l'ai toujours su ») correspond aux deux aspects de la chair, à ses pouvoirs poétiques et oniriques.

Et Merleau-Ponty de conclure :

> L'inconscient de refoulement serait donc une formation secondaire, contemporaine de la formation d'un système perception-conscience, et l'inconscient primordial serait le laisser-être, le oui initial, l'indivision du sentir [2].

Dans l'esprit de cette distinction tardive [3], les deux ignorances reposent respectivement sur l'*abandon* (la dépossession de soi par

1. « L'inconscient ne peut pas être un processus "en troisième personne", puisque c'est lui qui choisit ce qui, de nous, sera admis à l'existence officielle, qui évite les pensées ou les situations auxquelles nous résistons et qu'il n'est donc pas un *non savoir*, mais plutôt un savoir non-reconnu, informulé, que nous ne voulons pas assumer. Dans un langage approximatif, Freud est ici sur le point de découvrir ce que d'autres ont mieux nommé *perception ambiguë*. C'est en travaillant dans ce sens qu'on trouvera un état civil pour cette conscience qui frôle ses objets, les élude au moment où elle va les poser, en tient compte, comme l'aveugle des obstacles, plutôt qu'elle ne les reconnaît, qui ne veut pas les savoir, les ignore en tant qu'elle les sait, les sait en tant qu'elle les ignore, et qui sous-tend nos actes et nos connaissances exprès. » (S(HoAdv), p. 291).

2. RC60, p. 178-179.

3. Dont on pourrait néanmoins trouver quelques anticipations. Cf. par exemple RC55, p. 69-70.

consentement à...) et sur le *refoulement*. Quelques années plus tôt, le cours sur la *Passivité* se concluait en affirmant que « l'inconscient est conscience perceptive, procède comme elle par une logique d'implication ou de promiscuité » [1] : conclusion fragile, car une similitude de fonctionnement (procède comme elle par...) ne suffit pas à affirmer une identité (l'inconscient est...). Plus récemment, un feuillet du projet *Être et Monde* datant d'avril ou mai 1960 affirmait tout aussi brutalement : « La perception est le véritable inconscient » [2]. Il semble maintenant que Merleau-Ponty entende ce « véritable » comme une formation primaire, à laquelle ne se réduisent pas forcément tous les phénomènes inconscients. Ceci ne l'empêche pourtant pas de persévérer dans ses formules en forme de définition : « l'inconscient est le sentir lui-même ». Ce qu'il y a en nous d'inconscient, non seulement à titre de phénomène (c'est inconscient) mais au titre de ce que nous sommes (la chair-inconscient), commencerait dans notre rapport à l'être le plus fondamental [3] : dans le oui initial de la foi perceptive, le laisser-être de l'ouverture du sentir.

Merleau-Ponty clôt ensuite le résumé de 1960 en reconnaissant que cette philosophie de la chair « n'est pas un point final, et au contraire annonce une suite », suite qui devait affronter la question du langage : « Les rapports du logos explicite et du logos du monde sensible feront l'objet d'une autre série de cours » [4]. Un cours annoncé depuis plusieurs années, mais que Merleau-Ponty repousse, et ne fera malheureusement jamais. C'est une lacune indéniable de sa philosophie de la chair. Une lacune que l'on ne peut peut-être pas combler sans ébranler le primat de la perception pour reconnaître la spécificité radicale, chez l'être humain, du statut de la parole dans le rapport à autrui, rapport structurant majeur de l'inconscient. En parlant ici d'une spécificité radicale, nous voulons désigner l'impossible réduction de la parole et, partant, du langage, à la vie perceptive, l'impossibilité qu'il y a à les faire émerger massivement et continûment de celle-ci comme étant seulement une corporéité « plus glorieuse », une « sublimation » de la chair (ce que Merleau-Ponty prétendra pourtant faire dans le dernier chapitre de l'édition posthume du *Visible et l'invisible*).

1. RC55, p. 70-71.

2. EM3 [247]v(32).

3. « *L'inconscient* : c'est ce rapport dimensionnel, d'être, avec autrui et les événements (tout inconscient n'est pas refoulé, laissons de côté [la] théorie du refoulement) * [* *(en marge)* L'inconscient sans refoulement : = condensation et déplacement fondés sur [la] topologie du schéma corporel]. » (N-Corps [91]v, feuillet utilisé pour le cours du jeudi 31 mars 1960).

4. RC60, p. 180.

b) *L'imminence*

L'intérêt de Merleau-Ponty pour les paradoxes du savoir ignorant ne s'enracine pas seulement dans sa réflexion sur le schéma corporel et le phénomène de l'habitude, mais aussi dans sa lecture précoce de la psychologie de la forme. Il faut remonter jusqu'à cette couche fondatrice de son travail sur la perception pour comprendre sa façon d'appréhender l'inconscient sur le modèle de la logique perceptive. La leçon inédite sur *Les sens et l'inconscient* (1947-1948), publiée dans la réédition de *L'union de l'âme et du corps chez Malebranche, Biran et Bergson*, est à ce titre significative [1]. Son cadre problématique général est éminemment merleau-pontien : « On pose rarement le problème des sens. Leur notion n'aurait pas droit de cité dans la théorie de la connaissance (...). L'inspiration cartésienne s'oppose à la dignité philosophique de la notion de sens : ce n'est pas l'œil qui voit c'est l'âme » [2]. L'analyse qui suit, dans sa dimension critique à l'égard de l'objet cartésien, anticipe les écrits plus tardifs.

> Toute connaissance, dit la psychologie de la forme, est la perception d'une figure sur un fond. Elle doit s'entourer d'un halo de non connu ou de moins connu, d'une marge d'inattention, qui n'est pas un supplément, mais un élément essentiel. Du fait que l'objet est une figure, on a eu le tort dans l'analyse de la connaissance, de le considérer comme s'il était dépourvu d'un fond. Il faut entourer la connaissance d'un manchon de conscience qui ne pose pas l'objet en tant qu'objet. C'est là le vécu non dénommé, ce que Freud appelle incorrectement l'inconscient [3].

Merleau-Ponty reprend :

> (...) mon champ visuel est limité, mais d'une manière imprécise et variable ; ce n'est pas comme une fenêtre, qui découpe nettement. Dans la déperdition de vision aux limites du champ, je saisis que ma conscience est en quelque sorte attaquée par derrière ; ma vision n'est pas une opération dont je sois maître. Même à l'intérieur du champ, tout n'est pas visible : les objets se cachent les uns les autres (...). À cette donnée doit correspondre quelque chose du côté du sujet. Le sujet cartésien ne peut viser un objet ouvert, c'est-à-dire inépuisable. En passant à la réflexion cartésienne, on perd l'objet ouvert et inachevé [4].

1. Leçon rédigée par Michel Jouhaud. Cf. UAC, p. 115-118.
2. UAC, p. 115.
3. UAC, p. 117.
4. UAC, p. 118. Cf. aussi, quelques années plus tard, ce passage du cours sur la passivité : « La vision est de soi "inconsciente" ; ses "intentions" comportent toujours dans leur épaisseur un fil rouge d'inconscient, parce qu'elle est vision, parce qu'elle ne peut voir *quelque chose* qu'en renonçant à voir *tout* » (PbPassiv, p. 247/[259](5)).

L'objet *ouvert* et *inachevé*, *inépuisable* – cet infra-objet que Merleau-Ponty nommera « ultra-chose », en souvenir de Wallon – est l'être même qui intéresse son ontologie. Cette modalité de l'inépuisable, qui en viendra à caractériser conjointement la perception, le désir et l'être – et, au croisement figural des trois, la profondeur –, est aussi essentielle à sa conception de l'inconscient. L'inconscient est analogue au fond qui donne à la figure sa visibilité, à la profondeur qui tient le visible dans l'être. Mais la conscience cartésienne refuse ce qui la déborde, ce qui induit en nous une marge d'inattention pourtant essentielle ; elle coupe la figure du fond, pour renvoyer celui-ci à l'inconnu inconnaissable, confus et inessentiel. Non sans similitude avec un processus de refoulement : « comme une fenêtre, qui découpe nettement », la conscience se protège de l'intrusion des marges, de l'invisible qui l'attaque par le côté ou par derrière.

L'*invisible*, au sens où Merleau-Ponty l'entend, n'est pas ce que je ne vois pas actuellement et qu'un autre, mieux placé, pourrait voir dans le même temps : il n'est pas un autre visible, seconde positivité simplement juxtaposée à la première derrière l'écran des choses visibles. Il n'attend pas un renvoi sur fond de possible pour s'affirmer réel, un « si j'étais autrement placé, je verrais... » ou un « plus tard... », mais bouscule le visible et le déborde déjà. Il en va de même pour l'*inconscient*, qui n'est pas, comme nous l'imaginons spontanément, une zone parallèle à la conscience, partie rebut et rébus de nous-mêmes, récipient du refoulé qu'un autre, l'analyste, autrement placé, pourrait déchiffrer comme un contenu de conscience simplement caché. De même que l'invisible est l'infrastructure du visible, l'inconscient est le bâti de la conscience, et non une seconde conscience logiquement articulée à la première par sa seule propriété d'être « in-consciente ». Ce qui est inconscient n'est donc pas in-visible, mais, comme le perçu, tissé de perceptions et d'imperceptions, dans une visibilité imminente. En un sens, l'inconscient est ce qui de nous nous est le plus familier.

> [L'inconscient] n'est pas in-conscient : 1) Il n'est pas simplement le non-conscient, l'inconnu, ce qui en fait n'est pas saisi par la conscience (je ne savais pas). 2) Il n'est pas non plus ce que *je nie* de moi (la dénégation, n'allez pas croire que). (...) 3) [L'inconscient] est horizon au-delà de mon champ de perçus ou en deçà de mon appareil percevant (...). Cette ouverture d'horizon (comme tout horizon) renvoie à des choses qui s'y trouvent. Et c'est en ce sens qu'après « explicitation » (...) le sujet pourra dire « je l'ai toujours su » [1].

1. N-Corps [87]v(8)-[88](9).

Après deux déterminations négatives – l'inconscient n'est réductible ni au non-conscient, ni au contenu de nos dénégations –, ce passage des *Notes sur le corps* ébauche donc une caractérisation positive : l'inconscient a l'ouverture d'un *horizon* qui, comme tout horizon, est riche de la visibilité imminente de ce dont il est prégnant. Il enveloppe un savoir avant le savoir qui ne dit ni oui ni non, et qui, révélé à lui-même, nous fera dire les deux à la fois : « je ne m'en souviens pas... et pourtant je savais que vous alliez dire cela, je vois que c'était prêt à devenir vrai ». L'inconscient apparaît alors comme ayant toujours déjà été là, réalité englobante et non juxtaposée à la conscience, porteuse de vérités imminentes qui nous enveloppaient et que nous pressentions [1]. Je ne sais pas (ou plus) ce que je sais tellement (ou trop) et que, en raison même de cette familiarité (voire de son excès), je perçois encore et percevrai toujours.

L'inconscient est donc engagé dans une autre dimension de *vérité*, qui contraste avec l'*ignorance* déjà examinée. Le non-savoir attaché à sa logique perceptive offre un autre visage, plus profond que le précédent : non plus l'ignorance mais l'*imminence* de la vérité, non plus la force de *refouler* mais celle d'attirer, d'*anticiper* sur l'avenir comme sur autrui – ce que Merleau-Ponty va parfois jusqu'à nommer une « prémonition » [2]. En deçà de ce qui les sépare, ces deux versions du savoir/non-savoir s'articulent autour du désir, à la fois intolérable et opérant, refoulé et divinatoire.

1. « Cf. Dora, relation analysé-analyste, accord de l'analysé avec l'analyste qui dévoile, fondé sur une possession préalable du dévoilé, un savoir qui ne dit ni oui ni non, et au niveau duquel le non-savoir était déjà savoir : "(...) J'ai coutume de voir dans les associations qui révèlent quelque chose en accord avec ce que j'allègue une confirmation apportée par l'inconscient. L'inconscient ne peut proférer d'autre 'oui' ; un 'non' inconscient n'existe pas du tout." (p. 41) "(Note de 1923) Une autre forme très curieuse et tout à fait certaine de confirmation par l'inconscient, forme que je ne connaissais pas encore, se traduit par une exclamation du malade : 'Je n'ai pas pensé cela', ou bien : 'je n'y ai pas pensé.' Ce qui veut dire : 'oui, cela m'était inconscient.' " (p. 41) » (PbPassiv, p. 214-215/[174](40)). Merleau-Ponty commente alors : « La formule "je n'y avais pas pensé" = Vous avez raison, je ne le savais pas mais je vois que c'était vrai, c'était prêt à devenir vrai. Ici comme plus haut, l'inconscient, ne pouvant dire oui à proprement parler (mais seulement se laisser faire, céder, fournir des associations concordantes), et ne pouvant dire non du tout, n'est pas un savoir, un autre sujet, une seconde conscience. Et néanmoins, quand il est révélé à lui-même, il s'aperçoit comme ayant été déjà là. (...) Tendance de Freud à le traduire dans les termes d'une perception inconsciente, *i. e.* d'un savoir avant le savoir. Ex., dans *Dora*, p. 50, interprétant rêve de Dora où il y a boîte à bijoux : "(...) – Je savais que *vous* alliez dire cela (note : une manière très fréquente d'écarter une connaissance surgissant de l'inconscient). – C'est-à-dire, *vous*, vous le saviez." (p. 50) » (PbPassiv, p. 215/[174](40)-[175](41)).

2. Cf. par exemple PbPassiv, p. 214/[174](40).

L'*imminence*, visage de la promiscuité temporelle, est un motif récurrent de la réflexion de Merleau-Ponty, probablement en partie inspiré par Bergson [1], par l'approche gestaltiste de la ségrégation de la forme sur le fond [2], ou encore celle du mouvement perçu – « l'imminence, c'est le caractère de structure du mouvement perçu » [3] –, sans oublier l'analyse husserlienne des esquisses et de la conscience du temps [4]. Comme dans « l'imminence d'un geste », elle « naît sur le circuit du désir, entre le corps et ce qu'il cherche » [5]. Elle désigne un moment caractéristique de l'expression, tel le geste du peintre qui semble rejouer la naissance des choses, « dans une imminence de commencement du monde » [6]. Ce que Merleau-Ponty entend par imminence renvoie donc moins à une impression ou un sentiment qu'à une disposition, une attitude qui préside au mouvement naissant, au travail intérieur de l'expressivité. Elle n'est pas une illusion prospective (comme on parle d'illusion rétrospective), mais accompagne l'*abandon à* de la foi perceptive et l'œuvre de *simulation* des schèmes de l'intentionnalité corporelle. Elle se joue dans l'intrication de la perception et du mouvement, dans ce soutien mutuel de la forme, de la force et du désir, où l'on ne saurait discerner qui est cause et qui est effet [7].

Le dernier Merleau-Ponty insiste aussi sur « l'imaginaire comme visibilité imminente » [8], sur « la quasi présence et la visibilité imminente qui font tout le problème de l'imaginaire » [9], en dressant cette idée

1. Cf. par exemple UAC 91, S(Berg) 235.

2. « À mesure que j'approchais, je n'ai pas perçu des ressemblances ou des proximités qui enfin auraient réuni dans un dessin continu la superstructure du bateau. J'ai seulement éprouvé que l'aspect de l'objet allait changer, que quelque chose était imminent dans cette tension comme l'orage est imminent dans les nuages. Soudain le spectacle s'est réorganisé donnant satisfaction à mon attente imprécise. (...) L'unité de l'objet est fondée sur le pressentiment d'un ordre imminent qui va donner réponse d'un coup à des questions seulement latentes dans le paysage, elle résout un problème qui n'était posé que sous la forme d'une vague inquiétude. » (PhP, p. 24-25).

3. « Ce n'est pas seulement un trajet déjà fait ni même un trajet qui sera, mais un trajet qui va suivre. C'est la saisie de l'imminence de ce qui va suivre dans ce qui a déjà commencé. L'imminence, c'est le caractère de structure du mouvement perçu. La totalité saisie n'est pas au-delà de l'espace et du temps, elle est perçue comme enjambement de ce qui traverse l'espace et le temps. » (Natu2, p. 205).

4. Cf. PhP, p. 83, 164. « Le côté non vu s'annonce à moi comme "visible d'ailleurs", à la fois présent et seulement imminent. » (PPCP, p. 48).

5. PM, p. 147.

6. PM 62, S(LIVS) 57.

7. Elle relève de « cette structure d'événement avec ses rapports caractéristiques d'imminence, d'empiétement, de préparation des forces dans les formes et réciproquement... » (MSME, p. 106/[74](VIII2)).

8. NTontocart [115].

9. OE, p. 23.

contre Sartre [1]. Au terme de sa réflexion, cette *visibilité imminente* est intégrée à la définition même de l'*invisible*, et devient une caractéristique essentielle de son statut phénoménal [2]. Parallèlement, depuis le cours de 1955, elle est intimement liée à l'*inconscient*. Ce dernier ne sait pas mentir, est lourd de vérités imminentes qu'il crie dans le rêve [3], et qu'il susurre à l'état de veille dans la dimension prémonitoire que Merleau-Ponty prête à la perception d'autrui [4].

De 1947 à 1958, Merleau-Ponty voulait intituler son grand ouvrage « *Origine de la vérité* » : en s'intéressant aux dimensions perceptives de l'inconscient comme aux latences imaginaires de la perception, il entend justement explorer ce mystère. « Tout ceci pose la question du savoir perceptif comme non savoir, et en général de l'origine de la vérité » [5]. À l'automne 1958, après une dernière hésitation sur une variante plus nietzschéenne, « *La Généalogie du vrai* » [6], Merleau-Ponty opte finalement pour deux titres qui seront tour à tour, jusqu'à sa mort, sous-titres l'un de l'autre, « *Être et Monde* » et « *Le visible et l'invisible* ». Ce faisant, il ne change pas radicalement de thématique, mais réalise que la notion d'origine est trompeuse. Car elle est compliquée par une promiscuité temporelle qui noue le passé et l'avenir dans le présent vivant, et nous empêche ainsi d'accéder à une origine du sens qui soit pure de notre histoire. La chair utilise le présent pour remettre en scène le passé, mais utilise aussi le passé pour pressentir l'avenir, et déjà le corps se comporte dans l'habitude comme s'il se souvenait de ce qui va advenir, en le simulant dans ses stratégies d'anticipation. L'être charnel, en tant qu'onirique, est nourri de passé, mais s'appuie sur les constellations du monde dans l'exercice d'une foi perceptive qui empiète sur l'avenir.

1. Cf. par exemple NT 298, OntoCart [8](8bis)/NP, [8]v(9bis)/NP.

2. « La visibilité imminente de l'icône = l'invisible *du* visible et non pas (Sartre) un rien qui vaut comme quelque chose en l'absence de toute chose. » (NTontocart [119]) « Pour comprendre cette prégnance de l'invisible dans le visible, cette chair de l'imaginaire (visibilité imminente), il faudrait élucider notre chair… » (OntoCart, p. 173/[6](9)).

3. « Le délire comme le rêve est plein de vérités imminentes… » (RC55, p. 71).

4. « La perception d'autrui est endopsychique. Je savais que vous alliez dire cela = impression d'imminence, de préexistence, de prémonition (toute relation avec autrui est prémonitoire) fondée, comme toutes les prémonitions, sur [une] reconnaissance rétrospective de l'autre en moi, qui elle-même vient de ce que j'ai anticipé l'autre. L'atmosphère d'éternité, de surnaturel, de toute prémonition, de toute perception d'autrui, n'est rien d'autre que la présence de l'inconscient, *i.e.* de cette marée, de cette vie inextinguible et indestructible qui continue… Et qui fournit des perceptions opérantes et non reconnues sinon par “écho”. » (PbPassiv [234]/NP).

5. NL-Arnh [35](32), prob. début 1957.

6. EM1 [18](1), automne 1958.

Il est donc significatif de voir Merleau-Ponty préférer finalement, à l'idée d'*origine*, celle d'*imminence*, comme si la vérité nous attendait moins dans la pureté des origines que dans la visibilité imminente de l'horizon et les vérités imminentes de l'inconscient. Comme si la source n'était pas d'abord derrière nous, mais toujours à peine en avant de nous, dans une ineffable proximité. Elle n'est pas lointaine, ni même seulement enveloppante (prégnante de nous-mêmes), mais aussi au plus proche (l'enveloppé, dont nous sommes prégnants), voire trop proche (intolérable et ignorée). En promiscuité avec nous, elle empiète, dans son sens le plus épistémologique comme le plus existentiel. Elle est le métal qui blesse Descartes à la jambe tout en affectant son esprit, ce glaive qui pénètre jusqu'à la suture du corporel et de son animation, jusqu'à la jointure de notre être – cette pointe de feu qui en opère la soudure même. Le mystère ontologique n'est en rien étranger à l'homme : son inaccessibilité n'est qu'à la mesure de son intimité à notre chair. Il est en un sens ce que nous avons trop compris, à tel point qu'il en devient intolérable, et que nous ne pouvons plus le porter en nous, que nous ne pouvons plus le comprendre.

La philosophie, d'après un feuillet d'*Être et Monde*, est victime d'une « ignorance naturelle du topologique et de la chair, qui tient à ce qu'ils sont ce *par quoi* nous voyons quelque chose » [1] : ils sont ce *punctum caecum* de la conscience qui n'est pas directement accessible à celle-ci, et la rend pourtant possible. Si l'entreprise de Merleau-Ponty s'oppose aux philosophies de la conscience, elle n'est pas pour autant une philosophie de l'in-conscient, mais une philosophie de l'invisible comme visibilité imminente et condition de possibilité de toute visibilité. Pour cela, elle fait le pari de pénétrer la vérité familière et ignorée que nous sommes à partir de la corporéité – « L'inconscient : ce qu'il en reste, en dernière analyse (…), c'est la corporéité… » [2] –, pour retrouver dans ce berceau du sentir jusqu'à l'être même. « On n'a besoin d'un second je pense, insiste Merleau-Ponty, que parce qu'on ignore (…) [le] corps comme médiateur de l'être » [3]. La chair est cette corporéité médiatrice, et nous ne pouvons la rejoindre qu'en acceptant que son *sens* reste à jamais configuré par sa *situation* même : par la « promiscuité de la chair » [4]. Ni extérieure ni révolue, « la chair n'est jamais passée

1. EM3 [239](15), avril ou mai 1960.

2. PbPassiv [235]/NP.

3. PbPassiv, p. 242-243/[191](54). Ces dernières citations soulèvent la question de leur proximité avec Binswanger ; nous reviendrons sur ce point dans notre prochain volume, qui accordera à la conception merleau-pontienne de l'inconscient une thématisation plus frontale.

4. EM2 [152]v(10), février ou mars 1959.

(jamais souvenir-image) mais elle est onirisme, promiscuité »[1]. Enracinée dans l'expérience muette, dans l'ère de l'analogique sans conscience des premières années de la vie, celle des structurations fondamentales du schéma corporel, elle continue à nous faire vivre dans l'imminence d'origines toujours actives : la promiscuité du perçu, du corporel et de l'enfance, celle de l'accouplement, de la prégnance et de la naissance, qui ne se perdent pas dans la nuit des temps mais continuent à nous travailler jusqu'à nous attendre dans l'avenir. De sorte que notre ignorance naturelle de la chair se redouble d'une expression permanente de sa vérité.

§ 3. DE LA PROMISCUITÉ DES CORPS À L'ÊTRE DE PROMISCUITÉ : LA FRAGILE UNITÉ DE LA CHAIR

La promiscuité, nous l'avons vu, s'inscrit à plein dans la continuité des chapitres précédents consacrés à l'*intercorporéité*, et désigne à sa manière un sommet de celle-ci, à travers l'inscription structurelle inconsciente de l'*Ineinander* des images du corps. Elle participe aussi de manière significative à l'étape ultime de la différenciation conceptuelle, si complexe chez Merleau-Ponty, qui va du *corps* à la *chair*. Promiscuité de l'espace et du temps corporels, promiscuité du corps (de mon passé, tel qu'il s'est inscrit dans le schéma corporel) et des corps (de l'espace comme corps imaginaire, à commencer par celui d'autrui), la chair est le « corps de promiscuité »[2] qui habille tout ce qu'il touche de son étrange tissu de familiarité et d'ignorance. Animée depuis l'origine par « l'Éros qui a plusieurs paires de bras et gerbes de visages »[3], la chair est cet « ensemble pêle-mêle des corps et des esprits, promiscuité des visages, des paroles, des actions, avec, entre eux tous, cette cohésion qu'on ne peut pas leur refuser (...) cette implication inextricable »[4]. La chair se structure dans une promiscuité telle que Merleau-Ponty en vient à la désigner comme étant, par excellence, « l'être de promiscuité ». Mais ce qui est en promiscuité dans la chair, à travers mon histoire et mon monde, à travers la chair d'autrui, et au-delà d'eux, est l'être même – « l'Être », si l'on veut respecter la graphie habituelle des manuscrits tardifs. La chair est l'être de promiscuité qui vit dans la promiscuité des

1. EM2 [178]v(IV), printemps ou automne 1959.

2. N-Corps [85]v(4). « *Le corps comme système universel dedans-dehors. Promiscuité.* Donc indivision de mon corps, de mon corps et du monde, de mon corps et des autres corps, et des autres corps entre eux. » (Natu3, p. 346/[74], cours du 31 mars 1960).

3. PbPassiv, p. 242/[190](53), transcription corrigée.

4. VI2, p. 116-117, printemps 1959.

êtres et palpite de celle de l'Être. Elle vit au plus haut point dans la prégnance d'autrui (d'autrui par moi et de moi par autrui), dans la familiarité active de nos origines, où travaille l'imminence d'une co-naissance.

La promiscuité devient ainsi la figure privilégiée de la *multiplicité* spatio-temporelle et relationnelle de la *chair*, multiplicité introjectée et intégrée, c'est-à-dire constitutive de son *identité* et de son *unité* même. En retour, cette promiscuité est inévitablement projetée sur le monde. Cette figure participe donc aussi au passage de la *chair* à la *chair du monde* – « chair du monde » précisément habitée par les descriptions que Merleau-Ponty trouve chez Claude Simon de l' « ensemble pêle-mêle des corps et des esprits », du « magma humain et interhumain » [1]. Sous l'effet de la puissance de généralité de la chair, le monde devient « monde de la promiscuité » [2], « universel de promiscuité » [3], « totalité de promiscuité » [4], « la structure universelle "monde", – empiétement de tout sur tout, être de promiscuité » [5]. La promiscuité connaît ainsi dans les manuscrits tardifs une extension et une métamorphose comparables à celles que subissent les autres figures de la chair, en tendant à devenir, comme elles, une structure-ingrédient. La « promiscuité des [x] » se transmue en « [X] de promiscuité », la promiscuité des corps informe un « corps de promiscuité », la « promiscuité de l'être » [6] se redouble en « Être de promiscuité » [7] – un « Être de promiscuité, syncrétique, brut » [8], « un Être de promiscuité, où les régions passent l'une dans l'autre » [9].

Une telle expansion, ainsi que cet « empiétement de tout sur tout », peuvent à bon droit nous laisser perplexes. Et l'effort que nous faisons, lecteurs et commentateurs, pour dégager des linéarités au pays de l'*Ineinander*, ne doit pas nous cacher la menace d'une possible

1. OntoCart, p. 213/[37](38), mars 1961. « Cl. Simon : Le temps comme "magma" et son dépôt dans l'Espace – L'Espace monumental et la "chair du monde" – La promiscuité des hommes dans le monde. » (OntoCart, p. 204/[28]v(29)) « Les hommes et le temps, l'espace sont faits du même magma. Par exemple, comme le temps est le temps d'emboîtement, il y a une sorte d'empiétement des corps les uns sur les autres… » (OntoCart, p. 211/[35](36)) « Mélange du passé, du présent et de l'avenir, de l'imaginaire et du réel, (…) mélange d'autrui et de moi… » (OntoCart, p. 213/[37](38)-[38](39)).

2. EM2 [220]v, 14 juin 1959.

3. Hesn, p. 278/6, début 1960.

4. EM3 [247](31), avril ou mai 1960.

5. NT, p. 287, janvier 1960.

6. EM2 [171](11), [179](V), [218].

7. EM2 [160](1), [177](II), [190], [227], NT 287, NTi [341], NT 307, 323.

8. EM2 [160](1), prob. printemps 1959.

9. EM2 [227], prob. juin 1959.

confusion. Merleau-Ponty semble se défendre par avance : « Cela n'est, pour Piaget, que *confusion*. Pour nous, c'est *promiscuité* de l'Être » [1]. Ou encore : « Conclusion : *promiscuité* de l'Être, ὅμου ἦν πάντα : voilà comment nous comprenons ce que Piaget appelle la "confusion"… » [2]. Ces formules lapidaires, sur lesquelles nous reviendrons, semblent directement transposées de l'éternel scénario cartésien de l'auteur – « *L'empiétement*, qui est pour moi la philosophie, n'est pour Descartes que *confusion* » [3]. Le débat avec Descartes – avec son « ignorance naturelle du topologique et de la chair », mais plus encore avec sa paradoxale lucidité sur les confusions de la vie charnelle et sur l'inévitable confusion de toute tentative de penser celle-ci [4] –, ce débat est aussi en partie un débat de Merleau-Ponty avec lui-même, et ne peut pas ne pas être un débat de nous-mêmes avec lui.

Les aventures de la promiscuité soulèvent ainsi plusieurs difficultés qui laissent entrevoir la fragilité de la conception merleau-pontienne de la chair – tout en reflétant sans doute aussi, ceci expliquant en partie cela, la fragilité effective de la chair elle-même (en deçà du concept). Des difficultés que les prochains chapitres vont à la fois retrouver, aiguiser, et partiellement dissiper. Cette *multiplicité* qui affecte à ce point la structuration identitaire et relationnelle de la chair, n'est-elle pas une menace sur son *unité* et sur sa possible conceptualisation ? Ainsi généralisée au monde et à l'être même, la promiscuité pose aussi la question délicate de ce qui reste de différenciation entre les figures de la *chair* et celles de l'*être*, et, partant, interroge la différenciation même de l'être et de la chair. La solution la plus simple, donc la plus rebattue, consiste à soutenir que le dernier Merleau-Ponty quitte massivement l'anthropologie pour une ontologie, et abandonne au passage ce (mauvais) penchant qu'on lui reprochait déjà de son vivant pour les « curiosités psychologiques » – reproche dont il s'amusait parfois, dont il s'agaçait souvent. Nous avons déjà longuement abordé ce point dans le volume précédent, en analysant notamment les sources et le sens des protestations « anti-anthropologiques » des derniers écrits, ou encore en étudiant le lien si fort que Merleau-Ponty revendiqua jusqu'au bout entre la dimension ontologique de son entreprise et l'apport essentiel des champs non-philosophiques. Les chapitres qui suivent vont illustrer une fois de plus ce lien effectif au cœur des manuscrits tardifs. Nous venons de lire la mention inattendue de Piaget étroitement couplée à

1. EM2 [171](11), prob. automne 1959.
2. EM2 [179](V), prob. automne 1959.
3. DESC [84](9).
4. Cf. *Le scénario cartésien*, *op. cit.*, notamment chap. I.

l'invocation de la « promiscuité de l'Être », au sein même du projet ontologique *Être et Monde* : par les thèmes du polymorphisme, de la réversibilité, de l'ambivalence et de l'ambiguïté, nous allons maintenant explorer plus avant cette importante confrontation de Merleau-Ponty avec, non plus seulement la psychanalyse, mais aussi la *psychologie du développement*. Une confrontation essentielle, justement, s'agissant du problème soulevé de la multiplicité de la chair : comment rendre compte de sa progressive unification ?

CHAPITRE V

POLYMORPHISME [1]

Les définitions ou caractérisations de la chair que propose Merleau-Ponty ne sont pas toujours faciles à concilier. L'une des dernières, sinon la dernière, apparaît en décembre 1960, au détour d'une note de travail qui évoque « une seule et massive adhésion à l'Être qui est la chair » [2]. Une telle affirmation soulève à nouveau la question délicate de l'articulation entre être et chair. Que peut signifier cette adhésion massive, et comment identifier un élément à son adhésion à un autre ? La même note propose en réalité de reprendre toute l'architecture des notions de la psychologie en envisageant celles-ci « comme des *différenciations* d'une seule et massive adhésion à l'Être… ». Le terme de « différenciations », souligné par Merleau-Ponty, semble contre-balancer le caractère massif et unifié de l'adhésion dont il est question. Reste à savoir ce qu'il signifie, comment et jusqu'à quel point ces différenciations introduisent une multiplicité dans le rapport de la chair à l'être. Merleau-Ponty affirme ici vouloir faire « une psychanalyse *ontologique* », ainsi qu'une « Philosophie du Freudisme » [3]. Or, « ce que Freud veut indiquer, ce ne sont pas des chaînes de causalité » [4], les éléments du « bric-à-brac » des psychologies ne doivent plus être pensés « comme des *positifs* » que l'on interprète et distribue tôt ou tard selon une « *hiérarchie* d'ordres ou de couches ou de plans », comme « du

1. Une première version partielle de ce chapitre a été publiée sous le titre « Les “différenciations d'une seule et massive adhésion à l'Être qui est la chair”. Étude de la notion de polymorphisme chez Merleau-Ponty », *Chiasmi International*, n° 11, Paris - Milan - Penn State University, Vrin - Mimesis - Penn State University, 2009, p. 185-200.

2. NT, p. 324/[104], décembre 1960. Transcription corrigée.

3. NT, p. 323.

4. *Ibid*.

“spirituel” plus ou moins épais » [1]. Il doivent justement être compris comme des différenciations de cette « adhésion à l’Être qui est la chair ».

L’édification non causale de la chair par ses investissements dans l’être, précise encore Merleau-Ponty, se fait « à partir d’un polymorphisme ou amorphisme, qui est contact avec l’Être de promiscuité, de transitivisme » [2]. Cette proposition introduit à son tour une multiplicité étroitement associée à la plus grande unité, mais pour ainsi dire par l’autre bout : un *polymorphisme* « qui est contact avec l’être », l’être étant au passage lui-même caractérisé par le rapport intime et l’échange (un « Être de promiscuité, de transitivisme »). La chair serait-elle donc rapport d’adhésion différenciée à un être d’échange et de contact, à partir d’un polymorphisme qui est déjà ce rapport même ? La lecture d’une note de travail – c’est-à-dire d’un texte que l’auteur écrit pour lui-même et non pour nous – plonge parfois le lecteur dans un foisonnement de formules elliptiques difficiles à comprendre et à articuler… La note que nous venons de citer est un parfait exemple de cette difficulté. D’où la nécessité de ne pas s’arrêter à un seul texte, mais de relire Merleau-Ponty au fil des variations et des invariants de ses nombreuses tentatives d’écriture. Nous allons ici tenter une telle lecture, transversale, pour la notion de *polymorphisme*, en retraçant rapidement sa genèse et sa signification, pour mieux dégager son articulation à l’unité comme à la différenciation – celles de la chair, celles du rapport de la chair à l’être.

§ 1. DE L’ENFANT À L’ÊTRE

a) *Le polymorphisme enfantin*

La notion de polymorphisme apparaît pour la première fois dans les cours en Sorbonne, et traverse toute la période correspondante (1949-1952) en culminant, la dernière année, dans le cours intitulé « Méthode en psychologie de l’enfant » [3]. L’emprunt initial est fait à Freud, mais Merleau-Ponty en élargit aussitôt la signification de manière considérable, pour la dresser contre le constructivisme piagétien et forger ce qu’il nomme la « thèse d’un polymorphisme enfantin » [4], le polymorphisme comme trait général de l’enfance. Polymorphisme

1. NT, p. 324.
2. NT, p. 323.
3. Sorb(CAL) 15, 51, Sorb(EVA) 97, Sorb(SCCE) 177, S(PhiSo) 126, S(HoAdv) 288, Sorb(RAE) 333, 363, Sorb(MPE) 470-471, 479-480, 506, 521, 524.
4. Sorb(SCCE), p. 177.

sexuel [1], avec quelques reprises de l'expression freudienne « pervers polymorphe » [2], mais aussi plus largement « un polymorphisme initial du corps comme véhicule de l'être-au-monde » [3], une langue polymorphe [4], un polymorphisme social [5] et culturel [6] (Merleau-Ponty s'inspirant ici de Lévi-Strauss), ou encore un « contact polymorphe avec le monde » [7], le « rapport polymorphe moi-autrui » [8], etc. La thèse est claire, mais peu précise : il n'y a pas *une* mentalité enfantine, ni même *une* nature enfantine, mais la coexistence de possibilités très diverses, lesquelles ne sont pas de pures virtualités mais sont déjà anticipées dans des phénomènes de « prématuration » [9].

Cette période des cours de psychologie de l'enfant, marquée par le dialogue avec la psychanalyse mais aussi avec l'épistémologie génétique de Piaget, se clôt par un emploi nouveau de la notion, plus spécifiquement appliqué à l'intelligence : la pensée de l'enfant, écrit Merleau-Ponty, « n'est ni thétique, ni catégorielle, mais polymorphe » [10], le caractère polymorphe étant ici rapproché du qualificatif « confus ». Piaget envisage l'état de confusion initiale de la pensée de l'enfant comme une pure déficience dont il faut sortir pour construire un sens sur la base de la permanence de l'objet et des invariants de propriété. Merleau-Ponty retourne ce point de vue : si le monde de l'enfant est confus, cet amorphisme est polymorphisme, cette « bonne confusion » est prégnance de tous les possibles.

Merleau-Ponty a de bout en bout voulu rouvrir la possibilité de penser philosophiquement ce que Descartes nommait habituellement « confus » : (1) le mélange de l'âme et du corps, manifesté par (2) les sentiments, phénomènes confus dont (3) la pensée est elle-même, inévitablement, ambiguë [11]. Injectant son rapport à Descartes au cœur de son débat avec Piaget, Merleau-Ponty va étendre la notion de polymorphisme à la taille même de cet ensemble à trois entrées : (2) le polymorphisme de la vie perceptive et désirante (dont l'emprunt initial à Freud), qui est comme l'expression privilégiée (1) d'un polymorphisme plus général qualifiant le type d'unité de l'être humain ainsi que les

1. Sorb(EVA) 97, Sorb(SCCE) 177.
2. S(HoAdv) 288, Sorb(RAE) 333, Sorb(MPE) 470.
3. S(PhiSo), p. 126.
4. Sorb(CAL), p. 15, 51.
5. Sorb(SCCE), p. 177.
6. Sorb(MPE), p. 470.
7. Sorb(MPE), p. 524.
8. Sorb(MPE), p. 521.
9. Sorb(MPE), p. 470-471.
10. Sorb(MPE), p. 506.
11. Cf. *Le scénario cartésien*, *op. cit.*, notamment chap. I.

modes fondamentaux de sa relation au monde, et (3) l'inévitable polymorphisme épistémologique de la pensée qui veut affronter ces mêmes structures polymorphes.

b) *Le polymorphisme de l'espace naturel*

Après quelques années où elle se fait très discrète [1], la notion de polymorphisme connaît un nouvel essor – sinon un nouveau départ – en 1957, avec la première année de cours consacrée au concept de Nature. Merleau-Ponty entame alors une réflexion sur le polymorphisme de l'espace, et revendique rapidement sa portée ontologique. L'idée centrale est ainsi formulée : « L'espace perceptif est polymorphe » [2], ou encore « amorphe » [3], au sens où sa structure interne n'implique aucune métrique particulière. « L'espace phénoménal n'est pas riemannien, pas plus qu'euclidien, il est un pré-espace, *polymorphe* » [4]. En désaccord avec Bergson, Merleau-Ponty veut « retrouver le polymorphisme de l'espace avant les métriques » [5]. À lire les inédits, il s'inspire ici de l'œuvre épistémologique de Louis Rougier [6]. Malgré l'absence de référence précise, on devine qu'il s'agit des travaux de Rougier consacrés à Poincaré : peut-être sa thèse de doctorat [7], ou bien son introduction à l'essai de Poincaré sur *La valeur de la science*, ouvrage plusieurs fois évoqué par les textes antérieurs de Merleau-Ponty [8] – Poincaré y décrit justement l'espace comme étant « ce continuum, primitivement amorphe » [9], dont l'espace euclidien n'est qu'une des différenciations possibles [10]. Dès le résumé du cours de 1957, Merleau-Ponty affirme vouloir « donner tout leur sens ontologique à certaines

1. MSME 173/[9], 59/[30](II6), PbPassiv 241/[190](53).

2. Natul-ms [133]v(163), [134]v(163bis), [135](164), [142](174), Natul 144, 151, RC57 120.

3. Natul-ms [199], [133](162).

4. Natul-ms [133]v(163).

5. Natul-ms [142](174). « Ne faut-il pas retrouver l'espace polymorphe qui est celui de notre monde vécu, qui est fréquenté avant les métriques, qu'elles soient euclidiennes ou non euclidiennes ? » (Natul, p. 151).

6. Cf. Natul-ms [199], EM2 [154](13), [164](1), [168](8).

7. *La Philosophie géométrique de Henri Poincaré*, thèse de doctorat ès lettres, Paris, F. Alcan, 1920.

8. *La valeur de la science. Avec une introduction de Louis Rougier et un portrait au pinceau de Paul Monnier*, Genève, Éditions du Cheval Ailé, 1946. Chez Merleau-Ponty, cf. PPCP 88, CDU(SHP) 50, Sorb(SHP) 397.

9. Henri Poincaré, *La valeur de la science*, Paris, Flammarion, 1905, p. 59.

10. « L'espace euclidien n'est pas une forme imposée à notre sensibilité, puisque nous pouvons imaginer l'espace non-euclidien ; mais les deux espaces euclidien et non-euclidien ont un fond commun, c'est ce continuum amorphe dont je parlais au début (...) » (Poincaré, *op. cit.*, p. 65-66).

descriptions de l'espace et du temps perçus, – espace et temps polymorphes »[1]. Et le manuscrit *La Nature ou le monde du silence* (probablement rédigé fin 1957), dans une phase de relecture du même cours, emploie pour la première fois les expressions énigmatiques « être polymorphe », « être brut ou polymorphe »[2], que l'on retrouve ensuite jusque dans les manuscrits entourant la rédaction de *L'Œil et l'Esprit*[3].

Au premier abord, le lien de ces textes de 1957 avec les usages précédents – en particulier avec l'acception psychanalytique du « polymorphisme », ou encore avec la pensée de Piaget – semble difficile à établir[4]. Il va progressivement se tisser les années suivantes. À partir de 1959, au cœur de l'élaboration du projet ontologique inédit *Être et Monde*, Merleau-Ponty multiplie l'emploi de l'« amorphe » et du « polymorphe » pour caractériser l'espace et le temps, le monde perçu, en relation explicite avec sa critique de Piaget, et dans un contexte notionnel étonnamment marqué par la psychologie de l'enfant des cours en Sorbonne.

Il évoque ainsi une « vision amorphe ou polymorphe », en affirmant résolument que cette vision, « syncrétique, transitiviste, d'indivision », « ne peut pas être dépassée »[5]. À en croire Merleau-Ponty, cet indépassable polymorphisme n'est pas un archaïsme psychologique qui freinerait l'intelligence, il est « ouverture à l'Être »[6]. Et le philosophe se propose de « montrer (…) que c'est la même chose de retrouver le pur sensible, le monde "amorphe" du pré-être, de l'égocentrisme, du transitivisme, de l'*Ineinander*, de l'*Einfühlung*, de la "chair", – et de s'élever au champ de l'Être »[7]. Étrange démarche, qui identifie explicitement « s'élever au champ de l'Être » à ce que l'on pourrait prendre pour une descente, sinon une régression, vers le champ psychologique, puisqu'il s'agit de se pencher sur ces phases apparemment si pauvres de notre rapport au monde que Piaget qualifiait d'« égocentrisme » et Wallon de « transitivisme ». Mais Merleau-Ponty

1. RC57, p. 120.

2. NMS [104](D), [105], [109](δ).

3. Cf. NT, p. 306, EM3 [254], OE-ms [46](21), OE 48, OntoCart 171/[5](7), 180/[12]v(14), NTontocart [116].

4. La préparation inédite du cours de 1957 évoque toutefois « le livre de Piaget sur le temps » (Natu1-ms [199]v) dans une note intitulée « À propos de l'espace et du temps », juste après avoir parlé de l'espace amorphe de Rougier. Le même ouvrage, *Le développement de la notion de temps chez l'enfant* (Paris, P.U.F., 1946), deviendra par la suite une référence importante.

5. EM2 [226]v(3).

6. *Ibid*.

7. EM2 [196](4)-[196]v(4).

insiste : c'est bien là sa démarche, et même sa visée. Il faut retrouver l'enfant pour s'élever à l'être.

Ceci ne conduit pas à s'enfermer dans un psychologisme, parce que l'enfant est déjà riche d'un monde et d'un rapport à l'être, le monde polymorphe du pré-être. Ce n'est pas non plus s'enfermer dans un anthropologisme, puisqu'il s'agit au contraire de revenir en deçà de nos constructions humanistes – et en deçà de l'humanisme lui-même en tant qu'il définit l'homme à partir de ces mêmes constructions – pour retrouver cet « espace naturel et inhumain » auquel nous sommes attachés par nos racines [1], et tellement attachés que cet « inhumain » est *dans* l'homme et l'institue homme [2]. Forte des sciences humaines, l'ontologie moderne est appelée à retrouver « l'homme pré-humaniste, l'homme brut, l'homme-fondateur » [3], qui est en relation avec le « pré-être », avec « l'être brut ». Alors l'être « cesse d'être l'objet absolu, l'objet passif et frontal qui s'étend là bas *devant* mon regard, et où mon action fera irruption, il devient entourage mien, entourage nôtre, il est plein de possibles préhumains » [4]. Et l'ontologie moderne sera justement celle qui, comme la peinture de Cézanne, « révèle le fond de nature inhumaine sur lequel l'homme s'installe », car « seul un homme justement est capable de cette vision qui va jusqu'aux racines, en deçà de l'humanité constituée » [5].

Mais nous ne sommes pas équipés pour penser ce monde polymorphe du pré-être, nous avons toujours tendance à l'envisager par ce qui lui manque, comme défaut des constructions à venir, voire comme absence pure et simple de toute structure. « Conclusion : *promiscuité* de l'Être, ὅμου ἦν πάντα : voilà comment nous comprenons ce que Piaget appelle la “confusion”, le “syncrétisme”, et qu'il caractérise négativement par rapport à [des] notions pures » [6]. Dans

1. « Je ne vis jamais entièrement dans les espaces anthropologiques, je suis toujours attaché par mes racines à un espace naturel et inhumain » (PhP, p. 339), « les espaces anthropologiques s'offrent eux-mêmes comme construits sur l'espace naturel » (PhP, p. 340).

2. « Contre l'humanisme de la *réalité-humaine* : il y a un préhumain dans l'homme et un plus qu'humain. » (EM1 [129], automne 1958).

3. « Elle implique qu'on renonce à l'idée du monde comme source d'étants survolés. Elle n'est pas anthropologique ni anthropomorphique en ce sens qu'elle incorpore au contraire l'homme à la définition du monde, fait paraître l'homme comme ingrédient du monde, morceau de monde qui se replie sur lui-même, – l'homme pré-humaniste, l'homme brut, l'homme-fondateur. » (NTi-58-59 [232]v, fin 1958 ou début 1959).

4. EM1 [65](27), automne 1958.

5. SNS(Cézan), p. N28/G22. « L'humain est précisément ce qui peut voir l'inhumain (…). Mais ce perçu préhumain ne se définit que par relations et armature d'une expérience humaine… » (PbPassiv, p. 172/[123](12)).

6. EM2 [179](V). Cf. aussi EM2 [171](11).

la marge de ce même passage, Merleau-Ponty rajoutera à l'encre rouge : « Le passage du syncrétisme ou être brut à la pensée articulée, décentrée : il faut le comprendre comme différenciation du polymorphe et non (Piaget) comme construction » [1]. Ce complément est capital : Merleau-Ponty ne revendique pas un retour à l'indifférenciation ; suivant son éternel scénario cartésien, il relit ce que l'on interprétait à tort comme une pure confusion en y discernant déjà un travail du sens. Cette « promiscuité » n'est pas une absence de sens par absence d'orientation, ni la présence d'un sens projectif, établi par séparation et rétrospection, par « construction ». « La culture, ose même écrire Merleau-Ponty, ne fait que *différencier et non créer* » [2]. Elle est sens par « différenciation du polymorphe », et cette expression même devient presque redondante : le polymorphisme bien compris est toujours déjà travail de différenciation.

§ 2. DE L'INDIVISION AU DÉSIR

a) *Polymorphisme, différenciation et réversibilité*

Ces passages d'*Être et Monde* seraient à rapprocher de plusieurs notes de travail contemporaines. Ainsi une note de septembre 1959, qui voudrait « montrer que, la *Gestalt* surgissant du polymorphisme, cela nous situe tout à fait hors de la philosophie du sujet et de l'objet » [3] ; ou encore une note d'octobre, qui réitère l'orientation thématique de 1957 en affirmant que « la perception même est polymorphe et que, si elle devient euclidienne, c'est qu'elle se laisse orienter par le système » [4]. Mais nous voudrions surtout nous attarder sur une troisième note, de novembre, qui indique que Merleau-Ponty reprend et intègre désormais l'acception *psychanalytique* du polymorphisme sexuel – ou, du moins, ce qu'il en retient – à sa conception généralisée du polymorphisme :

> Le rapport moi-autrui à concevoir (comme le rapport inter-sexuel, avec ses substitutions indéfinies cf. Schilder *Image and Appearance*, p. 234) comme rôles complémentaires dont aucun ne peut être tenu sans que l'autre le soit aussi : masculinité implique féminité etc. Polymorphisme fondamental qui fait que je n'ai pas à constituer l'autre *devant* l'Ego : il est déjà là, et l'Ego est conquis sur lui. Décrire la pré-égologie, le

1. EM2 [179](V).
2. « L'amorphe du monde charnel, et son λόγος. La culture ne fait que *différencier et non créer* » (EM2 [225]v(2)).
3. NT, p. 260, sept. 1959.
4. NT, p. 265, 22 oct. 1959.

> « syncrétisme », l'indivision ou transitivisme. Qu'est-ce qu'*il y a* à ce niveau ? Il y a l'univers vertical ou charnel et sa matrice polymorphe [1].

Ce texte célèbre a déjà reçu plusieurs éclairages, notamment dans son rapport à Schilder, Wallon et Husserl [2]. Nous nous contenterons ici de remarques complémentaires liées au présent propos. « Polymorphisme fondamental qui fait que je n'ai pas à constituer l'autre... il est déjà là... » : on reconnaît un schéma de pensée typique de Merleau-Ponty. Il l'est aussi de son usage du polymorphisme, qui accompagne la critique récurrente des schèmes de la constitution (Husserl), de la construction (Piaget), de la création (Sartre), et illustre sa préférence pour la prégnance et la naissance continuées, pour la différenciation progressive. Au lieu des ruptures qui font passer brutalement du même à l'autre, ce mouvement indéfini, s'il ne semble jamais déboucher sur une véritable séparation, ne procède pas non plus d'une totale fusion – précision que Merleau-Ponty fait par endroits en disant préférer le polymorphe à l'amorphe, comme il préfère l'empiétement ou la promiscuité à la confusion [3].

Bien sûr, cette même formule (« ... fondamental qui fait que je n'ai pas à... ») doit susciter notre méfiance : n'est-ce pas là une solution de facilité, la garantie magique qui nous évite de penser et affronter l'épreuve temporelle d'une croissance, d'une différenciation sans retour, l'épreuve de la construction du lien ? Et quelle description donner alors de notre situation originelle : au commencement était le syncrétisme, l'indivision, le transitivisme, un lien avec autrui toujours déjà donné ? À moins que ces idées de commencement, d'originaire, relèvent encore d'une illusion intellectuelle, sinon d'un fantasme. Merleau-Ponty, nous l'avons vu [4], renonce finalement à la prétention de penser directement l'origine, et affirme que l'originaire éclate [5], se dérobe à notre prise, car il nous est aussi inaccessible que la fin ou le terme, et demeure à jamais, comme la mort, une « ultra-chose ». Après nos assurances sur le *deux*, nos assurances sur le *un* s'effondrent à leur tour, et une philosophie de la

1. NT, p. 274, nov. 1959.
2. Cf. *supra*, chap. II.
3. « Décrire le temps primordial non comme amorphe, mais comme polymorphe. » (EM3 [235]v(8)) « Décrire un monde de la Nature, celui où rien encore n'a été dit, symbolisé, exprimé, ni l'espace, ni le temps ni, à plus forte raison les processus particuliers, – et qui n'est pourtant pas amorphe, informe et sans signification, qui est bien un monde. Ce qu'il dit dans son silence, dans son unité intérieure, c'est le ὅμου ἦν πάντα... » (NTi-58 [208], 1958) « Le monde perçu, amorphe, non par défaut mais par excès. » (PhilAuj1, p. 51/[8](11)) Etc.
4. Cf. *supra*, chap. IV, § 2, b, p. 221 *sq*.
5. VI3, p. 165.

chair serait en échec si son opposition fondatrice à tout dualisme débouchait sur un monisme. En un sens, elle aurait combattu pour rien, et tomberait dans une erreur secrètement équivalente. La préférence de Merleau-Ponty pour la circularité ouverte, le cercle que l'on prend en marche, les entrées multiples du même mystère, exprime ce double rejet. Et c'est aussi ce que sa conception du polymorphisme contribue à soutenir.

Elle le fait ici de manière d'autant plus forte qu'elle réactive sa résonance psychanalytique initiale et son contexte thématique, « le rapport moi-autrui ». Un rapport à concevoir « comme le rapport intersexuel, avec ses substitutions indéfinies », relation faite de « rôles complémentaires dont aucun ne peut être tenu sans que l'autre le soit aussi ». L'introduction de la notion de *complémentarité* peut surprendre, car elle semble incompatible avec celle de polymorphisme : la complémentarité n'implique-t-elle pas en effet que les rôles soient préalablement et distinctement distribués, pleinement différenciés ? Mais il ne s'agit justement plus ici d'une prétendue complémentarité homme-femme envisagée de manière essentialiste et figée, à partir d'une supposée nature éternitaire du masculin et du féminin. Merleau-Ponty reprend la complémentarité, et la différenciation que celle-ci suppose nécessairement, dans le cadre d'une pensée de la *réversibilité* (notion importante qui fera l'objet du prochain chapitre) : « substitutions indéfinies », rôles « dont aucun ne peut être tenu sans que l'autre le soit aussi ». La notion de polymorphisme ainsi revisitée tente de penser une différenciation contemporaine de la réversibilité des positions et des rôles, qui ne s'effectue pas malgré elle mais grâce à elle – une *différenciation qui avance par l'exercice même de la réversibilité*.

On devine déjà à quel point Merleau-Ponty est en réalité éloigné du polymorphisme freudien, combien sa réception de la psychanalyse, singulièrement compliquée par la longue fréquentation de la psychologie du développement (le syncrétisme et le transitivisme de Wallon, qui affleurent ici comme ailleurs) et de la neurologie (le schéma corporel de Schilder, fondement même de ce texte), le conduit à frayer une voie nouvelle. Loin d'être envisagé sous la perspective de la perversion, d'un morcellement pulsionnel rémanent susceptible de faire obstacle à l'unification du désir et à l'avancée de la relation, le polymorphisme merleau-pontien rejoint une dimension plus positive, motrice de la maturation relationnelle. Une direction de pensée qui mériterait d'être confrontée avec la puissance de différenciation de la relation à l'objet transitionnel winnicottien – qui engage justement cette avancée de la relation, au monde et à autrui, par l'exercice de la réversibilité des rôles.

b) *Polymorphisme topologique et libidinal*

La note de novembre 1959 montre que Merleau-Ponty s'oriente déjà vers la préparation de sa troisième année de cours sur le concept de Nature. Ce cours approfondit comme jamais les analyses de Paul Schilder sur le corps libidinal et l'intercorporéité, tout en rapprochant pour la première fois cette logique désirante de notre structuration de l'espace – autrement dit du type de polymorphisme développé par les textes de 1957. Une structuration de l'espace qualifiée, là aussi pour la première fois, de « *topologique* » [1].

En effet, alors qu'il délivre au Collège de France ses leçons sur le corps humain, Merleau-Ponty s'attelle en avril et mai 1960 à une troisième phase de travail du projet inédit *Être et Monde*. Cette séquence choisit Piaget pour interlocuteur principal, reprend les réflexions de 1957 sur l'espace et le temps, et travaille notamment les recherches de Piaget consacrées à l'espace enfantin [2]. L' « espace naturel », comme le « temps naturel », sont à nouveau abordés comme polymorphes [3], et il s'agit toujours par là, pour Merleau-Ponty, de « décrire le *polymorphisme* originaire comme rapport à l'Être » [4]. La nouveauté tient donc ici dans la qualification de ce polymorphisme originaire : il relève des structures mathématiques *topologiques*, plus fondamentales et précoces que les structures projectives et métriques. Ces structures sont aussitôt généralisées, et *Être et Monde* se propose de leur consacrer un développement intitulé « Polymorphisme de l'être topologique » [5].

Si Merleau-Ponty découvre la topologie avec Piaget, et lui reconnaît sur ce point le mérite d'une avancée remarquable, il lui reproche de ne pas aller suffisamment loin dans sa lecture positive de cette structuration originaire. Piaget s'intéresse davantage à la construction des espaces projectifs et métriques, au lieu d'approfondir la richesse propre du topologique, son polymorphisme. Merleau-Ponty prolonge ainsi la critique déjà rencontrée dans le volume précédent d'*Être et Monde*, qui opposait la « *différenciation du polymorphe* » à la « *construction* » [6].

1. Cf. Natu3 267/[36], 347/[74], N-Corps [84](1), [91]v, [97], [105].

2. Cf. Piaget et Inhelder, *La représentation de l'espace chez l'enfant*, Paris, P.U.F., 1948.

3. Cf. par exemple EM3 [235]v(8), [247](32), [258].

4. EM3 [235](7).

5. EM3 [254]. *L'Œil et l'Esprit*, rédigé dans le prolongement de cette séquence de travail (qui en est déjà par endroits une claire préparation), persistera : « les dimensions sont prélevées par les diverses métriques sur une dimensionnalité, un Être polymorphe, qui les justifie toutes sans être complètement exprimé par aucune » (OE, p. 48). Cf. aussi OE-ms [27](34), [46](21).

6. Cf. EM2 [179](V), cité *supra*, p. 237.

> Piaget interprète l'enfant à partir des concepts adultes, par illusion rétrospective. (...) Les questions de Piaget sont comme celles des indices qui notent les déficiences. Il faudrait retrouver le polymorphisme perceptif sous les « réponses », « thèses », ou représentations. (...) Les notions prétendument « mutilées » que Piaget met chez l'enfant (indistinction comprise comme absence de fait de toute distinction – alors qu'il s'agit d'une structure, d'un système d'équivalences, d'un « monde » (...)) [1].

Merleau-Ponty poursuit :

> Topologie, considérée, dans étude sur mouvement et vitesse, comme pensée mutilée, est, dans étude sur l'espace, mode de pensée original. (...) Description (parce que la topologie en donne l'idée à Piaget) d'une organisation spatiale pré-projective. (...) Le topologique c'est un primitif qui n'est pas simplement pensée mutilée [qui même ne l'est pas du tout !] [2].

Au moment même où Merleau-Ponty décrit le polymorphisme *libidinal* (au Collège de France), le polymorphisme de l'*espace* et du *temps*, celui de l'*être* (dans *Être et Monde*), il aborde donc aussi un « polymorphisme perceptif » qui habite les fondements de l'intelligence – retrouvant en cela une ligne de sens qui perçait déjà à l'horizon des cours en Sorbonne. Ce polymorphisme de la *pensée*, profondément lié à notre structuration primitivement topologique du monde, ne devrait pas d'abord être lu comme une déficience, comme le manque de ce qui sera construit plus tard. Son apparent manque de distinction est une illusion rétrospective de l'intelligence adulte qui ne discerne pas que cette « indistinction » est lourde de structures originales, pourvues de leur logique et de leur rigueur propres, qui échappent à l'ère cartésienne des règles de l'esprit comme des lois de l'espace.

Merleau-Ponty décrit ces structures comme des « systèmes d'équivalences », selon l'expression consacrée qui désigne, depuis la *Phénoménologie de la perception*, l'édification analogique du schéma corporel [3]. Autrement dit, il interprète spontanément le régime topologique de notre rapport primitif à l'espace bien au-delà de l'épistémologie piagétienne, en le généralisant à notre ouverture au monde tant du point de vue de l'investissement du schéma corporel que de celui de la naissance de la pensée. Simultanément, les notes inédites sur le corps du même printemps 1960 utilisent abondamment le qualificatif « topologique » pour désigner l'organisation intercorporelle libidinale du schéma corporel

1. EM3 [236](9).
2. EM3 [236]v(10).
3. Cf. *supra*, chap. I, § 2, p. 83 *sq*.

décrite par Schilder, alors même que ce dernier n'évoque jamais la topologie. Merleau-Ponty parle ainsi du « corps comme être topologique-général » et de la logique libidinale comme « polymorphisme fantastique » [1] – conjonction du topologique et du désir qui appellerait une confrontation rétrospective avec Lacan [2]. Les différents sens de la notion de polymorphisme frayés depuis une dizaine d'années, convergent donc dans les manuscrits de 1959 et 1960 autour du travail de Schilder et de Piaget, tout en continuant à revenir à leur source première – le polymorphisme de la vie désirante. Une convergence quelque peu vertigineuse.

§ 3. Du polymorphisme charnel au polymorphisme ontologique

a) *Une notion équivoque ?*

Parvenu presque au terme de ce rapide parcours de l'usage merleau-pontien du polymorphisme, le tourniquet de ses applications peut en effet laisser songeur : quel étrange polymorphisme – au second degré – d'une notion qui qualifie tour à tour, voire simultanément, l'être-au-monde enfantin, le corps libidinal, l'espace primordial et le temps mythique, la genèse charnelle de la culture, l'analogicité primitive de la pensée, et jusqu'à l'être brut ou sauvage… Apparue à l'époque même de la naissance du concept de chair [3], elle en accompagne l'évolution et lui est finalement essentielle. Polymorphe et différenciée, la chair merleau-pontienne est faussement amorphe – contrairement à l'approche sartrienne de la chair dans *L'Être et le Néant*, chair amorphe par construction intellectuelle. Prégnance de la richesse analogique de la chair (et de son adhésion à un être lui-même polymorphe), le polymorphisme parle de la chair « matrice symbolique », « type d'être qui contient tout » [4], avec une reconduction latente du culturel au naturel – « tout est naturel en nous (même le culturel repose sur le polymorphisme de l'Être sauvage) » [5]. Et l'être polymorphe semble parfois n'être

1. « Condensation et déplacement inévitables dans le corps comme être topologique-général. De même projection-introjection et polymorphisme. » (N-Corps [97]) « … la *libido* justement n'est pas précisément orientation univoque vers tel sexe, mais polymorphisme fantastique, possibilité de diverses "positions sexuelles". » (Natu3, p. 350/[75], transcription corrigée) Cf. aussi *supra*, chap. II, § 1, p. 130-132.

2. Pour quelques pistes sur ce sujet, cf. *Vers une ontologie indirecte*, *op. cit.*, chap. VI.

3. *L'homme et l'adversité*, notamment, intronise la chair en introduisant d'emblée le polymorphisme dans son sens freudien. Cf. S(HoAdv), p. 288.

4. RC59, p. 151.

5. NT, p. 307, mai 1960.

autre que cette prodigalité naturelle sur laquelle s'ouvre le polymorphisme originaire de la chair, au risque de ne plus suffisamment s'en distinguer.

Au fil des textes, Merleau-Ponty a approfondi les trois directions signalées précédemment [1], en commençant par (2) le polymorphisme de la vie perceptive et désirante – depuis l'emprunt initial de la caractérisation freudienne de l'éveil de la vie libidinale, jusqu'à la reprise tardive de la caractérisation piagétienne de notre structuration perceptive primitive de l'espace. Ce polymorphisme se révèle être l'expression privilégiée d'un (1) polymorphisme humain intégral, personnel et relationnel, qui traverse l'homme tout en parlant de l'être [2]. Enfin, ces deux directions se reflètent dans (3) les modalités de la pensée primitive, et trouvent aussi leur traduction épistémologique dans celles de la pensée adulte, puisqu'elles exigent, pour être comprises et formulées, le polymorphisme propre de la pensée philosophique. Merleau-Ponty thématise ce dernier aspect en s'opposant aussi bien à ce qu'il nomme l'*univocité* du thétique (Descartes) qu'à l'*équivocité* de l'ambivalence (la dialectique sartrienne), lesquelles seraient secrètement équivalentes – *Être et Monde* laissera à ce sujet une formule sibylline : « C'est le thétique qui est ambivalent. Mon préobjectif-ambigu est promiscuité sans équivoque » [3]. Appliqué au débat récurrent de Merleau-Ponty avec Piaget, l'enjeu est de dégager la positivité propre de l'intelligence primitivement analogique – notamment le type de signification frayé par les voies de la pensée qualifiée par Piaget de « prélogique », en cessant de les envisager uniquement par leurs défauts de rationalité, et en les rattachant aux structures déployées par l'incorporation désirante. Le constructivisme piagétien, nous y reviendrons, serait aveuglé par l'illusion rétrospective de l'absence de…, manquant ainsi le premier sens du sens, une cohérence qui est déjà au travail dans les fondements de notre être-au-monde et de notre être-à-autrui – et, partant, dans les fondements de notre identité même.

Les aventures du polymorphisme trouvent une conclusion involontaire en décembre 1960, dans la note de travail que nous évoquions en commençant, intitulée « *Corps et chair – Eros – Philosophie du Freudisme* ». Ce texte conjugue comme jamais psychologie de l'enfant, psychanalyse et ontologie, jusque dans le projet d' « une psychanalyse ontologique » prolongeant « ce que Freud veut indiquer » dans le sens

1. Cf. *supra*, § 1, p. 233-234.

2. Un être qui est « polymorphisme, mystère et nullement une couche d'étants ou d'en soi » (NT, p. 306, mai 1960).

3. EM2 [189]v(2).

d'une « philosophie de la chair ». Celle-ci, rappelons-le, saurait revisiter toutes les notions de la psychologie « comme des différenciations d'une seule et massive adhésion à l'Être qui est la chair », dans une architecture nouvelle enfin libérée de la hiérarchie des couches anthropologiques étagées de manière causale comme autant de degrés d'être [1]. En réalité, sur bien des points, cette philosophie du freudisme s'avère assez peu freudienne. Elle emprunte à Freud le polymorphisme tout en faisant l'impasse sur la notion de *perversion*, pourtant difficile à évacuer des expressions consacrées « pervers polymorphe », « polymorphiquement pervers », ou « disposition perverse polymorphe ». Elle semble oublier la *pulsion* [2] (notamment le morcellement opéré par les pulsions partielles, auquel renvoie le polymorphisme enfantin dans l'expérience précoce de la multiplicité des zones érogènes, dont chacune exige sa propre satisfaction), elle ignore le *clivage* (en particulier dans l'interprétation étonnamment tronquée que Merleau-Ponty fait de Melanie Klein [3]), ou encore elle affadit le tragique du miroir lacanien [4]... autant de traits cohérents de la torsion merleau-pontienne de la psychanalyse. Cette philosophie de la chair finit par sous-déterminer la puissance dialectique de la séparation pour les aspects analogiques de la relation (avec le monde, avec autrui, avec soi-même), sous l'influence, notamment, de l'approche du schéma corporel comme système d'équivalences – Schilder le premier n'assumait pas pleinement la tension dramatique de la métapsychologie freudienne (en rejetant par exemple l'hypothèse d'une pulsion de mort).

Au travers du vrai débat critique avec Piaget comme de la fausse complicité avec Freud, et malgré l'apparent écart irréductible de ces deux confrontations dans lesquelles se forge la version merleau-pontienne du polymorphisme, nous voyons poindre un horizon commun, dans la description de la chair comme adhésion (polymorphe) à l'être (polymorphe) : le bouquet des divers sens du polymorphisme poursuit une pensée de l'*analogicité* de la chair (direction de pensée qui, nous l'avons vu, chemine depuis longtemps dans la réflexion merleau-pontienne sur le schéma corporel et intercorporel [5]), et l'approfondit, au-delà de ses sources neurologiques et psychanalytiques, jusque dans la réflexion *ontologique* des derniers écrits.

1. NT, p. 323-324.
2. Sur ce point, cf. *infra*, chap. VIII et IX.
3. Sur ce point, cf. *infra*, chap. VII et VIII.
4. Cf. *supra*, chap. III.
5. Cf. *supra*, chap. I et II.

b) *Analogicité de la chair et* analogia entis

Peut-on pour autant se risquer à confronter cet horizon avec une métaphysique de l'analogicité de l'être ? La tentative semble perdue d'avance, tant les distances sont grandes entre une « endo-ontologie » ou « psychanalyse ontologique » si imprégnée des apports des sciences humaines, et une approche aristotélico-thomiste de l'être. Faute de terrain commun, une telle comparaison ne peut déboucher que sur quelques remarques suggestives [1].

Pourtant, de manière inattendue, Merleau-Ponty fait lui-même le premier pas vers la possibilité d'un rapprochement. Le travail considérable qu'il consacre à Descartes de 1956 à 1961 le conduit à lire de près certains ouvrages d'Etienne Gilson [2], auteur particulièrement sensible à la destruction cartésienne de l'analogicité de l'être. On se souvient comment *L'Œil et l'Esprit*, sommet du scénario (anti-)cartésien de Merleau-Ponty, dresse le portrait de Descartes en grand prêtre de l'univocité, tenant en main « le bréviaire d'une pensée qui ne veut plus hanter le visible » [3] parce qu'elle ne supporte plus d'être elle-même hantée par le « monde onirique de l'analogie » [4] : « Comme tout serait plus limpide dans notre philosophie si l'on pouvait exorciser ces spectres, en faire des illusions ou des perceptions sans objet, en marge d'un monde sans équivoque ! » [5]. L'ironie de ce portrait porte encore la marque de la fougue contestataire du Merleau-Ponty des années vingt et trente, qui publiait ses premiers articles dans la revue dominicaine *La Vie intellectuelle*. Une jeunesse, rappelons-le, imprégnée par la posture de l'anti-idéalisme féroce de divers courants intellectuels du moment, notamment néo-thomistes et néo-scolastiques – à commencer par la propre fougue de Maritain, qui influence Mounier et soutient les débuts du mouvement *Esprit* auquel Merleau-Ponty collabore activement [6]. Lisant Gilson sur le tard, Merleau-Ponty découvre une lecture de

1. Si l'ontologie de Merleau-Ponty entretenait par ailleurs un rapport suffisamment précis, sur un plan conceptuel, avec la pensée de Heidegger, la confrontation retrouverait quelque pertinence de manière indirecte. Il faut bien avouer que ce n'est pas le cas. Cf. *Vers une ontologie indirecte*, *op. cit.*

2. Notamment l'*Index scolastico-cartésien* (Paris, Félix Alcan, 1912, seconde éd. revue et augmentée, Paris, Vrin, 1966), *La Liberté chez Descartes et la Théologie* (Paris, Félix Alcan, 1913, rééd. Paris, Vrin, 1982), et *René Descartes*. Discours de la méthode, *texte et commentaire* (Paris, Vrin, 1925). Merleau-Ponty lit par ailleurs l'*Introduction à l'étude de saint Augustin* (Paris, Vrin, 1929), et *L'esprit de la philosophie médiévale* (Paris, Vrin, 1932).

3. OE, p. 36.

4. OE, p. 41.

5. OE, p. 36.

6. Sur ce contexte, cf. *Le scénario cartésien*, *op. cit.*, chap. II, notamment p. 56 *sq.*

Descartes plus rigoureuse que celle de l'auteur des *Trois réformateurs*, ce qui soulève en lui quelque curiosité pour un continent philosophique qu'il connaît au fond très mal. La préparation de l'ultime cours au Collège de France, consacré à la façon dont Merleau-Ponty veut dresser son « ontologie d'aujourd'hui » contre l' « ontologie cartésienne », porte ainsi de multiples traces de travail du commentaire détaillé que Gilson fait du *Discours de la méthode*, et plus encore de son impressionnant *Index scolastico-cartésien*, notamment sur le thème de l'analogie [1].

Au-delà de la question des débats implicites et explicites de Descartes avec la scolastique, le champ d'évocation des enjeux proprement ontologiques de l'analogie chez le dernier Merleau-Ponty forme une constellation complexe que notre prochain livre examinera plus avant par deux entrées complémentaires : l'*imaginaire* et l'*inconscient*, entrées essentielles à l'identité originale de son ontologie. Nous verrons ainsi comment Merleau-Ponty rejette l'usage sartrien de l' « *analogon* », qui constitue à ses yeux une nouvelle trahison de la vitalité imaginaire de l'analogicité, du « monde onirique de l'analogie ». Ou encore, la façon singulière dont il participe, aux côtés de Lacan et Hyppolite, à l'intérêt de sa génération pour le petit texte de Freud sur la *Verneinung*, lequel véhicule l'influence notable de l'enseignement de Brentano sur le fondateur de la psychanalyse. L'ensemble de cette constellation contribue à l'évocation tardive d'une analogicité de la chair, telle qu'elle s'inscrit à la fois dans la structuration topologique de l'intercorporéité et dans le tissu même de l'inconscient – un « inconscient primordial » coextensif à notre rapport à l'être, si bien que l'analogicité de la chair et celle de l'être s'expriment mutuellement. En attendant ces développements futurs, avançons modestement quelques pistes.

On peut reprocher aux aventures fort complexes de l'*analogia entis*, surtout lorsqu'elles sont orientées par la question des modalités humaines de la connaissance de Dieu, de laisser au second plan la fécondité propre des structures focales esquissées par Aristote (πρὸς ἕν et ἀφ' ἑνός), pour privilégier le respect d'une préalable dissemblance irréductible comme seul fond possible de la ressemblance. Figée dans l'inévitable *rétrospection* de l'intelligence explicative, l'analogicité perd alors de sa puissance métamorphique : son polymorphisme est contrôlé. Pont par dessus une frontière préétablie, elle ne brise en rien celle-ci, de sorte que l'empiétement ne blesse pas l'immuable transcendance d'un Être impassible : la transgression est singulièrement retenue dans les filets d'un *noli me tangere* épistémologique – c'est exactement ce défaut que la préparation inédite de *L'Œil et l'Esprit* affirme retrouver dans

1. Cf. NTontocart [101], [151]-[154], [168], [172].

l'*analogon* sartrien. L'analogicité conceptuelle elle-même, une fois décrite comme proportionnalité implicite, est réécrite dans l'après coup du raisonnement, donc trahie dans sa nature proprement conceptuelle et plus encore dans sa genèse figurale ou métaphorique : cette rétrospection de la mise en forme logique nous fait perdre de vue ses racines imaginaires et charnelles, les dimensions corporelles de la manière d'être qui l'engendre. C'est la faiblesse de la tentation explicative et logicienne, secrètement encombrée par le raisonnement « ἀνὰ τὸν αὐτὸν λόγον » qui anticipait, chez Platon, ces mêmes aventures métaphysiques de l'analogie.

De son côté, l'approche merleau-pontienne du polymorphisme de l'être charnel adopte une perspective inverse, dans la promesse d'une différenciation imminente et déjà naissante – et c'est peut-être ici que l'on rencontre son propre défaut, sa résistance à la conceptualisation, car il n'est pas certain que cette promesse soit tenue. Au-delà de la seule notion de polymorphisme, cette inversion de perspective est caractéristique de l'orientation ontologique de Merleau-Ponty, telle qu'elle naît à partir de 1948 dans le scénario de l'opposition du « monde moderne » au « monde classique », opposition qui court jusque dans *L'Œil et l'Esprit*. Un monde classique justement prisonnier de l'attitude rétrospective, figé dans le révolu et l'éternitaire, auquel Merleau-Ponty oppose les chiffres du monde moderne : l' « empiétement », le « sang des autres », le « sang des choses », la « chair » [1] ; un monde moderne blessé et blessant, avec lequel est en prise une humanité qui a retrouvé « le sens de l'étonnement et du mystère » [2]. Cette humanité ne croit « ni à la finalité ni à l'harmonie préétablie » [3] – ces artifices des garanties par avance qui avaient l'art de tout expliquer après coup, jusqu'au mal lui-même. Elle assume plus résolument la temporalité comme la contingence de notre condition, et avance, boiteuse, dans la foi perceptive et l'espérance des désespérés. Merleau-Ponty s'oppose ainsi avant tout à Descartes, Leibniz et Brunschvicg, et plus discrètement à Sartre lui-même, « *supralapsaire*, en deçà du tragique et de l'espoir, et bien armé donc pour défaire leurs nœuds clandestins » [4]. Cette opposition ne s'étend donc pas explicitement au thomisme ou à la néo-scolastique. À l'exception toutefois des quelques critiques adressées à la « théologie explicative », dont le premier représentant aux yeux de Merleau-Ponty

1. Sur l'opposition du « monde moderne » au « monde classique » et la façon dont elle porte d'emblée les linéaments de l'ontologie de Merleau-Ponty, cf. *Du lien des êtres…*, *op. cit.*, section B.

2. HomObj, p. 151.

3. *Ibid.*

4. S(Préf), p. 38.

reste néanmoins Leibniz (lequel, comme on sait, reprend à sa manière la question de l'analogie en la soumettant comme jamais aux exigences logiciennes). Mais ce seul lieu de confrontation n'est pas anodin. Merleau-Ponty dénonce l'idolâtrie rémanente d'une théologie paradoxalement inapte aux mystères centraux du christianisme : incapable de penser l'incarnation jusqu'au bout, d'assumer pleinement la kénose, rivée à une conception grecque de l'être, impassible et immuable, à laquelle Merleau-Ponty oppose notamment Pascal, Claudel, Bergson, Blondel ou encore Teilhard de Chardin. Où l'on croise alors furtivement les noms de Maritain et de Gilson sur le banc des accusés, habillés de l'ambivalence que notre auteur aime tant prêter aux autres philosophes : globalement aveugles et localement lucides, ayant eux-mêmes par moments perçu la possibilité d'une autre ontologie que celle de la « plénitude primordiale de l'Être » [1], de la « pensée rétrospective de l'être comme tout fait » [2], la possibilité d'une conception enfin non idolâtrique de Dieu, Dieu caché et blessé, « sensible au cœur », « au-dessous », qui « a besoin de nous » et présente « une cassure » [3].

c) *Différenciation relationnelle et permanence existentielle*

Soumis aux impératifs d'une théologie explicative, l'être de l'*analogia entis* risque de prendre les traits d'un être virtuellement et prochainement proche (de nous) tout en étant préalablement et réellement séparé… sans que l'on sache vraiment à quel point cette proximité remet en question cette distance, déstabilise la séparation métaphysique. À quel point l'incarnation est « suivie dans toutes ses conséquences » [4]. Tandis que l'être merleau-pontien, être charnel et brut, naturel sinon maternel, n'est pas séparé mais enveloppé-enveloppant, être d'infrastructure et non plus de surplomb, auquel nous sommes préalablement et réellement attachés (comme dans une indivision primordiale), tout en étant virtuellement et prochainement différenciés… mais sans que l'on sache vraiment à quel point cette prégnance débouche sur une véritable naissance, jusqu'où vont ces « *différenciations* d'une seule et massive adhésion à l'Être qui est la chair ». Différenciations sans véritable détachement ou séparation, semble-t-il ; différenciations qui ne font que varier cette adhésion même « qui est la chair » (différenciation relation-

1. NMS [79].
2. NMS [78].
3. Pour une analyse développée de la critique merleau-pontienne de la théologie, cf. notre article « "L'Incarnation change tout". Merleau-Ponty critique de la "théologie explicative" », *Archives de philosophie*, tome 71, cahier 3, 2008, p. 371-405.
4. SNS(foi), p. N313/G214, 1946.

nelle), ou bien qui vont jusqu'à varier la chair ou l'être eux-mêmes (différenciation ontologique) ?

À moins que ce soit justement là une question mal posée, voire une question périmée, précisément parce que l'on n'est plus dans une métaphysique de la substance, où la relation (l'attache, l'adhésion qui *est* la chair) reste accidentelle, est pensée comme seconde par rapport à l'enjeu de la *permanence de l'identité* de chaque être (laquelle ne peut s'établir que dans la séparation). Mais dans une ontologie tout autre – tout autrement anthropologisée et tout autrement (dé-)théologisée –, où l'on pourrait finalement dire à peu près de l'être ce que la dernière page de la *Phénoménologie de la perception* disait de la philosophie : il se réalise en se détruisant comme être séparé [1]. Où l'on pourrait plus encore affirmer de l'être ce que la même page disait de l'homme, citant Saint-Exupéry : il loge bien dans son *acte* même, mais celui-ci est de *s'échanger* ; l'être n'est qu'un nœud de relations, les relations comptent seules pour l'être [2]. « L'ontologie », écrira Merleau-Ponty dans le volume inédit de son *Introduction à l'ontologie*, est la « reconnaissance de ce lien des étants qui est leur commune transcendance » [3]. Dans cette nouvelle ontologie, les « attaches » sont essentielles à la *permanence existentielle* (non pas celle de chaque être en général, mais en premier lieu celle de chaque *personne*) ; l'institution d'une identité personnelle (d'un style, d'une manière d'être, d'une chair, pour reprendre la terminologie de Merleau-Ponty) ne peut se faire que dans l'adhésion à une autre manière d'être, dans l'incorporation des styles du monde et d'autrui.

La *permanence existentielle* est alors désolidarisée de la construction de la « *permanence de l'objet* » au sens de Piaget, dont l'épistémologie génétique – nous allons le voir maintenant – reste elle-même obsédée par l'invariance, par la stabilisation du *substare*. La permanence de l'objet engage une succession de séparations – séparation du sujet et de l'objet, par celle de l'espace et du temps, dans une radicale décentration vis-à-vis de la chair [4]. Un régime de séparation tel que les liens ne peuvent être pensés que de manière rétrospective, sans que jamais ne soit véritablement remise en question cette séparation toujours présupposée et finalement infranchissable. Mais la permanence existentielle est

1. Cf. PhP, p. 520.

2. « Tu loges dans ton acte même. Ton acte, c'est toi (...) Tu t'échanges (...) L'homme n'est qu'un nœud de relations, les relations comptent seules pour l'homme. » (A. de Saint-Exupéry, *Pilote de Guerre*, Paris, Gallimard, 1942, p. 171 et 174 ; cité par Merleau-Ponty, PhP, p. 520).

3. EM1 [16](F), automne 1958.

4. Cf. le chapitre suivant.

solidaire de la *permanence d'autrui*, laquelle se forge dans l'institution des objets transitionnels (au sens de Winnicott), qui ne sont précisément pas des objets et ne le seront jamais, qui demeurent pour toujours ces infra-objets ou « ultra-choses » que Wallon opposait à Piaget et que Merleau-Ponty reprend dans ses inédits ontologiques tardifs pour désigner l'être lui-même. Nous y reviendrons au terme du prochain chapitre. La chair est cohésion *et* adhésion, cohésion *par* adhésion. Mais cette adhésion ne saurait être totale, sous peine d'anéantir l'identité même de la chair – son style propre, sa propre manière d'être. Elle implique toujours un corrélat de non-adhésion et même de rejet (il n'y a pas d'introjection sans expulsion), donc de *différenciation* aussi nette – aussi massive et aussi peu massive... – que l'adhésion elle-même. Où l'on voit la radicale avancée de Merleau-Ponty, tout en discernant peut-être déjà son insuffisance. Où l'on retrouve aussi l'empreinte de la psychanalyse sur son ontologie – en particulier celle des analyses freudiennes sur le jugement et l'incorporation –, tout en devinant une résistance proprement merleau-pontienne limitant l'intégration de ces mêmes idées. Résistance que nous examinerons sous divers angles complémentaires dans les trois chapitres constituant la dernière section de ce livre, en posant la question de sa validité, de ses lacunes et de sa fécondité.

CHAPITRE VI

RÉVERSIBILITÉ [1]

Depuis la publication du *Visible et l'invisible* et d'une partie des notes de travail, nous connaissons ces textes, presque tous datés du seul mois de novembre 1960, qui parlent de « la réversibilité qui définit la chair » [2], d'un « phénomène fondamental de réversibilité » [3], jusqu'à affirmer que la réversibilité « est vérité ultime » [4]. Après la promiscuité et le polymorphisme, voici une troisième figure ambitieuse en forme de définition de la chair, apte à caractériser son identité relationnelle. Notion dont l'extension est à nouveau particulièrement grande, beaucoup plus large que la seule réversibilité du touchant-touché à laquelle on la réduit parfois, puisque Merleau-Ponty évoque tour à tour la réversibilité des dimensions de l'espace, celle du temps, du dedans et du dehors, de l'actif et du passif, celle de la perception et de la motricité (en particulier du visible et du tangible), du sentant et du senti (en particulier du voyant et du vu), ou encore celle de la parole et de son sens, de la chair et de l'idée, de moi et d'autrui… Pourtant, quelques mois à peine avant d'écrire ces textes qui seront publiés à titre posthume, d'autres inédits importants (non publiés) multiplient des affirmations tout aussi tranchées qui semblent incompatibles avec celles que nous venons de rappeler : « le corps est (…) irréversibilité » [5], « le perçu est monde

1. Une première version partielle de ce chapitre a été publiée sous le titre « De la réversibilité logique à la réversibilité charnelle. Merleau-Ponty aux prises avec l'épistémologie génétique de Jean Piaget », *Alter*, n° 16, automne 2008, p. 109-126.

2. VI4, p. 189.

3. VI4, p. 203.

4. VI4, p. 204.

5. EM2 [172](13).

d'irréversibilité » [1] ; ou encore : « La réversibilité, définie par Piaget comme la pensée, est en un sens le contraire de la pensée : car toute pensée est par asymétrie comme toute perception » [2]. Comment expliquer ce changement brutal dans le traitement de la réversibilité ?

Ce n'est pas là l'équivocité malheureuse d'une écriture hésitante. Merleau-Ponty sait parfaitement ce qu'il fait : d'un usage à l'autre du même terme, selon une opération qui lui est habituelle, il en déplace le sens, empruntant à l'intellectualisme une partie de son lexique pour lui donner un sens neuf, revitalisé à partir de sa conception de la chair, et finalement le retourner contre l'intellectualisme lui-même. Dans le cas précis, Merleau-Ponty reprend à l'épistémologie génétique de Piaget sa notion maîtresse de réversibilité, après l'avoir pourtant longuement critiquée – et fermement rejetée – depuis 1950 [3]. Il décide de faire descendre cette notion, de la « pensée logique », dans la « chair », selon un procédé analogue à celui qui consistait à détourner la notion de réflexion pour en faire la « réflexion charnelle » ou « quasi-réflexion » du sentant-senti.

L'usage merleau-pontien de la « réversibilité » est aussi typique de la tendance surprenante des manuscrits tardifs à reprendre la terminologie psychologique introduite dix ans plus tôt dans les cours en Sorbonne (« transitivisme », « syncrétisme », « narcissisme », « égocentrisme », « ultra-choses », « polymorphisme », etc.). Nous en avons déjà rencontré plus d'un exemple. Dans le cas précis, il ne s'agit pas de psychanalyse, de psychologie de la forme, ou encore de la psychologie des méthodes dites projectives, mais de psychologie du développement. Une discipline pour laquelle Merleau-Ponty montre le plus grand intérêt depuis ses projets de thèse des années trente, qu'il travaille de manière assidue jusqu'à sa mort, et dont l'étude aurait pu déstabiliser son primat de la perception. La psychologie du développement, en effet, n'a-t-elle pas l'art de décrire la sortie progressive des confusions de la perception dans la construction par étapes de la clarté des représentations et des distinctions de la pensée logique ? C'est du moins le schéma général du constructivisme de Piaget, dont Merleau-Ponty a justement développé une critique sévère durant ses trois années passées à la chaire de psychologie de l'enfant de la Sorbonne – une chaire à laquelle, ironie du

1. EM3 [241](19).
2. EM3 [236](9).
3. Sur cette critique, cf. Sorb(SCCE) 236-237, Sorb(PSE) 247-248, 258, Sorb(MPE) 480, 538, EM2 [172](13), EM3 [236](9), [241](19).

sort, succédera directement Piaget lui-même, fort agacé de découvrir la mise à sac de son système dans les copies de ses nouveaux étudiants [1]...

Au-delà de la permanence d'un lexique, il est étonnant de découvrir la constance et la progression du débat d'idées avec Piaget après la période de la Sorbonne. Notamment dans la préparation du cours sur *Le monde sensible et le monde de l'expression*, et plus encore dans les toutes dernières années, au cœur même de la réflexion ontologique de Merleau-Ponty. Ce débat atteint son sommet avec la séquence de travail la plus tardive du projet inédit *Être et Monde* (datée d'avril et mai 1960, donc située entre les deux phases de rédaction du *Visible et l'invisible*), séquence dans laquelle Piaget, mentionné à plus de 100 reprises, est de loin l'auteur principal auquel Merleau-Ponty se confronte. Et cette confrontation n'est pas une simple répétition des cours en Sorbonne : en 1959 et 1960, Merleau-Ponty se plonge à nouveau longuement dans l'œuvre du psychologue suisse, évolue dans une critique qui se fait plus complexe, relevant aussi chez Piaget des apports essentiels. C'est dans ce même débat, nous allons le voir, que prend naissance l'usage proprement merleau-pontien, positif, de la notion de réversibilité.

§ 1. Sens et enjeux de la réversibilité chez Piaget

Rappelons d'abord la place maîtresse de cette notion dans le système de Piaget. Son « épistémologie génétique » (pour reprendre la dénomination qu'il donne lui-même à son projet) décrit la croissance de l'intelligence comme une longue double décentration – décentration par rapport aux perceptions et aux ressentis du corps propre, et décentration par rapport à l'action sensori-motrice. Autrement dit, un affranchissement de la situation du sujet percevant et de l'expérience primaire du corps, de l'*éprouver* sensori-moteur dans le double sens de ressentir et mettre à l'épreuve, se laisser impressionner par le monde et lui imprimer notre propre marque. Ces décentrations sont le levier de la sortie progressive de ce que Piaget appelle, d'un mot qui peut prêter à malentendu, l' « égocentrisme » enfantin, qui n'est pas un subjectivisme, mais est caractérisé « par une indifférenciation entre le sujet et le monde extérieur », par une « irréversibilité » de l'action et du temps, irréversibilité elle-même liée à « l'indifférenciation de l'ordre temporel

1. Cf. le témoignage de Piaget dans *Sagesse et illusions de la philosophie*, Paris, P.U.F., 1965, p. 37.

et de l'ordre spatial »[1]. L'épistémologie génétique piagétienne est ainsi celle d'une construction de l'objet, par une succession de stades franchis dans trois directions étroitement imbriquées : séparation du sujet et de l'objet, séparation de l'espace et du temps, et maîtrise de la réversibilité de l'action.

Plus précisément, Piaget montre comment l'intelligence dépasse sa première ère (sensori-motrice) vers les deux suivantes (celles de la re-présentation) à travers trois grandes étapes qui sont autant de révolutions coperniciennes, de mutations de la structuration intellectuelle de l'espace et du temps, et autant d'avancées dans la réversibilité conçue comme agilité caractéristique de l'intelligence :

1) La première phase décisive est l'accès à la *permanence de l'objet* (savoir que les choses continuent à exister quand je ne les perçois plus), qui nécessite une stabilisation de l'espace vécu comme un milieu immobile où toutes les choses, y compris mon corps, se meuvent et sont repérables. Cette compétence exige une première forme de réversibilité : celle de l'action sensori-motrice (on peut soulever la couverture et retrouver l'ours en peluche qui a été caché dessous)[2]. Cette phase est plus particulièrement liée au stade de la coordination des schèmes secondaires (environ 9-12 mois après la naissance), et marque une première entrée dans la représentation, justement entendue comme re-présentation : anticipation d'une seconde présentation rendue possible par la réversibilité de l'action[3].

2) Quelques années plus tard, vers l'âge de sept ans (autrement dit au cœur de la phase dite des « opérations concrètes », située après l'ère de l'intelligence sensori-motrice et avant celle des « opérations formelles »), l'intelligence franchit une deuxième étape majeure avec l'accès à la *réversibilité logique*. Celle-ci exige de s'affranchir du retour

1. Piaget, *Le développement de la notion de temps chez l'enfant*, Paris, P.U.F., 1946, p. 206, 263, 266-267, 269-270, 274-276, 291.

2. La construction de l'objet permanent suppose des « retours possibles sous forme de mouvements réversibles » (Piaget, *op. cit.*, p. 270).

3. Merleau-Ponty relativise l'idée de permanence de l'objet : cette permanence n'est jamais absolue, et surtout elle est fondée sur un autre type de permanence, plus radicale et fondamentale, celle du corps propre. Mon corps ne sera jamais un objet parmi d'autres : il est permanent « d'une permanence absolue qui sert de fond à la permanence relative des objets (...). Non seulement la permanence de mon corps n'est pas un cas particulier de la permanence dans le monde des objets extérieurs, mais encore la seconde ne se comprend que par la première » (PhP, p. 108). « Ainsi la permanence du corps propre, si la psychologie classique l'avait analysée, pouvait la conduire au corps non plus comme objet du monde, mais comme moyen de notre communication avec lui, au monde non plus comme somme d'objets déterminés, mais comme horizon latent de notre expérience, présent sans cesse, lui aussi, avant toute pensée déterminante. » (PhP, p. 109).

immédiat à l'action, et de l'irréversibilité du temps vécu : accéder à une maîtrise mentale de la réversibilité du temps, et atteindre du même coup à un degré supplémentaire d'immobilisation de l'espace ainsi détemporalisé. La réversibilité logique est en effet une capacité de regrouper des actions entre elles par la pensée uniquement [1], et plus précisément d'annuler mentalement une transformation : la capacité de se représenter une transformation (qui conduit d'un état A à un état B), puis la transformation réciproque (qui annule la précédente), *sans repasser par l'action*. Quelques années après l'accès à la permanence de l'objet, où la chose était spatialement circonscrite et temporellement stabilisée, la réversibilité logique atteint ainsi une stabilisation de plus haut niveau en ouvrant l'intelligence aux *invariants de propriété*. Cette stabilisation implique une circonscription temporelle plus puissante que la seule stabilité temporelle. Car ce n'est plus seulement l'*existence* massive de la chose qui perdure en l'absence de perception, dans un *substare* qui intronise la chose comme objet, mais telle ou telle *propriété* de l'objet qui est repérée comme invariante malgré la modification de telle ou telle autre propriété [2].

La fameuse expression de « permanence de l'objet » est donc presque redondante : par construction et par définition, l'objet est permanent (temporellement stable). En revanche, ce que cette même expression ne dit pas, sauf peut-être dans le terme d' « objet », c'est que pour devenir telle, pour accéder au statut d'ob-jet, la chose doit être aussi spatialement détachée. Initialement liée à la spatialité du corps propre, la chose ne peut devenir un véritable objet qu'en étant appréhendée dans un double détachement spatial : en n'étant plus vécue comme prolongement ou satellite de ma propre spatialité (en étant « décentrée »), mais aussi en se détachant sur fond d'une spatialité devenue immobile et universelle, champ neutre sur fond duquel se détachent tous les mobiles. Et avant que, quelques années plus tard, ce soit telle ou telle propriété de l'objet qui soit isolée sur fond d'une spatialité plus abstraite encore, champ neutre sur fond duquel se détachent toutes les actions.

3) Troisième grande étape, enfin, de la longue décentration de l'intelligence vis-à-vis de la perception et de l'action : l'accès, vers l'âge de 11-12 ans, à une pensée au second degré (une pensée de la pensée), à

1. Cf. Sorb(PSE), p. 247 et 258.

2. Tant que la pensée reste plus attachée aux perceptions directes qu'aux causes, elle ne parvient pas à identifier ces conservations. Inversement, les opérations intellectuelles ne sont véritablement construites que lorsque leur réversibilité est constituée. Cf. par exemple Piaget, *Classes, relations et nombres. Essai sur les groupements de la logistique et sur la réversibilité de la pensée*, Paris, Vrin, 1942, p. 300.

la représentation de représentations (notamment dans le maniement de l'hypothèse), qui ouvre l'ère des opérations dites « formelles ». Avec cette dernière phase du développement, marquée par un ultime progrès dans l'agilité de la réversibilité logique [1], les relations entre le possible et le réel s'inversent : au lieu que « le possible se manifeste simplement sous la forme d'un prolongement du réel ou des actions exécutées sur la réalité, c'est au contraire le réel qui se subordonne au possible » [2]. Jusqu'ici, l'espace détemporalisé dans lequel évoluait l'intelligence restait une représentation de l'espace de l'action réelle ; maintenant, l'intelligence est capable d'évoluer dans un espace de pur possibles, et le réel devient une province du possible et du nécessaire [3].

Au total, de l'intelligence sensori-motrice à la manipulation mentale de l'action, puis à la pensée formelle, ces trois grandes phases du développement (qui comportent évidemment chacune une multiplicité de stades) sont autant d'avancées dans la dimension objectivante de l'intelligence : une pensée qui détache son objet sur fond de…, par survol et projection, dans un affranchissement progressif de la vie perceptive et motrice [4], et dans une structuration de plus en plus abstraite de l'espace et du temps.

Située à mi-chemin de ce développement d'ensemble, l'entrée dans la *réversibilité* marque le passage de la pensée prélogique à la pensée logique, et constitue ainsi un pivot essentiel de la croissance de l'intelligence. Tellement essentiel que Piaget en vient par endroits à définir l'intelligence par la réversibilité elle-même [5]. Si l'intelligence trouve son genre dans l'adaptation (qui caractérise l'ensemble des organismes vivants), la réversibilité en constitue en quelque sorte la différence spécifique. Notamment par contraste avec la *perception*, dont elle transcende justement les lois. Pour Piaget, la perception suit passi-

1. L'adolescent accède à une double réversibilité, par inversion et réciprocité. La réversibilité par inversion consiste à savoir utiliser une opération inverse pour annuler un effet observé, tandis que la réversibilité par réciprocité consiste à savoir utiliser l'opération réciproque pour compenser un effet. Si l'enfant, dans la période des opérations concrètes, sait manier ces deux types de réversibilité, il n'est pas encore capable de les manier l'une en fonction de l'autre dans un même exercice mental : ces deux types restent dissociés. Entrant dans l'ère des opérations formelles, il construit un système unique qui englobe l'inversion et la réciprocité.

2. Piaget et Inhelder, *De la logique de l'enfant à la logique de l'adolescent. Essai sur la construction des structures opératoires formelles*, Paris, P.U.F., 1955, p. 120.

3. Merleau-Ponty va à rebours de cette inversion. Cf. par exemple PhP, p. 456 : « Le monde est le réel dont le nécessaire et le possible ne sont que des provinces. ».

4. « Se "représenter" quelque chose pour Piaget, c'est l'incorporer à [un] monde de survol où le corps propre est devenu objet. » (EM3 [237]v(12)).

5. « Nous avons introduit cette étude en définissant l'intelligence par la réversibilité » (Piaget, *Classes, relations et nombres*, *op. cit.*, p. 293).

vement le réel et est prisonnière de l'irréversibilité. Le sujet intelligent est appelé à se mettre à distance des facteurs perceptifs, pour dépasser l'irréversibilité qui reflète la dimension statique du réel, par cet acte et cette « capacité de retour » qui constituent la réversibilité mentale [1]. En ce sens, la réversibilité est la mobilité de la pensée. Mais une mobilité au second degré, puisqu'elle n'est pas corporelle et dans le temps, mais mentale et en quelque sorte mobile par rapport au temps [2].

On devine sans peine l'ampleur du désaccord de Merleau-Ponty vis-à-vis de ce modèle général du développement, qui adosse la maturation de la pensée à une radicale libération des conditions spatio-temporelles propres de la vie perceptive et motrice, qui oppose intelligence et perception dans un tableau dualiste de type cartésien. Et ce désaccord se tourne en opposition totale lorsqu'il s'agit de la conception piagétienne de l'*objet*, exemplaire de ce que Merleau-Ponty nommera sur le tard « l'ontologie de l'objet ». Pourtant la réception merleau-pontienne de Piaget n'est pas intégralement négative – il s'en faut –, et nous allons voir comment la réécriture tardive de la « réversibilité » constitue une miniature de cette réception complexe.

§ 2. MERLEAU-PONTY CRITIQUE DE PIAGET

Il est temps, en effet, d'envisager de manière transversale le rapport critique du phénoménologue français avec le plus grand nom de la psychologie du développement. Un rapport dont nous avons déjà croisé plusieurs faces dans les chapitres précédents, tant cette confrontation est récurrente chez notre auteur. Merleau-Ponty retient quelques avancées essentielles de la description piagétienne de la « pensée » d'avant la pensée, avant la représentation, qu'est « l'intelligence sensori-motrice ». Une intelligence qui joue dans l'action et à même les choses, dans un espace topologique (ni métrique ni projectif) [3], et un temps impur (non

1. « Si l'élément de la perception est la totalité structurée, l'élément du jugement et du raisonnement est l'opération réversible, c'est-à-dire un acte et non plus une forme. » (Piaget, *op. cit.*, p. 303).

2. « Quant au mécanisme de la pensée en général, il montre clairement la différence existant entre une perception ou même une représentation irréversibles et un raisonnement logique : dans la représentation d'ordre perceptif, la réalité spatio-temporelle d'un même lot de perles ne peut être située dans deux colliers à la fois, tandis que le raisonnement consiste à construire et à défaire successivement ces deux mêmes colliers tout en considérant les résultats de ces transformations comme simultanés, celles-ci n'étant qu'hypothèses ou assomptions, c'est-à-dire opérations indépendantes du déroulement physique dans le temps. » (Piaget, *op. cit.*, p. 300-301).

3. Cf. Piaget et Inhelder, *La représentation de l'espace chez l'enfant*, *op. cit.*

bergsonien) [1]. Mais Merleau-Ponty regrette justement que Piaget n'aille pas jusqu'au bout de ces découvertes, n'en travaille pas suffisamment le sens propre. Et il est en profond désaccord avec la façon dont le psychologue passe, de ces fondements, à ce qu'il nomme les « opérations concrètes » puis « formelles », qui correspondent à la formation de la pensée « objective ». Piaget se concentre sur la construction de la pensée logique, de la capacité à raisonner : c'était bien là son intention initiale et son ambition affichée – Piaget n'a jamais prétendu faire le tour de la psychologie de l'enfant. Mais le privilège accordé à cette construction était lourd de conséquences méthodologiques. En particulier cette attitude qui consiste, peu ou prou, à envisager d'abord chez l'enfant ce qui lui manque pour accéder aux diverses compétences de l'adulte. À l'attendre à partir d'un point qu'il n'a pas encore atteint, à lui poser des questions qui ne correspondent pas aux motivations actuelles de son intelligence, et à finalement qualifier sa pensée de manière négative ou privative – la pensée dite « prélogique » en étant le meilleur exemple.

Piaget semble réduire l'horizon de l'intelligence à la maturation finale du raisonnement. Merleau-Ponty défend contre lui la persistance, chez l'adulte, d'une intelligence « d'un autre type que la rationalité seconde de l'algorithme » [2], et insiste par ailleurs sur le fait que cette rationalité seconde demeure elle-même vivante, c'est-à-dire expressive et inachevée, sans jamais atteindre un point d'équilibre final [3]. Malgré son insistance sur le caractère *intégratif* des stades, Piaget tend aussi à

1. Cf. Piaget, *Le développement de la notion de temps chez l'enfant*, *op. cit.* (sur la critique de Bergson, cf. par exemple p. VI, 205, 240-241, 294-295). Merleau-Ponty souligne à plusieurs reprises que Piaget a raison contre Bergson : le temps bergsonien est une réalité culturelle génétiquement tardive (MSME 190/[201]), et il n'y a pas un *temps pur* que l'on pourrait opposer au *temps mesuré* (EM2 [179](V), [190], [218], EM3 [235]v(8)) – la perception du temps se fait d'abord « dans les choses » (MSME 119/[87](IX6), 189/[181]v(1)), et ce temps irréductiblement lié à l'espace (MSME 119/[87](IX6), EM2 [171](11), EM3 [235](7)-[236](9)) reste la première dimension inexpugnable de notre rapport au temps.

2. Natu1-ms [199].

3. « Le travail effectif de l'esprit tend vers un *équilibre final*, lui-même régi par la logique, en somme, vers un système total et fermé. Mais à partir du moment où Piaget admet qu'il existe pour la pensée un état d'équilibre final où toutes les opérations mentales sont groupées, il *restaure un certain logicisme* ; car on n'arrive à une pensée purement opérationnelle, réversible, que si l'on a affaire à des significations closes. L'idée d'équilibre final de la pensée est en contradiction avec celle d'opération au sens actif, c'est-à-dire au sens d'opération inachevée. Toute pensée de fait apparaît comme impure et imparfaite, et Piaget a tendance à la définir négativement. (...) On en vient à négliger toute la partie *expressive* du langage. » (Sorb(PSE), p. 256-257) « L'intelligence ne peut se définir que par un équilibre, une réversibilité dans toutes les relations, une absence de point de vue, une objectivité absolue. Mais cette conception de l'intelligence ne représente-t-elle pas un état limite jamais atteint ? » (Sorb(MPE), p. 538). Cf. aussi Sorb(MPE), p. 480.

oublier combien les modalités originales de l'intelligence sensori-motrice continuent à informer toute la vie de l'intelligence, et pas uniquement à titre de survivances dont nous aurions à nous débarrasser. Non seulement il y a une intelligence pré-objective, mais elle l'est toujours en partie, même dans l'objectivisme… D'où l'importance accordée par Merleau-Ponty à la critique que Henri Wallon fait, à travers la notion d'« ultra-chose » [1], de la conception piagétienne de l'objet – nouvel exemple d'une terminologie qui naît dans les cours en Sorbonne [2], puis s'efface quelques années pour revenir en force dans les manuscrits tardifs, en particulier dans *Être et Monde* [3].

Pour Merleau-Ponty, l'idéal piagétien de l'objet est une fiction philosophique. L'objectivation n'est jamais achevée, les choses demeurent infra-objets, les objets demeurent ultra-choses. Et le concept d'ultra-chose désigne justement le fait qu'aucune chose ne peut être totalement affranchie de notre rapport primitivement charnel avec elle. En particulier, tout être résiste aux circonscriptions et détachements, décrits par Piaget, vis-à-vis de l'espace comme du temps. Les ultra-choses relèvent d'une spatio-temporalité qui ne saurait être parfaitement neutralisée, c'est-à-dire radicalement détachée des engagements de mon corps. Elles ne se prêtent pas à l'observabilité totale ainsi qu'à la pleine accessibilité qui caractérisent l'objet piagétien (et qui supposent ce que Merleau-Ponty appelle « un espace sans mystère », à « emplacement unique », indemne de temporalité). Elles résistent à la réversibilité, car leurs propriétés font corps avec la chose elle-même, et échappent en partie à la sphère de mon action.

Merleau-Ponty entreprend donc de défendre Piaget contre lui-même, ou du moins de poursuivre sa pensée dans le sens de certaines de ses intuitions, et à rebours de la plupart de ses conclusions… Démarche typiquement merleau-pontienne, en particulier très proche de son attitude à l'égard de Descartes. Merleau-Ponty fait à Piaget un reproche analogue à celui qu'il adresse à l'auteur de la sixième *Méditation* : Piaget ne croise la vérité de l'enfant que pour mieux la quitter, en la reconduisant à ce qui lui manque encore pour accéder à l'ère de la représentation, au royaume d'une pensée logique entendue comme réversibilité. Piaget ne se maintient pas dans l'élucidation du sens travaillé par la chair, et tend à réduire celui-ci au négatif d'une pureté

1. Cf. Wallon, *Les origines de la pensée chez l'enfant*, Paris, P.U.F., 1945.

2. Cf. Sorb(SCCE) 242-243, CDU(RAE) 150-151/4, Sorb(RAE) 304, Sorb(MPE) 478, 512-513.

3. Notre prochain volume accordera un développement spécifique à l'habilitation ontologique de ce concept dans les manuscrits tardifs.

logique qui caractériserait la pensée adulte. Il s'en approche dans ses études de la structuration de l'espace et du temps, mais sans en comprendre le secret : combien les stratégies de l'enfant, loin d'être confuses, sont l'expression du régime de désir qui anime son schéma corporel ; combien, partant, elles expriment dans sa chair la promiscuité de l'être [1].

Merleau-Ponty tient d'abord à dénoncer la part d'illusion rétrospective inhérente à tout *constructivisme*, qui risque toujours d'interpréter les croissances comme *ruptures* – de ne pas penser le *passage* comme tel –, puis qui est tenté de dévaluer les étapes dépassées comme déficientes, dépourvues de structuration et de vérité [2]. Merleau-Ponty veut dégager la signification positive de notre ouverture primordiale au monde, et par là même des fondements de l'intelligence. Il travaille pour cela les structurations originales du schéma corporel, qui ne frappent pas d'abord par leur puissance de distinction, d'organisation logique linéaire, mais par leur puissance analogique et leur polymorphisme. Axées sur la mise en relation, elles mobilisent et organisent des proximités qui ne sont pas des comparaisons sur fond d'identité, mais un couplage irréductible d'équivalences et de différenciations, équivalences reconnues au cœur même du travail de différenciation, « promiscuité » conjointe à l'écart lui-même – ce qui est tout autre chose qu'un état de confusion [3]. Ainsi, ce n'est pas parce que la spatialité primitive de l'enfant n'est pas euclidienne, ni même métrique, ni même projective, qu'elle ne possède aucune structuration – au contraire, en montrant comment ce premier espace relève de la stricte rigueur des équivalences topologiques (au sens mathématique), Piaget en a révélé l'étonnante cohérence [4].

Selon une deuxième direction de rectification, Merleau-Ponty en vient aussi à penser que les phases dites « opérationnelles » (concrètes ou formelles) décrites par Piaget demeurent toujours en partie des « *sublimations* » de l'intelligence sensori-motrice, donc sont en partie anticipées par celle-ci. La décentration est amorçée par les premières

1. « Cela n'est, pour Piaget, que *confusion*. Pour nous, c'est *promiscuité* de l'Être » (EM2 [171](11)). Cf. aussi EM2 [179](V).

2. Cf. EM2 [179](V), EM3 [235]v(8) et [236](9), cités dans le chapitre précédent (resp. p. 236, 238 et 241). « Les questions de Piaget amènent l'enfant à transformer en *thèses* (et à rendre “faux”) un rapport à l'Être qui n'était pas faux. » (EM3 [235]v(8)) « La vitesse “impure” des enfants, c'est un temps espace qui a sa vérité. » (EM3 [236](9)) Etc.

3. Cf. EM3 [236](9), cité dans le chapitre précédent, p. 241. Sur la distinction entre promiscuité et confusion, à l'encontre de Piaget, cf. EM2 [171](11), [179](V), [190], [218].

4. Cf. EM3 [236]v(10), cité dans le chapitre précédent, p. 241.

acquisitions, elle vient prolonger celles-ci sans rompre avec elles et sans que la décentration soit totale [1]. Il n'y a décidément pas la perception d'abord, et la construction ensuite : la perception est déjà une forme de construction, car elle n'est pas sans expression ni sans praxis [2].

D'où, à partir de ces deux réorientations, la possibilité d'une épistémologie moins rétrospective, plus attentive à la description des transitions qu'à l'inventaire des stades : une épistémologie authentiquement génétique. C'est pourquoi Merleau-Ponty ne se prive pas de reprendre une partie de la terminologie de Piaget, tout en lui faisant subir des glissements de sens, et quitte à brouiller le lecteur faute d'avoir thématisé cette reprise… Ces glissements de sens sont compliqués par d'autres influences, notamment celle de la psychologie de la forme, et plus encore celle de la psychanalyse – Merleau-Ponty complétant ainsi Piaget par des voies que celui-ci critiquait ou refusait [3]. Il ne s'agit pas de proposer une autre psychologie : Merleau-Ponty comprend progressivement combien cet approfondissement du sens positif de l'intelligence enfantine et de sa portée universelle dépasse le cadre d'une psychologie

1. « Il reste à idéaliser, à conquérir comme significations "conventionnelles" (opérationnelles). Mais cette opération elle-même à concevoir comme *usage* du syncrétisme, non retournement contre lui-même, et non comme création de la logique : la décentration est commencée par le pré-être lui-même. » (EM2 [179](V)) « L'opération est sublimation, non décentration absolue, échappement latéral et non accès à l'objectivité pure. » (EM3 [236](9)) « La réversibilité absolue de la pensée adulte enferme l'enfant dans un état mental prélogique. Or, d'une part il y a des "anticipations" chez l'enfant, d'autre part on peut se demander si la pensée de l'adulte ne procède en dehors de la mathématique, que par concepts parfaitement purs témoignant d'une réversibilité absolue. » (Sorb(PSE), p. 248).

2. « Percevoir et construire. (…) percevoir n'est pas absolument sans "construction" intérieure, sans praxis : toute la construction s'y sédimente, – et surtout : le perçu n'est pas dans [un] *autre monde* que le construit. (…) La perception *est* sédimentation : on perçoit le monde (avec je peux au sens de je peux voir) puis on dessine ou construit (renversement qui fait que c'est le mouvement propre qui trace) puis on perçoit ce dessin ou cette construction (avec un je peux de degré plus élevé), puis on construit cette perception même (p. ex. analyse philosophique de la perception du tableau ou dessin), puis on perçoit cette construction de la perception esthétique, etc. À chaque degré, il y a perception, usage *du même être à…* présent aussi bien au sommet de l'intellection qu'au niveau des sensibles. (…) Percevoir et construire tournent en rond l'un après l'autre. (…) Débordent l'un dans l'autre. Enjambement [de] l'un sur l'autre. Ce qu'il faut comprendre, c'est leur *cercle*. L'être topologique nous rappelle opportunément que le construit (projectif-euclidien) a racines dans l'univers structural. » (EM3 [237](11)-[237]v(12)).

3. En particulier par une relecture de l'approche – typiquement piagétienne – de l'intelligence comme *adaptation*, c'est-à-dire cercle d'assimilation et d'accommodation, à la lumière d'un couple voisin, lui aussi passif-actif, mais qui pense plus avant l'incarnation de l'intelligence : à la lumière des processus de projection et d'introjection qui forment le cercle de l'*incorporation* – le meilleur de ce que Merleau-Ponty dit avoir reçu de la psychanalyse.

du développement ou même d'une simple anthropologie. Car ce qui est ainsi décrit n'est pas une dimension régionale de notre ouverture au monde, mais son fondement même, et un fondamental qui dessine le cadre de ce que le dernier Merleau-Ponty qualifie d'ontologique. Ces structurations primitives révèlent, se plaît à souligner le manuscrit d'*Être et Monde*, « un autre rapport à l'être » ; elles impliquent et exigent une nouvelle ontologie [1].

C'est ce tableau général de la réception merleau-pontienne de Piaget qui se trouve comme concentré, en l'espace de quelques mois, dans la réécriture que les derniers écrits font subir à la notion de réversibilité.

§ 3. NAISSANCE DE LA RÉVERSIBILITÉ CHARNELLE

En 1959 et 1960, Merleau-Ponty se plonge à nouveau longuement dans certains travaux de Piaget, en particulier sur les questions de l'espace et du temps. Il caractérise alors le corporel comme « registre où le temps s'inscrit », souligne son « irréversibilité » [2], et affirme que « le perçu est monde d'irréversibilité » [3]. Dans ces formules, l'accord avec Piaget semble total. Mais cette apparente complicité ne fait que préparer un désaccord radical sur l'essentiel : pour Merleau-Ponty, la *pensée* elle-même garde en partie ce caractère irréversible. Du moins « la pensée productive » et « la pensée parlante », dans lesquelles les caractères projectifs et rétrospectifs de la *représentation* sont toujours compliqués par le travail de l'*expression* qui soutient cette pensée, et qui implique une flèche temporelle, une intention et une praxis, autrement dit une asymétrie poursuivant celle de la vie perceptive. De ce point de vue, écrit Merleau-Ponty en novembre 1959, « la pensée est absolument comparable à la perception », voire « absolument de l'ordre de la

1. « Prendre l'altérité radicale de la perception de l'enfant, que Piaget décrit comme "confusion", égocentrisme, etc., comme dévoilement d'un *autre* rapport à l'être qu'il s'agit de restituer. (...) la prétendue "confusion", suppose en réalité expérience de rapports dont Piaget dit que l'enfant les ignore (...) et d'ailleurs les clartés mêmes dont Piaget dit qu'il manque, elles n'existent pas chez l'adulte dès qu'on considère le *vécu* de l'adulte (...). Retrouver simultanément dans l'enfant et en nous cette couche primordiale. » (EM3 [237]v(12)) « Piaget reconnaît ici qu'il y a une préformation perceptive du projectif avant sa conquête "représentative". Mais, reconnaître cela, c'est reconnaître l'ordre du perçu comme doué d'une *signification* originale, c'est reconnaître un *être à...*, *l'être* avant l'opération. » (EM3 [238](13)) Cf. aussi p. ex. EM3 [235](7).

2. EM2 [172](13), prob. automne 1959.

3. EM3 [241](19), avril ou mai 1960.

perception », et la pensée productive ou parlante, « comme la mélodie, n'est pas "réversible" » [1]. On ne peut pas être plus loin de Piaget.

Quelques mois plus tard, la séquence de travail d'*Être et Monde* du printemps 1960, qui se penche comme jamais sur l'épistémologie piagétienne, franchit une étape décisive. L'angle d'approche de Merleau-Ponty n'est plus seulement, ni même d'abord, de souligner que la pensée garde une part de l'irréversibilité du monde perçu, autrement dit d'insister sur son incarnation, sur la spatio-temporalité corporelle résiduelle inhérente à sa dimension expressive. Merleau-Ponty déplace cette perspective qui était la sienne depuis les cours en Sorbonne, dans un texte charnière qu'il nous faut lire attentivement :

> La réversibilité, définie par Piaget comme la pensée, est en un sens le contraire de la pensée : car toute pensée est par asymétrie comme toute perception. Et la symétrie elle-même, la réversibilité, n'est pas suppression ou survol de l'orienté mais orientation *à la 2e puissance*, report ou sublimation de l'orientation [2].

Ce propos tour à tour exclut et admet la réversibilité. Il commence par la rejeter de la façon la plus décisive qui soit (« La réversibilité, définie par Piaget comme la pensée, est en un sens le contraire de la pensée »), comme si au fond elle n'existait pas (« toute pensée est par asymétrie comme toute perception »). Puis, sans transition, et comme s'il concédait brutalement qu'elle existe, Merleau-Ponty réintègre la réversibilité, mais dans une compréhension renouvelée : elle « n'est pas suppression ou survol de l'orienté mais orientation *à la 2e puissance*, report ou sublimation de l'orientation ». Autrement dit, la réversibilité dont parle Piaget existe bien, mais elle doit être analysée autrement. Elle n'est pas conquise sur une simple rupture avec la perception, sur la « suppression » de ses orientations spatio-temporelles et le « survol » du monde perçu, car elle poursuit l'orientation perceptive à un degré plus élaboré, elle en est le « report » ou la « sublimation ». Ce texte précis, datant d'avril ou mai 1960, sonne ainsi comme un pivot qui ouvre la possibilité d'une acception positive de la réversibilité – et qui l'ouvre au cœur de son acception la plus négative.

Le même volume d'*Être et Monde* comporte d'ailleurs les deux usages : à quelques feuillets de distance de l'affirmation selon laquelle « le perçu est monde d'irréversibilité », Merleau-Ponty présente la perception de l'horizon comme l'expérience d'une « réversibilité des dimensions » [3]. Il s'agit beaucoup plus que d'un simple exemple.

1. NTi [293], nov. 1959.
2. EM3 [236](9).
3. EM3 [245]v(28).

L'horizon est le « germe commun » de toutes les dimensions spatiales, il est « de tous côtés », ce qui fait que le monde est « autour de nous » et « non devant nous », mais aussi ce qui fait que « la chose peut être, et n'être pas seulement pellicule "visuelle", apparence » [1]. Merleau-Ponty réécrit ainsi la réversibilité logique en réversibilité spatiale, laquelle ne saurait être construite par simple décentration de la sensori-motricité puisqu'elle en est aussi l'accomplissement : cette capacité de nous tourner de tous côtés pour voir, d'anticiper la vision prochaine par le mouvement et le mouvement prochain par la vision. Cette capacité à vivre l'inextricable circularité de perception et de motricité décrite par Weizsäcker, et à instituer le monde comme horizon même de cette ubiquité et de cette simultanéité virtuelles déployées par l'intrication sensori-motrice. La réversibilité des dimensions n'est pas construite par l'agilité de la vie représentationnelle, mais par celle de la chair. Et c'est bien cette même réversibilité que le projectivisme de la représentation perd, en figeant le monde « autour de nous » en « monde devant nous », en pétrifiant l'être de la chose en « pellicule visuelle », en « apparence ».

Quelques semaines plus tard, la rédaction de *L'Œil et l'Esprit* reprend ce même motif de la « réversibilité des dimensions ». Ce n'est pas un hasard : Merleau-Ponty profite de la commande d'André Chastel pour livrer une forme de synthèse anticipée, quoique partielle, d'*Être et Monde*. *L'Œil et l'Esprit* est d'ailleurs son texte le plus engagé dans la célébration de l'intrication entre perception et motricité, « cet extraordinaire empiétement, auquel on ne songe pas assez, [qui] interdit de concevoir la vision comme une opération de pensée qui dresserait devant l'esprit un tableau ou une représentation du monde » [2]. Cet extraordinaire complexe intersensoriel et intermodal sur lequel il est nécessaire de méditer pour « retrouver le corps opérant et actuel (...) qui est un entrelacs de vision et de mouvement » [3] – pour retrouver la chair. La perception de la profondeur, à laquelle Merleau-Ponty prête une si grande attention depuis toujours, illustre parfaitement cette intrication. La profondeur échappe à la « vision pure » (pure de tout mouvement, de toute expression), à la projection et au survol inhérents au dessin perspectif ; elle n'offre pas de prises à la représentation, et elle est pourtant « dans tous les modes de l'espace » [4]. Sans elle, nous ne pourrions connaître les relations que les choses ont entre elles, sinon comme simple séparation ou simple identité – alternative typique de la

1. EM3 [245]v(28).
2. OE, p. 17.
3. *Ibid.*
4. OE, p. 65.

pensée logique, et résultante obligée de l'opération de projection (géométrique ou optique) qui a précisément l'art de réduire la complexité des liens aux pures fusions et séparations. La profondeur, explique *L'Œil et l'Esprit*, n'est justement ni « intervalle sans mystère », ni simple « escamotage des choses l'une par l'autre », mais « leur lien », c'est-à-dire « leur extériorité connue dans leur enveloppement et leur dépendance mutuelle dans leur autonomie » [1]. Une telle connaissance ne peut être délivrée dans un instantané visuel, ni dans une combinatoire de tableaux visuels, mais seulement dans l'agilité d'un changement virtuel d'orientation, d'une variation de points de vue. De sorte que la profondeur perçue n'est plus une « troisième dimension », ni même une dimension première dont les autres seraient déduites : « la profondeur ainsi comprise est plutôt l'expérience de la réversibilité des dimensions » [2].

L'analyse de la profondeur joue un rôle central, chez Merleau-Ponty, dans son intention de « faire de l'espace un mystère », projet affiché depuis le manuscrit *La Nature ou le monde du silence* [3]. Chez Piaget, la construction de la réversibilité logique marquait la sortie de la pensée magique, par la désintrication de l'espace et du temps ainsi que la dissolution de la complexité héritée de la sensori-motricité. Pour Merleau-Ponty, c'est là une pensée magique au second degré, du moins une mythologie philosophique qui consacre la sortie du « mystère » entendu dans ses aspects épistémologiques comme ontologiques. Circonscrire le temps pour ne plus avoir qu'un rapport maîtrisé à l'espace, survoler la transformation en en neutralisant l'irréversibilité, revient à envisager l'action elle-même comme une *donnée*, dans le statut projectif de la donnée, sans cet empiétement épistémologique et cette implication existentielle qui définissent le mystère [4]. Il s'agit d'observer l'action sans y participer, de la simuler sans sensori-motricité, de la jouer sans avoir à assumer ses conséquences. Dans cette épistémologie génétique de la pensée logique, que Merleau-Ponty voit au service d'une ontologie de l'*objet* (l'être séparé parfaitement observable), l'espace, réduit à une étendue sans mystère, devient la trame d'inertie ou le champ neutre de l'action neutralisable – cette trame d'inertie sécurisant l'objectivisme qui a toujours besoin d'un point fixe et de la pérennité de l'intemporel. Merleau-Ponty retrouve ici l'œil de cyclope de l'*inspectio mentis* qui voit sans toucher et sans bouger, dans un parcours contemplé

1. OE, p. 64 et 65.
2. OE, p. 65.
3. NMS [119](11). Cf. aussi [103](2)(A).
4. Sur la façon dont Merleau-Ponty s'inspire librement de la conception marcellienne du mystère, cf. *Le scénario cartésien*, *op. cit.*, chap. III.

qui n'est plus un parcours parcouru. Constructivisme fantasmatique, et trompeur. Car cette mobilité représentationnelle qu'est la réversibilité logique reste en réalité une sublimation de l'agilité sensori-motrice. Non seulement elle n'en est pas complètement décentrée, mais elle tire sa vertu même d'une discrète émulation de l'intrication perceptive-motrice. Elle simule un parcours, elle anticipe une action et sa réciproque, et cette anticipation est expression et participation : on ne peut pas simuler la sensori-motricité sans commencer déjà ou continuer encore à l'exercer.

§ 4. Réversibilité et incorporation : les derniers textes

Les brouillons successifs de *L'Œil et l'Esprit* montrent comment Merleau-Ponty, dans son traitement du thème de la profondeur, transpose sa réflexion récente sur l'espace topologique – cette spatialité enveloppante dont toutes les autres sont abstraites. Ce faisant, il est toujours à la recherche de la « généralité charnelle » déployée sur le monde par les structures mêmes du schéma corporel [1]. Des structures qui repèrent les invariants topologiques (notamment la connexité, au sens mathématique du terme, les séparations du dedans et du dehors), bien avant d'épingler l'espace autour d'un point fixe pour dégager des constantes de courbure, d'angle, et plus tard encore de mesure. Piaget a découvert et décrit avec précision cette structuration originaire de l'espace vécu, mais n'a pas véritablement interprété notre appétence fondamentale pour les invariants topologiques, n'a pas saisi toute la puissance de ces systèmes d'équivalences qui constituent la première généralité, fruit et nourriture mêmes de l'intelligence.

À la différence de Piaget, Merleau-Ponty ne situe pas l'étape décisive de la croissance de l'intelligence dans la maîtrise de l'abstraction des classes et des bijections que permet l'accès à la réversibilité *logique*, mais dans l'agilité de systèmes d'équivalences plus fondamentaux, ceux par lesquels le schéma corporel commence à édifier notre rapport au monde, et dont la réversibilité, en son sens *charnel* merleau-pontien, est pour ainsi dire l'opération même. Non pas l'opération de la pensée logique, qui inverse les transformations de manière représentationnelle et sans repasser par l'action, mais celle de la puissance analogique du schéma corporel, qui inverse les espaces corporels (notamment le dedans et le dehors) et les points de vue (les perspectives vécues, les situations) dans le schématisme sensori-moteur

1. Sur la question de la « généralité du corps » et de la « généralité charnelle », cf. *supra*, chap. I, §§ 3 et 4, p. 90-116.

et l'imaginaire en anticipant et en simulant l'action. Or ces mêmes inversions sont indissociables du régime maître du schéma corporel dont la description, par Schilder, a tant marqué Merleau-Ponty : le régime le plus fondamental de notre être-au-monde, celui de l'*incorporation*, circularité d'introjections et de projections [1]. Une incorporation que reprend justement le travail d'*Être et Monde* [2], et à laquelle les leçons sur le corps humain de 1960 accordent un développement sans précédent. Dans l'incorporation, le schéma corporel édifie son unité en tissant une généralité qui l'ouvre aux autres schémas corporels [3] par l'exercice d'une réversibilité polymorphe avec eux.

Ainsi définie et contextualisée, la réversibilité charnelle va spontanément se décliner, sous la plume de Merleau-Ponty, comme simulation de l'inversion du dedans et du dehors, de l'actif et du passif et, à l'horizon de ces deux inversions, jusqu'à celle de moi et d'autrui. C'est là l'éventail de son sens dans les derniers textes qui l'utilisent, dont la plupart sont concentrés au mois de novembre 1960. On a eu tendance à réduire la réversibilité merleau-pontienne au sentant-senti, lui-même réduit à une simple extension du touchant-touché husserlien [4]. Merleau-Ponty travaille pourtant de multiples inscriptions corporelles de la réversibilité charnelle : dans l'intermodalité (perception et motricité), dans l'intersensorialité (notamment entre vision et toucher), et dans l'intrasensorialité (le voyant-vu, le touchant-touché… et même le parlant-parlé). Autant de circuits ouverts qui contribuent ensemble à la réversibilité fondamentale et ultime qui est celle du lien avec autrui dans l'intercorporéité.

« Avec la réversibilité du visible et du tangible, ce qui nous est ouvert, c'est donc, sinon encore l'incorporel, du moins un être intercorporel » [5]. La réversibilité « qui définit la chair », écrit encore Merleau-Ponty, est « capable de nouer entre les corps des relations qui, cette fois, n'élargiront pas seulement, passeront définitivement le cercle du visible » [6]. De la vision en profondeur à l'écoute de la parole d'autrui, nous ne sommes jamais totalement affranchis de ce que Piaget appelait l'intelligence *prélogique* de l'enfant, notamment du croisement

1. Dans une acception psychologique du terme de « projection » évidemment tout autre que le sens intellectualiste – géométrique ou optique – précédemment évoqué.

2. Cf. par exemple EM2 [155](14), [156], [164]v(2), [169]v(10), [171]v(12), [173]v (16), [184], EM3 [232]v(2), [238](13).

3. Cf. VI4, p. 187.

4. Cf. *supra*, chap. III, où nous avons vu combien cette reprise du touchant-touché est elle-même singulièrement compliquée, chez Merleau-Ponty, par d'autres sources.

5. VI4, p. 188.

6. VI4, p. 189.

paradoxal de l' « animisme » et du « réalisme », de la spiritualisation du corporel et de la matérialisation de l'idée. La conception merleau-pontienne de la chair, en décrivant notre rapport au monde comme un complexe inextricable de perception et d'expression, montre combien ce croisement habite les fondements indépassables de l'intelligence humaine, « en vertu du même phénomène fondamental de réversibilité qui soutient et la perception muette et la parole, et qui se manifeste par une existence presque charnelle de l'idée comme par une sublimation de la chair » [1]. Elle est ici la réversibilité qui est vérité ultime – et qui implique au plus haut point l'intelligence, dans sa motivation première comme dans ses horizons les plus positifs, positivité à laquelle l'approche piagétienne du « prélogique » reste aveugle –, la réversibilité qui fait de la chair un corps s'animant et animant, sous la puissance du désir de prendre corps et d'animer les corps, telle la main qui donne corps aux idées, humanise la matière, et enflamme la chair d'autrui.

« Cette nouvelle réversibilité », qui accompagne « l'émergence de la chair comme expression » [2], à la différence de la réversibilité piagétienne, n'avance pas dans l'intelligence du monde et d'autrui en s'assurant de la possibilité d'un retour à l'état antérieur, du rétablissement du même. La réversibilité logique est axée sur cette assurance et ce rétablissement, dans une clôture parfaite qui neutralise le temps et rétablit la configuration initiale de l'objet, ses *positions* spatiales et épistémologiques – l'objet s'offrant ainsi à la connaissance dans la stabilisation d'une essence éternelle mise à l'abri des risques de l'existence. Mais il n'en est rien avec le monde perçu, ni avec autrui, auxquels nous n'avons accès que dans un « rapport expressif » – ce qui implique un processus temporellement irréversible (toute expression introduit une irréversibilité), une relation en partie imprévisible, et un sens inépuisable. Ici, ce n'est pas le temps qui est réversible, mais la spatialité de *situation* des êtres, leurs enveloppes corporelles et leurs positions symboliques, dans l'imminence d'un retournement où se joue l'expression même de leur sens. Et cette spatialité qui palpite de latences et d'imminences, de ce « qui se prépare à être vu » [3], n'est pas indépendante du temps. Bien loin d'opérer le rétablissement du même, la réversibilité charnelle est ainsi *approfondissement* perpétuel : « toujours imminente et jamais réalisée en fait » [4], elle n'est pas un rapport éteint dans la coïncidence, mais une circulation sans fermeture où chaque

1. VI4, p. 203.
2. VI4, p. 190.
3. OntoCart, p. 168/[3]v(4).
4. VI4, p. 194.

réversibilité (du dedans et du dehors, de l'actif et du passif, de moi et d'autrui) en appelle une autre pour l'approfondir tout en la dépassant.

La réversibilité charnelle ne débouche donc pas sur cet état d'équilibre et ce retour au même qui, sur un plan psychanalytique, évoquent une *décompression pulsionnelle*. Elle participe au contraire à la tension d'une relation animée par la *tension du désir*, à l'intensive et intentionnelle croissance d'un rapport au monde dans lequel l'intelligence connaît en épousant l'expression des choses et en s'exprimant elle-même. Un désir qui échappe ainsi à une affectivité purement immanente – cette « affectivité » que Piaget laissait volontairement de côté, la qualifiant d'énergétique non structurante, autrement dit inessentielle à l'orientation propre de l'intelligence [1]. Au cœur de notre ouverture au monde et à autrui, au cœur même de cette ouverture au sens qu'est l'intelligence, la réversibilité du dedans et du dehors, celle de l'actif et du passif, déploient les structures chiasmatiques essentielles du désir, désir de « se faire le dehors de son dedans et le dedans de son dehors » [2], désir d'échanger et de s'échanger, désir d'intercorporéité et d'inter-animation. « Le chiasme est cela : la réversibilité. C'est par elle seulement qu'il y a passage du "Pour Soi" au Pour Autrui (...) ils s'incorporent l'un l'autre : projection-introjection. Il y a cette ligne, cette surface frontière à quelque distance devant moi, où se fait le virement moi-autrui autrui-moi » [3]. Cette « ligne de feu » et cette « brûlante surface » où s'accomplit la réversibilité charnelle, la préface de *Signes*, quelques semaines avant que Merleau-Ponty n'écrive ces lignes, en faisait le lieu même du désir [4]. Un désir étonnamment intelligent, à lire cette même préface, puisque ceux qui en sont animés « savent tout ce qu'il y a à savoir » [5].

Soutenant l'incorporation, la réversibilité charnelle se joue en deçà de l'objectivation ou de la pleine différenciation entre sujet et objet. Plus exactement, elle entame cette différenciation, mais de manière indirecte et par une voie absente du constructivisme piagétien : par un travail de différenciation des sujets eux-mêmes, ou plutôt des pré-sujets. Par une mise en jeu de deux corporéités animées d'intentions et de désirs, de deux styles ou manières d'être, de deux chairs. Avant même la construction de la *permanence de l'objet* (par les voies naissantes de la

1. Cf. par exemple Piaget et Inhelder, *La psychologie de l'enfant*, Paris, P.U.F., 1966, p. 20.

2. VI4, p. 189. Cf. aussi N-Corps [85](3), Natu3 348/[74]v, RC60 178.

3. NT, p. 317, note de travail du 16 novembre 1960 intitulée « *Chiasme – Réversibilité* ».

4. Cf. S(Préf), p. 24.

5. S(Préf), p. 31.

représentation), le schéma corporel s'ouvre à une forme de *permanence d'autrui* (par les voies analogiques de l'incorporation). La réversibilité charnelle éprouve justement (éprouve et met à l'épreuve) cette permanence d'autrui par l'inversion du dedans et du dehors des corps, de l'actif et du passif des paroles et des gestes, avec toujours pour horizon la réversibilité plus intégrale des perspectives vécues et des positions symboliques, des rôles – « on ne sait plus qui parle et qui écoute », commente, à propos de la réversibilité, une note de travail de novembre 1960 intitulée « Activité = passivité » [1].

L'épreuve de la permanence d'autrui peut être engagée par la réversibilité charnelle y compris lorsque celle-ci est appliquée à une chose, laquelle est inévitablement surdéterminée par les voies prélogiques de l'intelligence, notamment par ce que Piaget nommait l'animisme et le finalisme. Selon un trait typique de sa pensée, Piaget niait explicitement toute différence de nature entre permanence de l'objet et permanence d'autrui [2], ce qui le conduisait à gommer la contribution *spécifique* du rapport à autrui dans la structuration de l'intelligence, à n'envisager celle-ci que dans une relation duelle, sujet-objet – si bien que le rôle d'autrui dans cette même structuration risque d'être implicitement réduit à celui d'une chose parmi d'autres. Là encore, Merleau-Ponty procède à rebours : toute chose, bien avant d'être construite comme objet, est investie des enjeux de la relation avec autrui, est tapissée par sa chair et hantée par son visage. C'est aussi ce en quoi, pour Merleau-Ponty à la suite de Wallon, toute chose reste une ultra-chose. Et c'est enfin, si l'on veut bien quitter le lexique merleau-pontien, ce en quoi toute chose est susceptible d'être *objet transitionnel* – lequel, justement, est moins un objet qu'un pré-sujet, tenant-lieu de la chair d'autrui et de ma chair, support de simulation d'une relation réciproque, d'une entr'expression qui met en scène les enjeux, les risques et les angoisses de la relation avec autrui en rejouant les diverses modalités de la réversibilité charnelle. Sans avoir lu Winnicott, Merleau-Ponty se rapproche à sa manière de la logique de l'objet transitionnel, sur lequel l'enfant exerce (parfois avec violence) son appétit de réversibilité du dedans et du dehors, de réversibilité des polarités actives et passives ainsi que des rôles – le rôle de la mère et le sien, la position sadique et masochiste, etc.

Contrairement à la réversibilité charnelle, la réversibilité logique travaille directement la différenciation du sujet et de l'objet – plus exac-

1. NT, p. 318/[97]. Nous corrigeons la petite erreur de transcription de l'édition actuelle, le signe « : » étant en réalité « = ».

2. Cf. par exemple Piaget, *L'équilibration des structures cognitives. Problème central du développement*, Paris, P.U.F., 1975, p. 96.

tement, elle en consacre la séparation, elle est un sommet du processus d'objectivation qui commençait avec la construction de la permanence de l'objet. Toutefois, de ce point de vue aussi, il est possible de la lire non plus comme simple rupture, mais comme un prolongement subtil de la réversibilité charnelle. Car elle en offre pour ainsi dire la version la plus neutralisée, dans son art de faire jouer les rôles par des objets (des choses idéalement désincarnées et dé-subjectivées), de mettre en scène les relations et les enjeux du lien à distance du corps et du désir, et de la façon la plus indirecte qui soit : entre les objets eux-mêmes, ou bien – plus sublimée et neutralisée encore – entre leurs propriétés, et non plus entre nous et autrui *via* la matérialité des choses (comme dans les formes primitives d'objet transitionnel). La réversibilité logique va ainsi jusqu'au bout d'un processus de mise à distance des relations qui débutait avec la gestion, par les premiers objets transitionnels, de la permanence d'autrui. Mais cette mise à distance demeure bien une mise en jeu ; elle fait partie intégrante de la dialectique de la promiscuité relationnelle. Elle n'est pas suppression mais sublimation de la relation : la réversibilité logique demeure une forme de réversibilité charnelle, les objets piagétiens sont encore des objets transitionnels.

SECTION C

CHAIR ET DÉSIR

CHAPITRE VII

DE L'AMBIVALENCE À L'AMBIGUÏTÉ

MERLEAU-PONTY LECTEUR DE MELANIE KLEIN

André Green, voulant apporter « le point de vue du psychanalyste devant *Le visible et l'invisible* » [1], se dit frappé par la précocité et la qualité de l'ouverture de Merleau-Ponty à l'égard du champ psychanalytique. « Merleau-Ponty a pris en considération les développements les plus récents de la psychanalyse lors de son passage à la chaire de psychologie de l'enfant à la Sorbonne », et certains de ses textes témoignent « d'une compréhension exceptionnelle pour un non-analyste des tendances et contradictions internes de la psychanalyse » [2]. A. Green considère avec juste raison que cette attention n'a pas diminué avec le temps, et qu' « une analyse du style révélerait que Merleau-Ponty emploie les mêmes termes lorsqu'il s'agit de parler du monde de la chair et du monde freudien » [3]. Le phénoménologue, en effet, introduisait le concept de chair en s'appuyant d'emblée sur une interprétation personnelle de la psychanalyse, et en soutenant que l'œuvre de Freud est le lieu même d'un passage du corps à la chair [4]. Les notes ultimes sur la psychanalyse ne diront pas autre chose : « la philosophie de Freud n'est pas philosophie du corps mais de la chair » [5]. Pourtant, s'il est vrai que « la pensée psychanalytique a joué un rôle déterminant dans le dernier virage de Merleau-Ponty » [6], cette correspondance entre le monde de la

1. André Green, « Du comportement à la chair : itinéraire de Merleau-Ponty », *Critique*, tome XX, n° 211, décembre 1964, p. 1017-1046.

2. *Ibid*., p. 1033.

3. *Ibid*.

4. Cf. S(HoAdv), p. 288 *sq*.

5. NT, p. 324.

6. André Green, art. cit., p. 1032.

chair et le monde freudien de Merleau-Ponty, entre sa « philosophie de la chair » et sa « philosophie du freudisme », ne va pas sans une remarquable déformation de la pensée de Freud, déjà lisible dans nos chapitres précédents.

Merleau-Ponty est convaincu du caractère « approximatif » [1], sinon inadapté, d'une partie de la langue freudienne : « Manifestement, le génie de Freud n'est pas celui de l'expression philosophique ou exhaustive » [2]. Il réside plutôt dans son extraordinaire attention au polymorphisme et à la promiscuité qui inscrivent la relation avec autrui dans tout le tissu de la complexe unité de la chair, et qui situent celle-ci aux antipodes de l'ontologie objectiviste dans laquelle le verbe freudien évolue initialement. Son génie est

> dans son contact avec les choses, sa perception polymorphe des paroles, des actes, des rêves, de leur flux et de leur reflux, des contrecoups, des échos, des substitutions, des métamorphoses. Freud est souverain dans cette écoute des rumeurs d'une vie. (...) Cette prodigieuse intuition des échanges, – échange des rôles, échange de l'âme et du corps, de l'imaginaire et du réel, – cet universel de promiscuité, Freud les décrit quelquefois dans un langage fait sur mesure (« surdétermination », « complexes », « instances »), mais souvent aussi il n'y fait que des allusions dans les termes de la médecine et de la psychologie de son temps (« projection », « traces », « représentations ») [3].

D'où « un malentendu », poursuit Merleau-Ponty, entre Freud et « le lecteur pressé » [4] :

> Tout lecteur de Freud, je pense, se rappelle ses premières impressions : un incroyable parti pris en faveur des interprétations les moins probables, un entêtement maniaque du sexuel, et surtout sous ses formes déchues, la signification, la parole, l'action *défaites* au profit de calembours dérisoires. Puis, à mesure qu'on lit, qu'on se reporte à soi, et que les années passent, une sorte d'évidence de la psychanalyse s'établit inexplicablement, et l'on en vient à vivre en paix dans cette herméneutique impitoyable [5].

Cette distinction introduite comme un coin entre la lettre et le contenu de la pensée freudienne ouvre la marge d'une réécriture, Merleau-Ponty opérant un « retour à Freud » aussi personnel que celui de Lacan. Depuis son premier ouvrage, le philosophe voulait « disjoi[ndre] la psycha-

1. S(HoAdv), p. 291.
2. Hesn, p. 277/6, début 1960.
3. Hesn, p. 277-278/6.
4. Hesn, p. 278/6.
5. Hesn, p. 278-279/6.

nalyse de l'idéologie scientiste ou objectiviste » [1], et la « philosophie du freudisme » que projetteront les manuscrits les plus tardifs s'entendra encore dans la ligne de cette disjonction. *La structure du comportement* affirmait déjà qu'il est « possible et nécessaire de distinguer des cas où les mécanismes freudiens jouent et d'autres cas où ils sont transcendés » [2]. Merleau-Ponty concluait ce premier livre par une formulation synthétique et suggestive, qui pourrait s'appliquer à l'ensemble de son rapport à la psychanalyse : « Nous avons rejeté les catégories causales de Freud et remplacé ses métaphores énergétiques par des métaphores structurales » [3]. L'ensemble de notre troisième section va examiner ce qui est sans doute la direction majeure de ce « remplacement » de l'énergétique par le structural, en s'acheminant progressivement vers une confrontation entre la conception freudienne de la pulsion et l'approche merleau-pontienne du désir.

Pour mieux situer ce « retour » à Freud ainsi que ce dépassement de l'énergétique vers le structural, il nous faut d'abord examiner l'influence d'un auteur que nous n'avons pour l'instant fait qu'évoquer, Melanie Klein. J.-B. Pontalis fait remarquer avec raison que « Merleau-Ponty traite des conceptions de Melanie Klein quinze ans avant que les psychanalystes français ne s'y intéressent » [4]. Mais cette lecture passe par une singulière liberté prise à l'égard de ces mêmes conceptions. C'est peut-être avec l'œuvre de Klein que les relations de Merleau-Ponty avec la psychanalyse sont allées le plus loin, aussi bien dans le sens de la proximité que, même si c'est de manière inavouée et sans doute largement impensée, dans celui de la distance.

§ 1. « Le corps de la mère contient tout »

La répartition des références de Merleau-Ponty à Melanie Klein permet de dégager clairement deux périodes de travail. La première se situe entre fin 1950 et début 1952 [5]. La seconde intervient dans le cadre de la préparation de la troisième série de cours sur le concept de Nature,

1. Hesn, p. 276/5.
2. SC, p. 194.
3. SC, p. 237.
4. J.-B. Pontalis, « Présence, entre les signes, absence », *L'Arc*, n° 46, 1971, p. 58, note 7.
5. Une première référence isolée en 1949-1950 (Sorb(EVA), p. 115), puis près de 60 dans les deux versions du cours sur *Les relations avec autrui chez l'enfant* (1950-1952, deux années de cours), essentiellement dans la seconde partie de ce cours (1951-1952, cf. Sorb(RAE), p. 355-369).

durant les premiers mois de l'année 1960 [1]. La lecture de M. Klein se situe donc à deux moments clefs de la maturation du concept de chair, le second s'appuyant d'ailleurs sur une relecture du premier (Merleau-Ponty relit en 1959 et 1960 la plupart de ses anciennes notes et manuscrits des années 1949-1955). Sur l'ensemble de ces deux périodes, le philosophe a lu attentivement *La psychanalyse des enfants*, les *Essais de psychanalyse*, et consulté les *Développements de la psychanalyse* [2]. Il a pris, probablement en 1951, plus de 45 pages de notes sur *The Psycho-Analysis of Children* [3], et plus de 34 pages sur *Contributions to Psycho-Analysis* [4]. Nous n'avons malheureusement pas retrouvé ces notes initiales, mais seulement une synthèse tardive de celles-ci dans quelques feuillets des *Notes sur le corps* datant de début 1960. Par leurs nombreuses références à la pagination des notes initiales, ces feuillets en prouvent l'existence et en indiquent le volume minimal. Déjà suffisants pour retrouver l'essentiel des passages des ouvrages de Klein qui ont retenu l'attention de Merleau-Ponty [5], ils permettent aussi de constater que la seconde partie du cours en Sorbonne sur *Les relations avec autrui*

1. On trouve déjà deux mentions de Melanie Klein au printemps 1959, dans la préparation du *Visible et l'invisible* (NLVIàf2, *Critique de Sartre*) ; puis un grand nombre dans les *Notes sur le corps*, en particulier dans les feuillets qui serviront à la préparation du cours du 31 mars 1960 ; à nouveau dans ce cours lui-même (Natu3, p. 347/[74] et 352/[76]) ; enfin, dans le résumé qui en est fait (RC60, p. 178).

2. *Developments in Psycho-Analysis* (Melanie Klein, Paula Heimann, Susan Isaacs, Joan Rivière), Londres, The Hogarth Press Ltd. and the Institute of Psycho-Analysis, 1952 ; *Développements de la psychanalyse*, trad. Willy Baranger, Paris, P.U.F., 1966. Cet ouvrage collectif, qui comporte quatre articles de M. Klein, est l'un des fruits des fameuses « *Controversial discussions* » qui secouèrent la Société britannique de psychanalyse de 1942 à 1944, et opposèrent notamment Anna Freud et Edward Glover à Melanie Klein. Publié en 1952 en l'honneur du soixante-dixième anniversaire de M. Klein, l'ouvrage, longtemps retardé, était très attendu. Merleau-Ponty cite une des contributions de Paula Heimann (« Certaines fonctions de l'introjection et de la projection dans la première enfance ») dans la seconde partie (1951-1952) de son cours sur *Les relations avec autrui chez l'enfant* (Sorb(RAE), p. 368), immédiatement après la parution de l'ouvrage.

3. D'après N-Corps [99]. *Die Psychoanalyse des Kindes*, Vienne, Internationaler Psychoanalytischer Verlag, 1932 ; *The Psycho-Analysis of Children*, International Psycho-Analytical Library, n° 22, trad. Alix Strachey, Londres, Hogarth Press and Institute of Psycho-Analysis, 1932 ; *La psychanalyse des enfants*, trad. J.-B. Boulanger, Paris, P.U.F., 1959.

4. D'après N-Corps [100]. *Contributions to Psycho-Analysis, 1921-1945*, International Psycho-Analytical Library, n° 34, Londres, Hogarth Press and Institute of Psycho-Analysis, 1947 ; *Essais de psychanalyse (1921-1945)*, trad. Marguerite Derrida, Paris, Payot, 1968. Nous donnerons entre crochets la pagination de l'édition anglaise.

5. Cf. *La psychanalyse des enfants*, *op. cit.*, p. 150, 151 note 2, 154, 161, 171 note 1, 182, 220-221, 223 *sq.* ; *Essais de psychanalyse*, *op. cit.*, p. 411[378], 412[379], 415[382], 421[388], 343[313], 346[316], 318[288].

chez l'enfant (1951-1952) exploite déjà la majeure partie de ces directions de lecture [1].

La pensée de Melanie Klein retient l'attention de Merleau-Ponty par un triple déplacement opéré par rapport à l'état des recherches de Freud. Le premier consiste dans une relecture des mécanismes freudiens, qui seraient encore trop intellectualisés, en termes d'opérations *corporelles*. Les deux autres sont corrélatifs du premier : retrouver chez le *nouveau-né*, et dans son rapport au *corps de la mère*, l'émergence de structures que Freud situait plus tard, et envisageait surtout dans le rapport au père. Revenir au *corps*, revenir à l'*enfant*, revenir à la *mère* : trois directions interdépendantes qui forment le triptyque de nos origines, triptyque de la promiscuité et de notre ignorance conséquente. L'avancée majeure de Melanie Klein réside, selon Merleau-Ponty, dans un traitement de « la psychanalyse comme action sur le corps » [2], dans son exploration des premiers phénomènes d'*incorporation* et de leur pouvoir profondément structurant. « *Conception du rôle du corps et des opérations d'introjection et de projection comme mécanismes corporels*. Les mécanismes psychologiques d'introjection et de projection, au lieu d'apparaître comme des opérations spirituelles, doivent être compris comme des modalités mêmes de l'activité du corps » [3]. La « philosophie du freudisme » projetée en 1960 gardera une orientation analogue : il faut reprendre le freudisme à partir de la chair et de sa dynamique générale d'incorporation, non à partir du langage. Et il n'est guère possible d'appréhender les dernières notes de travail sur la psychanalyse [4] sans rétablir la présence implicite de Melanie Klein.

En 1959, Merleau-Ponty tient à ce que l'un de ses entretiens avec Georges Charbonnier soit entièrement consacré à la psychanalyse. Cet entretien a effectivement eu lieu, mais Charbonnier n'a pas voulu retenir

1. Cf. Sorb(RAE), p. 359-363. Ces pages sont elles-mêmes emblématiques de l'ensemble des cours en Sorbonne, qui insistent sur la fécondité intellectuelle d'un retour à l'enfant. « Appliquées à l'enfant, les notions fondamentales de la psychanalyse classique subissent en retour une modification que nous avons à examiner » (Sorb(RAE), p. 357). Merleau-Ponty rappelle « la nécessité de construire pour la psychologie de l'enfant des concepts qui expriment ce qu'il y a d'indifférencié dans les attitudes de l'enfant (...) tout cela répond à un besoin de la psychologie. Politzer, dans sa *Critique des fondements de la psychologie* demande que la psychologie n'applique pas au rêveur les concepts de l'homme éveillé. De même, toutes les distinctions qui sont le propre de la psychologie adulte échappent à la conscience enfantine. » (Sorb(RAE), p. 369). On remarquera la correspondance entre la note de travail de décembre 1960 sur la philosophie du freudisme (NT, p. 323) et la page 360 du cours de 1952 (Sorb(RAE)).

2. N-Corps [99].

3. Sorb(RAE), p. 359.

4. NT, p. 321 et 323-324.

ce thème dans sa sélection des pièces diffusées : nous l'avons retrouvé parmi les bobines des chutes [1]. Merleau-Ponty prend son temps dans un monologue qui cherche à être précis tout en gardant la présentation la plus accessible.

> Ce qui m'intéresse le plus dans la psychanalyse, ce ne sont pas des idées comme l'idée d'inconscient (...). Je ne suis pas du tout philosophiquement contre l'inconscient, c'est-à-dire je ne crois pas, comme certains l'ont dit, que la notion d'inconscient soit purement et simplement contradictoire. Mais ce n'est pas ça qui me paraît l'essentiel dans l'analyse, dans l'apport de la psychanalyse. Ce qui me paraît essentiel, c'est la relation avec les autres telle que la psychanalyse nous la décrit [2].

Son appréciation de la psychanalyse se rassemble alors en quatre idées essentielles : l'incorporation, la dernière topique (ça/moi/surmoi), une conception forte du symbolisme corporel, et l'idée que la sexualité est une dimension intégrale [3]. La première ligne exposée, annoncée comme la plus importante, est donc l' « idée de la projection et de l'introjection », qui lui « paraît une chose remarquablement profonde » [4]. Merleau-Ponty la développe dans le sens de son traitement de l'intercorporéité, anticipant certaines formules de *L'Œil et l'Esprit* sur la consubstantialité avec autrui [5] – un partage de chair et un « lien d'être » dont il ajoutera bientôt qu'il est éclairé par la dernière topique freudienne [6].

> Voyez-vous, cette idée que dans nos relations avec les autres, il y a constamment projection et introjection, c'est-à-dire que je place en moi-même en quelque sorte un individu auquel je suis attaché (...) je le mets en moi-même, il devient partie de moi-même, et inversement d'ailleurs la connaissance que j'ai de lui est tout entière tissée ou issue de ma propre substance, de ma propre vie. Voyez-vous, je crois que le jour où Freud a introduit ces notions de projection et d'introjection, il a introduit

1. Bobine n° 11, *Psychanalyse (2)*, 31'10".

2. *Ibid.*, 12'.

3. « L'analyse, c'est non pas l'explication de toutes choses par la vie sexuelle, mais, plutôt, l'idée que la vie sexuelle pénètre partout. » (*ibid.*, 25'30").

4. *Ibid.*, 20'.

5. Cf. OE-ms [40]v(10), ou encore OE 33-34, cités *supra*, chap. III, § 3, p. 190 *sq*.

6. « Une analyse comme celle-là, avec en somme la pluralité à l'intérieur du moi, c'est elle qui me fait comprendre comment mes relations avec autrui peuvent être aussi étroites que je le disais tout à l'heure. Car si le moi était simple, il serait tout d'une pièce pour ainsi dire, et l'autre serait en face de lui comme un autre monde tout à fait étranger. Mais si le moi a cette espèce de multiplicité interne, alors l'autre peut s'introduire en lui par ce biais. Le surmoi, par exemple, c'est, d'ordinaire, l'image du père intériorisée, c'est-à-dire c'est un autre qui est devenu moi. Toute cette description des rapports du moi et d'autrui me paraît quelque chose de définitivement acquis. » (chute des *Entretiens* avec G. Charbonnier, bobine n° 11, 15').

> quelque chose qui n'était pas absolument neuf, mais qui n'avait jamais été dit avec cette force.

Merleau-Ponty poursuit :

> Si l'on n'use pas de ces notions, on a des sujets qui sont l'un en face de l'autre, avec des limites tranchées : il y a vous et il y a moi, nous sommes deux « consciences », comme on disait dans la philosophie... Depuis Kant, tout le monde emploie ce terme, nous sommes deux consciences, et il n'y a pas de lien d'être en quelque sorte entre nous, nous sommes deux univers absolument distincts et absolument clos – ce qui a sa vérité, mais ce qui n'empêche pas, dans le fait, quand je suis en relation avec quelqu'un, en relation affective, d'amitié, d'amour, ou d'attachement en général, que ce n'est pas seulement ce rapport-là, ce rapport de consciences, qui existe. C'est un tout autre rapport, qui fait que, ma personnalité, je ne peux pas la définir entièrement en dehors des vues que les autres ont sur moi, et que je devine à travers leur regard et leur conduite, de même qu'ils sont faits de ma substance [1].

Ce témoignage inédit porte la trace de l'influence croisée de Klein et de Schilder. Quelques mois plus tard, il est symptomatique de retrouver l'une à la suite de l'autre, dans les *Notes sur le corps*, les reprises des notes de lecture de Klein et celles de Schilder, décidément présents ensemble à la « philosophie de la chair » des derniers écrits. Au dos de l'un des feuillets de notes sur Klein, Merleau-Ponty livre en quelques phrases l'essentiel de ce qu'il retient de sa dernière campagne de lecture de ces auteurs. Les deux influences n'en font désormais plus qu'une dans sa conception ultime de la chair :

> Montrer que, de même que le sentir esthésiologique est en réalité rapport avec *la chose même* par mon corps comme *chair*, de même le corps érotique est rapport avec les autres schémas corporels par indivision. Donner exemples concrets en termes d'*incorporation* des opérations que la psychanalyse adulte exprime comme opérations mentales (projection - introjection - refoulement - expulsion etc.).
> Les « objets » dans âge précoce sont représentés par leurs *organes* : le surmoi est quelque chose qui mord (M.K. *Psychoan. of Children* p. 22).
> Le « dedans » et le « dehors » comme dimensions de la corporéité avant d'être dimensions d'esprit et corps ou réalité.
> Montrer que le corps libidinal est ouverture aux autres mêmes (intercorporéité) comme le corps esthésiologique est ouverture aux choses et non aux représentations des choses [2].

Ces lignes, dont nous avons déjà eu l'occasion de commenter deux extraits dans nos pages consacrées à l'intrication des *body-images* chez

1. *Ibid.*, 13-14'.
2. N-Corps [99]v.

Schilder [1], ont été écrites au début de la préparation du cours sur la Nature de 1960. Le cours lui-même entretient comme jamais, entre Schilder et Klein, une collusion qui pourtant ne va pas de soi. La leçon du 31 mars expose la pensée de Melanie Klein au moment même où Merleau-Ponty vient de thématiser « l'empiétement des schémas corporels » de Schilder, comme un prolongement naturel de cette thèse [2]. Cette séance est à nouveau anticipée dans les *Notes sur le corps* :

> Indivision du monde et des êtres – indivision des êtres entre eux (M. Klein)
> Les êtres représentés par leurs organes (organes étant le véhicule de leur rapport au monde et à moi), – et cela parce que c'est par mon corps que je les comprends (comme variantes de mon corps et mon corps du leur).
> Le rapport avec monde et eux comme incorporation [3].

Puis préparée dans les notes du cours :

> Melanie Klein : fait apparaître les instances et opérations freudiennes comme phénomènes ancrés dans la structure du corps :
> 1) indivision du monde et des êtres : le corps maternel est le monde (Michelet : le langage est la parole de la mère). La mère n'est pas un individu, mais une catégorie (« mammaïsée »)
> 2) indivision des êtres et de leur corps : les êtres sont non pas même représentés par leurs organes, mais identiques à eux, l'organe étant chargé d'une signification ontologique, étant catégorie – Père et Phallus
> 3) indivision des êtres entre eux : père et mère sont un seul être. À cause de coït ? Même s'il n'y a pas eu scène primitive du coït, elle est implicite dans la vision du corps des parents.
> Les structurations de cette promiscuité [4].

Associer ainsi le système kleinien au schème de l'« indivision » est pour le moins paradoxal – nous y reviendrons. La fin du résumé de cours persiste et signe, dans ce qui constituera par le fait même la conclusion involontaire du beau volume des résumés de cours au Collège de France : Merleau-Ponty croise à nouveau étroitement Schilder et Klein. Avant de nous abandonner une fois de plus, et une dernière fois, avec l'éternelle promesse qui a ponctué ces mêmes cours depuis le tout premier (« Les rapports du logos explicite et du logos du monde sensible feront l'objet d'une autre série de cours » [5]), Merleau-Ponty veut conclure sur « l'idée du corps humain comme symbolisme

1. Cf. *supra*, chap. II, § 1, p. 122 *sq*.
2. Natu3, p. 346-347/[74].
3. N-Corps [84]v(2).
4. Natu3, p. 347/[74]. Transcription corrigée.
5. RC60, p. 180.

naturel » [1] et comme « symbolisme d'indivision » [2] (formule à elle seule problématique), plaçant le tout sous l'intitulé de « philosophie de la chair » [3].

> Le schéma du corps propre, puisque je me vois, est participable par tous les autres corps que je vois, c'est un lexique de la corporéité en général, un système d'équivalences entre le dedans et le dehors, qui prescrit à l'un de s'accomplir dans l'autre. Le corps qui a des sens est aussi un corps qui désire, et l'esthésiologie se prolonge en une théorie du corps libidinal. Les concepts théoriques du freudisme sont rectifiés et affermis quand on les comprend, comme le suggère l'œuvre de Melanie Klein, à partir de la corporéité devenue elle-même recherche du dehors dans le dedans et du dedans dans le dehors, pouvoir global et universel d'incorporation [4].

« Rien d'humain n'est tout à fait incorporel », rajoute Merleau-Ponty, et chaque dimension de l'humain doit être relue « à partir de la corporéité devenue elle-même recherche du dehors dans le dedans et du dedans dans le dehors », à partir de cette puissance d'incorporation qui initie conjointement la différenciation et la réversibilité du dedans et du dehors. « La bipartition du monde intérieur et du monde extérieur est comprise par l'enfant comme ce qui est dans son corps et ce qui est à l'extérieur » [5]. Toutefois, pour Melanie Klein, avant qu'il ne s'agisse à proprement parler du corps de l'enfant, et pour qu'il puisse en être progressivement ainsi, il s'agit d'abord de celui de sa mère : de *son* dedans et de *son* dehors. Un dehors et un dedans dont la différenciation et l'articulation sont particulièrement mobilisées dans le rapport au sein. Le dedans du dehors est cet inconnu à connaître source de tout désir de connaître, dedans qui déjà sourd au dehors par l'action conjuguée du corps de la mère et du corps de l'enfant. « Les seins de la mère *sont* d'abord pour l'enfant le monde extérieur (…). L'intérieur du corps est pour l'enfant l'inconnu, à *connaître*. (…) Le corps de la mère contient tout » [6].

De là, tout objet, avant d'être distancié comme *ob-jet*, sera originellement vécu comme *organe*, et d'abord comme organe de la *mère*. Merleau-Ponty, comme on peut le voir dans certains extraits précédemment cités, insiste sur cette idée qui alimente secrètement son

1. RC60, p. 179-180.
2. RC60, p. 180.
3. RC60, p. 178.
4. *Ibid*.
5. Sorb(RAE), p. 361.
6. N-Corps [99]. « L'enfant a une tendance générale à s'incorporer le corps de la mère. » (Sorb(RAE), p. 362).

débat avec l'ontologie de l'objet – l'*objet-organe* apportant un éclairage critique différent, et complémentaire, de celui des *ultra-choses* de Wallon dont le philosophe s'inspire par ailleurs. Dans un premier temps, Merleau-Ponty respecte la lettre de Klein en parlant de « représentation » : les êtres sont « représentés » par leurs organes, « et cela parce que c'est par mon corps que je les comprends (comme variantes de mon corps et mon corps du leur) » [1]. Mais cette explication, en faisant appel au traitement proprement merleau-pontien de l'intercorporéité, induit bientôt une réécriture et une radicalisation dans la ligne de la réflexion sur la généralité du corps [2]. Aussi, dès la reprise suivante, Merleau-Ponty rectifie : « indivision des êtres et de leur corps : les êtres sont non pas même représentés par leurs organes, mais identiques à eux, l'organe étant chargé d'une signification ontologique, étant catégorie » [3]. Dans cette « ontologie concrète » revendiquée par la note de décembre 1960 consacrée à la *Philosophie du freudisme* [4], Merleau-Ponty entend toujours remonter de la projection à l'endoprojection [5] : du caractère projectif de l'ob-jet à l'identité projective-introjective de ces organes ontologiques, pivots de la structuration du rapport à autrui, au monde, et à soi-même.

L'incorporation pose la question délicate de savoir si le ballet de la projection et de l'introjection présuppose la différenciation du dedans et du dehors, ou bien si les deux naissent ensemble. Anna Freud et Melanie Klein, comme on sait, se sont vigoureusement opposées sur ce point : la première considérait que la différenciation du moi avec le monde extérieur est un préalable, tandis que la seconde, s'appuyant sur certains

1. N-Corps [84]v(2).

2. Sur ce point, cf. *supra*, chap. I, § 4, p. 103 *sq*.

3. Natu3, p. 347/[74], transcription corrigée.

4. Cf. NT, p. 323-324.

5. Cf. *Du lien des êtres…*, *op. cit.*, section B, chap. I. Rappelons que dès ses premières esquisses ontologiques, Merleau-Ponty dénonce dans le modèle épistémologique offert par la perspective géométrique un art de l'effacement de l'empiétement dedans-dehors qui habite le régime de l'incorporation. La perspective géométrique, résultat du relèvement d'une projection, réduit à deux les trois dimensions de la chose : la représentation résultante n'a rien gardé de l'épaisseur de l'objet, elle a délibérément mis de côté son intérieur. Effondrement de l'objet sur lui-même, la projection nie toute profondeur pour réduire l'être à sa surface. Purifié de tout dedans, l'objet ne s'adresse plus à notre dedans, il ne nous arrache plus à nous-mêmes et nous n'avons plus à nous plonger en lui. Définitivement affranchi des enjeux de l'échange entre un intérieur et un extérieur, libéré de l'empiétement, son être d'étalage n'a plus rien de souterrain et ne peut plus nous surprendre : nous agresser, nous étonner, nous enseigner. À cette ontologie classique, Merleau-Ponty oppose un monde moderne qui renonce à la suffisance de l'objet, et redécouvre l'identité inépuisable de l'être profond. Cet être charnel nous envahit et nous nous plongeons en lui : sa profondeur provoque notre profondeur pour lui répondre.

textes du fondateur de la psychanalyse [1], en situait l'institution dans l'exercice même de l'introjection et de la projection. Merleau-Ponty suit Melanie Klein contre Anna Freud, en associant étroitement différenciation primitive du dedans et du dehors et incorporation. Toutefois, comme nous le verrons, il s'en éloigne sensiblement dans le détail de cette association : sur la question du clivage et de l'ambivalence qui lui est conséquente. L'influence de Schilder le rend partiellement aveugle à une pensée pourtant difficile à concilier avec ce dernier.

§ 2. AMBIVALENCE ET AMBIGUÏTÉ PERCEPTIVE

Dedans et dehors, le corps de la mère contient *tout*, mais cette « totalité » est d'emblée ana-lysée par les stratégies d'incorporation du nouveau-né : « L'agressivité contre la mère est le désir de prendre possession du corps maternel, de s'introduire en lui, de le déchirer, de le dévorer, de le détruire » [2]. Ces idées sont approfondies par l'approche kleinienne de la pulsion épistémophilique, qui enracine le désir de connaître dans la violence du rapport au corps de la mère – tendance épistémophilique d'abord morcelante, avant que l'enfant ne soit gagné par l'angoisse d'une impossible synthèse. Melanie Klein insiste aussi sur le clivage précoce de cette totalité en « bons » et « mauvais objets », clivage associé à l'ambivalence de l'enfant en lutte avec un objet à la fois bienfaisant et destructeur.

1. « Le moi (…) prend en lui, dans la mesure où ils sont source de plaisir, les objets qui se présentent, il les introjecte (selon l'expression de Ferenczi) et, d'un autre côté, expulse hors de lui ce qui, à l'intérieur de lui-même, provoque du déplaisir. » (Freud, *Triebe und Triebschicksale* (1915), G.W. X, p. 228 ; *Les pulsions et leurs destins*, in *Métapsychologie*, trad. Jean Laplanche et J.-B. Pontalis, Paris, Gallimard, 1968, p. 37). Le terme d' « introjection » fut effectivement introduit par Sandor Ferenczi, forgé par symétrie avec celui de projection (cf. *Introjektion und Übertragung. Eine psychoanalytische Studie* (1909), Leipzig und Wien, Franz Deuticke, 1910). « Le moi-plaisir originaire désire introjecter tout ce qui est bon et rejeter de soi tout ce qui est mauvais. » (Freud, *Die Verneinung* (1925), G.W. XIV, p. 13 ; « La négation », trad. H. Hœsli, *Revue française de Psychanalyse*, 1934, 7, n° 2, p. 175). Le couple projection-introjection est d'abord mis en jeu sur le mode oral (incorporation orale) avant de se généraliser. Ce processus « s'exprime ainsi dans le langage des pulsions les plus anciennes, orales : je veux manger ceci ou je veux le cracher ; et, dans une transposition plus générale : je veux introduire ceci en moi ou l'exclure hors de moi. » (*ibid*.).

2. Sorb(RAE), p. 361. « Le corps de la mère est conçu comme une totalité contenant tous les objets avec lesquels l'enfant peut avoir des rapports. (…) C'est envers la mère et tout ce qu'elle représente que s'adresse l'agressivité (…) la relation est comprise comme un rapport à l'organisme maternel. » (Sorb(RAE), p. 363).

Freud reprenait déjà à Bleuler la notion d'*Ambivalenz* [1] pour désigner l'existence simultanée de sentiments, d'attitudes ou d'investissements contradictoires envers un objet ou une personne – par excellence, la conjonction de l'amour et de la haine. Si Freud qualifiait ainsi d'ambivalente la relation prototypique au père (*Vaterbeziehung*), partagée entre haine et nostalgie, Melanie Klein retrouve un phénomène analogue plus précoce dans la relation à la mère, articulé à la bipartition de son corps en bon sein et mauvais sein, et, de là, en bonne et mauvaise mère [2]. Plus largement, dans la filiation de l'élaboration que Karl Abraham faisait lui-même de cette notion [3], Melanie Klein radicalise l'ambivalence, qui devient une catégorie essentielle de sa pensée. Elle conçoit la pulsion comme étant d'elle-même (et d'emblée) ambivalente – l' « amour » de l'objet ne se sépare pas de sa destruction –, et l'ambivalence affecte l'objet lui-même, clivé en « bon » et « mauvais » objet, l'indissolubilité propre à l'ambivalence se traduisant ainsi paradoxalement par la division de l'objet.

Depuis ses premières lectures de Freud, et avant de se plonger dans les travaux de Melanie Klein, Merleau-Ponty avait déjà mentionné l'ambivalence comme désignant une structure caractéristique de l'attitude de l'enfant à l'égard de ses parents, mais aussi des parents à l'égard de l'enfant [4]. Fin 1950, sa lecture de Klein le conduit, comme la psychanalyste britannique, à radicaliser cette structure [5]. Toutefois, autant le dire d'emblée, la conception qu'il en livre est moins une transcription directe de la pensée de Melanie Klein qu'une libre inspiration, à partir du tableau général qu'il se fait de l'anthropologie psychanalytique de cette dernière, mais aussi à partir d'autres sources. La lecture de Merleau-Ponty est orientée par l'angle épistémologique

1. Cf. E. Bleuler, « Vortrag über Ambivalenz » (Bern, 1910), *Zentralblatt für Psychoanalyse*, 1, 1911, p. 266-268.

2. Cf. par exemple CDU(RAE), p. 156/9, ou encore Sorb(RAE), p. 305 et 309.

3. K. Abraham envisage l'évolution de la vie libidinale selon trois stades : préambivalent (la succion, première phase du stade oral), ambivalent (la morsure, deuxième phase du stade oral, puis le stade anal, sommet de l'ambivalence, et le stade phallique), et postambivalent (l'instauration de l'amour d'objet génital).

4. Cf. Sorb(CAL) 58, Sorb(EVA) 95-96, 101-104, 106, 108, 119, 121, 162, Sorb(SCCE) 223.

5. Pour quelques passages utilisant la notion d'ambivalence, cf. notamment CDU(RAE) 156/9, 160/13, 162/15, Sorb(RAE) 305, 341-342, 350, 359, 364, 377-378, PM-ms [235]v, [253]v, [210], HoXX 340/227, MSME 62/[35](III3), 173/[9], ULL [99](I6-II1), PbPassiv [115](6)/NP, [165](4)/NP, [225]/NP, 207/[166](35), 209/[171](37), 210/[171](37), PhilAuj1 63/[14]v(18), 63/[16](19), 64/[16](19), NTi [317], [255], NPVIf [162]v, [163]v, [169], [170]v, [172]v, NLVIàf2 [132], [135](1), VI2 97-98, 101-103, 105, 119, 125, 127, 130, EM2 [160](1), [177](II), [178](III), [204](11), [223], [227], [189](2), [185](2), N-Corps [91], [95]v, [100], NLVIàf3 [186], [180], [180]v.

qui domine les cours en Sorbonne : celui de la psychologie du développement, perspective développementale qui n'est pourtant pas, à proprement parler, celle de la psychanalyse. En cela, le champ psychanalytique subit chez Merleau-Ponty une torsion analogue à celle qu'il imprime, comme nous avons déjà pu le voir à maintes reprises, à la phénoménologie husserlienne.

Cette même perspective conduit spontanément Merleau-Ponty à intégrer l'ambivalence comme une étape dans la croissance de l'individu, dans la maturation progressive de sa personnalité. Aussi cherche-t-il à expliquer le double sentiment (à l'égard d'autrui, de l'objet) qui définit l'ambivalence par la situation générale de l'enfant, quitte à déplacer cette structuration du rapport à autrui vers une structuration identitaire, pour éclairer celle-là par celle-ci, l'ambivalence qualifiant alors d'abord la contradiction d'une situation existentielle : « l'attitude caractéristique de l'enfant sera une *attitude d'ambivalence* : double sentiment d'omnipotence et d'impuissance ; l'enfant ne peut rien et il veut tout. Ce double sentiment se reflète dans ce qu'il ressent des autres » [1].

Malgré le déplacement opéré sur la notion même d'ambivalence, cette approche s'inspire néanmoins du tableau, original et violent, par lequel Melanie Klein présente la relation entre mère et enfant. Né biologiquement immature, l'être humain entame son expérience de l'extériorité dans la contradiction entre un corps physiologiquement séparé et une totale dépendance à l'égard de sa mère, et cette prématurité se redouble bientôt d'un cercle sadomasochiste. Essentiellement passif, le nouveau-né est l'objet ou la chose de sa mère ; corrélativement, celle-ci est essentiellement active et dominatrice. Masochisme de l'enfant, sadisme de la mère : comme dans tout sadomasochisme, cette configuration est réversible et se retourne inéluctablement en sadisme de l'enfant et masochisme de la mère. Devant les débuts d'activité de l'enfant, la mère est à son tour passive et possédée, chose de l'enfant, tandis que le sadisme de ce dernier se renforce d'autant plus qu'il se défend contre l'abîme de sa totale impuissance.

Pris dans l'étau de l'ambivalence, l'enfant oscille entre la nécessité existentielle de se différencier et l'angoisse de la séparation. Loin des images d'Épinal de l'innocence et de l'insouciance que les adultes se font parfois de lui dans l'ignorance active de leur propre ambivalence passée, il est donc une terre de conflits. « [L']enfant ne peut rien et il veut tout », résume très bien Merleau-Ponty. De cette contradiction intenable entre la faiblesse de son état et la force de son désir, naît une intolérance, sinon une haine de soi, qui continue à résonner dans la

1. Sorb(RAE), p. 359.

violence de l'adulte à l'égard d'autrui, toujours secrètement habité par l'intolérance de sa faiblesse originelle, et par une rémanence conséquente de l'ambivalence de ses débuts. La guerre pour la toute-puissance continue, sourdement ou ouvertement, à moins qu'elle ne cède devant une capitulation dans la totale impuissance ; le plus souvent, les deux se conjuguent et alternent dans la complexité cyclothymique de l'existence.

Dans le cadre de cette approche générale, Merleau-Ponty suit une ligne plus particulière qui consiste à différencier, sinon à opposer, *ambivalence* et *ambiguïté*, tout en attribuant explicitement cette distinction à Melanie Klein :

> Il y a, d'un côté, l'image bénie des parents qu'il avoue volontiers et, d'un autre côté, l'image des parents contre laquelle il est en lutte. Ces deux images, de la « bonne mère » et de la « mauvaise mère » comme dit Melanie Klein, au lieu d'être réunies chez l'enfant et de se rapporter à la même personne, sont l'une au premier plan et l'autre complètement dissimulée à lui-même par l'enfant (...) c'est là ce qui, selon l'auteur, définit l'ambivalence. Elle consiste à avoir pour un même objet, un même être, deux images alternatives, sans aucun effort pour les relier et pour s'apercevoir qu'en réalité elles se rapportent au même objet ou au même être.

La notion d'ambivalence ainsi posée – selon une définition déjà décalée par rapport au plan psychanalytique kleinien –, Merleau-Ponty introduit celle d'ambiguïté :

> Melanie Klein établit une distinction profonde entre l'ambivalence ainsi comprise et l'ambiguïté. À l'opposé de l'ambivalence, l'ambiguïté est un phénomène adulte, un phénomène de maturité (...). L'ambiguïté, c'est l'ambivalence à laquelle on fait face, que l'on ose regarder, et ce qui manque aux sujets rigides, c'est cette capacité de regarder en face les contradictions dans lesquelles ils se trouvent à l'égard des êtres [1].

En septembre 1951, les entretiens de Genève reprennent la même distinction – en affirmant à nouveau l'emprunter directement à Melanie Klein – pour illustrer l'approche de l'ambiguïté qui traverse la conférence sur la chair (*L'homme et l'adversité*) [2]. Puis la seconde partie du

1. CDU(RAE), p. 156/9 (1950-1951). « M. Klein a distingué la notion *d'ambivalence de celle d'ambiguïté. Ambivalence : le sujet se fait, pour un même être, deux images alternatives qui ne sont pas perçues comme représentant le même objet. Ambiguïté :* c'est une notion de la vie adulte. *Le sujet perçoit deux images, mais il sait qu'elles se rapportent au même objet.* » (Sorb(RAE), p. 305).

2. « Il y a un malentendu sur le mot "ambiguïté". Melanie Klein, l'élève de Freud, distingue ambiguïté et ambivalence. Elle dit que l'ambivalence c'est la situation très inférieure d'une pensée dans laquelle le même objet, ou le même être, est qualifié de deux façons inconciliables, par exemple la "bonne mère" et la "mauvaise mère". Un enfant a

cours sur *Les relations avec autrui chez l'enfant* (1951-1952) revient encore sur le sujet : « l'ambivalence est presque le contraire de l'ambiguïté » [1]. Cette distinction ne quittera plus Merleau-Ponty, qui en élabore bientôt une transcription *philosophique*, notamment tournée contre Sartre, et maintenue jusque dans les écrits les plus tardifs.

Pourtant, fait étrange, la distinction de ces deux notions ne se trouve pas comme telle chez Melanie Klein. Si celle-ci parle longuement de l'ambivalence [2], il n'y a aucune trace de l' « ambiguïté » dans les ouvrages travaillés par Merleau-Ponty – cette notion est d'ailleurs plutôt rare dans la terminologie habituelle de la psychanalyse [3]. Le philosophe semble s'appuyer sur un seul texte précis, une simple note des *Essais de psychanalyse* [4]. L'ambiguïté, comme indice de maturation psycho-affective, correspond sans doute dans l'esprit de Merleau-Ponty à ce que Melanie Klein nomme en réalité « intégration », « cohérence » ou

deux aspects de sa mère : la mère secourable, d'un côté, et la mère qui s'est mise en colère, de l'autre. Melanie Klein indique que l'ambiguïté qui peut se trouver dans la pensée adulte – qui peut-être même la caractérise – n'est pas du tout l'ambivalence. Elle ne consiste pas à avoir deux images alternantes du même objet, mais à penser fortement et vraiment que le *même* être est bon et mauvais. Quand je parle d'ambiguïté, cela ne signifie pas une pensée tremblante qui passe du blanc au noir, et qui affirme le noir, puis le blanc. » (HoXX, p. 340/227, 12 sept. 1951).

1. « Ce double sentiment se reflète dans ce qu'il ressent des autres ; les enfants sont sensibles dans la manière dont les adultes se conduisent envers eux : personnes "gentilles" et personnes "pas gentilles". En outre, ces épithètes seront appliquées à une même personne : "bonne mère" et "mauvaise mère". (Par exemple, l'enfant se réfugie en pensée auprès de la bonne mère lorsque la mauvaise mère vient de le punir.) La bipartition de la mère comprend aussi le corps de celle-ci : "bon sein" et "mauvais sein". (Rappelons que l'ambivalence est presque le contraire de l'ambiguïté). » (Sorb(RAE), p. 359).

2. Cf. dans les textes travaillés par Merleau-Ponty : *La psychanalyse des enfants*, *op. cit.*, p. 38, 59, 94, 115, 139, 167, 214 ; *Essais de psychanalyse*, *op. cit.*, p. 45-46[28], 153-154[128], 219-220[193], 338-340[308-309], 342[312], 344[314], 346-347[316-317], 351[321], 355[324], 378[346], 379[348], 401-402[369], 408-409[376], 413[380] ; *Développements de la Psychanalyse* (publié après l'apparition de la distinction chez Merleau-Ponty), *op. cit.*, p. 174-175, 192, 204, 217, 255.

3. Quelques travaux psychanalytiques plus récents que ceux de Klein, et postérieurs à la mort de Merleau-Ponty, esquissent une distinction et une articulation entre ambiguïté et ambivalence – mais dans des directions différentes de celles évoquées par Merleau-Ponty. Nous pensons à Paul-Claude Racamier, *Le génie des origines*, Paris, Payot, 1992 (notamment chap. 12, « Éloge de l'ambiguïté »), ou encore à J. Bleger, *Symbiose et ambiguïté*, « Le Fil rouge », Paris, P.U.F., 1981.

4. « Ambivalence et ambiguïté : *Contributions to Psycho-Analysis* p. 316, note 2 » (N-Corps [100]). « Il faut que les angoisses de la première enfance aient été suffisamment soulagées par des expériences propres à affirmer l'amour et la confiance, pour qu'un processus d'une importance capitale puisse se déclencher ; ce processus, c'est la synthèse des divers aspects des objets (externe, interne, "bon" et "mauvais", aimé et haï), qui permet à la haine d'être effectivement mitigée par l'amour et qui entraîne ainsi la décrue de l'ambivalence. » (Melanie Klein, *Essais de psychanalyse*, *op. cit.*, p. 346[316] note 2).

encore « synthèse » – une synthèse des visages contradictoires de l'objet, qui suit un certain apaisement des angoisses primitives. *Développements de la psychanalyse*, et plus exactement l'article intitulé « Quelques conclusions théoriques au sujet de la vie émotionnelle des bébés », insiste de son côté sur le progrès de l'enfant dans l' « intégration » et la « synthèse » qui accompagnent l'adoucissement des pulsions d'agressivité opéré par la structuration progressive de la libido [1]. Mais ces phénomènes d'adoucissement de l'agressivité et de soulagement de l'angoisse sont absents de la caractérisation merleau-pontienne de l'ambiguïté, qui est d'emblée située au niveau *perceptif* (l'ambiguïté « ne consiste pas à avoir deux images alternantes du même objet » [2], « le sujet perçoit deux images, mais il sait qu'elles se rapportent au même objet » [3]), voire *cognitif*, et chez l'*adulte* plutôt que chez l'enfant (l'ambiguïté « caractérise » la « pensée adulte » [4], elle est « cette capacité de regarder en face les contradictions » [5], « à penser fortement et vraiment que… » [6], etc.) – toutes choses décalées par rapport à l'approche de Melanie Klein.

Merleau-Ponty, en réalité, surimprime au discours kleinien des travaux de psychologie qui lui sont familiers depuis plus longtemps – à commencer par son étude déjà ancienne de l'*ambiguïté perceptive*, influencée par les écrits de Paliard [7] et de Jaensch [8] sur les « figures ambiguës » [9]. L'ambiguïté perceptive repose sur l'irrésistible besoin d'orientation du sujet percevant, en particulier dans la vision en profondeur. Or, le propre des figures ambiguës (par exemple, plus

1. Cf. *Développements de la psychanalyse*, *op. cit.*, p. 192-193, 196-197, 200-201, 204, 215, 218. Cf. aussi, à ce sujet, l'article de 1945 de D. W. Winnicott, « Le développement affectif primaire », in *De la pédiatrie à la psychanalyse*, trad. J. Kalmanovitch, Paris, Payot, 1969, p. 57-71 ; *Collected papers. Through paediatrics to psycho-analysis*, Londres, Tavistock Publications, 1958.

2. HoXX, p. 340/227.

3. Sorb(RAE), p. 305.

4. HoXX, p. 340/227.

5. CDU(RAE), p. 156/9.

6. HoXX, p. 340/227.

7. Cf. PhP 295, 297, MSME 103/[70](VII6), 113/[81](VIII9), 121/[89](IX8 ou X1), 122/[90](IX8^{bis}), 123/[92](IX9 ou X2), 173/[9], 194/[184], [137]v/NP, RC53 15. Cf. J. Paliard, « L'illusion de Sinsteden et le problème de l'implication perceptive », *Revue philosophique*, tome CIX, janvier-juin 1930, p. 359-409 ; *Pensée implicite et perception visuelle. Ébauche d'une optique psychologique*, Paris, P.U.F., 1949 ; *La pensée et la vie. Recherche sur la logique de la perception*, Paris, P.U.F., 1951.

8. Cf. NaPer 28, 29, SC 86, 90, PhP 19, Sorb(SCCE) 230, CDU(RAE) 152/5, 152/6, Sorb(RAE) 304.

9. Cf. notamment PhP 304, HT 245, Sorb(PSE) 251-252, 264, 268, CDU(RAE) 152/6, Sorb(RAE) 304, PM 167, MSME 60/[30](II6), PbPassiv 212/[173](39), [169]/NP, PhiDial [14](II4), NL-Arnh [23](19), VI1 38, EM3 [239](15), [239](16).

proches de nous que les cas connus de Merleau-Ponty, les dessins d'Escher) est de nous offrir impartialement plusieurs orientations possibles et incompatibles. On en trouvera l'exemple le plus simple qui soit, accompagné d'une analyse, dans les pages 303 à 306 de la *Phénoménologie de la perception*. Comme le souligne Jacques Paliard [1], la perception est un parcours parcouru et non un parcours contemplé, et son équilibre, sensori-moteur, est aussi instable que dynamique. Le regard qui plonge dans un escalier d'Escher simule furtivement un parcours moteur sans savoir par avance s'il est faisable : la perception se fait sur l'escalier parcouru, qui se révèle faisable – puis infaisable – en le faisant.

Après 1945, Merleau-Ponty enrichit cette première approche de l'ambiguïté par les dimensions de l'adversité et du conflit. Les choses se disputent mon regard, rivalisent dans une coexistence difficile que la vision réalise pourtant, dans la mesure où elle sait s'abandonner à la profondeur [2]. C'est ce que Merleau-Ponty nomme en 1952, en plagiant la dialectique kleinienne du bon et du mauvais, une « bonne ambiguïté », dont on retrouvera un produit dérivé dans la « bonne dialectique » des années 1958-1959 – « une “bonne ambiguïté”, c'est-à-dire une spontanéité qui accomplit ce qui paraissait impossible, à considérer les éléments séparés » [3].

Au début de la période des cours en Sorbonne, Merleau-Ponty découvre aussi de nouveaux travaux de psychologie faisant appel à la perception, qui vont immédiatement interférer avec sa lecture de Melanie Klein – laquelle ne s'est jamais préoccupée de logique perceptive. Séduit par l'hypothèse fondamentale du psychiatre suisse Hermann Rorschach [4] ou encore par le T.A.T. (Thematic Aperception Test) de l'américain H. A. Murray, le philosophe y voit confirmé, sinon son primat de la perception, du moins la dimension existentielle radicale qu'il lui prête. Selon ce courant pluriel de ce qu'il est convenu d'appeler les « méthodes projectives », la perception serait étroitement dépendante de la personnalité du sujet, qui transparaîtrait dans la manière de

1. « L'illusion de Sinsteden et le problème de l'implication perceptive », art. cit., p. 377 ; *Pensée implicite et perception visuelle. Ébauche d'une optique psychologique*, *op. cit.*, p. 11.

2. Cf. PM, p. 73-75, et plus largement MSME.

3. Inéd, p. 48/409.

4. Merleau-Ponty figurait, aux côtés de Fraisse, Piéron et Wallon, dans le prestigieux comité de patronage du Groupement Français du Rorschach (devenu ensuite Société du Rorschach et des Méthodes Projectives de Langue Française), association de recherche créée en mars 1950, et présidée par Daniel Lagache. L'Association Internationale du Rorschach (fondée à Zurich en 1948), souhaitait la constitution de groupes nationaux : la France fut le premier pays à répondre à cet appel, par la création de ce groupement.

structurer les données sensibles [1]. L'analyse de la vie perceptive ouvrirait ainsi une entrée privilégiée sur l'ensemble de nos conflits.

Les années 1949-1952, pendant lesquelles se forge le couple notionnel de l'ambivalence et de l'ambiguïté, correspondent typiquement à la période précise où Merleau-Ponty commence à faire le lien entre trois mondes intellectuels qui l'habitent, trois mondes qui se croisent justement dans sa conception de l'ambiguïté : celui de la phénoménologie de la perception (1933-1945), de l'existentialisme moral et politique (1945-1949), de la psychologie et de la psychanalyse (1949-1952). L'élaboration conceptuelle de la chair et de sa phénoménalité d'empiétement bénéficie du travail d'intégration mutuelle de ces différents univers dans l'esprit de Merleau-Ponty.

§ 3. RIGIDITÉ PSYCHOLOGIQUE ET INTOLÉRANCE DE L'AMBIGUÏTÉ

La surimpression qui brouille sa lecture de Melanie Klein provient enfin, et surtout, d'une étude précise située au carrefour de ces trois champs – logique perceptive, champ moral et politique, et démarche psychologique. En 1950, Merleau-Ponty s'arrête sur un article à paraître dans *Les Temps Modernes*, qui s'interroge sur l'existence de facteurs psychologiques de l'antisémitisme : « La personnalité antisémite », d'Else Frenkel-Brunswik et R. N. Sanford [2]. Cet article le conduit à rechercher les autres travaux de Frenkel-Brunswik, liés aux hypothèses de Rorschach, et à découvrir un essai sur « L'intolérance de l'ambiguïté comme variable de la personnalité dans les domaines de l'émotion et de la perception » [3]. Largement appuyé sur la psychologie de la forme, ce texte utilise à plusieurs reprises le couple notionnel de l'ambivalence et de l'ambiguïté [4], en entendant celle-ci dans le prolongement des travaux

1. Sur la présence de Rorschach chez Merleau-Ponty, cf. notamment Sorb(EVA) 131, 140, 153, Sorb(SCCE) 220, CDU(RAE) 153/6, Sorb(RAE) 304, 391, NL-Arnh [28](25), EM2 [156]. « Rorschach a construit son test sur cette idée que la perception du sujet est entièrement modifiée par sa personnalité, puisqu'on se sert de la manière dont il perçoit certaines données visuelles pour en déduire certains traits de sa personnalité. » (CDU(RAE), p. 153/6).

2. « La personnalité antisémite (Essai sur quelques conditions psychologiques de l'antisémitisme) », traduit par Monique Roman, *Les Temps Modernes*, 6e année, n° 60, octobre 1950, p. 577-602 ; déjà publié sous le titre « Some personality factors in anti-semitism », *Journal of Psychology*, 20, 1945, p. 271-291.

3. « Intolerance of ambiguity as an emotional and perceptual personality variable », *Journal of Personality*, vol. 18, sept. 1949, p. 108-143.

4. *Ibid.*, p. 108, 112, 115-116, 123, 134, 141.

de Jaensch [1], et en reprenant l'acception psychanalytique générale de l'ambivalence [2], mais sans aucune référence à Melanie Klein. L'auteur met en évidence une corrélation entre la tolérance de l'ambiguïté perceptive et la tolérance de l'ambiguïté des sentiments dans la maturation de la relation avec autrui. Ce glissement d'un registre à l'autre de l'ambiguïté intéresse Merleau-Ponty : il conforte la place qu'il attribue à l'affectivité dans son lien essentiel avec la vie de l'intelligence [3] ; plus largement, il fait écho à la réflexion de fond qui anime son scénario cartésien, notamment au défi de la « pensée confuse » et de la « confusion des sentiments » qui expriment la complexe unité de la chair [4].

Par le truchement de cette étude sur la rigidité psychologique, Merleau-Ponty fait alors le lien entre l'*ambiguïté perceptive* et l'*ambivalence* telle qu'elle est travaillée chez Melanie Klein. La « rigidité psychologique », d'après Else Frenkel-Brunswik et la reprise qu'en fait le cours sur *Les relations avec autrui chez l'enfant* [5], désigne l'attitude des sujets qui, à toute question, donnent des réponses tranchées, sans nuances, et sont peu disposés à reconnaître des faits discordants. Ces

1. *Ibid.*, p. 110-112.

2. « The background of the problem of ambiguity thus becomes related to the vast fund of knowledge supplied by psychoanalysis in connection with the development of the concept of "ambivalence", as defined by the coexistence, in the same individual, of love- and of hate-cathexis toward the same object. The existence of ambivalence in a person and the further fact of this person's ability to face his or her ambivalences toward others must be considered an important personality variable. » (*ibid.*, p. 115).

3. « Le cours de l'an dernier mettait l'accent sur la psychologie de la connaissance que l'on considère souvent comme une infrastructure ; celui de cette année portera sur la psychologie de l'affectivité et sur les relations de l'enfant avec autrui. Il sera montré plus loin que ces derniers problèmes ne sont ni secondaires, ni plus spéciaux. (...) perception et connaissance, chez l'enfant, sont sous-tendues par une fonction plus profonde qu'elles, et qui est en rapport étroit avec l'affectivité. (...) ici encore, la connaissance est effet plutôt que cause (...). *L'affectivité n'est pas subordonnée aux fonctions de connaissance*. Premier exemple : *la perception même des choses est profondément modifiée par la personnalité et les rapports interpersonnels avec le milieu humain* : travaux de Mme Frenkel-Brunswik, *Journal of Personality* (septembre 1949) : *Intolérance à l'ambiguïté comme variable de la personnalité dans les domaines de l'émotion et de la perception (Intolerance of ambiguity as an emotional and perceptual personality variable)*. Ces travaux sont inspirés de ceux de Jaensch, sur la perception des figures ambiguës qui seraient plus fréquentes chez les sujets "libéraux" (individus aptes à reconnaître plusieurs aspects d'une chose). L'étude de Frenkel-Brunswik est fondée sur le même principe que les méthodes projectives qui supposent toutes (Rorschach) que la personnalité s'exprime dans la manière de structurer les données sensibles. » (Sorb(RAE), p. 303-304) Cf. aussi Sorb(RAE), p. 307-308.

4. Cf. *Le scénario cartésien*, *op. cit.*, chap. I.

5. Cf. pour l'essentiel CDU(RAE), p. 152-164/5-17 et Sorb(RAE), p. 304-307.

sujets évitent l'ambiguïté et procèdent par dichotomie [1] ; toujours à la recherche de catégories, ils sont peu aptes à l'analogie, et se murent dans des alternatives en tout ou rien [2]. La rigidité n'est donc nullement une force, mais la façade derrière laquelle se cache au contraire une grande fragilité, une formation réactionnelle de l'ambivalence. Merleau-Ponty insiste sur le fait que ce profil psychologique se trahit par une rigidité perceptive et intellectuelle [3]. Les sujets rigides sont lents à s'adapter à un nouveau type de problème : quel qu'en soit l'énoncé, ils conserveront la même méthode et auront tendance à ramener au déjà connu toute situation nouvelle. Ils répugnent aussi aux phénomènes de *transition*, et ne perçoivent qu'avec un temps de retard conséquent un changement dans les stimuli, une modification du perçu [4].

> En somme, les sujets qui portent en eux-mêmes des conflits extrêmement forts sont justement ceux qui répugnent, dans leur vision des choses extérieures, à admettre qu'il y a des situations particulières, ambiguës, conflictuelles, mêlées, de sorte qu'on peut dire qu'une très forte ambivalence émotionnelle se traduit sur le plan de la connaissance ou de la perception par une très faible ambiguïté dans les choses perçues ou dans les idées. Plus un sujet est émotionnellement ambivalent, et moins il convient qu'il y a dans les choses et dans le spectacle des choses des ambiguïtés. L'ambivalence émotionnelle est ce qui exige le refus de l'ambiguïté intellectuelle. Là où l'ambiguïté intellectuelle est forte, il arrive souvent que le fond émotionnel soit beaucoup plus stable que chez les autres sujets [5].

Toujours dans la ligne de Frenkel-Brunswik et de Rorschach, Merleau-Ponty rapproche enfin *ambivalence* et *diplopie*. Dans le conflit des visions monoculaires, les deux images alternantes d'un même être demeurent incompatibles et ne sont pas perçues comme représentant le

1. « Ces exemples révèlent une *division profonde* des sujets avec eux-mêmes et une *agressivité refoulée envers les parents*. Ces sujets évitent toute ambiguïté et procèdent par dichotomie (dilemmes obéissance-autorité, propreté-saleté, vertu-vice, masculinité-féminité). » (Sorb(RAE), p. 305) « Chacune de ces différences, que personne ne conteste, bien entendu, est considérée par eux comme une différence *absolue*, fondée en nature, qui exclut tout phénomène de transition, toute nuance, tout passage. » (CDU(RAE), p. 155/8-9).

2. Cf. par exemple Sorb(MPE), p. 494.

3. Cf. par exemple CDU(RAE), p. 159/12.

4. Les sujets rigides tiennent à leur mode de perception antécédent, et résistent à la perception d'un changement appréciable dans la figure qui leur est présentée, alors même que les changements sont déjà objectivement sensibles. Les autres se portent plus tôt à la perception de la nouveauté – non parce qu'ils la reconnaîtraient dans un calcul plus agile sur des représentations toutes faites, mais parce qu'ils la simulent et l'anticipent dans leurs mouvements naissants portés par la foi perceptive.

5. CDU(RAE), p. 160/13.

même objet. La vision mature s'effectue en profondeur, passant ainsi de l'alternance diplopique à la coexistence ambiguë de la vision binoculaire, où les deux images perçues deviennent compossibles et sont rapportées au même objet. De même que la tolérance de l'ambiguïté perceptive, dans la vision en profondeur, signe une victoire sur l'alternance des visions monoculaires, de même la tolérance de l'ambiguïté dans la relation avec autrui est le fruit d'une maturation dont la situation de départ est toujours l'ambivalence. De 1949 à 1960, Merleau-Ponty décrit ainsi régulièrement l'histoire de la maturité humaine comme un chemin menant de l'ambivalence à l'ambiguïté [1].

Merleau-Ponty prend soin de préciser que les profils évoqués par Frenkel-Brunswik engagent moins les opinions déclarées des personnes que le degré d'ambivalence qui soutient leur expression [2]. De sorte que certains sujets rigides se trouvent aussi parmi les êtres apparemment libéraux. Malgré le danger de l'amalgame, Merleau-Ponty ne peut s'empêcher de retrouver ses fantômes habituels dans la description de l'ambivalence et de la rigidité, en particulier celui de Sartre. Rappelons que le cours sur *Les relations avec autrui* participe à l'élaboration de la première conception, existentialiste, de l'*empiétement*, par une référence implicite au *Sang des autres* de Simone de Beauvoir et par l'initiation du portrait de Sartre en abandonnique [3]. Pour Merleau-Ponty, on ne peut concevoir un lien qui ne soit pas un empiétement, une relation humaine qui n'exerce pas sur autrui une influence effective : même l'attitude d'abstention influe sur sa liberté, et viole son autonomie [4]. Toute relation avec autrui met en jeu une différence de situation entre nous, et modifie nos situations respectives [5]. Merleau-Ponty, en lui empruntant la figure de l'empiétement, exploitait l'hésitation majeure de Beauvoir vis-à-vis de la conception sartrienne de la liberté : jusque dans *Le Sang des autres*, Beauvoir maintenait contre Sartre que les situations ne sont pas toutes identiques, et que les possibilités concrètes qui s'ouvrent aux hommes sont inégales. Dans son évocation de l'ambivalence et de la rigidité, le cours sur *Les relations avec autrui* trahit justement, avant même que certains documents plus tardifs ne le fassent explicitement,

1. Cf. par exemple CDU(RAE) 156/9, 160/13, 162/15, Sorb(RAE) 305, 359, PM-ms [235]v, [253]v, [210], HoXX 340/227, MSME 62/[35](III3), 173/[9], PbPassiv [115](6)/NP, EM2 [160](1), [177](II), [178](III), [189](2), [204](11), [227], N-Corps [100].

2. « Ce qui annonce la rigidité psychologique, c'est moins l'adoption de telle ou telle thèse (…) que la manière de l'adopter, de la justifier, de s'y tenir. » (Sorb(RAE), p. 306).

3. Cf. *Du lien des êtres…*, *op. cit.*, section A.

4. Cf. CDU(RAE), p. 227-228/80, et Sorb(RAE), p. 327.

5. Cf. CDU(RAE), p. 228/80.

un nouvel élément du portrait de Sartre. Soulignant l'art de la dichotomie chez le sujet rigide, sa manie des distinctions tranchées y compris pour rendre compte de l'ambiguïté, Merleau-Ponty évoque aussi – dans le cas du libéral rigide – un refus d'admettre des différences de situation :

> Il y a, selon [Frenkel-Brunswik], des sujets qui n'ont pas de préjugés sociaux, qui sont parfaitement « libéraux » (...) et qui pourtant sont, eux aussi, des sujets « rigides », parce qu'ils refusent de voir entre les hommes même les différences *de situation* les plus évidentes (...). Il y a un libéralisme abstrait ou rigide qui consiste à penser que tous les hommes sont *identiques*. (...) Il y a des libéraux qui sont vraiment des libéraux, en ce sens qu'ils conçoivent très bien qu'il peut y avoir des différences de situation historique entre les hommes, des milieux culturels différents. Ceci ne les empêche pas de traiter tous les hommes, en tant qu'ils ont la possibilité d'être tous des hommes, de la même manière [1].

Merleau-Ponty ne reproche pas à Sartre de ne pas être habité par les mêmes problématiques que lui, mais de ne pas les assumer comme telles : de les fuir en traitant l'ambiguïté par l'ambivalence, par ce que les derniers écrits nommeront la « mauvaise dialectique » de Sartre. Déjà son compte rendu de Frenkel-Brunswik anticipe ce point, dans un passage qu'il faudrait confronter aux fameuses lettres échangées avec Sartre en juillet 1953 :

> Ce qui pour cet auteur caractérise un sujet psychologiquement mûr, ce n'est pas qu'il ait ou n'ait pas d'ambiguïtés, c'est *la manière dont il traite ses ambiguïtés*. S'il se les dissimule à lui-même, s'il les fuit, s'il ne les regarde pas en face, alors il est psychologiquement rigide. S'il les regarde en face, au contraire, il est parvenu à la maturité. Tout le monde est ambigu d'une façon ou d'une autre. Simplement il y a des sujets qui refusent de prendre à leur compte et d' « intérioriser » leurs ambiguïtés. C'est alors l'ambivalence proprement dite [2].

Dès les feuillets qui entourent la rédaction de *La prose du monde* (inédits contemporains du cours sur *Les relations avec autrui*), Merleau-Ponty importe le couple ambivalence/ambiguïté dans sa réflexion philosophique plus générale, et invoque l'ambiguïté pour dépasser certaines conceptions de Sartre associées à l'ambivalence [3]. En septembre 1951,

1. CDU(RAE), p. 161-162/14-15. « Il y a des sujets apparemment libéraux, mais d'une manière absolue, abstraite : ils déclarent, par exemple, que tous les hommes sont identiques, *à tous les points de vue*, et refusent de voir les différences des situations historiques. » (Sorb(RAE), p. 306).

2. CDU(RAE), p. 161/14. Cf. aussi Sorb(RAE), p. 306-307.

3. Cf. PM-ms [235]v, [253]v, [210].

rappelons-le, il commente aussi la notion d'ambiguïté qui traverse *L'homme et l'adversité* par la même distinction abusivement prêtée à Melanie Klein [1]. On retrouve ensuite le couple notionnel au Collège de France en 1953, dans *Le monde sensible et le monde de l'expression* [2]. À partir du mois de juillet 1953, la rupture avec Sartre étant consommée, *Les aventures de la dialectique* (ouvrage rédigé entre juillet 1953 et décembre 1954) puis le cours sur *Le problème de la passivité* (1955) entameront une longue analyse critique des positions sartriennes sur la liberté et l'imaginaire. La dénonciation de l'ambivalence de Sartre connaîtra alors un nouveau départ, et culminera dans la rédaction du deuxième chapitre du *Visible et l'invisible* – les inédits entourant cette rédaction précisant une dernière fois que l'ambivalence est reprise à Melanie Klein [3].

§ 4. D'UNE PROFONDEUR À L'AUTRE

Il ne suffit pas de constater ces anomalies dans la lecture que Merleau-Ponty fait de Melanie Klein, ni même de les expliquer par telle ou telle conjonction de lectures et d'influences. Cet écart est tellement significatif qu'il doit, précisément, faire sens. Il faut avouer que l'approche de l'ambivalence chez Melanie Klein est complexe, en particulier dans son articulation au clivage comme à l'intégration [4]. L'ambivalence participe-t-elle à aggraver le clivage ou bien, au contraire, contribue-t-elle déjà à l'intégration ? À moins que la mise en place des clivages eux-mêmes soit déjà une forme de préparation, comme par un mouvement contraire, au travail de liaison – comme s'il fallait (d'abord) séparer pour (mieux) lier.

Ces interrogations sont importantes. Si, dans le langage commun, l'ambivalence est le plus souvent connotée négativement, la psychanalyse montre combien elle est en réalité présente dans les manifestations les plus diverses de la vie mentale, aussi bien normale que pathologique. Elle n'est pas forcément un pur obstacle au développement ou même à la fluidité du fonctionnement psychique. Conflit manifeste entre des

1. Cf. HoXX, p. 340/227, cité *supra*, p. 288-289.

2. Cf. MSME 62/[35](III3), 173/[9].

3. Nous examinerons les phases tardives du scénario sartrien de Merleau-Ponty dans notre prochain volume.

4. Sur cette complexité, cf. l'article éclairant de Cléopâtre Athanassiou-Popesco, « Étude du concept d'ambivalence. À partir de Melanie Klein », in *Ambivalence. L'amour, la haine, l'indifférence*, sous la direction de Michèle Emmanuelli, Ruth Menahem et Félicie Nayrou, Paris, P.U.F., 2005, p. 61-85.

sentiments contradictoires, elle offre peut-être aussi, par sa dynamique propre, une contribution latente au *dépassement* de ce même antagonisme. L'ambivalence ne saurait alors être réduite à la seule *dualité* qui en est pourtant la caractéristique structurelle la plus patente. Contrairement à la définition donnée par Merleau-Ponty pour mieux la différencier de l'ambiguïté, l'ambivalence kleinienne peut en effet être entendue comme participant à lier les deux images incompatibles par la dynamique d'alternance même qui est la sienne. L'ambivalence présente « un changement de perspective de manière alternée sur un rythme plus ou moins rapide », et « cette bascule semble porter en elle des potentialités de synthèse conduisant le moi à remplacer par des processus de liaison l'écart qui séparait les éléments clivés »[1]. Sur ces questions aujourd'hui encore débattues par les psychanalystes, Merleau-Ponty tranche trop rapidement, du fait même de sa forte distinction entre ambiguïté et ambivalence qui tend à cantonner celle-ci du côté du négatif ou du pathologique, sur le versant du conflit et de la dualité. Il risque ainsi de manquer la fécondité propre et la subtilité inattendue de l'ambivalence. Son rejet spontané, implicite ou explicite, de tout dualisme – sinon de toute séparation –, le fait passer à côté des vertus secrètement non dualistes (voire anti-dualistes) de certains dualismes apparents, à côté des vertus secrètement liantes de certaines séparations.

Sachant que l'approche de l'ambivalence chez Melanie Klein est intimement liée à sa conception de la *pulsion*, laquelle aggrave en quelque sorte le dualisme pulsionnel freudien, on peut se demander si le décalage de la lecture merleau-pontienne n'est pas aussi la manifestation particulière d'un écart plus général par rapport à la psychanalyse, touchant précisément la question de la pulsion. C'est cette hypothèse que nous allons examiner dans le prochain chapitre, qui nous conduira d'ailleurs à compléter l'étude du rapport de Merleau-Ponty à Melanie Klein. Mais pour mieux aborder ce nouveau développement à partir de la présente analyse, une dernière remarque s'impose. Dans sa description toute personnelle du rapport entre ambivalence et ambiguïté, en deçà même des divers champs psychologiques (psychologie du développement, psychologie de la forme, méthodes projectives) qui viennent brouiller sa réception de la psychanalyse kleinienne, Merleau-Ponty est orienté par sa phénoménologie de la *perception*. Plus précisément, par sa phénoménologie de la *vision en profondeur*. Nous avons vu, en effet, combien l'approche merleau-pontienne de l'ambiguïté situe d'emblée

1. Cléopâtre Athanassiou-Popesco, art. cit., resp. p. 70 et 71. « Ainsi pouvons-nous émettre l'hypothèse de la formation d'un lien à partir d'un certain degré d'oscillation dans l'ambivalence. » (*ibid.*, p. 72).

celle-ci au niveau perceptif. Prise dans la comparaison avec elle, l'ambivalence est alors envisagée sous ce même angle : telle que Merleau-Ponty la définit de manière répétitive, l'ambivalence consiste à « avoir deux images alternantes du même objet », ces deux images monoculaires dont la vision en profondeur a la vertu de dépasser le conflit dans l'unité ambiguë de la vision binoculaire. Or, même s'il peut être fécond d'aborder une logique pulsionnelle par une logique perceptive, il ne va pas de soi de lire celle-là uniquement à travers celle-ci, jusqu'à devenir aveugle à la pulsion même, dont le nom est purement et simplement tu.

Il est vrai que Melanie Klein – nous y reviendrons – use par endroits du même schème que Merleau-Ponty en guise d'inscription archaïque du désir de connaître : celui de la *recherche de la profondeur*, dont on connaît l'importance chez le phénoménologue jusqu'à *L'Œil et l'Esprit* et le cours ultime sur l'ontologie cartésienne. Mais la profondeur est double : elle peut désigner l'intérieur d'un corps, ou bien, symétriquement, l'extérieur de tout corps ; profondeur du dedans, si l'on veut, et profondeur du dehors. La pulsion épistémophilique kleinienne recherche la première, tandis que l'imaginaire merleau-pontien est d'abord aimanté par la seconde. La pulsion épistémophilique est affaire de pénétration à l'intérieur du corps de la mère, alors que la vision en profondeur si souvent thématisée par Merleau-Ponty – et qui soutient largement sa conception de l'ambiguïté – parle de la profondeur du dehors, celle d'une spatialité ouverte sur ses horizons. Bien entendu, un point de vue psychanalytique pourra rétorquer que cette duplicité de la profondeur est un leurre, que cette même spatialité « ouverte », transitionnelle, continue à véhiculer l'espace maternel du dedans (puisque « le corps de la mère contient tout »...). Pourtant la différenciation demeure, et s'aggrave même, si l'on en vient à examiner chez Klein et Merleau-Ponty les modalités de la conquête de ladite « profondeur ».

La pulsion épistémophilique kleinienne, en effet, rejoint la profondeur en portant atteinte à l'unité, dans cette violence ana-lytique morcelante qui cherche à mettre le dedans au dehors pour le désarticuler et le mettre en morceaux. Pour le démonter et l'ex-pliquer. Il s'agit de pénétrer une enceinte, archétype de tout mystère (jusque dans le fantasme de la mère enceinte, prégnante d'un autre, voire d'un rival à éliminer) ; il faut explorer le corps de la mère pour dé-couvrir la complexité et la multiplicité cachées de ce qui est l'Un par excellence en le mettant en pièces. Merleau-Ponty relève une partie de cette approche kleinienne, mais la recouvre aussitôt des lignes les plus constantes de sa phénoménologie de la vision. Sans doute parce que celle-ci véhicule elle-même une tendance épistémophilique fondamentale, du moins constitue un enracinement perceptif privilégié de la vie de l'intelligence. Or la vision merleau-pontienne rejoint la profondeur dans une synopsis (un *voir ensemble*), une « synthèse » sensori-motrice qui dépasse l'ambivalence des images monoculaires dans une profondeur qui unit les choses mêmes, à travers et au-delà de leur multiplicité. Il ne s'agit pas de l'explorer comme un espace préalable qui serait dé-couvert, mais de s'abandonner à sa manière d'aimanter le multiple. Dans l'habilitation ontologique que Merleau-Ponty finit par lui donner, la profondeur est ce lien invisible qui « fait tenir ensemble toutes choses » [1], et qui nous tient nous-mêmes, en elle, avec elles. Figure de l'être comme lien des êtres, elle devient prégnance de l'unité des êtres, en eux-mêmes et entre eux, en nous-mêmes et avec eux. Ainsi, même envisagée comme spatialité maternelle, la profondeur merleau-pontienne s'avère phénoménologiquement tout autrement instituée que l'exploration épistémophilique kleinienne.

D'une profondeur à l'autre, d'une recherche de la profondeur à une autre recherche d'une autre profondeur, nous sommes décidément en présence d'un écart qu'il nous faut interpréter plus avant. Cet écart illustre sans doute ce qui peut séparer le phénoménologue (de la perception) d'une approche psychanalytique (de la pulsion). Mais il pointe aussi peut-être, à travers une approche originale de la vision en profondeur – depuis sa description phénoménologique la plus élémentaire jusqu'à son évaluation ontologique la plus audacieuse –, vers ce qui pourrait apparaître comme le correspondant merleau-pontien de la *pulsion*, et qui serait alors, de par cet écart même, autre chose : le *désir*, dont la profondeur serait l'inscription esthésiologique privilégiée.

1. NMS [27](6).

CHAPITRE VIII

DU DUALISME PULSIONNEL AU « SEXUEL-AGRESSIF »

Dans la poursuite de notre étude du prisme déformant appliqué à la psychanalyse par la philosophie de la chair de Merleau-Ponty, il nous faut maintenant examiner le geste qui soutient sa conception du « sexuel-agressif ». En envisageant la maturation du désir dans le complexe intriqué des dimensions libidinales et agressives, Merleau-Ponty dessine une dynamique voisine de celle que nous venons d'analyser, qui conduit pour lui de l'ambivalence à l'ambiguïté, mais sans qu'il y ait une réelle continuité entre les deux au sein même de la psychanalyse. C'est pourtant à nouveau chez Melanie Klein que le philosophe trouve les idées principales autour desquelles il élabore cette continuité : les chemins pris par la libido sont les seuls à pouvoir briser le cercle formé, à partir de l'ambivalence, entre agressivité, culpabilité et angoisse. Ils opèrent une intrication que Merleau-Ponty va intégrer à une conception du « sexuel-agressif » en partie influencée par des sources extérieures à Klein et, certaines, à la psychanalyse elle-même. Une conception de la sexualité et du désir en réalité sourde à l'approche psychanalytique de la pulsion comme au dualisme pulsionnel développé tant par Freud que par Klein.

§ 1. PULSIONS DE MORT ET PULSIONS DE VIE

Nous traduisons par « pulsion » l'allemand *Trieb*, en évitant les notions d'usage plus ancien comme *instinct* et *tendance*, dont la pulsion freudienne s'écarte précisément. Freud emploie le vocable approprié, *Instinkt*, pour qualifier un comportement animal déterminé, fixé par l'hérédité, caractéristique de l'espèce, au déroulement préprogrammé, et adapté à son objet. Il constate l'effacement significatif de cette logique chez l'être humain, comme si l'évolution l'en avait dépouillée pour lui ménager d'autres ressources et marquer l'histoire de chaque individu d'un polymorphisme étranger à l'univocité de l'instinct et à sa téléologie implicite [1]. La pulsion, quant à elle, est une poussée [2] irrépressible en vue de supprimer l'état de tension qui règne à sa source [3]. Dans son ensemble, la vie pulsionnelle régule [4] les tensions en les reconduisant à un état antérieur, et à un état minimal [5]. Force du retour au même, force d'égalisation de la force, la pulsion est fondamentalement conservatrice [6]. Son objet – ce en quoi ou par quoi elle peut atteindre son but – ne lui est pas originairement lié dans sa détermination, qui est sans importance : l'objet est variable, son unique raison d'être est de rendre possible la satisfaction, et il peut être remplacé à volonté au long du destin que connaît la pulsion [7]. Faiblesse d'une force sans forme, d'une énergie sans autre structure que son but – la satisfaction – la pulsion ne

1. Les progrès accomplis par l'éthologie obligent désormais à franchir un pas supplémentaire en reconnaissant un certain polymorphisme chez d'autres espèces animales que la nôtre.

2. « Par *poussée* d'une pulsion on entend le facteur moteur de celle-ci, la somme de force ou la mesure d'exigence de travail qu'elle représente. Le caractère "poussant" est une propriété générale des pulsions, et même l'essence de celles-ci. » (*Triebe und Triebschicksale* (1915), G.W. X ; *Pulsions et destins des pulsions*, in *Métapsychologie*, trad. Jean Laplanche et J.-B. Pontalis, « Folio essais », Paris, Gallimard, 1986, p. 18). Dans nos références à l'œuvre de Freud, le sigle « G.W. » renvoie aux œuvres complètes, *Gesammelte Werke*, 18 vol., Londres, Imago, 1940-1952.

3. « Le *but* d'une pulsion est toujours la satisfaction, qui ne peut être obtenue qu'en supprimant l'état d'excitation à la source de la pulsion. » (*Pulsions et destins des pulsions*, *op. cit.*, p. 18).

4. La définition classique donnée par Freud lui-même – *supprimer* tel état de tension – doit être complétée et relativisée par ce regard plus large qui voit la vie pulsionnelle comme régulatrice des surcroîts de tension, de façon à intégrer l'idée de constance de la force pulsionnelle, que Freud fait coexister avec la logique de satisfaction qui préside à la pulsion. « La pulsion (...) n'agit jamais comme une force d'impact momentanée mais toujours comme une force constante. » (*Pulsions et destins des pulsions*, *op. cit.*, p. 14) À ce sujet, cf. aussi Jacques Lacan, *Le Séminaire*, Livre XI, *Les quatre concepts fondamentaux de la psychanalyse*, Paris, Seuil, 1973, p. 151.

5. Il s'agit « de les ramener à un niveau aussi bas que possible », et « même, si seulement cela était faisable, de se maintenir rigoureusement dans un état de non-excitation » (*Pulsions et destins des pulsions*, *op. cit.*, p. 15-16).

6. « Nous donnons aux forces qui agissent à l'arrière-plan des besoins impérieux du ça et qui représentent dans le psychisme les exigences d'ordre somatique, le nom de *pulsions*. Bien que constituant la cause ultime de toute activité, elles sont, par nature, conservatrices. En effet, tout état auquel un être est un jour parvenu tend à se réinstaurer dès qu'il a été abandonné. » (*Abriss der Psychoanalyse* (1938), G.W. XVII ; *Abrégé de psychanalyse*, trad. A. Berman, rev. et corr. par J. Laplanche, Paris, P.U.F., 1949, p. 7).

7. Cf. *Pulsions et destins des pulsions*, *op. cit.*, p. 18-19.

pousse que pour retomber. Et sa pauvreté structurale, jointe à son caractère irrépressible, a une vertu dé-structurante : la pulsion court à son propre dénouement en décomprimant le vivant, en délitant son unité dynamique dans une juxtaposition d'états d'excitation minimaux. Chaque poussée exigeant tout pour elle, cette juxtaposition est plutôt un éclatement : il est dans la logique de la pulsion, tyrannique, d'être partielle, et morcelante.

La notion tardive de *pulsion de mort*, introduite par Freud dans *Au-delà du principe de plaisir* (1920), et constamment réaffirmée jusqu'à la fin de son œuvre, est certainement celle qui épouse le mieux cette formule générale du pulsionnel, qui consiste à « ramener ce qui vit à l'état inorganique » [1]. Marqué par une lecture quelque peu fantasmatique de la théorie de l'évolution, Freud voit dans la pulsion une étrange rémanence du minéral dans l'animal, une mémoire de l'anorganique qui le tire en arrière. « Si nous admettons que l'être vivant est venu après le non-vivant et a surgi de lui, la pulsion de mort concorde bien avec la formule (...) selon laquelle une pulsion tend au retour à un état antérieur » [2]. La pulsion de mort est donc pulsion par excellence, « plus ancienne que l'amour » [3] : au-delà d'un type particulier de pulsion, elle désigne ce qui est au principe et à l'horizon de toute pulsion, le retour à la course constante des astres froids, sinon au repos absolu de la pierre.

En introduisant la pulsion de mort, Freud l'oppose aussitôt à la *pulsion de vie*. Alors que la première tend à la destruction de l'unité vitale, la seconde cherche « à provoquer et à maintenir la cohésion des parties de la substance vivante » [4]. La pulsion de vie participe ainsi activement à l'unification du vivant. Apparemment ni conservatrice ni morcelante, ne transgresse-t-elle pas la logique pulsionnelle ? Freud tient pourtant à l'y maintenir, en retrouvant en elle un régime conservatif dominant (conservation de l'individu et de l'espèce), et en interprétant sa recherche de liaison comme la nostalgie d'une unité perdue. Si la notion de pulsion de mort envisage la vie sur fond de mort, celle de pulsion de vie la pense sur fond de perte d'un degré de vie antérieur, de chute depuis une *autre* vie. Dans ce recul, la vie n'est toujours pas pensée pour elle-même, et Freud s'engage dans une régression à l'infini. Certains textes montrent d'ailleurs quelque lucidité sur cette circularité. « Pour l'Éros (la pulsion d'amour), nous ne pouvons appliquer la même

1. *Abriss der Psychoanalyse* (1938), G.W. XVII, p. 71 ; *Abrégé de psychanalyse*, *op. cit.*, p. 8.
2. *Ibid.*
3. *Triebe und Triebschicksale* (1915), G.W. X, p. 231.
4. Freud, G.W. XIII, p. 66, note.

formule, car cela équivaudrait à postuler que la substance vivante, ayant d'abord constitué une unité, s'est plus tard morcelée et tend à se réunir à nouveau… » [1]. Freud applique pourtant cette formule et se laisse tenter par ce postulat, en s'appuyant sur le mythe d'Aristophane du *Banquet* [2], qui traduit l'accouplement par la nostalgie d'un état fusionnel originairement androgyne, antérieur à la différenciation sexuelle [3].

> Sur la base de réflexions théoriques appuyées par la biologie, nous fîmes la supposition d'une pulsion de mort à qui est assignée la tâche de ramener le vivant organique à l'état sans vie, tandis que l'Éros poursuit le but de compliquer la vie en rassemblant de façon toujours plus extensive la substance vivante éclatée en particules, et par là naturellement de la conserver. Les deux pulsions se comportent en cela, au sens le plus strict, de manière conservatrice, en tendant à la réinstauration d'un état qui a été perturbé par l'apparition de la vie. L'apparition de la vie serait donc la cause de la continuation de la vie et en même temps aussi de la tendance à la mort, la vie elle-même un combat et un compromis entre ces deux tendances [4].

Cette dramatique, en disposant face à face les pulsions et la vie, accorde à celle-ci un traitement brutal, sinon paradoxal. Freud présente la vie comme un élément perturbateur, aux prises avec un dynamisme pulsionnel qui, de ce fait, semble ne pas véritablement lui appartenir en propre – notamment, s'agissant de la pulsion de mort, comme si la vie avait réveillé « la mort » et la provoquait à « vivre » de sa « vie » à travers la pulsion. Indépendamment des maladresses de ce tableau, être un combat et un compromis entre deux pulsions ne suffit pas à répondre à la question de savoir ce qu'est la vie en tant que telle, ce qui l'anime, la fait aller de l'avant, la fait tout simplement *vivante*. Le fondateur de la psychanalyse reste plutôt silencieux sur ce point, et ce silence fragilise sa métapsychologie. Freud paraît esquiver le plus difficile, qui est de penser la vie pour et par elle-même. Il s'agirait en particulier de dégager la spécificité de l'unité du vivant animal, et plus encore humain ; une unité qui n'obéit pas seulement à une logique de conservation, mais se

1. *Abriss der Psychoanalyse* (1938), G.W. XVII, p. 71 ; *Abrégé de psychanalyse*, *op. cit.*, p. 8.

2. « Or, quand la nature de l'homme eut été ainsi dédoublée, chaque moitié, regrettant sa propre moitié, s'accouplait à elle ; elles se passaient leurs bras autour l'une de l'autre, elles s'enlaçaient mutuellement dans leur désir de se confondre en un seul être… » (Platon, *Le Banquet*, 191a, trad. Léon Robin, in *Œuvres complètes*, vol. I, « Bibliothèque de la Pléiade », Paris, Gallimard, 1950, p. 718).

3. Cf. par exemple G.W. XIII, p. 62-63.

4. *Das Ich und das Es* (élaboré fin 1922), G.W. XIII, p. 269 ; *Le moi et le ça*, trad. C. Baliteau, A. Bloch, J.-M. Rondeau, in *Œuvres complètes*, vol. XVI (1921-1923), Paris, P.U.F., 1991, p. 283-284.

forge aussi dans l'appétit et la conquête de la nouveauté, l'ouverture à l'inconnu, l'invisible et l'imprévisible, à travers des anticipations faites d'empiétements, et dans une *agressivité* qui ne fait qu'un avec le régime désirant de la *vie* elle-même. Freud semble par endroits réaliser que sa notion de *pulsion de vie* est bancale, sinon contradictoire, et adopte dans quelques textes tardifs une formulation qui soustrait l'Éros au régime conservateur et morcelant de la pulsion [1] : contrairement à la pulsion de mort qui brise les liens, la pulsion de vie obéit à un *principe de liaison* [2].

Merleau-Ponty, sans jamais thématiser cette difficulté de la métapsychologie freudienne à penser la vie pour elle-même, ne s'y conforme pourtant à aucun moment : il suit spontanément une autre voie, dans sa conception d'une chair animée d'investissements sensori-moteurs et désirants qui l'ouvrent aux latences invisibles du visible, aux horizons du monde, aux liens des êtres dans la profondeur de l'être. Sa culture philosophique (sa lecture de Bergson, notamment), non-philosophique (l'influence précoce de Kurt Goldstein [3], mais aussi d'autres influences plus tardives [4]), ainsi que l'intention profonde qui anime sa pensée depuis les années trente, le rendent aveugle à l'approche freudienne de la pulsion. Cet aveuglement est tel qu'il risque de passer inaperçu, alors qu'il fait vaciller l'ensemble de son rapport à la psychanalyse ; d'où la nécessité de le restituer pas à pas, avant d'interroger sa nature (une éventuelle résistance de la part du philosophe) et sa possible fécondité (une éventuelle lacune de la psychanalyse).

§ 2. AGRESSIVITÉ ET LIBIDO

Il faut rendre justice à l'honnêteté intellectuelle de Freud, qui n'a jamais été satisfait par sa théorie des pulsions [5]. Au-delà des variations

1. Cf. par exemple *Das Unbehagen in der Kultur* (1930), G.W. XIV, p. 477, note ; *Malaise dans la civilisation*, Paris, P.U.F., 1971, p. 54, note 2.

2. « Le but de [l'Éros] est d'instituer des unités toujours plus grandes, et ainsi de maintenir : c'est la liaison ; le but de [la pulsion de destruction] est au contraire de dissoudre les assemblages, et ainsi de détruire les choses. » (*Abriss der Psychoanalyse* (1938), G.W. XVII, p. 71 ; *Abrégé de psychanalyse*, *op. cit.*, p. 8).

3. Cf. l'analyse critique remarquable que *La structure de l'organisme* livre de la notion de pulsion et de son élaboration freudienne : *Der Aufbau des Organismus*, Haag, Martinus Nijhoff, 1934, p. 128, 217-218 ; trad. Burckhardt et Kuntz, Paris, Gallimard, 1951 ; coll. « Tel », n° 78, 1983, p. 166-170, 283-284.

4. Cf. *infra*, § 4, p. 316 *sq*.

5. « Si nous avons jusqu'ici établi une opposition tranchée entre les "pulsions du moi" et les pulsions sexuelles, les premières poussant vers la mort, les secondes vers la continuation de la vie, ces résultats ne nous satisfont certainement pas nous-même à bien des

de celle-ci, il lui a néanmoins toujours appliqué un traitement dualiste, quitte à en changer le contenu [1]. Or la clinique résiste et lui montre, au sein même de la pulsion de vie, une réalité *mélangée* : l'Éros a plusieurs visages indissociables, notamment un visage d'*agressivité*, comme s'il mettait la destruction au service de la construction. L'embarras freudien est alors celui de tous les dualismes honnêtes : l'expérience nous montre mêlé ce que nous venons de rendre conceptuellement inconciliable.

> Dans l'obscurité présente de la doctrine des pulsions, nous aurions bien tort de rejeter toute idée qui vient nous promettre quelque lumière. Nous sommes partis de la grande opposition pulsions de vie / pulsions de mort. L'amour d'objet lui-même nous montre une seconde polarité de ce genre, celle de l'amour tendresse et de la haine agressivité. Si seulement nous parvenions à mettre en relation ces deux polarités, à ramener l'une à l'autre ! (...) comment déduire de l'Éros, qui conserve la vie, la pulsion sadique qui a pour but de nuire à l'objet ? (...) cette conception est bien loin de tomber sous le sens et l'impression qu'elle donne est franchement mystique. Nous en venons à nous demander si nous n'avons pas cherché à tout prix un moyen de nous tirer d'un grand embarras [2].

La confrontation à venir avec la conception merleau-pontienne du « sexuel-agressif » nous oblige à rappeler quelques étapes de ce tâtonnement freudien, à la recherche d'une possible intrication des pulsions et, plus particulièrement, d'une articulation entre *agressivité* et *libido*.

En son sens courant, *agresser* signifie menacer ou violer l'intégrité des fonctions d'un organisme (individu ou société), *via* un agent externe générateur de désordre, de dysfonctionnement, de maladie ; l'*agression* proprement dite implique ainsi un empiétement sur un organisme *autre*. De son côté, la notion d'*agressivité* engage davantage le point de vue de l'agresseur, et pose la question de la signification du comportement agressif – en particulier celle de savoir dans quelles proportions cette attitude repose sur la recherche de la destruction de l'autre ou bien sur l'affirmation de soi.

Au fil de ses écrits, Freud donne une importance croissante à l'agressivité, mais en l'envisageant toujours de manière négative, comme une force désorganisatrice et morcelante. Il ne la considère

égards. » (*Jenseits des Lustprinzips* (1920), G.W. XIII ; *Au-delà du principe de plaisir*, trad. Laplanche et Pontalis, in *Essais de psychanalyse*, Paris, Payot, 1981, p. 89).

1. « Notre conception était dès le début *dualiste* et elle l'est encore aujourd'hui de façon plus tranchée, dès l'instant où les termes opposés ne sont plus pour nous pulsions du moi / pulsions sexuelles, mais pulsions de vie / pulsions de mort. » (*Au-delà du principe de plaisir*, *op. cit.*, p. 101).

2. *Au-delà du principe de plaisir*, *op. cit.*, p. 101-103.

comme un facteur autonome que tardivement, après avoir longtemps refusé l'hypothèse qu'Adler faisait dès 1908 [1], celle de l'existence d'une pulsion d'agression (*Agressionstrieb*). Sa dernière théorie, en localisant la pulsion de mort dans la personne propre, fait de l'auto-agression un principe de l'agressivité : celle-ci ne désigne plus en premier lieu un mode de relation à autrui, une violence exercée sur autrui. Tournée contre soi-même, l'agressivité est masochiste ; tournée contre autrui, elle est sadique. L'intérêt de la démarche freudienne, notamment à partir des *Drei Abhandlungen zur Sexualtheorie* de 1905, est d'avoir identifié une corrélation systématique entre ces deux formes [2] – un point que Merleau-Ponty a bien noté dès les conférences de Mexico (1949), et qu'il intègre à sa caractérisation de la chair comme « passive-active ».

De 1905 à 1938, Freud avoue régulièrement ne pas parvenir à comprendre et formuler correctement le rapport entre agressivité et libido. En 1905, les *Trois essais sur la théorie sexuelle* insistent déjà sur cette difficulté, en évoquant pour la première fois l'idée d'un mélange pulsionnel :

> Que cruauté et pulsion sexuelle entretiennent les liens les plus intimes, c'est ce que l'histoire des civilisations humaines nous apprend par-delà tout doute possible, mais on n'est pas parvenu, dans l'explication de cette connexion, à aller au-delà de la mise en relief du facteur agressif de la libido. D'après quelques auteurs, cette agression qui s'ajoute en se mêlant à la pulsion sexuelle [« … *diese dem Sexualtrieb beigemengte Aggression* »] est en fait un reste d'appétits cannibaliques (…). En ce qui nous concerne, nous nous contenterons de l'impression qu'aucune explication satisfaisante de cette perversion n'a été donnée et que, vraisemblablement, plusieurs tendances psychiques s'unissent ici pour produire un seul effet [3].

À partir de 1909, Freud reprend à Adler la figure de l' « intrication » ou « entrecroisement » des pulsions [4], tout en résistant à l'idée d'une

1. Cf. A. Adler, « Der Aggressionsbetrieb im Leben und in der Neurose (L'instinct d'agression dans la vie et dans la névrose) », *Fortschritte der Medizin*, 1908, n° 19.

2. Freud, G.W. V ; *Trois essais sur la théorie sexuelle*, trad. Philippe Koeppel, Paris, Gallimard, 1987. « Il est souvent possible de constater que le masochisme n'est rien d'autre qu'une continuation du sadisme, qui se retourne contre la personne propre. » (*op. cit.*, p. 70, édition de 1915) « La particularité la plus frappante de cette perversion réside dans le fait que sa forme active et sa forme passive se rencontrent régulièrement de façon conjointe chez la même personne. (…) Un sadique est toujours en même temps un masochiste. » (p. 71).

3. *Trois essais sur la théorie sexuelle*, *op. cit.*, p. 70-71.

4. « Par un processus qu'Alf. Adler a dénommé très justement "intrication des pulsions"… » (*Analyse der Phobie eines fünfjährigen Knaben* (1909), G.W. VII ; *Analyse d'une phobie d'un petit garçon de cinq ans : Le petit Hans*, trad. Marie Bonaparte, in *Cinq psychanalyses*, Paris, P.U.F., 1954, p. 169). « Il peut arriver que le même objet serve

pulsion spécifique d'agression, l'agressivité demeurant à ses yeux une caractéristique générale de toute pulsion.

> *Alfred Adler*, dans un travail fort suggestif, a récemment exprimé l'idée que l'angoisse est engendrée par la répression de ce qu'il appelle la « pulsion d'agression », et il a attribué à cette pulsion, grâce à une synthèse d'une grande portée, le rôle principal dans ce qui advient aux hommes, que ce soit « dans la vie ou dans la névrose ». (...) cependant je n'ai jamais pu acquiescer à cette manière de voir et je la considère comme une généralisation trompeuse. Je ne puis me résoudre à admettre une pulsion spéciale d'agression à côté des pulsions déjà connues de conservation et sexuelles, et de plain-pied avec elles.

Freud s'explique :

> Il me paraît qu'Adler a mis à tort comme hypostase d'une pulsion spéciale ce qui est un attribut universel et indispensable de toutes les pulsions, justement leur caractère pulsionnel, ce que nous pouvons décrire comme étant la capacité de mettre la motricité en branle. (...) En dépit de toute l'incertitude et de toute l'obscurité de notre théorie des pulsions, je préfère m'en tenir provisoirement à notre conception actuelle, qui laisse à chaque pulsion sa propre faculté de devenir agressive [1].

En 1923, l'auteur de ces lignes rajoute une note significative au bas de la même page :

> J'ai dû depuis, moi aussi, poser l'existence d'une « pulsion d'agression », mais celle-ci n'est pas la même que celle d'Adler. Je préfère l'appeler « pulsion de destruction » ou « pulsion de mort » (...). L'opposition entre cette pulsion et les pulsions libidinales se manifeste dans la polarité connue de l'amour et de la haine. Ma désapprobation du point de vue d'Adler, qui confisque une caractéristique générale des pulsions en faveur d'une seule, n'en est pas modifiée [2].

Pris entre ses représentations bipolaires et son souci de rendre compte du mélange qu'il observe dans la clinique, Freud use d'une terminologie qui va inévitablement focaliser l'attention de Merleau-Ponty, au risque pour ce dernier de faire passer ces descriptions au premier plan, en oubliant le dualisme opiniâtre avec lequel elles se débattent – où l'on retrouve une torsion typique de notre auteur, non

simultanément à la satisfaction de plusieurs pulsions : c'est le cas de ce qu'Alfred Adler appelle l'*entrecroisement des pulsions.* » (*Triebe und Triebschicksale* (1915), G.W. X ; *Pulsions et destins des pulsions*, in *Métapsychologie*, *op. cit.*, p. 19). « ... par entrecroisement des pulsions (*Triebverschränkung*), pour employer un terme utilisé par Adler... » (*Jenseits des Lustprinzips* (1920), G.W. XIII ; *Au-delà du principe de plaisir*, *op. cit.*, p. 101).

1. *Le petit Hans*, in *Cinq psychanalyses*, *op. cit.*, p. 192-193.

2. *Ibid.*, p. 193, note 1.

sans analogie avec celles qu'il imprime à la pensée de Husserl. Pour illustrer le jeu mêlé et démêlé de l'agressivité et de la libido, Freud parle en effet d' « empiétement » (*ineinander greifen*), d' « intrication » (*Verschränkung*), de « fusion » (*Verschmelzung*), d' « alliage » (*Legierung*), de « combinaison » (*sich kombinieren*), et, le plus souvent, de « mélange » (*Mischung*, ou *Vermischung*, qui sont passées dans la terminologie psychanalytique la plus habituelle) [1]. La *Mischung* évoque le mélange, par exemple, de deux liquides, dans telle ou telle proportion, tandis qu'*Entmischung* indique la séparation des éléments du mélange. Les derniers écrits freudiens compliquent ainsi la dichotomie entre pulsions de vie et pulsions de mort par une oscillation de leurs rapports entre *Triebmischung* et *Triebentmischung* : mélange, ou « dé-mélange » des pulsions (par exemple, lorsque l'agressivité tend à rompre tout lien avec la sexualité).

Ce même couple de termes pose à lui seul quelques problèmes de traduction [2]. Indépendamment de ceux-ci, les descriptions de Freud

1. « Dans chaque morceau de substance vivante seraient actives les deux sortes de pulsions, mais ceci en une mixtion aux proportions inégales (...). De quelle manière se lient, se mélangent, se combinent les unes avec les autres les pulsions des deux espèces, cela serait encore irreprésentable ; mais que cela advienne régulièrement et dans une grande mesure est une hypothèse impossible à écarter dans le contexte qui est le nôtre. » (*Das Ich und das Es*, G.W. XIII, p. 269 ; *Le moi et le ça*, *op. cit.*, p. 284). « Le sadisme et le masochisme nous offrent, croyons-nous, d'excellents exemples de l'intrication des deux sortes d'instincts, de l'Éros avec l'agression, et nous admettons que ces exemples sont typiques et que toutes les pulsions instinctuelles dont nous pourrions nous occuper présentent les mêmes intrications, les mêmes alliages des deux instincts. Naturellement les proportions du mélange sont variables. (...) Ces données nous ont permis de poursuivre des recherches dont l'importance, en ce qui concerne la compréhension des processus pathologiques, pourra un jour être considérable. En effet, les intrications elles-mêmes peuvent se détruire et tout nous permet de croire que ces désintrications de pulsions ont pour la fonction les plus graves conséquences. Mais ces vues étant trop neuves, personne n'a encore tenté de les utiliser pratiquement. » (*Neue Folge der Vorlesungen zur Einführung in die Psychoanalyse* (1932), G.W. XV ; *Nouvelles conférences sur la psychanalyse*, trad. A. Berman, Paris, Gallimard, 1936 ; « Idées », 1971, p. 137-138). Cf. encore, par exemple, *Jenseits des Lustprinzips* (1920), G.W. XIII, p. 59, *Au-delà du principe de plaisir*, *op. cit.*, p. 63 ; *« Psychoanalyse » und « Libidotheorie »* (1923), G.W. XIII, p. 233 ; *Abriss der Psychoanalyse* (1938), G.W. XVII, p. 71, *Abrégé de psychanalyse*, *op. cit.*, p. 9.

2. La Commission linguistique de la Société psychanalytique de Paris du 24 juillet 1927 a proposé comme équivalent français du couple *Mischung-Entmischung* le couple « intrication-désintrication » ; les éditions anglaises adoptent en général le couple *fusion-defusion*. La notion de « fusion » en français, notamment en raison de ses usages en physique, est beaucoup plus forte que celle de mélange : la fusion efface le mélange en tant que tel. Mais l' « intrication » présente peut-être un défaut symétrique, celui du paradigme *solide*, en suggérant un emmêlement d'éléments qui, tout en étant accidentellement inextricables, restent pourtant par nature parfaitement distincts. Le latin *intricare* (embrouiller, empêtrer) dérive de θρίξ (cheveu) ; des cheveux emmêlés ne sont

restent fragiles. La *désintrication*, en suggérant que l'on réussit à démêler un écheveau embrouillé, suppose un degré de réversibilité qui n'est guère envisageable si l'on parle de mélange ou d'alliage. Par ailleurs, la désintrication est le résultat d'un processus qui renverrait chacune des pulsions à son autonomie, à son but spécifique. Or cette autonomie n'est pour Freud qu'un état limite, attribué aux origines mythiques de l'être vivant : elle constitue une régression par rapport à une dynamique d'intégration de l'agressivité à la fonction sexuelle. Si le mélange n'est jamais fusion, la désintrication n'opère donc jamais une véritable désunion. Intégration et désintégration sont toujours relatives : une fois de plus, la pureté conceptuelle est une fiction, le passage à la limite de situations cliniques toujours ambiguës, asymptotique séduisante pour la clarté d'exposition mais épistémologiquement réductrice.

La figure du *mélange* pulsionnel est elle-même contestable : seuls des liquides miscibles peuvent se mélanger, des ingrédients qui ont un minimum de connaturalité. Or libido et agressivité n'auraient pas de terrain commun, comme Freud l'avoue lui-même : alors que la première est facteur d'union, de liaison (*Bindung*), la seconde tend à « dissoudre les rapports » [1]. Plus l'agressivité l'emporte, plus la cohésion pulsionnelle est fragilisée ; inversement, plus la libido prévaut, plus l'intégration augmente. En parlant de mélange ou d'intrication pulsionnelle, Freud met donc entre parenthèses la différence de nature de ce dont il parle pour passer à une logique quantitative de proportionnalité entre deux énergies de même nature. Les écrits tardifs du fondateur de la psychanalyse confirment l'idée d'une intrication pulsionnelle entre libido et agressivité [2], tout en préservant la latitude de la proportionnalité la plus

pas mélangés comme deux éléments de nature différente peuvent coopérer à une même phase. Pourtant Freud veut bien désigner un mélange intime, qui peut se produire dans des proportions variables. Parler de « fusion » ou d' « intrication » revient à négliger cette proportionnalité inhérente à l'idée de mélange de deux *liquides*. De leur côté, J. Laplanche et J.-B. Pontalis, auxquels nous sommes redevables pour l'ensemble de leur rigoureux travail d'analyse et de définition du vocabulaire de la psychanalyse, préfèrent donner comme équivalent le couple « union-désunion ». Ceci évite les inconvénients posés par les particularités des autres traductions, mais au prix d'un schématisme appauvri (toute union n'est pas un mélange). En somme, même si la langue française ne présente pas de terme symétrique à celui de « mélange », celui-ci demeure probablement la meilleure traduction de la *Mischung* freudienne. Et si l'on voulait bien briser l'homophonie de *Mischung-Entmischung*, le couple « mélange-désintrication » constituerait une assez bonne approximation.

1. *Abriss der Psychoanalyse* (1938), G.W. XVII, p. 71 ; *Abrégé de psychanalyse*, *op. cit.*, p. 8.

2. Cf. par exemple le passage déjà cité de *Neue Folge der Vorlesungen zur Einführung in die Psychoanalyse* (1932), G.W. XV, p. 111-112 ; *Nouvelles conférences sur la psychanalyse*, *op. cit.*, p. 143.

variable entre les deux [1]. Cette combinatoire reste aussi souple qu'hésitante, et la théorie freudienne des pulsions garde jusqu'au bout son statut programmatique.

> Nous admettons l'existence de deux pulsions fondamentales, en laissant à chacune d'elles son but propre. C'est aux travaux futurs qu'il appartiendra de démontrer comment ces deux pulsions se confondent durant le processus de la vie, comment la pulsion de mort en vient, particulièrement dans les cas où elle se manifeste au-dehors sous forme d'agressivité, à seconder les desseins de l'Éros [2].

L'œuvre de Melanie Klein constitue justement une réponse significative à cet appel « aux travaux futurs », lancé par Freud en 1932. Et c'est d'abord chez elle que Merleau-Ponty, au début des années cinquante, puise le thème de l'intrication entre sexualité et agressivité. Comme nous allons le voir, il ne retient pourtant qu'une partie de cette élaboration kleinienne (et la déforme par là même), avant de l'attribuer abusivement au fondateur de la psychanalyse.

§ 3. Clivage et intégration

L'idée de l'intrication sexuelle-agressive apparaît pour la première fois, chez Merleau-Ponty, dans le cours sur *Les relations avec autrui chez l'enfant* : « Il existe un lien indissoluble entre la libido et l'agressivité, celle-ci étant au pouvoir de celle-là. *Ces deux composantes*, dit M. Klein, *sont pour toujours unies et opposées* » [3]. C'est là probablement la première idée que Merleau-Ponty a rencontrée en lisant Melanie Klein. Durant la période des cours en Sorbonne, toutes les références aux *Essais de psychanalyse* renvoient en effet au dernier article de ce recueil, qui est aussi le plus tardif et le plus synthétique : « Le complexe d'Œdipe éclairé par les angoisses précoces » (1945) [4]. Plus précisément, Merleau-Ponty commence par travailler la phase dite de « résumé théorique général » de cet article [5] ; la relecture de 1960

1. « Des modifications dans la proportion des pulsions qui sont unies, peuvent avoir les conséquences les plus marquées. Un excédent d'agressivité sexuelle fait d'un amoureux un meurtrier sadique, une forte diminution du facteur agressif le rend timide ou impuissant. » (*Abriss der Psychoanalyse* (1938), G.W. XVII, p. 71 ; *Abrégé de psychanalyse*, *op. cit.*, p. 9).

2. *Nouvelles conférences sur la psychanalyse*, *op. cit.*, p. 142.

3. Sorb(RAE), p. 357-358.

4. Cf. Sorb(RAE), p. 359, 363-364.

5. Cf. *Essais de psychanalyse*, *op. cit.*, p. 411[378] *sq.* Cf. Sorb(RAE), p. 359, 363.

s'ouvrira à nouveau par ce même texte [1]. Or le résumé théorique en question débute par une page qui porte à elle seule l'essentiel de ce que le philosophe va retenir de Melanie Klein. « Mon expérience m'a conduite à penser que, dès le début de la vie, la libido est entremêlée d'agressivité génératrice d'angoisse » [2]. Cet entrelacs serait initié dans le rapport de l'enfant au sein maternel [3]. Si celui-ci est schizé en bon et mauvais sein, c'est parce que le désir de l'enfant est au-delà de toute satisfaction finie, et ce décalage susciterait son agressivité. « Une certaine frustration du sein est inévitable, fût-ce dans les circonstances les plus favorables, car ce que l'enfant désire en fait, c'est une satisfaction *illimitée* » [4]. Merleau-Ponty reprend cette affirmation dans les textes de 1951-1952, comme dans la relecture de 1960 [5]. Le désir ne trouve pas sa satisfaction par le remplissement d'un vide déterminé, et la frustration le creuse, dans une recherche qui allie intimement agressivité et sexualité.

Melanie Klein développe la portée de cette alliance précoce en y lisant aussi le terreau premier du désir de connaître, de la pulsion ou tendance « épistémophilique » [6]. Pour le plus grand intérêt de Merleau-Ponty, elle multiplie les descriptions de cette tendance archaïque comme « pénétration en profondeur » [7]. Si le premier objet du désir illimité de l'enfant est le corps de la mère, sa quête se cristalliserait dans le fantasme de pénétrer ce corps – le rapport désirant *et* agressif au corps de la mère devenant ainsi l'archétype de toute entreprise épistémophilique [8]. Ainsi, selon Melanie Klein, « la pénétration et l'exploration sont très largement synonymes dans l'inconscient » [9], « découvrir et

1. Cf. N-Corps [100].

2. Melanie Klein, *Essais de psychanalyse*, *op. cit.*, p. 411[378].

3. « La relation au sein maternel est un des facteurs essentiels qui modèlent l'ensemble du développement affectif et sexuel. » (*ibid.*).

4. *Ibid.*

5. « M. Klein, dans son livre *Contributions to Psychoanalysis*, expose (p. 378, éd. angl. ; p. 411, éd. fr.) sur quoi est fondé cet état d'insécurité : "*Un certain degré de frustration au sein maternel est inévitable car l'enfant a besoin d'une satisfaction illimitée*". L'anxiété est compréhensible par le désir, la volonté infinie qui est dans l'enfant (...). C'est dans cette situation initiale que se trouve le moteur de l'agressivité et de l'anxiété. » (Sorb(RAE), p. 359) « L'enfant cherche *unlimited gratification*. » (N-Corps [100]).

6. Cf. Merleau-Ponty, N-Corps [100]. Cf. Melanie Klein, *Essais de psychanalyse*, *op. cit.*, p. 31-32[15], 46[28], 50-52[32-34], 80[60], 84[63], 120[97], 231-232[204], 234[207], 236[209], 265[238], 288[259], 291[262], 334[304] ; *La psychanalyse des enfants*, *op. cit.*, p. 69, 71, 74-75, 82, 86-87, 95, 101, 111, 113, 116-117, 145, 161, 180, 188-189, 193, 249, 256, 260.

7. Cf. notamment *Essais de psychanalyse*, *op. cit.*, p. 50-52.

8. « L'intérieur du corps maternel est le premier objet de ces tendances. » (*Essais de psychanalyse*, *op. cit.*, p. 288[258] ; cf. aussi p. 290[260]).

9. *Essais de psychanalyse*, *op. cit.*, p. 288[259].

pénétrer les choses sont des activités équivalentes pour l'inconscient » [1]. Désir allié à une dimension sadique [2], cet empiétement participe à une construction de soi par destruction de la source.

> Le sadisme à son point culminant et la tendance épistémophilique apparue en même temps que lui ont pour objet le corps de la mère et ses contenus imaginaires. Les fantasmes sadiques qui concernent l'intérieur du corps maternel constituent la relation première et fondamentale avec le monde extérieur et la réalité [3].

L'espace et le temps de la frustration de son désir poussent donc l'enfant vers l'intérieur de la corporéité maternelle, en ménageant par là même sa propre intériorité. Les seins de la mère sont l'enveloppe charnelle de tout l'inconnu à connaître, d'un dedans qui contient tout, mais d'un dedans à la fois promis et retenu par le dehors, et d'une prégnance à ana-lyser au risque de la détruire. Melanie Klein insiste alors sur l'angoisse de désintégration qui accompagne le sadisme épistémophilique. Archétype charnel de tout processus d'analyse, la pénétration imaginaire du corps maternel instruit l'angoisse de ne plus pouvoir en faire la synthèse, d'avoir détruit, sans espoir de réanimation, la source-objet du désir [4]. L'enfant est ainsi prisonnier d'un *cercle* qui le conduit de l'agressivité à la culpabilité, de la culpabilité à l'angoisse, puis de l'angoisse à l'agressivité, cercle que seule saura briser la force transversale qu'est la *libido*, en détournant l'agressivité pour l'associer à sa propre dynamique. Ce tableau général donne à la libido et, partant, à la vie même, un sens plus positif que ne le faisaient les descriptions de Freud.

Merleau-Ponty retient aussitôt ce schéma kleinien [5], qui place la libido en tête de l'organisation psychique, comme principe animateur de

1. *Essais de psychanalyse*, *op. cit.*, p. 291[262].

2. « Le lien précoce de l'épistémophilie et du sadisme est d'une grande portée pour le développement psychique dans son ensemble. » (*Essais de psychanalyse*, *op. cit.*, p. 231 [204]).

3. *Essais de psychanalyse*, *op. cit.*, p. 265[238].

4. « La peur de voir les bons objets détruits, et le moi avec eux, la peur de les voir se désintégrer, se mêle aux efforts constants et désespérés de les sauver, qu'ils soient intériorisés ou extérieurs. (…) la peur de ne pouvoir rassembler les morceaux de la bonne manière et à temps ; de ne pouvoir trier les bons morceaux et rejeter les mauvais ; de ne pouvoir ranimer l'objet une fois qu'il aura été reconstitué (…). C'est un objet "parfait" qui est en pièces ; l'effort de reconstitution suppose donc la nécessité de fabriquer un objet beau et "parfait". Si l'idée de perfection est si contraignante, c'est aussi parce qu'elle réfute celle de désintégration. (…) Il apparaît que le désir de perfection prend racine dans la peur dépressive de la désintégration. » (*Essais de psychanalyse*, *op. cit.*, p. 319[289-290]).

5. « *Prédominance de plus en plus marquée du thème de l'agression dans toute la période de l'enfance qui précède la phase génitale* (…) d'où une sorte de cercle vicieux :

sa lente unification (non sans similitude, *mutatis mutandis*, avec l'anthropologie de Schilder). L'histoire de la maturation passe par la progressive sortie des enfers de l'ambivalence, où la force du désir réoriente la violence en coexistence. Ce dépassement ne met donc pas fin à l'agressivité, qui perdure dans la complexion du « sexuel-agressif ». Marqué par la lecture contemporaine de Klein, qui elle-même poursuivait le thème freudien de l'intrication pulsionnelle, *L'homme et l'adversité* illustre alors de la façon suivante ce en quoi Freud aurait « aperçu de mieux en mieux la fonction spirituelle du corps et l'incarnation de l'esprit » [1] (autrement dit, serait exemplaire de l'avancée majeure de la première moitié du XXe siècle, qui « a restauré et approfondi la notion de la chair » [2]) :

> Dans la maturité de son œuvre, il parle du rapport « sexuel-agressif » à autrui comme de la donnée fondamentale de notre vie. Comme l'agression ne vise pas une chose mais une personne, l'entrelacement du sexuel et de l'agressif signifie que la sexualité a, pour ainsi dire, un intérieur, qu'elle est doublée, sur toute son étendue, d'un rapport de personne à personne, que le sexuel est notre manière, charnelle puisque nous sommes chair, de vivre la relation avec autrui [3].

À l'évidence, la lecture de Klein ne suffit pas à éclairer ce texte, et il nous faudra bientôt restituer d'autres médiations du rapport aveugle de Merleau-Ponty au dualisme pulsionnel freudien. Car loin d'abandonner celui-ci, Melanie Klein le réaffirme dans toute sa force, en évacue les hésitations et le radicalise. En reconduisant ambivalence et clivage aux relations archaïques au corps de la mère, elle voit naître dans ces rapports mêmes l'opposition entre pulsions de vie et pulsions de mort, deux types de pulsion dirigés sur un même objet réel, le sein, premier objet clivé (*Objektspaltung*) [4]. À partir de là, *toute* la vie psychique de l'être humain demeure marquée par une bipolarité amour-haine, envie-gratitude, destruction-réparation... en autant de couples antagonistes qui sont à la fois à la base du conflit psychique, de son expression fantasmée

disproportion entre lui et son entourage, anxiété-agressivité, culpabilité, anxiété accrue, etc. Le cercle ne peut être rompu que par l'apport d'un élément tout autre : la libido, le développement de la sexualité. (...) Cette anxiété se traduit par l'agressivité qui fait naître un sentiment de culpabilité, de ce fait l'anxiété est redoublée. Le rapport anxiété-agressivité forme un cercle dans lequel intervient la libido comme une force transversale. » (Sorb(RAE), p. 357-358). Cf. aussi Sorb(PSE), p. 279.

1. S(HoAdv), p. 291.

2. S(HoAdv), p. 287.

3. S(HoAdv), p. 291-292.

4. Freud en restait au clivage du moi (*Ichspaltung*) comme coexistence, côte à côte, et sans s'influencer réciproquement, de deux attitudes psychiques à l'égard de la réalité extérieure lorsque celle-ci vient contrarier une exigence pulsionnelle.

et de son retentissement sur le comportement. Cette évolution est une longue lutte qui doit permettre une progressive intégration, mais celle-ci ne sera jamais ni complète ni permanente [1].

Melanie Klein va plus loin encore : non seulement « il persiste toujours une bipolarité entre la pulsion de vie et la pulsion de mort » [2], non seulement l'intégration reste incomplète et instable, mais le *clivage* doit être compris comme étant aussi vital que l'*intégration*. Clivage et intégration forment ensemble deux réponses complémentaires à la nécessité impérative, dès le début de la vie néo-natale, de faire face à la lutte opposant pulsions de vie et de mort. Certes, le clivage naît du manque de cohésion initial, mais il est aussi un moyen décisif de protéger le moi, et une condition nécessaire à la stabilité de l'individu.

> Une de ces fonctions consiste en une intégration progressive qui naît de la pulsion de vie et trouve à s'exprimer dans la capacité d'aimer. À l'opposé, la tendance du moi à se cliver et à cliver ses objets est l'effet, d'une part, de son manque de cohésion à la naissance, et apparaît, d'autre part, en tant que défense contre l'angoisse primordiale ; la tendance au clivage est donc un moyen de protéger le moi. Depuis de nombreuses années, j'ai accordé une grande importance à un processus de clivage particulier : la scission du sein maternel en un bon et un mauvais objet. J'y ai vu l'expression du conflit inné entre l'amour et la haine, et des angoisses auxquelles ce conflit donne naissance [3].

Ce processus de clivage, poursuit M. Klein, est

> une condition préalable à la relative stabilité du nourrisson ; au cours des tout premiers mois, il tend surtout à maintenir la séparation entre un « mauvais » et un « bon » objet, et à protéger ainsi fondamentalement ce dernier, ce qui signifie que la sécurité du moi se trouve renforcée. En même temps, cette bipartition primaire ne peut réussir que si la capacité d'amour est suffisante et le moi relativement fort. Je prétends que la capacité d'amour stimule à la fois les tendances d'intégration et la possibilité de réussir ce clivage initial entre l'objet aimé et l'objet haï. Ceci

1. « J'ai souvent affirmé que le moi existait et exerçait son activité dès la naissance : ce moi primitif manque de cohésion, il est dominé par les mécanismes de clivage. Le danger qui menace le soi d'être détruit par la pulsion de mort contribue au clivage des pulsions, les scindant en bonnes et mauvaises pulsions. La projection de ces pulsions sur l'objet originel lui fait subir à lui aussi un clivage et le divise en un bon et un mauvais objet. » (Melanie Klein, *Se sentir seul* (1963), in *Envie et gratitude et autres essais*, Paris, Gallimard, 1968, p. 121) « Cette impulsion au clivage coexiste dès le début de la vie avec une tendance croissante à l'intégration, qui augmente au fur et à mesure que le moi se développe. (...) Pourtant l'intégration est difficilement acceptée (...). L'intégration ne saurait être que progressive (...). Il est impossible d'atteindre une intégration complète et permanente... » (*op. cit.*, p. 122-124).

2. *Op. cit.*, p. 124.

3. *Envie et gratitude*, *op. cit.*, p. 32.

> peut sembler paradoxal. Mais, comme je l'ai dit, puisque l'intégration dépend d'un « bon » objet, solidement ancré, qui constitue le noyau du moi, un certain clivage est indispensable pour que l'intégration puisse se faire [1].

Nous sommes à nouveau bien loin de la description du passage de l'ambivalence à l'ambiguïté que Merleau-Ponty prétend trouver chez Melanie Klein, passage qui signerait la victoire de l'intégration sur le clivage. Et les cours en Sorbonne déforment nettement la pensée de cette dernière en affirmant qu' « il n'est pas possible de séparer l'interne de l'externe, ni de faire de clivage, car il y a intrication » [2]. Non seulement Klein ne parle pas d'ambiguïté, mais elle lie singulièrement l'intégration au clivage, comme ayant besoin de lui. Étranger mais aussi aveugle à certaines lacunes de Freud, Merleau-Ponty ne pouvait que manquer les progrès substantiels accomplis par Klein par rapport à celles-ci. Dans les deux cas, cette lecture manquée nous renverra au point aveugle de sa conception du désir et de la chair, où la prédominance du régime de l'*Ineinander* tend à évacuer toute efficace de la séparation, jusqu'à en effacer la figure même.

§ 4. UNE AGRESSIVITÉ ORIGINAIREMENT VITALE ET CONSTRUCTRICE

En revenant du texte de Merleau-Ponty à la lettre de Freud et de Klein, proximité et distance s'accusent, et se compliquent. La lecture du philosophe, décidément partielle, nous oblige à chercher maintenant d'autres sources contribuant à cet écart, avant d'être en mesure de tenter un bilan sur le sens merleau-pontien du « sexuel-agressif », et, au-delà, d'apprécier rétrospectivement ce qui éloigne sa conception du désir de l'approche freudienne de la pulsion.

Les cours en Sorbonne affirment les premiers que « l'agressivité a une racine intérieure » [3], suggérant que la violence à l'égard d'autrui s'enracine dans une intolérance de soi. Le masochisme n'est pas seulement la version symétrique du sadisme : la haine d'autrui renvoie à la haine de soi [4], et les deux forment système [5]. Début 1959, la préparation

1. *Envie et gratitude*, *op. cit.*, p. 34.

2. Sorb(RAE), p. 369.

3. Sorb(RAE), p. 357-358.

4. « Freud tendait, au début, à faire dériver le masochisme du sadisme. Mais il sépare de moins en moins l'un de l'autre : l'agression contre autrui est déjà agression contre moi-même. La haine d'autrui n'est que le reflet de mon conflit avec moi. » (Sorb(RAE), p. 331).

5. Cf. Sorb(RAE), p. 337.

de la première partie du cours sur *La philosophie aujourd'hui* se termine par un développement consacré à la psychanalyse [1], qui revient sur cette question. Merleau-Ponty descend en deçà du point de vue de l'intrication pour enraciner l'agressivité dans le sol du désir, confirmant ainsi en 1959 ce que *L'homme et l'adversité* annonçait en 1951 : le rapport « sexuel-agressif » est une seule et même dimension de la chair.

> Il n'y a pas sexualité + agression, ni moi + moi. L'agression a racines dans la sexualité et l'autre moi racines en moi. L'agression s'explique par l'archéologie du ça [comme matrice des rapports avec autrui] et non par rapports visibles des moi. Et l'agression avant d'être rapport à autrui est rapport à moi-même. Le sadomasochisme (...). Cela est impossible à penser en termes de moi ou de conscience, *i. e.* tissu de décisions et

1. Nous ne souscrivons pas au choix éditorial des *Notes de cours 1959-1961*, qui consiste à ne pas réintégrer au cours de 1959 les feuillets consacrés à la psychanalyse (20bis à 25bis, dans la pagination de l'auteur), sous prétexte que ceux-ci ont été déplacés par Merleau-Ponty dans le volume de la troisième année de cours sur le concept de Nature (1960). Merleau-Ponty, au verso du feuillet [16](19) – selon la cotation définitive établie par la B.N., postérieure à celle, provisoire et caduque, de l'édition Gallimard –, a effectivement rayé la mention « 20 Psychanalyse – Voir 20bis », mais avec le stylo rouge qui a servi à souligner le cours de 1960 : ceci n'indique donc pas une quelconque décision prise en 1959. Affirmer que ce développement « l'écartait de son propos » (*Notes de cours 1959-1961*, p. 149, note 1) relève d'une lecture peu attentive à l'économie du cours sur *La philosophie aujourd'hui*. Il suffit d'ailleurs de lire le résumé officiel de ce cours pour y voir apparaître, à sa place, la psychanalyse. La psychanalyse, pour Merleau-Ponty, constitue « un dernier symptôme "culturel" », « plus général » que les précédents (littérature, musique, peinture), « au niveau du savoir et des rapports humains » (PhilAuj1, p. 65/[16](19)) ; et le philosophe souligne l' « importance de ce "symptôme" » (Psycha, p. 155/[80](25)). Car la psychanalyse offre le meilleur exemple qui soit de la structure majeure révélée par la première partie du cours de 1959 : l'exemple d'un tournant possible entre l'effondrement de tout sol et les retrouvailles avec l'empiétement originel. Si Merleau-Ponty, un an plus tard, déplace ces feuillets, c'est qu'il les considère précisément comme importants, et qu'il veut à nouveau s'en inspirer. À l'époque où Merleau-Ponty écrit ces notes, c'est-à-dire au printemps 1959, le dossier du cours de 1960, par définition, n'existe pas. Et le fait de déplacer après coup un manuscrit se retrouve chez tout écrivain, qui ne se préoccupe pas de savoir s'il va embrouiller les chercheurs *post mortem*. Le dossier des notes de lecture d'Arnheim, le volume contenant le manuscrit de *La prose du monde*, comme tant d'autres encore, recèlent des feuillets écrits à des années de distance, et déplacés pour relecture et/ou réutilisation. N'allons pas démontrer, par exemple, que Merleau-Ponty avait renoncé à utiliser Gelb et Goldstein pour la *Phénoménologie de la perception* sous prétexte qu'il en a déplacé les notes de lecture dans le cours de 1953 sur *Le monde sensible et le monde de l'expression*. Avec des arguments analogues, on a aussi soutenu que Merleau-Ponty avait renoncé à certains feuillets du brouillon d'octobre 1960 (que l'on n'a donc pas publiés), parce qu'il les avait barrés : il les a barrés plus tard, non parce qu'ils n'étaient pas bons, mais, tout au contraire, parce qu'il les avait trouvés dignes d'être réutilisés pour la rédaction de ce qui deviendra le troisième chapitre de l'édition posthume du *Visible et l'invisible*. En les barrant au fur et à mesure de cette même rédaction, Merleau-Ponty ne faisait qu'indiquer pour lui-même qu'il les avait exploités. Il suffit de lire ces différents manuscrits pour s'en convaincre définitivement.

> d'actes empiriques – Il faut sol monumental et c'est ce que Freud veut dire en parlant de libido [1].

Merleau-Ponty poursuit bientôt :

> Dans conception du Moi comme conscience pure, spontanéité absolue, l'autre est l'extérieur (...). Dans conception plus profonde : rapport avec autrui et avec moi sont entrelacés et simultanés (...). L'agression est aussi masochisme : c'est moi que je poursuis en autrui, c'est autrui que je poursuis en moi. Freud : sadomasochisme. Je ne suis nullement simple : autrui est en moi, je me détruis pour lui, il y a échange [2].

Position par pro-position et par abordage, l'agression mêle l'affirmation de soi à l'enjambement vers autrui, l'agressif s'affirmant *devant* l'autre en marchant *vers* lui et *en* lui. Ce visage d'*investissement personnel* contrarie la logique conservatrice et anonyme de la pulsion. Adoptant un autre terme freudien (*Besetzung*), Merleau-Ponty envisage justement la *chair* comme une puissance d'investissement, pourvue d'une irréductible part d'agressivité vitale. *L'homme et l'adversité* l'affirmait déjà : « la sexualité et plus généralement la corporéité que Freud considère comme le sol de notre existence est un pouvoir d'investissement d'abord absolu et universel » [3]. Neuf ans plus tard, le cours du 31 mars 1960 reprend : « L'investissement par le corps est vocation à un absolu (...), investissement : désir de gratification illimitée qui est cristallisé là » [4]. Chiffre du désir [5], de la sensorialité [6], l'investissement est plus largement celui de la vie [7]. L'espace s'en retrouve qualifié, en tant que territoire annexé de proche en proche par le schéma corporel [8], jusqu'à l'espace sémantique lui-même, qui serait moins un espace de transferts maîtrisés qu'une localité d'investissement sourdement travaillée par un sens sauvage [9]. Le philosophe se plaît ainsi à retrouver dans chaque montage de la chair cette dynamique agressive et pénétrante [10].

1. Psycha, p. 150/[77](20bis).
2. Psycha, p. 152/[78]v(22).
3. S(HoAdv), p. 289.
4. Natu3, p. 348/[74]v, transcription corrigée.
5. HT, p. 281.
6. Natu3, p. 347/[74].
7. Natu3, p. 302/[52]v.
8. N-Corps [21].
9. Cf. NT, p. 275.
10. Proche parent de l'empiétement, l'investissement devient à son tour une manière typiquement merleau-pontienne de relire l'intentionnalité : « le freudisme confirme la phénoménologie dans sa description d'une conscience qui n'est pas tant connaissance ou représentation qu'investissement » (Hesn, p. 277/5), « nous ne faisons pas philosophie de la conscience (...) nous disons : il n'y a monde que comme phénomène, *i.e.* investissement » (PbPassiv [223]v/NP). Merleau-Ponty continue ainsi à suivre Bachelard, qui

Merleau-Ponty trahit peut-être en cela une influence difficile à mesurer, celle de la psychologie anglo-saxonne. Pour celle-ci, *aggressiveness* tend à perdre sa connotation d'hostilité pour devenir justement une dimension vitale, synonyme d'activité, étendue à l'agressivité de la séduction, au comportement combatif de l'agressivité commerciale ou politique. La conception freudienne de l'agressivité est difficilement conciliable avec cette approche positive qui fait passer la destructivité en second plan derrière la combativité (au risque de perdre de vue la spécificité de la *violence* humaine en la confondant avec l'agressivité animale). Merleau-Ponty, qui évoquait déjà en Sorbonne « le rôle positif d'agresser » [1], connaît aussi certains travaux d'éthologie, en particulier de Lorenz [2], qui insistent justement sur la composante vitaliste de l'agressivité animale. Toute activité est combative, la vie est une « *Auseinandersetzung* » disait déjà Kurt Goldstein, un combat explicatif de l'être vivant avec le monde.

Merleau-Ponty s'accorde encore sur ce point avec Daniel Lagache, qui est probablement une autre référence masquée de sa compréhension du sexuel-agressif [3].

> On ne saurait parler de l'agressivité qu'en la considérant comme une certaine façon d'entrer en relation avec l'autre. (...) La métapsychologie – en entendant par là la construction de modèles abstraits du fonctionnement mental – sera interpsychologique, ou elle disparaîtra. (...) toutes les activités s'inscrivent dans le conflit, jusqu'aux battements de cœur : on passe sa vie à lutter ; repos, loisirs, sommeil préparent à de nouveaux combats ; on lutte pour protéger son oisiveté et ses plaisirs. La « *dolce vita* » n'est rien moins que pacifique. Il est presque équivalent de dire

reprochait à la phénoménologie une intentionnalité purement formelle, dépourvue de la dimension *offensive* de l'activité humaine et des *résistances* de la matière, dépourvue de cette agressivité commune de l'homme et des choses sans laquelle il ne saurait y avoir, pour l'être humain, de *réalité*. Cf. notre article « Phénoménologie du vers ou dynamologie du contre ? Éléments pour une confrontation entre Merleau-Ponty et Bachelard », *Cahiers Gaston Bachelard*, n° 8, 2006, p. 56-67.

1. Sorb(EVA), p. 165.

2. Cf. Natu2 248-254, 258-259, RC58 134-135, NTi-58 [192], NTi-58-59 [227], NTi [318], N-Corps [23].

3. Lagache, rappelons-le, fut l'un des élèves de la fameuse promotion normalienne de 1924, qui compta aussi J.-P. Sartre, R. Aron et P. Nizan. Brillant agrégé de philosophie, devenu psychiatre, bientôt chef de clinique, puis psychanalyste, il eut à nouveau l'occasion de côtoyer Merleau-Ponty comme professeur à la Sorbonne (il succéda à Paul Guillaume dans la chaire de psychologie en 1947, puis à Georges Poyer dans celle de psychologie pathologique en 1955), avant de participer avec J. Lacan à la fondation de la Société française de psychanalyse en 1953 et, dix ans plus tard, à celle de l'Association psychanalytique de France, dont il fut le premier président.

> d'un homme qu'il est actif ou combatif. (...) L'agressivité commence à nous apparaître comme une constante de l'anthropologie [1].

Le phénoménologue apprécie le style concret de la pensée de Lagache. L'influence reste discrète, Merleau-Ponty voulant probablement éviter de blesser un ami, Jacques Lacan. Le 23 février 1957 pourtant, il s'adresse à ce dernier et à ses pairs dans une mise en garde sans faux-semblants : « ... il est strictement nécessaire de revenir, de retourner à Freud. Maintenant, je ne dirai peut-être pas, comme le fait le Dr Lacan, que tout soit clair dans Freud et que toute l'expression que Freud a donnée de ses pensées soit satisfaisante » [2]. Et Merleau-Ponty avoue qu'il est « toujours frappé du fait que Freud, semble-t-il, veut toujours renverser les choses et ne pas les prendre comme elles apparaissent » [3]. Ce retour à Freud n'est donc pas un retour à la lettre de Freud, mais un travail de décantation de ce qui reste de positiviste dans celle-ci, et une tentative de réduction de l'écart de méthode entre psychanalyse et phénoménologie. Lacan a une ambition analogue à la même époque, mais Merleau-Ponty n'admet pas la direction prise par ce dernier : « Il ne suffit donc pas de dire : "Langage." (...) Est-ce que Freud a vraiment vu le langage, la parole, la fonction philosophique de la parole comme vous la voyez ? Il me semble que non » [4]. Le philosophe referme son intervention dans une apparente courtoisie, que fait trembler la référence à Lagache, puis que balaient brutalement les tout derniers mots :

> Je tirerai de ceci une seule conclusion : il est indispensable, il est urgent que le vrai freudisme, qui repose dans les œuvres de Freud et dans votre esprit, qui repose dans l'esprit de Lagache et dans l'esprit d'un certain nombre d'autres, il est urgent que ce vrai freudisme soit exprimé. Il ne l'est nulle part [5].

Trois ans plus tard, à l'automne 1960, l'une des dernières rencontres avec Lacan donne à Merleau-Ponty l'occasion d'affirmer son désaccord avec la thèse de l'inconscient structuré comme un langage. Il s'agit du

1. D. Lagache, « Situation de l'agressivité », *Bulletin de psychologie*, XIV, 1-4, n° 184, nov. 1960, p. 99-100. « On peut se demander si ce n'est pas un projet agressif qui coordonne nos activités non agressives et les distribue dans le temps. Seules les "règles du jeu" modèrent en camouflant avec un succès inégal l'intrication de l'agressivité à nos activités les plus "pacifiques". » (p. 106).

2. « La psychanalyse et son enseignement » (intervention de Merleau-Ponty lors de la séance du 23 février 1957 de la Société française de Philosophie), *Bulletin de la Société française de Philosophie*, 51e année, n° 2, avril-juin 1957, p. 98 ; repris dans *Parcours deux 1951-1961*, *op. cit.*, p. 212.

3. *Ibid.*

4. *Ibid.*

5. *Ibid.*, p. 98-99 ; *Parcours deux 1951-1961*, p. 212-213.

sixième colloque de Bonneval, justement consacré aux rapports de l'inconscient et du langage, où s'opposent les tenants d'un freudisme phénoménologique et les partisans de la structure [1]. Merleau-Ponty rejette à sa manière ces deux issues, dans une position personnelle que l'on sent intimement liée à sa conception de la chair, mais qui indique aussi à nouveau une complicité discrète avec le grand absent du colloque, sommairement exclu par Henri Ey : Lagache, et le courant « psychologique » qu'il représente. Ce colloque est un enjeu de taille pour Lacan, qui veut donner statut de science à un freudisme revu et corrigé par la linguistique. La façon dont Merleau-Ponty travaille sa philosophie de la chair comme une « philosophie du freudisme » se démarque nettement de cette tentative.

Au même moment, Lagache publie un remarquable article sur l'agressivité où l'on retrouve plus d'une analogie avec les positions de Merleau-Ponty. La toile de fond critique y est immédiatement donnée : « Les difficultés d'une théorie psychanalytique de l'agressivité tiennent pour une large part aux hypothèses – pour ne pas dire aux hypothèques – de la métapsychologie classique » [2]. Quelles hypothèses ? Celles du dualisme pulsionnel, et de l'intrication des pulsions. Le propos est sans appel :

> Bien que ces vues se laissent, en partie tout au moins, transposer en relations, le langage dans lequel elles sont exprimées fait penser aux « entités métaphysiques » dans le sens qu'Auguste Comte donne à ce terme. Ce langage, cette ségrégation de tendances fondamentales enfermées dans le corps propre peuvent apparaître comme des artifices commodes. Dans l'œuvre de Freud, ces traits représentent des survivances de la psychologie du XIXe siècle, atomiste et constructive [3].

Abordant donc la question de l'agressivité dans ce cadre métapsychologique général, Lagache commence par rappeler à grands traits la position de Freud à ce sujet :

> Posant la sexualité et l'agressivité comme des entités distinctes, initialement investies sur le corps isolé, c'est en les faisant jouer l'une sur l'autre que Freud rend compte de leur investissement objectal. L'évidence de leur indifférenciation dans la sexualité est attribuée à leur

1. Cf. *L'inconscient*, VIe Colloque de Bonneval, Paris, D.D.B., 1966, intervention de Merleau-Ponty résumée p. 143 ; repris dans *Parcours deux 1951-1961*, *op. cit.*, p. 273-275.

2. Lagache, « Situation de l'agressivité », art. cit., p. 99.

3. *Ibid.*

« intrication ». L'hypothèse de l'intrication, devant le sadisme et le masochisme, entraîne celle de la désintrication [1].

Face à ce tableau freudien, dans lequel il a déjà subrepticement introduit un élément potentiellement hérétique – « l'évidence » de l'indifférenciation –, la position de Lagache est à nouveau ferme : « Ce ne sont pas des conditions nécessaires à une conceptualisation théorique rigoureuse. Nous réaliserons plutôt de telles conditions en nous arrêtant davantage sur l'intrication de l'activité, de l'agressivité et de la sexualité » [2]. Une intrication qui n'en est plus une, puisque cette même notion, dans son abstraction, supposait une séparation préalable, alors que Lagache trouve dans la clinique « l'évidence » d'une indifférenciation qu'il approfondit bientôt comme « indifférenciation de fait », et « initiale » :

> L'intrication suppose l'antériorité, logique au moins, d'entités séparées. L'invraisemblance de cette hypothèse est moins surprenante que le fait que Freud soit passé si vite sur l'évidence de l'intrication. La séduction d'une solution conceptuelle et métaphysique l'a empêché d'approfondir l'indifférenciation de fait, au moins initiale, de la vitalité, de l'activité et de l'agressivité. (...) Comme l'intrication de l'agression pour le « mélange » de la sexualité et de l'agressivité, la « désintrication des pulsions » est une pauvre explication [3].

Cette critique sévère et efficace est d'autant plus précieuse qu'elle est le fait d'un psychanalyste, qui a su allier la rigueur conceptuelle de sa formation philosophique à la finesse de son expérience clinique, moins sensible à l'abstraction séduisante de la métapsychologie qu'à la patience de la psychopathologie. Elle est enfin frappante par la proximité de ses directions positives avec le traitement merleau-pontien de l'agressivité et du « sexuel-agressif », alors même que ses éléments proprement critiques – mise à part la remarque sur les « survivances de la psychologie du XIXe siècle » –, sont absents de l'écriture de Merleau-Ponty.

Il est une dernière influence probable, et non la moindre : celle, une fois encore, de Paul Schilder. Avant Lagache et avant l'essor de l'éthologie, Schilder recadrait déjà l'agressivité dans la logique des forces *constructrices* de la psyché. Tout en apportant l'éclairage de la psychanalyse à la théorie du schéma corporel, il cultive une différence de taille avec Freud. Schilder conteste en effet l'hypothèse d'une pulsion de mort ; il reconnaît bien l'existence d'une dimension destructrice dans la pulsion, mais refuse de l'isoler et de l'essentialiser. « Rien dans la

1. Lagache, « Situation de l'agressivité », art. cit., p. 99.
2. *Ibid.*
3. Art. cit., p. 106-107.

biologie n'indique qu'il existe une pulsion de mort » [1]. Et cet optimisme est au fond l'une de ses thèses essentielles : les processus de construction demeurent le *basso continuo* de la psyché, « même quand il y a dislocation de l'image du corps » [2]. La destruction est une phase partielle de la construction, l'observation du vivant révèle qu'il lui faut momentanément détruire pour construire, déstructurer pour restructurer. Au-delà de son rejet de la pulsion de mort, Schilder tend ainsi à ébranler la définition même que Freud donne de la pulsion. Le lecteur est d'ailleurs averti dès la préface de son ouvrage maître, dont le sous-titre, rappelons-le, est « *Studies in the constructive energies of the psyche* ». Le coin d'emblée introduit entre désir et pulsion freudienne est particulièrement incisif, et ne manque pas d'évoquer ce qui sera la propre distance, pour le coup silencieuse, entre ces deux notions chez Merleau-Ponty :

> Une psychologie qui ne profite pas des conquêtes de Freud et de la psychanalyse se prive d'un nombre incalculable d'expériences importantes. Qu'on n'en déduise pas que j'accepte globalement la théorie psychanalytique. Je n'accepte pas, par exemple, ce principe qui est à la base de la démarche de Freud : à savoir que nos désirs tendent à nous ramener à un état antérieur et, qui plus est, à un état de repos. Je suis pour ma part sensible au caractère créatif, constructif des forces psychiques et je me refuse à mettre l'idée de régression au centre d'une théorie du comportement humain. Il me semble également que Freud est passé à côté des principes de l'évolution émergente ou, pour mieux dire, de l'évolution constructive, qui mène à la création de nouvelles unités et configurations [3].

Schilder discerne par ailleurs une équivalence profonde entre *auto-conservation* et *conservation d'autrui*, équivalence qui soutient la tendance à l'intrication des *body-images*. L'intégrité est certes une préoccupation essentielle du corps, et la libido est initialement mobilisée par la conservation du corps propre : le fœtus, comme le nouveau-né, n'ont pas d'autre libido que narcissique. Ce narcissisme primaire voit bientôt la libido se concentrer plus précisément sur les parties du corps à signification érogène marquée (stade auto-érotique, oral puis anal). Avec

1. IC, p. 210 / IAHB, p. 193. Nous écrivons « pulsion », et non « instinct », contrairement à la traduction de Gantheret qui suit le malheureux faux-ami « *instinct* » traduisant « *Trieb* » dans les éditions anglaises.

2. *Ibid.* Cette idée quelque peu volontariste paraît contestable dans le cadre des psychoses.

3. IC, p. 33-34. « I do not think that Freud's basic attitude that our desires try to lead us back to a previous state and merely lead us back to a state of rest is a true description of inner and outer experiences. » (IAHB, p. 9).

les tendances anales, l'enfant commence à porter de l'intérêt pour le monde extérieur, à le percevoir clairement, et à comprendre son propre corps comme distinct (narcissisme secondaire). En cela, Schilder suit à peu près Freud, mais il le quitte sur le terrain des pulsions telles qu'elles sont développées à partir d'*Au-delà du principe de plaisir*. Car les tendances libidinales, selon lui, ont toujours *aussi* pour direction l'image du corps d'un autre [1], et déjà le narcissisme est ouvert sur le monde extérieur. Les pulsions du moi visent bien la conservation du corps propre, mais tout se passe comme si l'individu « savait » que, pour sa propre conservation, pour sa signification et son existence, « le Tu est nécessaire » : « la tendance à l'auto-conservation est par conséquent liée directement à la tendance à la conservation d'autrui » [2]. Schilder tient à cette interdépendance, insiste autant sur le narcissisme que sur l'intrication des images des corps, sur les aspects *conservatifs* que sur les aspects *relationnels* du schéma corporel. Et le cœur de son ouvrage maître, de son propre aveu, se situe aussi bien dans la question du narcissisme que dans celle de la sociologie des images du corps [3].

§ 5. « La sexualité est tout » ?

Merleau-Ponty paraît suivre spontanément ces divers écarts vis-à-vis de l'approche freudienne de la pulsion, tout en allant encore plus loin dans sa conception de la sexualité et du désir, qui semble parfaitement dénuée de dimension conservatrice. Et il engage une évaluation ontologique de la sexualité dont la radicalité ne trouve de correspondant chez aucun des auteurs que nous venons d'évoquer. Ce geste merleau-pontien, enfin, tout en étant sans doute en partie influencé par ces mêmes auteurs, est initié avant leur lecture, et ne se présente pas comme une critique de Freud mais comme la tentative de dégager « ce que Freud veut dire » [4].

Depuis la *Phénoménologie de la perception*, Merleau-Ponty discerne dans la sexualité « une intentionnalité qui suit le mouvement général de l'existence », touche aux « racines vitales de la perception, de la motricité et de la représentation », est « liée intérieurement à tout l'être connaissant et agissant », et « donne à l'expérience son degré de vitalité

1. Cf. IC, p. 232 / IAHB, p. 216.
2. IC, p. 141 / IAHB, p. 121.
3. Cf. par exemple IC, p. 142 / IAHB, p. 122-123.
4. Psycha, p. 150/[77](20bis), 1959.

et de fécondité » [1]. Le philosophe est convaincu de rejoindre ainsi « les acquisitions les plus durables de la psychanalyse » [2], de reprendre le geste de Freud, qui se défendait contre l'accusation de « pan-sexualisme » en rappelant qu'il ne confondait pas la sexualité avec la fonction génitale [3] mais recherchait un « élargissement du concept de sexualité » [4]. Or, c'est dans cette perspective que Merleau-Ponty introduisait pour la première fois la notion de « sexuel-agressif » [5], peu de temps avant *L'homme et l'adversité*. Et c'est encore sur cet horizon que débouche sa longue réflexion sur ce même thème : la sexualité est notre « sol monumental » [6], le « sexuel = sol qui soutient la vie » [7], « toute notre vie appuyée sur sol sexuel » [8] – autant de formules de 1959 qui font écho à celle de *L'homme et l'adversité* (la sexualité comme « sol de notre existence » [9]), tout en poursuivant les idées lancées par la *Phénoménologie de la perception*. La sexualité n'est pas un principe explicatif, et il ne s'agit pas de la généraliser au sens de l'étendre à tout. Sa « généralité » relève du même effort philosophique que celui par lequel Merleau-Ponty cherche à penser – là aussi, depuis la *Phénoménologie de la perception* – une « généralité du corps » ou « généralité de la chair » [10] : la sexualité est une « dimensionnalité primordiale », un *Boden* hors duquel il n'est rien d'humain.

1. PhP, p. 183 et 184.
2. PhP, p. 184.
3. Cf. par exemple *Drei Abhandlungen zur Sexualtheorie*, préface de 1920, G.W. V, p. 31-32 ; *Trois essais sur la théorie de la sexualité*, « Idées », Paris, Gallimard, 1962, p. 11-13.
4. *Au-delà du principe de plaisir*, *op. cit.*, p. 108. « Il faut aussi se rappeler que certains aspects de cet écrit, la mise en relief de l'importance de la vie sexuelle dans toutes les réalisations humaines et la tentative qui y est faite d'élargir le concept de sexualité, ont, de tout temps, fourni les plus puissants motifs de la résistance contre la psychanalyse. Dans leur soif de formules retentissantes, les gens sont allés jusqu'à parler du "pan-sexualisme" de la psychanalyse et à lui adresser le reproche absurde de "tout" expliquer à partir de la sexualité. (…) l' "extension" du concept de sexualité (…) la sexualité élargie de la psychanalyse se rapproche de l'*Éros* du divin Platon. » (Freud, *Trois essais…*, *op. cit.*, préface à la quatrième édition, 1920, p. 32-33).
5. « Cette ambiguïté dans les termes est à l'origine du reproche de "pansexualisme" fait à Freud. En réalité, il ne s'agit pas d'explication pansexuelle, mais d'une généralisation de la notion de corporéité (…). Par la suite, Freud emploie le terme de "sexuel-agressif", indiquant par là que la sexualité est liée à un rapport général du sujet avec autrui. » (Sorb(EVA), p. 96).
6. Psycha, p. 150/[77](20bis).
7. Psycha, p. 152/[78]v(22).
8. Psycha, p. 150/[77](20bis).
9. S(HoAdv), p. 289.
10. Cf. *supra*, chap. I, § 4, p. 103 *sq*.

> La vraie (+ compréhension) formulation n'est pas tout est sexuel, mais : il n'est *rien* qui *ne* soit sexuel, *rien* n'est *asexué*, le dépassement du génital n'est pas distinction ou coupure absolue → caractère ontologique de la sexualité, *i. e.* elle est contribution majeure à notre rapport avec l'être (*i. e.* : avec le monde, autrui et nous-mêmes) [1].

Cette réflexion serait à articuler avec l'ambition affichée dès le début du chapitre de la *Phénoménologie de la perception* sur *Le corps comme être sexué*, qui appelait à creuser ce qui relie *être*, *désirer* et *être désiré* [2]. La complicité de l'*intentionnalité* et du *désir*, active depuis le travail de l'intentionnalité affective chez Scheler [3] (plus précoce que le rapport à Husserl), se redoublait bientôt d'une collusion entre *désir* et *existence*. Au croisement de ces deux conjonctions, la phénoménologie de Merleau-Ponty ouvrait ainsi déjà un horizon ontologique.

En 1959, interrogeant la possibilité d'une philosophie, aujourd'hui, dans « notre état de non-philosophie », Merleau-Ponty répond par le pari audacieux de dégager une ontologie à partir de ce même état et dans un lien vivant avec les champs non-philosophiques. Il laisse alors entrevoir l'application de ce pari à la psychanalyse :

> La psychanalyse va vers la pure pensée si elle utilise ontologie objectiviste-technicienne dans description de l'homme, des instances, – au contraire, elle ne détruit pas, elle acquiert (et elle esquisse une philosophie), si elle se laisse guider par le rapport à l'être tel qu'il se révèle dans l'homme (cas de Freud – passe de pensée causale à pensée dialectique) [4].

Si elle se soumet à un objectivisme des instances, qui tend à dessiner une anthropologie morcelée, la psychanalyse risque de dériver vers une pensée (paradoxalement) désincarnée et même destructrice – aux antipodes de la vertu que Merleau-Ponty lui prête dans *L'homme et l'adversité*, comme fleuron d'une pensée de la chair. Mais elle échappe à cette dérive dans la mesure où elle se met à l'écoute du rapport à l'être « tel qu'il se révèle dans l'homme », en particulier dans la sexualité. Montrer ainsi la psychanalyse aux prises avec la dramatique qui oppose la « nouvelle » ontologie à l'ontologie de l'objet, met à nouveau en valeur l'écart considérable qui sépare silencieusement la conception merleau-

1. Psycha, p. 150-151/[78](21).

2. « Si donc nous voulons mettre en évidence la genèse de l'être pour nous, il faut considérer pour finir le secteur de notre expérience qui visiblement n'a de sens et de réalité que pour nous, c'est-à-dire notre milieu affectif. Cherchons à voir comment un objet ou un être se met à exister pour nous par le désir ou par l'amour et nous comprendrons mieux par là comment des objets et des êtres peuvent exister en général. » (PhP, p. 180).

3. Cf. *Le scénario cartésien*, *op. cit.*, chap. IV.

4. Psycha, p. 151/[78](21).

pontienne du désir de l'approche freudienne de la pulsion – laquelle est justement exemplaire d'une anthropologie objectiviste et morcelée, qui n'envisage plus l'homme dans l'unité du rapport à l'être qui le travaille et s'exprime en lui.

Un an plus tard, les *Notes sur le corps* reviennent sur la sexualité comme structure ontologique, à nouveau en lien avec la question de la priorité entre sexualité et agressivité [1]. Ces notes servent à la préparation de la troisième année de cours sur la Nature, laquelle insiste plus que jamais sur la sexualité comme « une dimension inéluctable, hors de laquelle rien d'humain ne peut demeurer » [2]. Le philosophe aborde alors une dernière fois le sexuel-agressif, dans un développement intitulé *Éros et sexualité*. Le dualisme pulsionnel en demeure absent, tant il est étranger à la perspective systémique de la chair, portant l'unité de l'homme et « les relations du corps à la vie totale » [3] – une perspective qui accompagnait d'emblée les premières mentions du « sexuel-agressif » dix ans plus tôt.

> *Éros et sexualité*
> Nous sommes passés des « appareils » (perceptifs par exemple) au corps comme structure d'ensemble, *i. e.* comme ouverture à choses et [aux] autres, *i. e.* comme se sentant en elles et eux – indivis dans un monde indivis.
> – Rapport entre les « appareils » (conçus « objectivement ») et cet *Ineinander*. Ce n'est nullement « spiritualisation » du corps : le corps a un dehors, il y a dépendance ; il faut des nerfs optiques pour voir, il y a un conditionnement de l'affectivité. On dit seulement que tout cela est abstrait par rapport au corps opérant. (...) Le concret, c'est le corps de notre expérience (ce qui ne veut pas dire : d'observation intérieure). Phénoménal et objectif sont « brouillés ».

1. « L'enfant va à travers l'apparence tout droit vers l'essence qu'il comprend lui-même avec la puissance agressive qui l'habite. Cette lutte n'est pas lutte des consciences mais lutte des *corps* (...). Désir défini par effort du dedans pour rejoindre le dehors (le sien et celui des autres). (...) Le système dedans-dehors peut s'articuler sur l'agression orale – mais aussi sur l'agression anale – ou sur l'agression urêtrale-phallique (...). Tout cela n'est-il pas description spiritualiste-philosophique sublimée ? Nous ne sublimons pas. Nous cherchons à présenter structure ontologique. (...) C'est la sexualité qui est *la Gestalt* par excellence de cette vie du désir. Il n'y a pas pour nous de problème de priorité puisque nous nous sommes placés dans [le] corps concret, indivis. (...) Sexualité et agression. Pas de problème de priorité (pas de priorité de l'agression). C'est par tout son corps dès le prégénital que l'homme répond à l'extérieur. » (N-Corps [85](3)).

2. RC60, p. 178. « Donc le sexuel coextensif à l'homme non comme cause unique, mais comme dimension hors de laquelle rien ne reste. » (Natu3, p. 350/[75]v, transcription corrigée).

3. S(HoAdv), p. 290.

Merleau-Ponty insiste :

> – Rapport des appareils et de la corporéité totale n'est donc pas de contenu à forme – la vision, la sexualité, la main, sont beaucoup plus que des contenus : des *Gestalten*, des figures de l'homme entier, des parties totales. Et « plus ou moins totale » : rien n'empêche que sexualité soit coextensive à vie encore plus que vision ou main.
> Pas de problèmes de priorité : tout est concentrique – « esprit » et « sexualité » par exemple – ou « sexualité » et « agression » (…) – La sexualité comme corporéité (*i. e*. système total) est tout [1].

La sexualité est « coextensive à [la] vie », au moins autant que ces autres « figures de l'homme entier » auxquelles cette philosophie de la chair nous avait habitués (la vision, la main), la sexualité comme corporéité « est tout », si bien que la question de son articulation avec l'agressivité se passe du recours à l'intrication pulsionnelle : comme l'affirme le cours de 1959, l'agressivité trouve ses racines dans ce sol monumental. Ce qui était, dans l'intrication pulsionnelle revisitée par Melanie Klein, le fruit difficile d'un long parcours de maturation fait de clivages autant que d'intégration, prend ici une forme de stabilité intemporelle dans la concentricité et la totalité. Les dimensions développementale et historique, pourtant si importantes par ailleurs chez Merleau-Ponty, s'en trouvent quelque peu effacées. L'usage du motif de l'*indivision*, au début du même extrait cité, est lui aussi d'une radicalité qui pose question. Autant l'équivalence ici affirmée entre « corps comme structure d'ensemble » et « corps comme ouverture [aux] choses et [aux] autres » paraît féconde (et typique de l'anthropologie merleau-pontienne), autant il ne va pas de soi de traduire cette même équivalence par un jeu d'indivisions (« indivis dans un monde indivis »), qui ne peut qu'appauvrir le mouvement d'ouverture et fragiliser l'identité propre de ladite structure. L'approche kleinienne du clivage, à l'inverse, offrait sans doute des outils précieux pour penser une intégration non fusionnelle, pour tenir ensemble croissance de l'*identité* et croissance de la *relation* – on peut là encore regretter que Merleau-Ponty ne l'ait pas retenue. Par ailleurs, que reste-t-il de l'*agressivité* dans cette indivision généralisée ? La figure de l' « empiétement » à ses débuts assumait bien, sinon le clivage et l'intégration, du moins l'agressivité et le lien. Mais l'écriture figurale des textes tardifs ne se perd-elle pas par endroits dans l'imaginaire du chiasme et de l'*Ineinander*, où perce le fantasme du désir accompli, de l'incorporation aboutie (toi en moi et moi en toi), dans une forme de satisfaction hallucinatoire qui l'emporte sur le travail

1. Natu3, p. 349/[75](21). Transcription corrigée.

même du désir, pétri de frustration et d'adversité, d'agressivité et d'empiétement ?

Nous allons affronter ces diverses objections, et d'autres encore, dans le prochain chapitre. On entrevoit déjà qu'elles envisagent la pensée de Merleau-Ponty sous un angle plus psychanalytique que proprement philosophique, ou du moins qu'elles l'interrogent en laissant de côté son intention philosophique, et risquent ainsi de la tronquer d'une partie de son sens. Le dernier texte que nous avons cité, en l'occurrence, ne saurait être réduit à ces objections, tant il est lourd de cette même intention, et de l'originalité d'une démarche que Merleau-Ponty caractérise par la dimension du *concret* revendiquée depuis les années trente [1]. Le concret est le « corps opérant », le corps comme « structure d'ensemble » et « corps de notre expérience », *ma chair* où phénoménal et objectif se trouvent brouillés. Mais en étant tel, il est aussi le corps en *Ineinander* avec le monde, *la chair* comme tissu d'intercorporéité, chair du monde. Face à ce tableau, typiquement philosophique, du concret (chargé, chez Merleau-Ponty, de relents hégéliens et blondéliens [2]), l'*abstrait* se trouve relégué du côté de l'objectivisme comme pensée séparée, pensée de parties qui ne font plus signe vers le tout, d'un sens qui n'est plus *figure*. Or, pour Merleau-Ponty, la *sexualité* est justement par excellence – aux côtés de la vision, de la main – ce qui de la corporéité résiste à cette abstraction de l'ontologie de l'objet. Ce qui ne peut être abordé dans l'expression de son propre sens sans que ce sens conduise à tous les autres, et dessine les contours de notre rapport à l'être. Figure des figures, qui ne peut échapper à la figure sans être défigurée, elle est peut-être ce qui du corps humain – et, partant, de la Nature tout entière –, fait le mieux signe, tacitement, vers l'être.

1. Sur la recherche merleau-pontienne d'une « philosophie concrète », dans la mouvance conjointe de divers auteurs (notamment Jean Wahl, Gabriel Marcel, Politzer, Hegel et Blondel), cf. *Le scénario cartésien*, *op. cit.*, chap. II.

2. Sur l'influence de *L'Être et les êtres. Essai d'ontologie concrète et intégrale* de Maurice Blondel, cf. *Vers une ontologie indirecte*, *op. cit.*, p. 119-134.

CHAPITRE IX

LE SOL MONUMENTAL DU DÉSIR

§ 1. LA PHILOSOPHIE DE LA CHAIR FACE AUX OBJECTIONS DES PSYCHANALYSTES

> Il reste à se demander pourquoi cette rencontre manquée, si grand qu'ait été le pas qui a rapproché Merleau-Ponty de Freud. (André Green [1])

À travers et au-delà de ce que Merleau-Ponty retient, ne retient pas, ou déforme de tel ou tel psychanalyste, continuons à dégager l'unité cachée de sa position hétérodoxe, et à en deviner les enjeux critiques possibles. Merleau-Ponty s'engage dans un « *retour* à Freud » qui est en fait une double *avancée* vers le corps et vers le désir, dans une prise en compte de l'image du corps non dissociée des dimensions les plus empiriques du schéma corporel, et dans une évocation personnaliste de la transcendance du désir qui ne tombe pour autant dans aucun spiritualisme. Une double avancée évidemment essentielle à sa conception de la chair. Ce faisant, le philosophe s'expose aux objections des psychanalystes, tout en exposant aussi la psychanalyse à quelques-unes de ses propres limites.

Les déclarations d'ensemble que Merleau-Ponty a pu faire sur la psychanalyse montrent une générosité suspecte, qui trahit peut-être le souhait qu'elle soit mieux acceptée par le monde philosophique, qui révèle surtout le besoin de la mettre au service de sa propre démarche. Ses mises en garde demeurent générales, intuitives, se contentent souvent de dénoncer une langue inadaptée, sans suffisamment rentrer dans

1. « Du comportement à la chair : itinéraire de Merleau-Ponty », art. cit., p. 1040.

une véritable analyse des causes et conséquences de cette inadaptation. En ce sens, alors même que sa philosophie de la chair se développe dans un lien essentiel avec la psychanalyse, on est en droit de regretter le manque d'un authentique *dialogue* avec celle-ci.

Cette pensée aurait certainement profité des interrogations des psychanalystes sur son univers imaginaire et sa conception de la chair, et ce dialogue aurait conduit Merleau-Ponty à prendre davantage conscience, exprimer et préciser ses points de divergence avec l'anthropologie psychanalytique – ce qui se serait sans doute avéré fécond pour celle-ci. On peut tenter d'entrouvrir ce dialogue de manière rétrospective, mais il faut alors rester vigilant sur les difficultés soulevées par une telle démarche. Car elle nous fait en partie sortir de la relecture, à la lumière des inédits, d'un « Merleau-Ponty se faisant », elle fait appel à un point de vue non-philosophique – les objections de certains psychanalystes –, et court le risque de prolonger la pensée du philosophe en complétant quelques blancs laissés par ses choix ou par ses « oublis » au visage d'impensé – sans oublier cet autre blanc, indéfini, laissé par une mort prématurée.

Malgré ces difficultés et ces risques, nous allons voir que cette même démarche nous introduit aussi à la nécessité de développements futurs et à leur cohérence d'ensemble : un prochain livre, consacré aux évolutions tardives inédites du travail phénoménologique et ontologique de Merleau-Ponty, dans lesquelles se trouvent nombre d'ébauches de réponse aux objections que l'on a pu lui faire *post mortem*. De sorte que l'ultime chapitre qui s'ouvre ici, à travers et au-delà de ses analyses spécifiques, constitue l'élément conclusif du présent ouvrage tout en faisant transition avec le suivant.

a) *Pulsion et désir*

La lacune essentielle que nous avons croisée au fil des deux chapitres précédents s'annonce dès les premiers pas du concept de chair dans cette pensée [1]. Il s'agit de la notion même de pulsion. *L'homme et l'adversité* suit Freud en rappelant que « son œuvre bouleverse, dès le début, la notion d'instinct et dissout les critères par lesquels jusqu'à lui on croyait pouvoir la circonscrire », en affirmant que « le propre du freudisme est bien de montrer qu'il n'y a pas, en ce sens-là, d'instinct sexuel chez l'homme » [2]. Mais il s'en écarte aussitôt, au passage de cette phase négative (ce que Freud rejette) à sa phase positive (ce que Freud

1. Cf. *Du lien des êtres…*, *op. cit.*, section A, chap. IV, § 5, p. 191 *sq*.
2. S(HoAdv), p. 288.

introduit) : dès l'instant où l'on s'attend à lire la définition freudienne de la pulsion, Merleau-Ponty parle de « pouvoir d'aimer », d' « amour », « amour sexuel », de « lien », « lien d'esprit », ou encore du « système des attractions », de la « manière d'aimer », d' « attachement », de « pouvoir d'investissement » et de « désir » [1]… Avant de conclure, comme nous l'avons vu, sur « l'entrelacement du sexuel et de l'agressif » qui signifierait (parce que « l'agression ne vise pas une chose mais une personne ») que la sexualité « est doublée, sur toute son étendue, d'un rapport de personne à personne », que le sexuel « est notre manière, charnelle puisque nous sommes chair, de vivre la relation avec autrui » [2]. Il est bien difficile de reconnaître ici la technicité de l'approche freudienne de la pulsion. Et il est surtout impossible de ne pas y lire tout autre chose, au service d'un projet philosophique d'envergure qui voudrait avoir « restauré et approfondi la notion de la chair » [3], Merleau-Ponty voyant « la vie humaine comme spirituelle et corporelle de part en part, toujours appuyée au corps, toujours intéressée, jusque dans ses modes les plus charnels, aux rapports des personnes » [4]. Dans la dramatique d'exposition de ce projet, la philosophie joue le mauvais rôle, celui d'avoir justement été incapable de penser la chair (*Le visible et l'invisible* le redira avec force, « ce que nous appelons chair (…) n'a de nom dans aucune philosophie » [5]), et la psychanalyse, le bon… Un rôle dans lequel *corps* et *désir* ont une dimension personnaliste, qui, si elle peut sans doute être entendue en continuité avec un certain humanisme délivré par la psychanalyse, est en tout cas étrangère à la logique pulsionnelle proprement dite – le travail de la pulsion ne consiste en rien à ouvrir sur autrui en tant que personne.

> Aucune des notions que la philosophie avait élaborées (…) ne suffit pour penser les relations du corps à la vie totale, son embrayage sur la vie personnelle ou l'embrayage de la vie personnelle sur lui. Le corps est énigmatique : partie du monde sans doute, mais bizarrement offerte, comme son habitat, à un désir absolu d'approcher autrui et de le rejoindre dans son corps aussi, animé et animant, figure naturelle de l'esprit. Avec la psychanalyse l'esprit passe dans le corps comme inversement le corps passe dans l'esprit [6].

Désir absolu de rejoindre autrui dans son corps « animé et animant, figure naturelle de l'esprit » : il faut souligner la force d'une telle formu-

1. S(HoAdv), p. 288-290. Cf. *Du lien des êtres…*, *op. cit.*, p. 192-195.
2. S(HoAdv), p. 292.
3. S(HoAdv), p. 287.
4. *Ibid.*
5. VI4, p. 193. Cf. aussi p. 183.
6. S(HoAdv), p. 290.

lation de la chair [1]. L'écart entre cette conception du désir et la pulsion, jamais thématisé par Merleau-Ponty, aurait pu se réduire avec la relecture de Melanie Klein en 1960. Il n'en est rien. Et les textes tardifs sur le « corps libidinal », nous le savons déjà [2], poursuivent la même audace : « le corps libidinal est ouverture aux autres mêmes », à la façon dont la perception est « ouverture aux choses », est « rapport avec *la chose même* par mon corps comme *chair* » [3]. Audace toute phénoménologique, qui s'enrichit d'une tonalité personnaliste lorsqu'il s'agit d'autrui, et finit par prendre une tournure ontologique radicale [4].

Merleau-Ponty se nourrit librement de l'anthropologie psychanalytique dans l'approfondissement d'une conception personnelle de la sexualité et du désir, sans même paraître se rendre compte, au passage, de ce qui le sépare de Freud et de Klein – ou de ce qui aurait pu par ailleurs le rapprocher de Lacan [5]. Certains ne s'y sont pas trompés, tel André Green qui se demande « comment comprendre ce désintérêt pour cette autre face du travail silencieux du corps, celui que Freud a appelé *pulsionnel* ? » [6]. Ou encore Bernard Sichère, affirmant que « la dernière pensée de Merleau-Ponty (...) continue d'avoir *peur* de l'hétérogène et d'ignorer la théorie freudienne de la "pulsion" » [7]. Merleau-Ponty, de fait, évoque rarement la pulsion (qu'il désigne par endroits sous le terme d' « instinct », reprenant en cela une traduction maladroite de « *Trieb* »), et n'en donne jamais une véritable définition. Cette lacune a tôt fait d'ouvrir la porte à un certain nombre de remarques critiques de la part de psychanalystes qui, à raison, ont lu comme les concernant à plus d'un

1. Qui, une fois de plus, laisse entrevoir certaines audaces de la chair claudélienne. « Le corps est la métaphore de l'esprit » (Claudel, novembre 1911, *Journal*, tome I, « Bibliothèque de la Pléiade », Paris, Gallimard, 1968, p. 208). Formule qui peut évidemment prêter à un total contresens si l'on entend la métaphore en un sens classique, métaphysique. Ou encore, si l'on revient de la chair à une conception étroite de l'incarnation, au corps animé non animant.

2. Cf. *supra*, chap. II, § 1, p. 118 *sq*.

3. N-Corps [99]v.

4. Cf. S(Préf), p. 31.

5. Rappelons que dans son acception du « désir », Merleau-Ponty n'a jamais indiqué ni même laissé deviner une quelconque connaissance de l'usage freudien (*Wunsch*) et, surtout, lacanien, de ce même terme. Cette absence de rencontre est regrettable, car la conception lacanienne du désir – un désir naissant de l'écart entre le besoin et la demande, principiellement lié au fantasme et non à un objet réel (ce en quoi il est irréductible au besoin), et s'imposant sans tenir compte du langage (ce en quoi il est irréductible à la demande) – peut en retour intéresser, et interroger, la façon dont l'approche merleau-pontienne du désir soutient une ontologie *infra-objective* qui résiste à accorder au *langage* la place que lui attribue la psychanalyse en général et Lacan en particulier.

6. A. Green, art. cit., p. 1019.

7. B. Sichère, *Merleau-Ponty ou le corps de la philosophie*, Paris, Grasset, 1982, p. 242.

titre les écrits tardifs, notamment *Le visible et l'invisible* et les notes de travail [1]. Différentes lignes d'attaque ont été abordées, formant un ensemble cohérent, et plutôt sévère : l'écriture du dernier Merleau-Ponty, saturée d'affect, aurait un caractère narcissique et régressif ; sa pensée serait envahie par les fantasmes du stade oral, marquée par le refus de la perte et du deuil, par l'omniprésence de la mère et l'absence du père. Même si elles ne sont pas proprement philosophiques, ces objections interrogent le contenu philosophique de la pensée à laquelle elles s'adressent : elles ne peuvent être biffées d'un trait de plume.

Placée sous le signe de l'empiétement, ayant tendance à toujours privilégier la *Mischung*, le mélange ou la « bonne confusion », cette philosophie cultive une intrication sans désintrication, une « implication inextricable » [2]. Merleau-Ponty invoque ainsi l'être d'indivision, quand Freud parle des pulsions partielles et du sujet divisé par la *Spaltung*. N'y a-t-il pas là, de la part du philosophe, une résistance foncière à l'*analyse*, au sens du processus intellectuel mais aussi au sens de la psychanalyse [3] ? Une résistance à la psychanalyse, en tant que tout en elle, jusqu'à la métapsychologie qu'elle produit, s'appuie avant tout sur la puissance de déliement de la parole, et non sur les capacités naturellement synthétiques de la perception. Merleau-Ponty n'est pas un psychanalyste et, comme il le signale lui-même, n'a pas été analysé [4]. Ceci doit être rappelé pour éviter que le dialogue ici suggéré ne soit un dialogue de sourds, ou, plus modestement, pour admettre que cette surdité sera en partie irréductible. Quelle que soit la convergence de vues entre phénoménologie et psychanalyse, il restera toujours une importante marge d'incompatibilité de méthode et d'*habitus* intellectuels, avec les malentendus conséquents. Or Merleau-Ponty choisit l'aventure de l'*Ineinander* d'abord et essentiellement par exigence phénoménologique. Il n'a jamais dit que l'empiétement était le mot de la fin, mais

1. La publication plus récente des feuillets de préparation du cours sur la Nature de 1960 et de ceux du cours de 1955 sur *Le problème de la passivité* renforce d'ailleurs rétrospectivement la pertinence de ce rapport – sans parler de certains documents encore inédits.

2. VI2, p. 117.

3. « Le projet de dévoilement latent caché sous le manifeste le captivait, les moyens et les conclusions de ce déchiffrage le choquaient. À considérer, comme il le faisait, le rôle de la surdétermination, il nivelait les différentes déterminations. Ceci revient assurément, dans la multiplicité des significations recouvertes les unes par les autres, à une confusion de sens qui, comme le relève Pontalis, rend en fin de compte toute analyse presque impossible. » (A. Green, art. cit., p. 1034).

4. « Pour nous autres, qui n'avons pas passé dans le laminoir d'une analyse… » (« La psychanalyse et son enseignement », art. cit., p. 99 ; *Parcours deux 1951-1961*, *op. cit.*, p. 213).

entend montrer en quoi il est le début de tout mot. Le psychanalyste, quant à lui, n'est pas voué à restituer les choses *mêmes*. Il ne respecte pas le tel quel, mais participe, par son écoute empathique et par le transfert, à couper les liens infernaux, défaire les nœuds, trancher les attaches du passé, aidant ainsi l'humain à s'arracher de cette promiscuité pour naître enfin à lui-même. « L'idée du chiasme et de l'*Ineinander*, dit Merleau-Ponty, c'est au contraire l'idée que toute analyse qui *démêle* rend inintelligible » [1]. Comme nous avons déjà eu l'occasion de le montrer, la différence de traitement, entre Merleau-Ponty et Lacan, de la *topologie* et de ses nœuds est symptomatique de cette distance [2] – le philosophe se méfie aussi sans doute des outrances théoriques dans lesquelles la psychanalyse risque d'oublier son identité première pour se transformer en combinatoire algébrique de la psyché et système du monde.

S'il est vrai que Merleau-Ponty n'a pas prêté grande attention à la pulsion, il est plus difficile d'admettre une autre faiblesse dont on a pu l'accuser : sa résistance à avouer la logique du désir qui anime sa pensée et sature son écriture.

> Cette résistance, nous devons bien l'analyser, à notre tour, la comprendre comme la résistance du philosophe à *avouer* cette dimension du désir dans laquelle pourtant manifestement tout son texte prend sens et valeur, faisant surgir consciemment *à sa place*, avec la notion de « chair » du monde, une expérience idyllique et neutralisée des opérations corporelles, qui ne font pas problème pour lui là même où il les reconnaît comme « érotisées », là même où cette Nature dont il nous parle comme d'une évidence ontique universelle, en soi, est saturée d'affect. Il y a bien un désir, en effet, qui court tout au long de ces textes et qui n'est jamais dit, dans l'écriture de ces descriptions chargées d'un érotisme discret sans doute, mais qui n'en est pas moins à interroger. (...) comment ne pas reconnaître à l'œuvre un jeu profond du désir dans la magie de cette parole dont beaucoup ont dit la fascination qu'elle exerçait sur eux, la puissance incantatoire qu'ils y découvraient ? [3]

Nous l'avons suffisamment mis en évidence au fil de nos ouvrages précédents et, plus encore, de celui-ci : à relire Merleau-Ponty, à disposer désormais des inédits, des cours au Collège de France, on ne peut plus ainsi affirmer que le désir « n'est jamais dit », encore moins prétendre que cette pensée évolue dans une « dénégation du désir » [4]. Il est néanmoins vrai que Merleau-Ponty ne parle du désir que par petites

1. NT, p. 322, novembre 1960.
2. À ce sujet, cf. *Vers une ontologie indirecte*, *op. cit.*, chap. VI.
3. B. Sichère, *op. cit.*, p. 209-210.
4. B. Sichère, *op. cit.*, p. 218.

touches, régulièrement disposées, dans une lente libération marquée par les étapes que nous avons soulignées. Il est aussi vrai qu'il donne parfois les apparences d'une étrange retenue à aborder *directement* cette question, en s'encombrant peut-être de pudeur et de prudence, ou encore d'un style séducteur trop invocatoire. Plus exactement, Merleau-Ponty offre un traitement paradoxal du désir : à la fois très *audacieux* (dans le contenu de ses quelques affirmations directes), très *discret* (par l'absence de développement de ces mêmes affirmations), et très *indirect* (par la récurrence de passages où cette question affleure, voire sature l'imaginaire sous-jacent, sans pour autant être thématisée comme telle). On peut avoir l'impression que ses voies indirectes n'en finissent pas d'être dans l'imminence de déboucher, d'être les voix d'un désir trop silencieux, au risque d'en devenir autant de *substituts* ; ou encore que ses figures (l'empiétement, le chiasme, l'entrelacs, la promiscuité, l'enveloppant-enveloppé, et bien d'autres) gravitent autour d'un noyau ineffable et se consument au contact d'une lumière qui n'est pas véritablement exprimée. C'est toute l'ambiguïté des objets transitionnels avec lesquels joue Merleau-Ponty, de ces figures qui risquent de ne plus faire transition en ne figurant plus qu'elles-mêmes. De toutes, celle de la *chair du monde* est sans doute, effectivement, la plus suspecte – nous y reviendrons en détail [1]. Toutefois, il est peut-être encore ici question de méthode : peut-on aborder *directement* le désir, en se passant de *figures*, sans le *défigurer* ?

Nous n'entendons pas que le désir, tel que la pensée de Merleau-Ponty en ébauche une possible conception, soit la vérité de la pulsion freudienne : il s'agit plutôt de deux dynamiques différentes qu'il reste, justement, à correctement différencier et articuler. Même si Freud entrevoit sans doute certains traits spécifiques du désir à l'horizon de la « pulsion de vie », il n'est pas parvenu à une différenciation suffisante, notamment avec la pulsion par excellence qu'est la pulsion de mort, se contentant d'articulations quantitatives entre deux énergies de même nature. La notion de pulsion rend compte d'une dynamique effective de l'être humain, en proximité avec le principe d'homéostasie qui maintient l'équilibre des organismes vivants [2]. Vouée à supprimer ou réguler des surcroîts de tension, sa décharge suit une logique en partie comparable à celle de l'énergie potentielle anorganique, celle du mobile d'un système

1. Cf. *infra*, §§ 3 à 5, p. 359 *sq*.

2. Goldstein a parfaitement montré combien la pulsion freudienne est insuffisante, et reste étrangère à la logique essentielle de la vie, mais son mouvement critique l'emporte sans doute trop loin lorsqu'il rejette la réalité même de la pulsion telle que Freud la décrit. Cf. *Der Aufbau des Organismus*, *op. cit.*, p. 128 ; *La structure de l'organisme*, *op. cit.*, p. 169.

mécanique qui ne trouve son équilibre que dans sa stabilisation au point de potentiel le plus bas, chaque gain de potentiel étant tôt ou tard rattrapé et compensé par une chute équivalente. Pourtant la dynamique du vivant ne se résume pas à celle d'une bille qui ne « pousse » que pour mieux revenir au fond de son puits de potentiel, à la course du caillou sur sa géodésique comme plus court chemin pour se soulager. Elle cherche aussi son équilibre au point de potentiel le plus haut, dans la fragile conquête d'un équilibre instable où, à l'inverse, ce sont les chutes qui sont perpétuellement rattrapées. Or, la logique pulsionnelle ne suffit pas à rendre compte de ce funambulisme du vivant, particulièrement patent chez l'animal et plus encore chez l'être humain.

Par ailleurs, s'il est dans la logique de la pulsion d'être partielle sinon tyrannique, il est dans celle du désir d'être doté d'une puissance fédératrice. Ni conservateur, ni régressif, ni morcelant, le désir est un principe animateur et toujours novateur du schéma corporel, le principe unifiant d'une image du corps inachevée en proie à l'inachèvement du monde. La dynamique pulsionnelle, horizontale et sécante, est celle d'une perpétuelle substitution : en supprimant un surcroît de tension, la poussée s'efface avec lui et laisse la place à une éventuelle autre poussée, dans l'alternance sans fin des pressions et de leur décompression. Mais le désir est naturellement apte à durer et à endurer, jusqu'à porter la *continuité* d'une vie ; sa dynamique est celle, verticale, de l'approfondissement. Et l'un des ressorts de sa continuation est son étonnante capacité à être, non pas relâché et mis en veille, mais relancé et creusé par la satisfaction même. Ineffable paradoxe qui est le sien, de pouvoir être comblé – parfois, au-delà de toute attente – sans jamais être rassasié.

À l'image du cercle de satiété des envies du consommateur effréné, la pulsion, foncièrement efficace, cherche la recomplétion la plus immédiate dans la substitution indéfinie du même au même, et court aveuglément à sa propre disparition. Livrée à elle-même, la topologie de la pulsion suit ainsi la réduction surfacique de toute profondeur, dans l'intolérance de l'invisible et de l'absence, de l'intériorité et de la nouveauté. Elle est en ce sens incompatible avec la topologie du désir, et s'avère fort éloignée de la fécondité et de la prégnance associées à la chair comme être de désir, qui impliquent une spatio-temporalité de l'attente, sans autre résultat immédiat que l'approfondissement du désir dans l'imminence d'une visibilité encore inconnue.

Ceci n'empêche pas la pulsion de pouvoir être elle-même vitale (loin de la pure destructivité à laquelle l'imaginaire commun tend parfois à la réduire), signal d'alarme d'un besoin, petite mort protectrice ou mise en veille réparatrice, décompression sans laquelle les tensions finissent par être destructrices – y compris celles du désir lui-même, lequel en viendrait sinon à se briser tel la corde d'un arc trop longtemps tendue. Par ailleurs, croire que le désir n'émerge que dans les « hautes couches » anthropologiques, avec la conscience ou l' « esprit », est sans doute faire la plus grave erreur à son sujet. Il est vrai que la vie désirante se creuse en différents points de dépassement des impératifs de la logique pulsionnelle – dans la frustration des sevrages, l'endurance de l'adversité, ou encore dans l'étrange pouvoir que certaines satisfactions ont d'accroître la tension plutôt que de la soulager. Mais ces dépassements n'ont rien de spiritualiste, et ne relèvent pas de la maîtrise consciente et volontaire. Dès les dimensions sensori-motrices de sa vie expressive, la chair s'anime d'un dynamisme qui échappe à la seule pulsion. La phénoménologie de Merleau-Ponty – dans sa grande attention à l'intrication de la perception et du mouvement, aux subtilités d'une foi perceptive et interrogative qui soutient notre être-au-monde, ou encore à l'engagement anthropologique intégral impliqué par la vision en profondeur –, éclaire ce point et fraye une essentielle approche indirecte du désir. Celui qui voit endure et dépasse l'inachèvement de la chose perçue, celui qui perçoit la profondeur traverse le conflit des images monoculaires et consent à l'inépuisable. L'appétit de son regard est mis en tension par les tensions du monde perçu lui-même, par la lutte des choses qui se disputent l'espace et tentent d'échapper à l'horizon. Tout être qui marche est déjà un funambule, aux prises avec le vertige d'une spatio-temporalité qui le ferait tomber s'il ne trouvait pas en elle quelque ressource désirante.

b) *Fantasme et désir*

Dans une veine voisine de l'objection précédente, certains critiques ont lu la description merleau-pontienne de la chair comme la mise en mots d'un *fantasme*. Un fantasme des origines, qui toucherait à l'origine de tout fantasme.

> C'est ici que l'on peut avancer – sans discrédit péjoratif, tout au contraire – le terme de fantasme. (…) Ce à quoi est d'emblée sensible le lecteur dans le style de Merleau-Ponty – pour se laisser conduire par son mouvement ou s'en défendre avec irritation – ne trouve-t-il pas là son ombilic ? Pensée circulaire, fantasme de la circularité. La « chair » – cet élément au sens où l'eau est un élément – serait le médiateur. (…) Ne

faut-il pas voir là, plutôt qu'un fantasme spécifique, l'origine même du fantasme ? [1]

En se tournant progressivement vers les figures de la chair, Merleau-Ponty délivrerait l'espace vertigineux des fantasmes originaires, *Urphantasien*, et de leur impossible vérité – comme s'ils portaient en eux-mêmes cette *Origine de la vérité* que le philosophe donna pour titre à sa recherche. Nous avons abordé ailleurs le rapport critique de Merleau-Ponty à la question de l'origine, et sa méfiance à l'égard de la dimension précisément fantasmatique de cette question [2] ; nous avons étudié ici les fondements intellectuels de l'insistance merleau-pontienne sur la circularité de la chair [3]. Ceci, nous en convenons volontiers, ne suffit pas à évacuer la question soulevée. Mais il faut aussi comprendre que rien n'y suffira. Car une telle lecture peut s'appliquer à n'importe quel texte qui se livre un tant soit peu à l'analogicité du sens – donc y compris, au plus haut point, à l'œuvre de Freud –, et le manque de prises pour y répondre est à la mesure de la massivité de l'angle d'attaque.

Écoutons néanmoins l'un de ceux qui se risquent à déchiffrer le contenu même de cette fantasmatique :

> Nous parlons de fantasme : qu'est-ce, en effet, que cette *ouverture* première de la vision à laquelle sans cesse se réfère la pensée de Merleau-Ponty ? (...) l'inscription la plus archaïque du fantasme comme ouverture d'une « première scène » où se conjoignent la jouissance en ce qu'elle a d'indicible et l'éclipse du sujet ? L'inscription première du fantasme en tant que tenant-lieu de l'absence de l'objet du désir ? (...) Cette ouverture au monde (...) n'est-elle pas la première inscription du fantasme, le premier noyau de l'imaginaire corporel, renvoyant bien plus à un « refoulé fondamental » qu'à une opération de perception ? (...) ce que le discours philosophique cherche à restituer comme ouverture originaire du corps percevant à l'Être puise ses éléments dans les rapports les plus originaires du corps infantile au corps de l'Autre, au corps de la mère d'abord ; ce qui nous est présenté dans le texte de Merleau-Ponty comme l'espace premier de la vision ou de la visualité charnelle ne renvoie pas à une expérience indiscutable et objective, mais à l'insistance fantasmatique d'un espace maternel du « bon Objet », de la fusion, dans la clôture illusoire d'un corps lové sur son inavouable plaisir [4].

Il y aurait beaucoup à dire sur cette lecture, à commencer par les doutes que l'on peut avoir devant une interprétation psychanalytique des textes qui adopte une telle assurance et une thèse aussi univoque. Toute

1. J.-B. Pontalis, « Présence, entre les signes, absence », art. cit., p. 63.
2. Cf. *Vers une ontologie indirecte*, *op. cit.*, chap. IV.
3. Cf. *supra*, notamment chap. III et VI.
4. B. Sichère, *op. cit.*, p. 212-213.

attention à l'originaire, toute pensée du fondamental est suspecte de dimension régressive lorsque la psychanalyse sort de la clinique pour devenir une mécanique de lecture. Merleau-Ponty ne cache pas l'importance du rapport au corps de la mère dans son approche de la chair. Nous l'avons vu. Et si « le corps de la mère contient tout » [1], il est naturel que l'ouverture au monde du corps percevant soit habitée par les rapports originaires du corps infantile au corps maternel. Ce n'est pas là une « insistance fantasmatique », encore moins la « clôture illusoire d'un corps lové sur son inavouable plaisir », mais une dimension structurelle de ce qui reste bien une ouverture, l'archéologie et la topologie maternelles qui marquent à jamais notre être-au-monde. Ainsi, ce n'est pas parce que l'objet transitionnel est éminemment marqué par le rapport au corps de la mère qu'il est pur fantasme et perd sa puissance transitionnelle pour n'être plus que fusion et clôture fétichiste. Une telle lecture critique prend à rebours le geste typiquement merleau-pontien qui consiste à retrouver dans l'immanence de la chair une transcendance cachée, dans sa circularité un écart et une ouverture. Nous avons rencontré ce geste dans le traitement que Merleau-Ponty fait du voyant-vu, de la structure du miroir, dans ses complicités avec la conception schildérienne du narcissisme, ou encore dans ce qui sépare son approche de la profondeur de celle de Melanie Klein.

Nous n'allons donc pas reprendre ces analyses, mais profiter de cette confrontation pour aller plus avant dans les virtualités de la pensée de Merleau-Ponty. Au-delà des erreurs ou des malentendus, au-delà des incompatibilités entre habitus de pensée, sont ici en jeu certaines différences essentielles qui contribuent à spécifier la difficile notion de désir : la façon dont ce dernier se différencie, justement, du fantasme, ou encore du plaisir, et même de l'affect. Explorer ces différenciations délicates exigera d'autres développements, qui dépassent le cadre de cet ouvrage. Les remarques qui suivent sont donc essentiellement programmatiques.

Notre prochain volume examinera un élément essentiel à toute pensée du désir : l'imaginaire, et les liens entre imaginaire et réel [2]. À travers et au-delà de ce même thème, il étudiera la façon dont Merleau-Ponty s'achemine vers une conception de la donation en chair qui rejette le schème du remplissement pour privilégier une pensée de l'inachèvement et de l'inépuisable. Cette accentuation est l'un des plus beaux fruits de sa longue réflexion, phénoménologique et ontologique, sur la

1. N-Corps [99].

2. « Le désir vise l'imaginaire, non le fantasme. (…) Ce que Sartre n'a pas vu c'est que l'être est imaginaire (…) est transcendant. » (NTi [268]v, 20 mai 1959).

profondeur perceptive. Débordante et inépuisable, enveloppante et pénétrante, la profondeur nous comble sans nous remplir. Elle n'est jamais ce qui bouche un trou, ni ce qui montre tout ; elle espace et réunit les choses, dans une liturgie du visible et de l'invisible. Elle peut *combler* au-delà de toute attente, tout en possédant intrinsèquement une puissance de *frustration* et en orchestrant sans repos l'*adversité* des choses qui se disputent notre regard : elle a l'art de conjuguer les trois voies de croissance du désir. Elle met en valeur la capacité spécifique de la vie désirante à dépasser l'impératif typiquement pulsionnel du remplissement, dans une dynamique imaginaire paradoxale qui ne s'arrête à aucune image, ne se fige pas dans le fantasme mais transcende tout contenu, va au-delà du désir de ceci ou de cela, dépose toute détermination pour s'ouvrir à la profondeur et s'y abandonner.

Nous serons alors en mesure de comprendre à quel point interpréter la conception merleau-pontienne de l'ouverture perceptive comme refoulement, comme B. Sichère le fait dans le passage que nous venons de citer, est une singulière réduction, sinon un grave contresens. D'emblée soutenue par l'éveil de la vie désirante, cette ouverture mobilise un inconscient primordial plus originaire que l'inconscient de refoulement. On peut admettre l'insistance de la psychanalyse sur l'espace considérable des produits refoulés de la vie désirante. Mais, s'agissant du désir lui-même, il est aussi essentiel de saisir la façon dont sa situation native le place en deçà du refoulement, et d'appréhender son étonnante capacité à délivrer et dépasser tout refoulement. Le désir, « cette “recherche” de la profondeur qui dure “toute une vie” » [1], soutient peut-être tout fantasme, mais sans être en lui-même réductible à un fantasme, et sans se satisfaire d'aucun.

Ce n'est pas qu'il possède une nature spirituelle qui le placerait d'emblée dans un au-delà du corps, ou encore que la transcendance du désir se joue dans une nuit des sens ou de l'imaginaire conçue comme mise entre parenthèses du corps. Le corps est bien ce qui ne peut jamais être mis entre parenthèses [2]. Bachelard affirmait vigoureusement que l'imagination est plutôt la faculté de déformer les images que de les

1. OntoCart, p. 167/[3]v(4).

2. Les tentatives de le faire sont pourtant d'une immense diversité et parfois d'une étonnante subtilité (c'est sans doute là, pour le coup, le terrain de choix du refoulement, jusqu'à l'inévitable retour du refoulé, parce que ces tentatives sont toutes vaines). Jusqu'en philosophie. Y compris, peut-être, dans cet impératif obscur qui consiste à vouloir à tout prix séparer conceptuellement *chair* et *corps* chez Merleau-Ponty en sautant à pieds joints au-dessus de tout ce qui les relie et sans quoi il est pourtant impossible d'entendre leur différenciation.

former [1]. Merleau-Ponty poursuit à sa manière cette idée paradoxale. La nuit des sens est encore le fait de nos puissances perceptives, la nuit de l'imaginaire est encore portée par la chair. Il en va déjà ainsi avec la profondeur, que nous percevons sans *la* voir, que nous ne pouvons pas rejoindre sans les sens et sans l'imaginaire, et qui pourtant ne peut être perçue que dans le dépassement perpétuel de tout contenu sensoriel et de toute image. La vision en profondeur déploie déjà la structure transcendante du désir, sans aucun spiritualisme [2].

À l'horizon de ces voies programmatiques, il nous faudra aussi envisager la façon dont le désir échappe à l'alternative entre principe de plaisir et principe de réalité. Point parmi les plus difficiles, sans doute, et qui est lui-même en jeu dans les objections adressées à Merleau-Ponty – le reproche qui peut lui être fait de confondre ces deux principes, dans une ontologie « saturée d'affect » [3], enfermée dans « son inavouable plaisir » [4]. Il faudrait effectuer une lecture bien partielle de cette œuvre pour la réduire à « une expérience idyllique et neutralisée » [5]. La recherche de la profondeur, comme l'ensemble de la vie désirante, cheminent dans l'adversité et l'inachèvement, malgré eux et grâce à eux, et ceci contribue de manière décisive à notre prise sur le réel, à ce que Merleau-Ponty nomme « un rapport d'être ». Il ne s'agit pas de confondre principe de *plaisir* et principe de *réalité*, mais, ce qui est tout autre chose, de dégager ce qui relie le *désir* à l'*être*. D'une certaine manière, il n'y a de réel que pour celui qui désire, et pour autant qu'il désire, dans l'éventail passif-actif de sa lutte avec lui et de son consentement à sa structure, de son abandon à sa dynamique et de sa résistance à sa pression. Cette rencontre espérée et endurée, ce travail mutuel de l'être de chair et de la chair de l'être, cette opérance, signent notre lien au réel sans pour autant faire de lui un objet. S'il y avait encore un « principe », ici, ce serait

1. Cf. Gaston Bachelard, *L'air et les songes : essai sur l'imagination du mouvement*, Paris, José Corti, 1943, rééd. 1994, p. 7-8.

2. Nous n'aurions pas d'opposition de principe à qualifier cette structure de « spirituelle », si du moins nous étions assuré qu'une telle dénomination n'allait pas déclencher une avalanche de malentendus et le retour latent d'une ignorance active du corps. Dans la ligne de l'intention philosophique de Merleau-Ponty et de la façon dont son approche originale de la chair entend répondre à celle-ci, il vaut sans doute mieux qualifier cette dimension de « charnelle ».

3. B. Sichère, *op. cit.*, p. 209.

4. *Op. cit.*, p. 213.

5. *Op. cit.*, p. 209. Et ce n'est pas parce que Merleau-Ponty n'accorde pas à l'angoisse le même privilège que d'autres, qu'il s'enferme dans un érotisme illusoire. Nous montrerons ailleurs comment un certain privilège accordé à l'angoisse peut travailler en fait dans le sens d'une substitution du principe de plaisir au principe de réalité, sinon du déguisement le plus habile qui soit d'une psychologie en ontologie.

celui de la surrection – de la surrection du désir dans la satisfaction, de son insurrection dans la frustration et de sa résurrection dans l'adversité. Un principe de surexistence et de surréalité. Dans l'invisible de ses puissances oniriques, le désir est tout à la fois gestation et adhésion à un surréel qui n'est pas une seconde positivité doublant la réalité, mais le secret même de son *hic et nunc* et de son présent le plus immédiat.

c) *Perte et désir*

En continuité avec l'objection précédente, on a cru identifier chez Merleau-Ponty une ignorance de la perte, une résistance à la séparation, voire un impossible travail de deuil. « Il y a dans la dernière tentative de Merleau-Ponty comme un refus de la séparation » [1], la chair obéirait à « l'illusion d'une jouissance sans castration » [2], et l'écriture de l'*Ineinander* serait animée par cette illusion même :

> On est tenté d'entendre ce discours comme refus de la différence irréductible, de la perte, de la castration. L'échange, l'entrelacs, le « prélèvement » sur l'être brut : en définitive, rien n'est jamais « possédé », mais rien n'est jamais perdu [3]. /
>
> Dans la pensée de Freud, pour assurer le passage de l'un à l'autre, du système dominé par le principe de plaisir à celui dominé par le principe de réalité, il faut qu'intervienne la *perte de l'objet*. (...) C'est cette perte, consubstantielle au refoulement primordial et originaire, qui fonde l'inconscient, la réalité interne et externe, le sujet et l'objet. (...) Pour Merleau-Ponty l'acte d'idéation est une ponction, un prélèvement sur l'être brut, mais n'implique pas comme chez Freud cette *perte* [4].

Même si ces appréciations, à nouveau, ne sont pas d'essence purement philosophique et peuvent paraître outrancières, elles méritent notre attention et ne se laissent pas écarter du revers de la main. Une fois de plus, il faudrait rappeler d'emblée ce que nous avons souligné au début de ce chapitre : l'habitus du phénoménologue, conséquent aux exigences de son travail le plus légitime, explique déjà à lui seul ce qui est moins un « refus de la différence irréductible » qu'un souci des liens cachés, de la ressemblance efficace et de la différenciation en train de se faire. Freud avouait : « Ce qui m'intéresse, c'est la séparation [*Scheidung*] et l'organisation [*Gliederung*] de ce qui autrement se perdrait dans une

1. J.-B. Pontalis, art. cit., p. 66.

2. B. Sichère, *op. cit.*, p. 221-222. Cf. aussi Michael Hvid Münchow, « Seeing Otherwise. Merleau-Ponty's Line », *Journal of the British Society for Phenomenology*, vol. 25, n° 1, janvier 1994, p. 71.

3. J.-B. Pontalis, art. cit., p. 63.

4. A. Green, art. cit., p. 1041-1042.

bouillie originaire »[1]. Il est vrai que ce qui intéresse Merleau-Ponty trouverait presque une formulation inverse, lui qui se méfie des analyses qui démêlent et rendent inintelligible, ou encore des explications qui « détruisent le mélange dont nous sommes faits, et nous rendent incompréhensibles à nous-mêmes »[2]. Mais cette différence avec Freud est fondée, et échappe donc en partie à l'interprétation psychanalytique.

En partie seulement. Aucune notion relevant du lexique du lien n'est anthropologiquement neutre, même la terminologie logique apparemment la plus sobre (séparation, différence, division…). Merleau-Ponty le sait et l'assume dans son écriture de l'empiétement, de l'entrelacs, de l'indivision… Mais avant d'envisager les possibles lacunes de son anthropologie, voire de son geste personnel, il faut rendre raison du nécessaire refus d'une certaine perte qui soutient ce même geste : le refus, conscient et volontaire, conforme au travail et au mérite du philosophe, d'une perte de *sens*. Sans rapport direct avec la « perte de l'objet ». Ils sont ici, les fondements du « prélèvement sur l'être brut », d'un acte d'idéation conçu comme une « ponction » plutôt qu'une abstraction. Et non dans une supposée complexion personnelle dominée par le principe de plaisir. À moins d'envisager la quête de sens fondamentale à la philosophie comme symptôme, fantasme, régression… et de réduire ainsi à nouveau le transitionnel au fétiche. Contresens qui se retournerait bientôt contre toute démarche intellectuelle. Contre la psychanalyse elle-même.

Nous n'allons pas ici reprendre la façon dont la démarche intellectuelle de Merleau-Ponty est animée par la lutte contre une perte de sens dont il accuse plus d'un philosophe : cette entreprise est pour ainsi dire constante, et tout livre sur cet auteur tente de l'éclairer. Nous nous contenterons d'évoquer rapidement certains traits de cette lutte qui ne vont pas sans rappeler les habitus du psychanalyste, et qui répondent indirectement aux objections de ce dernier.

La phénoménologie de Merleau-Ponty s'affirme contre l' « ambition de tout voir » qui soutiendrait les gestes cartésien et sartrien, le fantasme d'une toute-puissance scopique qui refuse toute perte et plus encore toute latence, et reconstruit le perçu sans équivoque ni empiétement. Merleau-Ponty discerne dans l'*inspectio mentis* une forme d'intolérance de la négativité du monde perçu, notamment de ses ambiguïtés, l'incapacité à faire le deuil de la vision pure et instantanée d'un visible total.

1. Freud, lettre à Lou Andreas-Salomé, 30 juillet 1915, *in* L. Andreas-Salomé, S. Freud, *Briefwechsel*, éd. par Ernst Pfeiffer, Francfort/Main, S. Fischer, 1966, p. 35-36 ; trad. Lily Jumel, *Correspondance avec Sigmund Freud*, Paris, Gallimard, 1970, p. 43-44.

2. S(HoAdv), p. 306.

On connaît ses portraits du voyant-voyeur, en position de survol, qui déploie son regard de cyclope sur le monde et en établit une projection *partes extra partes* écrasant méthodiquement ses profondeurs ; déniant tout invisible à toute chose, il ne lui laisse que la morte nudité de l'objet placé en pleine lumière, chair blanche de la *Reinigung* projective. De sorte que le goût immodéré pour le monde de la mère dont on accuse Merleau-Ponty est d'abord à comprendre comme le souci de retrouver ce que l'intellectualiste désincarné refoule : ces latences et ces prégnances, ce dedans du dehors – à commencer par le dedans du corps et l'invisible de chaque chose, qui font la chair du monde et notre chair. L'ontologie de l'objet, du « Grand Objet », est encombrée du repli fétichiste sur une construction sans surprise, sans invisible ni imprévisible, sans autre enfance et vieillesse que l'assurance de l'éternitaire : l'objet n'a d'existence que cette pure essence qui le définit, point par point construite à l'abri des risques et des blessures du désir.

S'il reste vrai que Merleau-Ponty n'a pas dégagé la fécondité *spécifique* – anthropologique comme ontologique – de la *séparation*, sa philosophie n'est donc pas pour autant étrangère à toute dimension de perte. Si souvent critique à l'égard de la « plénitude absolue et entière positivité » de l'être sartrien, elle sait parler de la fracture du perçu (même « les objets saignent ») qui rappelle à l'homme son propre inachèvement, voire sa « blessure inguérissable ». Même glorifiée par l'expression, la chair ne cicatrise jamais, et le monde entier tourne autour du flanc ouvert de l'être humain, depuis ce hiatus originel entre l'attente illimitée de son désir et les limites imposées par un réel dont la totalité n'est jamais qu'en horizon. Notre prochain livre examinera ainsi la façon dont Merleau-Ponty, à la suite de Wallon, comprend que l'intelligence humaine ne trouve pas son accomplissement dans un rapport aux *objets* tels que nous venons de les caractériser, mais dans son endurance des *ultra-choses* – ces êtres dont la visibilité et l'accessibilité ne sont jamais totales, dont le sens n'est jamais épuisé. Êtres ambigus, toujours en partie adverses et frustrants, mais aussi lourds des profondeurs du *mystérieux* qui est seul à la mesure sans mesure du désir de l'homme. La perception déjà réussit en deçà d'une observabilité totale, qui est utopique : elle cristallise dans l'inachèvement, lequel ménage ce creux qui invite le désir pour l'habiter et ainsi enfanter une *Gestalt*. De sorte que les lacunes du monde perçu contribuent à susciter notre adhésion, ce manque n'est plus vide mais négativité opérante, prégnance.

Merleau-Ponty travaille donc l'inscription esthésiologique du consentement à une négativité de l'être qui implique bien une forme de perte. Nous ne pouvons pas percevoir sans consentir à l'absence de fond de la profondeur, à l'indéfinie fuite d'un horizon qui se retire sans cesse ; sans être agressé par la rivalité « d'un monde de choses, fourmillantes, exclusives, dont chacune appelle le regard et qui ne saurait être embrassé que moyennant un parcours temporel où chaque gain est en même temps perte » [1] ; sans être provoqué à arbitrer « leur conflit, qui fait la profondeur » [2], sans assumer les lacunes du visible et les pressions d'un invisible qui transparaît déjà. Ces composantes de l'expérience perceptive sont loin d'être neutres pour un schéma corporel entendu jusque dans les fondements de l'identité personnelle (autrement dit, compris comme inextricablement lié à l'image inconsciente du corps). Non seulement elles sont déstabilisantes, mais elles font circonstances analogiques : elles ne manquent pas de solliciter la vie désirante tout en rejoignant ses fragilités structurelles ainsi que les blessures de son histoire. La perception est déjà un mode du désir, affirme le dernier Merleau-Ponty, et l'indéfini du monde provoque perpétuellement une chair aux prises avec les lacunes de son institution et l'inépuisable de son désir.

§ 2. DÉSIR ET INTENTIONNALITÉ PULSIONNELLE : MERLEAU-PONTY LECTEUR D'*UNIVERSALE TELEOLOGIE* DE HUSSERL

L'écart qui éloigne l'approche merleau-pontienne du désir de la logique du remplissement mériterait une confrontation avec le traitement husserlien de l'intentionnalité pulsionnelle. Nous nous contenterons ici d'évoquer la lecture tardive, par Merleau-Ponty, d'un texte précis de Husserl. Notre prochain volume reviendra sur la lecture critique de Husserl faite par les derniers manuscrits, et complètera de plusieurs manières notre examen de la contestation merleau-pontienne du remplissement. Les reproches qui ont pu être faits à Husserl de ne pas penser la tension ou la force ne tiennent pas devant la réalité des textes. Comme le fait justement remarquer Bruce Bégout, « on assiste plutôt à une *multiplication* proliférante des concepts phénoménologiques qui rendent possible l'accès à la saisie intuitive d'une expérience de la force comme telle : tension (*Spannung*), effort (*Streben*), tendance (*Tendenz*), pulsion (*Trieb*) » [3]. Pour autant, Husserl anticipe-t-il, entre intentionnalité et

1. PM, p. 74.
2. *Ibid*.
3. Bruce Bégout, « Problèmes d'une phénoménologie de la sexualité : intentionnalité pulsionnelle et pulsion sexuelle chez Husserl », in *Phénoménologie et psychanalyse :*

désir, le même rapprochement que Merleau-Ponty ? Plusieurs études récentes tendent à confirmer la pertinence de cette interrogation [1]. Chez le dernier Husserl, il semblerait que « le mouvement de la vie le plus originaire s'identifie au mouvement pulsionnel », que la pulsion devienne dans la philosophie génétique « la forme originaire de l'intentionnalité, ce qui relativise le primat de l'acte objectivant » [2]. L'intentionnalité, dans les années trente, se dit « moins en terme de regard que de force », « l'être-dirigé-vers pulsionnel est moins la trajectoire du regard que le dynamisme d'une force qui arrache le sujet pulsionnel à lui-même » [3]. Et le plus significatif « n'est pas que Husserl accorde à l'instinct l'intentionnalité, mais à l'inverse que l'intentionnalité se voit maintenant définie par la pulsion » [4].

La *Phénoménologie de la perception* suggérait que le mouvement latent des analyses husserliennes s'orientait dans une voie où la transcendance et l'existence semblaient finalement l'emporter sur le schème de la constitution [5]. Mais Merleau-Ponty, quinze ans plus tard, alors qu'il vient de prendre connaissance de l'inédit *Universale Teleologie*, fait paradoxalement machine arrière. Son cours sur Husserl regrette que ce dernier n'ait pas abandonné une philosophie de la constitution [6]. Au même moment, la dernière note de travail évoquant le thème de l'intentionnalité se fait plus sévère encore, et déplore que « toute l'analyse husserlienne » demeure « bloquée par le cadre des *actes* que lui impose la philosophie de la *conscience* », dans « une ontologie qui assujettit tout ce qui n'est pas rien à se *présenter* à la *conscience* à travers des *Abschattungen* et comme dérivant d'une donation originaire qui est un *acte* » [7]. La contradiction des appréciations de 1945 et 1960 reflète en partie une tension propre à Husserl lui-même. « D'une manière générale, qu'il s'agisse de l'affection, de la vie ou de l'inconscient, c'est toujours l'autre de la conscience que nous avons essayé de saisir sous le terme de passivité. À chaque fois, nous avons dû faire face à une tension irréductible » [8]. En effet, d'un côté, la

étranges relations, colloque des 3 et 4 mars 1995, publ. sous la dir. de Jean-Claude Beaune, Seyssel, Éditions Champ Vallon, 1998, p. 41.

1. Cf. notamment Anne Montavont, *De la passivité dans la phénoménologie de Husserl*, « Épiméthée », Paris, P.U.F., 1999, et Bruce Bégout, *La généalogie de la logique. Husserl, l'antéprédicatif et le catégorial*, Paris, Vrin, 2000.

2. A. Montavont, *op. cit.*, p. 278.

3. *Ibid.*

4. *Ibid.*

5. Cf. PhP, p. 141 et 478.

6. Cf. Huss, p. 64/[109](16[quinto]), 1960.

7. NT, p. 297-298, avril 1960.

8. A. Montavont, *op. cit.*, p. 273.

subjectivité « n'est plus enfermée dans la claire conscience de soi puisqu'elle fait place à une vie opaque et passive qui ne peut se réfléchir dans sa totalité » [1]. Mais de l'autre,

> Husserl s'interdit de penser une passivité originaire, c'est-à-dire irrécupérable par une activité ultérieure, puisqu'il dispose d'un modèle téléologique qui fait réapparaître la raison sous la forme d'une idée à l'infini : le modèle leibnizien de la monadologie recouvre la découverte d'un inconscient originaire, co-originaire à la conscience. L'inconscient reste une « représentation » inconsciente ; l'affection reste prisonnière de la corrélation noético-noématique ; la vie débordante se voit retenue par un idéal scientifique. Plus généralement, la passivité reste subordonnée à l'actualité qui définit en dernière instance l'*ego* [2].

Merleau-Ponty, quant à lui, sort de ce qui serait une alternative entre passivité et activité. La chair n'est pas une instance passive, et l'inconscient (terme si mal formé) n'est pas l'autre de la conscience. Dans la chair, le circuit de l'incorporation donne parfois lieu à des états conscients, le schéma corporel boucle par moments en effets de miroir. Ceux-ci ne sont pas les phases de réveil d'une conscience endormie dans un pré-moi, ils ne sont que les reflets d'un être vivant total qui est bien moi. Le reflet est effectivement celui de Narcisse, mais l'erreur serait de l'interpréter comme un reflet total qui livre avec transparence et exhaustion l'être même de Narcisse. Elle serait, plus encore, d'oublier son statut pour l'identifier avec Narcisse lui-même.

D'après Anne Montavont et Renaud Barbaras [3], Husserl ne respecte pas jusqu'au bout le caractère *originaire* de l'*Ur-Instinkt*, dans la mesure où il réinscrit ce dernier dans un schéma *téléologique* d'ensemble consistant à projeter la fin dans l'origine sous une forme latente, et à interpréter la facticité elle-même comme une préfiguration de la constitution de l'objet de connaissance. Par le recours à la téléologie, Husserl tend à étouffer le pouvoir déstabilisant de ses découvertes, qui étaient susceptibles d'ébranler les bases mêmes de sa recherche. Ainsi présenté, ce geste s'apparente au scénario par lequel Merleau-Ponty relit l'entreprise cartésienne – à tel point que l'on peut se demander si cette

1. *Ibid.*

2. *Ibid.* Cf. aussi p. 271 : « D'un côté, Husserl renverse la définition traditionnelle du sujet, en redonnant tous ses droits à la sensibilité (…). Mais de l'autre, Husserl redonne également tous ses droits à la raison détrônée : celle-ci se cache déjà à l'état latent dans l'instinct le plus originaire, le plus indéterminé, indiquant par là à la constitution la direction à prendre, l'idéal à atteindre. La raison qu'on croyait désabsolutisée réapparaît sous la forme d'une idée à l'infini, d'autant plus puissante qu'elle commande tout l'édifice. »

3. R. Barbaras, *Le désir et la distance. Introduction à une phénoménologie de la perception*, Paris, Vrin, 1999. Cf. notamment p. 134-141.

interprétation de Husserl n'est pas en partie influencée par la lecture de Merleau-Ponty. En cultivant une compréhension téléologique de la constitution du monde, Husserl transcendantaliserait la facticité elle-même et manquerait le sens propre de la chair, le sens qu'est et qu'institue de lui-même le corps vivant [1]. Devant le vertige d'une donation impure, « contaminée par l'empirique », Husserl peut donner l'impression de résoudre le problème par un « tour de force » qui consiste « à transcendantaliser ce monde de l'empirie au moyen d'une réduction radicalisée, au lieu de l'accepter dans sa facticité » [2]. L'homme comme le monde sont « repris à l'intérieur d'une téléologie universelle », et ne sont « rien d'autre que le but visé par ce développement infini » [3]. Ainsi, plutôt que de redonner ses droits au donné, Husserl préférerait élargir ceux du constituant. Au final, face à la passivité foncière qu'il a pourtant le mérite de dégager,

> Husserl répond par un hypertranscendantalisme (...) et par l'affirmation du primat du moi qui récupère même ce qui par principe lui est radicalement étranger, à savoir la facticité originaire qu'il « est ». (...) Il semble bien que Husserl ait finalement réduit cette facticité irréductible qu'il avait pourtant su mettre au jour, refermant par là la voie inédite qu'il avait pourtant ouverte [4].

Cette analyse percutante est néanmoins encore marquée par le cadre dans lequel elle s'exprime, et comporte quelques présupposés non interrogés : pourquoi la facticité originaire que je suis serait-elle radicalement étrangère au primat du moi ? Peut-on encore opposer si fermement l'empirique et le transcendantal ? La philosophie de Merleau-Ponty tend

1. « C'est finalement devant le sens du corps (*Leib*) que Husserl recule, plus exactement devant la présence même du sens, son jaillissement en deçà de l'acte qui le donne. C'est cela la passivité corporelle : la donation d'un sens vivant avant sa reprise objectivante ; un sens d'avant tout sens noématique, c'est-à-dire un sens irréductible, marquant les limites de la réduction, non pas un sens qui serait dans les choses que nous percevons, mais un sens que nous serions dans notre corps. Or ce corps originaire est rattrapé dans la phénoménologie husserlienne par l'acte objectivant. En effet si ce qui détermine le sens d'un vécu, c'est son rapport à tel ou tel objet, quel sens accorder alors aux intentions pulsionnelles sans objet ? La seule solution ne consiste-t-elle pas à replacer le sens charnel que nous sommes sous un horizon d'objectivité, c'est-à-dire à faire de l'absence d'objet un objet encore indéterminé dont l'indétermination appelle une détermination ultérieure de plus en plus précise ? Ce faisant, l'originalité du sens charnel se transforme en l'inauthenticité d'une intention encore sans objet : si Husserl a bien vu que nous vivons d'abord en nous incarnant, il reste ici prisonnier d'une conception de la vérité comme objectivité qui empêche cette vie incarnée de prétendre à une quelconque autonomie. » (A. Montavont, *op. cit.*, p. 271-272).

2. A. Montavont, *op. cit.*, p. 282.

3. *Ibid.*

4. *Op. cit.*, p. 282-283.

à sortir de ce cadre conceptuel. Sa perspective n'est pas d'accepter tel quel un monde de l'empirie, ni de redonner ses droits au donné, car il n'y a pas de pur donné ni de purs faits, du moins sans qu'il n'y ait déjà une institution mienne dans et par le don de ma chair. La chair et son sens propre sont les horizons de la réduction telle que la pratique Merleau-Ponty, qui le conduit à souligner combien « notre être transcendantal et notre être empirique sont l'envers et l'endroit l'un de l'autre » [1]. Sa philosophie a voulu inaugurer, « entre réflexion *a priori* et empirisme, une réflexion sur les contenus, une philosophie sur les faits » [2], les « faits primitifs » qui sont ceux de la chair [3]. Elle conduit ainsi au co-fonctionnement de ma chair dans la chair du monde qui précède mes états conscients et qui est déjà moi. La conscience n'existe pas comme une instance positive, substantive, mais doit être reconnue comme essentiellement adjectivée : au sens strict on ne peut plus parler de *la* conscience, mais seulement d'états conscients, d'un jeu de miroir qui ne s'autonomise qu'en perdant son efficace propre [4].

Husserl parle sans véritable distinction de pulsion (*Trieb*) et d'instinct (*Instinkt*). Lorsqu'il se tourne vers les vécus affectifs qui appartiennent « à la sphère du désir et du vouloir », il constate que le désir ne paraît pas « exiger une relation consciente à une chose désirée » [5], et de ce fait le ramène à une « obscure tendance ou pulsion », tendance et pulsion qui font partie de la sphère des « instincts naturels ». Freud, de son côté, insiste sur ce qui sépare sa conception de la pulsion de l'approche habituelle de l'instinct. Merleau-Ponty, enfin, se revendiquant à ce sujet de Freud et non de Husserl, ne parle ni d'instinct, ni de pulsion, mais de désir. Cette situation terminologique ne suffit pas à dessiner des écarts de conception, et la comparaison demeure limitée tant sont différents, par exemple, les horizons respectifs du fondateur de la phénoménologie et du fondateur de la psychanalyse. Mais ces diverses approches communiquent dans la question de donner, ou non, un sens autonome à la chair, et divergent dans leurs tentatives de description des forces qui nous animent. Si la conception merleau-pontienne du désir ne relève pas d'un regard téléologique, elle reste aussi étrangère, nous l'avons vu, à la dynamique décompressive de la pulsion freudienne. Un trait que tend à partager, par ailleurs, la conception husserlienne de la pulsion. En deçà de l'éclairage téléologique,

1. VI2, p. 88. Cf. aussi PhilAuj2, p. 380/[61]v(37bis), 83/[24]v(37ter).

2. MSME, p. 94/[62](VI5).

3. Cf. *Vers une ontologie indirecte*, *op. cit.*, chap. II, § 2, p. 69 *sq*.

4. Cf. « Conscience et expression », notre avant-propos à l'édition du cours sur *Le monde sensible et le monde de l'expression*, Genève, MétisPresses, 2011, p. 7-37.

5. Husserl, *Ve Recherche logique*, § 15, cité par Bruce Bégout, art. cit., p. 49.

Husserl insiste en effet sur la satisfaction comme résolution de la pulsion [1]. Le couple tension/satisfaction est d'ailleurs sous-jacent au couple intention/remplissement qui structure son approche de l'intentionnalité. Un texte « pré-phénoménologique » de 1893 porte à ce sujet un titre particulièrement suggestif : « Intérêt (tension) et satisfaction (résolution). À la racine du couple de concepts : intention-remplissement » [2]. L'intentionnalité serait elle-même soutenue par la dynamique de la pulsion comme « faim indéterminée » (*unbestimmte Hunger* [3]) : tension née d'un manque, elle ne se relâchera que dans la satisfaction éprouvée en présence de l'objet même, elle recherche sa propre annulation dans le remplissement de son manque et le soulagement de sa tension.

> Husserl n'omet pas de remarquer que cette conscience intentionnelle engendre *eo ipso* un « *Gemütsaffekt* » [4], un affect particulier de la conscience. Celui-ci n'est autre qu'un *sentiment négatif* d'insatisfaction et de vide. Et c'est dans cette conscience de manque que le caractère dynamique de l'intention trouve son origine véritable. L'intention elle-même n'est que l'expression d'un « sentiment d'insatisfaction » [5]. De ce fait, l'intentionnalité ne signifie pas le simple fait d'être tourné vers un objet, mais le *mouvement* même de l'intention qui se dépasse elle-même et cherche continûment à s'annuler dans l'intuition remplissante. (...) Intentionner signifie alors accomplir le passage de la gêne à la satisfaction, du manque à la plénitude, de l'étrangèreté à la familiarité [6].

Trouverait-on ici quelque proximité avec l'intentionnalité motrice et désirante de Merleau-Ponty ? Ce dernier ne cherche pas à dégager une doublure affective de l'intentionnalité de la conscience, mais à relire l'intentionnalité comme axe de l'existence (l'arc intentionnel, le mouvement d'existence, l'intentionnalité qui fait l'unité de notre vie [7]). Et la tension qu'il découvre en elle n'est jamais décrite comme ayant une

1. « La *Triebintentionalität*, l'intentionnalité de pulsion n'est en définitive que ce mouvement irrépressible de remplissement progressif de l'intention dont le but ultime est la pleine satiété intuitive. (...) la pulsion est le plus souvent pensée sur le mode d'un remplissement (*Erfüllung*) irrépressible. La pulsion a en horreur le vide de l'intentionnalité, qu'elle ne cesse de chercher à combler. » (Laurent Perreau, « Phénoménologie husserlienne et métapsychologie freudienne : La pulsion et l'inconscient », *Alter*, n° 14, 2006, p. 24).

2. Appendice II aux *Études psychologiques pour la logique élémentaire*, traduit par J. English dans *Husserl-Twardowski, sur les objets intentionnels*, Paris, Vrin, 1993 ; cité par Bruce Bégout, art. cit., p. 43-44.

3. « Universale Teleologie », *Hua XV*, n° 34, p. 593, l. 20.

4. *Hua XXII*, p. 295.

5. *Hua XXII*, p. 293.

6. Bruce Bégout, art. cit., p. 45.

7. Cf. *Le scénario cartésien*, *op. cit.*, chap. V.

vocation décompressive. Non seulement une telle caractérisation est absente de sa conception, mais il reproche à Husserl et à Sartre leur soumission à la logique de l'*Erfüllung*. La perception, martèlent les manuscrits tardifs, n'attend pas l'*Erfüllung* pour réussir, elle cristallise malgré et grâce à son insatisfaction devant l'inachèvement du visible [1]. Elle ne vit pas la donation en chair comme le remplissement d'une intention vide, mais comme co-don (diversement conjugué par Merleau-Ponty, depuis la *Phénoménologie de la perception*, en « communion », « accouplement », « prégnance » et « co-naissance »), vibration commune de la profondeur du visible et de la profondeur du voyant, compassion des lacunes de la chair et de celles de l'être.

Début 1960, Merleau-Ponty prend connaissance du manuscrit husserlien E III 5, daté de septembre 1933 et intitulé *Téléologie universelle* [2]. Husserl y émet l'hypothèse d' « une intentionnalité pulsionnelle universelle » [3], et avance l'idée audacieuse que « la primordialité est un système pulsionnel » [4]. Cherchant à décrire plus précisément l'intentionnalité pulsionnelle, Husserl la découvre à l'œuvre dans la « faim sexuelle » (*Geschlechtshunger*), qui trouve son mode de remplissement dans la copulation [5]. Si cette intentionnalité n'est pas objectivante, et ne repose pas sur une thématisation d'autrui, elle traverse néanmoins et est en retour traversée par l'intentionnalité corrélative qui existe chez l'autre : la faim sexuelle ne vise ni une personne ni une chose, mais croise une autre faim, une autre pulsion [6]. Cette croisée des pulsions signifie-t-elle pour autant que la pulsion sexuelle engage un désir du désir de l'autre ? L'inédit husserlien, dans ses aspects audacieux, peut nous entraîner à un commentaire métaphorisant qui déborderait la rigueur propre du texte. Husserl ne parle pas de *désir* mais de *faim*, il ne parle pas de communion des désirs mais de la rencontre de deux faims,

1. Cf. notre article « “Voir, c'est imaginer. Et imaginer, c'est voir.” Perception et imaginaire chez Merleau-Ponty », *Chiasmi International*, n° 14, Paris - Milan - Penn State University, Vrin - Mimesis - Penn State University, 2013, p. 257-280.

2. Manuscrit traduit en italien et publié en 1960 par Enzo Paci dans le numéro consacré à « Tempo e intenzionalita » de l'*Archivio di filosofia*. « Universale Teleologie. Der intersubjektive, alle und jede subjekte umspannende Trieb transzendental gesehen. Sein der monadischen Totalität » (Schluchsee, septembre 1933), *Hua XV*, n° 34, p. 593-597 (noté UT). « Téléologie universelle », trad. J. Benoist, *Philosophie*, n° 21, 1989, p. 3-6 (noté TU). Dans le cadre de sa publication de 1960, Enzo Paci livre aussi un commentaire de cet inédit, traduit par Renaud Barbaras : « La téléologie universelle chez Husserl », *Epokhè*, n° 3, 1993, p. 241-246.

3. TU, p. 4 ; UT, p. 595, ll. 4-5.

4. TU, p. 4. « Die Primordialität ist ein Triebsystem » (UT, p. 594, l. 28).

5. Cf. UT, p. 593, ll. 29-30.

6. Cf. UT, p. 594, ll. 4-6 : « ... der je in den Anderen hineinreicht und seine Triebintentionalität durch die korrelative im Anderen hindurchreichen hat. »

et n'évoque pas directement l'*Ineinander* de deux personnes mais l'*Ineinander* des remplissements de leur pulsion respective [1]. Husserl distingue par ailleurs de manière claire la *sexualité*, comme pulsion et faim, de l'*amour* ; ou encore, la communauté sexuelle, de la communauté d'amour. Selon lui, l'amour nécessite la durée et vit de la durée ; il est un pur « effort » (*Streben*), un « acte personnel et volontaire » [2], une « décision volontaire » qui vise un but défini. Il se réalise institutionnellement dans la mise en commun d'acquis spirituels et matériels, et dans la « fondation volontaire » du mariage [3]. Cette persévérance, cette rigueur et ce volontarisme, pour le même Husserl, sont par nature absents de la pulsion sexuelle, laquelle appartient aux « instincts naturels » qui se font en moi plus que je ne les fais, jusqu'à se jouer de moi. La faim sexuelle non seulement ne vit pas de la durée mais, comme la faim ou plutôt puisqu'elle est une faim, subit la durée, jusqu'à la « détresse de la faim » (*Hungersnot*) et jusqu'au comportement pathologique.

La faim sexuelle appelle une commune satisfaction remplissante, une jouissance à deux. Cette communauté, dit Husserl, induit une « unification corporelle » [4] (*körperliche Einigung*), une corporéité unique (*Körperlichkeit*) de deux corps vivants (*Leiben*). Mais cette communauté d'assouvissement ne réalise pas, d'elle-même, une communauté de vie ou une communion existentielle. Elle débouche sur une unification corporelle dans la *Kopulation*, et cet accouplement des *corps* ne doit bien entendu pas être confondu avec l'appariement (*Paarung*) de moi et d'*autrui* – confusion vers laquelle Merleau-Ponty, nous l'avons vu, tend à nous conduire [5]. La réussite de la pulsion est et demeure son propre remplissement, et non l'institution d'une communauté, d'une coexistence au sens merleau-pontien. Husserl ne passe pas directement de la communion des corps à l'*Ineinander* des monades, à la différence de Merleau-Ponty qui tend à intégrer les deux, tout en les comprenant autrement. L'*Ineinander* des monades est établi dans l'universalité de l'intentionnalité pulsionnelle, et dans une téléologie universelle. Comme le fait justement remarquer Enzo Paci, l'intentionnalité est pulsionnelle « avant d'être volonté rationnelle », mais elle l'est « dans le moment même où elle fonctionne comme idéal rationnel » [6]. La communauté

1. TU, p. 3. « … das Ineinander der Erfüllungen… » (UT, p. 594, ll. 7-10).
2. *Hua XV*, p. 600.
3. Cf. *Hua XV*, p. 511.
4. *Hua XV*, p. 602.
5. Au sujet de la *Paarung* chez Husserl et de sa relecture par Merleau-Ponty, cf. *supra*, chap. II, §§ 2 et 3, p. 138-161.
6. « La téléologie universelle chez Husserl », art. cit., p. 242.

corporelle dans l'assouvissement de la faim sexuelle n'est intégrée à la communauté personnelle que parce que la vie monadique totale « est toujours sur la voie de la conscience de soi – et donc dans un procès téléologique » [1]. L'intentionnalité pulsionnelle ne trouve finalement sa « primordialité » que par sa projection dans le futur comme *telos* [2]. C'est le *telos* qui est ici *opérant*, non le désir – à la différence, radicale, du désir merleau-pontien.

La lecture de l'inédit *Universale Teleologie* [3] est à l'évidence, un peu plus d'un an après le travail de la troisième partie de la *Krisis*, l'occasion d'un nouveau départ pour la figure de l'*Ineinander* chez Merleau-Ponty. Mais le philosophe sort aussitôt cette figure de son strict contexte pour l'associer à la thématique schildérienne de l'intrication des schémas corporels et, plus largement, à la thématique psychanalytique de l'incorporation [4]. Husserl évoque furtivement, ici l'*Ineinander* des intentionnalités pulsionnelles, ailleurs l'*Ineinander* des monades [5] ; Merleau-Ponty surdétermine et unifie ces deux usages, en passant du corps au schéma corporel, en passant de la pulsion comme poussée vers sa propre satisfaction, au désir comme incorporation et compréhension charnelle d'autrui. Il retient un motif précis d'*Universale Teleologie*, « l'*Ineinander* des remplissements » [6], qu'il traduit aussitôt en « copulation comme *Erfüllung* unique de deux désirs », avant de généraliser ce motif : il ne s'agit plus pour lui d'une pulsion régionale (la pulsion de *Kopulation*, que Husserl, par exemple, distingue nettement de la pulsion procréatrice) mais de la sexualité comme dimension intégrale, « structure

1. E. Paci, art. cit., p. 243.

2. E. Paci résume parfaitement cette inscription de l'*originaire* dans le *telos*, qui interprète en dernière instance tout ce qui n'est pas le *Cogito* comme un *pré-Cogito* : « Conformément à ce qui précède, l'originaire peut comporter trois aspects : il est la conscience de soi rationnelle en laquelle "l'origine" se présente comme vie évidente, dans sa présence vivante et actuelle ; il est la vie originaire antérieure à la présence évidente actuelle, vie originaire qui se révèle à moi telle qu'elle était en une "origine" qui sombre dans le passé et que je conserve en moi, même si elle est en partie oubliée ; enfin, étant entendu que la réduction n'est pas totale et que je ne peux en épuiser le fond originaire, cette inépuisabilité, cette incomplétude, ce manque se projettent dans le futur comme *telos*, *telos* qui, à son tour, est potentiellement et implicitement inné et opérant, fonctionnant dans le passé et le présent, tout comme il sera opérant dans le futur. L'originaire est soit la *Lebenswelt*, soit la raison ; soit l'implicite encore dissimulé qui fonctionne comme anonymité, soit sa conscience individuée ; soit le *Cogito* soit le *pré-Cogito*. » (art. cit., p. 242).

3. On en trouve la trace, toujours implicite, de janvier à mars 1960, dans les références suivantes : NT 281 (janv.), NT 286 (janv.), NTi [336] (fév.), NT 291 (fév.), N-Corps [85]v(4) (mars), Natu3 350/[75]v (mars). Cf. aussi NLVIàf3 [181] (nov. 1960), et S(Préf) 24 (fév. et sept. 1960).

4. Cf. *supra*, chap. II, § 1, p. 118 *sq*.

5. Cf. UT, p. 593 l. 9, p. 594 l. 9, et p. 595 l. 11.

6. UT, p. 594, l. 9.

ontologique » amorcée « dès le principe », dès les premiers déploiements de la chair dans l'incorporation enfantine (Husserl, cela va sans dire, ne généralisait pas la pulsion de *Kopulation* à l'enfant). C'est elle, la « dimensionnalité primordiale » : cette intentionnalité intérieure à l'être où deux schémas corporels se prennent l'un l'autre pour un seul, où une chair devient tout ce qu'elle est en co-naissant (avec) une autre chair.

> Nous cherchons à présenter structure ontologique. (...) C'est la sexualité qui est *la Gestalt* par excellence de cette vie du désir. (...) Sexualité comme dimensionnalité. (...) Il y a préscience sexuelle comme préscience sensorielle. Ce que nous nions c'est que ce soit ou entéléchie, ou force motrice aveugle d'inquiétude. C'est dimensionnalité primordiale : *i. e.* dès le principe la copulation comme *Erfüllung* unique de deux désirs, *i. e.* deux corps se prenant l'un l'autre pour un seul est en filigrane dans l'incorporation enfantine parce que l'enfant est à la fois tout ce qu'il est. Et cela (sans aucun « spiritualisme ») est absolument inconcevable hors de corps animés, ou de corps qui ne présenteraient pas les structures de promiscuité ci-dessus : car alors on aurait, non pas union sexuelle mais deux plaisirs solitaires... [1]

Selon son habitude, Merleau-Ponty annexe ainsi *Universale Teleologie* à sa propre pensée. À la fin des années trente, sa première réception de Husserl était déjà orientée par un projet préexistant, dirigé contre Brunschvicg, nourri de la psychologie de la forme, mais aussi des philosophies de Marcel et Scheler. À l'époque des cours en Sorbonne, sa relecture de Husserl était à nouveau déformée, notamment par le travail de Wallon et Lacan [2]. À la fin des années cinquante, sa dernière lecture est encore mêlée d'apports étrangers qui influencent directement sa conception de la chair, en particulier Schilder et Klein. De l'une à l'autre de ces phases, Merleau-Ponty progresse dans ce qu'il a par endroits nommé une « métaphysique de la sexualité » [3], à ses yeux nécessaire pour comprendre « comment une vie peut entrer dans une autre vie ou celle-ci la recevoir » [4]. L' « amour physique », insiste le philosophe, soucieux d'expliciter sa propre version du « pansexualisme », est « intéressé dans toute opération humaine » et « y apporte sa contribution, son poids, son volant » ; il est « le symbolisé universel » parce qu' « il symbolise lui-même au plus haut point l'incarnation, la corporéité, le

1. N-Corps [85](3)-[85]v(4), feuillets utilisés pour la préparation du cours du jeudi 31 mars 1960.

2. Cf. *supra*, chap. II et III.

3. PbPassiv, p. 246/[258](3).

4. PbPassiv, p. 246/[258]v(4).

rapport charnel avec autrui »[1] – « un rapport à l'être »[2]. Et ceci, pour Merleau-Ponty, « n'est cependant pas un spiritualisme : nous ne *réduisons* pas sexualité à conscience (...). La sexualité a signification métaphysique, mais la métaphysique n'est pas un au-delà du corps »[3].

Cherchons à voir, demandait d'emblée le chapitre de sa thèse consacré au *Corps comme être sexué*, cherchons à voir comment un être se met à exister *pour nous* « par le désir ou par l'amour », et nous comprendrons mieux par là comment des êtres peuvent exister *en soi*[4]. Les pages correspondantes de la *Phénoménologie de la perception* anticipaient l'évolution future de Merleau-Ponty, en annonçant la radicalité de sa conception du désir, à la fois irréductiblement sexué et irréductiblement ontologique, porteur d'un sens qui ne relève pas d'un *telos*, mais qui est le sens d'une existence, et de *telle* existence[5]. Quinze ans plus tard, la préface de *Signes* contient les dernières remarques sur le désir publiées par Merleau-Ponty. « L'Être est là à portée de la main, il n'est que de le délivrer du règne des vieillards et des riches. Désirez, soyez insatiables... »[6]. Il ne s'agit plus vraiment de voir comment un être se met à exister *pour nous* par le désir pour mieux comprendre, par ailleurs, comment il peut exister *en soi* : cette distinction, qui relève encore d'une ontologie objectiviste, semble dépassée pour une pensée du désir comme expérience de l'être – en lui, *quoad nos* et *per se* se retrouvent brouillés. « Il n'y a rien de plus profond que l'expérience qui passe le mur de l'être. (...) Ceux qui vont par la passion et le désir

1. *Ibid.*

2. « De là sens légitime des interprétations freudiennes (...). Non sexualité comme sens vrai de toute la vie, mais la vérité de la sexualité est métaphysique = non d'un contenu, mais d'un rapport à l'être. » (PbPassiv [133](20)/NP).

3. Conclusion du cours inédit sur les *Fondements de la Psychologie*, FP4. Cf. *supra*, chap. IV, § 1, p. 206 *sq*.

4. Cf. PhP, p. 180.

5. « On devine ici un mode de perception distinct de la perception objective, un genre de signification distinct de la signification intellectuelle, une intentionnalité qui n'est pas la pure "conscience de quelque chose". La perception érotique n'est pas une *cogitatio* qui vise un *cogitatum* ; à travers un corps elle vise un autre corps, elle se fait dans le monde et non pas dans une conscience. (...) Il y a une "compréhension" érotique qui n'est pas de l'ordre de l'entendement puisque l'entendement comprend en apercevant une expérience sous une idée, tandis que le désir comprend aveuglément en reliant un corps à un corps. (...) Nous redécouvrons à la fois la vie sexuelle comme une intentionnalité originale et les racines vitales de la perception, de la motricité et de la représentation en faisant reposer tous ces "processus" sur un "arc intentionnel" qui fléchit chez le malade et qui chez le normal donne à l'expérience son degré de vitalité et de fécondité. La sexualité n'est donc pas un cycle autonome. Elle est liée intérieurement à tout l'être connaissant et agissant... » (PhP, p. 183-184).

6. S(Préf), p. 46, fév. et sept. 1960.

jusqu'à cet être savent tout ce qu'il y a à savoir » [1]. Le primat de la perception aurait-il cédé la place à un primat du désir, n'aurait-on pas dû s'attendre plutôt à un « ceux qui vont par la perception jusqu'à l'être savent tout ce qu'il y a à savoir... » ? Pour Merleau-Ponty, il n'y a pas là incohérence, ni même hésitation, mais deux formulations secrètement convergentes.

L'association intime entre perception et désir trouvait déjà un exemple privilégié dans celui par lequel *L'homme et l'adversité* inaugurait la figure du chiasme : la rencontre de deux regards. Ce n'est pas un hasard si la préface de *Signes* reprend le même exemple avec, au passage, un dernier écho de la lecture d'*Universale Teleologie*, une ultime déformation de l'approche husserlienne, et, comme toujours, une critique de Sartre :

> Que sera-ce quand l'un d'eux va se retourner sur moi, soutenir mon regard et refermer le sien sur mon corps et sur mon visage ? Sauf si nous recourons à la ruse de la parole, et mettons en tiers entre nous un domaine commun de pensées, l'expérience est intolérable. Il n'y a plus rien à regarder qu'un regard, celui qui voit et ce qui est vu sont exactement substituables, les deux regards s'immobilisent l'un sur l'autre, rien ne peut les distraire et les distinguer l'un de l'autre, puisque les choses sont abolies et que chacun n'a plus à faire qu'à son double. Pour la réflexion, il n'y a là encore que deux « points de vue » sans commune mesure, deux *je pense* dont chacun peut se croire vainqueur de l'épreuve, puisque, après tout, si je pense que l'autre me pense, ce n'est encore là qu'une de mes pensées.

Mais cette même réflexion est justement aveugle :

> La vision fait ce que la réflexion ne comprendra jamais : que le combat quelquefois soit sans vainqueur, et la pensée désormais sans titulaire. Je le regarde. Il voit que je le regarde. Je vois qu'il le voit. Il voit que je vois qu'il le voit... L'analyse est sans fin, et si elle était la mesure de toutes choses, les regards glisseraient indéfiniment l'un sur l'autre, *il n'y aurait jamais qu'un seul cogito à la fois*. Or, bien que les reflets des reflets aillent en principe à l'infini, la vision fait que les noires issues des deux regards s'ajustent l'une à l'autre, et qu'on ait, non plus deux consciences avec leur téléologie propre, mais deux regards l'un dans l'autre, seuls au monde. Elle esquisse ce que le désir accomplit quand il expulse deux « pensées » vers cette ligne de feu entre elles, cette brûlante surface, où elles cherchent un accomplissement qui soit le même identiquement pour elles deux, comme le monde sensible est à tous [2].

1. S(Préf), p. 31.
2. S(Préf), p. 24.

Non plus deux consciences avec leur téléologie propre, mais deux regards l'un dans l'autre. Étranger à la juxtaposition de contenus de conscience comme à la fusion d'états de plaisir, l'*Ineinander* du désir chemine dans l'échange chiasmatique de deux regards, deux désirs en voie de s'accomplir dans la perception et l'expression. La communication de deux remplissements reste une affaire de partage ou d'addition, tandis que la communion du désir implique la vibration commune de deux recherches : Merleau-Ponty ne parle pas de remplissement mais d'expulsion vers une brûlure commune, vers l'ardeur d'une même tension. Nous nous lions à autrui dans une communion de nos lacunes opérantes et non dans une juxtaposition de nos jouissances replètes. La logique de la satisfaction par remplissement, instruite dans une séparation de l'activité et de la passivité, tend à induire une conception de la paix supposant la fin de la lutte, une conception du repos supposant la fin du désir. Or, la grande affaire du désir n'est pas le repos des guerriers, la fin de mon désir en poser-contre avec la fin du désir d'autrui. Elle est son rayonnement plénier, ce que Merleau-Ponty nomme avec justesse son « accomplissement », dans sa rencontre du désir de l'autre et leur redoublement mutuel. Comme le feu, le désir s'accomplit dans sa propagation, dans l'extension de sa tension jusqu'à cette simultanéité ontologique qui commence avec le mystère du sensible.

§ 3. DÉSIR ET CHAIR DU MONDE. BILAN ET PERSPECTIVES (I)

a) *La « chair du monde », notion ultime et problématique*

Nous avons affronté au début de ce chapitre les objections de type psychanalytique faites par divers commentateurs. Ces analyses critiques trouvent sans doute leur pertinence maximale dans l'environnement ultime de la « “chair” maternelle et sécurisante du monde » [1]. « Chair du monde » : l'expression est très tardive, peut-être transitoire, sans doute problématique. Rien ne dit que Merleau-Ponty aurait persévéré dans cette tentative, et certains éléments nous laissent penser que ce concept n'était pas en mesure de rendre compte de l'ensemble de ses directions de travail ultimes. Quelle est donc la place de la chair du monde dans l'économie de l'ontologie de Merleau-Ponty ? Texture imaginaire du réel, cet être onirique est-il à la taille même de l'être, l'être serait-il la chair du monde ? Une telle coextensivité pose question. Si le titre *Être et Monde* a un sens, c'est bien qu' « être » et « monde » ne sont pas

1. B. Sichère, *op. cit.*, p. 208.

substituables, et la notion de « chair du monde » joue sans doute un rôle décisif dans cette différenciation conceptuelle entre *monde* et *être*. Peut-être joue-t-elle aussi un rôle décisif, si l'on pense à l'autre titre ultime envisagé par Merleau-Ponty pour le même ouvrage, dans la différenciation entre *visible* et *invisible*. Avec une interrogation pressante à la clef : suffit-elle à ces différenciations ? Et Merleau-Ponty ne forgeait-il pas, au même moment, d'autres outils philosophiques pour ces mêmes différenciations ?

Autant dire qu'aborder la « chair du monde » nous plonge au cœur du chantier des derniers manuscrits, et aiguise leur inachèvement. Cette plongée s'effectue dans une grande continuité avec nombre de lignes de sens essentielles qui cheminent depuis longtemps dans la réflexion de Merleau-Ponty. Les textes tardifs sur la chair sont encore palpitants des apports de la neurologie, de la psychologie du développement et de la psychanalyse, tout en frayant les directions essentielles ultimes de son ontologie phénoménologique. La chair du monde fait ainsi converger la plupart des thématiques abordées au fil des trois sections du présent ouvrage. Mais, comme nous allons le voir, l'analyse de cette notion ouvre aussi comme jamais la nécessité d'une suite. Un autre livre, second volet complémentaire où nous passerons de l'habilitation ontologique de la chair à la signature charnelle de l'être, de l'être de la chair à la chair de l'être. Nous découvrirons alors comment l'extraordinaire rapprochement entre *chair* et *être* opéré par Merleau-Ponty jusqu'aux vertiges de la chair du monde, ne peut être pleinement compris qu'en recevant d'autres tentatives qui furent aussi les siennes, et qui ménagent entre être et chair un écart essentiel à leur relation même.

Ce faisant, il nous faudra interroger le philosophe sur son épistémologie – autrement dit, sur ce qu'il a sans doute par excellence négligé de développer. En particulier, les questions nodales que nous venons d'introduire sur la chair, l'être et le monde, n'admettront pas de réponse satisfaisante sans que soit affronté le statut de cette « chair du monde » : expression, concept, figure ? Ce statut mérite une tentative d'éclaircissement qui rejaillit en retour sur l'évolution d'ensemble de l'écriture philosophique de Merleau-Ponty après 1945, et soulève à nouveau l'interrogation qui ouvrait notre parcours interprétatif depuis un premier livre consacré à la « figure » de l'empiétement [1]. Interrogation première en intention, progressive mais aussi ultime en réalisation, qui liera de manière inextricable l'épistémologique au poétique, et passera inévitablement par la délicate notion de métaphore. Ainsi nous faudra-t-il

1. *Du lien des êtres aux éléments de l'être*, *op. cit.*

pousser jusqu'à la question de la poétique de Merleau-Ponty – un *art poétique* qui demeure de bout en bout un art philosophique.

Comprendre ce qui amène Merleau-Ponty à oser parler de « chair du monde » supposerait de pouvoir reprendre l'ensemble de son évolution philosophique. Tâche évidemment impossible ici, que nous réduirons à quelques rappels, avant d'entamer une première analyse du contexte et du sens de l'apparition tardive de cette notion. La chair du monde peut d'abord être relue comme un point d'aboutissement de cette idée difficile que nous avons explorée par étapes dans la première section de notre ouvrage : la tentative, par Merleau-Ponty, de penser la « généralité du corps » [1]. Dès la *Phénoménologie de la perception*, le philosophe s'attarde sur le fait que le schéma corporel assure la cohésion spatio-temporelle de mon corps en prêtant à la chose et au monde ses systèmes d'équivalences, se configure aux structures du monde et au schéma d'autrui en les habillant de sa propre texture, accède à leur généralité en se généralisant et en leur prêtant sa généralité – « le schéma corporel est aussi une certaine structure du monde perçu et ce dernier a sa racine en lui » [2]. L'idée revient régulièrement jusqu'en 1960, et accompagne la discrète mutation de la généralité du corps en « généralité charnelle » et « chair généralisée ». La « chair du monde » est indissociable de cette extension au monde essentielle à l'idée de généralité du corps, elle-même indissociable du long travail de Merleau-Ponty sur les capacités fondamentales du schéma corporel de se prolonger dans le monde et en autrui, que ce soit dans l'acquisition et l'exercice de l'habitude ou dans les stratégies désirantes de l'incorporation psychanalytique [3]. L'horizon ontologique de la notion de chair du monde ne doit donc pas masquer la réflexion anthropologique qui l'a en partie engendrée, au risque de passer à côté de la démarche de Merleau-Ponty et de manquer le sens même de cet horizon.

La notion de chair du monde hérite aussi de l'audace de la conception merleau-pontienne de notre rapport perceptif au monde. Un rapport toujours déjà *expressif*, comme le montre le cours sur *Le monde sensible et le monde de l'expression*, thématisant une « projection anthropologique » sans laquelle nous ne pouvons pas percevoir, et par laquelle nous recouvrons le monde de nos projets moteurs. Le dévoilement de ce « rapport expressif », doublement qualifié par les textes tardifs de

1. Cf. *supra*, section A, notamment chap. I, § 4, p. 103 *sq*., et chap. III, § 2, p. 176 *sq*.

2. MSME, p. 144/[112](XII5), 1953.

3. Rappelons, par exemple, que le philosophe finit par décrire la chose, le monde et l'être même, à la suite du corps, comme des « systèmes d'équivalences », allant jusqu'à parler des « habitudes de l'être ».

« rapport charnel » et de « rapport d'être », contribue à une conception renouvelée de la donation en chair. Pour Merleau-Ponty, si les choses sont données *en* chair, cela signifie aussi *à* ma chair, et *par* ma chair – car je les *fais* chair en les tapissant de ma chair. Dès lors, la chose ne fait pas que se donner en chair dans la perception, elle est partenaire de ma chair et *elle est chair*.

> Il faut bien voir que cette description bouleverse aussi notre idée de la chose et du monde, et qu'elle aboutit à une réhabilitation ontologique du sensible. Car désormais on peut dire à la lettre que l'espace lui-même se sait à travers mon corps. Si la distinction du sujet et de l'objet est brouillée dans mon corps (...), elle l'est aussi dans la chose, qui est le pôle des opérations de mon corps, le terme où finit son exploration, prise donc dans le même tissu intentionnel que lui. Quand on dit que la chose perçue est saisie « en personne » ou « dans sa chair » *(leibhaft)*, cela est à prendre à la lettre : la chair du sensible, ce grain serré qui arrête l'exploration, cet optimum qui la termine reflètent ma propre incarnation et en sont la contrepartie [1].

Nous montrerons ailleurs comment ces lignes du *Philosophe et son ombre*, qui évoquent pour la première fois la « chair du sensible » et livrent au passage une formule synthétique de l'entreprise ultime de Merleau-Ponty – « réhabilitation ontologique du sensible » –, sont moins portées par un commentaire direct de Husserl que par divers débats critiques, notamment avec la conception de l'imaginaire chez le premier Sartre. Elles héritent aussi de l'ensemble de la réflexion merleau-pontienne sur le schéma corporel. Au fil des chapitres précédents, nous avons vu combien cette même réflexion est traversée par une habilitation croissante de l' « incorporation » à un « rapport d'être », au risque que *la chair* paraisse la résultante d'une introjection polymorphe et sans fin, et que *la chair du monde*, de son côté – cet « autre côté »... du même –, paraisse la résultante d'une massive projection... de la chair. « La chair est phénomène de miroir » [2], elle est de bout en bout affectée par cette irréductible circularité qui redouble celle du miroir de glace et du miroir du voyant-vu – miroir qui « entraîne au loin les secrets de ma chair » et tapisse les corps que je vois de « tout l'invisible de mon corps » [3].

Porté par un régime d'incorporation d'emblée animé par l'horizon d'une intercorporéité radicale, l'être-au-monde déployé par le schéma corporel n'est donc décidément pas une simple ouverture à la

1. S(PhiOmb), p. 210-211.
2. Cf. *supra*, section A, chap. III.
3. OE-ms [40]v(10).

transcendance du monde ; le schéma corporel complique toujours cette ouverture par l'extension de son propre vêtement structurel, par l'export de son immanence. La transcendance même du monde suscite une telle complexion, en étant vécue comme un appel à être ainsi habillée de notre chair. Car le monde perçu, à commencer par sa profondeur, sollicite notre être-à-autrui : notre ouverture au monde perçu est toujours déjà investie de nos relations avec autrui, des réussites comme des blessures d'une histoire relationnelle personnelle [1]. Si bien que notre ouverture n'est pas le simple fait, comme natif et à sens unique, d'une volonté ou d'une conscience : elle est précédée par ce que la profondeur et les horizons du monde viennent sans cesse rouvrir en nous, ne nous laissant jamais en repos dans la clôture du vide d'une monade face au plein du monde. Nous sommes toujours déjà emplis des lacunes du monde, traversés et comme blessés par une profondeur qui serait l'être même. Par une chair du monde exprimant notre être lacunaire, lieu ontologique de la naissance sans date d'autrui en nous.

b) *La « profonde nouveauté » de Claude Simon*

Merleau-Ponty emploie pour la première fois l'expression « chair du monde » dans le deuxième chapitre du *Visible et l'invisible*, rédigé au printemps 1959 [2] ; il faut ensuite attendre un an pour revoir l'expression, qui connaît alors une éclosion brutale et se propage dans les manuscrits de la dernière année de sa vie [3]. Une recherche dans un large corpus de

1. Cf. *supra*, chap. VII, §§ 2 et 3, p. 285-297.

2. L'expression n'est d'ailleurs pas venue spontanément sous la plume de Merleau-Ponty, mais dans un mouvement de double rature et réécriture. Voici le passage concerné (VI2, p. 115-116), enrichi de ses ratures et de quelques corrections de la transcription de Cl. Lefort : « Qu'il s'agisse de mes rapports avec ~~l'Être ou de~~ les choses ou de mes rapports avec autrui (les deux problèmes n'en font qu'un, puisque l'insularité des Pour Soi n'est enjambée que par leur ouverture aux "mêmes" choses), la question est de savoir si notre vie, en dernière analyse, se passe entre un néant ~~qui est notre origine~~ absolument individuel et absolument universel derrière nous, et un être absolument individuel et absolument universel devant nous, – avec pour nous la tâche incompréhensible et impossible de rendre à l'Être, – sous forme de ~~vérités {ou}~~ pensées et d'actions, – tout ce que nous lui avons pris, c'est-à-dire tout ce que nous sommes –, ou ~~si, entre moi et l'Être s'il n'y a pas une chair de l'Être~~ si tout rapport de moi à l'Être ~~n'est pas charnel~~ jusque dans la vision, jusque dans la parole, n'est pas un rapport charnel, ~~c'est-à-dire~~ <avec ~~un monde~~ la chair du monde> où l'être "pur" ne transparaît qu'à l'horizon… » (VI-ms [49](79)).

3. Cf. (une référence par occurrence) VI2 116, Natu3 280/[43]v, Natu3 280/[43]v, Natu3 286/[46], NT 302, NT 302, NT 304, NT 304, NT 304, NT 304, NT 309, EM3 [261]v, EM3 [263], EM3 [263], EM3 [245](28), EM3 [246](30), EM3 [247](31), DESC [156], S(Préf) 22, Brouil [112](129)/NP, Brouil 374/[113](131), Brouil 375/[114](132), VI4 189, NLVIàf3 [181], NLVIàf3 [183]v, NT 315, NT 320, NTi [353], NTi [359], NT 324, OntoCart 174/[6](9), OntoCart 204/[28]v(29), OntoCart 209/[34](35), OntoCart

langue française permet de trouver déjà la « chair du monde » sous la plume de trois contemporains, qui furent aussi trois amis de Merleau-Ponty : en 1946 chez Emmanuel Mounier, en 1955 chez René Huyghe [1], et en 1957 chez Claude Simon. La comparaison est à chaque fois pertinente [2]. Mais c'est sans doute l'écriture de la chair chez Claude Simon qui mérite le plus la confrontation, ne serait-ce que parce que Merleau-Ponty y fait lui-même longuement référence dans son cours sur *L'ontologie cartésienne et l'ontologie d'aujourd'hui*. Ce même cours affirme que « nous sommes chair dans la "chair du monde" (*Le Vent*,

209/[34](35), OntoCart 211/[35](36), NTontocart [115], NTontocart [119], NTontocart [120], NTontocart [120], PNPH 348.

1. René Huyghe, psychologue et historien de l'art, se lie avec Merleau-Ponty dès l'hypokhâgne ; ils se retrouveront ensemble au Collège de France, où R. Huyghe occupe la chaire de psychologie des arts plastiques de 1950 à 1976.

2. On remarquera la proximité entre le réseau d'idées dans lequel s'insère cette expression chez Mounier, et le propre contexte merleau-pontien. Mounier revendiquait lui-même un mode de connaissance charnel, non séparé de l'imaginaire, de l'action et d'un rapport d'être. Affranchie de l'extériorité projective de la conscience, cette connaissance se déploie comme une ouverture *par* repli, faisant ainsi écho au sens merleau-pontien du narcissisme et de la co-naissance. L'association de cette connaissance ontologique avec une imagination surréaliste, opposée aux rêveries schizoïdes de la conscience, renforce encore la proximité de ces lignes avec la situation de Merleau-Ponty. « La conscience qui n'est tournée que vers le dehors est une conscience aveugle et courte. En se repliant momentanément en deçà des connaissances étalées du sens et de l'intellect, le moi ne se détache pas de la chair du monde ni de sa propre chair, bien au contraire, il se rassemble sur soi pour connaître en même temps que pour être et agir avec tout lui-même. Si l'on tient aux barbarismes, on opposera cette imagination surréistique ou surréaliste à l'imagination déreistique de la rêverie schizoïde. » (E. Mounier, *Traité du caractère* (la lutte pour le réel), 1946, in *Œuvres d'Emmanuel Mounier*, Paris, Seuil, 1961, tome II, p. 389-390).

Le texte de René Huyghe sur le *Dialogue avec le visible*, sans faire preuve de la même connivence avec Merleau-Ponty, s'insère dans une problématique d'ensemble analogue à la sienne. Il veut retrouver l'union de l'âme et du corps au-delà de leur antinomie, en recherchant dans le même temps, comme s'il s'agissait au fond de la même question, à nouer avec le monde un lien plus fort que l'étrangeté qui nous en sépare. « Sans cesse l'humanité remâche cette antinomie, dont le christianisme a surtout fait celle de l'âme et du corps. Peut-être est-ce la soif essentielle de notre condition que de vouloir cesser d'être un objet étranger, projeté comme le plomb du chasseur dans la chair du monde et forcé de s'y incruster sans jamais pouvoir vraiment s'unir à lui. Nous rêvons d'un lien plus sûr que cet accident qui nous force à ne pouvoir exister que dans un milieu absolument autre que nous-mêmes. » (R. Huyghe, *Dialogue avec le visible* (7, l'art dans notre destin), Paris, Flammarion, 1955, p. 404). Nous savons grâce à Noémie Parant que R. Huyghe avait adressé son ouvrage à Merleau-Ponty, avec comme dédicace : « à Merleau-Ponty, en témoignage d'une vive amitié née sur les bancs de la Sorbonne continuée en chaire du Collège de France » (l'ouvrage n'est malheureusement plus dans le fonds de la bibliothèque de Merleau-Ponty, nous remercions N. Parant de nous avoir communiqué cette information).

p. 98) », citant ainsi une page précise du roman intitulé *Le Vent. Tentative de restitution d'un retable baroque* (1957) [1].

Les cours au Collège de France de mars 1961 insistent sur la « profonde nouveauté » de Claude Simon, mais formulent cette nouveauté en des termes pour la plupart anciens, puisqu'ils nous renvoient à ce que Merleau-Ponty écrivait dix ans plus tôt dans *La prose du monde*. Selon le cours sur l'ontologie cartésienne, Claude Simon ne restitue pas les choses « du dehors », par « contours extérieurs et perspectives », mais comme les dessins d'enfants ou certains tableaux modernes : « comme présences sans contours en transparence », en autant de prélèvements sur une totalité d'existence, « la totalité transparaissant toujours comme une sorte d'englobant et de magma » [2]. En réalité, seule la métaphore du magma est ici nouvelle, et propre à Claude Simon (ce dernier l'emploiera pour qualifier son œuvre dans le *Discours de Stockholm*, à la réception du prix Nobel en 1985). Par une telle présentation, Merleau-Ponty fait avant tout de Claude Simon un parfait allié de lui-même dans son opposition à l'ontologie cartésienne, et dans sa recherche d'une « ontologie moderne » qui sache assumer la dimension expressive de notre être-au-monde comme prélèvement effectué par ma chair sur la chair du monde au cœur même de la vie perceptive.

> Cl. Simon : parlant de *La route des Flandres* : « tout m'est sauté à l'esprit, tout ensemble, une espèce de bouffée violente » (interview de Madeleine [3]). « Restait à écrire la… perception ou la… je ne dirai pas pensée, je ne crois pas que je pense… » (interview Madeleine). Il pense comme Cézanne « pensait en peinture », il parle avec sa voix et montre le monde, le fait voir d'un certain geste – mais ce type de dévoilement du monde, sans pensée séparée, est précisément ontologie moderne [4].

Cette perception-expression pense, « sans pensée séparée ». Elle pense à travers l'ensemble du schéma corporel, avec le geste et la parole ; c'est ainsi qu'elle préserve l'épaisseur des choses mêmes et montre en transparence leur structure topologique à l'état vivant. Elle laisse les choses « saigner », et révéler ainsi qu'elles ne sont pas objectivables – l'imaginaire surréaliste du « sang des choses » frayé dans les manuscrits de 1948-1951 offrait d'ailleurs un premier pas décisif en direction de la « chair du monde » [5]. Elle laisse les choses s'exprimer,

1. OntoCart, p. 209/[34](35), cours du 16 mars 1961 ; l'ensemble de ce cours attribue implicitement la chair du monde à Claude Simon.

2. OntoCart, p. 204/[29](30), cours du 16 mars 1961.

3. Entretien de Madeleine Chapsal avec Claude Simon (novembre 1960), in *Les Écrivains en personne*, Paris, U.G.E., 1973, p. 285-291.

4. OntoCart, p. 205-206/[30](31), cours du 16 mars.

5. Cf. *Du lien des êtres…*, *op. cit.*, section B, chap. I.

montrer qu'elles aussi ont un style, une manière d'être qui provoque la nôtre : elles aussi ont une chair. Etrange réduction phénoménologique, aux antipodes de la réduction pratiquée par Sartre pour définir la chair, et invoquée par lui pour interpréter *Le parti pris des choses* de Ponge [1]. Merleau-Ponty voit dans le travail d'expression de l'écrivain et de l'artiste une possible contribution essentielle au retour « aux choses mêmes », dans la mesure du moins où cette expression est co-expression de ma chair et de la chair du monde, l'une ne pouvant se faire sans l'autre. Dans cette entr'expression peu leibnizienne, la chose « cristallisation du désir » [2] est exprimée et s'exprime, parce que le phénoménologue, le peintre et l'écrivain apportent leur corps [3]. En deçà de ce qui serait la « profonde nouveauté » de Claude Simon, la tentative tardive de la « chair du monde » est bien la dernière étape logique d'une succession de tentatives qui ponctuent l'approfondissement de la philosophie merleau-pontienne de l'expression – du « sang des choses » à la « chair du sensible », en passant par le « monde sensible » et la « chair de la chose ».

En 1961 comme dans les inédits de 1948, l' « ontologie moderne » recherchée par Merleau-Ponty est adressée en réponse à une ontologie « cartésienne » scénarisée comme fuyant l'embarras du mélange [4], s'en protégeant depuis sa propre infrastructure imaginaire (où les structures projectives et métriques de l'étendue effacent les cristallisations charnelles qui animent la structuration originairement topologique du monde). Les leçons sur Claude Simon ne manquent pas de revenir à cet éternel scénario du mélange : « Le mélange, c'est le chaos, mais c'est aussi la prolifération du sens. Mélange du passé, du présent et de l'avenir, de l'imaginaire et du réel, l'un communiquant avec l'autre... » [5]. Il n'est pas certain qu'une telle proposition qualifie de la manière la plus juste la « profonde nouveauté » de Claude Simon. Typiquement, ce que Merleau-Ponty dit ici du « mélange » s'apparente davantage au *Second manifeste du surréalisme* de Breton (1930), dont on trouve trace dès les *Causeries* de 1948 et les conférences de Mexico de 1949 [6]. Le *Second*

1. Cf. *Du lien des êtres...*, *op. cit.*, section B, chap. III, § 2, p. 277 *sq*.
2. Cf. *Du lien des êtres...*, *op. cit.*, section B, chap. II, § 1, p. 225 *sq*.
3. Cf. OE, p. 16.
4. Cf. *Le scénario cartésien*, *op. cit.*
5. OntoCart, p. 213/[37](38), cours du 16 mars.
6. « Il s'agissait, il s'agit encore d'éprouver par tous les moyens et de faire reconnaître à tout prix le caractère factice des vieilles antinomies (...). Tout porte à croire qu'il existe un certain point de l'esprit d'où la vie et la mort, le réel et l'imaginaire, le passé et le futur, le communicable et l'incommunicable, le haut et le bas cessent d'être perçus contradictoirement. C'est en vain qu'on chercherait à l'activité surréaliste un autre mobile que l'espoir de détermination de ce point. » (André Breton, *Second manifeste du surréalisme*, 1930, in

manifeste s'annonce d'emblée comme une réflexion sur l'expérience de la guerre : Breton et l'auteur de « La guerre a eu lieu » se rejoignent, à une guerre de distance, dans le souci de relever la pensée de ses ruines, après un temps de crise où les vieilles catégories se sont effondrées. Comme eux, et sans doute plus encore, Claude Simon est profondément marqué par l'expérience de la guerre. Mais chez lui cette empreinte ne va pas dans la direction du couplage merleau-pontien entre sens et non-sens, et encore moins dans celui de la « prolifération du sens » [1].

Toutefois, même si la « nouveauté » que Merleau-Ponty accorde à Claude Simon est aussitôt mise au service de sa propre pensée [2], cela ne diminue en rien la surprise qui a pu être celle du philosophe à découvrir les audaces d'une écriture de l'intercorporéité qui rencontrait sa conception de la chair. Venons-en à la page précise de Claude Simon dans

Œuvres complètes, « Bibliothèque de la Pléiade », Paris, Gallimard, tome I, 1988, p. 781). Breton reprendra ces lignes dans son article « surréalisme » pour le *Dictionnaire abrégé du surréalisme*. Cf. *Œuvres complètes*, *op. cit.*, tome II, 1992, p. 846.

1. Cf. Claude Simon, *Discours de Stockholm* (9 décembre 1985) : « Je suis maintenant un vieil homme, et, comme beaucoup d'habitants de notre vieille Europe, la première partie de ma vie a été assez mouvementée : j'ai été témoin d'une révolution, j'ai fait la guerre dans des conditions particulièrement meurtrières (j'appartenais à l'un de ces régiments que les états-majors sacrifient froidement à l'avance et dont, en huit jours, il n'est pratiquement rien resté), j'ai été fait prisonnier, j'ai connu la faim, le travail physique jusqu'à l'épuisement, je me suis évadé, j'ai été gravement malade, plusieurs fois au bord de la mort, violente ou naturelle, j'ai côtoyé les gens les plus divers, aussi bien des prêtres que des incendiaires d'églises, de paisibles bourgeois que des anarchistes, des philosophes que des illettrés, j'ai partagé mon pain avec des truands, enfin j'ai voyagé un peu partout dans le monde… et cependant, je n'ai jamais encore, à soixante-douze ans, découvert aucun sens à tout cela, si ce n'est comme l'a dit, je crois, Barthes après Shakespeare, que "si le monde signifie quelque chose, c'est qu'il ne signifie rien" – sauf qu'il est. » (*The Nobel Prizes 1985*, Nobel Foundation, Stockholm, Wilhelm Odelberg, 1986 ; Paris, Éd. de Minuit, 1986, p. 24).

2. Claude Simon assiste à la séance au Collège de France du 16 mars 1961. À la fin du cours, il fait part à Merleau-Ponty de sa perplexité devant la lecture que le philosophe fait de son œuvre. Malgré quelques résonances significatives, ce Claude Simon « très intelligent » lui paraît bien étranger… Au « ce n'est pas moi » de l'écrivain, Merleau-Ponty tiendra à répondre par écrit, dans une lettre datée du 23 mars (lettre publiée sous le titre « Merleau-Ponty répond à Claude Simon, écrivain et penseur », *Critique*, n° 414, novembre 1981, *La terre et la guerre dans l'œuvre de Claude Simon*, p. 1147-1148). Il remercie Cl. Simon de lui avoir fait part de ses réflexions, « si désenchantées qu'elles soient », et tente de lui expliquer que ces impressions (« c'est un autre qui fait tout ça – ou : quel talent j'*avais* – ou : je ne croyais pas avoir mis tout ça dans ces pages ») sont forcément « celles de tout écrivain » : « Je ne crois pas que vous évitiez cette sorte de surprise, de malaise et de mélancolie » (art. cit.). Relevant aussi leur accord – « dans ces cours j'ai dit des choses qui étaient exactement dans le sens ce que vous percevez » –, Merleau-Ponty fait un aveu de poids : « Il est vrai que j'hésitais à vous interpréter : précisément parce que j'ai trouvé dans vos livres beaucoup de choses qui allaient dans le sens de mon propre travail, j'avais une sorte de scrupule à les annexer, à les incorporer à des ruminations personnelles. » (art. cit.).

laquelle le cours du 16 mars 1961 relève l'expression de « chair du monde » :

> ... se dévêtant, étendant leurs corps fatigués, ou déjà couchés, morts, certains s'acharnant dans la sueur, les soupirs et les râles, au plaisir, (...) et de tout cela il me semblait aussi qu'on pouvait entendre comme une respiration, comme celle de sa chair à elle, cette même palpitation secrète, multiple, mystérieuse, parce que la chair du monde est femelle par ce fait qu'elle est capable d'engendrer et de créer pour ainsi dire sans même s'en apercevoir [1].

Comme dans bien d'autres passages de son œuvre, Claude Simon livre ici une miniature du sens polymorphe de la chair dans la langue française, *Fleisch* et chair vivante, maternelle et érotique, mortifère et féconde. Merleau-Ponty s'engage dans un commentaire furtif de ces diverses directions de sens en privilégiant une entrée personnelle : il trouve avant tout chez l'écrivain une étonnante conjonction avec son approche de la spatialité du corps propre. Autant dire que la « profonde nouveauté » de Claude Simon est de déployer une écriture à la fois métaphorique et synthétique qui illustre à plein l'un des thèmes de recherche les plus anciens et les plus transversaux du philosophe, depuis ses tout premiers développements sur le schéma corporel dans la *Phénoménologie de la perception*.

> ... espace d'emboîtement, espace végétatif, comme celui sur lequel le bourgeon a pouvoir, espace de prolifération, apparenté à notre chair. (...) nous sommes chair dans la « chair du monde » (*Le Vent*, p. 98). L'espace est le rapport de notre chair et de la chair du monde. De là, extraordinaire description (*L'Herbe*, p. 181-184) de l'espace des corps. C'est un espace d'ubiquité où les corps se surimpriment les uns sur les autres... [2]

Cette spatialité charnelle est en continuité avec ce que Merleau-Ponty a recueilli, depuis 1953, de son travail de Paul Schilder – une spatialité de bout en bout marquée par la dimension relationnelle et désirante du schéma corporel, qui s'exprime dans l'*Ineinander* des images du corps. Plus encore, elle exprime à merveille la « *promiscuité* », qui est devenue chez Merleau-Ponty la figure privilégiée de l'espace charnel en tant que toujours déjà tissé d'intercorporéité [3]. La « chair du monde » apparaît d'ailleurs dans son écriture au moment même où, après avoir relu ses notes de cours de 1953, 1955 et 1957, Merleau-Ponty constitue le plus volumineux des trois dossiers d'*Être et*

1. Claude Simon, *Le Vent*, Paris, Éd. de Minuit, 1957, p. 98.
2. OntoCart, p. 209/[34](35), cours du 16 mars.
3. Cf. *supra*, chap. IV.

Monde et choisit d'intituler le deuxième chapitre de son ouvrage *princeps* « L'intercorporéité – La promiscuité » [1]. C'est la préparation de ce même chapitre qu'il approfondit un an plus tard dans les *Notes sur le corps* et le cours sur la Nature de 1960, en abordant la thématique de l'intrication des schémas corporels [2], couplée à sa réception de l'incorporation kleinienne. Le régime de la « chair du monde » tourne alors à plein.

Spatialité de la chair configurée par la promiscuité, l'incorporation, l'*Ineinander* des images du corps : Merleau-Ponty en découvre justement une extraordinaire description, en 1960, en lisant *La route des Flandres* – notamment la troisième partie du roman de Claude Simon, qui mêle l'évocation d'une scène érotique avec celle du voisinage des corps agonisants dans les tranchées de la guerre. En voici trois courts extraits :

> … je n'en finissais pas de la parcourir rampant sous elle explorant dans la nuit découvrant son corps immense et ténébreux, comme sous une chèvre nourricière (…) suçant le parfum de ses mamelles de bronze atteignant enfin cette touffeur lapant m'enivrant blotti (…) se nourrissant de moi devenant moi ou plutôt moi devenant lui et il ne restait plus alors de mon corps qu'un fœtus ratatiné rapetissé couché entre les lèvres du fossé comme si je pouvais m'y fondre y disparaître m'y engloutir [3] /
>
> … se nourrirait de moi ma chair engraissant la terre (…) tout entier dans sa bouche comme un enfant goulu c'était comme si nous nous buvions l'un l'autre nous désaltérant nous gorgeant nous rassasiant affamés [4] /
>
> j'enjambai avec précaution les corps emmêlés (on aurait dit des morts) (…) nous restions à grelotter tremblant de tous nos membres étroitement encastrés enlacés (…) tâtonnant à la recherche de sa chair de l'entrée de l'ouverture de sa chair parmi l'emmêlement… [5]

Les correspondances merleau-pontiennes de ces divers passages se distribuent globalement selon deux voies complémentaires, qui renvoient respectivement aux deux dernières sections de notre ouvrage. La première est à nouveau celle de la *promiscuité*, que Merleau-Ponty souligne fortement dans son cours sur Claude Simon – « L'Espace monumental et la "chair du monde" – La promiscuité des hommes dans le monde » [6]. Une promiscuité polymorphe (polymorphisme mis en valeur par la technique de surimpression utilisée par l'écrivain), qui se

1. Cf. EM2 [175](20).
2. Cf. N-Corps [6]v, [84]v(2), [85]v(4), [91], [101], et Natu3 346/[74] *sq*.
3. *La route des Flandres*, Paris, Éd. de Minuit, 1960, p. 237.
4. *Op. cit.*, p. 238-239.
5. *Op. cit.*, p. 241-242.
6. OntoCart, p. 204/[28](29), cours du 9 mars.

décline dans les réversibilités charnelles les plus fondamentales. La promiscuité est conjuguée dans le double sens, spatial et temporel, travaillé par Merleau-Ponty depuis 1955, et jusque dans ses versions ultimes qui culminent avec les derniers manuscrits : l'accouplement et la prégnance. Où l'on retrouve le mélange (jusqu'au « magma »), l'emmêlement, l'entrelacement [1] ; mélange plus précisément décrit selon un feuillet spatial ou topologique, l'enveloppant-enveloppé ; et selon un feuillet temporel ou archéologique, l'engendrant-engendré. L'enveloppant-enveloppé affleure depuis ses aspects les plus archaïques, animaux voire végétatifs – la respiration [2], la nourriture [3] –, et jusque dans l'accouplement. De son côté, le feuillet plus temporel de l'engendrant-engendré culmine avec la prégnance [4], mais est déjà amorcé par les inscriptions mêmes de l'enveloppant-enveloppé : la respiration, la nourriture, l'accouplement engagent autant de réversibilités vitales (entre actif et passif, dedans et dehors, moi et autrui) qui participent de processus d'engendrement de nous et d'autrui.

c) *Les structures existentielles du désir*

La seconde voie de distribution des correspondances entre les descriptions de Claude Simon et l'approche merleau-pontienne de la chair n'est pas moins manifeste – elle est d'ailleurs déjà largement introduite par les déclinaisons de la promiscuité –, et relève directement des questions abordées dans la troisième section de notre ouvrage : la pulsion, le dualisme pulsionnel, et le désir. Correspondances, dans l'imaginaire délivré par l'écriture, mais aussi écarts, sur un plan plus conceptuel. Car on aurait justement pu s'attendre à ce que Merleau-Ponty, commentant Claude Simon, thématise enfin la pulsion, ou encore le couple Éros/Thanatos – si patents dans les textes que nous venons de

1. « les corps emmêlés (...) tous nos membres étroitement encastrés enlacés (...) tâtonnant à la recherche de sa chair de l'entrée de l'ouverture de sa chair parmi l'emmêlement ».

2. « de tout cela il me semblait aussi qu'on pouvait entendre comme une respiration, comme celle de sa chair à elle ». Cf. aussi Merleau-Ponty, OntoCart, p. 215/[38](39), cours du 16 mars : « le tout se mettant à respirer "d'une respiration imperceptible et totale comme celle des végétaux"... ».

3. « se nourrissant de moi devenant moi ou plutôt moi devenant lui », « comme sous une chèvre nourricière », « se nourrirait de moi ma chair engraissant la terre », « c'était comme si nous nous buvions l'un l'autre nous désaltérant nous gorgeant nous rassasiant affamés ».

4. « la chair du monde est femelle par ce fait qu'elle est capable d'engendrer et de créer pour ainsi dire sans même s'en apercevoir ».

lire [1]. L'écriture de la « chair du monde » recouvre sans doute une ambivalence conceptuelle entre pulsion et désir, trahissant une hésitation concomitante, le concept de chair contenant et retenant tout à la fois ces deux dynamiques dans une écriture – celle de Merleau-Ponty – qui les exprime parfois à plein sans parvenir, il s'en faut, à pleinement les penser.

Au printemps 1960, Merleau-Ponty évoque pourtant furtivement le couple freudien d'Éros et Thanatos :

> L'*Eros* et le *Thanatos* freudiens rejoignent notre problème de la chair avec son double sens d'ouverture et de narcissisme, de médiation et d'involution – Freud a vraiment vu avec [la] projection-introjection, [le] sado-masochisme, le rapport d'*Ineinander* moi-monde, moi-nature, moi-animalité, moi-socius [2].

La formulation de ces notes de cours, dans sa spontanéité même, trahit une perspective quelque peu inversée et personnelle : « L'*Eros* et le *Thanatos* freudiens rejoignent notre problème de la chair »... Par ailleurs, le Thanatos freudien ou la pulsion de mort, nous l'avons vu, brillent plutôt par leur absence dans l'anthropologie merleau-pontienne. Et cette absence se ressent à nouveau dans la lecture que le philosophe fait de Claude Simon.

Le couple Éros/Thanatos fait une autre apparition furtive dans les *Notes sur le corps*, qui préparent à plus d'un titre le cours de 1960 que nous venons de citer. Merleau-Ponty y affirme typiquement « Eros contre Thanatos » [3], au cœur de l'un des feuillets les plus synthétiques qui soient de sa réception de la psychanalyse [4] – réception tronquée, à travers le filtre déformant de l'optimisme de Schilder et d'une compréhension faussée de Melanie Klein. Ce feuillet esquisse sa conception de l'inconscient primordial « par simple ek-stase », où le corps est « *Bejahung* primordiale », sans refoulement ni négation (trace d'une réception déformée de Lacan), animé d'une libido caractérisée comme « croissance du corps » et « mouvement de dépassement » au travers et au-delà du cercle infernal formé par la frustration, l'agression, la

1. « ... se dévêtant, étendant leurs corps fatigués, ou déjà couchés, morts, certains s'acharnant dans la sueur, les soupirs et les râles, au plaisir », « il ne restait plus alors de mon corps qu'un fœtus ratatiné rapetissé couché entre les lèvres du fossé comme si je pouvais m'y fondre y disparaître m'y engloutir », « j'enjambai avec précaution les corps emmêlés (on aurait dit des morts) ».

2. Natu3, p. 288/[47], transcription corrigée.

3. N-Corps [91]v.

4. Nous accorderons une place spécifique à cet inédit dans le prochain volume en traitant de front la conception merleau-pontienne de l'inconscient, question qui va bien au-delà de sa réception de la psychanalyse et implique toute son approche de l'être-au-monde.

culpabilité et l'angoisse (trace d'une réception partielle, mais juste ici, de Melanie Klein). Et c'est à nouveau avant tout Schilder que cette même note résume : « animateur du schéma corporel », le désir est « articulation du schéma corporel (conscient-inconscient), en tant qu' "archaïque", sans négativité », comme « *Ineinander* avec vie et monde » [1].

Merleau-Ponty opère donc spontanément un tri dans le polymorphisme de la chair qui traverse l'écriture de Claude Simon : si la chair merleau-pontienne est bien à la fois maternelle et érotique, elle est en revanche plus féconde que mortifère, plus unifiée et unifiante que clivée, morcelée et morcelante [2]. Elle reste jusqu'au bout indissociable d'une anthropologie hantée par la possibilité et la croissance du lien avec autrui (un « principe de liaison » qui, au cœur de la pulsion de vie, contrarie la notion même de pulsion), et des liens les plus radicaux qui soient.

Malgré l'importance de cet écart sur lequel nous aurons à revenir, les descriptions de Claude Simon montrent une réelle proximité avec les figures merleau-pontiennes du désir (dans leur multiplicité et leur détail), lesquelles finissent par tisser une possible ébauche de la structure existentielle du désir [3]. Si le désir est fondamentalement désir

1. N-Corps [91]v.

2. Claude Simon, de son côté, tend à une accentuation inverse, où promiscuité et pulsion de mort se trouvent fortement associées. Une fois encore, l'écrivain est hanté par son expérience de la guerre, de ses morts et ses destructions, par l'épreuve de la fatigue et de la peur, qui reconduisent le corps à des dimensions qui semblaient pourtant étrangères à la condition humaine et même animale. Le décalage de cette écriture de la promiscuité avec celle de Merleau-Ponty se poursuit d'ailleurs jusque dans les derniers livres de Cl. Simon. Cf. par exemple *L'Acacia*, Paris, Éd. de Minuit, 1989, p. 91, 231-232.

3. Il n'est pas anodin que la rencontre se fasse ici avec la littérature plutôt que dans la confrontation avec le traité théorique d'un autre philosophe : s'agissant du désir, entendu jusque dans sa structure existentielle, le recours aux écrivains dépasse largement l'intérêt d'une illustration ; il est peut-être tout simplement nécessaire. L'élucidation de cette nécessité rejaillit d'ailleurs sur la philosophie elle-même, ainsi mise à l'épreuve de l'écriture littéraire mais aussi de sa propre écriture. Introduire le concept de « chair du monde » nous a immédiatement conduit à souligner l'importance décisive du cours sur *Le monde sensible et le monde de l'expression*. N'oublions pas que la première année au Collège de France comprenait aussi un second cours, consacré aux *Recherches sur l'usage littéraire du langage* : Merleau-Ponty a particulièrement bien choisi cette double entame de son enseignement à la Chaire de philosophie du Collège. Le fait que Merleau-Ponty n'ait jamais pratiqué la philosophie par traités, et moins que jamais pour la notion de désir qui pourtant monte en puissance au fil de son œuvre, n'est pas uniquement à mettre sur le compte de sa mort prématurée ou de ses hésitations. Personne ne peut dire s'il aurait finalement mis à exécution son projet d'un *De l'amour* (cf. NTi [343], avril 1960), mais le titre lui-même, emprunté à un écrivain, exprime l'importance décisive du rapport à la littérature. Comme nous le suggérions au début de ce chapitre, il est sans doute impossible de thématiser directement le désir, en se passant de figures, sans profondément le défigurer.

d'*être*, il l'est, de manière inextricable, en étant désir d'être *avec* (ce qui est), et dans la réciprocité. Désir d'être avec les choses qui sont – et, au plus haut point, avec autrui –, dans la réciprocité d'une portance commune (de sorte que la *communion* que désire fondamentalement le désir n'est pas fusion de deux êtres, mais implique l'être comme tiers inclus porteur de leur coexistence). Être avec les êtres qui sont avec moi dans l'être – Merleau-Ponty, ici, écrivant le plus souvent « Être » avec une énigmatique majuscule, comme pour mieux le distinguer des « êtres », et sans que cette distinction soit assimilable à une démarche heideggérienne [1].

Le désir d'être avec (l'autre) peut être si fort qu'il en devient désir d'être l'autre. Un désir qui n'est pas dénué d'*avoir*, il s'en faut, tant il est traversé de processus d'incorporation. Ainsi le « moi avec toi et toi avec moi » qui inaugure les aventures chiasmatiques du désir va jusqu'à un « moi en toi et toi en moi » : l' « être avec l'autre », dans la radicalisation de cet *être* (au sens d'un acte, qui se joue aussi dans toute l'intensité d'un devenir) comme dans la radicalisation de la réciprocité de l'*avec*, se fait « être l'un dans l'autre », *Ineinander*. « Dès que les regards se prennent », la vie chiasmatique du désir engage déjà un « se faire le dedans de son dehors et le dehors de son dedans ». Incorporer l'autre, s'incorporer l'un l'autre : où l'on voit la structure existentielle du désir appuyée sur sa dimension la plus libidinale et la plus érotique (la plus fantasmatique aussi, d'un fantasme originaire peut-être origine de tout fantasme), mais sans pour autant s'y réduire. Car cette même structure, aussi et aussi bien, habite les fondements du connaître : depuis notre premier rapport épistémophilique au monde dont Merleau-Ponty, nous l'avons vu, lit l'analyse chez Melanie Klein [2] ; depuis les apprentissages les plus corporels – ces « habitudes » décrites par Merleau-Ponty, nous l'avons vu aussi, selon une intime articulation de l'être et de l'avoir où jouent à plein les stratégies d'incorporation du schéma corporel [3], et où le désir s'avère ainsi indissociable des fondements sensori-moteurs de la vie de l'intelligence ; depuis l'accouplement comme figure tout à la fois archaïque et ultime du rapport connaissant

Ce qui ne manque pas de rejaillir, là aussi, sur le statut épistémologique même du concept de chair. Où nous nous retrouvons à nouveau face à une interrogation première et dernière de notre parcours, qui exigera du prochain volume d'explorer les questions de l'imaginaire et de la métaphore.

1. Sur ce jeu dialectique entre l'être et les êtres, cf. *Vers une ontologie indirecte*, *op. cit.*, chap. III.

2. Cf. *supra*, chap. VII, § 2, p. 285 *sq.* et § 4, p. 297 *sq.*, chap. VIII, § 3, p. 311 *sq.*

3. Cf. *supra*, chap. I, § 3, p. 90 *sq.*

au sensible [1], non sans faire écho au sens biblique du « connaître », ou encore à cette « co-naissance » que Merleau-Ponty aime reprendre librement à Claudel pour l'affecter à son ontologie [2].

Être l'un dans l'autre : outre ses dimensions érotiques et connaissantes, cette structure existentielle du désir pointe aussi vers une dimension mystique que l'on trouve notamment dans l'art johannique du chiasme [3]. Du plus érotique au plus connaissant comme au plus spirituel – et non sans véhiculer la dimension maternelle archaïque de l'oralité –, l' « être l'autre » du désir est traversé par la fantasmatique du « manger l'autre » et d'être mangé par lui, l' « être » s'avérant décidément peu dissociable de toute forme d'avoir. Manger l'autre, dans une assimilation par laquelle l'autre devient ma substance – sans pour autant perdre la sienne, puisqu'il va ainsi jusqu'au bout de son être-avec, puisque nous allons ainsi jusqu'au bout de notre communion [4]. La description du lien avec autrui comme échange substantiel court dans les manuscrits tardifs de Merleau-Ponty [5], livrant l'écriture la plus radicale du fameux « passage de moi en autrui et d'autrui en moi » thématisé depuis les conférences de Mexico [6]. Rapport de substance affectant ma substance et celle d'autrui, communion substantielle devenant relation transsubstantielle, accouplement se faisant manducation mutuelle : il s'agit toujours de décrire ce « rapport d'être » que Merleau-Ponty voit engagé du plus perceptif au plus désirant de notre être-au-monde. En retour, l'apparente coloration métaphysique d'une telle terminologie (« être », « substance ») ne doit pas faire illusion, tant la séparation – toute métaphysique – de la substance et de la relation est justement renversée par de telles descriptions. L'expression « rapport d'être » parle d'ailleurs d'elle-même ; quant à « substance », Merleau-Ponty écrit « ma substance » et non pas « la », faisant résonner l'onirisme viscéral du « substantiel » au sens, précisément, d'une nourriture substantielle.

1. Cf. *supra*, chap. II, p. 152-164.

2. Cf. *Du lien des êtres…*, *op. cit.*, section B, chap. II, § 2, p. 234 *sq.*

3. « Le Père est en moi et moi dans le Père » (Jn 10 v. 38 ; cf. aussi 14 v. 10-11), « Demeurez en moi, comme moi en vous » (Jn 15 v. 4 ; cf. aussi 15 v. 5), « Qui mange ma chair et boit mon sang demeure en moi et moi en lui » (Jn 6 v. 56), etc.

4. Patente dans les textes cités de Claude Simon, ce registre du « manger l'autre », de la chair-nourriture de l'incorporation, l'est tout autant chez Paul Claudel (lui aussi commenté par le cours de 1961), et ce, dans sa triple direction érotique, connaissante et mystique.

5. Cf. *supra*, chap. III, § 3, p. 191-192.

6. « Ils s'incorporent ma chair et je les absorbe (…) mon corps comporte des segments étrangers comme les autres sont faits de ma substance » (OE-ms [40]v(10)), « ma substance passe en eux » (OE, p. 34), « cet autre est fait de ma substance » (PM, p. 187), etc.

Cette même ligne onirique du « se nourrir d'autrui » fait transition, à nouveau, entre l'enveloppant-enveloppé qui marque la topologie de l'incorporation désirante, et l'engendrant-engendré, qui relève aussi de la structure existentielle du désir, poussée au sommet de la réversibilité charnelle qui l'anime [1]. Se nourrir d'autrui jusqu'à être engendré par autrui, naître de lui ; nourrir autrui jusqu'à l'engendrer et le faire naître. Comme si tout désir était désir de co-naître – du plus cognitif au plus affectif, mais surtout en deçà de leur différenciation –, depuis les dimensions existentielles du percevoir : être avec « toutes ces choses qui existent ensemble », être avec les choses qui sont et co-existent, naître avec les choses qui co-naissent, les voir et les concevoir, être vu et conçu par elles. Co-naître (avec) le monde.

Mais ce redoublement de l'enveloppant-enveloppé en engendrant-engendré, comme cet accomplissement de la prégnance en naissance, ne vont pas en retour sans une mutation de la spatialité de la chair et de sa possible conception. L'*Ineinander* perd alors de son privilège descriptif, au profit d'un nouveau schème qui perce discrètement dans l'écriture de Merleau-Ponty à partir du cours sur la passivité de 1955, au sein d'une réflexion sur « la fécondité du désir » dans l'onirisme et l'inconscient, et en lien avec une conception anti-sartrienne de la liberté [2] : la *surrrection* – « surrection ou insurrection ou résurrection (...) cette fécondité ou productivité » [3]. Cette fécondité,

> c'est la puissance de ce que nous avons désiré, d'autant plus grand que nous l'avons aussi réprimé. Cf. l'expérience de Schilder : l'inaccessible s'installe comme norme et *prend possession* de notre corps, lui dicte ses mouvements, justement parce qu'il a été désiré et réprimé. (...) L'inconscient = modalité de corporéité, *i. e.* de désir réprimé. Surrection de l'inconscient et érection du corps (...). Donc inconscient = logique perceptive = position d'un inaccessible (transcendance vraie) et par là même orientation sur lui et accès à lui [4].

Surrection de l'inconscient et érection du corps dans l'insurrection du désir : au cœur de ces formulations audacieuses d'une articulation intime entre inconscient, corporéité et désir [5], chemine une figure

1. Sur le sens merleau-pontien de la réversibilité, cf. *supra*, chap. VI, notamment § 4.

2. « Il n'est pas question de subordonner la vie éveillée à la vie onirique. Simplement, il faut comprendre qu'elles communiquent : fonction fondamentale. Le *désir* et la fécondité du désir (cf. Gradiva). Le choix conçu comme cette montée et non comme passion "vaine". » (PbPassiv, p. 205/[162]v, transcription corrigée).

3. PbPassiv [182](48)/NP.

4. PbPassiv, p. 230/[186](49)-231/[187](50), transcription corrigée.

5. « L'inconscient : ce qu'il en reste, en dernière analyse (...), c'est la corporéité : l'élément proprement onirique de l'inconscient est de même sorte que ces surfaces

conjointe de la naissance et de la liberté. Cette « surrection » porte avec elle une dimension existentielle, reprise à partir de son enracinement le plus corporel. Désir de naître, désir de faire naître le désir de l'autre, de le faire chair et naître à son désir en l'animant des surrections et résurrections les plus variées, du substantiel au subtil, des plus organiques aux plus langagières. Dans l'écriture tardive de Merleau-Ponty, non sans s'inspirer de l'onirisme propre de Teilhard de Chardin, la « surrection » devient aussi emblématique d'une humanité qui ressuscite à chaque réveil, se redresse sur les constellations du monde, se relève dans l'adversité et le non-sens, et s'oriente, debout, dans la profondeur de l'être vertical. « L'homme s'apparaît comme éveil, nous ne pouvons parler de lui comme s'il n'était pas né et comme s'il ne dormait pas » [1]. Contre la conception sartrienne d'une liberté divine transposée à l'homme, confiée aux pleins pouvoirs de la conscience et ainsi protégée de l'invisible, forte de créations qui fuient en avant en autant de déflagrations la protégeant du passé, Merleau-Ponty met en avant une *naissance continuée*. Dans la chair, la création est inspiration de l'invisible et surgissement de l'invisible dans le visible [2], la liberté ouvre l'avenir comme surrection, insurrection et résurrection d'un passé qui seulement ainsi peut être dépassé [3].

calleuses qui gonflent dans l'hallucination, ou que cette transformation qui fait d'une annexe de notre corps le siège d'un acte presque autonome (érection) = ce bourgeonnement, cette marée, ce tissu soudain immense qui s'engendre en un moment et à partir de presque rien, comme un champignon, comme une meringue, cette naissance d'un avenir qui surgit du passé, c'est la corporéité, la sensorialité, en tant qu'ouverture d'un champ à un *autre* transcendant qui s'y installe. Loin que la sensorialité soit à concevoir comme tout l'opposé de l'imaginaire (Sartre) elle est au contraire faite du même tissu creux. » (PbPassiv [235]/NP).

1. NMS [27]v(6), prob. automne 1957.

2. « "(…) Je peins peut-être pour surgir." Ce qu'on appelle inspiration devrait être pris à la lettre : il y a vraiment inspiration et expiration de l'Être, respiration dans l'Être, action et passion si peu discernables qu'on ne sait plus qui voit et qui est vu, qui peint et qui est peint. On dit qu'un homme est né à l'instant où ce qui n'était au fond du corps maternel qu'un visible virtuel se fait à la fois visible pour nous et pour soi. La vision du peintre est une naissance continuée. » (OE, p. 31-32) Cf. aussi OE-ms [15]v(12), [40](9), ou encore OntoCart, p. 171/[5](7).

3. « Cohésion d'une vie - Quoi qu'il arrive, cela fera sens avec ce qui précède (…). Bref unité d'enjambement, de transgression, comme quand j'enjambe un obstacle : non par représentation et position d'une fin, mais je me transporte là-bas, j'y suis déjà (…). Je ne fais pas le temps. J'y suis embarqué - Même mon initiative, mon rôle créateur en tant que tout n'est pas fait et que j'ai à faire, cela n'est que le réquisit, la postulation d'une vie déjà commencée - Sens des mots naître et mourir : je ne peux jamais dire, même en pensée, je vais naître ou je suis mort, mais je suis né et je mourrai. *I.e.* je continue, je suis toujours entre (…) une vie qui a toujours continué l'une vers l'autre, dont toute la substance a toujours été surrection continuée prescrite par la naissance… » (PhiDial [39](1)-[40](2), cours du jeudi 23 février 1956).

La compréhension de la chair, ainsi décrite jusque dans cette dynamique vitale de surrection, débouche sur une déstabilisation des privilèges de l'incorporation et de l'intercorporéité que le présent ouvrage a si souvent croisés chez Merleau-Ponty. Du moins, elle exige une transformation de leur compréhension habituelle portée par les schèmes de l'empiétement, de l'*Ineinander*, ou encore de la circularité. La spatio-temporalité de la chair reste sans doute à jamais tissée d'intercorporéité, mais celle-ci ne joue pas uniquement dans l'enveloppant-enveloppé de l'accouplement et de la prégnance. La chair surgit dans la profondeur du monde, dans « le vrai dehors » [1]. Les révolutions coperniciennes qu'elle connaît à chacune de ses multiples naissances la sortent de l'enceinte, la font aller et cheminer, hors la chair, dans « le surgissement *natal* de l'être » [2]. Un être que Merleau-Ponty osera sur le tard nommer « incorporel ».

> Le problème de l'Être à ce pli où nous apparaissons surgissant de l'être et destinés à l'être. (…) L'ontologie consiste à formuler cette naissance et co-naissance, à trouver un au-delà du naturalisme et de l'idéalisme, à peindre l'homme comme il est vraiment : non pas comme l'ébauche d'une subjectivité absolue, mais comme surrection, lumière au sommet de cet incroyable arrangement qu'est un corps humain [3].

Cette poétique des structures existentielles du désir conduit ainsi de la « chair du monde » de Claude Simon jusqu'à un nouvel écart de Merleau-Ponty avec l'écrivain ; plus largement, elle traverse ce que le concept de chair du monde est capable de porter jusqu'à dépasser cette même capacité. La chair et le monde ne suffisent pas à penser les structures perceptives, expressives et désirantes qui soutiennent la transcendance de notre être-au-monde : la chair, en étant en rapport avec le monde et avec autrui, et pour pouvoir être en relation avec eux, est en rapport avec l'être et pas seulement avec le monde. De sorte que la question demeure de savoir si l'*être* peut être pensé comme *chair du monde* sans être réduit par là même à une circularité de la chair insuffisante à penser les horizons du désir pourtant ouverts dès la moindre perception. Pour le dire autrement, si le « mystère ontologique qui est enfermé dans la chair du sensible » [4] y est effectivement contenu – et ne peut être délivré, exprimé, que par la chair du sensible –, il n'est pas pour autant assimilable à elle. Pour délivrer ce même mystère, l'ontologie de Merleau-Ponty déploie d'autres instruments – eux-mêmes

1. NMS [51]v(6).
2. NMS [95], prob. automne 1957.
3. EM1 [128], prob. sept. 1958.
4. EM2 [173]v(16), 1959.

non assimilables à la chair du monde – sur lesquels nous allons revenir [1] en guise de perspectives vers notre prochain volume : l'invisible, la profondeur, ou encore l'incorporel.

§ 4. De la chair du monde à l'être charnel
Bilan et perspectives (II)

a) *Ce grand pays muet qui ne nous quitte pas*

L'échec relatif du concept de « chair du monde » ne se réduit pas à son inadéquation avec l'ébauche merleau-pontienne d'une pensée du désir. Revenons au commentaire que Merleau-Ponty livre de Claude Simon. D'un écriture spontanée et répétitive, la préparation du cours du 16 mars 1961 fait se télescoper tous les vocables d'un même noyau imaginaire : mélange, chaos, prolifération, magma, promiscuité, emboîtement, empiétement… [2] L'unité focale de l'analogicité ainsi engagée semble menacée par un manque d'élaboration conceptuelle trahissant tout à la fois l'univocité d'une obsession fantasmatique et l'équivocité de sa transcription philosophique. D'où un effet de redoublement, à la lecture du commentaire de Merleau-Ponty – la prolifération, le mélange, sinon le magma et le chaos… de la pensée du philosophe –, la mise en abyme d'un empiétement généralisé qui a si bien réussi qu'il s'est détruit lui-même faute de frontières à transgresser, toutes les séparations ayant été résorbées. Que reste-t-il alors du « sang des autres » qui marquait les débuts de l'empiétement et de la chair au cœur des années existentialistes du philosophe ? Que reste-t-il du « sang des choses » qui, au même moment, marquait conjointement les premiers linéaments de son ontologie, et délivrait déjà une proto-version de la « chair du monde » elle-même ?

1. Cf. *infra*, § 5, p. 391 *sq*.

2. « Tous les objets, tout le visible, tous les personnages, "transparents" les uns aux autres, habitant les uns dans les autres, s'impliquant ou s'emboîtant les uns dans les autres… » (OntoCart, p. 215/[38](39)) « Comme temps d'emboîtement, espace d'emboîtement (…) espace de prolifération (…) espace d'ubiquité où les corps se surimpriment les uns sur les autres (…), où les lieux s'emboîtent les uns dans les autres… » (OntoCart, p. 209/[34](35)) « *Le magma des hommes*. (…) les hommes et le temps, l'espace, sont faits du même magma. Par exemple, comme le temps est le temps d'emboîtement, il y a une sorte d'empiétement des corps les uns sur les autres (…). La chair de Rose : chair de femme, c'est-à-dire mère, c'est-à-dire contenant l'homme-témoin, c'est-à-dire le protégeant du temps, et maintenant, par la mort le mettant au monde dans le "vide" (…) – Promiscuité de la naissance et de l'amour et de la mort. » (OntoCart, p. 211/[35](36)).

Le « sang des autres », à travers et au-delà de la référence au roman de Beauvoir – mise en scène entrelacée de la résistance française à la promiscuité de l'occupant et d'une tout autre résistance, celle de Merleau-Ponty à la promiscuité de l'amour –, pointait vers l'idée qu'il n'y a pas de liberté ni d'amour sans empiétement sur autrui [1]. Ainsi décrit, l'empiétement restait l'intrusion d'une chair dans une autre, sa violence et son fruit possible de coexistence demeuraient les modalités d'un lien reliant deux êtres en partie étrangers l'un à l'autre. « Les objets saignent », autrement dit vivent et ont une chair, s'expriment et nous expriment, mais c'est là la familiarité ignorée qu'ils crient du fond de leur séparation et de leur étrangeté. Douze ans après les conférences de Mexico, où sont donc passées ces blessures d'autrui et des choses ? Dix ans après *L'homme et l'adversité*, que reste-t-il de cette adversité qui jouait pourtant encore un rôle majeur dans la première introduction rédigée que Merleau-Ponty donnait de son ontologie fin 1957 (*La Nature ou le monde du silence*) ?

Ce n'est pas que tout soit cautérisé et reclus dans une harmonie préétablie – il s'en faut. Il est bien question de mort, et la chair du monde ne parle en rien du meilleur des mondes possibles. Mais la « promiscuité de la naissance et de l'amour et de la mort » [2] affirmée par Merleau-Ponty en mars 1961, tout en étant fidèle à l'univers imaginaire de Claude Simon, méritait de la part du philosophe un autre commentaire que le constat répété d'un empiétement généralisé. Celui qui continuait en 1960 encore à frayer la thématique du « sexuel-agressif » (jointe à sa conception de la chair depuis le début des années cinquante), qui relevait cette agressivité vitale couplée avec la libido pour former une dynamique désirante brisant le cercle infantile de l'angoisse et de la culpabilité décrit par Melanie Klein [3] – autrement dit, celui qui plaçait encore tout récemment au cœur de sa philosophie de la chair quelques éléments essentiels d'une différenciation entre la naissance et la mort –, reste étrangement muet devant la logique de la pulsion, qui pourtant seule peut éclairer une telle « promiscuité de la naissance et de l'amour et de la mort ».

La compréhension de la *chair* comme *généralité du corps*, nous l'avons vu, aboutit à une forme de généralisation au second degré : à celle de la chair elle-même, jusqu'à la chair du monde. Ce processus continue à véhiculer ce qui animait dès le départ la réflexion de Merleau-Ponty sur ce sujet : la recherche d'une nouvelle forme

1. Cf. *Du lien des êtres…*, *op. cit.*, section A, chap. II.
2. OntoCart, p. 211/[35](36), cours du 16 mars.
3. Cf. le chapitre précédent.

d'universalité, extension de l'analogicité mise en œuvre par le schéma corporel et ses « systèmes d'équivalences », préservée de la rétrospection qui n'établit les liens que sur fond de différence préalable. Une généralité où l'enveloppant-enveloppé de l'incorporation tend à se substituer aux *séparations* opérées par l'abstraction. La chair, affirme *Le visible et l'invisible*, est « un nouveau type d'être », un être « de prégnance ou de généralité ». Celui devant qui s'ouvre l'horizon, « son corps et les lointains participent à une même corporéité ou visibilité en général, qui règne entre eux et lui, et même par-delà l'horizon, en deçà de sa peau, jusqu'au fond de l'être » [1]. Cet être, affirme encore le même manuscrit, « n'étant plus *devant moi*, mais m'entourant et, en un sens, me traversant, (...) les individus spatio-temporels sont d'emblée montés sur les axes, les pivots, les dimensions, la généralité de mon corps » [2]. La chair, cette corporéité générale qui m'enveloppe, sourd de mon corps et règne pourtant déjà en deçà de ma peau, dans la prégnance de l'être.

Ici comme ailleurs, le vertige de l'enveloppant-enveloppé, d'un régime d'*Ineinander* à l'extension gourmande, est en passe de brouiller toutes les différenciations. De même que l' « empiétement » tend à perdre les connotations négatives, agressives sinon provocantes, qu'il avait initialement dans la langue française et que Merleau-Ponty choisissait en connaissance de cause, de même la « promiscuité » semble oublier ses propres origines, ces excès de proximité qui invoquaient d'eux-mêmes la distance : la « logique de promiscuité », à son tour généralisée jusqu'à l' « être de promiscuité » [3], tend finalement à évacuer cette vertu existentielle pourtant fondamentale de l'espace qu'est la *séparation*. La constitution critique (notamment anti-cartésienne et anti-sartrienne) du concept de chair emporterait ainsi Merleau-Ponty trop loin. Son opposition au *partes extra partes*, au face à face de la conscience et de l'objet, à un imaginaire minéral où les séparations sont telles que l'on ne peut plus penser la force de nos liens avec autrui et de nos attaches ontologiques, conduit par endroits le philosophe de la chair à un excès inverse. À l'excès d'un empiétement généralisé, dont les vertus signifiantes risquent de se dissoudre dans cette généralité même ; à celui d'une ontologie de la chair du monde où tout lien est contenu – et retenu, pour ainsi être préservé, tel un fétiche protégé du temps – dans une *prégnance* trop englobante pour pouvoir déboucher sur une

1. VI4, p. 195.
2. VI3, p. 154.
3. Cf. *supra*, chap. IV.

véritable naissance [1]. Sur une véritable séparation, sans laquelle les êtres ne peuvent gagner leur identité.

Poussons jusqu'au bout la sévérité de cette position momentanée, ne serait-ce que pour être mieux en mesure de trouver chez Merleau-Ponty ce qui est en passe de la contrer. Si, en devenant chair du monde, la chair merleau-pontienne assume jusqu'au bout la généralité du corps, cette généralité risque de retomber en un étrange particularisme, où le « circuit ouvert » de la chair [2] se referme dans un tout aussi grand et aussi petit que la bouche de l'*infans* ; où la chair-mère-Nature, qui « contient tout », connaît une précipitation ombilicale, et ne contient plus qu'une béance à la mesure de la totalité qu'elle entendait assimiler. Alors la « matrice symbolique » n'est plus symboligène, et n'est matricielle que de son propre magma. La chair est *élément*, au triple sens que nous avons dégagé ailleurs [3] : développé onirique du schéma corporel – *ma chair* –, matrice de celle-ci – *la chair du monde* –, et rapport de ma chair à la chair du monde – la chair comme *manière d'être* ou *style*. Mais elle risque finalement, à la différence des éléments de Bachelard dont Merleau-Ponty s'inspire depuis 1948, de ne plus s'inscrire dans l'*élémentaire* et la participation à *autre* qu'elle : elle n'est plus *un* élément, mais l'élément même, et l'élément d'elle-même.

La métaphore de la « chair du monde », à commencer chez Claude Simon, réveille certaines racines oniriques importantes du concept même de « monde ». Le *mundus* latin signifiait à la fois une parure de femme et un trou enfoncé dans les sous-sols, au fondement d'un édifice [4]. Il figurait aussi l'orifice des Enfers, la fosse du Quirinal, bouche du monde souterrain ouverte trois fois par an pour une invasion de la cité par les morts. Ainsi, « par l'ouverture de la matrice de la terre, monde caché, l'intérieur passait à l'extérieur, et l'extérieur était comme l'intérieur » [5]. Merleau-Ponty a longuement cultivé cette Terre charnelle, celle d'*Umsturz* [6], *Boden* épais et enveloppant qui ne nous quittera

1. Relisons encore ces mots : « chair de femme, c'est-à-dire mère, c'est-à-dire contenant l'homme-témoin, c'est-à-dire le protégeant du temps, et maintenant, par la mort le mettant au monde dans le "vide" » (OntoCart, p. 211/[35](36)).

2. Cf. *supra*, chap. III, § 4, p. 193 *sq*.

3. Cf. *Du lien des êtres…*, *op. cit.*, section B, chap. II, p. 255 *sq*., et chap. III, p. 293.

4. Cf. Jean Guillaumin, *Le rêve et le Moi. Rupture, continuité, création dans la vie psychique. Sept études psychanalytiques sur le sens et la fonction de l'expérience onirique*, Paris, P.U.F., 1979, p. 280.

5. J. Guillaumin, *op. cit.*, p. 282.

6. Husserl, *Umsturz der kopernikanischen Lehre in der gewöhnlichen weltanschaulichen Interpretation. Die Ur-Arche Erde bewegt sich nicht. Grundlegende Untersuchungen zum phänomenologischen Ursprung der Körperlichkeit der Räumlichkeit der Natur im ersten naturwissenschaftlichen Sinne. Alles notwendige Anfangsuntersuchungen*,

pas lorsque nous la quitterons, qui ne se meut pas mais meut tout désir. Le corps de la mère contient tout, monde utérin, demeure caverneuse des songes, royaume des morts. Et la chair du monde garde le secret du trou-ombilic que le corps humain, résumé du monde, possède en son milieu, inscription primitive de tout manque. « Monde » appartient aussi à ces mots qui miment des lèvres le bruit d'une bouche s'ouvrant sous une faible tension sonore [1], et la bouche contribue sans doute à notre premier imaginaire du monde, par cette cavité primaire qui « comble l'abîme entre intérieur et extérieur, entre passivité et activité » [2]. Le concept de chair du monde véhicule ainsi la matérialisation philosophique d'une oralité fantasmatique qui absorbe tous les mots en un seul, la « chair », subtile Babel de l'originaire [3].

Cette situation orale et utérine de la chair du monde reflète l'essentielle ambiguïté topologique de la bouche, qui mime le va-et-vient du rentrer et du sortir, le ballet érotique de l'introjection et de l'éjection [4]. À

texte D 17 (1934) publié et édité par M. Farber dans *Philosophical Essays in Memory of Edmund Husserl*, Cambridge, Massachusetts, Harvard University Press, 1940, p. 307-325 ; « L'arche-originaire Terre ne se meut pas. Recherches fondamentales sur l'origine phénoménologique de la spatialité de la nature », trad. D. Franck, in *La Terre ne se meut pas*, Paris, Éd. de Minuit, 1989, p. 11-28.

1. D'après J. Guillaumin (*op. cit.*), une étymologie latérale conduit d'ailleurs à l'allemand *Mund* (en frison, en hollandais ancien, et en haut-allemand ancien : *mond*) et à l'anglais *mouth* : la bouche.

2. J. Guillaumin, *op. cit.*, p. 284. Elle est « ce "trou", premier repéré et investi, qui s'ouvre et se ferme, et fait communiquer en nous l'intérieur et l'extérieur : du dehors au dedans pour l'aliment, du dedans au dehors pour les sons et la parole » (*ibid.*, p. 282).

3. « Ce corps lové sur soi, n'est-ce pas la présence insistante d'un *fantasme* qui nous renvoie à ce "moi-plaisir" de Freud, à cette existence archaïque, infantile, tout occupée à sa perversité polymorphe et qui n'est pas encore un sujet ? (…) Les deux "lèvres" du corps s'ouvrent et se referment sur elles-mêmes, dit le texte : n'est-ce pas l'image même dont Freud a voulu emblématiser la structure profonde du narcissisme humain ? » (B. Sichère, *op. cit.*, p. 211). « Une seule bouche qui se baiserait elle-même (…) une bouche cousue, où nous voyons, dans l'analyse, pointer au maximum, dans certains silences, l'instance pure de la pulsion orale, se refermant sur sa satisfaction. » (J. Lacan, *Le Séminaire*, Livre I, *Les écrits techniques de Freud*, Paris, Seuil, 1975, p. 164).

4. « Spitz, après une étude très poussée des informations de toute provenance disponibles, voit, comme on sait, les sources de la fonction organisatrice de la relation orale chez l'enfant dans la nature singulière d'un organe – la bouche donc – dont la structure relève en quelque sorte à la fois de l'intériorité et de l'extériorité. Repli de l'exoderme, sa paroi enveloppe au-dedans les objets extérieurs qui y pénètrent, en conservant à leur égard une sensibilité de contact de type épidermique qui est celle des surfaces exposées du corps. Le statut de la bouche est donc essentiellement double et de médiation. Elle propose et étaie une synthèse particulière, dans laquelle viennent confluer, à ce stade précoce, et se fonder en même temps que se fondre, toutes les capacités motrices et esthésiques de l'enfant. Encore largement indifférenciées, celles-ci sont alors engagées dans une expérience globale, cénesthésique, synesthésique, et synkinésique du monde, d'où auront à émerger plus tard les sensibilités diacritiques particulières. (…) elle fonc-

force de tourner, l'hésitation s'exaspère, et l'équivalence suggérée par le dernier Merleau-Ponty entre sortir et rentrer, entre naître et mourir, trouve peut-être ses limites : il faudra bien naître, et passer par une séparation. Merleau-Ponty ouvre par l'empiétement, comme par l'ensemble des figures de la chair, le monde magique des premiers horizons, des objets transitionnels qui assument un début de séparation et jouent avec elle [1]. Mais ce monde de l'entre-deux peut encore se refermer, et régresser, de l'ouverture, à l'involution mortifère. Et l'on est en droit de se demander si ce monde transitionnel est à la taille de ce qui est, si le réel demeure à jamais *transitionnel*, demeure à jamais chair du monde. Ou bien si la *séparation* lui donne un autre statut, *ni objectif*, *ni imaginaire*. Merleau-Ponty n'affronte pas cette question, mais semble par endroits y répondre par avance : « L'imaginaire est l'entre-deux. Et le réel ne comporte pas [de] définition stricte » [2]. Sur ce point, peut-on encore le suivre ?

Merleau-Ponty est-il allé suffisamment loin dans l'analyse de la signature ontologique du désir et de la signature charnelle de l'être ? Et le type d'être onirique – ni subjectif ni objectif, réel *et* imaginaire – qu'il dégage contre Sartre est-il ultime ? Si l'une des forces de cette ontologie est de penser l'être *à travers* l'imaginaire et son essentielle dimension désirante, il reste à poursuivre cette traversée jusqu'à l'un de ses horizons possibles, sinon inévitable. Jusqu'au silence de l'image et de l'affect. Nous ne sommes pas encore en mesure d'explorer ce point, mais il est nécessaire de l'introduire. Contrairement à ce que l'on pourrait croire, cet horizon, comme tout horizon, ne constitue pas un saut *au-delà*, au-delà de l'imaginaire et du désir, au-delà de nos infrastructures inconscientes et intercorporelles. Mais peut-être le fruit le plus profond de leur travail de déformation des images et de libération de l'affect – un travail qui seul peut garder l'être à l'abri du fétichisme de la re-présentation (cognitive ou affective), et qui dépasse la prégnance du monde vers ce qui constitue son accomplissement même, en débouchant sur la portance de l'être.

tionne à la manière d'un point central de fusion, ou de cordon ombilical reconstitué, entre l'autre et le Moi, l'enfant et sa mère. La bouche est le lieu sensori-moteur premier défini et investi, dans la confuse nébuleuse primitive, d'une ambiguïté essentielle. » (J. Guillaumin, *op. cit.*, p. 283).

1. « L'enfant peut vivre la structure et l'espace maternels comme ouverts, débouchant en emboîtement ou en expansion sur d'autres espaces plus ou moins isomorphes, et je pense que cela correspond assez exactement à la notion winnicottienne d'espace transitionnel (…) [l'enfant] constitue le grand univers à partir et à l'aide de son étalon premier (…) entre deux retours à la terre maternelle. » (*ibid.*, p. 289).

2. OntoCart [8]v(9bis)/NP, janvier ou février 1961.

La *séparation* est sans doute ici une épreuve irremplaçable, qui commence à se jouer dans la chair dès l'expérience toute corporelle et existentielle de la naissance, dès le corps à corps avec la mère et ses inévitables clivages [1]. Aux côtés de l'*empiétement* et de la *circularité*, elle offre une troisième dimension fondamentale de la chair dans son épreuve désirante de l'être. Selon une indéniable lacune, l'endo-ontologie merleau-pontienne n'intègre pas véritablement cette dimension, qui pourtant est susceptible de conduire la chair au silence du ressenti, à un désir de l'être sans contenu et sans monde. Sans chair du monde. Cet horizon non spiritualiste reste bien un horizon de la chair et une épreuve radicale du désir qui l'anime, il n'est en aucun cas le produit de sa mise entre parenthèses par une quelconque technique de maîtrise de la vie psychique – toujours illusoire, sinon secrètement destructrice.

Une philosophie de la chair est ainsi appelée à penser, non seulement l'empiétement d'autrui, non seulement la circularité d'une incorporation qui ramène toujours déjà autrui dans ses filets, mais aussi l'expérience de la mort d'autrui. Un thème presque absent des écrits de Merleau-Ponty, dont le traitement tardif, en suggérant une synonymie entre mort et naissance, renvoie sans doute à quelques résonances théologiques et psychanalytiques profondes, mais manque d'une véritable élaboration philosophique. Le consentement à être et à l'être, qui seul ouvre pleinement la chair à la profondeur du monde et d'autrui, est certes fondamentalement un consentement à naître et à co-naître. Mais il implique aussi, à l'horizon même de ce dernier, un consentement à mourir qui ne peut pas être réduit à une simple modalité du consentement à naître. Car il ne s'agit plus de s'abandonner au monde et aux autres, mais de consentir à s'en retirer, à les abandonner. S'agissant de la mort d'autrui, le travail de deuil n'est pas une mise en veille de l'imaginaire, il a même éminemment besoin de lui, mais pour atteindre une rive où tout a été déposé et abandonné, toucher le fond de cette nuit où il n'y a plus ni rêve ni sommeil, où l'onirisme semble se taire. Une veille qui n'est pas – qui est moins que jamais – celle d'une conscience de survol, mais celle de la pure attente de l'être absent. La veille du désir, dans une nuit seulement déchirée par un cri, seul reste du sensible et du sens – « ce feu qui ne cessera pas de brûler » [2], le désir sans repos, et néanmoins toujours opérant.

En s'enfonçant dans le tourniquet des figures de la chair, qui tendent à s'autonomiser, au risque de ne plus faire transition mais répondre d'elles-mêmes au désir qui les anime, l'univers du dernier Merleau-

1. Cf. *supra*, chap. VII et VIII, notamment chap. VIII, § 3, p. 311 *sq*.
2. OE, p. 21.

Ponty ne parvient peut-être pas encore à pleinement laisser être l'être. La tentative conceptuelle de la « chair du monde » résisterait-elle aux risques de la séparation, à la possibilité d'être abandonné ? Celui qui a dressé le portrait d'un Sartre abandonnique [1], qui a souvent affirmé qu'il refusait les garanties de toute forme d'harmonie préétablie [2], qui a dénoncé les gnoses de ceux qui construisent le sens par dénégation du non-sens [3], serait-il à son tour en train de se protéger d'un non-sens ultime ? En tant qu'objet transitionnel, tout concept possède deux vertus complémentaires : une force de conquête, mais aussi une puissance de sécurité – une balise dans l'espace parfois sans fond du non-sens, dans la temporalité irréversible d'une condition mortelle où l'être peut sembler se dérober et inexorablement nous abandonner. Si le concept de « chair du monde » tente de conquérir un sens neuf, on ne peut sans doute pas évacuer purement et simplement le mirage qui le menace : exorciser l'angoisse de l'abandon en garantissant par avance, fantasmatiquement et intellectuellement, la fidélité du désiré – si je perds tout, il restera toujours la chair du monde, ce grand pays muet qui ne nous quitte pas ; si je perds tout, il restera toujours mon implication dans l'être, l'*Ineinander* ; si je perds tout, il restera encore tout, et je n'aurai rien perdu…

b) *La transcendance du désir*

Réduite à ce volet négatif, la tentative conceptuelle de la « chair du monde » aurait quelque chose de pathétique : vouloir fonder l'ontologie moderne sur les ruines de l'ontologie de l'objet, discerner la vanité des constructions éternitaires élaborées à l'abri des risques du désir, et finir par construire soi-même un « Grand Objet » qui nous protège des séparations… En ne renonçant pas au « type d'être qui contient tout » [4], le philosophe ne peut préserver la négativité qu'il prétend par ailleurs défendre, et le concept de chair du monde risque de rendre impensable la transcendance de la chair. Une négativité et une transcendance pourtant essentielles au désir qui anime celle-ci. Si cette philosophie de la chair *contient* une pensée du désir, c'est alors dans le double sens de ce verbe : elle l'enveloppe, mais aussi la retient. Telle une matrice qui n'enfante pas son hôte comme un autre, la chair risque, sur le plan conceptuel, de devenir le tenant-lieu du désir.

1. Cf. *Du lien des êtres…*, *op. cit.*, section A, chap. IV, p. 180 *sq*.
2. Cf. *Le scénario cartésien*, *op. cit.*, chap. VII.
3. Cf. *Vers une ontologie indirecte*, *op. cit.*, chap. IV.
4. RC59, p. 151.

Revenons au texte qui inaugure l'expression de « chair du monde » dans l'écriture de Merleau-Ponty : « Qu'il s'agisse de mes rapports avec les choses ou de mes rapports avec autrui (...), la question est de savoir si notre vie (...) si tout rapport de moi à l'Être jusque dans la vision, jusque dans la parole, n'est pas un rapport charnel, avec la chair du monde » [1]. Pour l'auteur de ces lignes, la réponse semble affirmative : tout rapport (avec les choses, avec autrui, avec l'être) est « rapport charnel » de ma chair avec la chair du monde. La chair du monde serait ainsi l'horizon de « chair » d'un rapport dit « charnel », où l'on ne sait plus lequel, du substantif et de l'adjectif, induit l'autre. Tout se passe comme si chaque accouplement se redoublait d'un autre accouplement, avec cette mystérieuse « chair du monde » ; un autre, tout en renforçant le même, et en signant son authenticité. La chair du monde est alors peut-être moins une notion positive que la désignation balbutiante de ce troisième terme qui n'en est pas tout à fait un, ce tiers inclus discret de la relation, subtile transcendance qui s'ouvre au cœur de nos liens.

Autant il est facile, trop facile, de réduire la « chair du monde » au repli fétichiste d'un philosophe en mal de sécurité maternelle, autant il est difficile et périlleux d'explorer ce tout autre visage, positif, de la chair du monde. Si la version critique fait appel au registre *affectif*, celle-ci pointe vers ce qui, au cœur même de la spécificité du désir, n'est pas réductible à celui-ci. Dans cet horizon, la chair du monde n'est pas un désiré concurrent de la chose perçue ou d'autrui, mais traduit un redoublement du désir, comme si le désir se faisait lui-même désirer et désiré, le rapport charnel devenant chair désirable. Si la chair n'est pas substance, le lien tendu par le désir n'est pas non plus pure relation au sens classique, pur *quo*. Tout rapport charnel possède un pouvoir métamorphique et une densité propre, comme si la « relation » devenait « substantielle » sous l'efficace du désir (s'il fallait encore utiliser ces vieilles catégories métaphysiques, précisément inadéquates à la description de cette opérance). Dans le désir, la relation se fait chair subtile, et la chair du monde serait cette concrétion ontologique du désir, le fruit d'une cristallisation au second degré.

Dans la mesure où elle est capable de figurer ce redoublement, la chair du monde souligne que l'économie du désir échappe au seul face à face de deux êtres, le désir faisant toujours signe vers l'être. Mais l'être ne fait pourtant pas nombre avec le désiré : il est l'enveloppant-enveloppé du désirant et du désiré, et l'engendrant-engendré de leur accouplement. Le désir déploie ainsi la « membrure commune de mon

1. VI2, p. 115-116.

monde comme charnel et du monde d'autrui » [1] : il tisse la chair du monde. Revenons au fameux passage du *Visible et l'invisible* sur l' « accouplement avec la chair du monde », où Merleau-Ponty décrit l'homme « fasciné par l'unique occupation de flotter dans l'Être avec une autre vie, de se faire le dehors de son dedans et le dedans de son dehors », occupation où « mouvement, toucher, vision, s'appliquant à l'autre et à eux-mêmes, remontent vers leur source », « dans le travail patient et silencieux du désir » [2]. Ce texte à la tonalité érotique patente est sans doute par excellence celui qui a été interprété comme saturé d'affect, exprimant un fantasme régressif où le « flotter dans l'Être » renverrait à l'intra-utérin et au liquide amniotique. Peut-être. Mais c'est alors le condamner à peu de frais à ne rien nous offrir à penser, alors qu'il est aussi traversé par ce qui est le plus difficile à énoncer sans être maladroit, cette phénoménalité du désir où l'être s'introduit et s'avère à la fois source et tiers désiré : désir désirant en nous deux, désir désiré par nous deux.

D'où un horizon phénoménologique et ontologique spécifique du désir, à nouveau parfaitement étranger à la pulsion, et qui n'est peut-être pas sans rapport avec la mystérieuse « réalité transphénoménale de l'amour » [3] que Merleau-Ponty évoquait dans le cours sur l'institution. Transcendance au cœur de la plus grande intimité, ouverture au sein de la plus enivrante circularité, ce redoublement du désir en *désir du désir* ne relève pas d'une redondance psycho-affective comme le plaisir du plaisir. Celui-ci est susceptible de refermer l'ouverture à l'autre dans l'immanence du ressenti, de nous arrêter sur le chemin indéfini de la relation à autrui en substituant la positivité de l'état affectif à la relance perpétuelle de l'intentionnalité. « Le désir n'est pas prévision ou recherche d'un état de plaisir, il est intentionnalité, *i. e.* récognition aveugle, *i. e.* transcendance » [4]. Le désir se redouble en tant qu'il *me* double et *nous* double, nous prend pour ainsi dire de vitesse : justement parce que, transcendant, il fait sortir de soi et participer à l'être. Il est ainsi au plus loin du capitonnage d'un plaisir devenant fin de lui-même (et, par là, dramatiquement finissant).

Dans une infinie discrétion, comme indiquant sa source et déjà y remontant, le désir semble venir d'ailleurs et aller ailleurs, sans que l'on puisse *dire* ni d'où il vient ni où il va, tout en percevant pourtant confusément que la source et le fruit ne font qu'un, et que ce feu, précisément,

1. Natu3, p. 287/[46]v.
2. VI4, p. 189.
3. Insti, p. 70/[35](27).
4. NTi [341], avril 1960.

circule. Ni monadique ni dyadique, son économie n'est pas non plus véritablement trine. Tiers inclus du voyant-vu (du désirant-désiré), le désir n'est ni d'un ni de deux ni de trois, mais un seul désir échangé dans le chiasme de nos désirs. « Dès que les regards se prennent » [1], nous ne sommes plus tout à fait deux et il y a de la difficulté à demeurer seul... parce que nous sommes déjà ouverts sur l'être, tiers inclus de notre relation. Par ce redoublement où le désir se montre éminemment désirable, autrui n'est pas spolié ou oublié de quelque façon. Le désir fait signe vers un autre désir, qui n'est pourtant pas véritablement *autre* puisqu'il est vécu à la fois comme milieu, source, et enfant de notre relation, sans aucune autre aliénation de moi et d'autrui que cette « fascination » commune, cet abandon mutuel à une circulation qui nous dépasse. Et qui serait l'être même.

Cette « signification », au sens dynamique d'un geste qui montre, est peut-être la plus fragile qui soit. Il est si facile de la laisser inaperçue, de dépouiller le désir des dimensions intentionnelles, parfois si subtiles, qui le structurent en profondeur, pour ne plus voir que ses dégradés embaumés, poussées aveugles, ressentis clos et dépourvus de sens. Il est vrai que la frontière n'est jamais claire entre la circularité ouverte du désir et l'involution d'une passion qui se prend elle-même pour objet en court-circuitant autrui. L'enjeu de cette différenciation est pourtant essentiel. Le premier article de Merleau-Ponty, avec tout ce que cela peut avoir de provisoire mais aussi de fondateur, gravitait en partie autour d'une affirmation solennelle : « Au lieu d'explorer dans toute sa variété la vie émotionnelle de l'homme, la philosophie s'est efforcée d'en réduire la part intentionnelle à la part affective. Son horizon s'est incroyablement rétréci » [2]. Le jeune philosophe, qui découvrait alors la phénoménologie au contact de l'œuvre de Max Scheler, précisait un peu plus loin la conséquence la plus grave de cet appauvrissement intellectuel : « l'essence de l'amour est oubliée. Parce qu'on ne voit plus en lui qu'un état affectif » [3]. La gravité de ce constat précoce continue à résonner dans la suite de l'œuvre, dans la recherche de la « transphénoménalité » de l'amour, puis de la « transcendance » du désir.

1. Paul Valéry, *Choses tues*, VI, *Tel Quel*, I, in *Œuvres*, tome II, « Bibliothèque de la Pléiade », Paris, Gallimard, 1960, p. 490 ; cité par Merleau-Ponty, S(HoAdv) 294, ULL [43](III11).

2. ChRe, p. 21/291.

3. ChRe, p. 28/300. À la suite de Scheler, Merleau-Ponty dessine une forte distinction entre des « états affectifs immobiles » (ChRe, p. 21/291), les « simples états affectifs », « qui sont tout en eux-mêmes » (ChRe, p. 19/289), et « des sentiments ou des émotions » dont la nature « est de viser quelque terme autre qu'eux-mêmes, – à qui, en ce sens, l' "intentionnalité" est essentielle » (*ibid.*).

L'imperception de cette transcendance, voire son refoulement, sont aussi liés à la promiscuité induite par la structure même du tiers inclus, à sa secrète violence : son empiétement, jusqu'à ce que nous ne supportions plus cet impliqué, cet être sourdement envahissant qui nous porte et que nous portons en nous, précisément intolérable parce qu'il nous tolère activement (*tollit*), nous soutient et nous engendre, et nous invite en retour à le porter et l'engendrer. Ainsi l'être, en tant que tiers inclus de la relation, peut être vécu comme tiers à exclure – même si rien n'enlèvera en nous la secrète nostalgie de la transcendance du désir, *désir d'être* indissociable du *désir de l'être* et du *désir d'en être*.

C'est ici que nous pouvons aussi mieux comprendre le sens de l'*anonymat* évoqué par endroits dans les derniers manuscrits. Notre tendance naturelle est d'entendre cette notion comme le ferait une philosophie de la conscience, où l'effacement du sujet ainsi désigné semble se diriger vers une forme de dépersonnalisation, de perte d'identité. Cette acception passe à côté d'une tout autre direction de sens, pourtant appelée par la longue réflexion merleau-pontienne sur la perception et le désir, elle-même appuyée sur une vigoureuse critique des attributs classiques de la conscience. L'anonymat de la chair chez Merleau-Ponty peut en partie être compris à la lumière de l'abandon au regard d'autrui et de la circulation du désir, qui montrent moi et autrui au plus fort de leur identité personnelle lorsqu'ils sont au plus fort de leur communion. Le chiasme du désir, éclairé par sa source valéryenne [1], est figure d'une relation perceptive et désirante qui, si elle ne me laisse pas seul dans la séparation, ne nous laisse pas non plus seuls ensemble dans la fusion. Si l'anonymat merleau-pontien contribue à l'idée d'un effacement du sujet, c'est au sens d'une libération de la solitude ontologique factice dans laquelle l'enferment la folie de la conscience réflexive et les illusions d'une liberté absolue : libération de sa solitude dans la transcendance qui ouvre les circuits de la chair au monde et à autrui, dans l'abandon de la chair à la profondeur du monde et au regard d'autrui, dans son abandon à l'être comme désir désirant et désiré. L'anonymat de la chair n'est pas l'anonymat d'autrui pour moi et de moi pour autrui dans le poser-contre des chairs scénarisé par Sartre [2], mais le rapt commun de moi-même et d'autrui dans le redoublement du désir.

Dans l'échange des regards, « on ne sait plus qui voit et qui est vu » [3]. Il n'y a pas ici de « problème de l'*alter ego* parce que ce n'est

1. Cf. *Le scénario cartésien*, *op. cit.*, chap. VI.
2. Cf. *Du lien des êtres…*, *op. cit.*, section A, chap. III, p. 137-146.
3. VI4, p. 183.

pas *moi* qui vois, pas *lui* qui voit, qu'une visibilité anonyme nous habite tous deux » [1] : c'est « cet anonymat inné de moi-même que nous appelions chair tout à l'heure, et l'on sait qu'il n'y a pas de nom en philosophie traditionnelle pour désigner cela » [2]. Anonymat inné de moi-même, qui le libère de lui-même, depuis notre institution corporelle la plus élémentaire qui s'édifie déjà dans le rapt de la perception et du désir. Je perçois *dans* le monde, *en* autrui et par la *chair* d'autrui. Il n'y a jamais autant de « Je » que dans le désir et la perception, au sens où je ne *suis* jamais autant que dans cette ouverture à l'être ; mais dans cette même puissance passive-active de la chair, il n'y a jamais aussi peu de « Je », au sens de la conscience comme retour sur soi d'un îlot de mon être qui s'isole de sa topologie d'ensemble. Cet anonymat ne peut plus être pensé à partir d'une philosophie de la conscience, puisqu'il en consacre la libération même.

L'anonymat de la chair tire les conséquences du « je suis mon corps » qui traverse les écrits de Merleau-Ponty depuis les années trente, tout en éliminant ce qui restait encore de réactif et rétrospectif dans la formule marcellienne : celui qui *est* son corps, s'il l'est vraiment, n'a plus l'espace ni le temps de se dire « je » [3]. Cette notion pense ainsi l'incarnation jusqu'au bout, c'est-à-dire participe au nécessaire passage de l'incarnation à la chair. Dans cet être-corps-en-expression, l'unité et l'irréductibilité de la *personne* sont désormais fondées dans les profondeurs inconscientes du désir, et non dans « la "conscience" comme survol non dimensionnel d'une surface par elle-même » [4]. L'anonymat n'est pas celui du désiré pour moi, mais le mien dans l'abandon au désiré et au désir, dans un lâcher-prise où je deviens ce que je suis en me perdant à mes propres yeux.

Si l'on a à l'esprit ce que la philosophie de la chair de Merleau-Ponty doit à sa longue réflexion sur le schéma corporel, il est inévitable de pressentir à nouveau une correspondance entre cette approche de la *chair* et la tentative psychanalytique de penser *l'image inconsciente du corps* [5]. D'autant plus que les réflexions du *Visible et l'invisible* sur l'anonymat de la chair trouvent explicitement leur cadre dans une volonté de penser « le sens second et plus profond du narcissisme » [6].

1. VI4, p. 187.
2. VI4, p. 183.
3. Sur ces limites de la pensée de Gabriel Marcel et les progrès accomplis par Merleau-Ponty, cf. *Le scénario cartésien*, *op. cit.*, chap. III, notamment p. 94 *sq*.
4. N-Vie [135]. Merleau-Ponty évoque ici la conception de la conscience chez Raymond Ruyer, exemplaire des « pensées de survol » qu'il critique de bout en bout.
5. Cf. *supra*, section A, Préalable.
6. VI4, p. 183.

L'une et l'autre tentatives théoriques opèrent une percée, aussi délicate que capitale, vers une anthropologie moderne où la *conscience* détrônée ne signifie pas pour autant, il s'en faut, l'effacement de la *personne*, mais sa libération.

§ 5. Le désir de la profondeur. Bilan et perspectives (III)

a) *De la chair du monde à la profondeur du monde : « l'univers des incorporels »*

Après une première analyse des liens entre la conception merleau-pontienne de la chair du monde et celle du désir, qui examinait la possibilité de dégager continûment celle-ci de celle-là en reprenant la libre lecture de Claude Simon par Merleau-Ponty, notre deuxième approche est volontairement passée de la continuité à la rupture. Nous avons pris le parti du grand écart entre les horizons d'une pensée merleau-pontienne du désir et les fragilités du concept de chair du monde, grand écart entre ce que ce concept retient d'une pensée du désir et ce qu'il est par ailleurs susceptible d'en délivrer – dans l'ambivalence même qui consiste à le « contenir ». Ce traitement direct de la contrariété entre chair du monde et désir nous a conduit à une indéniable violence d'interprétation faite à la dernière pensée de Merleau-Ponty, pour la critiquer sévèrement puis pour en suggérer, tout au contraire, un horizon positif audacieux. Il doit maintenant être poursuivi – et nuancé – par un traitement plus indirect, attentif à certaines tentatives complémentaires des manuscrits tardifs, dans leurs avancées comme leur inachèvement. Cette troisième et dernière approche ne contredit pas la précédente, dont la dramatique propre, par son excès même, était nécessaire pour être en mesure de percevoir maintenant plus en finesse les directions prises par quelques chemins ultimes de Merleau-Ponty. Ces chemins ne seront ici qu'introduits, laissant entrevoir que les avancées du présent volume trouveront leur suite et leur complément dans le suivant.

Revenons au plan le plus fondamental de la toile de fond que nous dressions initialement pour introduire la chair du monde : l'audace de la conception merleau-pontienne de notre rapport perceptif au monde comme toujours déjà expressif. Si l'on ne peut pas percevoir sans exprimer et s'exprimer, et se donner par là même, il est à nouveau question d'abandon – de s'abandonner au monde perçu. C'est bien ce que Merleau-Ponty rencontre dans l'analyse de ce qui constitue pour lui l'exemple privilégié de notre rapport perceptif au monde comme toujours déjà expressif : la *vision en profondeur*.

Le thème de la profondeur perceptive est l'un des plus transversaux de son œuvre [1]. Pour ne mentionner que quelques moments clefs, cette question occupe le philosophe dès ses premiers projets de thèse, fait l'objet d'un traitement significatif dans la *Phénoménologie de la perception*, revient en force dans *La prose du monde* et le cours sur *Le monde sensible et le monde de l'expression*, puis culmine dans *L'Œil et l'Esprit* et le cours ultime sur l'ontologie cartésienne. Nous ne voyons pas « la » profondeur, souligne d'emblée Merleau-Ponty. Nous voyons *en* profondeur : la profondeur se donne à nous dans la mesure où nous la laissons s'orienter et nous orienter, s'exposer et nous exposer à son mode d'exposition. « De toutes les dimensions, la plus "existentielle" » [2], elle ne se livre qu'à un vivant qui se livre à elle dans son animalité même, où s'entremêlent perception, motricité et désir.

La profondeur n'est pas objet, mais elle n'est même pas chose, et elle n'est pas non plus monde. D'après la description renouvelée que Merleau-Ponty en donne à partir du cours sur *Le monde sensible et le monde de l'expression* (cours précisément marqué par le thème du « rapport expressif »), la profondeur est plutôt une manière d'être du monde, qui sollicite en nous une manière d'être pour épouser son style. Une façon pour le monde de se donner à nous et de nous appeler en retour à nous ouvrir à lui, une manière pour lui de nous attendre et nous désirer, de nous convier à nous abandonner à sa profondeur pour le percevoir. Si l'on accepte avec Merleau-Ponty l'inévitable part d'animisme d'une phénoménologie qui veut assumer le rapport expressif dans lequel se noue toute perception, la profondeur est en somme une dimension essentielle d'animation du monde.

L'examen de notre relation perceptive-expressive à la profondeur conduit ainsi Merleau-Ponty à décrire le *monde* comme *chair*, et la profondeur est justement l'un des meilleurs visages de la « chair du monde ». La vision en profondeur est pour nous l'exercice d'une forme tout à la fois élémentaire et ultime d'être-au-monde, tandis que la profondeur, de son côté, est comme un pur être-à-l'homme (être-à-l'être humain) exercé par le monde… qui nous appelle par là même à l'exercice d'un pur être-au-monde.

La profondeur ne se laisse pas observer et explorer comme un espace préalable qui serait simplement découvert, mais exige de nous de nous

1. Une première version de la suite de ce développement a été publiée dans les §§ 2 et 3 de notre article « De la profondeur du monde à l'incorporel. Expression et mystère ontologique chez Merleau-Ponty », in *Merleau-Ponty e l'estetica oggi / Merleau-Ponty et l'esthétique aujourd'hui*, sous la direction de Mauro Carbone, Anna Caterina Dalmasso et Elio Franzini, « L'occhio e lo spirito », Milan, Mimesis, 2013, p. 181-196.

2. PhP, p. 296.

laisser configurer par elle, de nous abandonner à sa manière de distribuer et aimanter le multiple, de consentir à ce qu'elle nous structure en profondeur pour « la » voir. Pour que nous nous donnions à cet espace qui s'ouvre à nous, que nous l'anticipions dans nos projets moteurs soutenus par la tension du désir, que nous l'enveloppions ainsi temporellement tout en nous abandonnant à son enveloppement spatial. En un mot, il s'agit de vivre la profondeur : de l'animer en se laissant animer par elle. La profondeur n'existe que pour une chair qui la laisse être en lui confiant sa chair, et qui en retour est moins que jamais dans ce face à face qui faisait de nous un sujet et/ou un objet : la profondeur contribue aussitôt en retour à nous faire chair.

Dimension existentielle, dimension majeure à laquelle s'ouvre la chair, la profondeur devient pour Merleau-Ponty l'emblème de ce que, comme le peintre, nous recherchons et désirons de toute notre chair et de manière charnelle – cette « "recherche" de la profondeur qui dure "toute une vie" » [1]. Si bien que la vision en profondeur devient un modèle privilégié de la relation de la chair à l'être désiré, tandis que la profondeur devient une figure privilégiée de l'être même. Ce faisant, on atteint peut-être déjà la limite de la métaphore selon laquelle la profondeur serait « chair du monde », tandis que se pose à nouveau la question de la différenciation entre être et chair. Dans quelle mesure la profondeur est-elle aussi et aussitôt *autre* que la chair ? Nous ne sommes pas encore prêts à répondre à cette interrogation, qui exigera nombre d'étapes à franchir au fil du prochain volume. Avançons néanmoins déjà quelques pistes en rapport direct avec les questions frayées dans le présent chapitre.

L'accusation de régression fusionnelle parfois portée, du point de vue d'une anthropologie psychanalytique, contre l'onirisme de la chair du monde, s'avère moins pertinente que jamais s'agissant de la profondeur. Hors les murs, la profondeur ne peut être ramenée à une simple prégnance, à un être purement enveloppant et matriciel, et les implications existentielles de notre rapport à la profondeur ne sauraient être réduites au seul registre maternel [2]. La dynamique même de la vision en profondeur échappe foncièrement à toute attitude régressive ou fusionnelle, sa logique perceptive impliquant distance et ouverture, sortie de soi, consentement à l'invisible et l'imprévisible. Et ce n'est pas

1. OntoCart, p. 167/[3]v(4).

2. La profondeur merleau-pontienne, qui répond à la recherche du « vrai dehors », nous place par ailleurs assez loin de la « recherche de la profondeur » que Melanie Klein évoquait de son côté dans sa description de nos tendances épistémophiliques archaïques, profondeur du dedans – celle du corps de la mère qu'il s'agit de pénétrer pour en découvrir et détruire les trésors. Cf. *supra*, chap. VII, § 4, p. 297 *sq*.

un hasard si la longue réflexion de Merleau-Ponty sur la vision en profondeur le conduit progressivement à une pensée du désir comme accomplissant cette logique perceptive, dans une typique de l'être-au-monde étrangère aux aspects conservateurs de la pulsion freudienne. L'accès perceptif à la profondeur, compris dans ses dimensions motrices, expressives et désirantes, pensé dans toute l'amplitude de la mobilisation anthropologique qu'il implique, engage déjà les trois voies d'éveil et de croissance du désir (satisfaction sans remplissement, frustration, et adversité), étrangères à la sécurité fusionnelle dont on accuse la chair du monde. La première révolution copernicienne vécue par un être humain est de sortir de l'enceinte, de se retrouver hors les murs, jeté dans la profondeur du monde : dans une spatio-temporalité qui demeure tissée d'intercorporéité, tout en étant appelée à vivre une série de mutations et révolutions, au fil d'étapes de décentrement (au sens de Piaget), et au gré de ces « surrections », « insurrections » et « résurrections » du désir furtivement thématisées par Merleau-Ponty depuis 1955. La profondeur est bien figure de l'être en tant qu'il porte ces naissances et soutient ces surgissements qui sont à l'horizon des structures existentielles du désir.

Si la profondeur est par excellence ce qui mobilise la chair et nous engage dans un rapport charnel, cela ne suffit pas à la faire chair, d'autant qu'elle est aussi par excellence ce qui déborde toute projection. Pénétrée et pénétrante, son enveloppant-enveloppé tire l'incorporation vers un sens neuf : tout ce que l'on peut projeter « sur » elle s'évanouit perpétuellement dans l'indéfini et l'inépuisable de son absence de fond, tout que ce que l'on peut en introjecter est si subtil et si peu substantiel. Elle nous porte à l'incorporation tout en échappant elle-même à l'incorporation, soutient notre intercorporéité sans pour autant s'offrir en tant que telle à l'intercorporéité. Dimension la plus charnelle du monde qui sollicite au plus haut point notre chair, la profondeur est donc pourtant aussi, en un sens, hors la chair.

Si Merleau-Ponty, depuis longtemps, par sa conception de la « généralité du corps » puis de la « chair généralisée », en passant par l'« universalité du sensible » et par sa conception si singulière de la « réversibilité charnelle » (indissociable d'un long débat critique avec Piaget, pétri de la réception merleau-pontienne de Wallon et Lacan [1]), si Merleau-Ponty donc cherche par là à dégager les fondements charnels de la vie de l'intelligence – et, ce faisant, à penser à nouveaux frais l'« abstraction » –, ce n'est donc peut-être pas, malgré ce que certains textes peuvent laisser penser, pour substituer massivement à l'abstraction l'incorporation psychanalytique. Du moins faut-il s'entendre sur ce

1. Cf. *supra*, chap. VI, mais aussi chap. III.

sens de l' « incorporation », que Merleau-Ponty revendique explicitement comme étant l'idée majeure dont il gratifie la psychanalyse et qu'il recevrait d'elle, et qu'il est pourtant en voie d'informer d'un sens neuf.

En nous découvrant une incorporation non incorporante, un corps-à-corps sans intercorporéité, l'analyse de la profondeur nous introduit à la *portance* de l'être – portance irréductible à la prégnance, qui joue dans l'adversité et la foi perceptive, résiste à la chair et délivre sa liberté. Ressort de toutes nos naissances, cette portance soutient les fondements mêmes de la vie désirante, de sorte que la notion de désir ne suffit plus pour décrire ce qui serait « le » principe d'animation de la chair (Schilder). La profondeur nous anime en commençant par rouvrir en nous le fondement de toute véritable réceptivité. Elle est le sol monumental du désir, en tant qu'elle porte et relance un désir désobjectivé, sans autre détermination particulière que notre ouverture à l'inconnu et la nouveauté, à l'invisible et l'imprévisible. Désir *de* rien, parfaitement étranger à l'envie, et qui n'est pas pour autant, il s'en faut, désir *du* rien. Mais bien désir de la profondeur, qui touche à l'essence non psychologique du désir. Désir de l'être, au creux duquel peut advenir un désir d'autrui qui soit désir de l'autre et de rien d'autre : désir qu'il *soit*, et non qu'il soit ceci ou cela. Désir de le *laisser être*, où la passivité du « laisser », loin de constituer un abandon, se conjugue avec la tension du désir lui-même dans un désir qu'il *naisse*.

Hors les murs, la profondeur est aussi en un sens hors la chair, et même hors la chair du monde. Elle est (figure de) l'être même, qui n'est pas un au-delà du monde au sens d'un autre monde, mais au-delà à travers, horizon et envers, ombre ou « autre côté », et surtout… profondeur, justement : l'être comme profondeur du monde. La question de la profondeur mène ainsi inexorablement à une direction tardive essentielle de l'ontologie de Merleau-Ponty : sa tentative de penser l'*invisible* dans son rapport avec le *visible*. Merleau-Ponty, on le sait désormais, a hésité de 1958 à 1961 entre deux titres pour son grand œuvre – *Être et Monde* ou *Le visible et l'invisible* –, et s'est décidé à les intégrer tous deux en les gardant par défaut comme titre de partie principale. « ÊTRE et MONDE (= in-visible et visible) » [1] écrit-il en octobre 1960 (à l'occasion de sa relecture de la dernière séquence d'écriture d'*Être et Monde*, datant du printemps précédent), autrement dit au moment de la relance de la deuxième (et, fatalement, dernière) phase de rédaction du *Visible et l'invisible*. Cette précieuse formule éclaire quelque peu l'articulation interne des deux couples de notions.

1. EM3 [245](27), réécriture en marge et en bleu d'octobre 1960.

La profondeur, ou encore l'ombre : ces « invisibles » offrent un modèle figural, sinon gestaltiste, de l'être. Merleau-Ponty finit par les désigner par endroits d'un terme pour le moins surprenant sous sa plume de philosophe de la chair : ce sont des « incorporels ». Une telle terminologie semble confirmer les limites – ou, du moins, la mutation – du modèle de l'*incorporation*, et suggère un enrichissement possible de la compréhension comme de la portée de l'*intercorporéité*. L' « incorporel » n'est plus tout à fait *chair du monde*, ou du moins entérine les limites de la puissance signifiante de cette métaphore.

L'emploi d' « incorporel » en tant que concept spécifique (et non comme adjectif utilisé dans son sens courant) est inauguré en mars 1959, dans les notes préparatoires du *Visible et l'invisible*. La synonymie entre « incorporel » et « invisible » est immédiate – « nous entrons dans l'univers des incorporels ou de l'invisible » [1] –, et sera maintenue jusqu'au bout. L'incorporel est l'invisible entendu comme « envers du visible », « son relief ou sa structure », ce qui soutient et rend visible le visible, mais aussi ce sur quoi le visible ouvre [2]. Comme souvent, Merleau-Ponty généralise une réflexion initialement issue de telle ou telle analyse technique de la logique perceptive – en l'occurrence, ici, à partir d'exemples tirés des descriptions de *Gesetze des Sehens* de Wolfgang Metzger, dont les notes de lecture prises par Merleau-Ponty occupent une place prépondérante dans la dernière période de travail d'*Être et Monde* [3]. Ainsi les images monoculaires seraient des exemples d'incorporels, images dont Merleau-Ponty dit qu'elles sont « sans *Fleisch* » [4] ; mais aussi la profondeur qui résulte du conflit de ces mêmes images, et sur laquelle le visible ouvre. Une fois les exemples introduits, la généralisation opère d'emblée : « Les incorporels sont ou pré-choses ou figuratifs (matrices) » [5]. Et Merleau-Ponty, à son habitude, s'éloigne des rives de la perception au sens strict pour gagner le large de la vie perceptive en son sens étendu, coextensif de notre être-au-monde. Le cours sur *L'ontologie cartésienne et l'ontologie d'aujourd'hui*, dans sa reprise et poursuite de *L'Œil et l'Esprit* (dont la préparation s'engageait justement dès la dernière séquence d'*Être et Monde*), est typique de ce phénomène d'amplification.

> Donc, réalité nocturne de l'âme, des incorporels – qui n'est pas rien – mais qui a besoin de se « parer » du visible – qui est comme envers du

1. NLVIàf1 [122](3), mars 1959.
2. OntoCart, p. 195/[23]v(21).
3. W. Metzger, *op. cit.* Cf. *supra*, chap. III, § 3, p. 184 *sq.*
4. EM3 [243]v(24), [254].
5. EM3 [243]v(24).

> visible – Le visible ouvre sur un invisible qui est son relief ou sa structure… [1]

L' « incorporel » apparaît pour la toute dernière fois dans le même cours – plus précisément, dans la préparation de la leçon consacrée à Paul Claudel le 9 mars 1961. Le couple visible/invisible y est reformulé en « visible de fait » / « visible universel », tandis que l'incorporel se retrouve face à la chair, dans une perspective clairement ontologique :

> Celui qui a vu était le même œil qui voit encore, ou plutôt qui « écoute », au-delà du visible de fait, le visible universel. Non pas spiritualisme, mais philosophie de la chair et de l'incorporel comme endroit et envers du même Être [2].

Ce qui s'ouvre à l'incorporel n'est en aucun cas l'esprit (contre l'œil…), c'est bien l'œil et l'esprit ; ou plutôt – parce que ce fameux titre merleau-pontien pourrait encore prêter à malentendu –, c'est l'œil, c'est « le même œil qui voit encore ». C'est bien la chair qui s'ouvre à l'incorporel, et à un incorporel qui est à l'horizon même de l'intercorporéité – puisque, à l'instar de la profondeur qui en offre un exemple majeur, en étant ce sur quoi le visible ouvre, l'incorporel est à l'horizon du désir. De sorte qu'en retour l'incorporel est envers de la chair et l'exprime.

Tout en restant d'un usage rare, l' « incorporel » tente donc une percée au cœur du projet final de Merleau-Ponty, au croisement des dimensions anthropologiques et ontologiques de sa pensée. Il touche à quelques aspects ultimes de sa conception de la chair et, dans le même temps, de sa réflexion sur le « rapport expressif » entre la chair et l'être, sur ce qui exprime la chair et ce qu'elle est capable d'exprimer, jusqu'aux exigences et possibilités du langage philosophique. Merleau-Ponty note furtivement, rappelons-le, « *ÊTRE et MONDE* (= in-visible et visible) ». Relisons maintenant cette formule dans un contexte un peu plus large, typique des précipités analogiques de son écriture :

> *ÊTRE et MONDE* (= in-visible et visible). L'*ombre* comme modèle de la *négation* vraie. Elle n'est pas néant de corporéité, mais *envers* de corporéité. C'est un *figuratif*. Le langage en est plein [3].

L'ombre, comme la profondeur, est un « incorporel » : envers de corporéité, envers du visible qui le rend visible, qui le met en scène en lui donnant son relief, qui le porte tout en étant aussi, en retour, ce sur quoi le visible s'ouvre et ce qu'il engendre lui-même. Merleau-Ponty

1. OntoCart, p. 195/[23]v(21).
2. OntoCart, p. 202/[27]v(28).
3. EM3 [245](27).

songe-t-il au stoïcisme en parlant d' « incorporel » ? Nous n'avons trouvé aucune indication matérielle le prouvant, mais le rapprochement n'en est pas moins suggestif [1]. Le langage « est plein » de ces êtres lacunaires traversés d'une négativité vraie qui ne fait pas pour autant d'eux des non-êtres, de ces êtres lacunaires que désire la chair, qui la portent et qu'elle engendre, qu'elle tente d'exprimer et qui l'expriment par là même. L'être, paradoxalement, n'est pas uniquement ni même d'abord ce que le visible figure, ce vers quoi il fait signe comme les *métaphores* d'une métaphysique voulant figurer l'intelligible par le sensible : il est lui-même, et le premier, « *figuratif* », ce qui rend visible et fait signe, et s'exprime par là même. Si bien que la chair, dans son ouverture à l'être, désire et comprend ce qui la porte et la comprend. Et c'est bien ce mystère ontologique que Merleau-Ponty retrouve au plus haut point dans son inscription esthésiologique – notre abandon à la profondeur et aux ombres, envers du visible, qui soutiennent silencieusement l'expression du monde –, comme dans son inscription relationnelle et désirante – notre abandon à la « noire issue » du regard d'autrui, envers de sa corporéité, qui porte intimement l'expression de sa chair. Dans un cas comme dans l'autre, « la vision fait ce que la réflexion ne comprendra jamais », elle « esquisse ce que le désir accomplit » [2].

b) *De la chair du monde à l'ombre du monde : l'être comme figuratif*

De la chair du monde à la profondeur du monde, nous avons affronté et partiellement répondu aux objections qui entamaient ce chapitre, progressé dans la restitution du « sol monumental » où s'inscrit l'ébauche d'une pensée merleau-pontienne du désir, selon un mouvement d'ensemble qui passe progressivement de l'angle psychanalytique aux

1. Merleau-Ponty n'aborde pas véritablement le stoïcisme avant sa première année de cours sur le concept de Nature (1957), qui est d'ailleurs le seul endroit où il le traite pour lui-même. Il a probablement croisé, au moins dans sa période de formation, l'ouvrage classique de Bréhier sur *La Théorie des incorporels dans l'ancien stoïcisme* (1907 ; Paris, Vrin, 1997). La façon même dont Bréhier introduit la notion mérite d'être rappelée : alors que Platon et Aristote, héritiers de la doctrine socratique des concepts, « avaient recherché le principe des choses dans des êtres intellectuels », c'est « au contraire dans les corps que les Stoïciens et les Epicuriens veulent voir les seules réalités » (*op. cit*., p. 1). Or ce sont justement les stoïciens qui paraissent avoir introduit l'expression d' « incorporel » dans le langage courant de la philosophie : « identifiant l'être avec le corps, ils sont cependant forcés d'admettre, sinon comme des existences, au moins comme des choses définies l'espace et le temps. C'est pour ces néants d'existence qu'ils ont créé la catégorie de l'incorporel. » (*op. cit*., p. 2) Plus largement, la notion d'incorporel chez les stoïciens, d'après Sextus Empiricus, semble avoir désigné l' « exprimable » (*lekton*), le vide, le lieu, et le temps.

2. S(Préf), p. 24. Cf. *supra*, p. 358-359.

horizons ontologiques de cette philosophie de la chair. Ce parcours nous a conduit à croiser un écrivain cher à Merleau-Ponty, Claude Simon. Le philosophe connaît les irremplaçables vertus de la littérature pour décrire la vie désirante, et peut-être n'y a-t-il pas de possible figuration du désir sans « l'usage littéraire du langage », sans ces « figuratifs » dont le langage « est plein ». Il constate aussi depuis longtemps combien les écrivains, parfois mieux que les philosophes, peuvent l'accompagner dans ses tribulations philosophiques. Nous voudrions maintenant achever cette traversée par un autre écrivain de prédilection de Merleau-Ponty, que l'on retrouve justement aux côtés de Claude Simon dans le cours sur l'ontologie de 1961 : Paul Claudel.

Autre – et tout autre – écrivain de la chair, sans que l'on puisse pour autant faire de lui et de Simon les symboles d'une alternative. Merleau-Ponty ne s'y trompe pas, et ne les oppose jamais. Ainsi la dynamique d'ensemble qui va de la psychanalyse à l'ontologie, ou encore celle qui conduit de la chair du monde aux figuratifs, jusqu'à envisager la chair et l'incorporel comme endroit et envers du même être, ne constituent pas un mouvement qui passerait de Claude Simon à Paul Claudel comme supports littéraires presque allégoriques de deux possibles philosophies de la chair. Merleau-Ponty, quant à lui, n'est pas simplement entre Simon et Claudel, ou allant de l'un à l'autre, même si leur impossible conjonction semble faire corps en lui et se refléter dans l'hésitation sinon l'ambivalence de certains aspects de sa pensée. Car ces mêmes tensions sont aussi internes à Claudel lui-même, qui inspire Merleau-Ponty depuis toujours [1], et chez lequel il retrouve tant de virtualités de sa philosophie de la chair – aussi bien dans l'épaisseur de sens du concept même de chair que, et c'est finalement tout un, dans la complexité de notre rapport au monde et à autrui. Autant Merleau-Ponty a l'habitude de déformer les philosophes en allégories, au risque de caricaturer leurs impasses (Sartre, Descartes…), autant il se montre attentif à donner de ses écrivains préférés le portrait d'un itinéraire complexe, presque initiatique, particulièrement sensible à leur évolution existentielle faite de blocages et de renaissances, d'ambivalences converties en « bonne ambiguïté ». Nous avons eu l'occasion de le voir avec Paul Valéry, dépeint tel un Descartes sauvé de lui-même [2] ; nous le constaterons ailleurs avec Stendhal, dont le portrait ne va pas sans évoquer l'impossible salut de Sartre.

1. Cf. *Du lien des êtres…*, *op. cit.*, section B, chap. II, § 2, p. 234 *sq*.
2. Cf. *Le scénario cartésien*, *op. cit.*, chap. VI, § 2, p. 174 *sq*.

Au point de convergence de la plupart des angles abordés dans ce chapitre, notamment au croisement des thèmes de la chair du monde, du fantasme et de la perte, de l'articulation entre principe de plaisir et principe de réalité, mais aussi – et surtout – de la séparation et du désir, il est un texte de Claudel que Merleau-Ponty affectionne particulièrement : les scènes de la Lune et de l'Ombre double, dans *Le Soulier de satin* [1]. Dans l'œuvre du dramaturge, ces scènes offrent sans doute la plus belle des nombreuses réécritures d'une blessure personnelle mise à distance dans le mythe : l'amour de Rosalie Vetch, déjà transposée en « Ysé » (Yseult...) dans *Partage de Midi*. Rodrigue et Prouhèze s'aiment et se désirent au cœur d'une impossible relation. Claudel les met en scène portés par une même ombre qui crie à la fois leur union et leur séparation, puis baignant ensemble dans la profondeur de l'être lunaire : chair du monde qui les réunit, être maternel dans l'enveloppement duquel ils communient l'un à l'autre de toute leur chair. Rodrigue et Prouhèze naissent ensemble et renaissent de leur union charnelle, se co-naissent jusqu'à l'enfantement. Prégnance de leur accouplement par l'être qui les enveloppe, prégnance en eux de l'être qu'ils engendrent par leur union : l'être est l'enveloppant-enveloppé de leur désir, de leur lien, et de leur histoire.

Ce n'est pas un hasard si Merleau-Ponty commente ces scènes à plusieurs reprises : emblématiques de son univers figural, elles le sont aussi de certaines dimensions essentielles de son anthropologie comme de son ontologie. Et c'est à dessein que nous les évoquons ici, car elles paraissent donner l'exemple parfait de l'écriture d'un fantasme dans lequel le principe de plaisir soutient le refus de la séparation et conduit le désir à halluciner sa réalisation. Ici comme ailleurs, une telle lecture passe néanmoins à côté des virtualités de sens les plus profondes, que Merleau-Ponty ne manque pas d'explorer à sa manière.

Le philosophe évoquait déjà ces scènes dans son cours sur la passivité (1955), il y revient plus longuement dans ses leçons sur l'ontologie de mars 1961. Il souligne l'impossibilité manifeste de la relation entre Rodrigue et Prouhèze, la réalité visible de leur séparation, mais affirme aussi, dans le même temps, l'effectivité d'un lien invisible, non pas fantasmatique mais réel, et tente d'exprimer le plus difficile : l'articulation subtile de ces deux dimensions, l'une visible, l'autre invisible, toutes deux apparemment contradictoires et parfaitement réelles. Une articulation qui concerne donc la relation avec autrui, mais dont Merleau-Ponty trouve l'inscription originaire dans la vie perceptive et le monde sensible. À son habitude, il ne s'agit pas tant d'offrir une juste

1. Cf. *Le Soulier de satin*, deuxième journée, scènes 13 et 14.

exégèse du texte de l'auteur utilisé que d'y retrouver et approfondir quelques dimensions essentielles de sa propre pensée, dans les deux feuillets inextricables de celle-ci : (a) une *ontologie phénoménologique* préoccupée des relations entre le visible et l'invisible, entre la perception et l'image, entre le réel et l'imaginaire ; (b) une *anthropologie phénoménologique* toujours soucieuse, à travers ces mêmes dimensions, de penser les possibilités et modalités du lien avec autrui. Ce travail, dans les derniers manuscrits, passe par une réflexion originale sur le rôle de *l'ombre* dans la perception, la peinture et la parole.

Merleau-Ponty sait combien Claudel est loin des harmonies analogiques et rationalistes de l'entr'expression leibnizienne [1]. Son approche de la simultanéité et de la co-naissance relève du « monde moderne » et non du « monde classique » : comme l'empiétement merleau-pontien des années existentialistes, elle parle d'une coexistence tissée de désirs, de violences et de contradictions, d'un lien forgé dans la distance. La séparation entre les deux amants est effective : « Dans le visible Rodrigue et Prouhèze se séparent » [2], « chacun est pour l'autre l'impossible » [3]. Impossible, cette union est pourtant réelle, et ne se contente pas d'un lien scopique, ni d'une relation seulement imaginaire, ou d'une connexion purement spirituelle, d'une union « en Dieu » : elle est union des *chairs*, dans le sens biblique de ce terme (c'est cette même radicalité que Claudel confie par ailleurs à la « co-naissance » en convoquant le sens vétéro-testamentaire de la « connaissance » comme union sexuelle [4]). Elle est aussi union des chairs dans l'horizon *ontologique* que Merleau-Ponty prête à la chair et au désir : chacun, dans cette relation désirante, reporte sur l'autre son « indistinction d'avec tout l'être », et adhère, en l'autre, à son propre rapport avec toute chose. Si bien que l'être est plongé au cœur de leur lien, sans faire nombre avec lui ni avec

1. « La logique nouvelle dont parlait l'*Art poétique* n'a rien à voir avec celle des théodicées classiques. Claudel ne se charge pas de prouver que ce monde soit le meilleur des mondes possibles, ni de déduire la Création. La prenant comme elle est, avec ses plaies, ses bosses, sa marche titubante, il affirme seulement qu'on y constate de temps à autre des rencontres inespérées, que le pire n'est pas toujours sûr. » (S(Clau), p. 395, mars 1955).

2. OntoCart, p. 201/[27]v(28).

3. OntoCart, p. 202/[27]v(28).

4. « Adam connut Ève », la « chair de sa chair ». « Vraiment le bleu connaît la couleur d'orange, vraiment la main son ombre sur le mur (…) au même sens qu'Isaac a connu Rébecca. » (Claudel, *Traité de la Co-naissance au monde et de soi-même*, *Art poétique*, Paris, Mercure de France, 1907 ; repris dans *Œuvre poétique*, « Bibliothèque de la Pléiade », Paris, Gallimard, 1967, p. 150).

eux [1]. Radicalement charnelle et ontologique, cette relation l'est jusqu'à l'engendrement : « La passion crée en un instant un "être nouveau" » [2].

Et les deux – séparation et union – sont intimement articulées : « une unité qui se fait dans la séparation *i. e.* la mort possible, cf. Claudel l'ombre double, la lune comme inscription de l'irrévocable » [3]. L'union ne se fait pas seulement malgré la séparation, mais *en* elle, et en partie grâce à elle – « cette adhésion à l'autre comme à tout ne peut se maintenir que dans la distance » [4]. Dans son commentaire du Cantique des cantiques, livre biblique profondément marqué par la connaissance désirante jusque dans ses dimensions érotiques, Claudel résumait lui-même cette tension dialectique aux antipodes d'une fusion régressive :

> Ce que nous appelions une muraille est précisément le lien, la communication supersubstantielle qui nous unit, la bienheureuse séparation qui nous permet d'être un en étant deux. (...) Nous sommes unifiés non par la fusion, mais par la différence. Nous puisons bienheureusement l'un dans l'autre nos raisons à jamais de différer [5].

Le Soulier de satin met justement en scène, dans une de ces représentations limites dont le théâtre claudélien a le secret, une union « supersubstantielle » dans la séparation. « Mais moi, de qui dira-t-on que je suis l'ombre ? non pas de cet homme ou de cette femme séparés, Mais de tous les deux à la fois qui l'un dans l'autre en moi se sont submergés » [6]. Où l'on retrouve l'existence diffuse et discrète d'un

1. « La passion (...) c'est le report sur un être de notre indistinction d'avec tout l'être. » (Merleau-Ponty, OntoCart, p. 201/[27]v(28)) « Deux âmes humaines dans le néant qui sont capables de se donner l'une à l'autre, et en une seule seconde, pareille à la détonation de tout le temps qui s'anéantit, de remplacer toutes choses l'une par l'autre ! » (Claudel, *Le Pain dur*, in *Théâtre*, tome II, « Bibliothèque de la Pléiade », Paris, Gallimard, 1965, p. 158 ; cité par Jean Wahl dans « Simultanéité. Peinture et Nature », *Cahiers Paul Claudel*, n° 1, 1959, p. 226 ; repris par Merleau-Ponty, OntoCart, p. 201/[27]v(28)).

2. OntoCart, p. 201/[27]v(28).

3. PbPassiv [246]/NP, 1955.

4. OntoCart, p. 201/[27]v(28).

5. Claudel, *Paul Claudel interroge Le Cantique des cantiques*, Paris, Gallimard, 1948, p. 204.

6. *Le Soulier de Satin*, deuxième journée, scène 13, in *Théâtre II*, *op. cit.*, p. 776.
« Mais moi, de qui dira-t-on que je suis l'ombre ? non pas de cet homme ou de cette femme séparés,
Mais de tous les deux à la fois qui l'un dans l'autre en moi se sont submergés
En cet être nouveau fait de noirceur informe.
Car comme ce support et racine de moi-même, le long de ce mur violemment frappé par la Lune,
Comme cet homme passait sur le chemin de garde, se rendant à la demeure qu'on lui avait assignée,
L'autre partie de moi-même et son étroit vêtement,

troisième terme, qui pourtant ne s'ajoute pas : cette ombre qui ne fait pas nombre, tiers inclus de l'union comme de la séparation, et plus encore de leur cohérence cachée. Rodrigue et Prouhèze s'unissent dans « le pays des ombres », « le soleil de la nuit », « à la clarté de la Lune » [1]. Merleau-Ponty interroge : « Le pays des ombres, le soleil de la nuit qu'est-ce exactement ? La réconciliation dans la mort ? » [2]. Sa réponse, à la fois difficile et d'une vigueur étonnante, constitue sans doute le sommet de son commentaire :

> Non, c'est au contraire ce qu'il y a de plus réel : les « archives indestructibles », « la page de l'éternité ». Le n'être plus est fondé sur le « avoir été » – antiplatonisme : certes, le visible n'est pas tout – mais, ce qui est plus vrai que lui, c'est son double ou ombre qui « seule existe » (196). Chacun est pour l'autre l'impossible, et l'adhésion de l'un à l'autre n'a été qu' « une seconde seule », mais cet être derrière le présent, et qui ne pouvait y rester, a été inauguré et créé dans le présent. (…) Il ne s'agit pas d'une *illusion* de réalité [3].

L'invisible en question n'est donc pas illusion. Il n'est pas non plus le simple reste du visible (assumant que « le visible n'est pas tout ») : « plus vrai que lui », il est « ce qu'il y a de plus réel », voire une réalité « indestructible » qui « seule existe ». Merleau-Ponty parlera encore d'une dimension « inscrite pour toujours » [4], d'une ombre « ineffaçable » [5]. Mais cette ombre n'est pas pour autant, symétriquement, une vérité cachée qui renverrait le visible à la fausseté des apparences, qui en ferait à son tour une illusion, et Merleau-Ponty se défend bientôt : « Non pas spiritualisme, mais philosophie de la chair et de l'incorporel comme endroit et envers du même Être » [6]. Si l'ombre du visible est

Cette femme, tout à coup commença à le précéder sans qu'il s'en aperçût.
Et la reconnaissance de lui avec elle ne fut pas plus prompte que le choc et la soudure aussitôt de leurs âmes et de leurs corps sans une parole et que mon existence sur le mur.
Maintenant je porte accusation contre cet homme et cette femme par qui j'ai existé une seconde seule pour ne plus finir et par qui j'ai été imprimée sur la page de l'éternité !
Car ce qui a existé une fois fait partie pour toujours des archives indestructibles.
(…) pourquoi m'ayant créée, m'ont-ils ainsi cruellement séparée, moi qui ne suis qu'un ? pourquoi ont-ils porté aux extrémités de ce monde mes deux moitiés palpitantes,
Comme si en moi par un côté d'eux-mêmes ils n'avaient pas cessé de connaître leurs limites ?
Comme si ce n'était pas moi seule qui existe et ce mot un instant hors de la terre lisible parmi ce battement d'ailes éperdues. »

1. Merleau-Ponty, OntoCart, p. 201/[27]v(28).
2. *Ibid*.
3. OntoCart, p. 201-202/[27]v(28).
4. OntoCart, p. 202/[27]v(28).
5. OntoCart, p. 198/[26].
6. OntoCart, p. 202/[27]v(28).

« plus vraie » que lui, si en un sens elle « seule existe », ce n'est donc pas sans le visible.

Autant dire qu'une fois introduites, ces idées difficiles, dont chacun peut déjà pressentir l'importance, sont encore loin d'avoir été clarifiées. Une fois de plus, le présent ouvrage débouche sur la nécessité de nouveaux développements, appelés à explorer certaines lignes ultimes et inédites de la phénoménologie merleau-pontienne de la perception, et à éclairer ce que le philosophe nomme sur le tard les « figuratifs ». Merleau-Ponty recherche conjointement les inscriptions esthésiologiques de la vie désirante et les signatures du réel dans notre rapport au monde ; une double recherche qui converge dans son esquisse de réécriture de la donation en chair et, partant, dans son renouvellement original de la phénoménologie elle-même.

L'*ombre* croise justement ces deux directions. Comme Merleau-Ponty le comprend dès la *Phénoménologie de la perception*, l'ombre soutient l'apparition de la figure, contribue à ce qu'elle puisse être figure, mais n'est pas en tant que telle figure. Elle rend visible sans pour autant être elle-même visible comme chose, elle donne à la perception de mieux relier et discriminer en accentuant la profondeur et l'écart, le contraste et le relief [1]. Entre les choses, elle contribue à leur différenciation et à leur intégration. Elle n'est donc pas extérieure au visible, mais n'est pas non plus extérieure à nous-mêmes : comme la profondeur, elle « ne devient vraiment ombre (...) que lorsqu'elle cesse d'être devant nous comme quelque chose à voir, et qu'elle nous enveloppe, qu'elle devient notre milieu, que nous nous y établissons » [2].

L'ombre, silence du visible qui en murmure la vérité, participe à la mise en scène du monde comme un certain silence peut le faire pour la parole et pour autrui. Ce silence, ombre de la parole, la met en relief. Ombre de la présence, il n'est ni ce qui la retire ni ce qui l'impose, mais ce qui la propose et l'expose comme portance, écoute et don : au plus loin d'une absence qui abandonne, il adopte un certain retrait, essentiel à la seule présence qui sache rejoindre autrui jusqu'aux tréfonds de sa solitude ontologique. Ombre, profondeur, silence : autant de modalités de l'invisible et de la distance étrangères à la vie pulsionnelle [3], éloignées de la plénitude de la représentation ou de la positivité du fantasme. Autant de creux dans l'être qui ne sont pourtant pas autres que

1. « Sur un tableau plat quelques ombres et quelques lumières suffisent à donner un relief (...). Les ombres et les lumières du tableau donnent un relief en mimant "le phénomène originaire du relief" » (PhP, p. 28).

2. PhP, p. 358.

3. Cf. *supra*, chap. VIII, § 1, p. 301 *sq*.

l'être même, qui ménagent un espace et un temps essentiels à l'éveil du désir, à sa croissance et à son expression.

L'être objectif, en pleine lumière, est au contraire ce grand fantasme qui a paradoxalement résorbé les marges de l'imaginaire, et ne laisse plus temps ni espace au désir, à la foi, à l'espérance. Il gît dans l'espace explicatif à l'heure écrasante de Midi (celle du début de *Partage de Midi*), l'heure sans ombre de la pureté sans appel, où tout est écrasé d'une lumière qui tue la profondeur des choses comme celle d'autrui. L'heure du survol absolu de la conscience, cette présence de surplomb du Dieu de Leibniz dont les calculs résorbent toute contingence. L'heure du jugement sans miséricorde où la toute-puissance du Tiers développe tout invisible et nous exclut ainsi de nous-mêmes. Si l'être préobjectif recherché par Merleau-Ponty n'est pas le « mystère en pleine lumière » [1], il ne relève pas pour autant de cette autre fausse conception du mystère où la vérité se trouve recluse dans un lieu secret et l'obscurité d'une nuit sans lune [2]. Une obscurité interdite dont seuls quelques initiés auraient la clef – clef typiquement refusée à la chair, réservée à une connaissance qui dénie toute fécondité au non-sens et n'accepte pas que l'intelligence admette en son sein, comme essentielles, des modalités confiantes et désirantes. Apparemment opposées, ces deux fausses acceptions du mystère se rejoignent dans une régression qui guette la philosophie depuis toujours, faiblesse gnostique [3] où l'intelligence ne parvient pas à se libérer de la tyrannie des idoles, manquant désespérément la condition humaine, de la passivité de la chair jusqu'à la vérité de son désir.

L'être, pensé comme ombre et profondeur, échappe autant au dieu de Midi, parfaitement figuré et par là même totalement défiguré, qu'au dieu de Minuit, si soigneusement mis à l'abri de la figuration qu'il en devient sourdement et sournoisement maîtrisé. En lui résonnent les préférences de toujours de Merleau-Ponty pour le *deus absconditus* de Pascal, qui est bien le crépuscule des idoles. « Si Dieu est Dieu, non une idole, il faut qu'il soit caché, présence d'une absence » [4]. Sa pensée n'est pas

1. Sartre, *L'Être et le Néant*, Paris, Gallimard, 1943 ; « Tel », 1980, p. 631. La conscience « est pénétrée d'une grande lumière (...) tout est là, lumineux, la réflexion jouit de tout, saisit tout (...) "mystère en pleine lumière" (...) sans ombre, sans relief » (*ibid.*). Sartre emprunte l'expression « mystère en pleine lumière » à Maurice Barrès. « Chez Sartre, ce que l'on appelle le mystère de l'être devient en quelque sorte un mystère limpide » (Merleau-Ponty, PhEx, p. 261/318).

2. Cf. *Vers une ontologie indirecte*, *op. cit.*, chap. IV.

3. Cf. par exemple Natu1 122, NMS [104](D), NMS [118]v(10).

4. Dial-T&C [241](5), cours du 19 mars 1956.

« *possession* intellectuelle » [1] : « foi et non pas évidence » [2], elle est « le fait de l'homme entier » [3]. Ce Dieu est visé « non par [l']intelligence positive, mais par notre vie, par [notre] épaisseur d'êtres incarnés. (...) Dieu comme implication d'existence, et c'est pourquoi on le croit avec son corps aussi » [4]. Sachant que Merleau-Ponty considère l'*ombre* comme *figuratif*, il est frappant de voir les manuscrits d'*Être et Monde* revendiquer « les figuratifs et le dieu caché contre la logique de Leibniz » [5], jusqu'à en faire une formule programmatique : « Contre ce Dieu leibnizien, mettre en valeur le Dieu caché et ses "figuratifs" » [6]. Pleinement figurable et figurée, l'idole ne fait signe vers rien d'autre qu'elle-même ; elle n'a pas d'ombre, et rien ne peut lui faire de l'ombre. Tandis que le « Dieu caché » de Pascal ou le « Dieu au-dessous » de Claudel évoquent une ombre qui s'est depuis toujours glissée dans les horizons et la profondeur du monde, qui s'est à jamais glissée dans nos ombres, jusqu'à se faire l'ombre de notre ombre, comme pour mieux nous exprimer [7].

1. « Non pas *possession* intellectuelle : Dieu est en vérité caché » (Dial-T&C [248], cours du 16 avril 1956).
2. Dial-T&C [246](3), cours du 16 avril 1956.
3. *Ibid.*
4. Dial-T&C [248], cours du 16 avril 1956.
5. EM3 [256], avril ou mai 1960.
6. EM3 [244]v(26), avril ou mai 1960. Lue dans un tel contexte, la mention des « figuratifs » permet de songer à l'usage que Pascal fait de la notion de « figure », ou encore de l'adjectif « figuratif » qu'il substantifie lui aussi par endroits. À ce sujet, cf. Henri Gouhier, *Blaise Pascal. Commentaires*, Paris, Vrin, 1971, p. 204 *sq*. Toutefois, la problématique exégétique qui est celle de Pascal dans ce même usage (notamment la question des préfigurations vétéro-testamentaires du Nouveau Testament), poursuivant saint Paul et saint Augustin, est évidemment étrangère à Merleau-Ponty. Par ailleurs, nous n'avons pas trouvé de preuve suffisante indiquant que Merleau-Ponty ait conçu une réelle proximité entre son approche assez singulière du « figuratif » et le contenu même que Pascal accorde à sa notion de figure ou à l'action de figurer – le phénoménologue n'ignorait pas ce contenu, qu'il évoque rapidement dans son cours sur la dialectique (cf. Dial-T&C [243], [247](4), [248]v).
7. « Voilà plus de vingt siècles que l'Europe a renoncé à la transcendance dite verticale et il est un peu fort d'oublier que le Christianisme est pour une bonne part la reconnaissance d'un mystère dans le rapport de l'homme et de Dieu : justement le Dieu chrétien ne veut pas d'un rapport vertical de subordination, il n'est pas seulement un principe dont nous serions les conséquences, une volonté dont nous serions les instruments, il y a comme une sorte d'impuissance de Dieu sans nous et Claudel va jusqu'à dire que Dieu n'est pas au-dessus de nous, mais au-dessous, voulant dire que nous ne le trouvons pas comme un modèle supra-sensible auquel il faudrait nous soumettre, mais comme un autre nous-même, qui épouse et authentifie toute notre obscurité. La transcendance, alors, ne surplombe pas l'homme, il en est étrangement le porteur privilégié. » (PM, p. 118).

Ceux qui redoutent les tournants théologiques s'inquiéteront à tort : Merleau-Ponty a suffisamment critiqué la « théologie explicative » – à commencer par celle de Leibniz, justement – pour que l'on comprenne que sa démarche est tout autre [1]. Ceux qui rejettent toute référence au christianisme s'alarmeront à juste titre : Merleau-Ponty a depuis longtemps averti, et d'abord à l'encontre de certains théologiens, qu'il ne répugne en rien à ce que la philosophie intègre « le décalque de l'expérience chrétienne » [2], et que son ontologie, contrairement à ce qu'il perçoit de la démarche de Heidegger, ne s'interdit aucun des « miroirs de l'Être » [3]. Merleau-Ponty laisse travailler ces miroirs, dans la neurologie et la psychanalyse, dans la Bible comme dans la littérature, jusqu'à y puiser librement l'inspiration d'une parole philosophique fidèle à la complexion de notre rapport au monde et de notre relation avec autrui. Une parole qui offre une « bouchée intelligible » [4] portant « l'essence commune au réel et à l'imaginaire », « portant non signification qui soit "idée de l'intelligence", mais signification qui est *métaphore* » [5].

Métaphores ou, mieux, *figuratifs* ? Merleau-Ponty entend remonter, de celles-là, à ceux-ci [6], archétypes esthésiologiques de toute métaphoricité, pour être mieux en mesure d'exprimer l'être, lui-même figuratif du monde. Un être non pas adapté à la positivité et à la plénitude de la représentation, mais grevé de l'inépuisable et de la négativité inhérents au travail de sa propre expression ; non pas d'abord figuré (invisible à rendre visible) mais figuratif (invisible qui rend visible, et s'exprime par là même) ; non pas tiers séparé et séparateur, mais enveloppant-enveloppé et engendrant-engendré de nos liens (liens au monde et à autrui, mais aussi des choses entre elles), opérant l'union des incompossibles. Cette ontologie accorde un privilège à deux figuratifs : depuis toujours, à la profondeur, plus tardivement, à l'ombre. L'être, *profondeur commune des êtres*, qui les sépare et les réunit dans le même geste ; l'être, *envers de la corporéité et de l'intercorporéité*, qui habite le désir de la chair jusqu'au corps glorieux de la parole ; l'être, *ombre du monde*, caché et figuratif, latence qui rend visible. Ces trois voies

1. Cf. notre article « "L'Incarnation change tout". Merleau-Ponty critique de la "théologie explicative" », *Archives de philosophie*, tome 71, cahier 3, 2008, p. 371-405.

2. SNS(foi), p. N313/G214. Passage qui fait justement appel au Dieu caché.

3. Cf. RC59, p. 156.

4. Cf. PM 42, S(HoAdv) 297, OntoCart 202/[28](29). L'expression est empruntée à Claudel, *Traité de la Co-naissance…*, *Art poétique*, *op. cit.*, p. 149.

5. OntoCart, p. 202/[28](29).

6. « Les figuratifs ne sont pas des *métaphores* : ce sont les métaphores qui viennent d'eux. » (EM3 [254]).

complémentaires sont actives – tantôt séparément, tantôt conjointement – dans les manuscrits tardifs les plus ontologiques : *L'Œil et l'Esprit*, *Le visible et l'invisible*, *Être et Monde*, sans oublier le cours sur *L'ontologie cartésienne et l'ontologie d'aujourd'hui*. Elles offrent autant d'éclairages sur la proximité des deux titres ultimes du grand œuvre de Merleau-Ponty – *Le visible et l'invisible*, *Être et Monde* –, comme sur sa perpétuelle hésitation entre les deux.

Elles dessinent aussi un faisceau de directions de sens plus cohérent, plus fécond et plus stable que la tentative de la « chair du monde ». Comme si elles en donnaient le meilleur tout en en évitant les ambiguïtés. En faisant appel à des figuratifs, elles échappent à l'essentialisme latent d'une « chair du monde » entendue comme concept. En maintenant une diversité descriptive, elles ne tombent pas dans le caractère totalisant de ce même concept. Enfin et surtout, elles préservent et mettent en valeur une essentielle différenciation entre la *chair* et l'*être*. La « chair du monde » est bien profondeur, ombre, envers de la corporéité – à ceci près que ceux-ci désignent un au-delà de la chair : une transcendance qui est certes transcendance *de* la chair et ne peut être conçue indépendamment d'elle, mais qui est bien *transcendance*, ouverture à… autre chose que la chair. Notre prochain livre retrouvera et approfondira ces dimensions, passant de la tonalité fortement anthropologique du présent ouvrage aux virtualités les plus ontologiques de la phénoménologie tardive de Merleau-Ponty. Celles-ci ne renient en rien le registre anthropologique, mais le délivrent, au double sens d'en libérer l'expression et de le délivrer de lui-même : l'affranchir de la dérive inhérente au projet d'une *psychanalyse ontologique*, qui risque de réduire l'être à la projection de notre chair, de ne plus l'envisager au-delà de nos stratégies d'incorporation.

INDEX NOMINUM

TABLE DES MATIÈRES

SECTION B

COMPLEXITÉ ET UNITÉ DE LA CHAIR

SECTION C

CHAIR ET DÉSIR

Imprimerie de la manutention à Mayenne (France) - novembre 2013 - N° 2132396J
Dépôt légal : 4e trimestre 2013